通淮關岳廟志

吴幼雄 李少園 主编

中國社会科学出版社

圖書在版編目（CIP）數據

通淮關岳廟志/吳幼雄，李少園主編. －北京：中國社會科學出版社，2008.5

ISBN 978-7-5004-6425-9

Ⅰ.通… Ⅱ.①吳…②李… Ⅲ.寺廟—史料—泉州市 Ⅳ.F928.75

中國版本圖書館 CIP 數據核字（2007）第 145787 號

封面題簽 吳慶賜
特約編輯 何又光
責任編輯 張小頤
責任校對 林福國
封面設計 毛國宣
版式設計 木 子

出版發行 中国社会科学出版社
社 址 北京鼓樓西大街甲 158 號 郵 編 100720
電 話 010－84029450（郵購）
網 址 http：//www.csspw.cn
經 銷 新華書店
印刷裝訂 北京一二零一印刷廠
版 次 2008 年 5 月第 1 版 印 次 2008 年 5 月第 1 次印刷
開 本 880×1230 1/32
印 張 25.75 插 頁 12
字 數 651 千字
定 價 52.00 元

凡購買中國社會科學出版社圖書，如有質量問題請與本社發行部聯系調換

通淮關岳廟

泉州通淮關岳廟全景

通淮關岳廟之正殿大門

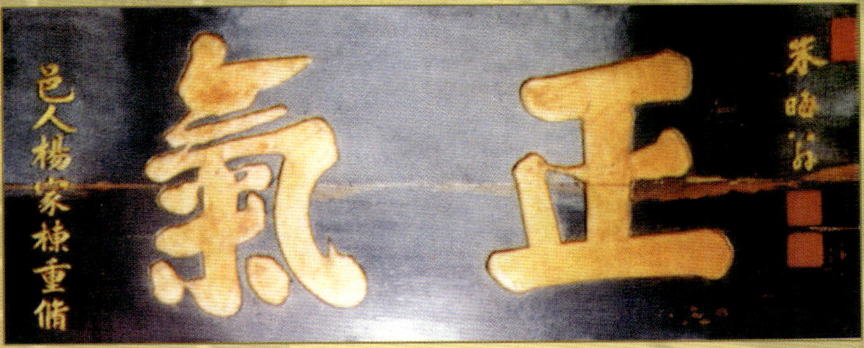

宋代大儒朱熹所書“正氣”匾（上）

明代書法家張瑞圖書“充塞天地”匾（中）

民國書法家蔡濬書“鼎漢立宋”匾（下）

臺灣“中央研究院”院士李亦園題、原泉州市副市長周焜民書“義範英風”匾（上）

清代書法家楊家棟書冠頭對聯(下左) 民國書法家曾道書冠頭對聯(下右)

省、市、區領導來泉州通淮關岳廟檢查工作

贈車儀式

市、區領導參加蔡子宜董事長贈車儀式

蔡子宜董事長向通淮關岳廟吴金炎董事長贈車

區領導到通淮關岳廟檢查保護加固維修工程

原泉州市市長王今生與臺北“中央研究院”院士李亦園先生在泉州通淮關岳廟前合影

菲律賓郎君社成員在廟中獻演南音

向新加坡南音來訪團贈錦旗

康熙年間分香的臺灣雲林縣保長湖保安宮代表團應邀參加祖廟修建落成典禮

廟前香火鼎盛

臺灣宜蘭縣進香團到泉州通淮關岳廟參拜

與臺灣關帝廟同行互贈禮品

日本東京大學窪德忠教授來訪

通淮關岳廟董事進行助殘活動

深入山區與村民座談

通淮關岳廟董事會舉辦文化學術研討會

泉州師範學院主辦、本廟董事會協辦海峽兩岸"泉州學"學術研討會

第二屆董事會部分董事廟前合影

部分董事訪問解州關帝廟

部分董事訪問當陽關陵

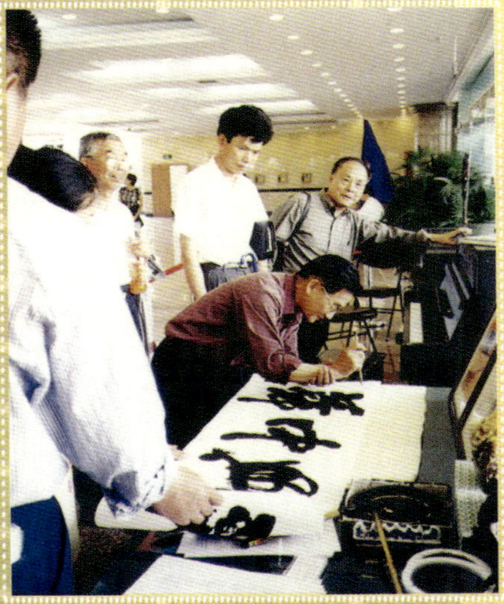

部分董事訪問當陽關陵時題字

部分董事訪問當陽玉泉山關公「顯聖處」

部分董事訪問臺南開基武廟

部分董事訪問臺灣雲林縣保長湖保安宮

泉州通淮關岳廟2005年董事會全體董事合影

2005年董事會第四次全會

2006年農歷五月十三日關夫子聖誕拜壽儀式

2006年關夫子聖誕民俗表演

關夫子聖誕崇先殿前信衆朝拜

2006年關岳廟董事會助學座談會

2006年關岳廟董事會助學捐資儀式

新一屆董事會組團參加2006年洛陽關林國際朝聖大典

泉州市民間信仰研究會在解州關帝廟考察

泉州市民族宗教局領導率團參加第十八屆中國運城國際關公文化節、洛陽關林國際朝聖大典及當陽關陵秋祭活動

泉州市民間信仰研究會第三次會員大會正副會長、名譽會長合影

序　一

泉郡昔多祠廟，興廢無常，唯通淮關岳廟，廟貌巍峨，俎豆禮容，里人數百年崇之。何也？以其祀者正神也。夫乾坤正氣，曰忠曰義。通春秋而崇漢統，義也；淮南北屢掃金師，忠也。一死有重於泰山，有輕於鴻毛，若關岳者，鼎漢立宋，浩然正氣充塞天地，泰岱其魄乎！世有嗜利無義，敗節棄忠，榮享生祠，歿遭唾駡者，亦有若文信國，若黄道周，若鄭延平者，風節大義，彪炳汗青，普天共祀而傳之，爲後世範。忠奸之别，判如冰炭。民之仰止，樹之風聲。吾泉風裁毅烈，鄉人尚義崇忠，悲歌慷慨之士，相續於史。然則民風所關，信仰所致，淫祠隳而忠臣義士顯，必矣。祠關岳者遍於郡國，分香海外，歷久彌遠，固其宜也。斯廟自明及今，逾五百年，代有修葺。迨共和立國，丙子歲塗門街拆厝拓路，以廟爲文物勝跡故，道爲之曲引，前闢拜埕，軒敞倍昔。叙其營始，建置沿革，明保存之責，以啓來兹，亦其宜也。壬午夏廟董議修志以存史備攷，鄉賢吳幼雄、李少園總纂其書。二公南船北馬，衝寒冒暑，舉凡史實掌故，祀典習俗，碑聯文碣，搜羅靡遺，積六十萬言，閲年殺青。詞華典贍，依事分類，於體例，於攷釋，於取舍，於詳略，咸得其宜，允爲專志之信而雅達者。佔此三宜，竊謂其傳可永，自不待言矣。

歲次甲申正月初十温陵執節周焜民序於郡東詘廬

（作者時任泉州市人民政府副市長）

序　二

通淮關岳廟是泉州市區民間信仰中歷史悠久、香火旺盛的廟宇。其崇拜對象岳飛、關羽，均爲愛國的歷史英雄人物。而關羽形象中的“忠、義、信、勇”等“大丈夫”英雄氣概，具有豐富的文化内涵，體現了中華民族的優秀人文特質和以儒家思想爲核心的中華傳統文化精髓。因此，以科學的精神提高關羽信仰的文化品位，堅持辯證唯物主義與歷史唯物主義，充分發掘、弘揚其内在的積極的文化内涵，不斷淡化減弱其消極的迷信色彩，積極引導其與有中國特色的社會主義相適應，是我們和宗教人士、宗教文化研究工作者義不容辭的共同使命。

通淮關岳廟在境外、海外具有巨大的影響。其分靈遠佈臺、港、澳和東南亞各地，近年來臺胞、僑胞和港澳同胞來廟行香認祖者絡繹不絶。關岳信仰已成爲增强文化交流、凝聚民族精神的橋梁與紐帶。要進一步認識包括民間信仰在内的宗教工作的重要性、長期性和復雜性，努力全面貫徹新時期黨的宗教政策，使之成爲服務於國家最高利益和民族整體利益工作的重要組成部分。

千百年來，通淮關岳廟留下豐厚的文化積澱，是觀風察俗、存史資鑒的好材料，但湮没於民間，或散没於衆多典籍之中，亟待抉微鈎沉、整理編纂成書，供後人了解研究。通淮關岳廟董事會有鑒於此，便聘請人士，不辭勞苦，深入民間調研搜尋、查閱大量文史資料，以高度的歷史責任感完成了洋洋大觀六十萬言的《通淮關岳廟志》。省、市、區專家學者肯定其爲“遍閱史乘、博采文集”，“資料翔實、體例完備”。該志的出版，對當前做好宗教工作和加强對臺對外文化交流，對發揚民族精神有着積極的現實意義，實可歌可賀。應有關方面人士的要求，略陳數言，爰爲之序。

二零零三年十一月

（作者時任中共泉州市鯉城區區委書記）

序　三

閩南地區的民間信仰，以其數量類別的繁多和有異於五大宗教的特色而引起各界的關注。其中，泉州通淮關岳廟則是閩南最負盛名的民間信仰活動場所之一。五百年來，其影響深入民間，遠播臺灣，遍及海外，所蘊含的文化内涵豐富而獨特。廟内所存的歷代碑刻、匾額、楹聯，廟外史籍中衆多的碑記文獻，都講述着關岳信仰所崇拜的"忠義"、"誠信"等内容，無不閃爍着儒家思想所尊崇的爲人謀豈可不忠、與友交豈可不信的中華傳統文化光輝。

宗教(包括民間信仰)工作，是黨和國家發展大局中重要的一翼。在全面貫徹黨的宗教政策、積極引導宗教與社會主義社會相適應、實現爲構建和諧社會服務的目標中，關岳廟與其他宗教寺廟和民間信仰活動場所一樣，都有着貢獻力量的廣闊空間。我以爲：

首先，對關岳信仰的優秀文化内涵進行梳理、繼承和弘揚，並根據宗教應當主動適應社會主義社會意識形態的原則，對部分内容作出符合社會進步要求的新闡釋，這是時代發展賦予我們的光榮任務。

其次，孔子"和爲貴"的理念和"世界大同"的和諧理想已成爲中華民族共同的社會心理和文化認同；而關羽傳爲千古美談的"誠信"嘉行，則是社會和諧的思想基礎。如果人人都"誠於中而信於外"，與人爲善而言行一致，路見不平而伸張正義，和睦相處而相互包容，那麼，和諧、融洽的社會就不難實現。

再次，“武聖”關羽，是儒家“忠義”倫理道德的典範。回眸歷史，曾有過“義利之爭”，關羽因秉承《春秋》的教導，實現“重義輕利”而備受尊敬。現在，我們仍然强調“義”的道德觀教育，順應時代的發展要求，鄙棄“見利忘義”，提倡“見利思義”的新道德規範，有助於踐行“八榮八恥”的社會主義榮辱觀。

泉州文史專家吳幼雄教授、李少園副教授，披閱摘録大量歷史文獻，足跡遍及省内省外，深入民間廣泛搜集民俗民風，鈎沉拯溺，整理分類，歷盡艱辛曲折，終於匯編出版六十萬言的《通淮關岳廟志》，並得到省、市、區專家學者評審會的高度肯定。此書的出版，爲公衆對關岳信仰的了解認識、對通淮關岳廟的準確定位，都提供了寶貴的第一手資料。

應作者之邀，僅就關岳信仰的人文精神領域，聊申點滴淺見，以就正方家，並爲之序。

中共泉州市鯉城區委書記　陳榮洲

二零零六年季秋

目　録

卷三 碑記

卷四　贊詩　楹聯　匾額

卷五　祭祀人物

卷六　經書

卷七 祀典

卷八 籤詩

卷九 勸善書

卷十 習俗

卷十一　傳説

卷十二　董事會

卷十三　交流

附録　論叢　書評

論叢

宋
馬遠作

卷一

建置沿革

一　歷史沿革

泉州通淮關岳廟，坐落在泉州塗門街（古通淮街），歷史悠久，香火鼎盛，遠播菲律賓、新加坡、馬來西亞、日本，以及我國臺灣省，是閩南最負盛名的民間信仰活動場所之一。

本廟主祀歷史人物關羽，創建年代無攷。先是稱“關侯廟”，有嘉靖年間（1522—1566 年）長史李一德《重修關侯廟記》[①]。萬曆三十一年（1603 年）重修，有李光縉《漢關前將軍漢壽亭侯廟記》[②]。萬曆三十二年（1604 年）李光縉《塑三義像記》云，“廟左、右堂，左祀壽亭侯，右祀平浪侯晏公”，“相議塑三義像祀於其中堂”[③]。萬曆三十三年（1605 年）敕封“三界伏魔大帝神威遠震天尊關聖帝君”[④]。萬曆四十年（1612 年）成書的《泉州府志》稱本廟爲“關王廟”[⑤]。天啟元年（1621 年）重修，有楊維清、李光縉、徐十洲《重修關帝廟記》[⑥]。

順治九年（1652 年）敕封關帝爲“忠義神武關聖大帝”，即“武聖”[⑦]。康熙二十七年（1688 年）提帥張雲翼在提督署東建武廟，“朔望行香，春秋致祭，而秩祀之典，尚在塗門街（即本廟）”[⑧]。雍正三年（1725 年）敕封關聖“曾祖光昭公、祖裕昌公、父成忠公”[⑨]，“製木主供奉後殿，每年春秋二祭”[⑩]。雍正九年（1731 年）重修，“左右二堂，左奉侯，右爲三義祠”，有張煥登《重修關帝廟記》[⑪]。乾隆七年（1742 年）重修禮樂亭，有謝有道木製聯對的記載[⑫]。乾隆四十三年（1778 年）重修，有官獻瑶《重修泉郡通淮街關帝廟碑》[⑬]。嘉慶八年（1803

年），“提督顏鳴漢、城守英林，移祭於萼輝舖提督署之左武廟，此廟祭缺”[14]。嘉慶十二年丁卯（1807年）重修，有“泉郡通淮廟諸董事”署名的《重修泉郡通淮廟捐啓》[15]。嘉慶二十年（1815年），奉文建昭忠祠附祀“惠義鋪塗門街三義廟”，祀“因乾隆間征臺匪，文武官員、鄉勇、兵丁死難”，“計祀文武官員六位，鄉勇二位，兵丁一百五十九位”。道光三年（1823年）“復勸募修葺”[16]。道光十三年至十四年（1833—1834年）重修，有蘇廷玉《泉州武帝廟記》[17]。光緒年間（1875—1908年），禮樂亭改爲學校，取“立於禮，成於樂”之義，命名爲“立成小學”[18]。此後，“春秋二祭仍從事於通淮者……民望之所歸也”[19]。

民國三年（1914年），時政令“佈告天下，立廟祀關壯繆侯羽、岳忠武王飛”[20]。通淮關帝廟遂改名通淮關岳廟。廟東、西廡祀歷代忠武將士二十四人，舉行春秋祭禮。民國十六年（1927年）十一月，“正殿遭火，廟董事會倡議重修，仍按舊制”[21]。

“文化大革命”中，廟宇闢爲工廠。1983年2月，成立“泉州保護通淮關岳廟古跡董事會”，聘請社會人士董其事。1986年11月動工，1990年12月竣工，建築面積爲一千二百九十四平方米[22]。並在廟東將崇先殿前移，廟西三義廟後撤，使武聖殿、三義廟和崇先殿三座並列。神像皆新塑。後進平屋改建三層樓房，爲董事會及泉州市區民間信仰研究會辦公場所。1992年9月18日，泉州市人民政府批準爲市級文物保護單位。2000年5月11日福建省人民政府批準爲省級文物保護單位。

1995年9月，通淮街改造拓寬，廟前增拓一千多平方米廣場。廟東增拓四百三十四平方米，於1999年興建山門、兩層會議廳一座、金爐一座，並增塑武成殿關平、周倉、王甫、趙壘等四尊像。2002年底，又在三義廟西側，辟三米寬的防火通道。使廟宇佔地總面積超過三千平方米。廟宇係歇山頂、燕尾脊、穿斗架構的磚木建築，具有閩南古建築特色，是福建省規模最大的具有特色的關岳廟。

本廟志出版前夕，欣悉泉州通淮關岳廟重修竣工，遂補記於後。

通淮關岳廟本届董事會秉承“保護爲主，搶救第一，合理利用，加强管理”的國家文物保護方針，經省、市、區各級黨委、政府的支持，省、市文物管理部門的批準，由福建省建築科學研究院技術開發部、安徽省文物保護中心等單位聯合設計與施工。維修工程包括後座三層危樓加固，三義廟、武成殿和崇先殿重修，以及增置廟後跨八卦溝疏散橋梁。於 2007 年 5 月 22 日動工，2008 年 1 月 22 日竣工，爲民國以來最大的一次重修工程。

重修後的泉州通淮關岳廟，更煥發出“泉州第一武廟”燦爛的歷史光輝。

注　釋

①　[嘉靖]何炯：《清源文獻》卷十。又見[崇禎]李光縉：《景璧集》卷八，然此碑文係李一德所作，非李光縉作品，《景璧集》有誤。

②　[崇禎]李光縉：《景璧集》卷八《碑記》。又見[道光]《晉江縣志》卷十六，壇廟寺觀。復見[乾隆]《泉州府志》卷十六《壇廟寺觀》。

③　李光縉：《景璧集》卷八《碑記》，《塑三義像記》。又見[乾隆]《泉州府志》卷十六《壇廟寺觀》。復見[道光]《晉江縣志》卷十六《祠廟志》。

④　康熙三十一年(1692 年)盧湛：《關聖帝君聖跡圖志全集》，歷代封號。光緒丁亥(光緒十三年，1887 年)，泉州府學教諭江葆熙摹刻，板藏泉郡玉犀巷文昌祠。

⑤　陽思謙、黄鳳翔：[萬曆]《泉州府志》卷二十四《雜志》，寺觀宫廟類。

⑥　[道光]《晉江縣志》卷十六《祠廟志》。

⑦　康熙三十一年(1692 年)盧湛：《關聖帝君聖跡圖志全集》，歷代封號。光緒丁亥(光緒十三年，1887 年)，泉州府學教諭江葆熙摹刻，板藏泉郡玉犀巷文昌祠。

⑧　[道光]《晉江縣志》卷十六《祠廟志》。

⑨　康熙三十一年(1692 年)盧湛：《關帝聖跡圖志全集》，歷代封號。光緒丁亥(光緒十三年，1887 年)，泉州府學教諭江葆熙摹刻，板藏泉郡玉

犀巷文昌祠。

⑩ 見《關帝明聖真經》，“關聖帝君世系攷”，民國上海宏大善書局刊印。又見[道光]《晉江縣志》卷十六《祠廟志》，雍正九年(1731年)張焕登：《重修關帝廟記》。

⑪ [道光]《晉江縣志》卷十六《祠廟志》。

⑫ 見本志卷四“贊、詩、楹聯、匾額”和本志卷十《習俗》。

⑬ [道光]《晉江縣志》卷十六《祠廟志》。

⑭ [道光]《晉江縣志》卷十六《祠廟志》。

⑮ 見傅金星、曾焕智：《泉州通淮關岳廟志》，“刻碑”，1986年5月出版。又見泉州通淮關岳廟董事會、泉州市區道教文化研究會合編：《泉州通淮關岳廟志》，“石刻”，1991年5月版。

⑯ [道光]《晉江縣志》卷十六《祠廟志》。

⑰ 蘇廷玉：《亦佳室文鈔》，碑記。咸豐丙辰(咸豐六年，1856年)孟春，同安蘇氏刻本，侯官林鴻年敬題。

⑱ 見傅金星、曾焕智：《泉州通淮關岳廟志》，“歷史沿革”，1986年5月出版。又見泉州通淮關岳廟董事會、泉州市區道教文化研究會合編：《泉州通淮關岳廟志》，“歷史沿革”，1991年5月版。

⑲ 蘇大山：《關岳祀典・序》，民國三十年秋祭重刻本，板存本廟。20世紀20年代火災被毁。

⑳ 蘇大山：《關岳祀典・序》，民國三十年秋祭重刻本，板存本廟。20世紀20年代火災被毁。

㉑ 泉州通淮關岳廟董事會、泉州市區道教文化研究會合編：《泉州通淮關岳廟志》，“歷史沿革”，1991年5月出版。

㉒ 見《泉州通淮關岳廟修建記碑》，泉州保護通淮關岳廟古跡董事會立，1992年元月。碑砌崇先殿東壁。又見本廟志卷三《碑記》。

二　泉州通淮關岳廟恢復初期的憶述

伍澤旭

歷史悠久的泉州通淮關岳廟，不僅是閩南民間信仰文化傳揚的重要窗口，而且是我市開展對外聯絡，特別是與海外三胞聯絡聯誼的重要紐帶。長期以來，關岳廟爲泉州的教育事業、扶危濟困的慈善事業作出了顯著的貢獻，遐邇百姓，有口皆碑。撫今追昔，感慨萬千！爲補《泉州通淮關岳廟志》之缺，現將當年主持關岳廟恢復初期（1980 年底至 1983 年初）的一些情況稍加憶述，以供參攷。

十年動亂，聖像被毀，關岳廟場所被人民公社辦工廠佔用。信衆誠心，只能在廟前的土堆上香膜拜。改革開放，百廢俱興，恢復民間信仰文化已成爲廣大群衆和海外僑胞的强烈願望，一些海外信衆紛紛投書我市有關部門，要求重興關岳廟。原泉州市委統戰部部長謝永華同志認爲我長期從事海外聯絡工作，與海外三胞關係密切，且已退休，時任花橋贈藥處董事長，故委託我出來主持廟務恢復工作。我自以爲小船不堪重負，主動讓賢，舉薦蔡樵生先生擔負此任。不料，蔡樵生先生爲“文化大革命”所衝擊，認爲負責此事仍有風險，婉言推辭。謝永華同志代表統戰部復將恢復關帝廟工作的重擔委託於我，並吩咐我，只要讓花橋董事會董事兼任關帝廟董事會董事，不必另設機構，事情便由復雜變爲簡單。臨難受命，又造福於鄉梓，不好推託，便着手關岳廟的恢復工作。這個時期，我主要做了五件事：

一　解決籌備會地址問題。籌備會人員確定之後，地址就成了一個關鍵性的問題。當時要找一個合適的地點非常不易，租一場所又苦於資金不充裕。朝思暮想，終定主意：將鳳池九號我家大廳作爲籌備會的地址。以後，籌備會在此廳召開了九次會議，許多問題都在這個場所里解決，其中較重要的事項如選舉關帝廟董事會董事與關帝廟董事會正式成立均在這里舉行。我家大廳作爲關帝廟臨時活動場所直至關帝廟有辦公地方爲止。

二　籌備資金問題。當時上級没有撥款，民間閑散資金又很難籌集和借用。啓動一項事業，没有資金寸步難行，籌備會的各位先生對此一籌莫展。在一次會議上，我將在心里醞釀已久的建議提出來：向花橋贈藥處董事會先借用人民幣六千元作爲啓動資金，如有不足可以再借。這個建議得到與會的先生們一致贊同，而後，又得到謝永華同志的贊許。後來的事實證明，這一資金爲關帝廟起始運行作出了不可估量的貢獻。

三　穿針引綫，開展聯誼工作，争取華僑資金建廟。自從讓我主持恢復關帝廟工作以後，我利用擔任泉州市開元兒童教養院和花橋贈藥處董事會董事長之便，與海外華僑廣泛地進行書信聯係。如今印象較深的有：菲律賓的李祖武先生、許塑宇先生，印尼的李天生先生、黄榮輝先生，新加坡的何瑶煌先生、顔再興先生、廣義法師，以及臺灣的李炳南先生、周大圍先生……這些海外僑胞和臺灣同胞或在當時或在後來都給予關岳廟以資金及其他方面的支持。

四　迎回關帝聖像，保護好珍貴文物。泉州關岳廟神位聖像因“文化大革命”被毁。關岳廟恢復開放後，廟中尚無聖像，成爲一大遺憾。我聞知里人集資妝塑立體關帝聖像一尊在金粟寺内敬奉，即走訪該寺住持林扁姑，與其商議將聖像移駕關岳廟，承蒙欣然應允。乃擇吉日備車於晚間十二時運回聖像。當時全體董事齊集廟門口恭迎，聖像按時安座，一切圓滿成功，全城安静無嘩。

關岳廟恢復初期，我又得悉廟外還有一幅馬遠手繪關帝持刀之聖像，屬珍貴文物，藏於泉州開元寺藏經閣右房。有關人士認爲這一貴重文物應由關岳廟收藏，以供信衆瞻仰謁拜。我乃走訪妙蓮法師，誠求此事，但法師視之爲珍品，不忍割愛。我再三懇求，法師方同意暫借關岳廟。嗣後，我三番五次求見法師，請法師將此寶物贈予關岳廟，法師一爲我的誠心所感動，二爲我列出的充足理由所嘆服，終於慨允。從此，其聖像將長期珍藏於關岳廟内，諸同仁得知此消息，皆爲幸獲這來之不易的無價之寶而欣喜。

五　合情合理解決歷史遺留問題。由於“文化大革命”，關岳廟被刻印社、包裝廠等佔用，立成小學也將部分財産放在廟内。爲了早日恢復關岳廟正常運行工作，我提出先易後難，持有理、讓利的原則，委託其他董事與對方進行艱苦細緻的談判，均獲得妥善解決。實踐證明，這一解決難題的原則具有正確性和可操作性，爲外來單位和財産的搬出提供策略依據，同時爲關岳廟的早日正常開放贏得了寶貴的時間。

關岳廟的恢復工作千頭萬緒，任務繁多，我及籌委會的其他先生做了大量工作。由於現在本人年事已高，僅記住主要幾點，如有遺漏，敬請知事者補正，本人不勝感激。

（執筆：蘇定宜）

三　泉州通淮關岳廟恢復過程記述

鄭國棟

泉州通淮關岳廟，供奉我國著名歷史人物關羽、岳飛。原爲泉州祭武聖（關羽）之廟。歷史悠久，馳名海内外。清乾隆、道光《晉江縣志》《泉州府志》和《福建通志》均有記載。1966年“文化大革命‘破四舊’”被毁，1983年2月重新恢復。因工作關係，本人是參與者之一，經歷了整個修復過程，有責任把這段史實概要記録下來，以供參攷。

一　恢復的原因

這座著名的古跡，建國後至“文化大革命”前，由於不歸屬宗教組織，是由民間董事會管理，被視爲“封建迷信”的活動場所。在歷次政治運動的衝擊下，已有所衰落。“文化大革命”開始，首當其衝成爲“破四舊”對象，神像被抬在厚城街道焚燒，器物砸毁，財物流失，房産被四個單位佔用。還因年久失修和人爲破壞，已成危房。

廟雖已破壞，但群衆的信仰並没因此而消失。時有人冒着風險到廟前燒香，造成了該地段秩序混亂，交通堵塞，影響觀瞻。有關部門經多次整治，均未見效。且人越來越多，成爲一難點問題。同時，一些回鄉探親的僑胞，見此狀況也紛紛向有關部門提出意見，要求尊重他們的信仰，重新修復。

但因通淮廟的特殊性，在撥亂反正、落實政策中，没列爲落實政策的單位而擱置下來。直到1982年11月底，中共泉州市委書記張田丁，有鑒於群衆的呼聲，提起此事，並交由統戰部門調研，提出處理意見。而統戰部把此事交我辦理。

接受任務後，經深入現場了解情況，廣泛征詢地方一些知名人士意見，查閱《泉州府志》有關記載，感到該廟歷史悠久，且關岳在泉州群衆中，特别是僑胞心中歷來被視爲“正神”、“福神”敬仰。我認爲，對廟前群衆在街邊燒香問題，只宜疏導不宜阻擋。可採取“引出去，管起來”的辦法予以妥善處理。但當時對這類宫廟，仍被視爲“封建迷信”活動場所，要解決却没有政策依據，不可能按落實宗教政策、開放宗教活動場所規定辦理。經考慮後即採用“恢復”的設想，以有别於宗教活動場所開放的辦法。按這個思路，起草一份《關於恢復通淮關岳廟的調查報告》，經領導認可，以統戰部文件於 1982 年 12 月 9 日上報市委。文件簡要敘述該廟歷史、關岳信仰由來、對“三胞”的影響，以及群衆信仰習俗等情況，着重提出恢復有利於整治廟前秩序，有利於團結“三胞”，並建議採取：（一）參照歷史上管理體制，重組董事會管理；（二）動員佔用單位退還房産；（三）允許“三胞”捐資重修；（四）適當安排原“廟祝”在廟内經營金楮，負責日常安全防火、清潔工作。文件上報後，於 1982 年 12 月 13 日，張田丁書記在文件上簽上“原則同意統戰部的意見”，要求“在春節前把街上燒香遷入廟内”的批示，交統戰部辦理。此事本該由宗教科承辦，但當時宗教科認爲該廟不屬宗教，不願意接受，而領導又要求在春節前解決，時間緊促，又把這任務再交給我。

爲在春節前把街上香火引入廟内，首先必須動員佔用主殿（武成殿）的鯉中蜜餞包裝廠搬走。當同該廠負責人商討時，廠方提出要麽提供廠房對换，要麽負責爲他們安置工人的條件。多次動員不能解決，只好找其主管鯉中街道辦事處領導，傳達市委意見，要求協調處理。但有的人却擔心，協助搬遷，會不會成爲“支持封建迷信活動”，後經市領導出面，表明態度，辦事處同意了安排場所，供蜜餞廠搬遷，要求資助該廠搬遷費五千元。此款暫向花橋贈藥處董事會借支（已還）。該廠在2月10日，即農曆除夕前一天搬出大殿，爲廟的恢復走出了第一步。

鯉中蜜餞包裝廠搬出大殿的當天下午，正逢大雨，爲趕在明天除夕讓群衆能在廟内燒香。隨即組織一些熱心的群衆，冒雨清理設在三義廟前窗臺上的神龕等設施，刷洗打掃廟内。向立成小學借些舊桌，暫當供桌，用面盆裝沙作香爐，掛了一幅關帝彩印圖，就這樣準備次日重新開廟門。

重開廟門第一天，清早群衆便陸續前來燒香，驚喜發現香火已移在廟内，不少人爲之感動，稱贊政府做了好事，是“順應民心之舉”。這一天，雖是除夕，按習俗應是群衆燒“過年金”日子，但因群衆不知情，又逢雨天，前來燒香的僅有數百人，且多爲中、老年婦女，秩序井然，没有出現原先預料的轟動。

香火雖已從廟外引入廟内，這僅是個起步。而要把這座著名的古跡真正恢復起來，工作還是相當艱巨的。

二　建立管理機構

該廟歷史上的管理體制，係由地方士紳組成董事會管理。而這時，從建國前延續下來的董事會（董事長李劍舟，原福記紙行）成員，已全部去世，也没留存資料可供參考，必須重建機構。爲考慮適合人選，曾徵求一些熟悉情况的社會人士，請他們提意見、推薦。經過充分醖釀，以爲人正派，熱心公益，海外有一定知名度爲條件，選定十一人，並分别徵求個人意見。由於經歷“文化大革命”和當時極“左”思想的影響，批判封建迷信的文章時常見於報刊，在此情勢下，雖然一些人願爲公益事業服務，又難免心有餘悸，擔心再來政治運動，會是怎樣？心中無數。

經充分籌備，於1983年2月5日，召開恢復後首次董事會成立會。會議討論決定如下事項：

（一）性質：爲社會公益事業單位。

（二）名稱：爲淡化封建迷信色彩，以保護古跡之名，定爲

“泉州保護通淮關岳廟古跡董事會”。

（三）工作以集體領導、民主管理爲原則，按月舉行一次（後定恢復之日，每月 11 日）例會。

（四）分工：會議推選伍澤旭（原開元小學校長，市佛協副會長，市政協委員，民盟成員）任董事長，蔡樵生（原晉江縣中學校長，民革成員）、莊爲玠（歸僑，原僑中教師，市致公黨副主委）任副董事長。董事有劉諸侯（原市工商聯副主委，民建），林琛（教師，進士林騷後裔），陳炳焜（教師，舉人陳仲瑾後裔），王愛琛（教師，民革成員），陳兆祥（教師，民盟成員），蘇祖鶴（醫師），李沙彌（佛教居士），林存義（原廟祝後裔）。鄭國棟候補任常務副董事長。

會議還就聘用若干工作人員，制定有關管理章程、工作制度和當前工作等問題進行討論。

這屆董事會，由於種種原因，延續達十六年，換屆時已有六人去世。在這期間，董事會活動正常，堅持按月舉行例會，聽取審議每月財務收支、工作情況匯報、研究決定工作要點。同時積極做好“三胞”聯絡、接待，參與各項公益事業活動。不計個人利益，爲通淮廟的建設、發展發揮了應有的作用。

三　收回被佔廟産

這是“文化大革命”造成的後果。收回時阻力很大，任務艱巨。因涉及到佔用單位的既得利益，不易輕易歸還，他們以種種藉口爲由，既不承擔損壞古跡的責任，反而提出各種條件，要求予以賠償。

“文化大革命”初始，通淮廟房産被佔的情況是：立成小學佔用了崇先殿全部和三義廟前殿、大殿；鯉中蜜餞包裝廠佔用武成殿的前殿、大殿；清華紙盒廠佔用武成殿的後殿，刻印社扇骨廠佔用三義廟的後殿。他們佔用期間，有的建築物被毀或任意改動，廟已面目全非。

爲妥善解決這實際問題，爲廟的活動提供場所，在有關部門的支持協調下，董事會用了六年的時間，終於收回全部房産，爲修建創造了條件。這些被佔房産歸還時間依次是：

1983 年 2 月 10 日，鯉中蜜餞包裝廠歸還武成殿大殿，春節過後歸還前殿，全部搬遷完畢。

1983 年 2 月 28 曰，經動員，刻印社扇骨廠無償歸還三義廟的後殿。

1983 年 9 月 10 目，經動員，清華紙盒廠無償歸還武成殿的後殿。

在解决上述問題後，剩下的立成小學，他們佔用最多，解决的難度也最大。多次同該校負責人商談時，屢遭拒絶，認爲那些被佔房産，是屬“教育的財産”，説“任何人都不能動用”，因而僵持不下。直至 1985 年 2 月 28 日，時任市委副書記的陳克輝爲此出面協調，召集教育局正、副局長、立成小學校長、統戰部副部長傅維生和鄭國楝參加，就房産歸還進行協商，研究解决辦法。經討論，初步達成由董事會資助學校建一座教學樓爲條件的意向。雖化解了僵局，而具體問題尚待進一步協商。爲抓緊落實達成的意向，就教學樓的建設面積、造價、資助數額、付款辦法和歸還房産期限等問題，董事會同學校幾經協商。最後經估算確定教學樓造價爲二十一萬元。由教育局撥付五萬元，董事會資助十六萬元，先付七萬元，學校即交還三義殿前殿、大殿。餘九萬元，視施工狀况，分期撥付。工程落成時，學校再交還崇先殿房産。並就上述内容寫成協議書，於 1986 年 8 月 6 日，由教育局長洪鎮盤、立成小學校長陳玉霞、董事長伍澤旭、統戰部鄭國楝在協議書上簽字。

當時，資助立成小學十六萬元，相當於恢復廟的活動後 1983 年至 1985 年三年的總收入，資金欠缺是一大難題。面對這種情况，考慮到這些房産如不能收回，終會影響廟宇的修建，爲此董事會克服了求穩、畏難的思想，採取積極應對，凑足首期付款先予解决。

立成小學教學樓，經設計、施工，於1988年8月27日落成，30日該校按協議交還崇先殿。費時六年多，通淮廟收回被佔用房産問題，終於得到完滿解決。

四　修建工作

該廟原占地（不含1995年11月購地四百三十四點五平方米）面積一千二百零三平方米，建築面積六百八十六平方米。因久年失修和人爲破壞，已成危房。恢復活動後，爲改善環境，確保安全，攷慮非重修不可，以此作爲董事會工作目標。經多方努力，在有關部門的支持、海内外信衆捐助下，按照"修舊如舊"的原則，重新規劃，調整佈局，精心建設，完成了一次該廟有史以來規模最大的修建工程。這次修建，除對武成殿的主殿、前殿進行維修外，其餘全部（一千零三十平方米）重建，使廟宇協調對稱，形成群體，建築總面積達一千三百二十七平方米，比原有增加近一倍。建成後，成爲古城泉州市區一處遊覽觀光、群衆朝聖、接待"三胞"、對外文化交流的重要場所。

在這次修建過程中，也面臨和克服了不少實際問題，主要有以下幾方面。

（一）經費問題。在人們的心目中，通淮廟是塊"大肥肉"，只要廟門重開，不愁無錢修建。但實際並非人們想象的那樣。重新開放第一天（農曆除夕）收入僅有七十四元。第二天（正月初一）七十二元。2月份（11—28日）總收入僅二千四百一十九點八三元。全年共收三萬二千三百七十三點四四元。1984年收入雖有較大增加，也僅七萬七千五百八十四點四元。這同修建所需經費，以及應付收回房産的補償估算百萬元距離太遠。按當時實際情況，經費來源的確心中無數。

（二）廟宇佈局問題。據記載，通淮廟歷史上不是一次建成的。原先僅有現在的武成殿，明萬曆年間，把廟的右側原平浪侯廟併入改爲三義廟。清雍正年間，因敕封關羽三代祖先，又在廟右側靠後建崇先殿供奉。這樣，形成三義廟前殿臨街，比主廟的前殿突出近兩米，遮住了主廟前殿。而崇先殿却退在同主廟後殿右側並排。整座廟宇不成群體。既影響觀瞻，也不利於人群流動。爲此，考慮藉此修建機會，作一次重新佈局，力求使三座建築物有序排列，形成整體。但這思路是否可行，爲慎重其事，董事會廣泛征詢了泉州文物管理委員會、文史界、建設界的專家，共商此事，聽取意見。多數人認爲重新規劃可行，表示贊同。經充分醖釀後，於 1986 年 8 月 15 日，就通淮廟修建設想，邀請原市規劃辦以及各界知名人士討論，獲得共識。規劃辦主任林文華，按這設想，熱情地安排設計人員爲廟的修建測量，繪制設計圖紙，及辦理各項事情所需的手續。

（三）施工人員。經過“文化大革命”後，當時懂得建築具有閩南風格古寺廟的能工巧匠已爲數不多。這時，剛好原泉州市長王今生在離休後，受華僑之託，正在重建承天寺，組織了一批土、木、石老技術工人。爲解決施工人員難題，即去求助於他。王老聽了情況後，當即決定抽調所需技工支援。還表示協助採購建材。在他的熱情支持下，通淮廟的修建工程得以順利進行。

通淮廟的修建，受到房産收回有先後和資金短缺等原因的制約。恢復後首先是對武成殿進行屋面維修，重新製作寐室、門窗等必要設施。真正大的修建是從 1986 年開始。按當時的實際情況，修建採取一次規劃，分項施工的辦法。經充分準備，於 1986 年 11 月 19 日破土動工。以下記述各項建築起始和完成的時間：

三義廟前殿：1987 年 1 月 15 日動工，同年 7 月 25 日完工。

三義廟大殿：1987 年 8 月 10 日動工，同年 11 月 26 日完工。

辦公樓：1987 年 11 月 15 日動工，1988 年 2 月 12 日封頂。

崇先殿前殿：1988 年 9 月 9 日動工，同年 12 月 12 日完工。

崇先殿大殿：1988 年 12 月 14 日動工,1989 年 4 月 22 日完工。

厨房、倉庫、衛生間：1989 年 6 月 6 日動工，同年 8 月 7 日完工。

燒金亭：1989 年 11 月 13 日動工，1990 年 2 月 5 日完工。

重塑神像：三義廟原供劉備、關羽、張飛和孔明像，已毁。爲陳列有序，重塑時，增塑趙雲像，填補右龕空位。由詹家佑雕塑，於 1989 年 11 月 2 日完工。

崇先殿，原以木(主)牌，供關羽的父、祖父、太祖三代神位，修建後爲與三義廟神像對稱，參照山西解州關羽家廟的神像照片，仍由詹家佑改爲泥塑神像，於 1990 年 9 月 25 日完工。重新雕塑的神像栩栩如生，蔚爲壯觀。

與此同時，還抓緊殿堂油漆、屋頂裝修，廟前龍、虎垛建造等工作，於 1990 年 10 月 10 日通淮廟修建工程終於告成。

爲答謝各界人士對通淮廟修建工程的關心、支持和擴大對海内外的宣傳，經董事會研究決定，於 1991 年 5 月 27 日舉行重修落成慶典。臺灣雲林縣保長湖保安宫特組團(五十四人)前來祖廟祝賀，贈送匾額。同日邀請曾關心通淮廟恢復的老領導，原泉州市委書記張田丁、副書記齊世和、市長楊維輝、人大主任黄伙木、政協副主席崔争存及統戰部領導，涖廟參觀，聽取匯報。他們對這座昔日破爛不堪的古跡，如今焕然一新，甚感欣慰，要求董事會再接再厲，爲社會公益事業，聯係、接待"三胞"，加强管理等做好工作。隨着修建告成，環境改善和海外宣傳的逐步擴大，以及管理工作日漸完善，通淮廟走上了新的發展階段，接待人數逐年增加，效益每年以兩位數遞增。以 1992 年統計，總收入比 1983 年恢復時增長二十二點二四倍，捐資人數增長四點九一倍，金額增長十五點零六倍，其中"三胞"捐資人數增長七點三五倍。在這期間的總支出：用於修建佔百分之五十二點四六，公益事業佔百分之二十四點五，宣傳接待佔百分之五點九一，人員工資佔百分之三點六五，零雜費用佔百分之六點二六，文物修復佔百分之一點三一，文化研究佔百分之二點零四，開設服務部投資佔百分之三點六三，印製籤詩佔百分之零點二四。除應付各項開支外，這時董事會已有節餘，爲今後工作奠定了基礎。

四　二十世紀三十年代初，重修後的泉州通淮關岳廟平面示意圖

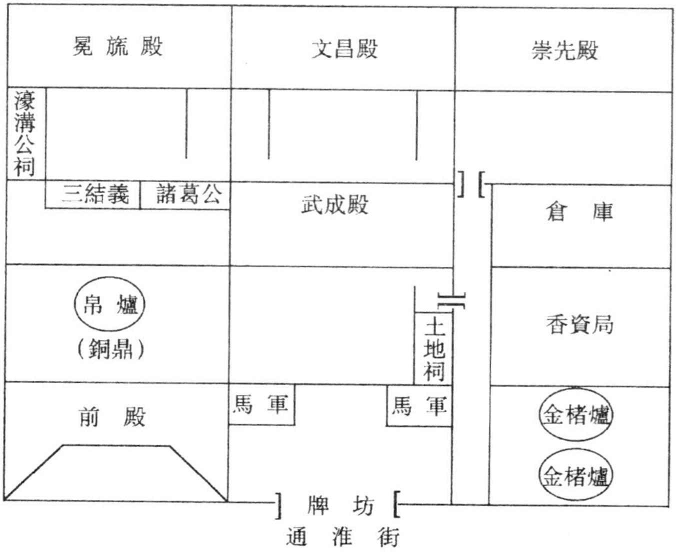

說明：20 世紀 20 年代末火災，30 年代初重修。

本圖爲 30 年代初重修後概況。

五　二十世紀三十年代，泉州通淮關岳廟禮樂廳(立成小學)平面示意圖

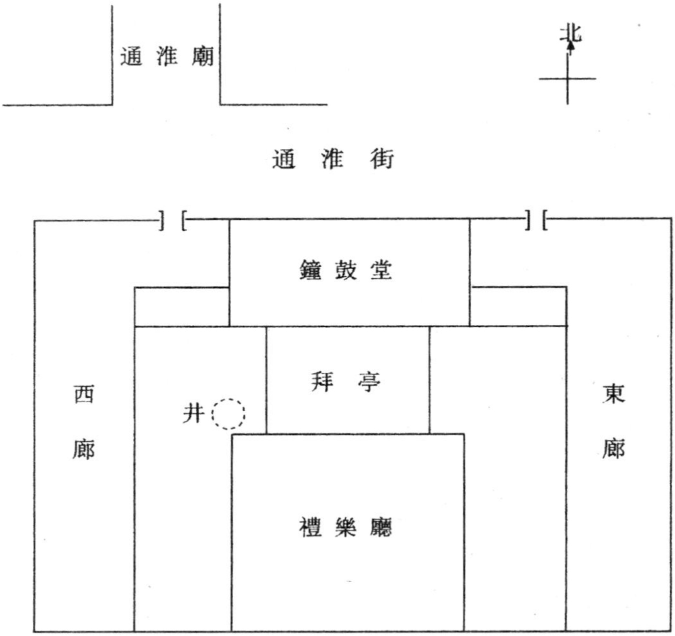

説明：鐘鼓堂面對廟門的木板壁，下半壁固定，約一米高，上半壁可以啓閉。

六　二十世紀三十年代，泉州通淮關岳廟焚帛爐和廟前牌坊示意圖

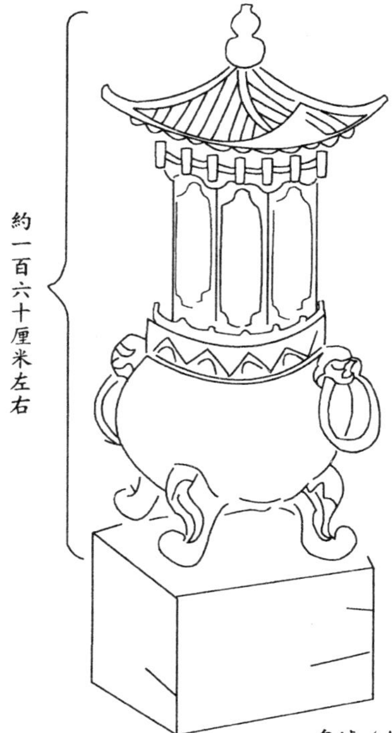

帛爐（銅鼎）

説明:此牌坊係鋼筋水泥結構,因建成後即遇抗日戰爭發生,故長期僅存素坯,不加修飾,没有匾額和對聯。

卷二

文獻

一 ［萬曆］《泉州府志》

關王廟在郡城通淮街北，郡人奉之特盛。廟有左右堂，萬曆四十年復塑三義、諸葛武侯像，並祀於廟堂之右。

注：見陽思謙、黄鳳翔編纂［萬曆］《泉州府志》卷二十四，雜志，寺觀宫廟類，1985 年重印本。［萬曆］《泉州府志》編纂於萬曆壬子年（萬曆四十年，1612 年）。

二 ［乾隆］《泉州府志》

關帝廟在府治惠義舖。明嘉靖間長史李一德重修，萬曆間復於廟右塑帝及漢昭烈帝、張西鄉侯、諸葛丞相像。

天啟元年於後殿塑帝袞冕像。郡紳楊維清、李光縉、徐某修廟，廣僧道住持居室，復有記立石。

國朝順治九年，敕封忠義神武關聖大帝。雍正五年敕封神曾祖光昭公、祖裕昌公、父成忠公，增設神牌附祀於右殿之後，歲春秋二仲月吉日及五月十三日致祭。

注：見懷蔭布等編［乾隆］《泉州府志》卷十六《壇廟寺觀》。同治庚午重刊，民國十六年補刊本。

三 ［乾隆］《晉江縣志》

關帝之祭

廟在府治惠義舖（即塗門街）。［李光縉記］：創始年代莫考。嘉靖間，長史李一德重修。天啟元年，於後殿塑上帝袞冕像。順治九年，敕封忠義神武關聖大帝。歲春秋仲月，頒行吉日及五月十三日致祭。雍正五年，敕封神曾祖光昭公，祖裕昌公，父成忠公，增設神牌，附祀於殿之後。同日致祭。

注：見方鼎等修纂［乾隆］《晉江縣志》卷五《秩祀志》，二，廟祭。民國三十四年一月重印。

四 [道光]《晉江縣志》

關帝廟，在府治惠義舖（即塗門街）。明嘉靖間，長史李一德重修。萬曆間，復於廟右塑帝及漢昭烈帝、張西鄉侯、諸葛丞相像。天啟元年，於後殿塑帝袞冕像。郡紳楊維清、李光縉、徐某（即徐十洲，但失真諱）重修。廣僧道住持居室，復立碑記。

國朝順治九年，敕封忠義神武關聖大帝。雍正五年，敕封神曾祖光昭公、祖裕昌公、父成忠公，設神牌增祀於右殿之後。九年辛亥，邑人捐修。乾隆四十三年戊戌，郡紳士捐修。

嘉慶十九年閏三月，奉旨加封忠義神武靈佑仁勇。道光三年復勸捐修葺。八年正月，奉旨加封忠義神武靈佑仁勇威顯。（嘉慶八年，提督顏鳴漢、城守英林，移祭於萼輝舖提署之左武廟，此廟祭缺。）

注：見周學曾等纂修［道光］《晉江縣志》卷十六《祠廟志》，關帝廟，第422—427頁，福建人民出版社，1990年版。

五　［民國］《福建通志》

關帝廟在府治惠義鋪。明嘉靖間，長史李一德修。清雍正、乾隆間相繼修（官獻瑶記）。道光三年重修。一在萼輝鋪提督署左，康熙二十七年提督張雲翼建。嘉慶間提督顔鳴漢移秩祀之祭於此。十八年提督許文謨捐修。

注：見［民國］陳衍《福建通志》，壇廟志卷三，泉州府晉江縣。

六　新編《鯉城區志・文物志》

通淮關岳廟

在市區塗門街，有近千年歷史，原稱關王廟，因宋神宗（1068—1085 年）敕封關羽爲帝，改稱關帝廟。民國三年（1914 年），增祀岳飛，改稱關岳廟。“文化大革命”中關閉，1983 年重新開放。1986—1991 年，大規模重修，將三義廟前殿退後同主殿的前殿並列，使三座神廟連成一體，形成結構對稱、廟貌壯觀的建築群；後面原爲平屋，現改建爲三層樓房，仿古裝修。主殿祀關聖帝君與岳忠武王；左旁崇先殿祀關帝曾祖光昭公、祖裕昌公、父成忠公；右旁三義廟祀劉備、關羽、張飛，配祀諸葛亮、趙雲。修復後的殿宇，屋脊剪瓷龍雕，造型各異，其間配有花鳥走獸，體現閩南古建築的藝術風格。廟内有宋代米芾、明代張瑞圖、董其昌等書法大家的作品，“公平正直，入門不拜無妨；詭詐奸刁，到廟傾誠何益”等楹聯妙對點綴其間。

注：見泉州市鯉城區地方志編纂委員會編《鯉城區志》卷二十八，《文物志》，中國社會科學出版社，1999 年 12 月版。

七　新編《泉州市志·宗教志》

通淮關岳廟

位於市區塗門街（古稱通淮街），始建年代不詳。以前通稱關帝廟，民國三年增祀岳飛，故改今名，簡稱通淮廟。明嘉靖年間（1522—1566 年），長史李一德重修。萬曆年間（1573—1620 年），復於廟右塑關帝及劉備、張飛、諸葛亮諸像，俗稱“三義廟”。明天啟和清順治、雍正、乾隆、道光等朝屢次加賜封號或擴建、修建，殿宇規模不斷拓展，享有官方隆重祭典，香火鼎盛，分靈遍及臺灣和海外各地。廟中現存的碑刻有：清乾隆四十三年（1778 年）官獻瑶譔的《重修泉郡通淮關帝廟碑》和乾隆四十二年重修收支情況的石刻，咸豐七年（1857 年）《關聖帝君祖塋碑記》、《立看守碑》，嘉慶二十四年（1819 年）臺灣林光夏所書的石刻，道光二十年（1840 年）蘇廷玉書的《關帝覺世真經》。

民國期間，每年仍舉行春、秋二祭，由泉州地方武職長官主祭。曾有道士林元遠、砂母師居住廟内。

“文化大革命”期間，廟被佔作他用。1982 年，重組“泉州保護通淮關岳廟古跡董事會”，1983 年 2 月 11 日恢復活動並著手修建，廟貌煥然一新。

注：見泉州市地方志編纂委員會編《泉州市志》卷四十八《宗教》，中國社會科學出版社，2000 年 5 月版。

八　新編《泉州市志·文物志》

通淮關岳廟

位於市區塗門街東段北側，坐北朝南。始建年代不詳，明嘉靖間重修，清、民國時期均有重修或擴建，現存爲民國初年火災後重建。三廟相連，中爲關岳廟，東爲聖父母廟，西爲三義廟。關岳廟祀東漢關羽、南宋岳飛。由山門、天井和武成殿組成。山門三開間，二進深，正殿三開間，五進深，單檐歇山頂抬梁柱磚木結構；聖父母廟祀關羽父母；三義廟祀劉備、關羽、張飛，旁祀諸葛亮。三廟規制結構相同並排成列，佔地面積一千二百平方米，爲市區七個城門原建七座關岳廟中僅存的一座。

注：見泉州市地方志編纂委員會編《泉州市志》卷四十二《文物志》，中國社會科學出版社，2000 年 5 月版。

卷三

碑記

一 重修碑記

（一）明嘉靖間（1522—1566年）李一德《重修關侯廟記》

重修關侯廟記

侯之事昭烈也，古今人偉其忠矣！侯則忠矣，而所以得完其忠者，智也。漢獻不君，董郭肇孽，孫吳曹魏建號立國，往往弁髦帝室，不知有漢天子之後久矣。玄德初起，雖云帝冑，而孤貧販履，無尺土寸地之階。一時材名之士，如荀文若、周公瑾、魯子敬之輩，不南歸吳，則北歸魏。而中山靖王之冑無擇焉，而惟侯知之。侯蓋知有漢，故知有漢天子。之後匹夫相遇而相然信以死，豈其無故而弟昆哉！無亦環視諸劉之輩，若焉、若表、若璋，盡孱弱闇懦，不能自振，而有大志如玄德者，可以留如綫之緒，而嘘既燼之煨。侯之與漢，始委志於此矣。東奔西竄，雖死不貳，何論間關哉？世每奇孔明之得先主，而丑文若之事曹公，胡不以侯觀之也？夫隆中未出，劉豫州已有聲於吳魏矣。仗之以名義之正，加之以枉駕之勤，故諸葛公之識先主也，常易於侯。荀文若之歸操，其初心豈遽無漢哉！特其料主擇君，無侯蚤智，故誤以挾帝爲秉忠、僞兵爲倡義。迨九錫既加，或悔亦已後矣。使侯而無有興劉之識，必不知北面於有度之君，或而有如侯之見，亦何至飲恨於壽春之死。然則侯之知主，猶在諸葛公之右，而以死漢視之，或其汗下於九原哉！而何況於老瞞之徒也。或曰侯之死荆州也，謂何噫嘻！侯爲漢死焉耳。侯不云乎，吾受劉將軍恩，誓以共死。則侯忠也，乃其死而得以爲漢之名，終而不如，或之死漢，而入於魏也，是則侯之忠且智也夫。

注：原碑已没，碑文原載明嘉靖間晉江何炯《清源文獻》。清朝柯輅增補《清源文獻》，成爲《清源文獻纂修合編》。李一德碑文在該書第十卷，係手抄本，藏泉州市圖書館。

碑文又載於明崇禎間晉江李光縉《景璧集》卷八《碑記》，江蘇廣陵古籍刻印社 1996 年 4 月出版發行。這里有誤，原因是李光縉的門人諸葛羲和女婿蔣德璦編輯《景璧集》時，誤把李光縉叔父李一德的《重修關侯廟記》收入《景璧集》。

碑文亦見傅金星、曾焕智編《泉州通淮關岳廟志》，廟記，第 34—36 頁，1986 年 5 月出版。

作者簡介

李一德（1517—1575 年），字恒甫，别號雲泉。嘉靖十六年（1537 年）中舉人。嘉靖十七年至嘉靖二十九年考進士，“既應公車，四上不第”。其後，又有嘉靖丙辰（嘉靖三十五年，1556 年）的“上春官又不第”。

嘉靖三十五年，“授廣州府連州陽山知縣，先輯民而後除盜，以教化風俗為首務”。“擢濟寧州守”，將行，“邑士民攀轅不能去，相與立生祠於唐韓昌黎、我明莊白里二賢令之左右，稱三賢祠”。濟寧地處衝要，“漕河、部院、中丞開府其中，東省諸司、並郡邑大小吏輻輳而至”，應酬“供應之繁，苛禮辱節”之多，不勝負擔。竟以“廉静不苛”為名，“調鬱林州”。州城廢壞不治，至則修治故城墻，興修水利，興州學。“行節儉，罷官市；貨物常用，鬻如民間，登簿給直”。時潮州畲族造反，舊州守不能止，“復之任郁州，郁人喜其來”。

隆慶丁卯（隆慶元年，1567 年），“擢襄府長史”。隆慶二年，乞歸。“遣官校護送抵家”。李一德為人“寬洪簡重，不設城府，遇族戚有恩意”。自襄陽歸里，“营小園亭於居之前左，自比緑林，額：‘與造物遊’。時招客局飲，移花蒔木，養魚畜鳥，吟弄風月其中，此適志自快。甫八年卒”。葬紫帽山之前。

注：見明李光縉《景璧集》卷十六，志銘，《明奉政大夫襄府長史從叔父雲泉公暨叔孝懿陳宜人墓志銘》。福建省文史研究館編，江蘇廣陵古籍刻印社，1996年4月出版。

（二）明萬曆癸卯（萬曆三十一年，1603年）李光縉《漢關前將軍漢壽亭侯廟記》

漢關前將軍漢壽亭侯廟記

今天下祠漢壽亭侯者，遍郡國而是。其在吾泉建宫，毋慮百數，獨吾儒林里中廟貌爲勝。詢之故老，不知創所由始。相沿至今，上自監司守令居是邦者，迨郡薦紳學士，紅女嬰孺，亡不人人奔走，禱靡不應，應靡不神。先是某從父相國雲泉公爲記廡壁，光縉獲弓之禱於侯，癸卯伐珉記之曰：今所爲頌侯之烈，與侯所以千百世之人心者，得非以一念殉漢之忠乎！竊以爲未盡侯也。夫帝室之有隆替，國統之有存亡，自生民有主而來，誰代無之，何但漢？其歷朝死事諸臣，當改姓易命之秋，殺身翼主而極忠無二慮，何但侯？然皆一時能使人嘆息咨嗟，傳之久而名存耳，未有若侯靈響，今凛然如生者。國於天地必有興立，惟是生人五倫、兩儀不得以墜，二曜不得以晦，人心不得以死。侯始遇玄德，朋友也；約盟而後，兄弟也；及推爲中山靖王裔，以主事之，則君臣父子也。平居無里閈之驩，非胞乳之共，不有折圭擔爵之素，匹夫相友，然信以死，先兄而後臣之，間關周旋，各盡其道，此侯之所以獨高千古也。先主得孔明而魚水之，侯不悦。侯豈爲新間舊，少加長之私情乎？蓋謂彼兄弟也而分三國，我兄弟也而盟一心。惟其有所不足於諸葛氏兄弟之間，所以不無致疑於三顧。君臣之際，侯之爲人，弟道可見於此矣。孔明請先主於吳爲援通婚姻之國，侯罵其婚，絶其使。侯不欲教子二也。權身爲漢賊，侯忠漢，假令屬其女於亂賊之子而有所私善於吳，不惟悖先主且悖漢。故以婚姻爲完蜀計則可，侯爲其子計則不可。下邳之役，操有心矣，侯不臣操，操亦終不加侯。侯爲漢報操，操豈爲漢故而全侯也？彼其賊漢天子、逐天子后，敢於手刃而無疑。一旦見侯凛凛軍中，所稱臣而母事者，乃其平昔嫂呼之人，無幾微禮失，不惟明主臣之道，而且遠叔嫂之嫌，遂不覺神悸而魄奪耳。夫良心之發，義理之窟。雖賊瞞亦有之，而況天下後世之人心乎？何國而無君臣，何家而無父子，何人而無兄弟、朋友、夫婦，且今之奔走而禱於侯者奚而人也？非其感於行役之義，則其動於瞻陟之情。原隰之可懷，嚶鳴之求聲，九十之卜其儀，五六之期其詹，而皆以問於侯。侯儼然在上，若挈天綱地維以詔人，不言而人心自肅。天下之争祀侯以此，不但以其殉漢而死事也。郡人廟侯於孔氏宫之左。孔門之教莫大人倫，《春秋》之誅亂賊，誅其悖乎倫者。若不賞欒、不逾境、不討賊之類，不必身親弑而後斧鉞之。諸弟子中，所推勇惟仲子路，迂正名死結纓，夫子皆過之，而計其弑君父而不從，則能明倫理之正，而不失食禄死難之義也。侯素好《春秋》，是以明正統，仇孫、曹。使其得吾夫子爲依歸，當其在仲由之右與？郡人祀侯甚恪，不盡所以祀，故以此語之。其或有不忠、不孝、不弟、不友、不信者，無得入此廟。縱禱於侯，侯亦必不應之。

注：原碑已没，碑文見李光縉《景璧集》卷八《碑記》。又見［乾隆］《泉州府志》卷十六，壇廟寺觀，寺觀志，晉江縣附郭和［道光］《晉江縣志》卷十六，祠廟志，祠廟。

作者簡介

李光縉，字宗謙，户部主事仁之子。師事蘇濬，濬深器之，謂：“異日必成大儒。”萬曆乙酉鄉薦第一。日研經史，潛心大業，取四書易傳玩索討論而手筆之。座師黄懋忠之子開府閩中，足未嘗至其門。徵修郡志，同事欲立其父傳，固辭曰：“班、馬著書，談、彪止附自序；淳父載筆，景仁留待後時。先人誠令德，無以小子故，使人猜有阿私。”衆服其卓識。著作甚多，尤喜序述忠義節烈事。其文悉嘔心而出，不輕下一語。卒年七十有五。學者稱為衷一先生，郡人請祀於學宫。所著《景壁集》、《四書要旨》諸書數十卷。

注：見［道光］《晉江縣志》卷三十八，人物志，名臣二。

（三）明萬曆甲辰（萬曆三十二年，1604年）李光縉《塑三義像記》

塑三義像記

郡故有漢壽亭侯廟，靈響特異，士民奉之甚恪。廟左右堂，左祀壽亭侯，右祀平浪侯晏公，不知所從始，久沿莫敢更。萬曆甲辰歲，奉佛者遷平浪侯於堂之右偏，而中塑觀音大士像，爲善男信女皈依之地，識者非之。壬子春，移大士像於月臺之禪室，而里中孝廉張汾、文學楊君某某、何君啓昇、張君某，相議塑劉先主、關壽亭侯、張西鄉侯，附諸葛武侯祀於其中堂，位南向；而奉平浪侯於前廳，位北向。塑既成，表漢時共事之雅，開泉人未有之祀，觀者如堵。縉記之。夫古今言義者，皆屬之君臣，而於朋友則言信。然信近於義而言始可復，則信亦義之符也。雖謂朋友爲義交可矣，乃若兄弟未有言義者，其親本乎父子夫婦之生，其倫秩乎胞乳先後之序，乃天之所洽，非人之所設，安得言義？兄弟而以義言，則自劉先主於關張始也。先主起涿郡，壽亭侯起解州，西鄉亦涿郡人。三人生不同地，居不同族。先主雖中山靖王之後，一販履之夫耳，非有爵位名號蚤有聲於天下。而卒然相遇於崎嶇草澤中，意氣歡投，約爲弟昆，此識見有大過人者。卒之間關險阻，死生不分，其信嚴於天地，炳如日星，可謂知大義矣。然人知其義而不知其所以義，知輔先主之爲義，而不知其約謀興漢之爲真義。蓋當是時，漢室雖不綱，獻帝之共主猶存。以曹瞞之奸，猶知藉其名、挾其威，以令諸侯。而九錫之加，必假漢天子詔而後受之，寧以先主爲漢裔，壽亭、西鄉爲漢臣，而不知爲帝室謀者？令其初相與盟，先主即有帝制自爲之心，壽亭、西鄉亦自有帝先主之意，以此挾力起兵，窺伺漢室，則先主亦孫曹之等，而壽亭、西鄉亦公瑾、司馬仲達之流耳，安在爲義哉？今按，先主之稱漢中王在建安二十四年，而其即帝位於武擔之南在魏黄初之二年，皆曹氏廢帝自立、遇害發喪之後。而當其顧諸葛武侯於隆中，惓惓以伸大義興漢室爲言，武侯亦以其帝室之胄也，故寧與其兄分事而不肯一失身於孫曹，則先主之心噓炎漢，關張信之，武侯亦知之，而當獻帝之在時，其無稱王自帝之心明矣。先主與孫曹争雄長，其用心與孫曹異。先主之心，扶漢者也；孫曹之心，無漢者也。先主欲扶漢，則不得不仇其賊漢者；壽亭、西鄉欲爲先主而扶漢，則不得不效死力於先主。先主仗大義之心與壽亭合，壽亭爲漢室仗大義之心，又與西鄉合。此三人者，其狀貌之恢奇，可一望而知；其議論之慷慨，可一聞而決。固宜其片言之約，遂定爲終身之券，寧爲漢死而不悔也！匹夫慕義相然信以死，後往往相悖戾，豈必其終而始渝盟？良由其剖心示信之初，已懷有苟富貴圖私利之志，一旦形分勢隔，猜嫌遂生，而戈矛遽露矣。譚、尚之相攻，丕、植之相迫，豈非以利哉！司馬懿於曹丕至善，而叡愛禮懿尤至，乃其殺曹之子孫殆盡，政向之所引爲股肱心膂之臣，然不於其誅爽弑髦之時，而在蒭牧臨履之際矣。彼其所昕夕覬而垂涎者，有魏之鼎在耳。夫自古未有非輕大利之人而能與人成大義者。壽亭、西鄉以君臣之義，完兄弟之好；武侯釋兄弟之好，完君臣之義。或先弟而後臣，或先師而後臣，則先主以義始，而三臣以義終，魚水之歡，同休等戚之愛非偶然也。史稱先主於二人，寢則同床，恩若兄弟，而侍立周旋，不避艱險。武侯亦自表於先主：臣死之日，不使内有餘帛，外有餘財，以負陛下。其見大義而忘利如此。嗟夫！使世人而皆能見義以忘利也，則恩誼之情篤，而身家之心輕矣。以處君臣、兄弟、朋友之倫，何所不可哉！余故特表而出之，以爲世之臣、弟、友者勸焉。

注：原碑已没，碑文見李光縉《景璧集》卷八《碑記》。又見［乾隆］《泉州府志》卷十六，壇廟寺觀，寺觀志，晋江縣附郭。再見［道光］《晋江縣志》卷十六，祠廟志，祠廟。

（四）明萬曆甲辰（萬曆三十二年，1604年）李光縉《關壯繆侯廟鐘記》

關壯繆侯廟鐘記

廟故無鐘，萬曆甲辰歲，里人冶金爲鐘。既成，懸於廟楹之左，請銘於予。予方與坐客談漢事及侯，客曰：壯繆義高千古，讀子之廟碑備矣。敢問赤壁江之捷，曹公敗走，間出華容道，壯繆遭之。令以此時誅操，豈非興漢之一大機，竟不遺一鏃，謂何哉？予應之曰：否，否。壯繆侯可謂知大計矣。當是時，豫州未跨荆、益，三分鼎立之勢未有所成，權易玄德，如几上肉，所深憚而不敢與争鋒者操耳。操死，而天下之大勢在吳矣。斫几之劍，非移之玄德而誰與？其誅曹而帝吳，不如留操以爲吳患，猶可以固孫劉之交，而借荆州之土。此壯繆釋操之深意也，豈區區戀一己之私恩，故德魏而遂以忘漢哉！客曰：子可謂千古獨喻矣。里人聞余言，請銘不已。予曰：鐘大叩大鳴，小叩小鳴，不叩則不鳴。予所謂鳴，侯之心者也。姑且以釋曹之事銘之。銘曰：金可鎔，蠡可追，簴可移，侯心如日無可疑。釋曹以分吳而爲劉兮，知之者誰？周郎之所不及料，孫仲謀之所不能期。老瞞幸脱於計中，諸葛公聞爲出奇。試撞鐘而一問兮，如受如響，如答如止。聲鍧鍧鋐鋐，神凛凛其若當時。

注：原碑已没，碑文見李光縉《景璧集》卷八《碑記》。

（五）明天啟辛酉（天啟元年，1621 年）楊維清、李光縉和徐十洲《重修關帝廟記》

重修關帝廟記

關帝廟不知構於何代何年，舊左右兩堂，左祀侯，右祀晏平浪侯。堂後爲僧室、厨竈。無異廊曲巷可便出入，溷雜甚矣。萬曆中，有塑大士像於右堂，而徙平浪侯於堂之左偏。未三年，議徙去，塑三義像祀之。廟之有劉先主、張車騎、諸葛武侯像始此。今上尊侯，稱以協天大帝，乃於左堂後廳改爲正氣堂，塑帝冕旒像祀其中，以晏平浪侯附焉。僧居益窄，堂亦弗尊。直指十洲徐公捐金，買廟右林屋增拓之，構堂於正氣之西。新前廊兩廡，蓋僧室，移厨舍。鎸契白於石，復言曰：數楹之宫，廣不數武，而摶捖乾坤，闔闢陰陽，盡在於是，奚必待大？噫嘻！侯爲國家衛社稷生靈之心，至今在目。其無藉於廣宫崇宇也，猶其無待於尊稱帝號也。而隆事侯者，不能不追崇之。拓地增修之意，固若斯焉已矣。

注：原碑已没，碑文見［道光］《晉江縣志》卷十六，祠廟志，祠廟。

（六）清雍正辛亥（雍正九年，1731 年）張焕登《重修關帝廟記》

重修關帝廟記

郡之祀漢前將軍漢壽亭侯也，前此矣。前此者何？志有之：關王廟在通淮街北，郡人奉之極盛。按傳，終漢之世，俱以侯稱；曰王，自宋崇寧始；曰帝，自明萬曆始。而通淮者，南唐郡城之東南門也。然則郡之盛於祀侯也，自通淮始。而廟之創自何代也，爲唐、爲宋，則皆無可據者。故昔之記修廟者，於其創始闕如，或曰："今天下之祀侯者，遍郡邑而是。而獨正陽也，荆州也，通淮也，三者爲舊。"是亦未可據者。《祭法》："法施民、勞定國、死勤事，皆祀之。"侯之祀者何？曰兼之矣。令德前哲，與山川社稷之神並祀。侯之爲德精微。《春秋》者，聖人經世之書也，法無或苟。孟子曰："聖人百世之師。"侯有焉，法施民矣；卯金鼎絶，侯以部曲徇徐、豫，轉戰千里，佐先主開基，正位於蜀，立宗廟，祫祭高宗皇帝以下四十三載，勞定國矣；洛陽中興之地，襄、洛不遠，侯之自將攻樊，志京洛也，章鄉之役，天也非所逆料。《詩》曰："豈敢定居，一月三捷。"志也夫！死勤事矣。或謂撤兵赴樊，侯計爲左。其不知討賊之義也有是。侯惡操，惡其賊漢也。惡權，惡黨逆也。惡有大小，討有先後，操自西還，母后弑，皇子鴆，殊禮僭，篡奪逼矣。不急擊之，郄公之兵不又勒入乎？其惡大。權雖降操，其惡小。先其大者，三代仁義之師也。且使艕艫之舟，淹風逗阻。糜傅之將，嬰城固守。師老軍懸，寇自潰矣，庸有眥乎？兼此三者，祀以此。今上即位之四年，大釐百神祀典，又推侯以風厲天下臣民。詔封三世公爵，命天下府州邑，各以廟置主，春秋祭。郡之廟於通淮者何？故事左右二堂，左奉侯，右爲三義祠。左之廳事，今改像文昌帝君，配侯德也。右爲冕旒像，則明萬曆之季也。今歲辛亥，春既祭，郡人相與議曰："維兹侯廟，實妥厥靈，而左右廳事剥焉將圮，冕旒圖像日就黰昧，不亟新之，神弗寧宇。"於是斬木伐石，一仍舊址，經始於夏四月二日，閱仲秋而告訖。功既而曰：願有述侯之廟貌遍天下，威靈恒古今，褒崇之典，久而彌隆，固非淺陋者所能贊頌也。然既不知前此之所自，弗志，後此烏考？故述其祀之所以，且以解夫或人之惑。

注：原碑已没，碑文見［道光］《晉江縣志》卷十六，祠廟志，祠廟。

作者簡介

張焕登，泉州人，雍正五年（1727 年）進士，汀州教授，未赴任卒。

（七）清乾隆戊戌（乾隆四十三年，1778 年）官獻瑶《重修泉郡通淮街關帝廟碑》

重修泉郡通淮街關帝廟碑

國家沿前典，建文廟，崇祀先師孔子。復肇建武廟，以崇祀關帝。廟用帝制，自京師暨各省、郡、州、縣，歲三祭。其儀略降於先師，在社稷二神之上。唐昌黎韓子謂：祀社稷以功，祀先師以德，固自有次第。亦惟帝明德丕顯，威靈赫濯，保任皇極，遠而彌耀。非窮殊禮、隆美報，不足以愜乎千百世企慕無數之人心也。祀先師，著令外，凡書院義學釋菜釋奠弗禁焉。祀關帝，著令外，凡通郡巨鎮以及遐壤荒區舊所立廟祈禱禬禳，亦弗禁焉。又所以廣愛廣敬而大暢乎薄海内外、士與女歡欣瞻仰之私願也。於是吾泉郡城東南隅，有街曰通淮，廟祀關帝，由來已久。乾隆癸巳年，前殿正脊之楝將撓，後殿臨八卦溝者亦傾欹弗整，一切瓴瓦榱桷俱汙漏塵朽不鮮。郡之紳士，同心勸諭，遵前規而輯之，材嫩工良，既固且新。廟前故有華表巍然，今圮矣；樹而揭之，以肅觀瞻。費洋金計千，經始於其年九月，迄丙申二月竣工。董其事以書來請記，並録舊碑文二首。按：廟之建，不知何昉。所可攷者，修於有明萬曆癸卯。爲之記者，李君光縉。繼修於國朝雍正辛亥。爲之記者，張君焕登也。二君惕詡帝之扶樹彝倫，更援引《祭法》，昭示來兹，其言美矣、備矣。顧余竊有感於韓子功德次第之云，而嘆帝之超群絶類，所以接武乎先師者，洵可與天地比壽，與日月齊光也。《易·説卦》云：“立人之道，曰仁與義。”仁者，天德之元也；義者，天德之正也。仁之至者統乎義，而稱先師必以仁該之，謂其如太和元氣流行於四海也。義之至者成乎仁，而稱帝必以義該之，謂其至大至剛、浩然正氣塞乎兩間也。天生先師以立仁之極，人道斯立焉；復生帝以立義之極，人道斯立焉。立仁之極，親而尊；立義之極，尊而親。記稱凡有血氣者，莫不尊親，而溥而横之；覆載照臨之域，無遠弗届。故能比壽天地，齊光日月也。國家既立文廟以祀先師，必立武廟以祀帝。嘉與敷天，合敬同愛，日優遊乎安宅正路，而莫知爲之者。余故闡而出之，以發前修未發之藴，以表紳士洞洞屬屬難已之誠。凡在役者，其勤事能施，皆可書也。且俾數典者，有攷於將來云。

乾隆四十有三年歲在戊戌嘉平谷旦

郡人詹事府司經局洗馬官獻瑶熏沐恭紀

注：原碑已没，重刻碑砌三義廟西壁。碑文見［道光］《晉江縣志》卷十六，祠廟志，祠廟。

作者簡介

官獻瑶（1703—1782 年），字瑜卿，號石溪，安溪還二里福春鄉（今長坑鄉福春村）人。生於清康熙四十二年（1703 年）。七歲入里塾，其父親自課督，學習成績良好。十六歲進入縣學，得到學使的賞識，以私俸獎給他購書籍。二十七歲，被選入國子監學習，得到漳浦學者蔡世遠的賞識，被收為門生，經蔡世遠的介紹，受業於桐城著名學者方苞。在這兩位老師指導下，深入探討濂、洛、關、閩等家的精義和六經深奥論點，成績優異。時值李光地的孫兒清植在京任禮部侍郎，聘他為家庭教師，因得遍讀李光地所著書籍。他崇拜李光地的學説，還能有所發展。高安朱軾（文華殿大學士）很推重獻瑶，曾説："我老了，振興吾道的重任，就落在你身上啦！"

乾隆元年（1736 年），起用遺老，江陰楊名時從滇南被召回，即上疏推薦七個士子，獻瑶也在其中。那年獻瑶參加順天

（北京）鄉試中舉，即被安排在國子學當助教。其時高宗尊儒重教，獻瑶剛入學，便建議應行事宜六條。那時的六堂助教，有進士莊亨陽等，各任一經，獻瑶分講《尚書》。他們都學有根柢，志同道合，弦誦之聲，夜分不絶。京都人士贊他們為“四賢五君子”。

乾隆四年，獻瑶捷南宫，殿試對策，援引經義論述時事，置二甲第二名進士，選庶吉士，充三禮館纂修。獻瑶分修《地官》、《秋官》。次年請假回鄉省親。乾隆七年，入都散館，兩次參加御試，都列一等，授翰林院修讓，記名御史，未及補，便奉命主持甲子年（1744年）浙江鄉試。不久，提督粤西學政。乾隆十二年提督陜甘學政，遷詹事府司經局洗馬，掌局事。

獻瑶培養學子，先經學、理學，而後古文、時文，着重於立品敦行。邊區少書籍，他請於撫軍，印刷各種經書以及《四經性理精義》《近思録》等，隨地頒發。所取的士子，其年少資質較佳的，常常資助購書之費。在關中任内，搜訪歷代名臣、大儒的後裔，得宋代張載的二十餘代孫兒，交付該縣學官培養。他在諸生中十分賞識王傑，視為大器，後來王傑入閣，果如其言。

獻瑶早歲失父，陜甘學政任滿，便請假歸家奉母，承歡二十餘年。閩撫曾聘他主講鰲峰書院，因不忍離母而婉謝。乾隆四十一年，應聘主編《漳州府志》。

獻瑶在家撫愛子侄，購置義租，賑恤孤苦伶仃無力營葬之親族。全族數千人口，在他推恩教戒之下，有外户不閉、盗竊不作的風尚。他對於禮制深有研討，修大、小宗祠，增置祭田、祭器，攷證《禮經》，遵照國制，訂立祭禮儀式，遠近傳鈔奉行。乾隆四十七年，在家病逝。

獻瑶居官廉潔，饋遺悉絶。一些循良官吏，上級未發現的，他經常予以推薦。他曾向陜西巡撫陳述備旱水利，向蘇撫陳述南濠防火的規劃，向觀察莊復齋預商捕蝗，都合理可行。他曾上疏建議興修水利，根據官吏勸導民衆墾殖、發展生産的成績分別獎罰，明令禁止焚毀山林、偷網魚池，通令州、縣官嚴懲犯禁案件。高宗深表嘉納，特命行政大臣，把他的奏疏改為諭旨，頒行天下。

獻瑶著作有《讀易偶記》三卷、《尚書偶記》二卷、《尚書講稿、思問録》一卷、《讀詩偶記》二卷、《周官偶記》六卷、《儀禮讀》三卷、《喪服私鈔並雜説》一卷、《春秋傳習録》五卷、《孝經刊誤》一卷、文集六卷、詩集二卷。

注：見新編《泉州市志》卷五十一，人物傳，第3814—3815頁，中國社會科學出版社，2000年5月出版。又見新編《安溪縣志》卷四十一，人物，第1198—1200頁，新華出版社，1994年4月版。

（八）清嘉慶丁卯（嘉慶十二年，1807年）《重修泉郡通淮廟捐啓》

重修泉郡通淮廟捐啓

歲丁卯十一月初四夜，通淮聖帝廟三殿災，帝像燼，歷朝法物付一炬。赤熛肆虐，失我尊親，薄海罔人不同深震駭。豈非帝之於我泉民，千百年來捍大災、御大患，泉民所恃以覆載者，刹那之間忽焉而失之。倘非急起力圖，何以達我民事神之義，而慰薦紳學士農工商賈，以追紅女嬰孺之私。謹諏十一月十五日卯時啓土，營求三殿，復求良木塑帝像，以妥威靈復巨典。或曰：帝像之始，稽之志乘，當在嘉靖至天啟百年間，迄於今日。其間握軍符、膺疆寄及監司守令，春秋禴祀，練時日，焫肯肅穆，皇趨蹌奔走，或百里間水旱疾疫，以至梯於山、航於海，遠託異國，身熱首痛、風災鬼難之域，禱請祈求，莫不以帝像爲依歸。今者浩劫之餘，雖復廟貌更新，像設依舊，人心獨無歉乎？然民之精神，與帝爲感通；帝之靈爽，仍依民而肸蠁。譬夫甘冽之泉，偶遭湮塞，濬之疎之，而甘且冽者如故矣。伏望諸君子共襄斯舉，不日成焉。謹序。

泉郡通淮廟諸董事同啓

注：碑文見傅金星、曾焕智編《泉州通淮關岳廟志》，廟記，碑刻，第51—52頁。又見泉州通淮關岳廟董事會、泉州市區道教文化研究會合編《泉州通淮關岳廟志》，碑記，石刻。然《傅志》無注明“丁卯”爲何年，而後志注明是“同治六年”，不知何據？存疑。

（九）清道光丁酉（道光十七年，1837年）蘇廷玉《泉州武帝廟記》

泉州武帝廟記

泉郡城之通淮街舊有關聖廟，歲久哆剥，郡人鳩工庀材徹而建之，並闢隙地百餘步，創寢廟以祀神。

先代工竣，郵書來屬余記其事。余自甲戌（嘉慶十九年，1814年）通籍後，中外服官，自京師而吳而秦而齊而蜀，計離鄉井二十有四年矣。凡童時釣遊之處，少年弦誦之居，輒夢寐及之。而斯廟之馨香感格靈貺聿昭，鼺者鼺，襘者襘。鄉人乴珥，罔不是孚尤寅念焉不能忘。今里中諸君子乃宏規度起，黝堊之，丹雘之，足以答神祐而受神釐。

余雖不獲襄其事，時時得謝歸里，與二三耆宿觀蠟臘、飲介僎、歲時瞻拜廟内，其忻喜當何如也！因書而附家郵達焉，俾泐諸石，且以識吾言。

是役也，慮事於道光癸巳（道光十三年，1833年）三月，閲十月而蕆，糜洋銀三千鉼。正殿五楹，若宲溜、若瓴甋、若唐陳井匽，皆舊規也；寢殿三楹，若房序、若榮垂、若柤桓篹瑑，皆新造也。其地則海洲社諸善士所獻，尤足嘉焉。備書之以示後。

注：見蘇廷玉譔《亦佳室文鈔》，碑記。咸豐丙辰（咸豐六年，1856年）孟春同安蘇氏刻本，侯官林鴻年敬題。

作者簡介

蘇廷玉，字鰲石，清朝同安縣人。嘉慶進士，為四川總督。居泉州，有《亦佳室文鈔》存世。

（十）清《重建禮樂亭記》

據《傅志》記，“原碑立於禮樂亭西側，1957 年立成小學火災，重建時毀。碑文不詳”。而後志則記“原碑毀於火災，碑文不詳”。《傅志》記該碑爲“清乾隆以後”作，而後志無説明時間。無攷，録此存疑。據 1996 年立成小學搬遷時，遺棄的乾隆七年（1742 年）澄江謝有道重修禮樂亭木刻聯對，則知乾隆七年以前，已有禮樂亭。

（十一）《捐建碑》（1987 年）

新加坡華僑顔華民先生熱心公益，捐資重修三義廟前殿，特立此碑永志留念。

泉州市保護通淮關岳廟古跡董事會立

公元一九八七年八月二十日

注：碑砌於三義廟前殿東壁，原無碑額。

（十二）《泉州通淮關岳廟修建記》（1992 年）

泉州通淮關岳廟，古稱關王廟，明萬曆間改稱關帝廟，民國三年增祀岳忠武王，再改現稱。

明清間，廟屢次重修，志有所記。民國十六年十一月，正殿及前殿毀於火，董事會集資重建。三義廟、崇先殿則因年久失修，均已破損不堪。爲保護古跡，本董事會經多方籌劃，於一九八六年十一月間動工修建，歷時四年餘，修建工程有：三義廟大殿、前殿、崇先殿大殿、前殿；後落三層樓一幢；及在廟左建有厨房、倉庫、燒金亭、衛生間等，建築面積一千零三十平方米，一九九零年告成。

三義廟原祀昭烈帝劉備、漢壽亭侯關羽、西鄉侯張飛，左配祀武鄉侯諸葛亮，已毀。一九八九年十二月重塑，並於右增祀順平侯趙雲。崇先殿原設神牌祀關帝曾祖光昭公、祖裕昌公、父成忠公，一九九零年九月，依山西關帝廟造像塑之。

此次修建，本着修舊如舊，保持閩南古建築風格，而佈局稍有變動，即三義廟前殿退入，留出前埕，崇先殿原建偏後臨溝，則移前與大廟並列，同時增建前殿。使整座廟宇形成三開建築群，更爲寬敞，壯觀勝昔。後落原爲平屋，改建爲樓房，爲本董事會的辦公、會議和接待之用。

修建中，承蒙有關部門鼎力支持，海内外衆多善信者捐助，聘請能工巧匠，認真組織施工，故工程進展順利。修建及塑神像，添置設備，計耗資人民幣九十萬元。一九九一年五月二十七日舉行落成典禮。謹志。

泉州保護通淮關岳廟古跡董事會立。

碑由印度尼西亞泗水尤傳接、張淑治捐建

公元一九九二年元月

注：碑砌崇先殿東壁。

（十三）《文獻記載碑》（1992 年）

該碑刻於 1992 年元月，碑文内容係摘鈔地方文獻有關通淮關帝廟修建的記載，爲避免重復，内容省略。該碑爲泉州保護通淮關岳廟古跡董事會立，由香港李愛碧、蔡玉戀、王身華、洪我天捐建。

注：碑砌崇先殿西壁。

二　其他碑刻

（一）蘇麟臣《關聖帝君祖塋碑記》
（康熙四十七年，1708 年）

關聖帝君祖塋碑記

漢壯繆侯死，忠祠廟遍天下，莫敢指爲淫祀。侯生於蒲，其先祖世系不可攷。然墳墓之在條麓者歲有祀。康熙戊午十七年，昌平士人于昌讀書於解州塔廟。塔廟者傳爲侯故居也。昌晝寢，夢侯呼授易碑二大字。寤而起，殿西方濬井得巨磚有文，磚已碎。昌亟合而讀之，即侯父奉祀厥考主，中紀死生甲子、兩世字諱。因往循求墓道，悉合。昌白於州守王君朱旦，愬然曰："旦丁酉宿涿州逆旅，夢侯揖迎，酌以巨觥曰'煩椽筆叙生平'。迄今二十有二年，始符前夢。"乃自爲碑，竪侯祖墓旁。分守使者張君夫本[①]銘焉。

謹按王君所記，侯祖諱審，字問之，號石磐。漢和帝永元二年庚寅生解梁常平村寶池里五甲，絶意進取，以《春秋》訓子數十年。至桓帝永壽三年丁酉卒，壽六十六。侯父諱毅，字道遠，廬墓終喪，歸已爲桓帝延禧二年。明年庚子六月二十四日，產侯於故里。侯長讀父書不輟，博通淹貫。娶婦胡氏，於靈帝光和元年戊午五月十三日生子平。次年詣郡陳時事，不報。仗義擊殺豪右吕熊等七人，吏捕侯急，婦抱平匿母家以免。其大略如此。

關夫子忠烈貫古今，浩氣塞天地。九州之内，六合之外，靡不竭誠殫敬。獨祖考世系代寢湮遠，杳不可攷。即如慶壽一舉，世皆相沿，以五月十有三日尸祝，是蓋惑於《三國志》四戊午之説也。余於戊子（康熙四十七年）秋，晉安獲郵傳解州，昌夢侯授易碑之事，及州守王公朱旦筆記，較之《三國志》所載，殊不相□。然《三國志》中敘事頗近小説家，而詞與《漢書》亦相謬舛。毋如販夫牧豎□□侈傳，以戊午爲信然，牢不可破。至於世譜諸書並無記載，以四故侯先後兩見夢於王、于二君。赫赫靈爽，千百載猶如在焉。因特表而刊之，以告我同人云爾。

温陵霞山供奉弟子蘇麟臣定伯

注釋：① 本志卷六《經書》，《關帝明聖真經·世系攷》作張大本，存疑。碑砌於三義廟東廊壁。

（二）《重修通淮關帝廟捐銀芳名及工料費用等數》碑
（乾隆四十二年，1777 年）

重修通淮關帝廟捐銀芳名及工料費用等數開列於左：

曾文華，伍拾大圓　陳嘉謀，叁拾大圓　傅光國，叁拾大圓
楊廷輔，廿肆大圓　粘有光，廿肆大圓
黃世辮，廿肆大圓　曹廷蓮，廿肆大圓　徐用邃，貳拾大圓
張懋志，貳拾大圓　王保敏，拾大圓　吕日熾，拾肆大圓
許登官續拾陸大圓
曾錫興　薛興　薛得美　薛協源　陳倫　曹廷蘭　曹殿楝
（以上各拾貳大圓）
傅修文　郭元連　許輝么　許志達　許崇培　高世璘　邱宗賢
黃汝濤　許臣憲　曹七達　黃奕謀　（以上各拾大圓）
施士膺　黃世賢　紀黃宗　（以上各捌大圓）
蔡南雄　林大經　曾道淳　顏大茂　陳德馨　王廷彦　黃鍾旺

莊長瑞　鄭芝官　吕琳官　王　耀　陳樂敦　楊連官　林文英
吳亨官　張大經　蔡文熸官　何□俊　紀世源　林道龍（以上各陸大圓）
吳淘官　鄭仕貞　黃冬官　德盛行　（以上各伍大圓）
陳元錫　黃鎮官　王重宜　蘇徵興　王禹舍　王茂盛　林旺官
張□麟　蔡安官　武日明　張振拔　緒正記　顔鎮高　蔡軫官
蔡世官　楊才官　□□璧　唐裕生　沈進含　莊鎰瑞　劉暉官
粘維雲　林德耀　陳成官　□寓官　陳世懋　紀　蘭　楊光元
陳　義　曾世澤　賴士業

同安　李元福　張元秀（以上各肆大圓）
陳懋德　林辰官　王時敏　陳□華　施六公　劉鋪官　殷利行
周廷琛　許日哲　吳協夢　林世忠　林瑞蓮（以上各叁大圓）
朱莆和　林傳祚　林金瑜　蔡端官　林國佐　王商進
（以上各壹大圓壹中）
洪恭官　洪元官　李新源　施國昌　黃斗官　曹首官　王萬官
林元章　王瑞官　吳輯官　吳怡根　王鴻宗　張振聲　陳勝官
鄭華官　林長春　陳添官　陳盛官　翁士彬　吳世提　林順亨
王君瑛　邱鳴纓　陳税官　謝萬官　方明舍　林妙官　朱壬官
蔡群官　陳華舍　張妹官　張榜官　劉喻官

惠安　楊大振　徐魁官　魏殿官　蕭宜官　富壽官　蔡　謙
徐奇官　李元琨　王宗彩　王克瑛　王鳳官　蔡瑪官　林□官
林上盈　徐成季　顧長義　余黃氏　洪紹華　陳周官　謝宏㐲

漳州　莊海官　吳喜官　洪有輝　徐繼善　吳世春　吳興官
黃魁官　林旦官　曾瑞官　謝正春　蔡凝履　劉天錫　蔡常璧
紀大德　紀創寶　紀國通　吳世雄　紀茂忠　（以上各貳大圓）
林□官　張奕進　（以上各壹大圓壹中）
李　笣　蔡國長　余堯官　王鉅雄　李盛國　陳酉官　陳瑪官
郭國官　黃貞官　鄭元進　蕭世遠　莊輝官　陳景官　林陽官
吳泮官　陳俟官　柳弁尊　王俊官　羅　吉　黃邇官　黃潔珍

何元官　黄寬官　李文獻　孫大烈　徐興官　朱仝官　陳元官

永春　　李逢時　陳捷第　陳拔官　徐琛官　吳世瑪　吕應官

王舉官　鄧士神　陳賢官　留勸官　李進右

同安　　楊璽官　葉勝官　蕭群官　王章官　陳爲官　蔡貞德

周士祐　周士邦　黄爲翰　王法官　林　應　謝禧奇　林世穓

林世輔　林世比　林士縷

南安　林勝元官　黄鳴鳳　楊黎官　許奇嬸　（以上各壹大圓）

李恩官　黄樂賓　黄東官　陳濟官　陳廷璧　陳文瑞　林杞官

黄光官　莊韜官　大德行　江欽官　黄合官　黄顯官

（以上各壹中圓）

王時敏　再捐　大圓　張啓元　灰十擔　　陳　星　叁佰廿文

蔡章侯　壹佰陸拾文　倪以官　壹佰文　　邱子嬸　貳佰文

陳運官　壹佰肆拾文　王　德　壹佰肆拾文　留明官　壹佰文

吳信女　捌拾文　　蔡汀官　柒拾文　　許　烈　陸拾文

又投櫃不報名者陸佰捌拾文

一、興築動工時買備諸項器用 計分伍仟玖佰貳拾文。

一、買大小杉檜及填溝柏木并脚 分計銀壹佰伍拾捌大圓，另分玖仟柒佰玖拾叁文。

一、買造濠城割石及石柱、石夾，並包工、做工 計銀肆拾六大圓，另分肆仟伍佰柒拾肆文。

一、買新瓦磚、銅鉚等料及沙涂、舊磚、碎石 計銀柒拾壹大圓，另分五千六百文。

一、買乾灰、紙灰、水灰、腐草 計銀伍拾壹大圓壹中圓，另分叁仟玖佰肆拾伍文。

一、買桐油、硃漆、金箔、紅丹及各雜色等料 計銀拾大圓，另分壹萬零陸拾陸文。

一、帝廟及護表，並各牌、聯香爐等、器漆工 計銀拾大圓，另分伍仟肆佰捌拾文。

一、三義廟、冕旒殿、文昌殿，並各牌、聯香案、燭臺、漆

工及料 計銀拾叁大圓貳中圓，另分伍仟玖佰陸拾文。

一、帝廟、三義廟、冕旒殿、文昌殿護表、彩畫、包工、做工及料 計銀六大圓，另分肆仟玖佰玖拾捌文。

一、塑人物、花草，包工及做工 計銀捌大圓，另分捌仟壹佰拾文。

一、塗木大小工，分並前後殿上樑，花彩席儀及每月二次燒金禮 計分貳拾柒萬叁仟伍佰伍拾貳文。

一、大帝、冕旒、帝移駕、進駕、鋪設等費及重修諸位神像計銀貳拾壹大圓，另分壹萬零拾貳文。

一、買鐵釘、燈節、鐵枝、鐵鉤及各項鐵具 計分柒仟伍佰伍拾文。

一、買大枋、寸枋、牛皮 計分伍仟貳佰零肆文。

一、買大石碑一塊、小石碑二塊、青石一座，並鎸工計銀拾肆大圓，另分壹仟零肆拾文。大碑即再刻。

一、雜費零用等數 計銀五大圓，另分壹萬貳仟柒佰零柒文。

共收來銀玖佰柒拾伍大圓貳拾壹中圓，除用過銀肆佰貳拾叁大圓叁中圓，其餘伍佰伍拾貳二大圓拾捌中圓換分內有號銀，失聲勻價六五行的分叁拾 □萬肆仟 □佰伍拾文。又投櫃分及柴秫，分伍仟壹佰拾文，又賣碎料三仟壹佰文，共結過。分叁拾柒萬貳仟捌佰陸拾文用過，分叁拾柒萬肆仟伍佰拾壹文，公出添用壹仟陸百伍拾壹文。

乾隆肆拾貳年丁酉孟夏谷旦 同勒石

注：碑砌於三義廟前殿西壁。

（三）林光夏《示禁戲演關聖夫子碑》
（嘉慶二十四年，1819 年）

示禁戲演關聖夫子碑

雲遊到此，特有數言傳布人間，速進紙筆來。吾乃大漢關雲長也，奉玉帝命，巡察人間善惡。雲遊到此，適見汝輩戲演吾像，以供笑樂，不忍不教而誅。夫演戲祀神，將以敬神也。敬神而轉以慢神，於心何安？吾居天闕，掌天曹，位列奎跋躩之舍，職分桂籍之司。眼見世人圖予像、塑予形、朝夕崇祀，亦可謂知有禮者矣。然至酬願供神，演唱之間，每以予形爲戲侮，不敬之罪，稍知禮義者忍爲之乎？劇本多矣，何必戲演吾舊事？吾本日特來至此，汝輩可以傳布世人，互相勸戒，切勿以敬予者時而戲侮及余也。信予言者，積善獲福無疆；慢予言者，侮辱必遭天譴。速將吾諭言，貼文衡殿通曉。

嘉慶二十一年歲丙子六月初七日下午，臺郡宮後街鏘行演唱梨園，摘三國臨江會一錦，行中聖像前爐光發越，不知覺悟。已而臺上假託聖貌之人突然躍舞，就手中所執木劍，亂砍裝魯子敬者，如真欲殺聲勢，隨即顛仆，莫知其身。口授此語，令書以示。伏思聖言本不可侮，況聖像乎？爰敬録之，以昭靈赫，以悟世人。

彰化生員林光夏熏沐 書
嘉慶貳拾有肆年（1819 年）歲次己卯捌月拾伍日
泉郡下民奉命擇 立

注：碑砌於三義廟東廊壁。

（四）董事會《立看守字碑》

（咸豐七年，1857 年）

立看守字碑

一、凡聖誕日期，自有董事輪東辦事，住持不得在外藉名鳩錢，蘂有人敬獻可免。

一、城内外請副駕，住持香資訂柒拾文，齋工訂叁拾伍文。

一、恭請副駕，轎脚聽其人自僱，或有願就廟請僱者，聽附近之人輪抬，不得恃强專擅，每日每人訂工錢伍拾文。

一、恭請副駕不得留過三天，如在外接請，須到廟報明，香資照給。

一、廟中各位神誕，住持應備香花果酒及鼓樂敬獻。

一、住持凡在外做佛事及懺獄等須伙伴，均不得在廟喧嘩。

一、遠近遊手不得在廟偃卧喧嘩，如有此類，住持協同地保驅除，甚者聞官究治；如住持符同隱匿，經董事察出，將住持先懲治。

一、廟中遇有扒手，住持小心查察，拿獲送官究治。

一、廟中齋工，如不守規矩，住持即請董事斥革。

一、住持每日自應一人在廟中常川，凡有敬獻物件者，應即向司月董事報明登記，如住持遲至三天外報，罰戲一臺。

一、廟中如缺物件，住持應請董事敬備，不得在外藉端鳩錢。

一、近有猜説籤詩者，只聽在廟外静候，不得擅入廟門解籤、致令填塞，至於籤詩，住持須接續刷印，不得有缺。

一、齋工只辦公事，住持不得私役，致令以私廢公。

以上各條，爾等永遠恪遵。應辦鼓樂燈彩諸項，因廟中香燭之資頗多，情願辦理，不敢口諾心違，亦不敢日久生玩。立看守字爲照。

咸豐七年六月　日 立看守字人林守規、慎規

董 事	陳朝光	王若霖	林光昭	鄭朝彥	林玉春
	鄭朝陽	楊鴻圖	吳錫疇	鄭步瀛	楊德生
	蔣彩鷗	楊捷登	許孚中	林同瀾	陳彭年
	黄興國	郭鵬摶	李邦翰	王　昀	林文波
	趙湘南	黄貽檀	黄啓元	王揚烈	

同勒石

注：碑砌於三義廟東廊壁。

（五）董事會《捐資芳名碑》（1991 年）

自一九八三年初至一九九一年底，本廟得到海内外衆多善信捐緣、芳名和金額已逐月公布，並造册留存。因限於篇幅，玆將捐資伍佰元以上者，勒石留念。

泉州保護通淮關岳廟古跡董事會 立

公元一九九一年十二月

注：

在數百捐資者題名里，有籍貫和單位者摘録於下：

雲林保長湖保安宫	伍萬貳仟元
臺南臺郡開基武廟	柒仟伍佰元
周大圍（臺灣）	柒仟伍佰元
李炳南（臺灣）	叁仟叁佰元
臺灣道教領導人親善訪問團	叁仟元
臺北南港南天宫	叁仟元
臺南顯明殿	貳仟元

以下係伍佰元：

高雄黄氏宗親會	臺北新安宫	碧雲堂
臺中聖壽宫	苗栗玄德宫	忠聖堂
雲林聚安宫	桃園武燕宫	

彰化福順宮　深滬忠義廟
香港永富來公司　香港建大公司
東爪哇南音社　東爪哇東方音樂基金會
新加坡裕廊通淮廟　菲律賓國風郎君南音社
印度尼西亞椰城南音社

（六）泉州市人民政府文物保護碑（1999 年）

通淮關岳廟

經本府於一九九二年九月公佈爲第三批市級文物保護單位。

泉州市人民政府

一九九九年九月　立

明稱關王廟，清稱關帝廟或關聖夫子廟，主祀關羽。民國初增祀岳飛，改今名。明清多次重修，由正殿、三義廟、崇先殿組成。一九二七年重建正殿，近年全面整修，係泉州現存規模最大的關岳廟。臺灣、東南亞多有分靈，在民間信仰中影響極大。

保護範圍：東西至廟本墻，南至塗門街，北至八卦溝。

（七）福建省人民政府關於公佈第六批省級文物保護單位及其保護範圍的通知

鼓浪嶼近代建築等一三三處第六批省級文物保護單位及文物保護範圍，金交椅山窰遺址等四處併入已公佈的省級文物保護單位，已經省文物管理委員會全體會議討論通過，現予公佈。請你們嚴格按照《中華人民共和國文物保護法》規定，加强對文物的保護和管理。

保護範圍：東至東墻外十米，西至西墻外十米，南至塗門街，北至八卦溝。

福建省人民政府
二零零五年五月十一日

碑文內容：

泉州通淮關岳廟

主祀關帝，民國增祀岳飛。現存建築爲清同治六年（1867年）及民國初重建。武成殿、崇先殿、三義廟三座並列，連成一體，均硬山頂，穿斗式木構架，三開間，裝飾精美的木雕，石刻、灰塑和屋脊彩瓷剪粘，堂皇富麗。該廟在海內外影響較大，臺灣及南洋有分靈七十多座。

卷四

贊詩　楹聯　匾額

一 贊類

[宋] 朱熹 篆跡贊

百聖在目，千古在心。妙者躬踐，敎者口吟。
（讀好書）
莠言虛妄，蘭言實梧。九蘭一莠，駟追不回。
（説好話）
聖狂路口，義利關頭。擇言若遊，急行若郵。
（行好事）
孔稱成仁，孟戒非仁。小人窮冬，巨人盛春。
（做好人）

注：見康熙三十一年（1692 年）淮陰古桃園盧湛編《關帝聖跡圖志全集》卷之五《藝文考》下，“贊類”，《篆跡贊》。又見光緒丁亥（光緒十三年，1887 年）泉州府學教諭江葆熙摹刻《關帝聖跡圖志全集》卷之五，板藏泉郡玉犀巷文昌祠。

作者簡介

朱熹（1130—1200 年），字元晦，號晦庵，別稱紫陽，祖籍徽州婺源（今江西婺源縣）。生於福建尤溪縣，後僑居建陽。宋紹興十八年（1148 年），登進士第。二十一年，任泉州府同安縣主簿，遷兩浙東路常平茶鹽公事，知漳州、潭州，入煥章閣侍讀侍講。為官九年，入朝僅四十六天。他是南宋著名哲學家、教育家。主張修明政事，行賢使能，立紀綱，厲風俗，設社倉，主"經界"，抑制豪强，嚴禁婦女為僧道，主張抗金，反對媾和。但在仕途上屢遭貶謫，因此將畢生精力用於著書立説，講學授徒。以孔孟之儒學思想為主體，兼採禪道之説，繼承程顥、程頤理氣關係學説，構成完整的理學思想體系，成為宋代大哲學家。他先後創建崇安紫陽書院、建陽考亭書院、江西白鹿洞書院、擴建湖南岳麓書院。終生誨人不倦，門生遍天下。

紹興二十一年，朱熹任同安縣主簿時，以教養為先務，選秀民為弟子員，建經史閣，作教思堂，訪求名士徐應中、王賓等以為表率，日與講經正學，規矩甚嚴，一時從學者衆。有許行、王力行、吕大奎、邱葵四大門徒，後偕從祀朱子祠。朱熹對漳州的陳淳、莆田的陳宓、惠安的張巽都深表贊賞，認為是自己在泉南的得意門生。他曾為張巽親筆題贈"錦溪"二字，巽遂以錦溪為别號，並勒之碑石，竪於村舍之旁，至今尚存。

朱熹對同安故宰相蘇頌的道德、學問及為人深表欽佩，極力稱贊蘇頌"博洽古今，通知典故，偉然君子長者"。

朱熹每抵泉州府城，必然要登上城北小山縱覽，極稱泉郡山川之美。又視小山為郡治龍首之脈，每每在此徘徊數日，並植竹數叢而後去，自書"小山叢竹"四字鎸於石。嘗講學於山旁祀歐陽詹之"不二祠"，後曾加修葺，親題對聯"事業經邦，閩海賢才開氣運；文章華國，温陵甲第破天荒"，掛於堂前楹柱間，對唐歐陽詹有較精確的評價。

朱熹極口贊譽泉郡人文鼎盛，據云曾稱頌説："此地古稱佛國，滿街都是聖人。"

又嘗遊九日山，徘徊留戀，歷時九天。寫有《題九日山》，詩云："昨遊九日山，散髮巖上石。仰觀天宇曠，俯嘆塵境窄。歸來今幾時，夢想挂蒼碧。聞公結茅地，恍復記疇昔。年隨流水逝，事與浮雲失。了知廓然處，初不從外得。遥憐植杖翁，鶴骨雙眼碧。咏嘯明月中，秋風桂花白。"

傅自得子伯壽、伯成都與朱熹交往。伯成且“少從朱熹學”，知漳州時，按熹遺意，以律己愛民為本。

朱熹與宋代理學家、永春人陳知柔結為忘年交。

朱熹父朱松於紹興初監石井鎮，每於公餘之暇，選擇士民中比較優秀者而教之。自己却抱負經濟之才，而耻於自售，士多德之。朱熹任同安主簿時，常至鎮尋訪父親生前事跡，且與父親客友耆士談論經義，鼓勵其奮發有為，鎮人益勤於學，後人遂稱石井鎮為“二朱過化”之地。熹子朱在，嘉定間通判泉州。時郡守鄒應龍因士民之請，出帑錢四十萬，在鎮建“石井書院”，乃任命朱在到鎮主辦這項事務。在按照州、縣學的體制規格，構書院、建大成殿，繪畫朱松、朱熹二人之像祀於尊德堂。今存之朱子祠即南宋“石井書院”之遺址。

泉州歷來被認為是“紫陽過化之區，萬傳不絶”，遂有“海濱鄒魯”之稱譽。

二　詩類

［明］李贄《題關聖提刀躍馬像》《謁關聖祠》（五言律）

題關聖提刀躍馬像

英雄再出世，烈烈有輝光。火焰明初日，金精照十方。
居然圍白馬，猶欲斬顔良。豈料人千載，又得見關王。

注：見光緒丁亥（光緒十三年，1887年）泉州府學晉江縣教諭江葆熙摹刻《關聖帝君聖跡圖志全集》，板藏泉郡玉犀巷文昌祠。

謁關聖祠

文契得如君，香烟可斷雲。既歸第一義，寧復昔三分？
金石有時蔽，關張孰不聞？我心無所似，只是敬將軍。

注：見北京首都師範大學張建業主編《李贄文集》，第一卷，第238頁，社會科學文獻出版社，2000年5月第一版。

作者簡介

李贄（1527—1602年），字宏甫，號卓吾，又號温陵居士、龍湖叟，明嘉靖六年（1527年）出生於泉州南門一個回教徒之家。泉州宋元時代對外貿易發達，外國商人麇集，李贄的先世曾到南洋以至西亞經商，李贄小時候就在這個環境中生活、成長。李贄的家族始祖姓林，原籍河南，元代以後才遷來福建。三世祖叔因反抗封建禮教，得罪一個姓林的御史，被加上“謀反”的罪名，為避禍改姓李。自此以後，他們的後代，有姓林的，也有姓李的。李贄青年時代也曾姓林。

李贄年幼喪母，七歲以後隨父白齋讀書，學詩歌，習禮文，“家教”極嚴，進步亦快。但他自幼倔强，善於獨立思攷，不信神道，也不受儒家傳統觀念的束縛。十二歲開始學寫文章，就提出為人應學農學圃，反對孔子把種田人看成“小人”的錯誤思想。二十六歲考中舉人。三十歲離開家鄉到河南任輝縣教諭。三十四歲昇南京國子監官，四十歲補上了禮部司務。四十四歲任刑部員外郎。在這段時間中，他接觸到封建統治階級内部的腐朽没落和虚僞狡詐的現實，一直與那些昏官、迂儒和假道學先生格格不入，所以仕途不順，宦海浮沉，直到五十一歲，纔做了雲南省的姚安知府。五十四歲就辭官不做，過着居士式的隱逸治學生活。

李贄離開家鄉以後，曾兩次回到泉州老家。第一次是在嘉靖三十九年（1560 年），他在南京任國子監博士的時候，父親逝世，回泉守制。但一到家鄉，却碰上倭寇來犯，舉城動員抵禦倭寇入侵。李贄遂“率子侄登城禦守”，表現了愛鄉愛國的熱情。第二次是在嘉靖四十三年（1564 年），他在北京任國子監博士時，因為祖父竹軒去世，他又趕回泉州，埋葬了父祖遺骸。自此以後，就再也没有回來過。

李贄在學術上，最早是接觸王陽明、王艮一派的學説，後來又研究過佛學，這些都對他産生過影響。

萬曆二十七年（1599 年），六十八卷巨著《藏書》問世了。這是一部紀傳體的史學著作，收集了他所寫的從戰國到元代八百多個歷史人物的傳記，它更全面、更深刻地對僞善的假道學家進行了批判，因而使他們更加不能容忍了。他們更加有計劃、有組織地對李贄進行殘酷迫害，以“維持風化”為名，誣蔑他“淫蕩”（因為他講學時也收女弟子），道德敗壞，由地方官吏出面，“逐遊僧，毀淫寺”，把他驅逐出麻城，連他講學的地方芝佛院這座佛寺，也被一把火毀掉了。

李贄本來也是個儒者，但他對儒教倫常是持批判態度的。他從不盲從孔子開始，到反對假道學家的假仁假義，表現了可貴的開拓創新精神。李贄的進步思想，不僅在當時産生了巨大的影響，而且大大地影響了後代。

李贄的著作以《焚書》和《藏書》最為著名，還有《史綱評要》《四書評》和《初潭集》等重要著作。

他的家鄉泉州，至今還保留着他的故居一座，地址在泉州市萬壽路一百五十九號。這是一座具有閩南風格的普通民房，面闊三間，進深二間。現在，前落只剩一間作通道，後落除兩翼已經傾塌外，尚有正廳一間。現經泉州市鯉城區人民政府修繕一新。並被定為省級文物保護單位。據説，這是李贄的先世從永樂十九年（1421 年）開始定居於此時建造的。李贄在這裏度過了他的童年和青少年時代。

［明］黄克纘《謁玉泉山關帝廟》（七言律）

玉泉山關帝廟

一片忠魂寄玉泉，吞吴遺恨枕戈鋋。
凄風入座髯猶奮，赤日當空膽正懸。
生死總歸扶漢室，興亡何處問皇天。
獨憐血灑丹山後，便作千秋廟祀年。

注：見光緒丁亥（光緒十三年，1887 年）泉州府學晉江縣教諭江葆熙摹刻《關帝聖跡圖志全集》，板藏泉郡玉犀巷文昌祠。

作者簡介

黄克纘，字紹夫。萬曆庚辰八年（萬曆八年，1580 年）進士，除壽州知府。愛民禮士，不避權要。嘗曰："受職自有定分，名節千古不磨。"纍官山東左布政使，移右副都御史。巡撫其地，奏罷礦税增餉，與民休息，惠政甚著。以平盜功，加兵部尚書，參贊南畿機務。四十四年冬，隆德殿災，上疏極言時政之失，不報。四十七年，召理經營戎政，改刑部尚書，受神宗顧命，有安邦固本大臣之褒。復受光宗顧命。李選侍移宫一案，克纘疏言，當為先帝優容，與諸臺諫牴牾。屢乞休，不許。天啟元年冬，加太子太保。明年，復以兵部尚書協理戎政。廷臣追議李可灼進紅丸事，斥方從哲弑逆。克纘力為奏辯。給事中薛文周、沈維炳交章攻擊。因屢疏辭疾，詔加太子太傅，乘傳歸。四年十二月，起工部尚書。視事數月，因興工建殿與魏璫不合，遂引疾歸。三殿成，加太子太師，不受。崇禎元年，起南京吏部尚書，不就。復遣官存問。卒於家，年八十六，謚襄惠。克纘十餘歲時，遇倭寇，慷慨對賊，請代兄死，賊奇而釋之。所著《杞憂疏稿》、《百代繩愆》、《性理集解》諸書行於世。子道敬、道爵。

注：見［道光］《晉江縣志》卷三十八，人物志，名臣之二。

［明］蘇茂相（晉江）《桃園縣三義廟》（七言絶句）

桃源縣三義廟

慘淡風雲挺異人，恩聯兄弟義君臣。
桃園噓出炎精燼，别作錦城四季春。

注：見光緒丁亥（光緒十三年，1887 年）泉州府學晉江縣教諭江葆熙摹刻《關帝聖跡圖志全集》，板藏泉郡玉犀巷文昌祠。

作者簡介

蘇茂相，字宏家。萬曆壬辰二十年（萬曆二十年，1592 年）聯捷進士，授户部主事，首上疏請朝講。出爲彰德守。舉卓異，遷河南副使，尋督學江西。不徇權相關節，遂掛冠歸。郡守請與黄鳳翔等同修府志，居家十載。晉南尚寶少卿，昇太僕寺卿，擢僉都御史，巡撫浙江。疏請停差織監，減免織造，及加派災籍税。時邊事孔急，調發浙兵，悍弁驁卒，鼓噪倡亂，茂相斬梟首犯，人心以定。海寇嘯聚剽掠，茂相督勦，招降賊首王鍾等，海氛以靖。擢兩淮漕撫，晉總督倉場户部尚書，改刑部尚書。以老病乞歸，帝顔其堂曰“賜美”。崇禎三年春卒賜葬，祀鄉賢。茂相恬雅謹凛，其撫浙時，陰全數百萬軀命。又請褒贈方孝孺，録其子孫。請卹知府吴寶秀並妻陳氏，皆足維持名教。所著有《皇明寶善類編》等書藏於家。

注：見［道光］《晉江縣志》卷三十八，人物志，名臣之二。

［民國］　　　　曾遒書詩（七言律詩）

民國間，信士敬立石刻，嵌於正殿兩壁，上刻邑紳曾遒所書律詩二首：

至剛至大氣彌天，家學淵源真聖賢。
赤兔追風寒夜月，青龍繞電起秋烟。
春秋惓惓宗孔志，忠義嚴嚴載史篇。
愧子雕蟲揚未儘，解梁遺跡自今傳。

壯猷奕奕真超絶，天性從來更好文。
曾向春秋精一卷，可容吴魏尚三分。
勛名自昔鐫彝鼎，衮冕於今薦苾芬。
業併乾坤垂不朽，聊輸歌頌代微芹。

弟子 陳清水 柯長泰 辛麗水 柯清忻 仝敬
丙子春月曾遒敬書

注：石刻砌於武聖殿東西兩壁。

作者簡介

曾遒，字振仲，號昇文山人，泉州人。清光緒壬寅年（光緒二十八年，1902 年）舉人，温陵弢社社員，工書法，擅畫梅，墨跡廣泛流傳於閩臺及南洋各地。詩作有《桐陰詩記》等，紀存衆多泉州文物史跡。

廟門外兩壁，嵌有石刻兩方：
左刻［宋］米芾所書杜甫詩一首

秦州雜詩（庚午秋九月）

州圖領同谷，驛道出流沙。
降虜兼千帳，居人有萬家。
馬驕朱汗落，胡舞白頭斜。
年少臨洮子，西來亦自誇。

書者簡介

米芾，宋朝襄陽人，嘗居於吳，世稱米襄陽。字元章，號海岳外史。爲文奇險，特妙於翰墨。得王獻之筆意，畫山水人物，自成一家。尤喜古器物書畫，多蓄奇石。有潔癖，不隨世俗趨炎附勢。纍官禮部員外郎，知淮陽軍卒。有《寶晉英光集》、書畫硯諸史存世。

右刻（明）董其昌書詩一首

清世家聲萬石門，典型猶有白眉存。
亦知驃騎名同貴，即去墻東道益尊。
老去香山問小友，鼾然西岳繞兒孫。
釣磯不羨君王夢，二月天邊雨露温。

南門外西邊鄉林孝世、林孝榮捐刻

注：石刻砌於通淮廟門口兩側墻上。

書者簡介

董其昌，字元宰，號思白，明朝松江人。舉萬曆進士，改庶吉士，授編修。出爲湖廣副使，移疾歸。起故官，督湖廣學政，不徇私情，爲勢家所怒，謝事歸。光宗立，召爲太常少卿，天啟初擢本寺卿，修《神宗實録》。其昌天才俊逸，少負重名，奄人詩書翰者，一切謝絶。書法超越諸家，獨探神妙。其畫集宋元諸家之長，四方金石刻得其製手書，以爲二絶，人擬之米芾、趙孟頫。有《畫禪室隨筆》《容臺文集》等書存世。

吳捷秋《通淮關岳廟落成志慶》（五言絶句）

泉州通淮關岳廟落成志慶

天地英雄氣，千秋尚凛然。
通淮靈聖廟，忠義貫雲烟。

吳捷秋于一九九一年五月二十七日

作者簡介

吳捷秋，1920 年生於泉州，中國戲劇家協會會員，國家一級編導，泉州刺桐吟社社長，以詩書名。著有《梨園戲藝術史論》一書。

伍澤旭《本廟修建落成典禮致謝詞喜賦》

本廟修建落成典禮致謝詞喜賦

聖廟重修歷四年，能工巧匠展其賢。
三胞貢獻如潮涌，群慶落成喜煥然。

伍澤旭于一九九一年五月二十七日

作者簡介

伍澤旭，泉州人，著名慈善家，原任泉州通淮關岳廟董事會董事長，現任名譽董事長。

三　楹聯

燕子磯（木牌對聯），乾隆七年（1742 年）

木牌對聯

泉州通淮關岳廟保存着一面乾隆七年刻的殘破木牌對聯之上聯，上浮刻“數定三分扶炎漢，討吳伐魏，辛苦備嘗，未了平生事業”。木牌左旁陰刻：“山左諸生張世美，病死未殮，幽魂號泣冥途，經關帝殿前，帝召而問之曰：‘死生有命，哭之何益！’對曰：‘尚有老母八旬，無上奉養，是以悲耳。’問：‘有子否？’曰：‘甫四歲。’帝曰：‘少待。’即退殿。頃刻，復出殿前曰：‘念爾孝心，已奉請上帝增壽一紀矣。’賜茶一杯，世美不敢領。帝曰：‘爾來路遠，渴矣！此陽間物，但飲不妨。’遂飲之。既出，召語曰：‘世間奉我殿宇必有……’”

木牌對聯邊角，刻“乾隆壬戌年（乾隆七年，1742 年）仲春吉旦 乙酉又月 澄江謝有道重修”。此木牌的發現，表明乾隆七年，泉州通淮關帝廟禮樂亭有一次重修，可補史志之缺。此木牌對聯原存立成小學，後立成小學搬遷遺棄，爲泉州市區民間信仰研究會副秘書長張炳熙先生携回研究會辦公室保存。

攷本對聯的出處，見諸《關聖帝君聖跡圖志全集》卷之五，藝文考下，聯類，“聖帝自志圜丘門外廟聯”。而本木牌聯上的張世美增壽傳説，則出自同書“聯類”的《燕子磯》。詳細内容見本志《習俗》（卷十）“增壽”。

泉州通淮關帝廟聯句（戴希朱）

癸卯春。予與諸友謁通淮廟，見其聯句甚多，不乏典制矞皇之作。雒誦久之，友曰：“聯句雖多，以‘通淮’弁首者，實未有也。先生盍譔之?”予構思良久，執筆題云：

通春秋，如我惟攷亭綱目；
淮左右，祀公邁岳廟馨香。

注：見［清］戴希朱《松村詩文集》卷十八，“楹聯”，第 395 頁。1997 年 11 月，戴瑶志主編出版。

作者簡介

戴希朱，原名鳳儀，號敬齋，南安詩山大庭（今屬碼頭鎮）人。清道光三十年（1850 年）出生。

希朱出身書香門第，博學强記。光緒八年（1882 年）舉於鄉試。光緒十五年至十八年三次應試，均薦而不用，遂漠視科舉，留心著作。光緒二十年選入内閣，光緒二十四年入直中書兼派頤和園領事，誥受奉政大夫。

希朱在鄉時，致力於啓蒙教育，特别重視詩山書院建設，派其兒子戴紹箕到南洋募建教室二十餘間，購置書田計費七千餘元。自譔《詩山書院志》十卷以記其事。希朱爲教育辛勞，積久成疾，尚扶病杖藜躬臨泮宫，由是名望日隆。民國初，縣知事馬振理聘其爲修志局總纂，編纂《南安縣志》五十卷，1917 年完成，送省鑒定，省通志局陳石遺批以“確當”。這部志書不僅吸收舊志的内容，並增收自清康熙後至民國初期的資料，爲現存南安舊地方志最完整最詳備的一部。

希朱一生潛心研究，勤於筆耕，著作頗多。除《南安縣志》

外，已刊行的有：《四書闡義》《松村詩草》《松村語類》《松村文集》《郭山廟志》《詩山書院志》《理學源流考》《朱子配義》《弘子全書》《朱陸異同論》《地球辨》。希朱於民國七年逝世，終年六十九歲。

注：見［清］戴希朱《松村詩文集》卷十八，楹聯，第395頁。1997年11月，戴瑶志主編出版。又見《南安縣志》卷四十，人物志，第879—880頁，南安縣人民政府、南安縣地方志編纂委員會編，江西人民出版社，1993年3月出版。

清末、民國至今楹聯

楹聯

大殿門前石柱對聯：

通春秋而崇漢統　淮南北屢掃金師

戊辰年冬邑人楊家棟敬書

僦聖里弟子吳序度偕弟子序禮、序忻同敬

作者簡介

楊家棟，字柏薌，泉州人，清末舉人，爲温陵弢社社員。

大殿石柱對聯：

通荆門製曲，讕言罵使，實嚴争漢鼎；
淮水西和戎，遺恨朝天，空譜滿江詞。

庚午花朝 林翀鶴敬書

樂生黄萬年 敬勒於石

作者簡介

林翀鶴（1863—1932年），字祐安，號一樸山人，泉州人，家住東北隅執節巷，生於清同治二年（1863年）。兄弟四人，他排行第二。四弟林騷（1874—1953年），字醒我，又名督潛，晚年號半邨老人，生於同治十三年。父林霽，縣廩生，素好書法，去世時林騷未滿兩歲，家道貧寒。

林翀鶴生性高尚，勤謹儉樸，進秀才後在泉州梅石書院設館教學。光緒三十年（1904年）舉進士。泉州辛亥光復後，地方不靖，紳商士民推他爲保安會長。民國五年（1916年），任泉州中學校（今泉州五中）校長。民國十四年，任泉州國學專修院（院址在今許厝埕）院長。

林翀鶴擅書法，尤長行書，“運筆輕快飄逸，善藏鋒，不見其出入處，俊逸秀麗，別具韻致”，書法家弘一法師頗爲贊賞。他亦善小楷，無刻意做作之勢，海外華僑紛紛爭求墨跡。上海一書畫商曾派人求購，願付重金，林翀鶴不爲所動，以爲“書畫變成商品則媚俗矣”。

民國二十一年，林翀鶴病逝，享年七十歲。

注：見新編《鯉城區志》卷三十六，人物傳，第1267—1268頁，中國社會科學出版社，1999年12月出版。又見新編《泉州市志》卷五十一，人物傳，第3839—3840頁，中國社會科學出版社，2000年5月出版。

大殿門外對聯（木刻重修）：

公平正直，入門不拜無妨。
詭詐奸刁，到廟傾誠何益。

香港林瑞珍敬立　陳文傑書

山門石柱對聯：

通侯漢壽崇勛爵，淮鎮金人懾節威。

蘇鏡潭譔　曾遒書

作者簡介

蘇鏡潭，字菱槎，泉州人，清光緒壬寅舉人，曾長期客居臺灣，寫成《東寧百咏》詩集，以寄黍離麥秀之悲。後歸泉州爲弢社社員。

山門對聯：

通德紹淵源，敦兄事而得師資，義闡春秋光赤漢，
淮揚嚴保障，固南天以恢北地，誓收幽薊飲黄龍。

戊辰春月　宋應祥譔　從侄曉春敬書

作者簡介

宋應祥，字雲五，晉江人，後居泉州。家貧，勤奮自學，光緒壬寅中舉人。温陵弢社社員尊其爲長者。1939 年逝世。

崇先殿石柱對聯：

指日雄心匡社稷　凌雲大義壯乾坤

公元一九八八年陳呈芳譔　王愛琛書
泗水鄭明玉　蔡秀瑾敬

崇先殿神龕前柱聯：

一脉傳忠義　萬衆拜聖賢

歲次庚午仲冬曾廣樹譔　吕文俊書
馬來西亞陳高升、蔡春英敬

三義廟石柱對聯：

三義宏圖謀一統　千秋浩氣感萬民

一九八八年陳兆祥譔　王愛琛書
臺灣北港蔡許鳳　李時敬

三義廟神龕前柱聯：

桃園結誓同禍福　蜀漢興邦共死生

林聰權書
臺灣雲林吳媽福　吳菜甲敬

湮没楹聯：

劉封未足嗣宗，魏何人、吴何人？誰使三分成敵國？
宋高焉能諉罪，徽安在、欽安在？可憐百戰不歸鑾！

林騷譔　林翀鶴書

通明光大仰二公，拒婚非愎，奉召非愚，平生無改春秋義；

淮海江河流萬古，震夏有威，餐虜有志，合傳遂薰班馬香。

王冠群譔　李鈺書

現代楹聯三對：

義存漢室三分鼎；志在春秋一部書。

秉燭豈避嫌，此日心中唯有漢；
華容非報德，斯時眼底已無曹。

通塞勢難回漢祚，竭忠而已；
淮江望絶阻胡塵，飲恨無窮。

陳祥耀敬題

四　匾額

武聖殿山門：

正氣

［宋］朱晦翁（熹）書　楊家棟重修，香港尤芳静復修敬獻

威震華夏

林漢宗書　菲律賓王則翠　王愛友敬

武聖殿：

充塞天地

［明］張瑞圖書

鼎漢立宋

［民國］蔡濬書　香港吳朝波重修

氣壯嵩高

林漢宗書　臺灣雲林縣保長湖保安宫管理委員會主任委員李金秋敬

崇先殿：

崇先殿

公元一九九零年歲次庚午臘月　陳懷曄書
通淮關岳廟董事會立

普天懷德
公元一九九零年歲次庚午臘月
臺灣保生大帝廟宇聯誼會會長周大圍
臺灣羅東玉尊宫主任委員李炳南敬獻

誕育英豪
歲次庚午年孟冬　温陵王愛琛書
印尼泗水鄭明玉　蔡秀瑾敬

乾坤正氣
吴永安書
臺灣臺中縣豐源市蘇東寶　蘇林淑敬

義範英風
執節周焜民盥沐肅書
歲次乙卯蒲月穀旦　臺灣李亦園敬獻
注：李亦園係臺灣“中研院”院士，周焜民係泉州市副市長。

三義廟：
三義廟
黎遇航書
注：黎遇航係中國道教協會會長。

正氣千秋
菲律賓大道玄壇道教董事會建設主任　楊建輝敬

泉州市(區)保護通淮關岳廟古跡董事會：

你單位一九九零至一九九二年，多渠道籌措教育經費，改善辦學工作條件，成績顯著，特予表彰。

福建省教育委員會
福 建 省 財 政 廳
福建省計劃委員會
一九九三年十月

授予：泉州保護通淮關岳廟古跡董事會先進集體

鯉城區關心下一代工作委員會
一九九七年四月

祖鄉重返　更盼統一

甲子年孟夏二訪鯉城，一夜鄉心，惟盼兩岸早日璧合，親人同堂。

福江　白少帆

弘揚傳統文化　振興民族精神

中國歷史博物館　宋兆麟　李露露
一九八九年十月二十九日

卷五

祭祀人物

一　關聖夫子世系攷

聖帝姓關，諱羽，字雲長。出夏大夫龍逢之後，生於漢桓帝延禧三年庚子歲六月二十四日，終於獻帝建安二十四年十二月初七日。帝英秀奇偉，少讀父書不輟，尤深《左氏春秋》。年十七，娶胡後，生三子，長曰平、次曰興、三曰索。享壽六十年。按廣義祀典：漢前將軍漢壽亭侯關生於桓帝延禧三年六月二十四日，長子平生於靈帝光和元年五月十三日，而世人只知於五月十三日恭祝，竟以爲帝誕降之辰，而六月廿四日罔有知者。夫忠臣孝子生辰，本應致祭，而聖帝嶽降正辰，尤當虔誠崇禮，故特書之。

聖祖諱審，字問之，號磐石。生於漢和帝永元二年庚寅歲，居解州常平村寶池里，沖穆好道，以《易》《春秋》訓子。至桓帝永壽三年丁酉年卒，壽六十八。

聖考諱毅，字道遠。性至孝，居父喪，廬墓三年，庚子歲六月二十四日生聖帝於故里。

聖長子諱平，字坦之。生於靈帝光和二年戊午歲五月十三日。少隨父任事，躬親矢石，臨陣不離左右。獻帝建安廿四年十二月初七日與聖帝同時遇難，克全忠孝，享年四十有二。按廣義祀典，同聖爲神於臨沮。

聖仲子諱興，字安國。少有令聞，武侯深器之。弱冠，爲侍中中監軍，伐吳獲仇雪恨。生二子，長曰統，次曰彝。建興十二年病卒，享年二十有四。

聖三子諱索，字維之。己亥之難，奔川請兵報仇。建興二年，從武侯征孟獲爲先鋒。

聖長孫諱統，襲封爵，尚公主，官虎賁中郎將。景耀三年十月卒，無嗣。

聖仲孫諱彝，嗣漢壽亭侯爵。炎興元年八月拜前將軍拒魏，十月戰歿。一子名敝。

聖曾孫諱敝，官諫議大夫。炎興元年，魏人入蜀，隱信都。

聖玄孫諱朗，字子明。習《春秋》、《易傳》，魏屢徵不仕。朗以下聖裔悠遠，不能全譜。

按此世系譜，合陽李廷英官直隸解組回籍，舟泊宜昌，詣南門，恭謁聖帝，仰見廟懸匾文，乃錢塘馮景山鋟記。聖祖、聖考名號，得之於墓志云：康熙十七年歲次戊午，解州常平村有士人姓于名昌，讀書於聖帝故居之塔廟，一日晝寢，夢聖帝示以“易碑”二大字，醒而思之，循處諮求，見濬井，得巨磚，已破爲兩，隱有字跡，乃拂拭合讀，悉紀聖祖、聖考名與字暨生歿之歲月，遂捧告解州王君朱旦。因肅然曰：旦丁酉宿涿州旅次，夢聖帝垂訓曰：煩椽筆叙生平。迄今二十有二年，始符前夢，乃據磚上字跡，恭譔碑志。分守使者張大本爲之銘，竪於墓旁云：敬録流傳使天下知，聖帝發祥所自示，夢非虚幻，咸得而尊崇焉。

注：見清光緒版《關帝明聖真經》，關聖帝君世系攷證。上海宏大善書局刊印。

二　關聖帝君歷代封號

漢建安五年封　　漢壽亭侯

蜀漢景耀三年追謚　　忠義侯

宋崇寧元年封　　忠惠公

宋大觀二年封　　武安王

宋宣和五年敕封　　義勇武安王

宋建炎三年封　　壯繆義勇武安王

宋淳熙十四年加封　　壯繆義勇武安英濟王

元天歷元年加封　　顯靈義勇武安英濟王

明洪武元年詔依初封　　漢壽亭侯

明萬曆十八年加封　　協天護國忠義大帝

明萬曆三十三年敕封　　三界伏魔大帝神威遠震天尊關聖帝君

清順治九年敕封　　忠義神武關聖大帝

清雍正三年敕封　　關帝三代公爵：曾祖光昭公、祖裕昌公、父成忠公

清乾隆三十三年加封　　忠義神武靈佑關聖大帝

清嘉慶二十年加封　　忠義神武靈佑仁勇關聖大帝

清道光八年加封　　威顯忠義神武靈佑仁勇關聖大帝

清咸豐二年加封　　護國保民威顯忠義神武靈佑仁勇關聖大帝

清咸豐五年加封　　關帝三代王爵：曾祖光昭王、祖裕昌

王、父成忠王

清咸豐六年加封　　護國保民精誠威顯忠義神武靈佑仁勇關聖大帝

又加封　　護國保民精誠綏靖威顯忠義神武靈佑

仁勇關聖大帝

清同治九年加封　　護國保民翊贊精誠綏靖威顯

忠義神武靈佑仁勇關聖大帝

清光緒五年十二月加封　　忠義神武靈佑仁勇威顯護國

保民精誠綏靖翊贊宣德關聖大帝

注：見《關聖帝君聖跡圖志全集》，歷代封號，泉州府學晉江縣學教諭江葆熙摹刻，光緒丁亥（光緒十三年，1887 年），板藏泉郡玉犀巷文昌祠。

三　祭祀歷史人物

關岳祀典備攷

晉江蘇大山蓀浦輯纂

序

重束發受書，長服軍旅，志在力行主義，責則捍衛國家，治軍之餘，嘗夷攷我國史乘之足資景仰軍人，輒心儀關岳二公焉，溯自倭寇犯順，抗戰軍興，大好神州，獸蹄踏遍，所賴我忠勇愛國軍人，抱犧牲殺敵之決心，彈雨槍林，前仆後繼，屢摧頑敵，迭克名城，與壯繆之戮力王事，武穆之精忠報國，實足媲美。壬午春，重受命典兵閩南，負責捍衛興泉地區，與淪於敵手之金厦，僅一衣帶水之隔。睇懷失土，憂痛倍增，慨嘆時艱，冰淵深凛，枕戈握楫，誓還我河山，起舞中宵，務盡蕩除倭寇。曾值春秋戊祭，率屬入關岳廟襄事，退而告以關岳二公及從祀忠武將士二十四人之偉烈遺事，以資矜式，而勵尚武之心，惟苦行篋少書，未能一詳其事實，輒引爲憾。晉江蘇君蓀浦，耆年績學，馳譽儒林，家居以纂述自娛。重高其行，時請益焉。君嘗病陳壽三國志，於關侯之傳失於略，取他書之信而可徵者以補之。所託克託宋史、岳珂金陀粹編之籲天録、經進年表、百氏昭忠録諸書，於岳王事則汰其繁，於與金人作戰事跡，則詳述之。於從祀諸將，但撮其要，略舉其生平，蓋以全史俱在，人能道之，毋庸詳叙也。傳後係以小詩，多稱引遺事而爲正史所不及者。寫綿邈之幽情，寄蒼茫之古思，豈同浪墨哉。兹廟董丐其書，將墨諸版，屬重爲之序。夫東漢之衰，董卓、袁紹、曹操之徒，巨奸盗國，其患在内，使非大權旁落，一二懷負之臣如陳蕃者，得效其忠，獻帝即甚庸主，金刀之祚，未必遽傾。南宋之弱，金人入寇，其患在外，高宗亦有爲之君，宗澤、韓世忠、劉琦、虞允文、吴介諸人，皆一時名將，而弗竟中興之業者，始誤於汪黄，而繼之以秦檜也。二公之事往矣，前車雖覆，後車之鑒，漢宋之亡，雖人亦天。向令關侯非無命，鼎足或亦三分；岳王不班師，黄龍未必直擣，後人惟能崇其氣節，發爲事功，有何强敵之不可摧、失地之不可復乎？景仰前賢，效法先烈，願與同袍共勉之，是爲序。

福建省保安縱隊興泉地區指揮官陳重敬譔

（一）蜀漢壽亭侯關公羽

曾祖成忠王逢龍公

祖光昭王審公

父裕昌王毅公

侯字雲長，本字長生，河東解人。祖審，沖穆好道，卜築中條山原居其中，研易傳、春秋。見火德灰寒，漢運垂替，絶意進取。父毅，篤孝有至性，承庭訓，亦治春秋、易學。父歿即葬其地，廬墓號踴，終喪不仕。桓帝延熹三年庚子六月生侯於常平村寶池里。英奇雄駿，智略邁倫。長受家學，通春秋易義，淹貫書史，以古今天下事爲身任。弱冠，子平生。即謝父母曰：兒有後奉祖禰，今漢將燼，盈庭觚稜輻邪，誰爲申大義、扶正統、維世道、正人心者？詣縣陳時事不報。有相人目之曰：君禀乾坤正氣，凛烈萬世，何論名業。歸旅舍，鄰有哭聲甚哀。問之，曰韓守義，遭郡豪吕熊荼毒。熊黠猾，黨連七姓，事中璫，蔑職紀。侯怒，令守義導之，往悉刈斬之。侯引去，轉徙五載。中平元年黄巾賊張角等起鉅鹿，盧植奉命征討。昭烈與公孫瓚夙事植，往依之。侯至閱各將無可事者，乃之涿見昭烈。昭烈爲中山靖王後，侯以舍劉氏種莫可效，況英略天授乎！遂委質。昭烈在鄉里合徒衆，侯與張飛爲之御侮。昭烈爲平原相，以侯爲別部司馬，分統部曲。昭烈與共起居飲食，恩若兄弟，而稠人廣坐中，侍立終日。隨昭烈周旋布、紹、操、表之間，不避艱險，昭烈襲殺徐州刺史車胄，使侯守下邳，行太守事。建安五年，操殺董承，東下擊昭烈。昭烈敗奔袁紹冀州，操虜其家室，侯亦被擒，追隨保衛維謹。操義之，尤愛其才勇，拜爲偏將軍，禮之甚厚。紹遣大將顔良圍攻東郡太守劉延於白馬，操遣張遼及侯爲先鋒擊之。侯望見良麾蓋，策馬前刺良於萬衆之中，斬其首還。紹諸將莫能當者，遂解白馬圍。操爲表請於朝，封壽亭侯。操察侯無久留意，謂張遼曰：卿試以情問之。遼以問侯，侯嘆曰：吾極知曹公待我厚，然吾受劉將軍恩，誓以共死，不可背之。吾終不留，然必立效以報曹公乃去。遼始不敢言，恐操殺侯。後乃以侯言告，操曰：事君不忘本，天下義士也。及侯殺顔良，度其必去，重加賜予。侯盡封其所賜，拜書告辭而奔昭烈於袁軍。左右欲追之，操曰：彼各爲其主，勿追也。昭烈去紹就劉表於荆州，侯從之。十三年表卒，子琮降於操。昭烈自樊將南渡江，別遣侯率船數百艘會江陵。操追昭烈至當陽，昭烈斜趣漢津，與侯船相值，共至夏口。先是昭烈在許與操共獵。獵中衆散，侯勸殺操，昭烈不從。及是，侯曰：昔日獵中之言若見從，可無今日之困。昭烈曰：時亦爲國家惜之耳。十月孫權遣兵助昭烈拒操，迎擊於赤壁，大破之。操引歸，昭烈收江南諸郡，以侯爲襄陽太守、蕩寇將軍，駐江北。昭烈西定益州，命侯董督荆州事。侯聞馬超來降，拜平西將軍。侯書與諸葛亮問超人才可誰比類。亮答之曰：孟起兼資文武，雄烈過人，一世之傑，黥彭之徒，當與益德並驅爭先，猶未及髯之超群絶倫也。侯美髯鬚，故亮謂之髯。侯省書悅，以示賓客。侯嘗爲流矢所中，貫其左臂，創雖愈，每至陰雨，骨輒痛。

醫曰：矢鏃有毒入於骨，當破臂刮骨去毒，患可除。侯便伸臂使劈，時適與諸將飲食，血流離盈盤器，侯割炙引酒，笑言自若。二十四年昭烈爲漢中王，拜侯爲前將軍，假節鉞。八月，侯取襄陽，復率衆攻曹仁於樊。操遣于禁助仁。秋，大霖雨，漢水泛溢。禁所督七軍皆没。侯陣斬龐德，擄于禁，獲步騎三萬，以舟船送於江陵。荆州刺史胡修南、鄉太守傅方皆望風降，梁郟陸渾豪士，遥受侯印號，威震華夏。操議棄許昌、徙河北，以避其鋭。司馬懿諫曰：禁等爲水所没，非戰之所失。國家大計未有所損而遷都，既示敵以弱，淮沔之人亦大不安矣。孫劉外親内疏，侯之得意非權所願，可諭權使掎其後，則樊圍自解。蔣濟亦極言，操從之。初，權嘗遣使爲子索侯女，侯辱罵其使，不許婚。權怒。侯之圍樊也，權遣使來助，故令莫速進，又遣主簿致命。侯怒其淹遲，罵曰：狢子敢爾！如使樊城拔，吾不能滅汝耶？權憤且忌，得操間，果令吕蒙西襲。蒙伏精兵於艡艫之中，使白衣摇櫓，作商賈服，潛渡江至公安。權使虞翻往説傅士仁，士仁不肯見，翻貽書反覆陳利害。士仁得書涕泣而降。翻曰：此譎兵也，當將士仁行，留兵備城。蒙至南郡，以士仁示麋芳，芳亦降。二人平日怨侯輕己。侯之出兵，給軍資復不悉力，侯言歸當治之，二人懼，故翻之言得入也。權别遣陸遜守宜都、秭歸，至江陵守峽口，以備蜀。又遣朱然、潘璋以兵斷其徑路。操亦遣徐晃援樊救曹仁。侯與晃有舊，遥共語，説平生。須臾，晃下馬，宣令得侯首者賞千金。侯夙重義氣，不之虞，曰：是何言也？晃曰：國之事也。侯與戰，不克，退當陽，西守麥城。至漳鄉，侯及子平、都督趙纍爲潘璋、司馬馬忠所獲，遂蒙難於臨沮。初，侯在樊城，孫權使虞翻筮之，得兑下坎上，節五爻變之臨，以爲咎徵不遠，既而果然。是侯之正命或關天數。然忠義之氣，凛烈萬古而如生。此其所以爲聖而至於神者歟！時年六十，追謚曰壯繆。

正氣乾坤萃祖庭，中條山脈鬱青青。

實行貫澈尼山旨，一卷春秋即武經。

師出荊州趨宛洛，討曹大計本隆中。
他年八陣江頭石，照見孤衷落日紅。

非劉未許家天下，白馬功成匪報酬。
紹操當時皆國賊，頭銜寧博一亭侯。

易學三傳守一斤，知幾在昔本如神。
敬恭入廟誠能感，鐘鼓鏘鏘俎豆苹。
（廟中籤句，以誠至者無不靈驗）

讀漢壽亭侯傳敬題

晉江曾遒振仲

清順治中加關帝封號爲忠義神武大帝。乾隆四十一年七月二十六日上論關帝史書所謚並非嘉名。陳壽於蜀漢有嫌，所譔三國志多存私見。今當抄録四庫全書，所有志内關帝之謚，應改爲忠義。羲皇易理家學傳，中條靈秀留遺阡（公之祖嘗在中條山結草盧，闡究易理，後即葬是地）。篤生神聖合符節，浩浩千秋忠義全。本來原是晉名士（楚寶公傳贊語，起句有公三晉名士也）。養生之論心精研（公學養生法，熟讀養生論。初年其字曰長生）。況讀春秋重正統，志佐炎劉金石堅。國賊深仇恨未雪，慷慨中原先著鞭。雷霆餘威震華夏，阿瞞奸雄心膽捐。率土之濱盡王土，東吳分野牛女躔。荊州原屬漢家地，蠶食安得容孫權。黃鶴樓中語嚴峻，威武不屈剛秉乾（黃鶴樓之會，魯肅持單刀索荊州。公背後一大漢厲聲曰“天下者非一人之天下”等語）。我公生平秉大義，綱常萬古艱巨肩。庸史偏私但論事，豈知心跡昭雲天。鬚眉如生式靈爽，煌煌祀典陳豆籩。

讀漢壽亭侯傳敬題

惠安汪煌輝照六

漢土中淪奸僞逼，日惟遵經嚴討賊。春秋斧鉞易乾剛，公秉此義帝蜀國。當年漢一壽亭侯，忠義心肝思報劉。拒婚於吳慚仕魏，曹不可降孫可仇。荆州殉節非輕敵，有賊無我憤所激。武侯既能制東行，恐難反敗成戰績。猇亭衄歸永安宮，昭烈託孤炎祚終。中原九伐無良將，公先不禄大星凶。超群絶倫惟髯許，非於武鄉些齟齬。船山對此有微辭，奈未平情論漢史。公之讀經真經神，尊攘微管誰後身。易云匪寇斯婚媾，不聯吳姻識高人。非但名士真儒將,學在武庫左癖上。至今華夏震威名,俞龍易理差輝映。

（二）宋鄂王岳飛

曾祖魏國公成公

祖唐國公立公

父隋國公和公

王字鵬舉，湯陰人，世力農。父和，有大度。河北荒，恒節食以濟饑者。有耕侵其地，割而與之。貰其財者，不責償。母姚，知大義，王初從戎，令祖背刺“盡忠報國”四字以勗之。王之在母也，有父老過門，聞母之聲，曰：必生男，致位三孤。及生，有鳥若大鵠飛鳴室上，因以爲名。未彌月，河決内黄，西水暴至。母抱王坐甕中，衝波及岸得免，人皆異之。

王少負氣節，沉厚寡言，好左氏春秋、孫吳兵法。年二十應宣撫劉韐募備金。康王構以天下兵馬大元帥，開府河朔至相。王因劉浩入見，補承信郎。從浩解東京圍，與虜相持滑南，習兵於河上。金兵猝至，王策騎前，有驍將舞刀而出，王立斬之。遷秉義郎，隸留守宗澤，戰開德、曹州皆有功。澤曰：爾知勇才藝，古良將不能過，然好野戰，非萬全計。因授以陣圖。王曰：陣而後戰，兵法之常，運用之妙，在乎一心。澤是之。

康王即皇帝位，王上書言黄潛善、汪伯彦不能承聖意恢復故疆，奉車駕日益南，恐不足以繫天下之望。以越職奪官，歸詣河北招討使張所。所待以國士，問曰：汝能敵幾何？王曰：勇不足恃，用兵在謀。欒枝曳柴以敗荆，莫敖採樵以致絞，皆謀定也。所矍然曰：君殆非行伍中人。因前席與論時事，至慷慨流涕曰：國家都汴，恃河北以爲固，河北不收，汴無可守。今日之事，招討誠能提師壓敵境，飛以偏師從麾下，惟招討命耳。所悦，命從王彦渡河抵新鄉，金兵盛，彦軍石門山不敢進。王謂彦曰：二帝蒙塵，虜據河朔，當畢力以迎乘輿，何得頓懷觀望？彦默然。王怒，獨引所部鏖戰，奪其纛而舞，諸將皆奮進，拔新鄉，擒阿里孛。會食盡，走彦壁乞糧。彦憾王弗與。乃益北與虜戰於太行，擒跖跋邪烏，逾數日，復與虜遇，又單騎殺黑風大王，走其衆三萬。王知不爲彦所容，自以一軍歸宗澤，爲留守司統制。建炎二年，合别將與金人戰於胙城，又戰於黑龍潭、官橋，皆大捷。七月宗澤卒，以杜充代之。王居舊職。八月大戰金人，于汜水關，虜騎馳突，王躍馬左射殺之，虜衆潰。檄留竹蘆渡以遏敵，患糧乏。王設伏山下，中夜令舉火，金人疑援至，相驚亂，追襲敗之，取其糧以資軍食。三年，充欲棄汴之建康。王曰：中原之地，尺寸不可失，況宗廟陵寢所在。今一舉足，此地非吾有，他日欲取之，非數十萬衆不可。充弗聽，與俱至建康。兀术逼淮南，大舉兵，合寇烏江。充閉門不出。王泣諫曰：勁虜睥睨長江，危急莫甚此時。萬一虜窺吾怠，舉兵乘之，金陵失守，公能高枕無患乎？充不納。虜由馬家渡渡江，充乃遣王及諸將迎戰，戰方合，王瓊率二萬衆遂遁，諸將崩潰。戚方首亡爲盜，建康陷，杜充降於金。王獨全師屯鍾山，告於衆曰：我輩以忠義報國，死且不朽，若叛而爲虜，潰而爲盜，身死名滅，豈計之得，今日之事，有死無貳。衆皆聽命，傅慶、劉經亦以軍從王。十二月，兀术趨臨安。王邀擊，之廣德，六戰皆捷，擒其衆王權等二十四人。四年，金人挾盗犯常州、宜興。令佐迎王移屯及境，盗入於湖。四月兀术復攻常州，王四戰皆捷，尾襲於鎮江東，又捷。戰於清水亭，又大捷。兀术趣建康，王設伏牛頭山敗之。兀术次龍灣，王抵新城，大破金兵，馘禿髮耳有鐶者三千級，積屍十餘里，獲其輜重無算。兀术奔淮西。五月復敗金人於静安。九月金陷楚州，立劉豫爲齊帝。紹興元年，王副張濬討李成，破之樓子莊，成走降劉豫。二年，盗曹成擁兵由江西歷湖湘，據道、賀二州。詔王兼荆湘東路招撫都總管。四月，王入賀州，復進追曹成於連州，破之。曹成走，宣撫司降。三年春召詣行在，命平虔吉群盗，皆破降之。上手書“精忠岳飛”字刺旗以賜。十二月劉豫遣李成合金人入寇襄陽。唐、鄧、隨、潁諸州俱失。四年王奏請收復襄陽六郡爲恢復中原基本。命顔孝恭、崔邦弼兩軍受節制。王至州，豫將京超，號萬人敵，乘城拒王。鼓衆登其城，超走，墮崖死。王遣張憲、徐慶復隨州。王進復襄陽，李成夜遁。劉豫復益李成兵屯新野，王與王萬夾擊敗之，進兵鄧州。成與金將劉合、孛堇列砦拒王。王命王貴、張憲掩擊，賊衆大潰。劉合、勃堇僅以身免。鄧州復，又復唐州，襄漢悉平。兀术、劉豫復合兵圍廬州。帝命王援之，至，虜騎已逼城，王一戰敗之，廬州圍解，金人引還。五年，除王荆湖南北襄陽路制置使，命招捕楊么。時張濬以都督軍事至潭將還，王請留之曰：八日可破賊。濬許之，果八日而楊么平。濬嘆曰：岳侯神算也。初，么恃險曰：欲犯我者，除是飛來。至是人以其言爲讖。六年太行梁興等慕王義，率衆奪河逕渡來歸。濬至江上，獨稱王與世忠可倚大事。命王屯襄陽，曰：此君素志也。王移軍京西，會居母憂，降制起復，王扶櫬還廬山，連表乞終喪，不許。纍詔趣起，乃就軍。遣王貴攻虢州，下之。九月，劉豫遣子麟猊寇淮西。上慮劉光世、張濬不足任，命王東下。王即日起行，未至麟敗，乃還軍。七年王入見，爲良馬對，上善之。從幸建康，疏言金人立劉豫，蓋欲荼毒中原，以中國攻中國。又言願假臣日月提兵趨京洛，據河陽、陜府、潼關率師前進，彼必棄汴而走，河北、京畿、陜右可以盡復。然後分兵濬滑，經略兩洛，則劉豫成禽，中原可復，社稷良久之計端在此舉。上曰：有臣如此，顧復何憂，進止之機，朕不中制。又召至寢閣命曰：中興之事，一以委卿。王方圖大舉，會秦檜主和議，忌其成功，沮之。王詣都督府與濬議，王德、酈瓊二軍所屬言拂濬意。王即日上章乞解兵柄，終喪服，以張憲攝其軍步，歸廬母墓。濬怒，以張宗元監其軍。上纍詔，始還職。宗元還，言將和士鋭，人知忠孝，皆王訓養所致。上悦。王復奏錢塘僻在海隅，非用武地，願陛下建都上遊，用光武故事，親率六軍，往來督戰，庶將士知所向，人人用命。未幾而酈瓊叛，濬始悔，命王駐師江州，爲淮浙援。王知劉豫結粘罕而兀术惡劉豫，可以間行。一日，得兀术諜，慰而縱之，使行其計，十一月而金人廢劉豫。王復請長驅以取中原。八年召赴行在，命見皇太子，退而喜曰：社稷得人，中興之業在是矣。九年，以金人歸河南地，授儀同三司。王力辭，謂今日之事可危而不可安，可憂而不可賀，可訓兵飭士，謹備不虞而不可以論功行賞。十年，金人攻拱亳，帝賜札曰：設施之事，一以委卿。乃遣牛皋、王貴等，分行經略西京諸郡。命梁興渡河取河南北諸郡，又遣兵東援劉琦，西援郭浩諸將，戰皆捷。帝授王少保，進駐郾城。兀术懼，合諸衆逼郾城，求拚力一戰。王曰：金人技窮矣。遣子雲出戰，直貫其陣，大破之。初兀术有勁軍號拐子馬，是役以萬五千騎來。王戒步卒以麻札刀入陣，第斫馬足，一馬僕，二馬不能行，乘而奮擊，復大破之。王知兀术敗必還攻穎昌，遣雲往助王貴，戰於城西，殺其將夏金吾等，兀术遁。王進軍朱仙鎮，兀术走汴京，金將王鎮、崔慶、李覬等皆率所部降，韓常欲以五萬内附。王語其下曰：當直抵黄龍府，與諸君痛飲。方指日渡河，而檜欲畫淮以北棄之，風臺臣請班師。王以金人方氣喪，而豪傑向風，士卒用命，機難輕失。檜知王志鋭不可回，乃命張濬、楊沂中先歸，再言王孤軍不可留。一日下金字牌十二，促王班師。王東向再拜曰：十年之功，廢於一旦。士民遮馬痛哭，王亦泣，下取詔示之，一時哭聲震野。兀术初欲棄汴，有書生叩馬諫曰：太子勿走，自古未有權臣在内而大將能成功於外。兀术悟，遂留。十一年，金人渡淮，疾驅至廬，帝趣王應援，凡十七札。王力疾行，金人望風遁。兀术至濠州，張濬不敢進，楊沂中遇伏敗。時和議已定，秦檜召王及韓世忠、張濬歸行賞，王獨後至，授樞密副使，位參知政事上，王固請還兵樞，不許。五月招王與張濬往楚州籌備邊防。初，淮西，濬分地也，不敢行。王聞命即往解廬州圍，濬忌之，以前途乏糧怵王，王不爲止，濬反言王逗留不進。以乏餉爲辭，又欲與分世忠軍，王義不肯。至濬欲修楚州城以爲備，王曰：當戮力圖恢復，豈可爲退守計。濬變色，遂憾王，倡言王欲棄山陽。檜以世忠斥和議，將以扇謡誣之。王馳書世忠見帝自辨。檜怒王。會兀术遺檜書曰：汝朝夕請和而岳飛方圖河北，必殺飛，和乃可言。檜亦謂飛不死，終梗和議，己必及禍。以万俟卨與王有怨，風劾飛，又風何鑄、羅汝楫交章彈論，謂金人攻淮西，飛至舒蘄與濬按兵河上，棄山陽不守。王復請罷樞柄，還兩鎮節，充萬壽觀使。檜志尚未伸也，諭張濬令劫王貴誘王。濬誣告張憲謀還王兵柄，遣使捕王父子。使至，王曰：皇天后土，可表此心。初，令何鑄鞫之，王袒背示鑄盡忠報國四字，深入膚裏，閲實復無證據。鑄白其無辜。檜改令卨誣飛與憲書，命虚申探報以動朝廷，雲與憲書，令措置使飛還軍；且言其書已焚。繫兩月，無可證者。或教卨以臺章所指爲言，卨白檜簿録飛家，取御札藏之以滅跡。又逼孫革證受詔逗留，命評事元龜年取行軍時日雜定之，歲暮獄未具，檜手書片紙付獄，即報王死，雲棄市，幕屬於鵬等六人從坐。王在獄時，大理寺丞李若樸、何彦猷、大理卿薛仁輔並言王無罪，卨俱劾去之。宗正卿以百口保王，竄死建州。布衣劉允昇上書訟王冤，下棘寺獄以死。紹興末，太學生程宏圖復詣闕上書訴王冤，詔令飛家自便，汪撤宣撫荆襄，故部曲合詞上籲，哭聲雷震。孝宗詔復飛官，以禮改葬，建廟於鄂，號忠烈。淳熙六年，賜謚武穆。嘉定四年，追封鄂王。

電光如水映玻瓈，展卷鵂鶹紙上啼。
撼岳功成無戰事，金陀坊畔草萋萋。

不是甘心引虎來，休休敢信相公才。
間行汝亦居閑地，遑問黄龍酒一杯。

孤憤莫紓惟説鬼，到無聊處且開顔。
人間那可無何立，有酒宜澆第一山。

留寸江山供立馬，臨安孤負將才多。
願栽樹樹精忠柏，六月西湖莫種荷。

不中竟留終古恨，西風鎮日作蕭蕭。
秦頭如許無佳俠，一樣傷心豫讓橋。

上墓黯然思昔昔，叩舷曾唱滿江紅。
斷橋别後千條柳，愁殺春來盡向東。

讀岳忠武王傳敬題（七言古體）

晋江曾遒振仲

三字冤沉暗天日，萬里中原自此失。
遺禍實始張魏公，獨容秦檜厠班秩。
論帥之對肝膽誠，孰知猜忌從兹生。

李公既逐曲端死，我公北伐安能成。
知人不明枉作相，坐令奸謀肆醖釀。
金牌十二星火來，兩河豪傑盡絶望。
倉皇咫尺天威臨，敦促班師嚴且森。
一日之間如此急，縱不奉詔誰明心。
後儒迂闊暗時勢，論辟新奇挺筆鋭。
忠奸莫辨恣雌黄，千百年眼萬難蔽。
耿耿未雪彌天仇，白骨成灰恨未留。
長城自壞棟樑折，半壁江南江水流。
精忠之氣亙宇宙，上將生來應星宿。
抗懷上下千載間，道德文章世並壽。

（謝和議表，藹然有孔明之風。高宗良馬對則淵淵乎有道之言。題鄱陽湖龍居寺有“潭水寒生月，松風夜帶秋”之句，直逼唐人佳境矣。）

朱仙鎮上瞻儀型，朗吟碑句迅風霆。
端坐冕旒肅氣象，丹心萬古垂汗青。

（曩者四過朱仙鎮，拜公座前。見公冕旒龍衮，嚴嚴端坐。景仰之間，低徊不忍去。又讀庭前石刻碑，有號令風霆迅五言詩。）

按，揭傒斯云、宋之不能中興，由張濬之逐李綱、殺曲端、引秦檜殺岳飛也。四朝國史，以曲端之罪在狠愎自用。委曲爲魏公庇，失其實矣。信如所言，則謂秦檜殺岳飛，亦不爲過。又比之孔明，斬馬稷，尤無謂。直筆之難也久矣。惜哉！又《中興宋鑒》云，張魏公力引奸檜，使至得政而寧，與趙忠簡語不相下。宋乾道二年，定中興十三處戰功，而不及岳武穆，蓋秦檜之黨猶存，掩之。

讀岳忠武王傳敬題（七言古體）

惠安汪煌輝照六

神京腥膻爲虜庭，宋人下詔書親征。
如何中原將北定，忍中奸謀壞長城。
吁嗟燕雲誓討賊，上曰河北軍付卿。
將軍閫外膺重寄，息壞在彼忘前盟。
英宗蒙塵曾北狩，土木生可還朱明。
不戰求和非長策，迎請使徒項背行。
宋之徽欽崩異域，構之罪也檜之獰。
泥馬侈言江能渡，天命敢與父兄爭。
太乙宮主歸亦贅，不如聽殂五國城。
女真縱檜同劃策，庶期通好長弭兵。
一貪君位一相位，豈令大將邊功成。
金牌即不十二下，黃龍便奏凱歌聲。
外淩可免內爭亟，功高主忌良犬烹。
三字埋冤誰羅織，授意何方最分明。
金陀粹編述祖德，此意珂未獲真情。
南渡君臣忘社稷，孟頫降元國步傾。
邦昌帝楚豫帝齊，置君前事如棋枰。
公在九天含冤憤，知有漢奸難肅清。

（三）從祀廿四位歷史忠臣名將

1. 蜀西鄉侯張飛

飛，字翼德，涿郡人。少與關羽俱事昭烈，纍著戰功。昭烈依劉表於荊州，表卒。曹操取荊州，昭烈奔江南，操追之一日一夜，及當陽之長阪。昭烈聞操猝至，棄妻子走，乃使飛將廿騎拒後。飛據水斷橋，瞋目橫矛曰：身是張翼德也，可來共決死。追者莫敢近，昭烈遂得免。既定江南，飛爲宜昌太守征虜將軍，封新亭侯。後轉南郡，與諸葛亮溯流而上，分定郡縣至江州，獲璋將巴西太守嚴顏，飛呵之曰：何以不降而敢拒戰？顏曰：我州有斷頭將軍無降將軍也。飛壯而釋之，既所過戰克，會昭烈於成都，以飛領巴西太守。時曹操破張魯，留夏侯淵、張郃守漢中。郃別督諸軍下巴西，進軍宕渠蒙頭蕩石，與飛相拒五十餘日。飛率精卒萬人，從他道邀郃軍戰，山道窄狹，前後不得相救，飛遂破郃。郃棄馬緣山獨與麾下十餘人從間道退，引軍還南鄭，巴土獲安。昭烈爲漢中王，拜飛爲右將軍假節。章武元年，遷中騎將軍領司隸校尉，進封西鄉侯。飛雄壯威猛，爲世虎臣，然能愛敬君子而不恤小人，昭烈常戒之曰：卿刑殺既過差，又日鞭撾健兒而令在左右，此取禍之道也。昭烈自將伐吳，飛當率兵萬人自閬中會江州，臨發爲帳下將張達、範强所殺。昭烈聞飛營都督之有表至也曰：噫！飛死矣。謚之曰桓侯。桓侯事業未竟，賫志以終，然與關侯志同義合，以勇力並稱當代。周瑜密疏孫權，即有劉備以梟雄之姿，而有關羽、張飛熊虎之將之語。後世之言勇者，亦必曰關張趙。陽湖札記歷舉晋宋齊陳諸書八則以證之，是不惟同時之人望而畏之，後世之人亦震而驚之，天生神勇固不虚也。顧小説家言附會失實，幾使桓侯爲一魯莽不學之夫，不知桓侯生平固精於文而工書法者，誠不可以不辨，故附著之。

相逢座上不能殺，休恨當陽失使君。
孤負英雄曹孟德，笑人橋下水澐澐。

刁斗銘成月一稜，酒懷磅礴夜中興。
此頭不向祁山擲，石轉江流恨不勝。

2. 蜀順平侯趙雲

雲，字子龍，常山人。姿顔雄偉，身長八尺。初率精兵詣公孫瓚，瓚曰：同州人皆願袁氏，君何獨迷而能反乎？雲曰：天下洶洶，未知孰是州人？但從仁政所在，不爲忽袁公私明將軍也。時昭烈亦依瓚，每接納雲，雲亦深自納託。後見昭烈於鄴，爲募數百人爲部曲從。至荆州當陽之敗，或言雲已北去，昭烈以手戟擿之曰：子龍不棄我走也。頃之，雲已獲甘夫人，身抱後主至，遷爲牙門將軍。昭烈入蜀，雲留守。孫權以舟迎其妹孫夫人，將後主還吳。雲勒兵截江以後主歸。夏侯淵敗，曹操争漢中以大軍至。黄忠出取魏糧，逾時未返，雲將數十騎出，遇操前鋒，方戰，圍遽合，雲突其陣既出，還入迎傷將張著。操下令復合圍之。雲入張翼營，令宴息旗鼓，大開營門。操至，疑有伏引去。雲擂鼓震天，惟以戎弩於後射操軍。操軍驚駭相蹂踐，墮漢水死者甚多。明日昭烈至雲營，視昨戰地曰：子龍一身都是膽也。軍中號爲虎威將軍。孫權襲荆州，昭烈欲伐吳。雲諫曰：國賊曹操，非孫權也。先滅魏則吳自服，操雖死，丕行篡逆，當早圖關中，據河渭上流，關中義士必裹糧策馬以迎王師。不應置魏先吳，兵勢一交，猝不得解也。昭烈不從，遂東征，敗於秭歸。建興元年，封永昌亭侯，遷鎮東將軍。六年，隨諸葛亮伐魏。亮揚言由斜谷道取郿，魏將曹真舉衆拒之，亮令雲與鄧芝爲疑兵，而身攻祁山，使馬謖督諸軍與張郃戰，敗績，街亭失。雲亦失利於箕谷，然斂衆固守，軍退兵將，初不相失，雲自斷後也。七年卒。景耀四年，後主追謚曰順平侯。

後魏先吳終失略，臣愚遑恤口期期。
當時如聽將軍語，鼎足三分未可知。

臨敵漫疑身引避，一身是膽自堂堂。
抱中塊肉寧豚犬，殉國能生北地王。

3. 晉襄陽縣公王濬

濬，字士治，弘農人，家世二千石。疏通亮達，恢廓有大志。少不修名行，晚乃砥節。初，闢河東從事，纍遷益州太守，徵拜右衛將軍。羊祜雅知濬有材略，又以童謠云：阿童復阿童，銜刀浮渡江，不畏岸上獸，但畏水中龍。阿童，濬小名，因密表留之。武帝謀伐吳，詔濬修舟艦，作大船連舫，方百二十步爲樓櫓，闢四門其上，得馳馬往來，畫鷁首怪獸以懼江神，舟楫之盛，自古未有。吳建平太守吳彥以聞，謂晉有攻吳之計，請增兵以守，孫皓不從。濬伐吳疏上，朝議咸諫，惟張華固勸，杜預又表請，帝乃從之。以濬爲龍驤將軍監梁益諸軍事。正月，發成都，命唐彬攻克丹陽。吳人於江磧險要處，以鐵鏁横截之，又作鐵錐長丈餘置江中。濬作大筏數十，亦方百餘步，縛草爲人，被甲持杖，令善水者以筏先行，鐵錐輒著筏去。又作大炬灌以油，位船前，遇鏁燃炬燒之，須臾融液，於是船無所礙。二月，克西陵獲其將，留憲成據。太守虞忠進克荆門，夷道獲將軍陸晏，克樂鄉，獲水軍督陸景，平西將軍施洪等降。濬軍不血刃，攻無堅城，夏口、武昌亦無相支抗，順流徑造三山。皓遣張象率舟師萬人來禦，望旗而降。皓聞濬軍至，用光禄勛薛瑩、中書令胡衝送降文，太常張夔等奉所佩璽綬委質請命。濬入石頭，皓白馬素車，肉袒面縛，銜璧牽羊，群臣衰服輿櫬，率太子瑾等二十六人造壘門。濬躬解其縛，受璧焚櫬，送皓京師，收圖籍封國庫，軍無私焉。叙勳拜輔國大將軍，封襄陽縣公。初，王渾預伐吳，數有功，敗張悌，逼秣陵，頓兵不進。濬至中流，渾遣人要過論事。濬舉帆直指，曰風利不得泊也。既受皓降，渾憤且耻，遂表濬不受節制，互疏争功，競構南箕，成兹貝錦，有遺憾焉。太康六年，濬卒，年八十，謚曰武。

風利休疑助阿童，匆匆一炬鐵無功。
天心已定偏安局，留取江山待轍東。

穿雲跋浪任飛揚，測海量天日日忙。
不忍殘民寧失國，沈思歸命亦堂堂。

4. 晉康樂公謝玄

玄，字幼度，夏陽人。少穎悟，及長有經世才略，桓温闢爲録，與王珣並加禮重。時苻堅數侵寇，朝廷求可以鎮禦北方者，謝安以玄應。郄超曰，安違衆舉親，明也。玄必不負舉才也。於是徵拜建武將軍監江北諸軍事。堅陷襄陽，遣彭超攻戴逯於彭城。玄次泗口，遣何謙馳解彭城圍。超復圍幽州刺州田洛於三阿，陷盱眙。玄自廣陵西討，令何謙援洛，解其圍，進抵白馬，斬堅將顔因、邵保，追至君川又破之。劉牢之、李鬱亦破其浮航運艦，超等皆北走。玄还廣陵。癸未八月，坚自率兵至项城，號百萬，先遣苻融、慕容暐等至潁口，梁成、王先等屯洛澗，詔以玄爲前锋，與謝石、謝琰、桓伊、檀元、戴熙隐等拒之。玄命牢之率兵指洛澗，斬梁成及成弟雲，追擒堅將王顯、梁悌等，收其軍實。十一月，堅進屯壽陽，列車臨淝水，玄軍不得渡。玄使謂苻融曰：君遠涉吾境、而臨水爲陣，是不欲速戰，諸軍稍退、令將士得周旋，僕與諸君緩轡觀之，何如？堅將皆曰，宜阻淝水，莫令上。堅曰：但稍却軍，我以鐵騎數十萬逼而殺之，靡弗勝。融亦謂然。遂麾使却衆，一時因動不能止，軍遂亂。玄已與琰伊等率精鋭前渡，薄而攻之，大戰淝水南，陣斬苻融，堅中流矢，衆奔潰，相蹈藉，投水死者不可勝計，淝水爲之不流，餘衆棄甲宵遁，聞風聲鶴唳，皆以爲王師至。重以饑凍死者十七八。獲堅乘輿雲母車，軍資山積。捷聞，進玄前將軍假節，固辭不受。遣桓石虔造渦穎經營舊都，遣劉襲攻張崇於鄄城，走之。遣高素向廣固降。苻朗以劉牢之據碻磝，郭滿駐滑臺，滕恬之守黎陽，三魏皆平，叙勲封康樂縣公。移鎮淮陰，以疾請解職，疏十餘，上乃轉授散騎常侍會稽内史。十三年卒於官，贈開府儀同三司車騎將軍，謚曰獻武。

不知麈尾何家物，玉樹芝蘭秀滿前。
莫謂清談能誤國，險些一水已投鞭。

一局棋能支半壁，如何畫地忍偷安。
過江帝子無英物，留與青山捫虱看。

5. 隋壽光縣公韓擒虎

擒虎，字子通，河南東垣人。少慷慨以膽略見稱，讀書通經史大旨。初，仕周以軍功拜都督遷儀同三司。武帝伐齊，獨孤永業守金墉城，擒虎説下之，進平範陽加上儀同。復從宇文忻平合州。高祖時爲相國，以擒虎爲利州刺史。陳遣甄慶、任蠻奴、蕭摩訶等數犯江北，擒虎屢挫其鋒，陳人氣奪。高祖有並吞江南之志，既受周禪，以擒虎威名，畀以平陳之任。開皇八年，命晉王廣爲行軍元帥大舉伐陳。擒虎爲先鋒，宵襲采石，進拔姑熟。陳將樊巡、魯世真、田瑞相繼降。晉王令與行軍總管杜彦領步騎二萬逼金陵。陳遣蔡徵禦守，聞擒虎至，衆懼而潰。任蠻奴爲若弼所敗，降於擒虎。及入朱雀門，陳人欲戰、蠻奴撝之曰：老夫尚降，諸軍何事？皆散走。遂入金陵，執陳主叔寶。時若弼亦有功。高祖下詔，晉王有曰，九州不一已數百年，以名臣之功，成太平之業。蓋以平定江南，爲擒虎與若弼力也。至京互争功帝前。高祖曰二將俱合。上勳擒虎進位上柱國，以有言其放縱士卒，坐此不得爵邑。先是，江東有謡歌曰黄斑青驄馬，發自壽陽涘，來時冬氣末，去時春風始。不知所謂，擒虎本名豹，往返時節亦與歌相應，至是方悟。旋詔擒虎屯金城備胡，拜涼州總管別封壽光縣公。俄徵還京，宴之内殿，禮意甚厚。有鄰母見擒虎門下儀衛甚盛，問之，曰我來迎王，忽不見；又有人疾篤忽起走擒虎家，曰我來謁王。左右問何王？曰：閻羅王。咸欲撻之，擒虎止之曰：生爲上柱國，死作閻羅王，斯亦足矣。疾作數日卒，年五十五。開皇十九年冬也。初，突厥來朝，帝問曰，汝聞江南有陳國天子乎？對曰聞之。帝令引詣擒虎前曰，此是執得陳國天子者。擒虎厲然顧之，突厥惶恐不敢仰視，其有威容如此。

玉虎欄邊手縛降，飄零花月冷春江。
莫輕井底胭脂涴，中有鴛鴦影一雙。

黄豹青驄出壽陽，不知孰預管興亡。
生逢世亂休滋感，或者天留看海桑。

6. 隋宋國公賀公若弼

若弼，字輔伯，睢陽人。少有大志，驍勇便弓馬，涉書史，解屬文，有重名於世。周齊王憲引爲記室，遷小内史，尋與韋孝寬伐陳，授壽州刺史封襄邑縣公。高祖受周禪有並江南之志，訪可任者。高熲曰，朝臣之内無出賀若弼，於是拜吳州總管。弼上取陳十策，欣然以爲己任。開皇九年，大舉伐陳，以弼爲行軍總管。將渡江酹酒誓曰：弼親承廟略，伐罪救民，上天大江尚其鑒此，使大軍利涉，如事有乖違，得葬江魚腹中，死且不恨。乘陳不備，襲南徐，執刺史黄恪，進屯蔣山之白土岡。陳將魯廣達等以勁卒拒戰。田瑞先犯，弼軍擊走之。廣達等相繼遞進，弼軍殊死戰，復破之，至樂遊苑，獲蕭摩訶，乘勝攻宮城，燒北掖門入，時擒虎已執陳主叔寶，弼呼視之，叔寶惶懼股栗再拜。弼謂之曰：小國之君，見大國卿拜禮也，入朝不失作歸命侯，毋懼。陳平，加上柱國宋國公，然終恚功在擒虎之後，争之帝前。帝曰二將皆上勳也。弼每以宰相自期，及楊素爲右僕射，弼仍將軍不平，時形言色，由是免官。弼怨愈甚，旋下獄，復倡言高熲、楊素但堪啗飯。高祖亦忌之，遂除名，歲餘復其爵位，不任用。煬帝在東宮時，嘗問弼以楊素、韓擒虎、史萬歲優劣。弼曰：素是猛將非謀將，擒虎鬥將非領將，萬歲騎將非大將。曰：然則大將誰也？弼拜曰：惟殿下所擇。蓋自許也。及即位犹被疏斥。大業三年，從北巡至榆林。帝爲大帳饗突厥啓民可汗，弼以爲太侈，私議之，爲人所奏，竟坐誅。年六十四。初弼父敦仕周，爲金州總管，宇文護忌而害之，臨刑呼弼曰：吾以舌死，汝不可不思。因引錐刺弼舌出血，誡以慎口。弼忘父遺言，卒顛殞於非命，吁亦可哀已。

知君普六利堅最，量小終羞第二勳。
善處功名須學問，愁傾江水酹將軍。

能消厚福是庸庸，亂世才爲禍所鍾。
狡兔就烹寧見恤，阿麽生性太窮兇。

7. 唐衛國公李靖

靖，字藥師，三原人。姿貌魁秀，通書史，有大志，嘗言丈夫遭遇，當以功名取富貴，何至作章句儒。其舅韓擒虎每與論兵輒曰：可與語孫吴者，非斯人尚誰？左僕射楊素拊其床謂靖曰：卿終當坐此。大業末，爲馬邑丞。高祖擊突厥，靖察有非常志，因自囚。上急變傳送江都，至長江道梗。高祖已定京都，將斬之，靖曰：公起兵爲天下除暴亂，欲就大事，顧殺誼士乎？秦王亦爲請，得釋。從平王世充，授開府。蕭銑據江陵，靖上平銑十策，以舟師赴夷陵，身爲前鋒疾趨入江陵，銑匆遽降，江漢列城俱下，封永康縣公。度嶺至桂州，宣佈天子德意，招慰酋領馮盎等皆率子弟來謁，南方悉定。輔公祏反於淮南，詔副趙郡王孝恭東討，破丹陽，擒公祏。太宗踐阼，以突厥部種離叛，亟圖進取，以靖爲定襄道行軍總管，率勁騎由馬邑趨惡陽嶺，夜襲其營，破之。頡利遁磧口，走保鐵山。靖督兵疾進，斬級萬餘，獲其子叠羅施，頡利亡去爲張寶相擒獻，於是拓地自陰山北至大漠，進封代國公。會足疾，疏乞骸骨，從之。命三日一至門下中書平章政事，賜靈壽杖。八年，吐谷渾寇邊。太宗謂侍臣曰，靖能復起爲帥乎？靖往見房玄齡曰，吾雖老，尚堪一行。授西海道行軍大總管，次伏俟城。伏允盡焚其莽退保大非川，靖決策深入踰磧石山，大戰數十，殘其國。伏允愁戚自經死。策功進衛國公。太宗將伐遼，召靖入謂曰：公南平吳，北破突厥，西定吐谷渾。高麗未服，亦有意乎？對曰：往憑天威，得效尺寸功，今疾雖衰，陛下誠不棄，病且瘳矣。上憫其老，未許。年七十九卒，賜陪葬昭陵，謚曰景武。

屍居人物寧知己，國士非卿信莫當。
巨眼畢輸張一妹，汗青合與照紅妝。

壯懷惟可獄神知，無路上書年少時。
畫餅終羞狂杜默，窮來哭上憤王祠。

8. 唐鄂國公尉遲敬德

敬德，名恭，以字行，朔州善陽人。大業末從軍高陽，積閥爲朝散大夫。時群盜起，敬德爲劉武周偏將。武德二年，秦王討武周，敬德與宋金剛拒於柏壁，金剛敗奔突厥。敬德收餘軍，守介休，秦王命王道宗往諭之，遂與尋相舉地降。尋相旋叛，敬德被囚，屈突通請殺之。秦王曰：敬德必叛，詎肯後尋相耶？釋之，引入卧内曰：丈夫以意氣相許，我不以小嫌害良士。賜之金曰：必欲去，以爲汝資。是日獵榆窠，世充自將兵來戰，單雄信驍將也，騎直趨秦王，敬德躍馬大呼，横刺雄信墜，翼秦王出。王曰：衆人意公必叛，我獨保無他，何相報之速耶！復從破竇建德於板渚，破劉黑闥於臨洺，以功授秦王府左副護軍。太子建成、齊王元吉方謀不利於秦王。太子以書招敬德金皿一車，敬德辭不受，以聞於秦王。秦王曰：公心如山岳，雖積金至斗，豈能移哉！其後二人計日急，敬德知之，與長孫無忌入白，王以同氣未忍，欲俟其發而討之。敬德曰：人情畏死，衆以死奉王，此天授也。天與不取，反得其咎。王如不聽，請從此亡，不能交手受戮。無忌亦勸從敬德言。敬德又曰：處事有疑非智，臨事不決非勇。今勇士八百，悉入宮控弦被甲矣，尚何辭！遂趣召玄齡、如晦入計議。六月四日，太子死。敬德領騎至玄武門，元吉將走，武德殿追射殺之。高祖以秦王爲太子，論功敬德第一，封吳國公後改鄂國。一日侍宴興慶宮，有班其上者，敬德曰爾何功坐我上？道宗諭解之，敬德擊道宗目幾眇，太宗讓之曰：朕觀漢史，惜功臣少完者，觀卿所爲，乃知韓、彭夷戮，非高祖過。横恩不可數得也。致仕後家居十六年，不通賓客，飭觀韶奏清商樂，治方士術，服雲母粉，年七十四卒，謚曰忠武。

彭韓俎醢尋常事，片語能寒跋扈臣。
險送頭顱争坐位，裼裘始信是真人。

人間富貴可鉤致，入世無如不死難。
消盡雄心雲母粉，功成試把素書看。

9. 唐邢國公蘇定方

定方，名烈，以字行，冀州武邑人。驍勇多力，膽氣絶倫，年十五隨父邕爲本郡討賊，數先登陷陣。邕卒，代領其衆。貞觀初從李靖擊突厥，遷左衛中郎將，從程名振討高麗，封臨清縣公，從程知節征賀魯至鷹娑川，賀魯以二萬騎來拒，連戰未決，鼠兒施復率騎來援。定方始休士，見塵起，即率精騎踰嶺擣其營，破之，追殺千餘人，獲鎧仗牛馬，藉藉山野不可計。王文度嫉其功，不録。後太宗知之，擢爲伊麗道行軍大總管，復征賀魯，出金山北，先擊降處木昆部，發其千騎與回紇萬人至曳咥河，賀魯以十萬之衆拒戰，輕定方兵少，舒兩翼包之。定方令步卒據高攢矟向外，自引兵陣北原，敵三突陣不能入，乘其疲擊之，斬級數萬，賀魯西走，冒雪追至雙河，薄金牙山，執賀魯還。高宗臨軒，定方戎服奉賀魯以獻，策功拜左驍衛大將軍邢國公。會都曼劫所部及疏勒朱俱波喝槃陀三國叛，詔定方爲安撫大使，率兵至葉葉水，敵保馬頭川，馳掩襲之，晝夜行三百里，詰朝至城西，都曼大驚，謀無素，遂大敗，退馬保城。復進攻之，都曼面縛降。定方俘獻於乾陽殿，葱嶺以西悉定。遷左武衛大將軍，出爲神邱道大總管。討百濟，自城山濟海至熊津口，賊屯兵瀕江，而定方出左涯乘山而陣，與之戰，殺數千人，舟師乘潮進，步騎夾引入，其郛義慈與子隆北走，次子泰率衆固守。定方進圍之，命士卒登城易唐幟，泰開門請命。其將禰植，亦將義慈父子來降，百濟平。定方俘義慈獻東都所滅三國，皆生執其王，厥功爲一時最。未幾詔爲平壤道大總管，破高麗之衆於浿江，奪馬邑，進薄平壤，會大雪，解圍還。乾封二年卒，年七十六，謚曰莊。

扶余道上草離離，照海嵯峨顯慶碑。
寂寞護江龍化去，相逢錯過莫離支。

如君竟執降王梃，此事難將天道論。
太息海東曾閱行，一丘宿草伴東昏。

10. 唐臨淮郡王李光弼

光弼，營州柳城人。嚴毅沈果，有大略。父楷洛，本契丹酋長，武后時官左羽林大將軍，光弼襲蔭後以破吐谷渾功授雲麾將軍。安禄山反，率朔方兵五千救常山，次真定。常山人執安思義迎光弼入守。明日史思明兵至，以强弩射卻之。會郭子儀軍出井陘，合破賊九門，思明挺身走。詔光弼爲範陽節度。肅宗即位，召赴靈武，抵太原，思明率蔡希德來攻。時鋭卒悉備朔方，麾下兵不滿萬。思明築土山臨城，光弼遣人穴地頹之，又潛溝營地，沉賊數千，突騎乘擊之，俘斬萬計，希德遁。乾元元年，九節度會相州，討安慶緒。光弼議速逼，賊可擒。魚朝恩固謂不可。俄賊援大至，諸衆驚潰。光弼拒戰獨力，整旅歸太原。二年代子儀爲朔方節度，一號令之，氣色鮮明，以河東五百騎赴東都。賊方窺洛。與留守韋陟議戰守，决移軍河陽，取猿臂勢。思明至偃師，光弼夜入城，兵才二萬，然賊終憚光弼，不敢犯宫闕，屯白馬祠，遣周摯、文太清攻北城。光弼登陴望曰：彼軍雖鋭，方陣而囂，不足虞也，日中當敗。遂出師直前奮擊，擒周摯，斬首萬餘，太青亡去。將戰時，光弼納刀於靴曰：戰危事，吾位三公，不可辱於賊，如不捷，當自刎以謝天子。明年圍懷州，城破獲文太清、楊希仲，送京師獻俘太廟。上元二年，魚朝恩屢上賊可滅狀。光弼固言，賊力鋭未可輕動，僕固懷恩佐朝恩陳掃除計，使來督戰，光弼强出兵，次北邙。懷恩復違命中賊伏，大敗。史朝義復略申光十三州。優詔召光弼入朝，拜太尉出鎮泗州，帝賦詩以餞。光弼舆疾行，入徐州，使田神功大破朝義。封臨淮郡王。初，相州邙山之敗，朝恩羞其謬，程元振尤疾光弼，交謀中傷，來瑱被讒死。光弼益恐，疾篤，以廣德二年七月卒於軍，謚曰武穆。

未清君側空悲憤，畏禍憂讒是病根。
摩挲靴刀成慷慨，當時恨不斬朝恩。

誤人天險作西幸，經略中原忍忘懷。
忽憶收京動思古，旌旗變色李臨淮。

11. 唐汾陽郡王郭子儀

子儀，華州鄭人。以武舉異等補左衛長史遷天德軍使。安禄山反，授朔方節度，率本軍東討，擊高秀巖於河曲，收雲中，出井陘，與光弼破史思明，次常陽。禄山遣兵來援，復破之，思明奔博陵。肅宗即位，召子儀赴靈武。陳濤之役，房琯失律，惟朔方軍是倚。至德二年，敗崔祐乾於潼關，取蒲津，克安邑，關郟始通。從廣平王收長安，賊帥張通儒宵遁。王入城，老幼夾道呼曰：不圖今日復見官軍。安慶緒以大兵救通儒，子儀率回紇兵敗之新店。嚴莊走洛陽，挾慶緒渡河。子儀奉廣平王入東都，尋入朝，命具軍容，迎灞上。帝勞之曰：國家再造，卿力也。寶應元年，河中太原亂，詔子儀爲副元帥，賜爵汾陽郡王，屯絳州。代宗立，程元振忌宿將難制，譖子儀，罷副元帥。子儀懼讒，哀肅宗所賜詔敕上之，詔慰曰：朕不德，貽大臣憂，朕之過也。公勿以爲意。會懷恩阻兵汾州，引回紇吐番犯京師，復拜子儀副元帥鎮咸陽。賊已至渭水，帝幸陜州，子儀南收兵，得武關防卒數千，駐洛南，遣張知節爲前鋒，營韓公堆，擊鼓讙山，叢萬炬疑賊，令王甫入長安結俠少，夜鼓朱雀街，呼曰，王師至。吐蕃驚潰，懷恩退。詔子儀權東都留守。十一月，車駕還宫。廣德二年，懷恩反，以子儀鎮河中，懷恩走靈州，明年復説吐蕃、回紇、黨項、羌渾奴剌等三十萬入寇，京師大震，急召子儀屯涇陽，比至，賊圍已合，子儀率鎧騎出入行間，回紇望見，問誰，報曰郭令公。回紇驚曰：懷恩言天可汗棄天下，令公却世，故從，至此悟其欺。請見令公，子儀出，免胄見其酋曰：諸君同艱難久矣，何忽亡忠誼而至是耶？皆下馬拜曰：果吾父也。遂受盟，吐蕃引去。子儀還河中，旋召對延英，自陳衰老，乞骸骨，不許。德宗立，賜號尚父，加太尉，建中二年卒，帝爲輟朝五日，賜陪葬建陵，謚曰忠武。

生才漫説盡由天，險把頭顱斷少年。
醉眼能知唐柱石，牡丹偏誤李青蓮。

閨言但説薄天子，那識阿翁再造功。

不是痴聾是知慧，靈軿縹緲在雲中。

12. 梁開國侯王彦章

彦章，字子明，壽張人。驍勇有力，少從軍，隸太祖麾下行營先鋒馬軍使。彦章能跣足履棘行，使一鐵槍，騎而馳突，他人莫能舉，軍中號王鐵槍。時與王爭天下爲勁敵者，晉王存勗也。彦章獨曰，鬥鷄小兒耳，何足畏哉！末帝即位，遷澶州刺史。廷議分魏州爲兩鎮，以彦章屯鄴城。魏亂降於晉，晉破澶州，虜彦章妻子歸太原，厚遇之，遣使招彦章，彦章殺其使以絶之。六年，授匡國軍節度進封開國侯。梁自魏博失與晉夾河而軍。晉以鐵鎖斷得勝口，築夾寨進取渾州。宰相敬翔納繩靴中入見，將自經，帝問之，曰：事急矣，非彦章不可。乃召爲招討使，段凝副之。問破敵之期，彦章曰三日。出疾馳二日到滑州，置酒大會，陰遣壯士持巨斧，載冶者俱備炭乘流而下，彦章酒半，起，引兵趨德勝，令舉鎖燒斷之，以巨斧斬浮橋，擊破南城，莊宗馳救不及，撤北城爲筏下楊劉，彦章攻之，敗還。段凝時有異志，與趙嚴、張漢傑交通，彦章素剛，嘗曰：候吾立功，還誅奸臣以謝天下。嚴等懼，與凝合力傾之。德勝之捷，匿彦章書而以段凝書上，楊劉之敗，指爲使酒輕敵，遂罷彦章招討使以段凝代。及入朝彦章以笏畫地，陳勝敗之跡，嚴風有司劾其不恭，勒還第。十月，晉王稱帝於魏州，國號唐，遣兵入兖州。末帝令彦章以保鑾，軍守東路。彦章渡汶略地至遞坊，被襲退保中都，戰復敗，僅與牙兵百餘騎力戰，唐將夏魯奇辨其音，知爲彦章，舉矟刺之傷重，馬踣被擒。莊宗賜藥封其瘡，欲全活之，使人慰諭，謝曰：臣與陛下血戰十餘年，今兵敗力窮，不死胡待，且臣受梁恩，非死莫報。若朝事梁、暮事唐，何面目見天下人乎？復遣明宗往諭，彦章呼之曰：汝非邈佶烈乎？我豈苟活者，遂見殺。

事不可爲非戰罪，百千萬刦此孤忠。
直將浩氣還天地，便是身亡亦鬼雄。

擇木偶然乖一念，五經兒豈是真人。
幸餘塊肉能同殉，把臂相呼皇甫麟。

13. 宋濟陽郡王曹彬

彬，字國華，靈壽人。生周歲，父列晬盤，彬左手持干戈，右手持俎豆，斯須取一印，他無所視。及長，氣質淳厚。漢乾佑中爲成德軍牙將，武行德見之曰，此遠大器也。周太祖受禪，以妃戚召歸京師，從世宗鎮澶淵，擢河中都監。顯德初，改潼關監軍。五年，使吳越致命訖即還，私覿之禮，一無所受。建隆二年，命攻河東，下平樂，降其將王超、侯霸榮，建爲平晉軍。乾德二年伐蜀，署彬前軍都監，峽中郡縣下者，諸衆欲屠之，彬獨申命戒戢，所至悦服。兩川平，諸衆多取子女玉帛，彬橐中圖書衣衾而已。及還，上盡得其狀，以王全斌等屬吏，謂彬清介廉謹，進宣徽南院使，辭曰：征西軍士俱得罪，臣安敢獨受賞。上曰：勸懲，國之大典，毋多讓。七年總師伐江南，由荆南治戰艦順流而東，破夾口砦，克池州，連克當塗、蕪湖，駐采石，作浮梁，跨大江以濟，破其軍於白鷺洲新林港。明年三月，次秦淮。李煜使徐鉉奉表請緩師，上不許。煜復以水陸兵十餘萬至，又破之城下，金陵三受圍矣。圍中，彬使諭煜曰：事勢如此，所惜者一城生聚，若能歸命，策之上也。城垂克，彬忽稱疾，諸將來問，曰：彬疾非藥石所能愈，諸公克城之日，能不殺一人則自愈。諸將許諾，共焚香爲誓，明日愈，又明日城陷。煜詣軍門降，師還入見，刺稱奉敕江南幹事回。上嘉之，拜樞密使檢校太尉。太宗即位加同平章事，議征太原，進檢校太師，爲弭德超所譖，罷鎮太平軍。旬餘，上悟，進封魯國公。三年，詔與潘美等北伐。彬敗契丹於固安，破涿州，以糧盡退，駐雄州。會上遣令案兵養鋭，止勿進，以諸將請復出。師敗於歧溝，至詔鞫於尚書省，具伏違詔失律之罪責，授右驍衛上將軍。踰年，起爲侍中，真宗即位，復檢校太師。二年，被疾，上臨問，手爲和藥。六月卒，追封濟陽郡王，謚曰武惠。

烟水六朝無王氣，看人亡國盡堪哀。
微臣敢作貪天想，一度江南幹事回。

黄金北斗奈公何，勳業真同泰華峨。
箴世偶然留雋語，好官不過得錢多。

14. 宋樞密使狄青

青，字漢臣，汾州西河人。善騎射，初録御馬直，會討趙元昊，以青爲延州指使行軍。嘗爲先鋒，大小二十五戰，破金湯城，略宥州城橋子谷，築招安、豐林等堡，皆扼賊要害。青臨戰被髮戴銅面具，出入賊中，莫敢當者。經略判官尹洙薦於韓琦、范仲淹曰：此名將也。一見器之，仲淹授以左氏春秋曰：爲將不知古今，匹夫勇爾。青折節讀書，悉秦漢以來將帥兵法，以功纍遷至經略副使。仁宗欲召見，會賊寇渭州，令圖形以進。儂智高反，陷邕州，嶺外騷動。仁宗命孫沔、余靖爲安撫使討賊。青表言，臣起行伍，非戰無以報國，願得蕃落騎數百，益以禁兵，請羈賊首至闕下。帝壯其言，委以廣南平賊事，置酒垂拱殿遣之。青合沔、靖兵，次賓州，戒諸將無妄與賊戰，鈐轄陳曙於青未至時，以步卒八千，擊賊崑崙關，爲所敗，殿直袁用等皆遁。青至，會諸將堂上，揖曙起，召用等三十人，按敗亡狀驅出斬之，諸將股栗。已乃屯甲令休軍十日。覘者還，賊謂兵未即進。明日，遽傳令整步騎，青自將前軍，一晝夜絶崑崙關，奪賊險而陣，賊駭，悉衆出，前鋒孫節戰殁。青麾蕃騎兵，縱左右翼，大破之，斬級數千，獲賊黨黄師宓等。智高燒城夜遁。青入城釋賊俘脅者，慰遣之，梟黄師宓等於城下，斂屍作京觀，凱旋拜樞密使，賜第敦教坊。初，交趾願出兵助討智高，青以假兵於外，以除内寇，非我之利，奏罷之。青爲人慎密寡言，計事審中機會然後發，故常有功。既貴，面涅猶存，上令去之。青曰：願留此爲軍人勸，俾知陛下用人不問門第。在樞密四年，每出，士卒輒指相矜詡。其家狗忽生角，數有光怪，言者請出之於外以示保全，不報。嘉祐中，以同平章事出判陳州。明年二月，疽發髭卒，贈中書令，謚曰武襄。

男兒自命轉乾坤，旌過何妨面涅存。
門第詎誇唐宰相，天生芝草乃無根。

破敵但持面具行，飛泉繞砦助軍聲。
君侯事事皆神秘，萬口爭傳狗角生。

15. 宋蘄王韓世忠

世忠，字良臣，延安人。風骨俊偉、性戇直，年少尚氣不可繩。檢日者言當作三公，怒其侮己，毆之。十八隸赤籍。初，與西夏戰，攻銀州，殺其將，擲首陴外，又殺監軍駙馬兀啰。方臘反，詔能得臘首者授節鉞。世忠追至睦州，挺身踰險，搗其穴，擒臘出。真定失守，金人圍趙，世忠乘雪夜率壯士，突其營，敵驚亂相擊刺，及旦盡遁。靖康三年，兀术破臨安，高宗如浙東。會上元節，世忠就秀州張燈高會，忽引兵趨鎮江，先屯焦山，降金將李選，趣兀术江中戰。會梁夫人親執桴鼓，兀术不得渡，請歸所掠假道，不聽，請以良馬獻，亦不許。撻辣在濰州，遣孛堇赴淮東援兀术。世忠與二酋相持黄天蕩者四十八日。兀术窮蹙求會，語祈請甚哀。世忠曰：還我兩宫，復我疆土，則可以相全。兀术語塞。有教以鑿大渠接江口，則在世忠上流。兀术一夕鑿渠三十里，得絶江遁去。紹興四年，劉豫與金人入寇。帝手札令世忠飭守備，圖進取。世忠即移駐大儀勒五陣，設伏二千餘所，聞鼓即起。孛堇引兵至江口，撻勃也擁鐵騎過五陣，鼓鳴伏發，背嵬軍各持長斧，上揕人胸，下斫馬足，敵被甲陷泥淖。世忠麾騎蹂躪，人馬俱斃，遂擒撻孛也等二百餘人。所遣董旻亦擊金人於天長，擒女真四十餘人。解元至高郵遇敵，設水軍夾河陣，日合戰十三，殺敵無數。成閔將騎士往援，復大戰，生俘女真千户等。世忠追至淮，金人驚潰，相蹈籍溺死無算。論者以建炎以來，此舉爲中興武功第一。後復數與金人戰，如符離、昭信、淮陽、渦口諸役，均大勝。會秦檜主和議，力陳其非。章數十上。檜諷言者論之。遂上表乞骸，罷爲醴泉觀使，自此閉門不談時事，惟騎驢縱遊西湖以自樂，號清涼居士，歿贈通議郡王，孝宗朝追封蘄王，謚曰忠武。

十里荷花桂子香，騎驢忍看販錢塘。
最憐一樣三潭月，生照蘄王死鄂王。

虎氣何曾負少年，蕩前桴鼓震山川。
天彌辛苦夫妻憾，偕老西湖十頃田。

16. 宋太尉劉錡

錡，字信叔，德順軍人。慷慨深毅，有儒將風。高宗召見授隴右都護。數與西夏戰皆勝，西夏人兒啼，輒怖之曰，劉都護來。六年，擢提舉宿衛親軍扈從金陵，旋戍京口。十年，金人歸三京，錡充東京副留守，率所部八字軍溯江至渦口，聞金人敗盟入東都，錡赴順昌斂兵拒守，金兵至，設伏敗之，以步兵邀擊復勝。圍已五日，錡募壯士五百人，夜斫金營。是夕欲雨，電光四起，見有辮髪者殲之。金兵退十五里。復以壯士百人往，吹竹爲號，乘電奮擊，電止則匿，聞竹聲復聚。金兵大亂，終夜自戰，積屍盈野。兀术在汴聞之，索靴上馬，不七日至順昌。錡遣耿順以書約戰。兀术怒曰：錡何敢與我戰？以吾力破汝城，直用靴尖趯倒耳。順曰：太尉非但請戰，且料太子必不敢濟河，願獻浮橋五所，濟而大戰。兀术曰：諾。下令明日府治會食。遲明，果爲浮橋五所置潁河上，敵由之濟。未申間錡以數百人出西城接戰，復以數千人出南門，戒勿喊，但以鋭斧犯之，作殊死鬥。入其陣跳蕩突擊，敵大敗，兀术移營北去。錡遣兵追擊，復敗之。是役，金兵死數萬人，棄屍斃馬，血肉枕藉，車旗器甲積如山阜。方戰時，兀术被白袍乘甲馬，率騎兵三千督戰，皆重鎧甲，號鐵浮圖，戴鐵兜牟，又以鐵騎分左右翼，號拐子馬，皆女真人爲之，所謂長勝軍，專以攻堅戰酣時用之，所向無前，至是皆盡，捷聞授武泰軍節度使。金人攻廬和二州。錡自太平渡江，與張浚、楊溯中會柘皋之戰，錡與陳德追兀术敗之東山。金人望見曰，順昌旗幟也。即退走。後金主欲南犯，枚舉南朝諸將，問其下孰敢當者，皆隨姓名對，至錡莫敢答。下令軍中有言錡姓名者罪不赦。錡之威名見憚於金人者如此。

報國齊披短後衣，振天笳鼓合重圍。
刀頭起處人頭落，電影光中辮子飛。

悽斷音塵雙勝環，孤臣白髮念家山。
九哥果有心肝在，十六州先使節還。

17. 元宗王旭烈兀

旭烈兀（内府刊本《元史》作錫里庫），姓奇握温，蒙古部人。睿宗拖雷第六子，憲宗蒙哥世祖忽必烈之弟。《元史》宗室世系表列錫里庫大王位，無傳。《元史譯文證補》：旭烈兀九歲，太祖將獵，迎於葉密爾河，宰一鹿以獻，太祖親爲割鹿肉，拭中指，蒙古射獵禮亦嘉幼孫之能武也。憲宗本紀二年正月（《元史》作三年六月），命旭烈兀帥率征西域哈里發八哈塔（八哈塔即報達哈里發，爲教主之稱），諸國乃鑾人。怯的不花率兵萬二千人先行攻下吉兒都怯堡，又征没里奚下苦力斯單數堡至塔密干。旭烈兀命怯的不花庫喀（即郭侃），伊而喀力攻枯姆城，下之。旭烈兀至噶部珊使諭兀克乃丁庫來降，不從。旭烈兀進至波斯單及迭馬温脱城，命布喀帖木兒庫喀等自馬三德蘭進臺古塔兒，怯的不花等自胡瓦耳進，自將中軍自塔勒干城進抵梅門迭司，傳令限五日降，許以不死。兀克乃丁庫以延宕計窮，乃與其臣納昔兒哀丁等出降。旭烈兀既滅木剌夷，謀攻報達其哈里發。木司塔辛荒於國事，所屬國若羅姆若法而斯若克兒漫皆來降。旭烈兀遂移書木司塔辛，令毁平城壘來議納降。覆書拒絶，又言列邦來伐者如塞，而柱克貨勒自彌等國皆受天譴。旭烈兀斥其妄，方集將士議進征，憲宗使星者霍哀丁至軍前，星者奉教曰：如攻報達，日不出，天不雨，士馬亡，年歲荒，國有大喪。將士及阿里教人納昔兒哀丁皆曰進征吉，遂令貝住爲右翼，涉毛夕耳、不花帖木兒、蘇衮察克、布而嘎土、拉爾庫里從之。令怯的不花庫圖遜爲左翼出羅耳。旭烈兀將中軍庫喀伊，而喀鄂勒克圖等皆從。七年冬，大軍抵乞里茫沙杭貝住，渡體格力斯河，至報達西城，怯的不花兵亦至。旭烈兀營於阿鄭門，庫喀等營於開而拔提門，布而嘎等營於速克蘇，而灘門築墻掘河環攻之。哈里發懼，具舟欲遁，以上下遊皆泊舟置炮，不得出，乃降。軍入城七日殺八十萬人，霍殺哀丁以其言不驗亦被殺，報達自阿拔斯朝至此國亡，西域平分其地，建四汗國。旭烈兀王伊兒汗，今其地在里海鹽海以南，古大食國地。至元二年，旭烈兀卒，長子阿八哈嗣。

朝縛名王暮搗城，弟兄龍虎是天生。
秘文未見拉施特，孰識聲名古莫京。

（洪文卿侍郎鈞使俄，始得拉施特史，後得英文多桑書，俄文具勒津哀忒鑾諸書，始作《元史譯文證補》，旭烈兀補傳雖闕，遺事散見書中甚多，限於篇幅姑撮其略。）

色變輿圖六百年，一九内外莽山川。
紛紛染指爭嘗盡，還我何時一喟然。

18. 元萬户郭侃

侃，字仲和，華州鄭人。唐中書令子儀之裔。祖寶玉，仕元，授綽滿都鎮撫，通天文兵法。侃弱冠爲百户，鷙勇有謀略，拒金將色布，破其兵四萬於新衛州，渡河襲金主至歸德，敗其兵於閼伯臺，從史天澤下德安，爲千户，以送兵仗至和琳，改名綽滿諾延，《譯文證補》作庫喀，從宗王錫里庫征西域至穆滿，其國塹道置毒水中。錫里庫命侃爲前鋒，破其兵五萬，下一百二十八城，斬其將呼圖克岱爾（原作忽都答而），及烏朱（原作兀朱）、蘇勒坦。蘇勒坦，華言王也。丙辰至奇塔卜（原作乞都卜）城，在檐寒山上懸梯上下，守以精兵，侃築夾城圍之，弗克，乃架炮攻之，守將和卓納克爾（原作卜者納失兒）開門降。復命侃説降烏爾古納（原作兀魯兀乃）。丁巳，侃至烏喇爾（原作兀里兒），伏兵城下，敵至盡殲之。哈雅（原作海牙）降。至阿勒鼎（原作呵剌汀），破其遊兵三萬。密藏達爾（原作擕掺答而）降。至克實密爾部，呼哩（原作忽里）亦降。又西行三千里至達吧，其衆周齊請降，左右信之不爲備，侃曰：欺敵者亡，軍機多詐，宜備之。敵果乘夜來邀與戰，敗之。至密實斯，會日暮，已休，復驅兵起。侃但留數病卒守，行十餘里復頓，下令軍中銜枚傳箭，敵不知也，夜來襲，見病卒，克納（原作可乃）大駭曰：果天將軍，神人也。戊午，錫爾庫命侃西渡海至布拉克，喻以禍福，烏都曰，吾昨夢神人，乃將軍也，亦降。西域既平，侃還都。世祖立，上平宋之策略，謂宋據東南，要地爲荆襄，當先取襄陽，揚廬置弗顧，迅趨臨安，可措手得江淮，巴蜀不攻自下矣。後悉如其策。又言淮北宜設屯田，以供行軍之用。

世祖是之，擢萬户，遷治海寧州，居一年卒。

白麟朱鷺唱平夷，振旅歸來鬢未絲。
却笑甘英非俊物，葡萄一飲便回師。

錢塘三日没潮聲，天水但餘一碧横。
莫信卿謀能覆宋，相公浪子不知兵。

19. 明中山王徐達

達，字天德，濠人。世業農，少有大志，從太祖略定遠，破滁州，取太平，收溧陽，皆爲軍鋒長，授淮興翼統軍元帥。時，張士誠據常州，以舟師攻鎮江，達破之。龍潭圍常州，下之。繼克甯國，入常熟，執士誠弟士德，復遣將復池州，進奉國上將軍。太祖以湖湘及淮南北平，議伐吳。達曰：張氏汰而侈，大將李伯昇輩徒擁子女玉帛，易與耳。臣奉主上威德，以大軍蹙之，可計日定。太祖悦，拜達大將軍，帥舟師二十萬薄湖州，破士誠於皂林。士誠走，進拔昇山，下湖州。抵平江爲長圍困之，架木塔瞰，城中别築三臺，置巨炮擊之，城破，執士誠，傳送應天，師還封信國公，尋拜征虜大將軍，太祖親禡於龍江。是時稱名將者必推徐、常，而達尤長謀略，所至不擾，獲壯士與謀，結以恩義，俾爲己用，由是多樂附大將軍者。師行，始山東。達率大軍拔益都，下濰膠，分兵取登萊，復自虎關入洛陽，敗脱因帖木兒，略定嵩、陝、陳、汝諸州，西入潼關至華州。太祖幸汴梁，召達詣行在，置酒勞之，且謀北征。達曰：大軍平齊魯，掃河洛，王保保逡巡觀望，潼關既下，思齊輩狼狽而奔，聲援已絶，今乘勢直擣元都，可不戰有也。帝曰善。後達入元都，順帝北去，監國帖木兒不花，丞相慶童，平章迭兒必失等不降，殺之，餘不戮一人，詔以元都爲北平府。二年，西渡河議所向。達以慶陽城險而兵精，猝未易拔。臨洮北界河湟，西控羌戎，得之，其人足備戰鬥，物産足助軍儲，遂取臨洮，降思齊，思道走寧夏，收慶陽。三年，出潼關取興元，師還，進魏國公留鎮北平。每歲冬，還輒上將印，上賜休沐，有布衣兄弟稱，而達愈恭慎，賜以舊邸，固辭。乃别治第，表其坊曰“大功”。十七年太陰犯將垣，達在北平背疽發，明年二月卒，追封中山王，謚曰武寧。

恭慎原爲臣子份，優容實出自皇仁。
功名與國同終始，鐵券河山第一人。

大功坊上月閑閑，兀自深入想象間。
第宅已移鐘鼓歇，君臣共占一鍾山。

20. 明開平王常遇春

遇春，字伯仁，懷遠人。貌奇偉，勇力絶人。初，從劉聚爲盗，察聚終無成，聞太祖在和陽，往從之。未至，困卧田間，夢神人被甲擁盾呼曰起，起驚寤。適太祖至，迎拜之，屢請爲前鋒。太祖曰：汝特饑來就食耳，未之許。及兵薄採石磯，距舟三丈餘，莫能登。遇春飛舸至，太祖麾之前，遇春奮戈直前，敵接其戈，乘勢躍而上，大呼跳蕩。元軍披靡。諸將乘之，遂克採石，進取太平，授總管都督。太祖伐漢，遇於彭蠡康郎山。漢軍舟大，乘上流鋒鋭甚。遇春偕諸將大戰，呼聲動天地，無不一當百。友諒驍將張定邊直犯太祖舟，舟膠於淺，幾殆。遇春射中定邊，太祖舟始脱。復轉戰三日，縱火焚其舟，湖水皆赤。時，漢兵尚强，有欲縱之。遇春乃溯江上，扼上遊。友諒窮蹙師潰死焉。遇春第功最。太祖視師武昌，從平湖湘别將兵略臨江，擒鄧克明，圍贛州，降熊天瑞，賜書褒勉，其秋拜副將軍。平吴之役敗之於毗山、於平望、於烏鎮，從圍平江，破閶門入，進封鄂國公。徐達以大將北征，遇春副之，下山東郡縣取汴梁。元兵陳洛北，遇春突其陣，敵攢槊環刺。以一矢殪其前鋒，大呼馳入，遂敗之。八月取德州，入元都，別下保定、河間、真定，進攻太原，擴廓來援。遇春乘夜劫之。擴廓方燃燭治軍書，倉猝跣一足，乘孱馬以十八騎走大同。遇春沈鷙果敢，善撫士卒，摧鋒陷陣，未嘗敗北，雖不習書史，用兵時與古合。自言能將十萬衆，橫行天下，軍中稱爲常十萬。己酉遇春克開平，順帝走和林，獲宗王慶生及平章鼎，住師。還次柳河川，卒，年四十。喪至龍江，太祖大震悼，親出奠，追封開平王，謚曰忠武。

十萬橫行無與敵，衆人蓄我可勝欷。
天教雪却嗟來耻，採石磯頭一舸飛。

不須鳥盡已藏弓，泪落龍江一慟中。
似汝功成身便死，漢高那識是梟雄。

21. 明宋國公馮勝

勝，定遠人，初名國勝，國用弟也。雄勇多智，通兵法。元末群盜起，結寨自保。太祖略地至妙山，勝隨兄國用歸之。積功爲元帥。國用卒軍中，太祖命襲兄職，典親軍從征陳友諒。戰鄱陽，下武昌，克廬州，移兵取江西諸路，與諸將收淮東，克海安壩，取泰州。洪武元年，引兵溯河取汴洛，下郟州，取潼關，復取華州，謁太祖行在，授征虜右副將軍，留守汴梁。尋從大將軍征山西，由武涉取淮慶，踰太行，取澤潞，擒元右丞賈成于猗氏。克平陽、絳州，擒元左丞田保保，獲將五百餘人，論功位常遇春下、湯和上。四年正月，復同大將軍出西安，搗定西，破擴廓帖木兒，獲士馬數萬。分兵自徽州南出一百八渡，徇略陽，擒元平章蔡琳，入沔州，遣別將自連雲棧取興元，移兵土番，征哨極於西北。凱旋封宋國公，誥詞謂“勝兄弟，親同骨肉，十餘年間，除肘腋之患，建爪牙之功，平定中原，佐成混一”，所以稱揚之者甚至，五年，以勝宣力四方，與魏國公徐達、曹國公李文忠，各賜彤弓。後征西之役勝，敗元兵於掃林山，至甘肅，元將上都驢迎降。至亦集乃路守將卜顏亦降。至别篤山，岐王朵兒只班遁，獲其平章長加奴等二十七人。二十年以元太尉納哈出擾邊，命勝爲征虜將軍，出松亭關，築大寧、寬河、會州、富峪四城守之，以全師壓金山，納哈出度不敵，因乃剌吾請降。勝使藍玉輕騎受之。捷聞，太祖大悦，會有言勝多匿良馬，使閹者行酒於納哈出之妻，求大珠異寶。王子死二日，强取其女，失降附心。常茂亦訐勝過，遂收勝大將印，令就第鳳陽奉朝請。時太祖春秋高，多猜忌。勝功最多，數以細故失帝意，藍玉就誅之月，召還京，踰二年賜死。

草草勳名上將壇，遭逢開國主恩寬。
詎知帶礪河山裏，中有陳人骨未寒。

疏闊英雄原本色，美人駿馬是禍胎。
枯人萬骨功成後，赢得歸來鴆一杯。

22. 明涼國公藍玉

玉，寶遠人，初隸開平帳下。臨敵勇敢，所向皆捷。嘗從徐達北征，敗元兵於土剌河，復拔興和，獲帖里密赤。從沐英討西番，擒其酋三副使，斬獲千計，師還封永昌侯，予世券。從傅友德征雲南，擒達里麻於曲靖。從馮勝征納哈出，次通州，元兵屯慶州，玉乘大雪帥輕騎襲破之，殺其平章果來。順帝孫脱古思帖木兒嗣立，擾塞上。玉爲大將軍帥師十五萬征之。出大寧至慶州，諜知思脱古思帖木兒在捕魚兒海，間道兼程，進至百眼井，不見敵，欲引退。定遠侯王弼曰：吾輩提十餘萬深入漠北，無所得遽班師，何以復命？玉然之，令軍士穴地而爨，毋見烟火，乘夜至海南，敵營尚在海東北八十餘里。玉令弼爲前鋒，疾馳薄其營。敵爲我軍乏水草，不能深入，弗設備，又大風揚沙，晝晦，軍行無所覺，猝至前，大驚迎戰。敗之，殺太尉蠻子等，降其衆。元主與太子天保奴數十騎遁去，獲其次子地保奴妃公主以下百餘人。又追獲吳王朵兒只、代王達里麻及平章以下官屬三千人。捷聞，太祖賜敕褒勞，比之以衛青李靖。二十三年平施南忠，建二宣撫司蠻，平都匀安撫司散毛諸洞。二十四年，命玉理蘭州，莊浪諸七衛兵以追逃寇祁者孫，遂略西番、罕東之地，土酋哈昝遁去。會建昌指揮使月魯帖兒叛，詔移兵討之。月魯走柏興州，玉遣百户毛海誘縛其父子，送京師誅之。玉長身赬面，饒勇略。中山開平没，數總大軍，多立功。太祖遇之厚，寖驕蹇，命爲太子太傅。玉曰，我不堪太師耶？二十六年二月，錦衣衛指揮蔣瓛告玉謀反，獄具族誅。列名逆臣録者一公、十三侯、二伯，誅夷者萬五千人。

捕魚兒海窮追逐，衛李勳名匹漢唐。
便作太師終見忌，惜君傳未讀汾陽。

袈裟一襲前因果，殺戮何曾到佛門。
萬五千人成一獄，那知燕復啄皇孫。

23. 明少保戚繼光

繼光，字元敬，定遠人。少倜儻有奇氣，好讀書，通經史大義。世登州衛僉事，嗣職後，備倭山東，改浙江，守寧、紹、臺三郡。以衛所軍不習戰，請招募三千人，教以擊刺法，以南方多藪澤不利馳逐，乃因地勢制陣法，審步伐，精訓練。由是戚家軍名天下。嘉靖四十年，倭掠桃渚圻頭，繼光直趨寧海，扼桃渚，敗之龍山，追及雁門嶺。倭遁去，乘虛又襲臺州。繼光與戰，殲其魁，蹙餘賊於瓜陵江，盡死。復邀擊圻頭倭於仙居道，無脱者。前後九戰皆捷，俘馘千餘，進秩三等。明年倭大舉犯福建，自温州來者，合福寧、連江諸倭，攻陷壽寧、政和、寧德；自南澳來者，合福清、長樂諸倭，陷元鍾所，延及松溪、莆田、龍岩。距寧德十里有橫嶼，水路險隘，倭據之踰年，以新至之倭營牛田，酋長營興化，互爲聲援。勢甚張。胡宗憲檄繼光剿之。繼光先擊橫嶼，破其巢，至牛田又破之，倭走莆田，乘夜追之，四鼓及其栅，連破六十營，斬首千餘級，平明入城，居民始知，牛酒勞不絶，抵福州飲至，勒石平遠臺。繼光爲將，號令嚴、賞罰慎，士罔敢不用命，與大猷均爲名將，一時有俞龍戚虎之稱。隆慶初，薊門多警，以繼光總理薊州、昌平、保定三鎮，練兵事。至即上疏，言薊門之兵雖多而無用，其原有七，七害不除，邊備曷修？又言士卒不練之失六，雖練無益之弊四。又以薊鎮邊垣延長二千里，請築墩一千二百座，便聲勢聯接，朝廷皆從之。其時俺答通貢朵顏禿長亦不敢窺邊。繼光在鎮十六年，宣大以西宴然無事，叙功加少保。後張鼎思疏言繼光不宜於北，遽改廣東，强一赴，即謝病歸，卒於家，著有紀效新書。

平遠臺前幾夕陽，人如龍虎陣鴛鴦。
問誰更上平倭策，賣餅聲聲入莽蒼。

功成在外或由天，坐鎮容卿十六年。
省識江陵非罷相，肯教牧馬近三邊。

24. 明左都督周遇吉

遇吉，錦州衛人。少有勇力，由行伍洊昇京營遊擊。崇禎九年，京城被兵，隨張鳳翼戰有功，授前鋒營副將。十年，從孫應元討賊河南，戰於光山，大捷。十一年，與楊嗣昌會師襄陽，駐荆門以遏張獻忠北犯。復敗羅子才於豐邑坪，敗李青山於壽張，殲之東平。加太子少保左都督。十六年，李自成陷全陝將犯山西，遇吉以沿河千餘里，賊處處可上，請濟師於朝，遣熊通以二千人來赴。時平陽守將陳尚智從賊，命通還説遇吉降。遇吉叱之曰：吾受國恩厚，寧從爾叛逆？爾不能殺賊，反爲作説客耶。立斬之，傳首京師。太原忻州相繼失，遇吉在代州憑城固守，而潛出兵奮擊連日，殺賊無算。會食盡援絶，退寧武。賊亦踵至，大呼五日不降，且屠城。或教以甘言紿之，遇吉曰：若輩一何怯耶！今戰而勝，一軍之榮，國之福也；不勝，可縛我予敵。遂設伏城内，出弱卒誘賊，賊入城，亟下閘，殲數千人。賊用炮攻城，圮而復完者再。傷其四驍將。自成懼欲退，其將曰：我以百倍之衆，用十敵一，輪進攻取，蔑不勝矣。自成從之，前隊死，後隊繼，官軍力盡，城遂陷。遇吉巷戰，馬蹶，徒手格殺數十人，身被矢如猬，竟爲賊執，見自成，大罵不屈。令懸之高竿，叢射殺之，復臠其肉。城將陷時，夫人劉氏率家人據公廨，登屋而射，發一矢斃一賊，賊不敢近，縱火焚之，闔家俱殉。初，遇吉在京營中，多貴戚、中官子弟，見遇吉質魯，意輕之。遇吉曰：君等皆紈子，豈足當大敵？何不於無事時練膽勇，習韜略，爲異日國家之用？而徒虚糜禄養，詎丈夫志？蓋公忠義天受，本性生也。後福王入南京，追謚忠武。

舉家破碎河山殉，烈烈英英作樣身。
實力保存紛藉口，可憐叢矢縛竿人。

黑碗白蛇出塜年，已無日月況山川。
儻教到處如寧武，怎許彎弓矢射天。

跋一

關岳二公之忠義，盡人而知之。其從祀諸將，則間有莫知者。如旭烈兀，元史不爲立傳，識其姓名者蓋寡。吾友蘇君蓀浦，爲博稽載籍，人立一傳，傳係以詩，其用心可謂劬矣。既脱稿，廟董曾君亦昌將集資付梓，爰爲述其崖略，至於當日選擇從祀之義例，未能深知其意，不敢妄贊一詞也。

壬午仲夏古端陽節前一日

南安吳增桂生 跋

作者簡介

吳桂生（1868—1945 年），名增，自號養和居士，又號古豐州人，清同治七年（1868 年）生，原籍南安縣二十一都埔頭鄉（今屬南安市豐州鎮），因連年災荒隨父親移居泉州城內。吳桂生十五歲時父親去世，到胭脂巷一家雜貨店當學徒，夜晚點燈讀書被主人責罵，憤而回家，刻苦自學。南安縣進士傅國英讀他所作文章十分贊賞，自薦為師，教授經書，吳桂生學問大進。光緒二十八年（1902 年），考中舉人。光緒三十年，甲辰科會試，登進士第，被聘為清源書院山長。宣統元年（1909 年），點內閣中書，在京任職，因目睹朝政腐敗，慨然辭官。次年南渡菲遊覽考察，因寫聯演説文辭激烈，被清廷駐菲律賓領事勒令回國。

宣統三年（1911 年），吳桂生在泉州創辦光中中學。

辛亥革命軍興，泉州一時軍政無主，社會不定，地方人士組織保安會，推吳桂生為會長，吳桂生到新門外延陵鄉組織吳姓子弟兵二百人來泉州維護治安。民國四年（1915 年），擔任豐州南安中學校長。民國十一年，受華僑吳記藿之聘，在泉州創辦嘉福職業學校。民國十八年，擔任泉州昭昧國學校長，並先後擔任泉州中學董事長和培元中學等校教員。民國三十一年，吳桂生擔任福建省僑民緊急救濟委員會委員，向省田賦糧食管理處申請減輕僑區群衆的田賦負擔，被推舉為花橋善舉公所、開元慈兒院、温陵養老院董事。

吳桂生擅詩歌。光緒三十四年（1908 年）寫成《泉俗激刺篇》四十六首，無情揭露和鞭撻清末泉州社會黑暗、風俗敗壞。民國二十五年寫成《蕃薯雜咏》一百九十七首，極力推崇蕃薯“滋味雖微可救貧，活人可作稻粱看”。抗日戰爭爆發，他連續寫作《抗敵歌》，宣傳抗日救國，並寫詩批評國民黨消極抗戰。民國三十四年，英美出兵太平洋，收復南洋群島，他揮筆作詩："比聞大復仇，西鄰奮撻伐。指日復臺澎，破竹勢莫歇。復我舊山河，胸懷一開豁！"8月15日，日本宣布無條件投降，此時吳桂生已病危，不久去世，享年七十八歲。

吳桂生生平著述甚豐，散佚極多，僅留《泉俗激刺篇》《蕃薯雜咏》各一卷，《養和精舍文稿》《毛詩訂詁》等書稿在"文化大革命"中被毁。

注：見新編《鯉城區志》卷三十六，人物傳，第1269—1270頁，中國社會科學出版社，1999年12月版。

卷六

經書

南朝時，佛教天臺宗智顗禪師編造關羽神明顯聖獻地玉泉山建佛寺，因此玉泉山佛寺内有關羽顯烈祠和關帝廟，關羽被《佛教統紀》收爲護法伽藍神。道教又於北宋崇寧間編造關羽神明殺蚩尤護解州鹽池故事，也被道教收爲神明。歷代封建統治者則把關羽樹爲忠義神明，並利用道教、佛教争祀關羽的機會，不斷加封號，詔封關羽三世公爵，並推以“風厲天下臣民”，命天下府州邑，“各以廟置主，春秋祭”。拔高關羽地位，一直到武聖人，與文聖人孔子並駕齊驅。宋代確立以儒、道、釋三家合一爲格局的統治思想，亦即形成中國的傳統文化。

本卷收録關聖經書可分爲三部分。第一部分是清代流行於江南民間的經書，如《關帝明聖真經》，經書自云是“本係夢與玉泉寺僧，僧醒而傳述”的；第二部分是清末收入泉州重刻的《關聖帝君聖跡圖志全集》的《聖經考》。以上兩部分，皆儒家借關帝宣揚“忠孝修身立命之事，諄諄垂誡世人”，以道治心，以佛修身，以儒治世。第三部分是泉州通淮關岳廟砌於墻上的《覺世真經》，它是道光年間四川總督蘇廷玉（泉州人）擇寫的，内容則全是儒家垂訓：“做好人，説好話，讀好書，行好事。”

所以，關聖經書是以儒家思想爲指導，儒家説教爲主要内容的儒、道、釋混合物，是勸善經書，它本質上不同於道教的《道德經》、《黄庭經》、《玉皇經》、《陰符經》等。本卷收入的經書恰恰反映了儒、道、釋争祀關羽的事實，這個事實就是中國傳統文化現象。不論從廣義或狹義的宗教角度看，這些經書反映了中國民間信仰的文化現象，它並不屬於哪一門宗教。

一　《關帝明聖真經》

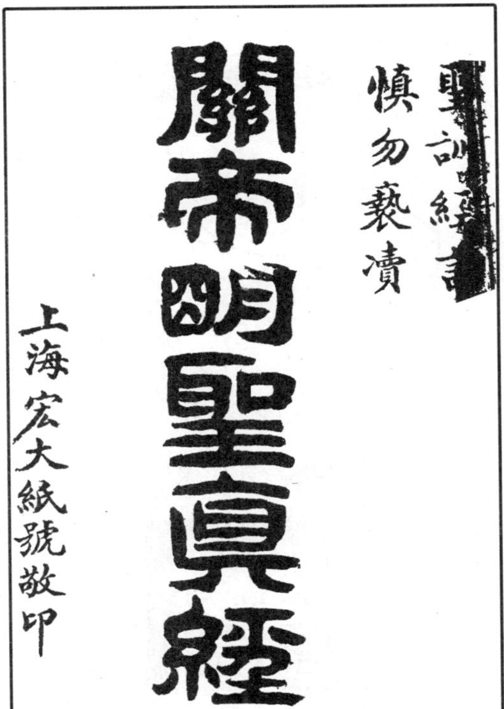
聖訓經書
慎勿褻瀆
關帝明聖真經
上海宏大紙號敬印

環鈕圖

弘治三年十月十八日揚州淘河獲之環
鈕共重二觔四兩其文曰漢壽亭侯之印

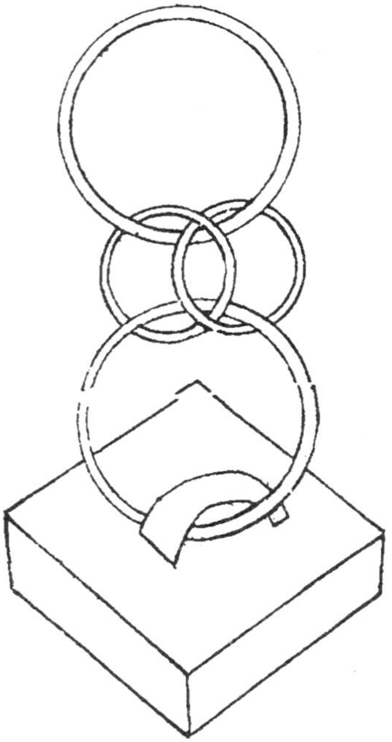

關聖帝印

天啟六年五月初三日張瑞圖識

神威能奮武
儒雅更知文
天日心如鏡
春秋義薄雲
聖帝
關平
周倉
德参天地名垂千古
功同日月普照乾坤

誦經款式

凡有善男信女，發心持誦此經，一時不及塑畫聖像，即用黄紙，向中間一行，用朱筆寫：伏魔大帝關聖帝君神位。左列張仙天君，右列靈官天君。供奉中堂，齋戒沐浴，更着潔服，點燭一雙，上香三炷，茶酒鮮果，虔誠致敬，行三跪九叩禮，畢。跪誦王靈官寶誥。自志心歸命禮先天主將，一炁神君，至雷聲應化天尊。誦了三遍。次跪誦關聖帝君寶誥。自志心歸命禮。太上神威英文雄武至昭明翼漢天尊。誦了三遍，順誦降筆真經一遍。然後叩三個頭，起身略停一息，再上清香，發起周身精神，跪誦桃園明聖經。自漢漢壽亭侯略節桃園經起，誦至心在人中，日在天上，欽哉勿忽此句爲止，共作一遍。誦完之後，叩頭起身，又停一息間，養順其氣，然後再誦。若身體虛弱，久跪太覺辛苦，或企住合掌敬誦。誦至神聖之名，即跪下叩一個頭，以昭恭敬，亦無不可。隨時隨地誦多誦少，由人自發念頭，總以心到氣到爲第一緊要。若以平常而論，日誦不如夜誦，夜誦又不如四更後五更初。此時養足精神，元氣清醒，萬物靜寂，煩躁不生，兼以彩燭清香，光輝朗照，心專氣聚，誦之倍覺神靈英爽，形情比中日似添百倍。得此經者，宜用潔布或洋巾虔誠包好，安置高處，勿令婦女兒童汙穢，致生罪過。凡男婦捧誦，必先洗手潔浄，以表肅誠。

告文式

恭惟

聖帝浩氣凌霄，丹心貫日。扶正統以彰信義，威震九州；完大節而篤忠貞，靈昭千古。伏魔蕩寇，屢代徵其奇勛；覺世牖民，寰宇被其明訓。運協皇圖德覆黎庶。弟子某於某年月日，敬爲某事，叩許終身奉行明聖經寶訓，由誦而入，以熟爲歸，由講而明，以知爲要。踐履期於篤實，心地務求光明。伏冀鑒佑，無任沾恩之至。謹告。

關聖帝君正心寶誥

誥曰：我奉帝命巡行，深憐人心陷溺，或懷叵測，或任尖深，或似豺狼，或同蛇蝎。不知人靈萬物，實惟心宰一身，下手功夫，當頭要務，虞廷傳精一，孔氏重操存，佛法曰明，道家曰貞，雖有殊途，原歸一致。鑒觀有赫者在兹，陰騭無私者以此。咨爾有衆，諦聽吾言。試觀古往今來不爽，逆凶迪吉，心狠烏江刎首；豈曰天亡，心惡絶域殞身誰云數蹇，留侯不血食；心計大深伯道無後嗣。心情甚僻，朱門乞丐，祖先心過驕恣；白屋公卿，家世心懷誠樸。心巧受禍更巧，心多失意尤多。陡受奇窮，心原執拗，平遭異禍，心實奸邪，心氣不和平，不徒無福，且無算。心情多惰慢，總爲無用與無成。善行輒説，有心而未爲，天奪其惡，惡事藉口。無心而偶失，鬼瞰其衷，心果坦平。處處皆爲坦地，心如危險，紛紛自蹈。危機忌刻心腸，在我偏多不若，貪瞞心腹有資倏被奇傾。心有真知，心無成見，生無奸狀，何以家室花迷蝶亂，只爲心淫。人有賢稱，何以子孫蛇頭鬼腦，原由心毒。心小般般無害，心豪事事難成。禍自心生，孽由心造。凡兹有位，必須自凛。旦明亦曰，吾儒心期無愧幽獨。縉紳後代，因甚多生敗子孽孫？平等文人，緣何反獲高科巍第？或心恃勢位而背主欺民，或心守謙虚而尊人約己。其爾大衆，務當心抱慈祥；一切吾民，各宜心存平實。富者心殷周濟，貴者心尚謙恭；貧者心守勤儉，賤者心懷廉耻。事父兄心惟孝弟，待朋友心盡忠誠。勿心存慳吝，薄視姻親，勿心好鑽營，厚交勢利，勿貌善心惡，勿口是心非。心形直、應事直而無曲；心體圓、處事圓而莫方。勉種心田，何羨南阡北陌；廣培心地，不須虎踞龍蟠。急早心回，務期心得，庶我心實獲，而帝心簡在矣。

關聖帝君降序

赤面赤心下九天，純陽何不把序删。壇前燈燭光焰閃，降後爾我即便還。莫將此經看得輕，消災延壽福更綿。

關聖帝君曰：天地無私，善惡昭彰。順天者存，逆天者亡。神道設教，借此以傳。吾當言明聖經三字。經者，敬也。恭敬身心，時時不忘乎根本，刻刻常存於孝弟。謹敬這個心田，庶幾近於禮義，勿貪勿淫是也。聖者，昭然也。參天化育，千古忠肝義膽，萬載聖神，先聖後聖，其揆一也。明者，如同日月，普照乾坤，無物不到，使我心性常懷不昧，靈臺潔浄，打掃如同寶鏡一般。明心鑒性，故曰明聖經。此經吾奉玉皇敕令，降於高珙等處。今蒲邑印刊無序，吾同孚佑降此，辨明三字爲序。旹，嘉慶二十五年十一月二十八日降長秋山人書於守一書屋。

聖帝寶誥經卷

志心歸命禮

太上神威，英文雄武，精忠大義，高節清廉，協運皇圖，德崇演正，掌儒道釋教之權，管天地人才之柄。上司三十六天，星辰雲漢，下轄七十二地，冥壘幽酆。秉注人生功德，延壽丹書；執定生死罪過，奪命黑籍。攷察諸佛諸神，監制群仙郡職。高證妙果，無量度人，至靈至聖，至上至尊。伏魔大帝，關聖帝君，大悲大願，大聖大慈，真元顯應，昭明翼漢天尊（寶誥誦至此止，連誦三遍，誦畢然後誦下文真經一遍）。

（一）《關聖帝君降筆真經》

帝是漢關聖帝，敕諭大衆聽聞。世上不齊等事，全憑一點真心。正直光明不屈，死生順逆當分。帝嘗下遊漢季，結盟皇叔三人，桃園名重千古，單刀秉燭於今，寄曹明來明去，吞吴爲漢亡身。

上帝憐聖忠耿，獨敕宣化幽明，令帝日遊天下，鑒别忠佞紛紛，一切貪殘奸巧，還償果報斤斤。最戒讀書文士，並及官宦軍民，第一休欺父母，切莫圈套鄉鄰，貧富先交朋友，朋友乃是五倫，信心内外平等，何妨蹇難災迍。曹操無底深險，現今受罪陰冥。武侯只緣忠義，幽冥群奉爲神。直心直受真福，巧計巧來禍因。有過昭如日月，無私天地同群。果然兒女不誑，到處鬼怕神欽，設計偷覷女色，自己帷薄宣淫。弄手誆騙財物，輩輩嫖賭淪侵。比比争能争勝，往往越賤越貧。快快收心猛省，休休愈墮愈深。三生輪回惡趣，千載唾駡難禁。筆尖添減情罪，舌劍反誅滿門。尤恨毒心狠婦，花言啜哄鄉親，唆夫駡公駡婆，令帝一見生嗔，泥像揮刀剖腹，分斬母子平均。可喜平人孝弟，朝夕買辦糧薪。霎時風行泥馬，駝回萬里窮軍。欲求長生育子，急宜戒殺放生，不食牛犬等肉，可免牢獄囚刑。男女遵奉聖語，遇難帝自降臨。戰場驅逐鬼魅，刀光雷雨血淋。護國百折不改，助爾加爵策勛。富貴永昌奕世，眉壽永無災侵。如有毁法妄想，斗秤欺哄愚氓，不許身生人世，阿鼻地獄呻吟，那時悔禍已晚，急早佩服法文，回頭諸惡莫作，勉力衆善奉行（正經誦至此止，誦畢三叩首，起身略停一息，養順其氣，然後再焚香叩首，虔誠朗誦下文明聖經）。

（二）《關聖帝君應驗桃園明聖經》

漢漢壽亭侯，略節桃園經，書於玉泉寺，夜夢與凡人。萬經千典有，帝經未舉行。着爾傳塵世，不可視爲輕，焚香高誦念，其福即來臨，人能抄印送，諸疾不相侵。家宅供此經，妖魅化爲塵；舟船奉此經，風波即刻平；行人佩此經，途路保安甯；書生看此經，不久步青雲；婦人誦此經，二女五男成。若爲亡化念，亡化早超生；若爲父母念，父母享遐齡。日念三五遍，或誦百千聲，諸神皆歡喜，宅舍並光明，凶事化爲吉，福禄壽重增。太上老君三界靈，衆聖五獄雷電神。五湖並四海，日月斗星辰。天下城隍聽號令，萬方土地各遵行。值年值月將，值日值時神。夜差黑煞帥，日令皎潔兵。往來細鑒察，不得漏毫分。會同家宅鬼，着令司命君。如有虔誦男和女，速速報知聞，或賜福與壽，或蔭兒與孫。萬聖朝真均奏議，普天之下盡頒行。聖素覽春秋，幼觀孔孟。惟以孝弟爲先，修身治國爲本。異端蜂起，兵戈傷殘民命，十餘年甲不離身，刀無潔淨，夜無穩睡三更，日不飽餐一頓。東戰西征，百戰而江山才定。白了鬚鬢星星。力倦馬羸刀鈍，費盡赤膽忠心。換得個封侯金印，到如今亂臣賊子，捕風捉影，奸貪讒佞。結黨欺良，言無一定，不思禮義廉耻，孝弟忠信，事每胡行，屢圖僥幸，篡君位，戮忠臣。好貨財、淫美色。殺人縱性，只顧爽心樂事，豈曉得後來報應。古今好事多磨，毋勉强苟求捷徑。如彩雲琉璃，鮮花明月。人不知機，如剛刀快缺，妄動横行，造下了些冤孽，遠則幾年，近則數月，報應無差，法難漏泄。如人未遭逢，各有時節。當思守命由天，安貧樂業。如百藝倉卒成功，其物焉能精潔，草木不能培植，難長許多枝葉。五穀少用耕鋤，苗雖秀而不實。文臣十載寒窗，方朝金闕；武將百戰臨危，始得公侯並列。帝乃日月精忠，乾坤大節，天崩帝崩，地裂帝裂。明聖經，大衆聽。帝乃紫微宮里朱衣神，協管文昌武曲星。只因張仙無主轄，敕令隨帝爲從神，檢點少男與少女，或損陰隲絶子孫，送生催生及難産，魅妖傷殘瘢痘疹。如有焚香諷誦者，轉禍爲祥顯聖靈。今有塑畫聖像者，側立張仙持彈弓，鑒知戰國侵凌亂，命帝臨凡救萬民。玉皇賜帝名和姓，子胥五轉做忠臣。臨潼解釋諸侯難，絶却奸秦並國心。楚無道，酒荒淫，昭關過此難，吴越動刀兵。道帝一生爲孝子，數世做忠臣。敕令帝管錢塘事，晝夜領潮行。漢室多奸黨，改姓下凡塵。火龍燒赤兔，水獸煉青烽。卧蠶眉八字，丹鳳目雙睛，五龍鬚擺尾，一虎額摇身。韜略欺孫臏，機謀勝范增。春秋丈夫志，生長解梁城。指關爲帝姓，下界又稱臣。幼而離鄉，壯而出仕，大丈夫以四海爲家，何患乎帝無兄弟。入桃園，睹兩人奇異。請問英雄何處？雄糾糾朗曰桓侯，貌堂堂温言先主。遂出身投地，今逢主，須待挽天河水來蕩滌。誠哉，龍虎風雲會，宰牛馬昭告天地。結義匡扶漢室，破黄巾、誅董卓、吕布斃，刲寨剿曹奸，賺入空營内。雁侶散徐州，携嫂無存地，減燭張遼謀，破壁聖帝義。降漢不降曹，忠臣不二事。封漢壽亭侯，印無漢重鑄。三日華筵，曹瞞美意，顔良文醜統兵圍，敢對立功，可酬曹歸計。封金却印三辭操，挈眷尋兄一點忠。千里尋兄添義氣，五關斬將有威風。離合英雄乾坤内，相逢兄弟古城中。智尚雖高無決勝，運籌固識少經綸。三謁茅廬，卧龍晏起。大夢誰先覺，平生我盡知，草堂春睡足，窗外日遲遲。未出茅廬，三分已定。武侯原是廣慧星，即是前朝嚴子陵。此生諸武侯，再宋朱文公，輪回三世相，永不下凡塵。鼎足三分嫌地窄，江山今换許多人。先生已在清虚府，聖帝今掌三天門。桓侯四川爲土穀，每起忠良護國心。在宋易姓武穆將，在唐改諱曰張公，輪回三轉皆忠烈。上帝封爲護國神，小可兵戈不差汝，大難臨邦再下塵。天下城隍皆將相，正直爲神古至今。爲人忠孝感天地，豈在持齋佛顯靈。飲食衣服休華美，隨着隨餐莫厭争。禽獸一切皆性命，無故自食宰生靈。一切化生皆活命，何苦張弓佈網尋。草木花果休折採，嚴冬零落發陽春。萬物悉含天地化，依時生長與人靈。汝能遵守惜萬物，福有攸歸禍不侵。勿謂善小而不做，勿謂惡小而可行。天網恢恢分曲直，神靈赫赫定虧盈。孝弟忠信人之本，禮義廉耻人之根。爾能聽帝行善事，定有祥雲足下騰。帝受三天門掌握，萬神啓奏帝先聞。善者紀録加官爵，惡者遭殃絶子孫。報應遲速時未到，昭彰早晚福終臨。莫道天高無耳目，虧心暗室有遊神。敬神如在須誠敬，不可狂言褻聖明。萬國九州皆敬服，道聖忠義獨稱尊。塑形畫像乾坤内，如聖英雄有幾人？又奉上帝加御敕，掌握凡間善惡人。精忠衝日月，義氣貫乾坤。面赤心尤赤，鬚長義更長。英雄氣蓋世，燭殘刀破壁。封庫印懸梁，爵禄辭不受。偃月刀，磨仍快，嘆兄弟不再，卧蠶眉，鎖未開，恨江山幾改。稿古功名難比並，三天門下封元帥。稽首頓首。上帝敕令各部將帥，經傳下界，鈔録諷誦，如世人能遵行，繫玉腰金，官居千載。能全一事，峥嶸三代。欽承法旨，會集諸神施行。於是救苦大仙、太上真君、太白金星，公同注解，覆奏明章，毋庸議改，行於四海。皇圖鞏固，萬民永賴。著忠良，竭力匡衡，孝順無改。廉潔不亂心田，節義臨危不敗。忠孝廉節之章聽解，君使臣以禮，臣事君以忠。日用朝廷禄，當思補報功。報國臣之本，惜卒將之宏。不飾文臣過，不滅武將功，紀録文華殿，舉劾建章宫。丹心如赤日，位必至三公。秦檜世爲犬，武穆四帥中。爲人子，孝爲先。孝順兩字緊相聯，勿惱怒，常使歡，暖衣飽食無饑寒。病醫藥，必自煎，即須嘗過獻親前，夜不解衣朝不食，時時刻刻在身邊。爾能孝順爾子孝，點點滴滴看簷前。大舜孝，帝位傳，二十四孝極周全。在生不供奉，死後祭靈前。不孝子，惹災愆，虎含蛇咬病相纏，官刑牢獄遭充配，水火之災實可憐。或自懸梁刀毒死，不孝之人苦萬千。速速改，莫遲延，世人孰無過，改之爲聖賢。人無過，篤行全。廉生畏，潔生嚴，細檢點，避疑嫌。希賢希聖由天命，學禮學詩聽自然。却周粟，隱山川，爲人似玉無瑕玷，立志如同鐵石堅。守己禄，莫徇偏，損人利己子孫冤。廉者不受嗟來食，志士不飲盜之泉。辭俸原憲潔，畏金楊震廉。坐懷不亂柳下惠，閉户無容魯仲連。鯢食曾如螬李美，瓜祭何勝菜根甜。俸禄止堪供禮儀，舉家食費僅盤桓。百簹抬回失節物，滿箱裝裹昧心錢。笞杖流徙誰不怕，勸爾抬頭看上天。縱容男僕如狼虎，謀占軍民地與田。勢敗運衰參訐告，拔家平房冤報冤。婦男窮極爲娼盜，恨殺當初惡要錢。人之節，如竹又如月。廣大與高明，圓容更清潔，一生直不彎，挺挺欺霜雪。一勁參天秀，舞風弄明月。娥英泣竹林，點點斑皆血。即如蘇武杖，數有十二節。李陵汙其奸，蘇武敬其烈。仲昇使西域，三十六國却節義全，神聖悦。或掌天曹事，或補城隍缺，或生公與侯，富貴千年業。亂臣並賊子，每把忠良滅，一見虛歡喜，心口各相别。心存丈八矛，意存三尺鐵。舌下有龍泉，殺人不見血。貪酷尅奸讒，自殞兒孫絶。聖不吃長齋，聖不聽異説。地獄即城隍，三寶星日月。救濟急難人，就是解冤結。此四節，忠孝廉節，詳明甚切，後列二十四刲，擎天頂地猛勇神、捧日舉月普照神、列宿張星明朗神、騰雲駕霧飛度神、驅雷掣電威烈神、呼風唤雨擾攘星、降霜落雪變通神、賞善罰惡正直神、輔德討罪忠義神、覺遠化迷感應神、延生逐疫慈祥神、飛沙走石截路神、翻江遶海五湖神、崩山頹嶺鐵甲神、凍水開冰結化星、抽芽綻葉發育星、開花結果嬌媚星、長禾秀穀益惠星、走獸飛禽捕捉星、魚蝦蟹鱉涌躍星、飛跳諸蟲纏擾星、作文製字文昌星、興兵布陣武曲星、造作工藝巧作神，衆星聽令，各回本部，變化發生，啓首神明，無極聖衆，不可思議功德。（應驗經畢）

斗口王善，欽奉

漢室漢壽亭侯

關聖大帝敕令，大帝曰：帝曾言，日在天上，心在人中，心者萬事之根本。儒家五常，道釋三寶，皆從心上生來。仁莫大於忠孝，義莫大於廉節。二者五常之首，聖人參贊化育者，此而已。仙佛超神入化者，此而已。自有天地以來，這個無極太極之理，渾然包羅，古今長懸。諸帝王聖賢仙佛，萬經千典只是明此理，成此事而已。帝繫紫薇垣中，火之正氣。火，離明象也。故主文昌，火又烈性也，故主武曲。文主仁，仁者忠孝；武主義，義首廉節。惟是舉天下萬世，皆爲聖賢仙佛。此有晝無夜，有陽無陰，絶無之理也。自戰國以來，帝出世匡君救民，不得已以公善之心望世，此桃園經之所以現身説法也。奈何世之人。真性不密，邪僻用心，見帝平常之言，不曰聖人不出此驕矜語，則曰聖人不出此淺近語。嗚呼！是必欲帝重作五經，待世之智愚賢不肖，皆盡讀之乎？不獨此也，現在身列文儒，亦妄行指駁。吾因周子凛凛，持誦多年，只得注解明白。如再有擅行詆毁者，輕則令瘟火滅之，重則令周倉（將軍）斬之。毋悔！明聖經，本繫夢與玉泉寺僧，僧醒而傳述。首句漢漢，上一漢字，乃代名，即大漢也。漢壽亭，係地名也。其先囑咐人人誦此經者，是以效驗歆動人心也。中言精忠衝日月，義氣貫乾坤，即孟子所謂塞乎天地也。曰面赤須長者，即大學所謂心廣體胖，即孟子所謂睟面盎背也。至投胎轉劫之説，儒者不言，不知釋道兩門，並非無據。試歷查古今，借尸還魂，靈殼轉寄，異物入胎，豈少也哉。吾言在列國、在漢、與在唐宋之言，實非誑也。諸君試對核之再。四章言忠，文武臣僚，皆當敬體，則是三代以上之臣也，夔龍伊皋其人也；言孝，則曰不解衣不食則侍膳寢門，文王其人也；滴水還源，孫又效子，則子孫保之大，舜其人也。説到二十四孝，古今昭如日月，格天地，動鬼神，豈非確然可據者哉。廉在周禮，以六計爲定，實從義字中生，故爲愚昧者痛斥，而廉泉盗水，舉一二而已括之也。節如竹，竹有�也，如日月有度也，非筠則溷，非度則昏。古今大節不喻者，於義殆盡。後遣諸神鑒察，以使速應，吾亦大費婆心。以我爲驕，我固不辭；以我爲淺，我亦不辭。但願人人從驕言淺言做去，一一果自信於心中，然後探元妙之理，入上聖之班，吾亦不怪，而且快然也。將此語着靈官傳世知之，爲此述告周宰人等，一心體此，以心印心，心在人中，日在天上，欽哉勿忽（明聖經誦，至此爲止）。王天君曰：張仙非唐之張公名巡，乃黄帝錫以弧爲張之仙也。大帝目空一切，固是天性。故云徒上智者無決斷，徒運籌者欠經綸，以起下文之意，必賴文星孔明也。再二十四位神將，乃大帝所遣，如有誠心，呼之即來聽法師之命，並將此諭傳與周宰官，及與事人等知之。二月十五日。王天君大帝命，特誥桃園主人曰：漢關帝有桃園明聖經，傳已久矣。内載係夢中授語，世人遂多疑爲非真。某於嘉慶十五年正月二十四日，虔誠請乩，蒙天王君奉命傳示，剖晰加詳。其在儒門明道者，固以忠孝廉節爲至極，愚夫愚婦，亦未有外忠孝廉節，而別有致力者也。敬附經末，以爲天下萬世勸。關聖帝君與王靈官天君，均執掌雷部。下界人民無知，妄自作惡，喪心敢爲，以爲迷昧隱瞞之事無神知覺。莫道天公無一語，須知司命有雷鳴。霹靂一聲，奸雄喪膽。雨過才晴，惡心依舊。

注：清光緒年間，上海宏大紙號印刷出版

二 《關聖帝君覺世真經詳注》（做人要語）

帝君曰：關聖帝君説道，**人生在世，貴盡忠**、自宰相到百姓，皆該盡個忠的。文官弗貪錢，爲國爲民，替皇上出力；武官太平無事，操練兵丁。若地方弗平靖，或有賊匪，要用心征服他，就死也弗怕。文武官弗論大小，要對得住皇帝，才算忠。天下皆忠臣，天下常太平了。士民也有盡忠的所在，如早完錢糧，弗犯王法，皆是忠。其他夥計替東家辦事，奴僕替主人辦事，亦要盡心竭力的。**孝，**人哪個弗是爹娘養的，哪個有處弗要孝順的。這個孝字，極大極細。只就粗淺的説與你聽。爹娘面前弗要硬聲硬氣，就是爹娘動氣，亦帶了笑臉，依頭順腦。今朝有幾個錢，就拿幾個錢，買些爹娘吃，買些爹娘穿，等到死後，來不及了。**節，**做官盡忠叫節，做兒子盡孝道叫節，清清白白，弗幹弗正經的事，亦叫節。若婦女一生，更加要守節爲重。**義，**義字與利字反背。利字是計論自己便宜，義字是道理上該做的事。如上三項忠孝節，及下文愛兄弟、信友朋等事，皆是該做的事。不管有便宜没便宜，盡我心去做就叫義。**等事，**等事就是上文忠孝節義幾項。句首盡字，是做完全這個幾項的解説。**方於人道無愧，可立於天地之間**。做人之道，總要忠孝節義盡了，就活在世上弗羞。愧字是羞字解説。此四句是帝君勉勵衆人的意。**若不盡忠孝節義等事，身雖在世，其心已死，是謂偷生**。人的死活只在一個心。天地要你盡忠孝節義，所以拿這個心生你身上。可知你心全靠忠孝節義活的，你若不盡忠孝節義，你的心豈不是死了。心死身弗死，就是活在世上，只算得偷的。偷如賊子偷物一般，只怕破案。此四句是帝君警戒衆人的意。**凡人心即神，神即心。無愧心，無愧神。若是欺心，便是欺神**。凡人，爲善爲惡，皆從心裏出來的。起一念頭，要曉得神明在上，事事可以對得住自己，就事事可以對得住神明。若以曲做直，心裏有不可告人之處，便是欺人。欺人就是欺天。哪能對神欺？是欺瞞。此六句是帝君教人摸摸心頭的意。**故君子三畏四知，以慎其獨**。故字從上説下。畏是恐怕的意思。三畏，是孔子的説話。就是下文一動一静，神明鑒察的意。四知，是漢朝楊震弗受王密的金子。説道："天知、地知、子知、我知。"就是没人的處，已有天地你我曉得。慎獨，就是上文無愧心無愧神的意思。君子人的做工夫，倒是没人看見的地方著緊。弗比小人趁没人的時候，獨做對弗住天的事體。**勿謂暗室可欺，屋漏可愧**。暗室屋漏，就是上文獨字。勿謂是弗要説，没人的地方可做欺心無耻的事。語云人間私語，天聞若雷；暗室虧心，神目如電。**一動一静，神明鑒察。十目十手，理所必至**。動静，就是人走一走，坐一坐，也有善惡分端。人看弗見，神明偏看得見的；鑒察，是刻刻來查看。十目，説神明多來看我。十手，説神明多來指指觸觸。理所必至，説這個道理一定有的。理，就是天理。**况報應昭昭，不爽毫髮**。况字從上文申説。報應，善的福報，惡的禍報。昭昭，是明明白白。毫髮，是一絲不差的。**淫為諸惡首，**淫，是别人的婦女，我去淫他。諸惡首，説世人惡事甚多，淫是最作孽的事。故帝君以爲諸惡之首。**孝為百行原**。孝字上文講過的了。百行，是百樣品行。原，是根本。天下無不是的父母。人若不孝，問他身從哪裏來的。幹的别事，哪怕你好，總是没得根本的人。故帝君以爲百行之原。**但有逆理於心有愧者，勿謂有利而行之**。逆理，是違背天理。於心有愧，是自己摸摸心頭，覺着羞煞的事。勿謂有利而行之，是弗要説内中有利息，可去做一做。世人但曉得有利，弗曉得有道理，心上對不過的事，只管去做，哪裏曉得這種利息，弗能常言的。

凡有合理於心無愧者，勿謂無利而不行。合理，是天理上應該如是。於心無愧，是對得過。心裏弗羞的，勿謂無利而不行，是弗要説没得利，已就弗去做。此六句總括全篇之要旨。**若負我教，請試我刀**。人若讀了這部覺世真經，再弗曉得悔改，帝君斷弗饒你的。惡人聽到此句，哪得不喪膽。**敬天地，**天地，是萬物的父母。哪個弗受着恩德，哪個弗應該敬重。敬，是尊敬。就是起一念頭，做一件事，總要怕得罪天地，方是敬。弗是拜佛念經就算敬。**禮神明，**神明，是前朝聖人賢人，凡生前忠孝正直，皆是神明。禮，是極其誠敬，弗敢怠慢的意思。没有一塊地方没得神明，就没有一塊地方可以怠慢的。**奉祖先，**祖先，是祖宗，及父母已經死的。世人有祖先，譬如粥飯是米煨的，樹木是根上生的，水是泉眼裏出來的。弗有祖先，哪裏有身子來？奉，是心裏敬重。祖先遺下來教訓，遺下來産業，總要謹謹守住。四時八節，亦要虔誠致祭，方是奉。**孝雙親，**雙親，是爹娘。孝字前頭已經講過了，弗要説人要孝，就看小羊吃乳，雙膝跪在地下，烏鳥啣食來與老烏吃，哪可以人反不如禽獸？**守王法，**王法，是皇帝的刑法。守，是弗敢犯法。**重師尊，**師尊，是教我的先生。凡人要做個有本事有道學的人，全靠先生教訓出來。是先生個恩，猶如爹娘養我的恩。重，是總要時時想念他，敬重他。**愛兄弟，**兄弟，皆是我爹娘養的，血脈相聯，弗比别人，所以叫親兄弟，一條胞帶上生出來的。愛，是心裏歡喜，像寶貝一般看待。若是兄弗愛弟，弟弗敬兄，古人有詩説道，“煮豆燃豆萁，豆在釜中泣。本是同根生，相煎何太急”。做詩人的意思，説拿豆萁燒豆，豆在鐵鍋裏哭。豆、豆萁，本來是一個根生的，今朝豆萁爲何煎逼得豆如是？譬如弟兄弗肯相讓一般。**信友朋，**友朋，就是朋友。凡人個個有朋友。信，是弗要説話虚花，總要老實相待，自然朋友亦老實待我了。**睦宗族，**宗族，是我同姓的族分中。睦，是大家相愛，弗有淘氣相打的意思。論起行輩，雖然遠些，究竟是我一個祖宗生下來的。弗和睦，就是上文奉祖先有缺了。

和鄉鄰，鄉鄰，是我家相近的。出門就相見，總要和睦個好。鄉鄰和睦，就是有風吹草動，亦各人肯幫助的。**别夫婦，**夫婦，是兩姓的男女，本來有别的。古人説道，夫婦要相敬如賓，説要各盡其道，像賓客相待一般。男是男，女是女，弗要没得規矩，惹人笑話。**教子孫，**子孫，是我的後身。教是要管束他，開導他，弗至入於下流。無論讀書人，種田人，匠人，及相幫人，生意人，要他長進，做一個勤謹公正的人。弗得弗教訓，教訓成人，就是替祖宗争一口氣，何至被人笑我没得好教。這十二句，是爲善的大綱節目。**時行方便，**方便，是做一方便當的事。弗但照應别人叫方便，就是路上有石頭瓦片，我去拿忒，弗要絣跌人；路上有割人藤，我去剪忒，弗要觸痛人；夜裏路上暗，點盞燈，照照走路人，皆是方便。時行，是刻刻在心，隨處可做的。**廣積陰功，**積是堆積起來。廣，是多的意思。陰功，是暗裏做的善事體，凡别人得著你好處，都叫陰功。只要做得多，連自家也弗得知的。若然自家説嘴得有陰功，這陰功做來也弗多的。哪能積，哪能廣積？這兩句是做好事的總冒。**救難濟急，**人有禍來，就叫難。人有要緊用頭，俗語所謂火燒眉毛，就叫急救，是搭救他難，弗至性命弗保。濟，是接濟他急，弗至没得應急，走頭無路。此正行方便積陰功的機會。**恤孤憐貧，**孤，是没得爹的小兒。貧，是衣食少缺的人。恤，是看見他没爹的兒子，像自家的兒子一樣歡喜，總想設法養他，使他長成。憐，是看見他苦惱，心裏難過，替他打算一條活路，弗至耐饑受凍。這兩句是行好事最要緊的。**創修廟宇，**廟宇，神佛所在。創，是開創起頭。修，是修理完全。有錢的人，或獨力出錢興造；没得錢的人，或出力募捐成功，就是上頭禮神明的道理。**印造經文，**經文，是聖賢做的書。印造，是刻印成功。經文無非教人爲善，人若能刻印敬送，推廣聖賢的教訓，使個個人曉得要爲善，就是替聖賢教化衆人，功德最大。這兩句，就是拜佛念經的起頭。**捨藥施茶，**藥，是醫病的。茶，是解口渴的。捨施，皆是肯幫别人的意思。捨藥施茶，不過一樁小好事，若施米施粥，施衣施棺，出錢助葬等好事，積功更加多。**戒殺放生，**上天最歡喜是生，最恨是殺。就是魚腥蝦蟹，亦是上天生長的。人要活，難道他弗要活的？除養爹娘、祭祖宗，及有正經事體之外，弗要貪自己嘴裏好吃，捉來逞我殺。弗但弗殺，再要時常買來活放，方是合上天的意思。**造橋修路，**凡人逢著河，這岸到那岸，没得橋，極弗便當。或橋破壞不堪，走過也膽餒。逢著狹窄路上磚頭高低，又要防跌，人若發願修造，功德無量。**矜寡拔困，**寡，是單身無靠的人。困，是走頭無路的人。矜，是曉得他苦，替他打算一個安身處。拔，是提拔他苦，使他將來有個出頭日。此等極苦的人，若弗去矜拔他，苦煞一世了。**重粟惜福，**粟，就是米。個個人靠此活命。有米吃，就是福。種田人何等辛苦種出來，若作賤遭塌，福容易享完了，這種人家，往往夭折。各人聽見曉得的，哪個弗要看重米糝，就是麥豆等物，也要看重，才叫惜福。**排難解紛，**凡人逢着難，總有個人與他爲難。排字，猶如我拿手去分開，使他弗爲難。紛，是說話相争，你一句我一句，理弗清頭路。解紛，譬如絲綫打了一結，我去解開。如此看來，别人家相争相駡，尚且要勸解。我豈可與别人争論。**捐資成美，**捐資，説拿出銅錢來。凡人有一件好事，弗但弗可阻擋，總要竭力出錢幫助他成功。就是爲善的根基。**垂訓教人，**垂訓，是説好説話，教人去做好事。就如看見人家兒子，總要與他講孝道，看見人家小輩，總要與他講敬重長輩的道理。或者設立義學，倡講鄉約，教訓更加廣闊。懂了此句，就曉得帝君覺世心腸何等真切。**冤仇解釋，**人與我有冤仇，我若切切於心，必要報他。就是報了，他又懷恨，要來報我。冤冤相報，幾時報完，倒弗如寬洪大量，弗與他計較。解，譬如結解開。釋，譬如冰化開消得乾乾淨淨，何苦自尋煩惱。就是上頭排難解紛，亦從此句推廣出來。**斗秤公平，**人家斗秤，拿出去要少的，拿進來要多的，就弗公平了。這個心腸，就是欺人。欺人就是欺天。斗秤小事，尚且這個樣子，比斗秤大的，必定更加厲害。還算得有人心麼？公平，是出入一樣，毫無欺心。這一句，是教人弗要僭便宜的意思。**親近有德，**有德，是有德行的人，必能教我爲善，所以要親近他。既然親近，我也好學做有德行人了。**遠避凶人，**凶人，是惡人。今人可善可惡的人多，若與惡人親近，所講説話無非惡話，所做事體，無非惡事。將來學得弗成人，遭横禍，皆從此起頭。所以要遠避。這兩句，是人一生揀擇朋友的要緊關頭。**隱惡揚善，**隱，是隱瞞，凡人做了惡事，自己也曉得懊悔，若一朝説穿他，他必老羞變怒，就此弗肯習上。豈弗是隱的好。凡人有一件善事，若不去贊好他，他的善心未必牢靠。能旁邊贊他幾句，他自然高興起來，豈弗是揚的好。**利物利人，**凡人做事，弗害鳥獸草木的，就叫利物；弗害萬民百姓的，就叫利人。這個利字，包括多少好事體，個個人該做的。做官的，錢糧弗浮收，考試肯破鈔獎賞生童；做公門中人，弗要靠官託勢，獨顧了自己的利。**同心向道改過自新，**過，是罪過，新，是重做起來，弗像舊時節。凡人本來爲惡，一朝回轉心來，就是改過的因頭。本來弗曉得善，一朝向那道理上去做事，就是自新的路道。可曉得惡人爲善，從前過惡，也可以贖得轉的。這兩句，是勸惡人改惡的意思。**滿腔仁慈惡念不生，**仁慈，是硬弗起心腸。滿腔，是滿肚皮裏。凡人殺生害命，及一切苛待别人處，皆是惡事。做惡事，必先有惡念，總由弗仁慈的緣故。若肚皮裏常常硬弗起心腸，惡念從那裏生出來？這兩句是贊人好心的意。**一切善事信心奉行，**一切，從上文敬天地到惡念不生，這個幾條，皆是善事。信心，是實在相信。奉行，是肯做上文個幾條，一點弗敢懶惰的，這兩句是總束上文。**人雖不見神已早聞，**陰功方便，原是人弗曉得的。那裏曉得神明在上，倒像聽見得的。這兩句是起下文。**加福增壽，**凡是得大福大壽之人，哪裏看見有弗爲善的麽？世人獨曉得求福求壽，可曉得善倒是福壽的根基。**添子益孫，**益字，就是添字解説。你看子孫昌盛人家，總是素來爲善的。所以有子孫本來多的，一朝做了惡事，忽然子孫死了，就是弗死，或變做下流；有子孫本來少的，一朝做了善事，子孫興旺，養來多是好的。就算爲惡人家，子孫倒多。是惡貫弗曾滿，天且等著他，望他改惡；就算爲善人家，子孫倒少，是善量弗曾滿，天且等著他，與他災厚報。**災消病愈，**災消，是災殃消去。病愈，是有病就好。凡人實在做好事的，人也快活他，天也照顧他，那裏來災？心平氣和，毫無胡思亂想，尅削精神，那裏來病？況且有神明保佑，就是有災，立刻消了；就是有病，立刻好了。世人每到病痛的時節，有些反悔，怨天怨地，若曉得有這個道理，自然弗有這條肚腸了。**禍患不侵，**禍患，是一切惹禍爲患的事，就是上句災病亦在其中。不侵，是弗來犯著的意思。**人物咸寧，**寧，是安寧。咸寧，是一齊安的意思。一家的人，弗至有病痛口角，一家的物，弗至有走失破壞，就是人物皆安了。**吉星照臨，**大約爲善的人家，暗裏有好星宿照在上頭，使他個個受福。對面看來，作惡的人家，便有惡星宿照了。這六句，是帝君說那爲善福報的意。**若存惡心不行善事，**若字，是從上轉說下來。惡心，是存爲惡的念頭。不行善事，是弗做好事體。這兩句，統下頭數十條的惡。**淫人妻女，**淫字，上文已經講過的了。淫的過犯，陰間罰得最重。上頭諸惡淫爲首，所以帝君說到惡事，先拿淫字說。**破人婚姻，**婚姻，俗語叫攀親。破，是破開人家親事。已經成功了，若弗能嫁娶，理該合籠。有等刁鑽人，慣會說壞話，使他親事弗能團聚。可曉得婚姻是前定的，安能拆散，不過自己加罪孽。爲善的人，若遇着賣妻女的，没得錢婚嫁的，要極力幫他團聚。**壞人名節，**有吃一生的苦，方才得個名節。有關一生的事，全靠守個名節，若弄壞他，使他名節弗成，你想何等造孽。所以好人遇着這種事情，說話亦弗輕易亂話。**妒人技能，**技，是技藝。能，是會做的事。這等有技藝有本領的人，正該稱贊他。刻薄的人，自己没得技藝本事，倒要生妒忌心腸。**謀人財產，**作惡的人，往往看見別人産業，心裏想出計策去謀占他的。哪裏曉得你想謀人的財産，别人想謀你的財産，也就來的。**唆人争訟，**唆，是教導他。争訟，是打官司。凡人兩家弗和睦，只該勸解他，如何倒教他争訟？這個人成訟的時節，官司赢了，也要出公門使費，甚至賣家破産。輸了官司，受刑罰、坐監牢，猶如活地獄一般。唆訟的人作孽弗小。**損人利己，**損人，是損壞别人的。利己，是得利自己的。你可曉得人個有福氣，没福氣，皆是天派定的。損人利己，就是欺天。難道天可欺得的？損壞了人，自己毫無好處，固然白白裹生這條心。就算我有好處，天也斷弗放你獨佔便宜。如此想來，何苦急急忙忙，做這等惡事。**肥家潤身，**肥，是肥壯的意思。惡人獨顧家裹，有田有地，吃弗完、着弗完，猶如禽獸一般。潤，是滋潤的意思。惡人獨管自己的身體受用，猶如魚得着水活動一般。若弗是剥削别人，那能有這等肥壯滋潤。這一句，就從損人利己推廣出來。**恨天怨地，**天地，是萬物的父母。那個弗靠天地活命，有等弗懂道理的人。弗得意的時節，弗怪自己弗好，倒要怨恨天地，就是弗敬天地了。豈弗是更加得罪天地？**駡雨呼風，**風雨，正是天地養萬物的好處。今人駡人，尚且使弗得，難道雨倒駡得的？今人接待衆人，尚且弗輕容易呼唤，難道風倒呼唤得的？這一句，也從上句恨天怨地推廣出來。**謗聖毁賢，**聖賢，就是三教。三教是儒教釋教道教。謗毁是説壞他。自己弗能爲聖爲賢，羞也來弗及，倒要生起謗毁的心來，真是禽獸了。**滅像欺神，**像，是佛像。神，是神明。滅，是拆壞他。欺，是怠慢他。滅像，就是欺神的實在。欺神，就是滅像的起頭。**宰殺牛犬，**宰，是殺字解説。牛，替人種田的；犬，就是狗，替人防夜的。牛犬是有功勞的，竟是硬得起心腸要殺，你想這種人弗曉得戒殺，還再肯放生麽？**汙穢字紙，**字紙，與五穀一樣的，弗敬重愛惜，亦要遭天打。汙穢，是拿有字紙抛到弗乾浄的所在，輕賤作塌，揩臺抹桌，及挖補扯碎，趁風飄忒，或塗寫臺上皆是。再有買了有字紙，洗落做還魂紙，用個人弗曾曉得，説没得字的紙就落在地上弗妨。哪裹曉得從前有字的，此種罪孽萬劫難逃。讀書人更加要留心敬惜。

恃勢凌善，恃勢，是仗了自己有勢頭。凌善，是欺他好人。勢頭不過一時的氣概，能保得常有個勢頭麽？何弗想我弗曾有勢頭的時節，別人來欺我，我何等苦惱；我將來没得勢頭的時節，別人來欺我，我何等苦惱。况且有勢頭的時節，正是容易提拔好人，若去欺他，天弗饒的。**倚富壓貧，**倚，是靠託的意思。壓，是壓倒的意思。天道公平，貧富一樣看待的。我爲何便宜倒富？他爲何吃虧倒貧？天正要你照顧他些，如何倒靠託自己的財産，欺他窮苦的人。只怕窮人弗常窮，有錢的人，也弗是常富的。**離人骨肉，**離，是分離他。骨肉，是一家的人，譬喻弗能拆開。骨肉本來是和好的，若然離開他，就至家破人亡。此種罪孽，皆是一句説話惹出來的。凡人替他打算家事，要十二分留心。弗要逞我意思，亂説亂話，有礙大局。若逢着賣妻賣子的事體，總要幫助他完聚才是好。**間人兄弟，**別人家兄弟本來和睦，我忽然要拆散他弗和睦，就叫間。豈弗是狠心的人了。這一句，就從上句離人骨肉推廣出來。**不信正道，**正道，就是三教的道理。不信，是心裏全弗相信。這個人，没得天理，就是禽獸一流，還叫得人麽？**奸盜邪淫，**這四項，皆是没得人心的事。奸，是刁鑽的人；盜，是擄掠財物的人；邪，是弗做正經事的人。淫字，上文已講過去了，這是罪惡最大的。**好尚奢詐，**奢，是靡費。詐，是欺心。好尚，是心裏歡喜要這個樣子。靡費，必定胡亂做事。欺心，必定奸險不測。這種人就是小人了。**不重儉勤，**儉，是節省的意思。勤，是刻苦的意思。人總要注重這個道理，弗然就要靡費貪懶了。**輕棄五穀，**輕，是弗看重。棄，是抛散。五穀，活命的根本。若輕棄，折福不小，正是上文重粟惜福的反背。**不報有恩，**有恩，就是養我、教我、救我的人。報，是報還他的恩。我有恩惠在別人處，本來弗要望他報我。別人有恩惠我處，亦弗來要我報他，我却弗可弗報，是忘恩負義了。**瞞心昧己，**凡做了一件惡事，心裏知惡，假做弗曉得，就是度死日，迷迷糊糊，連自家都迷糊了，就是昧己。可曉得心是天撥你的，己也是天生你的，你的心可以瞞得，天却瞞弗得的。你自己雖然迷糊，天却弗迷糊的，只怕報應就來了。**大斗小秤，**用頭有分別。出去的拿小秤稱出去，進來的用大斗量進來，這種獨想自己便宜，弗顧他吃虧，心術壞極。這一句，就是上文斗秤公平的反背。**假立邪教引誘愚人，**有人拿弗正經的教，倒叫做正教，煽惑弗懂道理的人，使他弗從正道，入他邪教。這種人弗但自己没得良心，再要引誘羽人做惡事，王法難逃，天也斷弗饒的。**託説昇天，**這一句，是上兩句推廣出來的。邪教中往往有白日飛昇的話頭，弗但哄騙財物，直引得愚人就死也甘心從他，到後來破了，跟他的人陪他遭劫，豈弗可憐！**斂物行淫，**淫字，上文已講過了。天下再有一等没得廉耻的人，斂合淫藥，害人性命，這等人禍報更加重。**明瞞暗騙，**乘機謀佔，等他覺著，我已到手，就叫明瞞。設計引誘，落我圈套，他總甘心，就叫暗騙。這等一時智謀，必弗能常常如此，天斷弗饒你騙人利己的。**横言曲語，**這一句，就從瞞騙中推廣出來。既經明瞞，又怕人怪他瞞，倒要説幾句强横説話來嚇人；既經暗騙，又怕人疑惑他騙，倒要拿曲曲折折説話來遮掩，心術最壞。**白日咒詛，**咒詛，就是咒駡。凡人咒駡别人，尚且人要動氣，白日裏咒詛，天地豈弗要動氣？就是弗敬天地了。**背地謀害，**背地，是暗裏謀害，是想出一條計策來陷害别人。這種人心地狠毒，天總弗饒的。害别人，實在自害自身。惡人曉得麽？**不存天理，**天理，就是善。人若爲惡，就是弗存天理，那肯保佑。**不順人心，**人心，就是良心，個個人生出來就有的。假如個個人説好，我獨説弗好。個個人弗肯做的，我獨要去做，就叫弗順。**不信報應，**凡書中載善惡報應，是確確鑿鑿的。有等人弗但弗替人講究，倒看得雪淡，倒説弗確，善心弗牢靠的人，勢必被他惑了。古時節有一個人，做一篇無鬼論，直等到後來鬼現形，方才相信，信已經遲了。**引人作惡，**他人作惡，弗去勸住他，倒要引騙良善的人做惡事。這個罪孽，比自己作惡，更加十倍。**不修片善，行諸惡事。**弗要説大善弗做，就是片善小的，也弗肯做。弗要說小惡要做，就是百樣惡事，那有一樣弗做的，再是人麼？這兩句，是總束上文數十餘的惡。**官詞口舌**，官詞，是遭官司，直至家產消完。口舌，是搬弄是非，無事鬧出事來，弄得一家弗平静。**水火盜賊**，水火，是遭水没，大著的劫數。盜賊，是被盜賊擄掠一空，懊悔來不及了。**惡毒瘟疫**，惡毒，是生瘡癤，痛苦不堪。瘟疫，更加容易速死。作惡的人往往要逢著的。**生敗產蠢**，生敗，是生不肖的子孫，直至傾家蕩產。產蠢，是生出痴呆懵懂的子孫，也有弗成形狀的。惡人曉得麼？**殺身亡家**，作惡的人，起初雖是肥家潤身，到後來惡貫滿盈，自然有殺亡的苦。**男盜女淫**，惡人的子孫，有做强盜賊匪，被官府殺死的。惡人的妻女，有淫亂不堪的。這六句是帝君說那惡人禍報的意。**近報在身遠報子孫**，爲惡的人，或有及身報的，就叫近報。或遲到他子孫報的，就叫遠報，就算有隔之幾世方報，必定惡人個祖宗功德極厚，弗曾消磨完的緣故，一朝完了，没得弗報的道理。世人弗曉得，倒說天道茫茫。那裏曉得，天總有一定弗差的。**神明鑒察毫發不紊**，神明常跟着人的身，查看人的善惡，弗有一絲一毫差的。**善惡兩途禍福攸分**，天下的人，獨想要得福，弗要禍來，弗肯改惡從善。可曉得善與福總是一路的，所以善人弗要求福，福自然來；惡與禍總是一路的，惡人獨想免禍，禍偏來得快。人懂了這兩句道理，就可有善没惡了。**行善福報作惡禍臨**。世人要享福，就應該衆善奉行，福的報不啻拿善召得來。要免禍，就應該諸惡莫作。禍的報，也是惡人自家召得來。所以得了福，弗曉得做好事，必有惡報。受了禍，再弗去改惡事，永遠弗得福的。這兩句是申說上兩句的意。**我作斯語願人奉行**，斯語，就指上文。奉行，弗獨是嘴裏說，必要心裏體貼，着實去做，像弗及做一般方可。**言雖淺近大益身心**，淺近，是人人容易解說的。大益身心，是人立身養心處，大有益的。這四句是勸人依這經訓的意。**戲侮我言斬首分形**。戲侮，是看輕，是說壞。見了這本經訓，弗曉得敬信，倒去看輕說壞，是違背了帝君覺世的慈心。豈能常在人世？這兩句，是戒人侮慢這經訓的意。**有能持誦消凶聚慶，**持誦，弗是口頭讀幾遍，必需心裏常常想念。有能，是帝君把望的意。凶慶，就是上頭禍福解説，經訓勸人做的善事，有那件做那件，喜慶來了，凶自然消去；經訓戒人做的惡事，有那件改那件，凶禍去了，慶自然到的。**求子得子求壽得壽，富貴功名皆能有成，**命裏應得絶嗣短壽，及一切貧賤的事，信持這部覺世經訓，便得帝君保佑，有求必應。**凡有所祈如意而獲，**凡有所祈，就指上幾個求字。如意而獲，是心裏要的，天就與他。這兩句申説上頭皆能有成句。**萬禍雪消千祥雲集，**萬禍，就指上頭的惡報。千祥，就指上頭的善報。雪消，猶如雪越消越完。雲集，猶如雲越聚越多。這八句，是帝君拿得福免禍的道理，打動人心。**諸如此福惟善可致，**諸如此福，就指上頭求子得子幾句。惟善可致，弗獨是讀這部經，須要力行善事，爲得福的實在。若口裏念了經，心裏弗有善念，仍做惡事，越加罪過了。**吾本無私惟佑善人，**帝君一片教人的慈心，原是公正無私的，但是人能爲善，方得帝君保佑，那惡人爲帝君責罰，不必説了。**衆善奉行無怠厥志，**衆善奉行，是一切善事，没得弗做的。無怠厥志，是從頭至尾，志向一定弗移的。帝君覺世慈心，這兩結句，包括到家了。奉勸世人奉行帝君教訓，再要把這部覺世真經，早晨敬誦一遍，或出錢翻刻敬送，遇着弗識字的人，講解他聽。或地方官做鄉約講，個個人衆善奉行，豈弗是善量越廣哉！

此編乃關聖訓人寡過之方也。奈無注釋，不能人人共知。太倉王子祖畲，於咸豐二年夏五之吉，成而正於其師姚子墉，墉又與友邵子慶英孔君傳綬汪子承慶等，於六月三日呈政於顯靈真人，又一一筆削出以俚言，盡一夜之力而成，刊行於世，乃不十年，而亂作。諸子以是無一家及於難者。厥後復以刊梓，皆得科第而去。江陰季子君梅，得是編於孔君處，恐流傳未廣也，再梓之。讀是編者，身體力行，勿負注者梓者之心可。爰記其始末如左。光緒乙酉六月下浣，斗姥宫執法真人筆。昔惠定宇先生簽注感應篇，謂魏晉以前，道家之學，原本聖人。又引玉鈐經言求仙者，必以忠孝友弟仁信爲本。夫天地之正氣，充塞兩間，恃人心之誠以格之。太倉孔君，謹守誠篤士也，館於君梅前輩家，談及覺世真經詳注，前輩欣然索觀，竊擬付梓，以廣流傳。令子鄉梅，因同學病劇，藉補語以卜休咎。有覺世真經，屬君梅早爲傳佈語。次日請補，復有謹守曾刊真經，居停季子，好善極誠，能刻印大好。跋則余爲捉刀可乎？此跋即補筆。當時呈政於顯靈真人。年月日及諸姓名，又歷歷不爽，奇矣！而予謂神靈之氣，昭明肸蚃，惟誠能格。聖經不云乎，洋洋乎如在其上，如在其左右，固有無之異者茲。前輩與楊太常分書付梓，而命懋識其緣此。光緒十一年十月朔日，後學陸懋宗敬書。

金筆軒刊

三 《聖經攷》

述志章第一

帝君曰：吾大漢民，世居解梁。值黄巾亂天下，用兵行至涿郡，偶遇劉張，義聚桃園，約爲兄弟，生死靡貳。吾學春秋，兼習武事，始除黄巾，虎牢戰布，許田射鹿，義不反顧。有志不遂，良用嘆息下邳之困，兄弟離散，君猶是漢，罔敢不臣。曹操奸雄，奏封漢壽，吾奉二嫂，心在故主。感其知遇，許以立效，謂答秦繆，亦如重耳。誅顔及文，急於報曹，以圖遄歸，他非所恤，封金懸印，秉燭達旦，敬慎威儀，匹馬千里，斬將五關，尋戮蔡陽，會於古城，復遘子龍，周倉亦至。昔在隆中，隨訪卧龍，孔明稱吾，逸群絶倫。赤壁之役，迫曹南郡，釋之華容，實踐前言。既督荆州，勸農崇學，赴魯肅會，談笑自若。水淹七軍，生獲龐德，名聞華夏，許昌懾魄。拜前將軍，得假節鉞，西川定鼎，炎德復興。孫權竊據，實爲漢賊，罵使絶婚，志必滅之，時數不逢，平生無補。吾無所長，唯存忠義，扶漢除奸，不知畏避。年幾六旬，有命在天，視我丹心，聽我微言。日在天上，心在人中，爲子盡孝，爲臣盡忠。父嚴母慈，兄友弟恭。夫婦唱隨，朋友有信，鄉鄰以睦，寬恤婢僕。吾言淺近，大益身心，爲士爲官，爲將爲卒，持誦吾言，功名有成；爲農爲商，爲工爲賈，持誦吾言，資業日隆。民有貴賤，嗜欲不異，居家行路，貿易婚姻，患病犯刑，構訟鬥争，山海魑魅，盜賊水火，至誠持誦，諸事咸寧。盡性立命，唯此至誠，明善以存，葆光益算。世人險詐，喪心敗德，焦灼自賊，屍行肉走。赫赫皇天，昭臨在上，善有餘慶，不善餘殃。戲侮吾言，神明戮汝。

鴻濛章第二

鴻濛元始，天地未分，大化佈氣，是生萬物。陰陽絪縕，最貴爲人，陽餘爲男，陰餘爲女。化化生生，乃有倫理，宿命因緣，有善有惡，所作之報，如影逐形。種蘭得香，種粟得糧，因人善惡，禍福不爽。天地一中，五行正氣，大道在人，不可輕棄。保之甚難，失之甚易。若迷不悟，心入邪僻，貪瞋淫殺，永墮囚獄，皆由群生，自作自受。諦聽吾言，免淪凶咎。孝順父母，和睦六親，盡忠秉節，不犯天刑，五體具足，十相端成。

氣數章第三

人秉氣數，乃有斯身，風土不同，禀受自異。清濁既殊，智愚攸分，數係於命，氣禀於天，須學至道，以全其元。愚可以智，濁可以清。諦聽吾言，勿虛汝生。

世道章第四

吾嗟世人，不忠不孝，不敬師長，不睦兄弟，夫婦不諧，朋友不義。不尊天地，不懼神明，不避三光，不重五穀。損人利己，殺生害命，奸淫詐逆，積微成著。諸如此類，神人共棄，先奪其魂，隨殃其軀，舉世昏迷，自謂得計，一旦無常，悲悔何及。諦聽吾言，中有真義。

居處章第五

人之居處，平安爲福，勿奪他人，勿施詐謀。蛇蟲嫁孽，鳥鼠送妖，抛磚打石，驚鷄弄犬，影脅夢逼，踰墻穴隙。鬼神昭鑒，庭户不寧，夜嘯其梁，晝瞰其室，小大惶惑，禍連骨肉，厮役牛馬，亦遭疾厲。諦聽吾言，轉凶爲吉。

配育章第六

世人配育，宜重合婚。三刑六害，隔角交侵，咸池天狗，寡宿孤辰。艱於嗣息，遂至絶倫。不知生時，太乙在門，聖母衛房，司命在庭。或有冤愆，鬼魅禁忌，致於難産，母子俱廢。諦聽吾言，善念天理，光明正大，螽斯可賦，子孫振振，有慶無虞。

修建章第七

世人修建，不識陰陽，九壘七煞，犯之必傷。太歲將軍，鶴神太白，金神劍鋒，九良七煞，黄旙豹尾，飛廉刀砧，主家眷屬，一切鬼神，若值興工，有一不戒，病疚喪亡，官符横害。諦聽吾言，修德作善，百神呵護，永世昌大。

雨暘章第八

天有雨暘，時有豐荒，雨澤愆期，亢旱爲殃。祝融煽禍，赤鼠遊城，海若失經，魚鱉不寧，天災流行，世所常有。諦聽吾言，修德以俟。

遊行章第九

軍戎遊行，國之大事，出師對壘，須識風雲。矢心忠義，鬼神呵衛，盜賊騁奸，風波係纍。深山邃谷，虎狼出入，大海長江，蛟龍窟宅。幽枉有魂，劫數有會。諦聽吾言，正直無悔。

符訟章第十

人有符訟，亦命所值，天地年月，日主時刻，赤口白舌，皆有神司。出入舉動，須知避忌，朝有擊聒，夜有煎撈。面是背非，雀鼠生憂，怨詈詛咒，獄訟繁興，謗讟詆訴，刑憲具存。諦聽吾言，自反其心，作好作惡，皆已不仁。

疾病章第十一

人有疾病，積久弗瘳，沉卧枕席，其故何由？一心不明，五神無主，三生有劫，四大不舉。平日觸犯，古聖先賢，廟社靈壇，井竈第宅，起居不浄，供養不誠，冥魂冤枉，牽纏詛盟，前生結釁，怨毒交攻。諦聽吾言，誠心懺悔，善氣來迎，立超苦趣。

命運章第十二

人之命運，萬有不齊，富貴貧賤，各安其分。五行奇蹇，九曜更變，年逢刑衝，運或克戰。孤辰寡宿，羊刃劍鋒，禄逢於敗，馬落於空。動用凶危，行藏坎壈，何以禳御，自省其身。諦聽吾言，順守不忒。

攝生章第十三

人之攝生，須明道要。能屏衆欲，永除諸害。外想不入，内想不出，五臟清涼，六腑調泰。引炁太和，注潤丹元，仍節飲食，法藥保延。諦聽吾言，以永無愆。

瘟瘵章第十四

天地瘟疫，二十有五；天地蠱毒，二十有四；癆瘵之疾，三十有六。遭此大患，厥有其故。其故伊何？伏屍故氣，感召傳染，冢訟墓注。諦聽吾言，清心告天，上通三界，下徹九泉。追薦魂爽，超度祖先，藥餌期效，治在心田。

太樸章第十五

太樸既散，仁義乃興，禮樂爰作，奸邪斯行。六義既失，四民有争，上不寬恕，下不忠貞。全家疾病，死亡横生，消耗財物，纍罹官刑，性命枉逝，災害相仍，穢雜交染，骨肉伶仃。如此世人，焉致和平？諦聽吾言，敦叙五倫，從謙從厚，必信必誠，守法守分，勿貪勿競，災消禍滅，百福駢臻。

欲界章第十六

吾觀欲界，群生無情，作多惡業，全無悔心。綱維圮裂，大數自傾，兵火四起，玉石俱焚，凶荒洪水，苛政煩刑，生意滅絶，人道將窮。極諸苦惱，何由離脱？諦聽吾言，毋自放逸，忠孝仁義，服膺弗失。一切善惡，皆由心造。爲善福生，爲惡禍報。

生人章第十七

人之始生，受命於天。東斗主算，西斗記名，北斗落死，南斗上生，中斗大魁，總鑒衆靈。青帝護魂，白帝持魄，赤帝養氣，黑帝通血，黄帝中主，萬神無越。億劫混沌，幽冥形影，玉帝攝氣，靈風聚烟。千和萬合，自然成真，真中有神，長生大君。諦聽吾言，珍愛汝生。

業報章第十八

世之業報，因何而成？刻薄一心，雜亂五情。更生疑惑，所爲昏昧。倚恃邪行，背真就僞。不義不仁，不忠不孝，違逆天地，欺君伐國，奸妄肆侵，殘虐百姓，殺戮群生，戕賊物命。造諸罪惡，冤對無邊，動見患難，災禍横集。人之行事，鬼神鑒臨。因汝罪釁，加汝陰刑，愚蠢不知，猶是妄行。諦聽吾言，安分養生，無貪無詐，無盗無淫。存心修己，夙夜以寧，念念弗失，福汝終身。

附 經序

明兵部尚書蒲州楊博敬識

關聖忠義經，十八章皆帝自制也。晉陳壽演俗通義，似近鄙褻。茲宋學士孫奭編述，南渡中丞張守訂梓，相傳五百餘年，世人亦不知有是經也。維帝忠義昭宇宙，功烈垂史册，祠祀遍天下。黄髮稚齒，極海窮邊，靡不崇重，而帝之隨在著靈，威英顯赫，千載一日。博幸生同帝鄉，藉蔭庇久。嘉靖丙辰，巡撫荆楚。荆故帝保障也，迄今家至户聯，頂禮如在。比還省，辭楚王殿下。王詢帝故里事，復出忠義經示博，拜賜踴躍，若帝陟降也。歸舟檢閲，後先紊叙簡編，遺逸字畫，錯亂差訛。遂爲校訂重録，匯成一帙，携之京師，繼役關中，未遑鋟梓。適都督劉顯，移兵守川廣，因以貽之，俾刻荒鎮，以作士氣，以風忠義，且播之天下，使瞻奉者有所持誦，則儆云。

附　經注

鬱世燮驤雲

述志章第一

此帝君自述生平以示人。自始至終，無非忠義也。忠義解有二義。以統會而言，則四端萬善，無不實盡其心，謂之忠；無不各適其宜，謂之義。以專舉而言，則盡道事君謂之忠；忘身爲國謂之義。二字已該盡帝君生平。至於忠義之原則，又在於至誠。帝君秉天地之正氣，紹洙泗之淵源。故至聖一貫之旨曰忠恕，亞聖幾希之統曰仁義。今帝君以忠義身心力行，上承一貫之忠，下繼幾希之義，合爲忠義，體春秋以維持世道，要非至誠，何能如是。觀後歸本至誠，可見章内事實詳釋圖考，其曰有志不遂，良用太息。又曰時數不逢，生平無補，此皆聖人不自足之心忠義矢於中曰丹心，見諸訓曰微言，世人誠能存心忠義，則君親、臣子、兄弟、夫婦、友朋以及待人接下，各盡其道，倫紀修而風俗醇，其用有不可勝言者。是故上而公卿大夫，下而士農工賈，皆當身體是訓，而功名資業，不待冀幸而有成，災難憂危，可以消弭於未至，聖門以盡性立命，稱至誠以明善，示存誠之功。帝君益以葆光一言，殆亦至誠悠久之意，非有異義也。末慨世人忠義不存，喪心敗德，惕以禍福之幾，責以力行之實，其反覆戒勉，可謂深切著明矣。

鴻蒙章第二

此言生物之始，惟人爲貴，大道在人，莫如倫理。有子曰孝弟也者，其爲仁之本，與孟子曰人人親其親，長其長，而天下平。蓋言天賦人以形，即賦人以理，而理之得其最先者，良知良能是也，本此而擴充之，則仁民愛物，俱本於此。上章勉人之意已盡，此章推原倫理，而獨及孝順、和睦、忠節，蓋舉重以概其餘也。人之善惡，從倫理而見；天之禍福，因善惡而施，非故爲果報之説。易曰，積善之家，必有餘慶，積不善之家，必有餘殃。然則人受天地之中，稟五行之理，而可敗常亂紀，任大道之失而勿保乎？鴻蒙，混沌未開之貌；元始，太極混元之始；絪緼，陰陽交密之狀。五體具足，十相端成，即盡性踐形之謂。以下各章，總見人之可貴，其要不過修身盡倫，皆蒙此章之義，以申首章之訓。

氣數章第三

此因人之秉質不同，多以氣數自諉者，故教以變化之功，不可自外於大道也。二氣有剛柔之異，五方有風土之殊，人稟氣數以生，寧無清濁智愚之別，然而補偏救弊，原俟乎人，此聖人有勞來匡直之訓，詩書禮樂之教也。氣數之大在天，如水旱疾疫之類，君相可行而挽回；氣數之小在人，如庸凡愚昧之資，學問可得而轉移。至道即大道，修身立命，盡倫盡性，皆本乎人。苟因循怠惰，自甘暴棄，則愚益其愚，濁益其濁，徒虚此生，可不惜哉！

世道章第四

此慨世道之不古，皆由倫紀不修，人心悖戾之故。故又備列示人，見不可一事苟忽。蓋人畢生所接，不過君親、師長、兄弟、夫婦、朋友，若隨其所在而能各盡其道，則彝倫攸叙矣。更能俯仰動静，日用飲食，皆知顧畏，且又恕以待人，慈以及物，奸淫勿事，詐逆勿萌，如此則動罔不臧，終身獲福。漸摩成俗，世道自隆，人多反此，而行毋怪乎？風俗日偷而夭札日盛，誦帝君之訓，可以惕然思返矣！

居處章第五

此即居處之一端，戒人循分守己意。損人益己人情類，然此念不懲，則大而富貴利達，小而服食起居，或以勢奪，或以術謀，顯則結怨於衆，幽則激怒於神，未有能保其所有者。故人於居處，止取容身。貪求者每爲廣基業、長子孫計，巧取巧營，彼自喜其術之工，不知災侵、妖孽種種譴責，雜沓而至，身敗而家傾，其禍尤蔓延無已也。觀此而凡損人益己之事，有不可一端苟爲者矣。

配育章第六

此言配育，即人倫中夫婦、父子兩端，蓋就人所最切者，引之以善念天理也。夫家室永宜，嗣續綿遠，誰不深願，而往往不可得者，何也？天理不存故也。天理者何？事親孝，事君忠，居仁由義而已。蓋刑害侵尅，固云有命；神鬼吉凶，宜無可避，而善可弭災，德能致福。苟宅心光明，立身正大，則天理常存，舊愆夙冤，俱不得而勝之。此正帝君曲於引人處，弗作配育一二事觀也。咸池、天狗，星之不祥者，太乙、東方神主生，螽斯詩篇名詠，子孫衆多者也。

修建章第七

此言陰陽有禁忌，故修建有趨避，然能修德作善，則陰陽亦不能爲災也。九壘七煞等，皆星辰方向之不利者，修建犯之，殃禍不免。不知天佑善人，出入起居，尤有默相之者，而況修建之重乎？德者善之總稱，善者德之實事，修德作善，不外上章善念、天理、孝弟、仁義之類。

雨暘章第八

此承陰陽而言。水旱見天災流行，亦惟修德可以回之，洪範以人之肅，又哲謀聖，應天之雨暘燠寒風，天人之際，感召不爽。故君相修德，可免災侵於一國；庶士修德，可遠饑饉於一身。雍熙之世，上下和樂，雨暘時若，此其驗也。祝融，南方神，主夏令；海若水神、赤鼠，出火林國，能興火者，取以明旱象也。修德即上章，修德而不言作善，德可以該善也。

遊行章第九

此即帝君之兵法也。帝君委身致主，扶翊漢統，凡盜賊風波，山谷江海，險阻艱難，所歷殆盡，而奇功屢建，可以動天地役鬼神。此無他，忠義之所致也。識風雲三字，已盡兵法之要。聖人好謀而成，孫吳知彼知己，俱不出此。故言人臣爲國家、安社稷、定封疆，斷以忠義爲主。忠以足其智，義以奮其勇，則克敵致果，所向獲效，幽枉劫會，不足爲惑，正直無悔，即秉忠義而不回之意。觀此非特爲詰，戎誠也，敬事後食，大法小廉，乃人臣之誼，則忠義亦何在而不存乎？讀者可類推而深省己。

符訟章第十

此即至聖使無訟之意。夫潛孚默易，其權固操自上，而安分守己，其俗亦有待於下。後世人心險詐，健訟滋繁，致於破家傾業，往往委之於命，故帝君即與言命，見亦有可以避忌之理也。避忌之理維何？即孟子所謂横逆不較，仁禮自反而已。蓋訟之不息，由於俗之不讓，俗之不讓，由於心之不仁。此章專以不仁爲戒，能仁則必有禮也。赤口白舌，即朱雀螣蛇，主符訟之神。雀角鼠牙，召南詩篇名。

疾病章第十一

此見人能謹身修行，則疾病自寡。夫人理明則心安，氣静則神清，心不安而神不清，此疾病所由作也。然亦有致於天者，有致於人者。陰陽失正，五行失宜，感之成疾，此致之天者；醫藥碱砭可得而愈也，若獲罪於天地鬼神，不慎於起居動履，罪𠎝叢積，心神瞀亂，致染沉疴，雖禱祀亦無所用，此致之自人者也。故能平日隨事敬慎，迪德省躬，俾善氣迎而沴氣消，則逸樂壽考，可得而必矣。

命運章第十二

此與氣數章相發明。命即氣數之命，運亦氣數之運，似乎無異，然而立言之旨，各有不同，前以生質言氣數，見清濁厚薄，人貴有變化之功，此以貞内言命運見富貴貧賤，又當有順守之理。夫子曰，不知命無以爲君子也。孟子曰，莫非命也，順受其正。均是此意，然則人值命運之窮，豈可不循分而與造物爭乎？九躍，五行之星及四餘是也。羊刃劍鋒，皆生人肢幹所忌者。禄馬，官禄驛馬，星也。坎壈，困頓也。自省其身，而修德作善，則動用行藏，自天佑之，吉無不利，此又立命之學所當知也。

攝生章第十三

以上各章内，俱言教人全身保命意，此又以攝生命篇，蓋就平常日用間示人以調攝之道也。人之戕賊其生，未有不始於欲聲色、貨利之類，一有溺情，則精耗神疲，甚有所嗜不遂而必欲致之，遂輕其生而不顧，是皆昧於攝生者也。惟淡泊寧静，存理遏欲，則心安身逸，可語長生，内想不出，所以絶外誘；外想不入，所以貞内養。太和，天地衝和之氣，丹元，丹田元氣也。欲念息而腑臟皆安，於是慎節飲食，引氣服餌，所爲攝生者備矣。

此帝君好生之德，人不可不深體也。

瘟瘵章第十四

此於疾病中特舉其尤甚者，以示人見，致之有故，當亟思所以拯治也。瘟疫，蠱毒癆瘵，是謂惡疾，犯之者鮮得其生，故明示以感召之由，予以禳救之道，而終之以治在心田。蓋言心田不治，雖徒事禳救，猶恐無益，然則修德作善，其可已乎？此又終上章攝生之意，其愛人益深，儆人益切矣。

太樸章第十五

此反覆申前章世道，欲人返樸之意，敦倫修己待人處事，去薄存忠，前章言之已詳，所以維持世道者，無以加矣。兹復追仁義之初，溯禮樂之原，見得仁義禮樂，先王總爲世道計深且遠，欲留太樸餘意於萬世也。自後風俗漸漓，人心遞降，禮樂崩而仁義失，上虐下欺，視爲常然，上帝弗佑，災疫頻行，獄訟繁興，求古和平之治不可得矣，故欲轉移積習，惟在蕩滌澆凌，敦崇渾樸，五品親遜，謙厚誠信，遵法循分，同歸禮讓，則和氣致祥，而世道之隆，自與三代媲美矣。六義即六行，孝友睦婣任恤是也。

欲界章第十六

此又叮嚀終上章之意，恐人迷而不悟，故再惕以禍福之可畏，冀其速發悔心也。書曰，惟天生民有欲。欲者，情也。情發於性，貴不失其本，若人一經陷溺，則不名欲而名慾，慾熾而失其情，即失其性，並失其統性情之心矣。蓋三綱四維，天經地義，之所在，苟失其本心，而爲臣不忠，爲子不孝，棄仁悖義，俗不長厚，則生意滅而人道窮，凶荒疾疫之災，有不一而足者。人何不爲善去惡，速生悔心，毋自沉於欲界也哉。

生人章第十七

此復言人生受命於天，賦畀良厚，而人不可不自愛其生，以答天意也。萃五行之秀，參三才之貴，以有此生，氣得其清，性得其靈，百神爲之擁衛，大化爲之覆育，苟不自珍愛，敗壞五常，毀滅道德，極情縱欲，以取罪戾，則天雖甚愛之，亦不能爲爾佑也。欲求永世者，宜深省之。此章約總申鴻蒙以下十六章之義。

業報章第十八

此與世道太樸二章同義。提出心字，戒以刻薄，儆以業報，總欲扶世道還太樸，又前十七章之結穴也。夫直情正行，仁義忠孝，仰不愧天，俯不怍人，愛民惜物，乃人道之常。體此而行之，未有不獲福者，不過其心之忠厚也。苟以刻薄亂其情，則事皆悖謬，災害並至，因其罪之大小，予以報之輕重，有纖悉不爽者。至於貪詐盜淫，尤人所易犯，故經重誡之。人果存心修己，毋從刻薄，動静云爲時若天地鬼神臨之在上，質之在旁，則福生禍遠，上可造至聖賢，下可蔭及子孫。帝君前後千言，反覆於天道之福善禍淫，惓惓於人事之徵休徵咎，其道易明，其教易行，其統原於孔孟，其理本於詩書，晰之則孝弟、忠信、仁義、禮智，無一不具，約之則惟在忠義，而其要祇不外一心，每章望人爲善去惡，有加無已受持者，其身體而力行焉可矣。

聖經十八篇中，大約以忠孝修身立命之事，諄諄垂誡世人，皆本乎宣聖作春秋之旨。與臣言忠，與子言孝，相爲表裏。今又得郁子驤雲注疏，體悉聖意，詳節分明，發人之未發，誠輔翼六經之大觀也。

注：見光緒丁亥（光緒十三年，1887 年）泉州府晉江縣教諭江葆熙摹刻《關聖帝君聖跡圖志全集》卷之二，《聖經考》。

四　《覺世真經》

敬天地，禮神明。奉祖先，孝雙親，守王法，重師尊。愛兄弟，信友朋。睦宗族，和鄉鄰。別夫婦，教子孫。時行方便，廣積陰功。救難濟急，恤孤憐貧。創修廟宇，印造經文。舍藥施茶，戒殺放生。造橋修路，矜寡拔困。重粟惜福，排難解紛，捐資成美，垂訓教人，冤仇解釋，斗秤公平。親近有德，遠避凶人。隱惡揚善，利物救民。回心向道，改過自新。滿腔仁慈，惡念不存。一切善事，信心奉行。

人雖不見，神已早聞。加福增壽，添子益孫。災消病減，禍患不侵。人物咸亨，吉星照臨。若存惡心，不行善事，淫人妻女，破人婚姻，壞人名節，妒人技能，謀人財產，唆人爭訟，損人利己，肥家潤身，恨天怨地，罵雨呵風，謗聖毀賢，滅像欺神，宰殺牛犬，穢溺字紙，恃勢辱善，倚富壓貧，離人骨肉，間人弟兄，不信正道，姦盗邪淫，好尚奢詐，不重儉勤，輕棄五穀，不報有恩，瞞心昧己，大斗小秤，假立邪教，引誘愚人，託説昇天，斂物行淫，明瞞暗騙，横言曲語，白日咒詛，背地謀害，不存天理，不順人心，不信報應，引人作惡，不修片善。行諸惡事，官詞口舌，水火盗賊，惡毒瘟疫，生敗産蠢，殺身亡家，男盗女娼，近報在身，遠報子孫，神明鑒察，毫髮不紊。善惡兩途，禍福攸分。行善福報，作惡禍臨，我作斯語，願人奉行。言雖淺近，大益身心。戲侮吾言，斬首分形。有能持誦，消凶聚慶，求子得子，求壽得壽，富貴功名，皆能有成，凡有所祈，如意而獲。萬禍雪消，百福駢臻，千祥雲集，諸如此福，惟善可致。吾本無私，惟佑善人。衆善奉行，毋怠厥志。

垂訓：做好人，説好話，讀好書，行好事。

道光二十年庚子（1840 年）二月下浣同安蘇廷玉書。

壬寅重九男士準刻石藏於通淮古廟以廣聖訓而垂久遠云。

温陵石室居摹鎸

注：石刻砌於三義廟東壁。

卷七

祀典

一 ［道光］《晉江縣志·祀典志·關聖之祭》

（道光十年,1830年）

祭 祀

關聖之祭

每歲頒行祭費銀貳拾肆兩正，於春秋二仲月吉日及五月十三日致祭。帛一，白色。白瓷爵三、登一，鉶二、簠二、籩十、豆十、牛一、羊一、豕一、酒樽一，行三跪九叩禮。

祝 文

維

帝浩氣凌霄，丹心貫日。扶正統而彰信義，威震九州；完大節以篤忠貞，名高三國。

神明如在，遍祠宇於寰區；靈應丕昭，薦馨香於歷代。屢徵異跡，顯佑群生。恭值嘉辰，遵行祀典，筵陳籩豆，几奠牲醪。尚

饗

雍正五年，敕封神曾祖光昭公、祖裕昌公、父成忠公，增設神牌，奉行附祀於右殿之后，同日致祭。

祝 文

維

公正澤貽庥，靈源積慶，德能昌後，篤生神武之英；善則歸親，宜享尊崇之報。列上公之封爵，錫命優隆；合三世以肇禋，典章明備。恭逢諏吉，祇事薦馨。尚

饗

注：見［道光］《晉江縣志》卷十五，祀典志，關聖之祭。福建人民出版社，1990 年出版。

二 《關岳祀典》

（民國三年,1914 年）

（民國三年，1914 年春祭頒定。民國三十一年十月，1942 年 10 月本廟重鐫）

中華民國
辛巳秋祭重鐫
板藏本廟

關岳祀典

步驟
呪諡
附後

許宗嶽敬署

郡縣之有武廟，沿自有清，春秋戊祭，崇奉　關侯，以配　至聖大成先師孔子，典至鉅也。辛亥革命，國體變更。三年甲寅，大總統以國基奠定，聿修祀典，廢者復之，缺者舉之，布告天下立廟，祀　關壯繆侯羽、岳忠武王飛。廟東廡張公飛、王公濬、韓公擒虎、李公靖、蘇公定芳、郭公子儀、曹公彬、韓公世忠、徐公達、馮公勝、元旭烈兀、戚公繼光；西廡趙公雲、謝公玄、賀公若弼、尉遲公敬德、李公光弼、王公彦章、狄公青、劉公錡、部、公侃、常公遇春、藍公玉、周公遇吉從祀焉。夫文固足来遠而不足戡亂，涿鹿之戰，在疏佗十紀，征誅之局，非始于成湯也。仁義道德，國之四維。而黷武窮兵，未有不旋踵覆。然外憂內患，何代蔑有。欲通國皆兵，人知效死，不有慈惠政治，無以浹民之心；不有武毅精神，無以作民之氣。若既變洊至，倉卒號召，驅不教之民，隸于行伍，詎戰勝攻克，長治久安之道耶？國家有見及此，以崇拜英雄之意，寓整齊民治之心，立其規模，以示矜式。此　關岳二公之祀所由來也。我泉武廟，舊在郡北。春秋二祭，迺從事于通淮者，神之所相，民望之所歸也。茲廟董以募刋祀典備攷，全書既成，屬山一言弁其端。山嘗入廟與祭，見夫簠、簋、籩、豆，鐘、磬、笙、鏞，制度休明，聲容美備，穆然深念，有不圖今日復見之思。退而思，　闗岳二公，當蜀之偏安，宋之南渡，天命雖不祚，劉、趙江流不轉，痛飲無期，而氣薄風雷，心懸日月，足以動百世下之興起，執干戈、衛社稷，補當年缺陷未達之功業，收今日破碎不完之河山。關岳二公，在天之靈，應為一慟。是又懷古蒼茫，臨文不勝無窮之感者矣！是為序。

蘇大山敬撰

曾遒敬書

注：見蘇大山《關岳祀典備攷》。又見《晉江文獻叢刊》乙部，“晉江私乘人物列傳稿”，第70頁。民國卅五年二月出版。再見何世銘《温陵近代詩鈔》第113—114頁。

作者簡介

蘇大山，字君藻，號蓀浦，清末至民國初泉州城裏南門胭脂巷“祖間蘇”人。貢生出身，不求仕進，而篤於學問。早年壯遊燕、趙、齊、魯、吳、越及臺澎。返泉州任藤花館西賓。後值厦門菽莊開東閣延攬詩人，先生入幕，主盟壇場。菽莊西遊瑞士，先生乃回泉州杜門著述。享年八十餘。是泉州近現代開明愛國士紳、詩人、文史學者和藏書家。熱心地方文化教育、宗教等公益事業，與曾遒合創《晉江文獻叢刊》(民國卅五年二月)，譔寫泉州《通淮關岳祀典備攷》(事略)(民國卅一年)。著有《紅蘭館詩鈔》八卷，輯録《温陵詩征》(未刊，“文化大革命”中被毁)，著有《晉江私乘人物列傳》(未刊，“文化大革命”被毁)。

他為學態度嚴謹，在《晉江文獻叢刊》(第一輯)的《附晉江私乘人物列傳目録》後的啓事云：“山老而荒於學，私乘之作，非敢僭也！鑒於辛亥國體更後，政治學術，因革損益，有自然之遷變。當此絶續之交，文獻之遺留久而益難徵。吾邑元志，自乾隆三十年後，不有繼作。迄二百年矣，及今而無所述，異日更何從徵信？念此懼然，引為後死之責。願我邑人士，於鄉先生正之動德言行，有為省、府、縣志所未詳；及自乾隆以來，如傳志行述，暨私家著作文字，或抄從譜牒，或搜諸記載，詳録見眙，以資編輯。區區之心，是所原望。此次人物列傳但編至清末而止。入民國後，論定則諸後賢。……如承賜稿件，請交晉江縣城内胭脂巷祖間内門牌十一號，或從晉江縣文獻委員會轉可也!”

他參加温陵弢社，執教昭昧國學。新中國成立後，幾度婉辭人民代表，其家藏圖書全部捐獻給泉州市圖書館及文博部門，貢獻甚大。

關岳祀典目錄

司樂　藻耀林高翔編定
司舞　亦昌曾爾增
劍舟李鼎元　仝參校

甲卷

乙卷

關岳廟祀典中華民國三年春祭頒定禮節樂章　崇奉

殿內正位，左奉

關壯繆侯，右奉

岳忠武王，均南嚮，兩序奉

歷代忠武將士

張飛　王濬　韓擒虎　李靖　蘇定方　郭子儀

曹彬　徐達　韓世忠　馮勝　旭列兀　戚繼光

左列十二位，均東位西嚮

趙雲　謝玄　賀若弼　尉遲敬德　李光弼　王彥章

狄青　劉錡　郭侃　常遇春　藍玉　周遇吉

右列十二位，均西位東嚮

歲均以春秋分節氣後第一戊日，遣副總統或參謀總長陸海軍總長一人，將事特行。 崇典則 大總統親詣行禮。祭前一日齋戒日昧爽。凡執事官均由內務部酌派潔蠲。殿內外藉以稷薦拂拭 神座帳幄，次於廟門內階下之左南嚮。殿上正位籩豆案二，其前香案二， 前統設俎一，皆南嚮。東序一龕西嚮，西序一龕東嚮。籩豆案各四，統設俎香案東西各一，殿中少東祝案一北嚮。東尊棹一，接棹一，西尊棹一，接棹一。裖棹一均北嚮。正位神龕旁饌棹東西各一南嚮。東序從祀位十二籩豆，分三案，每案四位，統設俎香案各一，均西嚮，西序從祀位十二籩豆，分三案每案四位，統設俎香案各一均東嚮。兩旁各設饌棹一東西嚮，凡棹案均施紅緞棹衣立瘞坎於 神位西北。

石拱張

供張既備，執事官大禮服，敬書祝版用白紙墨，潔室安奉，遂詣宰牲所眚牲眡宰。宰人以鸞刀割牲，遂戒具視滌濯辨籩豆簠簋之實，以次展於饌所。

右書視版眡割戒具

將上之夕，夜半執事官率屬人具器陳設。正位籩豆案上各爵墊一，其前各登一實以太羹，鉶二實以和羹，簠二實以稻粱，簋二實以黍稷，籩十實以形鹽、薧魚、棗、栗、榛、菱、芡、鹿脯、白餅、黑餅，豆十實以韭菹、醓醢、菁菹、鹿醢、芹菹、兔醢、笋菹、魚醢、脾析、豚拍，統設俎實以牛一、羊一、豕一，香案上鑪一、燭臺二。兩序從祀位每案爵墊一、爵三，實以酒，鉶一實以和羹，簠一實以黍，簋一實以稷，籩四實以形鹽、棗、栗、鹿脯，豆四實以菁菹、鹿醢、芹菹、兔醢，登二東西統設，俎各實羊一、豕一，香案上各設爵墊一、鑪一、燭臺一，帛二、尊二，皆正位。東序位各一爵六皆正位，米序位各三，設東尊棹，接棹上帛二、尊二，皆正位，西序位各一爵三，西序位設西尊接棹上冪勺具簋器一實以裖設裖棹上凡帛皆白色，設洗於幄次之外。司樂設樂懸於殿外，階上鎛鐘一，特磬一，編鐘十有六，編磬十有六，歌鐘十有六，歌磬十有六，琴六，瑟四，排簫二，管二，洞簫四，龍笛四，笙四。塤二，建鼓一，應鼓一，鼗鼓二，搏拊二，鞞鼓二，柷一，敔一，初獻干戚三十有六，亞終獻籥翟三十有六，麾二，節二，木鐸一，相鼓一，鏞鐘一，蘉鼓一，引導三十有五，東西分配如儀。

右陳設

陳設畢，執事官引內務部次長一人，入廟周省盥盛及籩豆登鉶之實如儀。

右省盥

辨行禮位殿門外正中為　大總統拜位北嚮，階下左右為分獻官拜位，南為陪祭官拜位，簡任文官，陸海軍上等官佐在前，薦任文官。陸海軍中等官佐在後，皆北嚮。重行異等。東位西上，西位東上。凡分獻官及陪祭官之特任簡任文官。陸海軍上等官佐。均先期由政事堂統率辦事處開單，呈請 大總統選派。薦任文官。陸海軍中等官佐。均由政事堂統率辦事處及各府部院、軍營、師、處、旗長官。選派各二人。辦事位殿上司祝一人。立祝案東西嚮。鳴贊一人。司帛二人。司爵二人，皆正位。從祀官各一。接禮一人立東案之東西嚮。司帛二人，司祝二人亦正位。從祀位各一。司禮一人立西案之西東嚮。侍儀。內務總長。陸軍總長、海軍總長、禮官、平政院院長、肅政廳都肅政史、統率辦事處總務廳廳長、內史長分立東西案之南，東西嚮對引。侍從武官各二人，分立 大總統拜位，左右對引在前，侍從武官在後，均北嚮。遣官則不設侍儀。及侍從武官位。典儀一人，立殿左門外西嚮鳴贊一人。立殿右門外東嚮。其南司樂一人，及樂工、歌工、舞佾分立樂懸之次。階下分贊二人，分立於分獻左右、糾儀、肅政史二人、傳贊二人分立於陪祭各官拜位之北。皆東西嚮。司瘞一人。率瘞人立瘞坎之隅。

是日昧爽，陪祭各官豫集恭俟　大總統戎衣至，由廟中門入，下騎或降輿。對引二人導至幄次，禮官一人，侍從武官二人，從大總統具祭服。侍從官奉盥奉帨巾盥畢。司祝板進　大總統恭閱署名，司祝進奉於祝案。

右就次盥洗閱板

鼉鼓初嚴，與儀贊執事官就位，執事官各就位。再嚴，然燭焚香。三嚴禮官請　大總統行禮。　大總統出幄次，侍從武官隨侍。凡升階進殿，均隨侍。其餘衛侍均至階下止立。對引導　大總統入中門升中階就位北嚮立。禮官進立殿左西嚮，分贊引各獻官，傳贊引陪祭各官，均於階下就位北嚮序立。典儀贊樂舞生就位，執事官各司其事，陪祭官各就位。典儀贊迎神，贊者承傳以下，凡典儀有詞贊者皆承傳。司樂舉麾贊迎神，樂奏建和之章，樂作鳴贊，贊再拜。　大總統再拜，傳贊贊衆官皆拜，衆官在位者再拜，司樂偃麾唱樂止。右迎神

典儀贊奠帛爵行初獻禮，司帛爵奉帛籩揭幂勺挹酒實爵以進。司樂舉麾贊初獻，樂奏安和之章。樂作司舞揚節舞安和之舞。舞作鳴贊贊詣奠帛獻爵位。對引導　大總統進中門。凡　大總統進出均由殿中門下。同遣官則由左門。先詣　關壯繆侯位前正立。鳴贊，贊獻帛。司帛進篚，　大總統受篚拱舉，司帛奠於案正中。贊獻爵，司爵進爵　大總統受爵拱舉。司爵奠於

墊中退。次詣　岳忠武王位前正立，奠帛獻爵儀同，贊復位。
對引導　大總統仍由殿中門出，復拜位立。兩序司帛爵各奉
篚實爵進至東西位前立。分獻官各就前受帛爵拱舉。司帛爵
奠於案上，退。司祝就祝案前立。鳴贊，贊詣讀祝位正立。樂暫止。
典儀贊讀祝，司祝捧祝立。　大總統右。開讀，讀訖。　大總統拱
舉，司祝捧祝板安於篚，足。樂復鳴。贊，贊復位。對引導　大總統
復拜位立。司舞抑節，唱舞止，司樂偃麾，唱樂止。右初獻讀祝
典儀贊行亞獻禮，司樂舉麾，贊亞獻。樂奏靖和之章，樂作。司舞揚
節舞靖和之舞，舞作。司爵分詣　關侯　岳王位前拱舉，各
奠於左右，退。兩序隨分獻如初獻儀同。司舞抑節，唱舞止。司樂偃麾，唱樂止。右亞獻
典儀贊行終獻禮，司樂舉麾，贊終獻。樂奏康和之章，樂作。司舞揚
節舞康和之舞，舞作。司爵分詣　關侯　岳王位前拱舉，各

奠於左右，退。两序隨分献，如亞献儀。同司舞抑節，司樂偃麾，唱舞止、樂止。右終献

大典儀進至殿東西嚮立。贊祳，退。鳴贊，贊詣受祳位。對引導　大總統進殿，詣受祳位正立。司祳官就西案執祳祇立　大總統之左，接祳官祇立於鳴贊，贊受。　大總統受祳拱舉。授右官賜於軍吏，祭畢。由內務部送祭肉於統率辦事處，分須在事諸軍吏。贊復位。贊引導　大總統復拜位立。鳴贊，贊再拜。　大總統再拜，傳贊贊衆官皆拜，衆官皆再拜。右受祳

典儀贊徹饌，司樂舉麾，贊徹饌。樂奏蹈和之章，樂作，司爵進徹籩豆，各一少移故處，退。司樂偃麾，唱樂止。右徹饌

典儀贊送神，司樂舉麾，贊送神，樂奏揚和之章。樂作。鳴贊，贊再拜。大總統再拜，傳贊贊衆官皆拜。衆官皆再拜。司樂偃麾唱樂止。　典儀贊奉祝帛送瘞。司祝、司帛、司爵進捧祝帛徹饌，以次序恭送瘞

所。大總統轉立拜位旁西嚮。進官則避立西旁，候祝帛焚過復位。兩序帛饌均隨送瘞。分贊引献官退。傳贊引陪祭各官退立拜位，東西旁，樂復作，樂章與上並為一闋。典儀贊，禮成，禮官導 大總統入幄次。樂止。禮畢退班。更戎衣，及衆官皆歸。右送神

另頒各地方關岳廟祭禮

歲均以春秋分節氣後第一戊日，由該地方行政長官，省以巡按使，將軍，駐在地則以將軍，道以道尹，縣以縣知事，特派行政區域則以道尹，或辨事長官，親詣敬祭。有故則以屬代。兩序分献，亦各以其屬在該地方各軍官，警官。及兼有軍警職者，各文武一律與祭，其餘將軍同城之巡按使，及與巡按使同城之道尹，道尹同城之縣知事，不另致祭。祭之日陳設祭品行禮儀節，均與京師遣祭禮同。

另頒各地方關岳廟祝文

維

中華民國　年　月　日　官　名敬祭於

關壯繆侯

岳忠武王曰。維　神武功彪炳，偉烈昭垂。建大節於千秋，振英風於六合。忠誠正直，麗河嶽而長留，智仁勇功，與日月而並燿。潔馨香而合祀，德量同符，肅俎豆以明禋，心源如接。惟祈歆享，克鑒精誠。尚

饗

通讚儀式。凡欲研究，宜選中年人才，有丹田者，兼學步驟，係關全部禮樂之綱領，務當謹慎，切勿失儀。

禮樂既齊，站立東階，候讚引，請各長官至。唱：典儀官就位，贊獻官就位，分獻官就位，正獻官就位，執事者各司其事

樂舞生就位，候走班鼓打完唱迎神先向外轉身向內候樂作一句唱鞠躬，再鞠躬，三鞠躬。候殿內樂止唱奠帛行初獻禮三字向外三字轉身向內候獻帛爵讀祝畢唱鞠躬，再鞠躬，三鞠躬。候正獻官復位唱行分獻禮，向外候樂止唱行亞獻禮，二字向外二字轉身向內候正獻官復位唱行分獻禮向外候樂止唱行終獻禮。步驟與亞獻仝唱行分獻禮向外候樂止唱受胙，候正獻官受胙完唱鞠躬，再鞠躬，候正獻官復位唱撤饌，候樂止唱送神，步驟與迎神仝唱鞠躬，再鞠躬三鞠躬，候樂止唱讀祝者捧祝，司帛者捧帛，各詣瘞位候祝帛捧至瘞位唱望燎，候祝帛焚完唱復位，又唱禮畢退班

樂舞生退班，禮畢。

贊引儀式。凡欲研究須選中年有丹田者人才先學步驟行走為要切宜關心不可失儀

關於禮樂既齊邀仝副引請各長官至站立西階候通讚唱行奠帛初獻禮接唱請行奠帛初獻禮　詣盥洗所，盥手，詣酒樽位，　詣　關壯繆侯位前，鞠躬，奠帛，獻爵，鞠躬，詣　岳忠武王位前，鞠躬，奠帛，獻爵，鞠躬。詣讀祝位，開讀。候讀畢副引唱復位，候通讚唱行亞獻禮唱請行亞獻禮。詣酒樽位。詣　關壯繆侯位前，鞠躬獻爵，鞠躬，詣　岳忠武王位前，鞠躬，獻爵，鞠躬副引唱復位，候通讚唱行終獻禮唱請行終獻禮。詣酒樽位詣　關壯繆侯位前，鞠躬，獻爵，鞠躬，詣　岳忠武王位前，鞠躬，獻爵，鞠躬，副引唱復位。候通讚唱受胙接唱請行受胙禮，候完唱　鞠躬，再鞠躬，副引唱復位。至拜位禮畢立候退。

分獻唱詣東西序忠武將士位前，三獻禮，與正殿仝。無讀祝

禮器圖說見下

雲雷尊 象尊 犧尊 大尊 壺尊 著尊 山尊
冪巾 勺 尊案、爵 簠 簋 籩 豆 籩巾 登
鉶 俎 篚 祝版 祝案 香爐 香盒 燭架 鼎
罍 洗 盥盆 帨巾 燭龍

祭物 脩治見下

太羹 和羹 黍 稷 [illegible] 粱 形鹽 薧魚 棗
栗 榛 菱 芡 鹿脯 白餅 黑餅 韭菹 菁菹
芹菹 笋菹 醓醢 鹿醢 兔醢 魚醢 脾析
豚胉 牛 豕 羊 帛 酒 燭 香

禮器圖說

雲雷尊

商尊也範金為之紐以螭首腹畫雲雷回旋之狀有合于神降自天之意有盖用貯初獻酒。

象尊

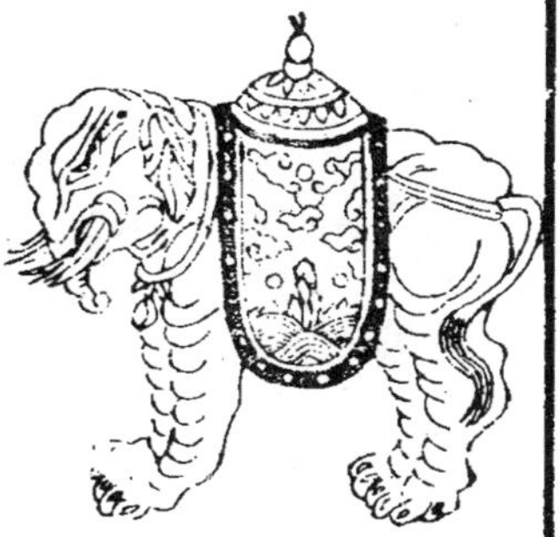

周尊也範金為之取形于象獣大而有德者莫如象象者像也所以象大德也穴背受酒一覆以盖用貯亞献酒

犧尊

大尊

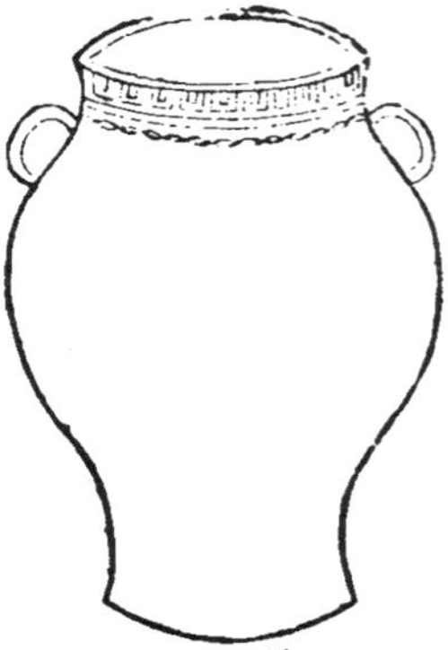

周尊也。魯頌云：犧尊將將，取犧牲享食之義。周以農事開國，之尊取全牛，象以享之，不忘本也。範金爲之，穴背受酒，覆以蓋，蓋有紐，用貯終獻酒。

瓦器，有虞氏之尊。大從泰，足平而康，故謂之泰。其制頗大，亦謂之大尊。兩腹有鈕，純素無文，貴本尚質也。以盛汎齊。

壺尊

著尊

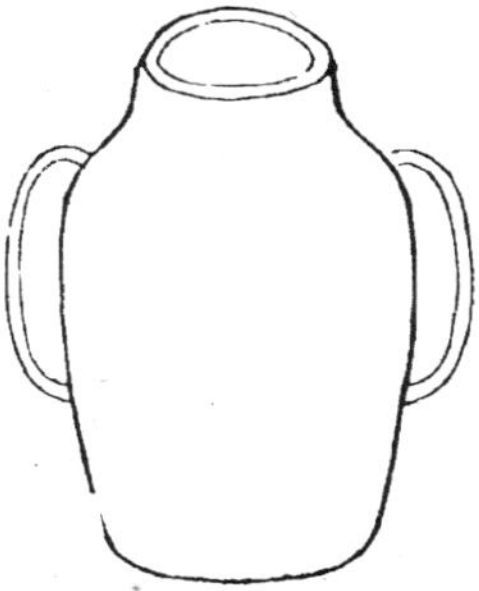

周尊酌獻用之禮器註云上尊曰彝中尊曰卣下尊曰壺故爲副式之器範金爲之作壺形脰餙饕餮腹著風雲示有節止又明施澤及時

商尊也範金爲之明堂位云商尊曰著爲著地而無足有顯著之義其制如雲雷尊質素無文酌獻用之

山尊

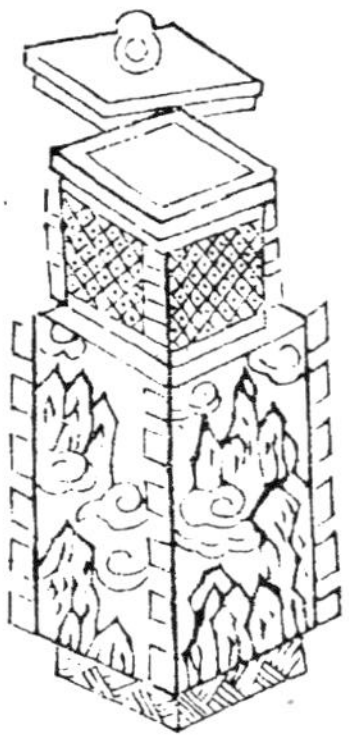

冪巾

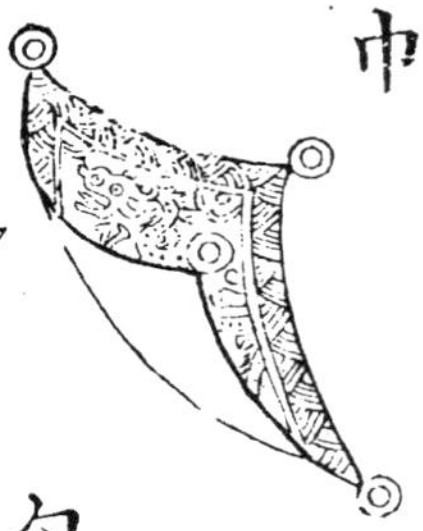

勺

夏后氏之尊範金為之高聳而稜方刻鏤山雲有蓋以盛醴齊

尊皆有覆以絺帛為之中畫雲龍四邊畫香草廻文四角綴以金錢便於覆尊勺所以酌酒也

夏龍勺商疏勺周蒲勺今刻龍首夏制也

尊案

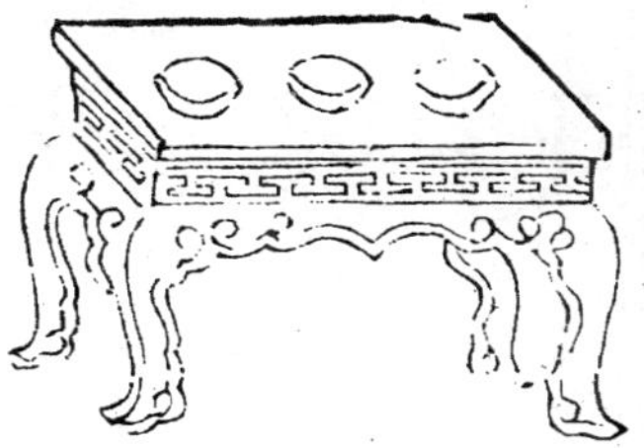

闕通志云尊案高二尺七寸廣一尺五寸長五尺案上剜孔三下承以木板朱髹置丹墀以閣酒尊

爵

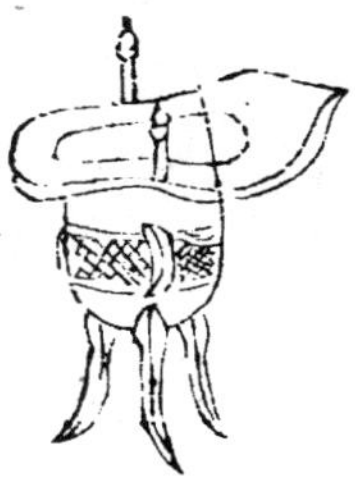

明堂位曰夏以棧商以斝周以爵太常爵製兩柱三足雙耳侈口範金為之象爵形體禽小者名爵大者名爝其義取小者為貴戒貪飲也

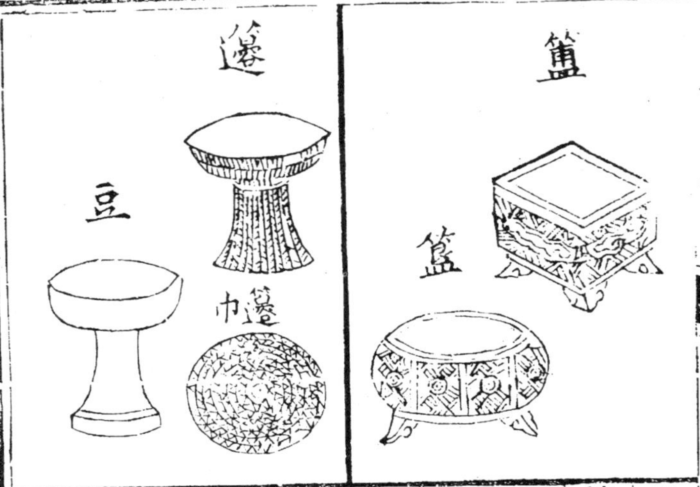

夏曰瑚商曰璉周曰簠簋簠方簋圓古刻木為之而飾以玉今多範金為之以盛稻粱黍稷

籩古今皆竹製惟盖製不同夏揭豆殷玉豆周獻豆爾雅及鄭氏説以木禮旊人説以瓦呂氏考古圖説以銅今製以木籩巾以絺為之圓幅玄被纁裏用以覆籩

登

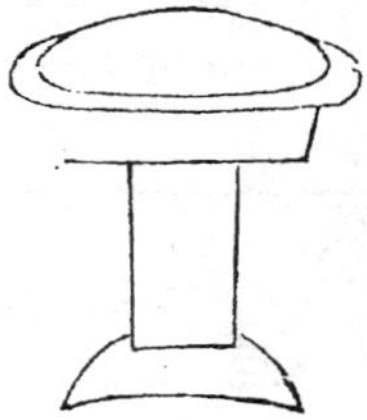

爾雅瓦豆謂之登詩大雅于豆于登今通誌載範金為之以薦太羹

鉶

瓦器也周禮祭祀供太羹鉶羹鉶羹加五味盛以鉶器今範金為之以薦和羹

俎

篚

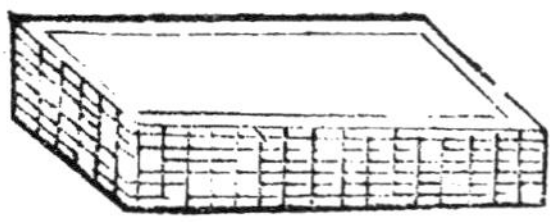

載牲體之器即牲匣明堂位曰周以房俎謂俎兩間似堂房以木爲之底蓋朱髹各高六寸長三尺三寸廣二尺二寸兩旁釘銅環四個有架朱髹

竹器說文謂篚如竹篋也古制用篚不一皆以盛物今祭祀專以承幣詩鹿鳴序實幣帛筐篚之意朱髹以盛帛

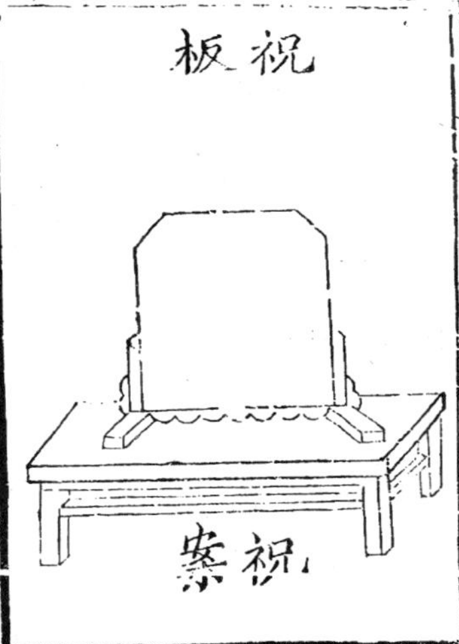

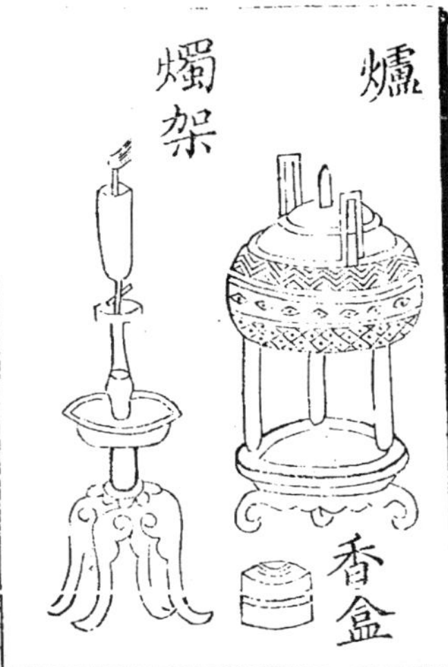

周禮學士之板註名籍也今祭祀用通志曰板以梓木或栢木為之高八寸廣一尺二寸禁以架用白帋書文貼板上祭畢揭焚之祝案高二尺二寸廣二尺三寸長三尺朱漆置正殿中以閣祝板

爐似小鼎名曰鼎爐所以焚香也香以小圓器盛之名曰香盒以木爲之朱髹　燭架唐人名曰短架今祭祀燭用架庭燎亦用架所謂燈燭臺是也

鼎

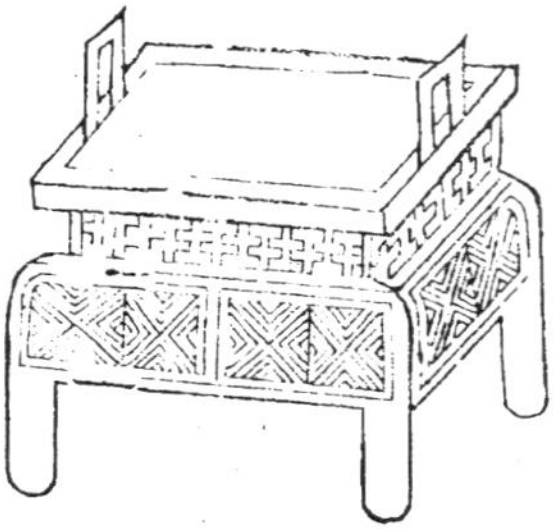

罍

關里誌曰調和五味之器圓象陽方象陰三足象三公四足象四輔黃耳象中金鉉象斷雲雷龍鳳象文物夏商周皆重之祭祀烹牲用大鼎焚香用小鼎

形似壺範金為之詩曰酌彼金罍可受一斛取以佐尊畫雲雷象者取雷震之威以起敬今祭時多用以盥器

洗

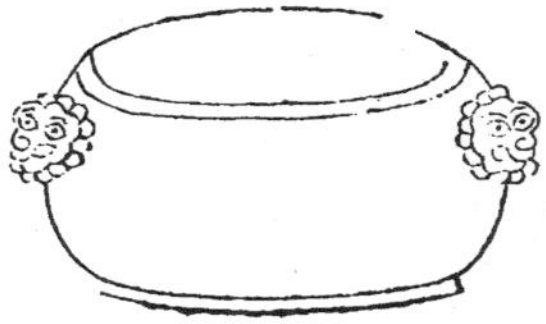

盥盆

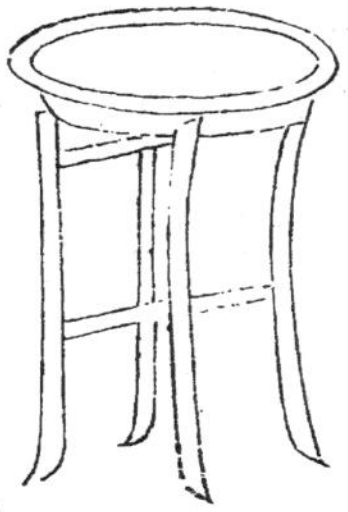

帨巾

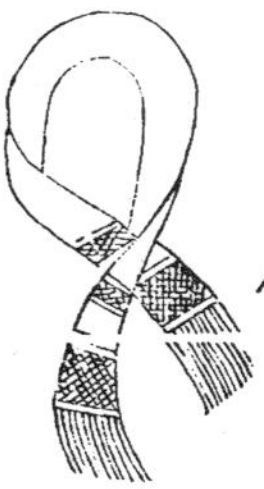

闕里誌曰盛水器凡盥必有洗以承之其形如盤祭時罍盛新水盆盛棄水洗則用以滌爵兩旁醨首以示威戒沉湎之意且以滌舊染之汚

盆者盎也祭時用盆盥手恐濺地也盆銅錫隨用　帨巾以白布為之祭祀用以拭手用以洗爵及祭器

燭龍

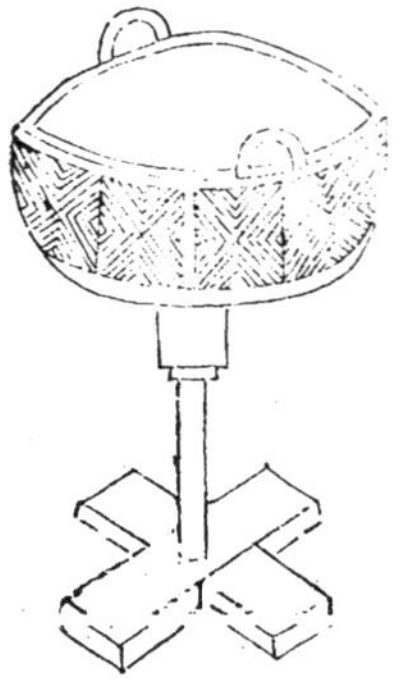

即庭燎周圍俱用銅鐵結罨網其底裹以鐵葉以防焚灼祭祀時高架焚松柴於內光徹上下

脩治祭物

太羹

周禮注用煎肉汁不加盐料撤其脂膩薦以登

和羹

周禮注煎肉汁加以五味薦以鉶

黍

通志云結穗似稻散垂而不毛高似蘆者非

稷

禮謂明粢乃粢而不糯者

稻

今水田所種粳米

粱

似粟而大有青黄白三種

已上四品俱揀圓潔蒸熟成飯盛以簠簋

形鹽

周禮鹽人掌形鹽散鹽註曰形鹽鹽塊狀虎形之類

薧魚

鮮魚去腹鱗薄醃乾臨用時溫水洗酒浸片時

棗栗榛

三者陸果也

菱芡

两者水果也

已上水陸諸果揀潔净圓好者乃薦

鹿脯

切鹿肉作塊酒醃炙乾用

白餅

小麦麪上白者和糖造内包熟榛仁蜜菱等類為餡

印作圓餅子

黑餅

蕎麥麪製法同白餅

已上十味實之于籩

韭菹

用嫩生韭切去頭末取中三寸以塩漬之

菁菹

菁菜頭切小片叚用湯瀹過淡用

芹菹

水菜也如治菁菹法

笋菹

明净乾笋洗潔切段用

醓醢

猪膂肉切小方塊加油盐薑椒葱白茴香蒔蘿拌匀

煮熟以香為度

鹿醢

鹿肉切小塊製法同醓醢

兎醢

兎肉切小塊製同上

魚醢

鮮魚除骨碎切製同上

脾析

牛羊肚子百葉刷去黑皮切細沸湯𤁀過加油鹽醋

醬姜葱酒再炒以香為度

豚拍

猪肩膊肉取方大塊以恬醬酒料蒸熟

已上十味實之于豆

牛羊豕

牛必取角之正毛之純凡牛羊豕俱要肌體豐满無疾者所謂碩大蕃滋不疾瘯蠡也宰牲毛須去盡以水刷拭潔净謂之滌牲置之于俎

帛

官製每段長一丈八尺旁織禮神制帛四字禮謂量帛謂度量長短爲之制也帛用白色

酒

闕里誌曰清酒久窨而洌者鬱金香温熱貯各尊

燭

關里志曰䌫用黄蠟以迎風不淋為佳

香

關里志載以藕香檀香之類

明洪武時定祭器籩豆各八至成化十二年從國子祭酒周洪謨奏籩豆各十二嘉靖九年從大學士張璁議籩豆各十清亦各十

民國因之○凡籩豆祭品為時地所無者以相當之物代之出福建祀典

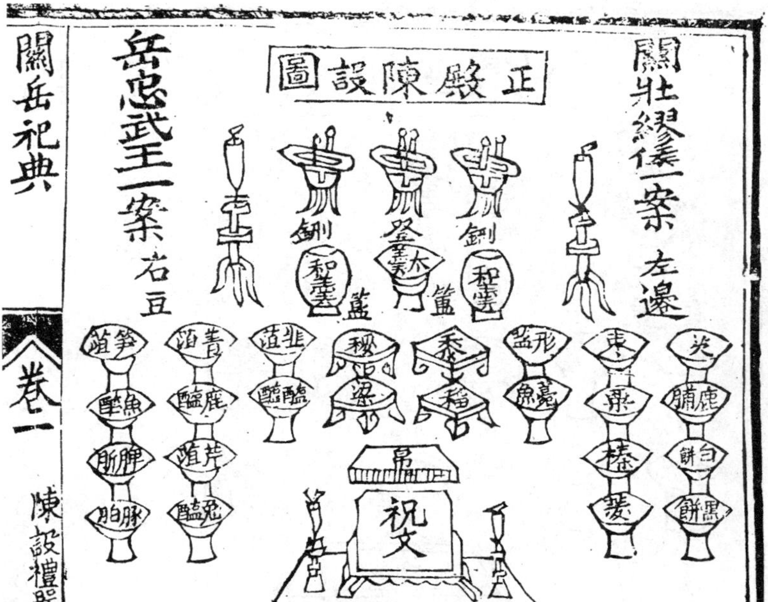
關岳祀典
卷一
陳設禮器圖
二十五
正殿陳設圖
關壯繆侯一案
左籩
岳忠武王一案
右豆
鉶
登
鉶
和羹
太羹
和羹
簠
簋
帛
祝文
俎
豕
牛
羊
鑪
尊

關岳祀典

歷代忠武將士陳設圖

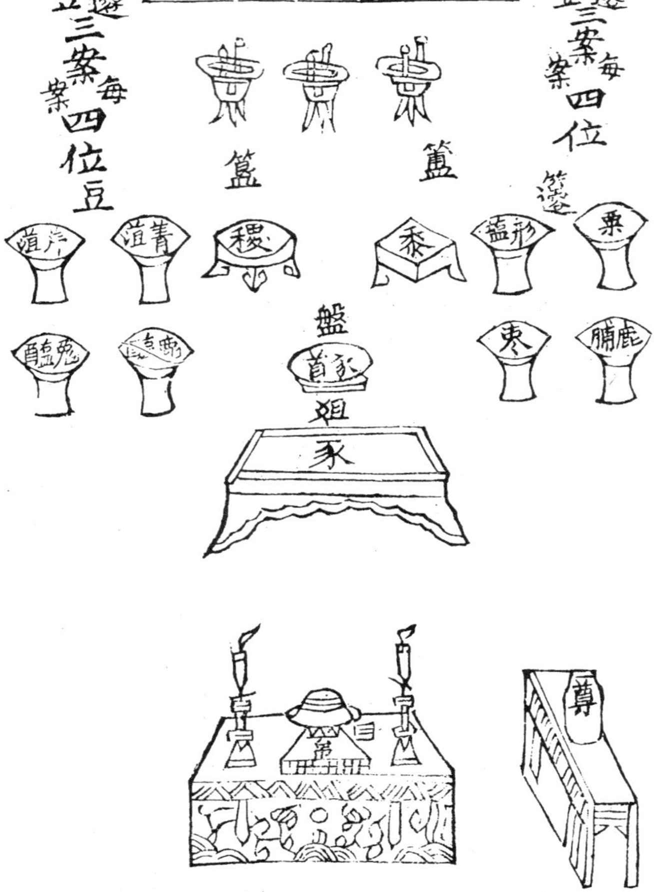

卷一 陳設禮器圖

另頒各地方關岳廟樂章譜，由各地方司樂協律郎和音編定

迎神　樂奏建和之章

四上尺工尺，工六五工五六，尺上尺上尺，
懿鑠兮神功，震華夏兮英風，義勇兮河東，
五六工五工六　尺上工尺上尺，五六工尺上四
喤通陰兮與同。修祀典兮方州　佗降歆兮閟宮

奠帛初獻　樂奏安和之章有舞

四上尺工六。仩五六工上尺。仩五六工六
神來兮格思。風馬下兮靈旗。量幣兮初陳。
上尺工六上尺。五六工上尺。五五六工上四
薦芳馨兮玉卮。瞻仰兮明威。儼如在兮軒墀。

亞獻　樂奏靖和之章有舞

四上尺工工　五五六工上尺　六工尺尺工六　仩五六工上四
萬舞兮洋洋，禮再舉兮陳觴；靈昭昭兮旣留，庶鑒誠兮降康。

終獻　樂奏康和之章 有舞

四上尺工尺　工六五工上尺　五六工工六　上尺六工上四
名世兮鐘靈，炳河嶽兮日星；祀事兮三成，肅駿奔兮廟庭。

徹饌　樂奏昭和之章

四上尺工六　上尺六工上尺　五六工上尺　五五六工上四
告徹兮禮成，神其受兮苾芬；明德兮惟馨，播聲威兮八紘。

送神　樂奏揚和之章

四上尺工六　尺上六工上尺　仩五六工六　上尺六工上四
雲駕兮高翔，神將歸兮九閶；受福兮蒸民，導我武兮惟揚。

樂器圖說見下

麾　金部大鐘　歌鐘　鎛鐘　編鐘　石部特磬　歌磬　編磬

絲部琴　瑟　竹部鳳簫　篪　洞簫　雙管　龍笛　匏部笙　土部

塤　革部鼖鼓　搏拊　懸鼓　田鼓　楹鼓　足鼓　鞉鼓　木部

柷　敔

文武舞器圖說見下

節　籥　翟　木鐸　相鼓　旌　干　戚　金鐸

按福建通志，係雍正十三年脩，所載樂器備而且詳

乾隆十八年閩縣奉　憲刊布祀典云，照雍正十年

部頒考所開樂器，只存其槩，茲就通志載者登之。

樂器圖說

麾

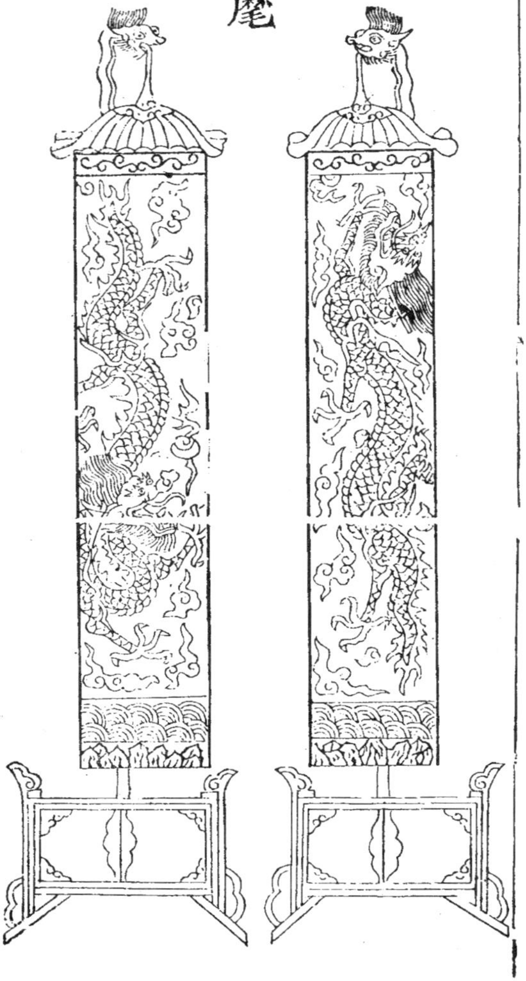

麾 周禮巾車掌木路建大麾以田以封藩國書曰右秉白旄以麾周所建也後世協律郎執之以合樂

執麾法

麾生執升龍向外，降龍向內，如迎神作樂，舉之則升龍現，高唱曰：迎神樂奏咸平之曲。迎神二字唱欲勃然而起，末稍加腔韻，咸平之曲四字分排，欲勻尾聲悠然長，總要從容和雅，不可暴戾，每起一曲皆然。曲終聽樂敔畢，偃麾則降龍現，高唱曰：樂止，欲飆然而去。

制法

以絳繒爲之，長七尺，濶一尺一寸，上板絵雲，下板絵山，以相連首，前面絵升龍，後面絵降龍，各塗以金及五色彩雲。竿長八尺五寸，末施龍首塗金，啣麾下垂。

歌敔譜

自上而下，漸低漸濁漸巨。

五　六　凡　工　尺　上　一　四　合

自下而上，漸高漸清漸細。

口歌

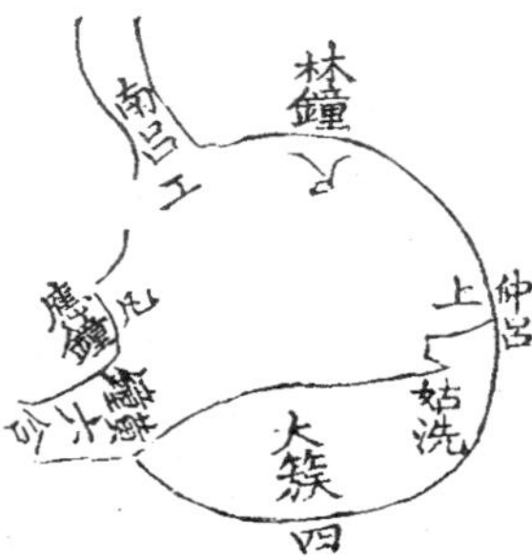

歌　歌乃一樂之主，凡八音皆以和歌，古之雅頌，其法歌不傳。今止一字一韻，審其為喉舌唇齒，以定音律。

有聲有音聲即字也。音其落韻也。字有不能合音律者，以落韻合之。合字屬宮，出於喉而落於喉內，四字屬商，出於齒而落於齒之上齶，上字屬徵，出於舌而落於上齶之近外，尺字屬徵，出於舌頭而落於上齶之近內，工字屬羽，出於唇而落於上齶鼻孔，六字屬少宮，出於喉而落於喉外，五字屬少商，出於喉而落於唇齒之中央。自合至六声漸高而清，自六至合声漸低而濁。六合屬黃鐘，四五屬太簇，一屬姑洗，上屬仲呂，尺屬林鐘，工屬南呂，凡屬應鐘。大成之樂只用合四上尺工六六字。

鏞鐘

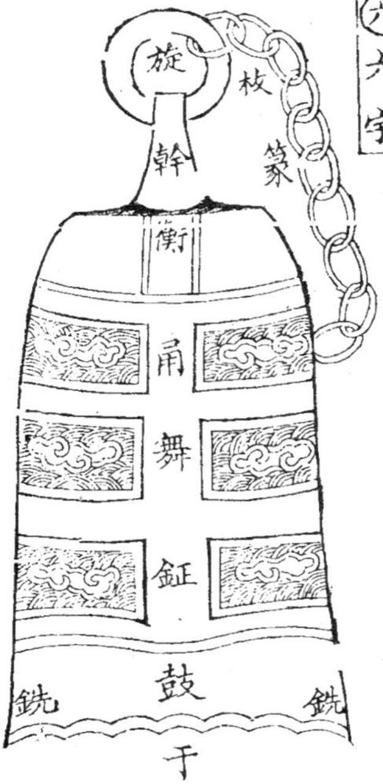

鏞鐘

爾雅云大鐘謂之鏞鐘。鐘者特懸之鐘，與大鼓相配，置大成門右，乃堂下之樂。

設法

祭事畢，擊鐘一百八響。凡迎神送神同大鼓齊鳴者，謂鼓鐘送尸是也。

制法

考工記曰：凫氏為鐘，兩欒謂之銑，（鐘口兩角）銑間謂之于，于上謂鼓，（所擊處也）鼓上謂之鉦，鉦上謂之舞，舞上謂之甬，甬上謂之衡，鐘縣謂之旋，旋蟲謂之幹，鐘帶謂之篆，篆間謂之枚，枚謂之景，于上之攠謂之隧。十分其銑，去二以為鉦，以其鉦為之銑間，去二分以為之鼓間，以其鼓間為之舞修，去二分以為舞廣，以其鉦之長為之甬長，以其甬長為之圍，參分其圍，去一以為衡，參分其甬長，二在上，一在下，以設其旋。鐘大厚則石，薄則播，侈則柞，弇則鬱，長甬則震。故大鐘十分其鼓閒，以其一為之厚，小鐘十分其鉦間，以其一為之厚。鐘大而短，則其聲疾而短聞，小而長，則聲舒而遠聞。

鎛鐘

鎛鐘即頌鐘次于鏞倍于編鐘周禮鎛司掌金奏之鼓即鎛鐘。特懸於架，與特磬相對。鐘用六律，磬

用六**擊法**凡作樂先擊鐘一聲所謂金聲也者始條
呂理也　凡鐘懸於架架之橫曰簨直曰簴
詩曰虡業維樅業乃大板安於簨上以為飾錯落如
鋸齒也樅即崇牙懸鐘磬之處以采色為犬牙狀樅
樅然也今制簨上加業繢博山簨上業下横安崇牙
牙端施銅鉤以懸鐘鎛鐘則以篆練之簨上刻龍麟
物于兩端中刻鳳或翟五拊於上趺上木刻羸屬如
狻猊狰獰可畏伏於趺考工記曰羸馬恒有力而不
能走聲大而宏虡貫其背而植之龍虡兩端頷下各
施環以啣翣曰啣璧璧下為層五層各一色間而簇
之貫以紅緣緣末有結　磬虡及鼓單四垂皆然俗
呼為流蘇

通志載鎛鐘宮懸左右各三架每奏一曲之始即擊
一聲以開衆音每架主一曲先左之中次右之中次
左之北次右之北次
左之南次右之南

編鐘

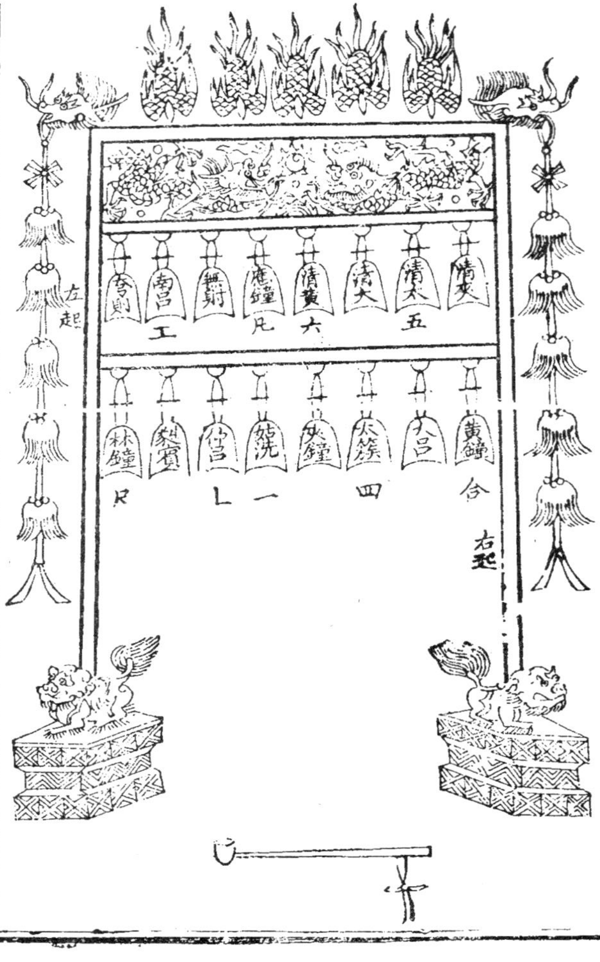

編鐘爾雅云鐘小而編次曰編共十六枚按十二律呂又有四清声在宮懸西面倍于歌鐘兩層列

於架其卦兌其方西其時秋其風閶闔其声尚羽其音鏗立秋之氣也

擊法

每奏一句之始先擊一声宜按各句第一字之音而擊其音所屬之鐘如四字起𫄨則先擊四字之鐘餘倣此每奏一句之始則擊一声以開衆音丕句合響乃一句之始條理也四架更迭敲擊自東而南而西而北共八響

歌鐘

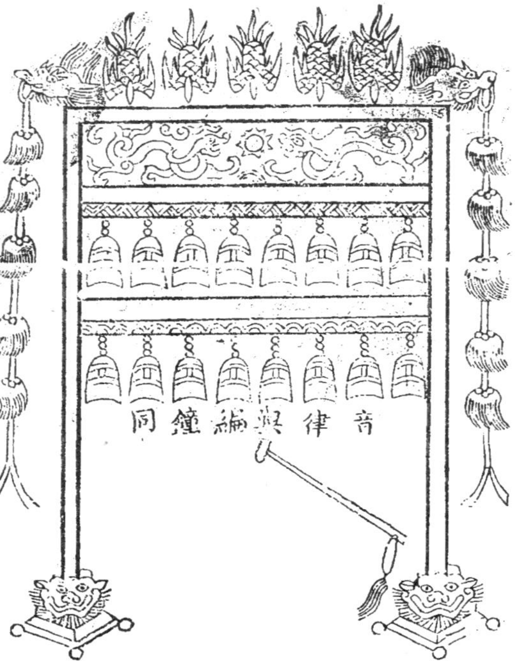

歌鐘堂左一架小於編鐘上下亦廿四枚擊法每奏一字之始聽歌聲所屬之音即擊所屬之鐘以開衆音每句四字四響乃一字之始條理也

特磬

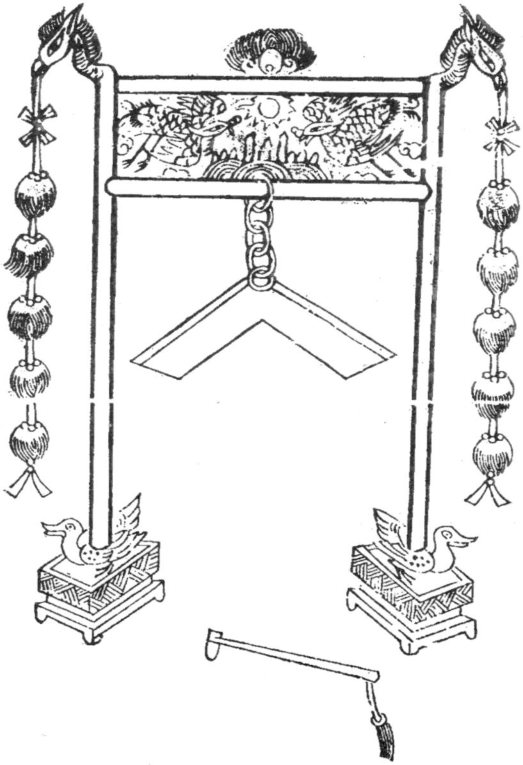

特磬

亦曰離磬樂書云磬之為物編之則雜而小離之則特

擊法 每奏一曲之終聽柷敔畢即擊一聲所謂玉振也者終條理也

制法 考工記曰磬氏為磬倨句一矩有半其博為一股為二鼓為三三分其股博去一以為鼓博三分其鼓博以其一為之厚已上則摩其旁已下則磨其耑股非所擊者短而博鼓其所擊者長而狭鄭司農曰股磬之上大者鼓其下之小者所當擊也其大小長短雖殊以次而推其厚均也黃鐘之磬皆厚二寸必先度一矩為勾一矩為股而求其弦既而以二矩有半觸其弦則磬之倨勾也股外面鼓內面擊者為前而在內在下不擊者為後而在外在上古人尚象制器鐘圓中規磬方中矩取石於靈壁琢磨敲試依律為其短長厚薄聲太上外磨其旁使薄而廣則濁磬聲太下是聲濁而薄薄不可使厚故磨其耑使短短則形小小而厚則聲流矣○凡鐘磬椎俱以堅棗木為削竹作柄垂縧結梓人以羽屬為磬虡恒無力而輕其声清揚而遠聞其制方趺藉刺羽屬如鵝狀伏於趺磬簴

與鐘簴同但崇牙不施銅鉤用弦懸於上今以紅絨絛穿磬孔中懸之簴頂樹羽兩端以鳳項下設環為翣懸其壁○正義云假令勾股各一尺今以下尺五寸觸兩弦又曰股廣四寸半長九寸鼓廣三寸長一尺三寸半厚一寸照此法減一倍為編磬再減一倍為歌磬○博廣也股兩股也鼓向內擊處也

通志載特磬宮懸南北各三架每奏一曲之終即擊一聲以収衆音每架主一曲先南之中次北之中次南之左次北之左次南之右次北之右

編磬

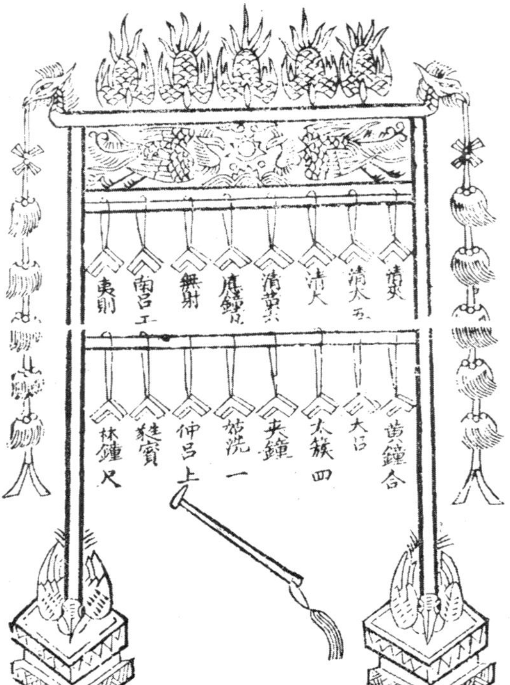

編磬上下共十六枚編懸於架在宮懸四面其音律與編鐘同其卦乾其時秋冬之交其方西北之維其風不周其聲角其音辨立冬之氣也

【擊法】每奏一句之終即擊所屬之首一声凡句凡響乃一

句之終條理也四架更迭畢響自西而南而東而北共八響

歌磬

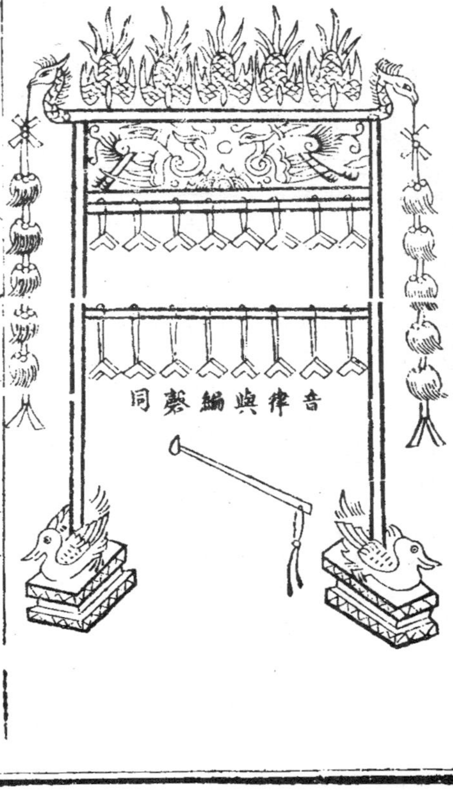

歌磬懸一架于堂右上下亦十六枚**擊法**每奏一字之終聽歌声所屬之音將終即擊所屬之磬以収衆音每句四字四響乃一字之終條理也

琴

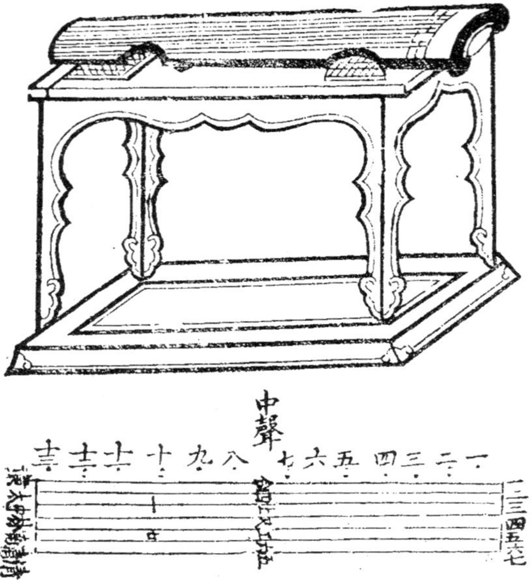

大成樂尚雅奏舊弾琴家用勾剔抹打唫猱綽注等指法最多皆悦耳玩目之具非歌功頌德之正聲不可從○闕里志謂琴其卦離其方南其時夏其聲宮其律蕤賓其風景其音哀

琴　白虎通曰琴者禁也禁止於邪以正人心也絲飾物而成聲清越溫潤條暢兼三才而備五德眞大聖之遺音也八音以絲為君絲以琴為君琴以中徽為君中徽者七徽也其位黃鍾中聲寄焉若求其中則寓於絲之緊慢緊慢適中其聲自出是聲之元乃天地之中聲萬世作樂之本也故朱子曰律歷家最重元聲元聲一定向下都定元声一差向下都差求之之法取竹之竅生厚薄均者祖蔡氏截竹探討之法以為黃鍾之管以定中聲

〔鼓法〕

舊制按彈散彈不一張鶚謂按則聲短而殺不比於瑟莫如散彈聲洪而長方與衆音相和馮應京曰古彈琴與瑟俱安馬柱支絃對徽乃以右手鼓于臨岳之下則達越之聲見矣若以左手按絃附木則其聲暗陂短促如鷄啄木畧無音韻聽之令人孔悲前太常大成樂皆如之則琴達越之法滅其何以合人聲而歌於堂上哉蓋按絃附木之法可用于雜調而不可用于雅樂雜調或按或散一浮一沉乃能相濟而成調若雅樂惟取合律呂單按附木則韻短止用散聲則聲渙

或散或按則亂雜不齊惟以柱馬對嶶鼓之則天地交泰而中聲出焉宜乎其達越也自雅樂亡而琴馬之制亦廢今宜細審中聲律呂既定亦照鼓瑟之法兩絃並奏一散一按散者其正絃也按者其助法也即是撮法

合字 散勾一絃按三絃九嶶挑以助之

四字 散勾二絃按四絃九嶶挑以助之

上字 散勾三絃按五絃九嶶挑以助之

尺字 散挑四絃按三絃十嶶勾以助之

工字 散挑五絃按三絃十嶶八分勾助之

六字 散挑六絃按四絃十嶶勾以助之

二三四五絃疊為正助惟一絃六絃為宮在君位不敢以作助此譜之散按兼彈也其聲達越與瑟相和歌聲不能掩之彈法最妙今之所用者也

制法

伏羲所制岳內長三尺六寸六分法期之數取材用桐梓材之良柔莫如桐堅剛莫如梓以桐為面梓為底配陰陽之義其材以東南向陽者為美所貴者四輕鬆脆滑欲辨東南向投於水則陽浮於上陰沉於下取陽者而斷之音自不同又必使木液竭而濁性盡先劉其中圓其外投瀑水中周歲再烈日經年而又閣於廚房累月然後盡材之美矣

瑟

瑟譜

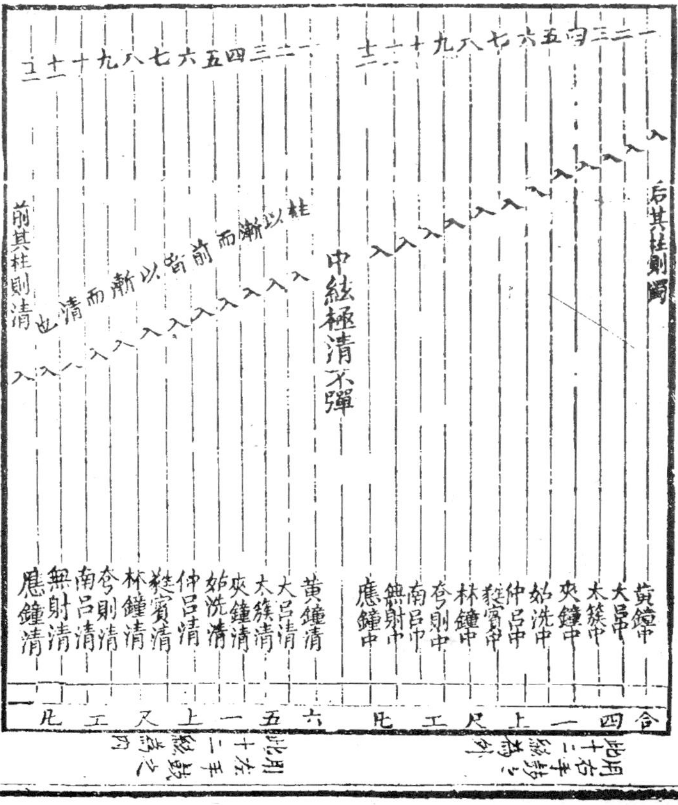
一 二 三 四 五 六 七 八 九 十 十一 十二
一 二 三 四 五 六 七 八 九 十 十一 十二
后其柱則
前其柱則清
柱以漸而前皆以漸而清也
中絃極清不彈
黃鐘中
大呂中
太簇中
夾鐘中
姑洗中
仲呂中
蕤賓中
林鐘中
夷則中
南呂中
無射中
應鐘中
黃鐘清
大呂清
太簇清
夾鐘清
姑洗清
仲呂清
蕤賓清
林鐘清
夷則清
南呂清
無射清
應鐘清
合 四 一 上 尺 工 凡
六 五 一 上 尺 工 凡
此十二絃爲外 用右手彈之
此十二絃爲之內 用左手

瑟

樂書曰瑟者閑也所以懲忿窒慾正人之德也為二十五絃其二均其首曰岳山其尾曰武後有二竅曰越中絃不動曰君絃各有一柱游移前後以和其音前其柱則清後其柱則濁以箏和其音外十二絃具十二中律內十二絃具十二清律

鼓法

或一手搯作或兩手合作具可一手搯作則止用外一至十二內一至四若兩手合作則內外二十四絃俱用外第一絃為黃鐘用右手食指勾則合字應內第一絃為清黃律用左手食指勾則六字應外第二絃三絃為太簇律用右手中食兩指撮則四字應內二三絃為清太律用左手中食兩指撮則五字應外四絃五絃為姑洗律用右手中食兩指撮則一字應手內同絃法左外第六絃為仲呂律用右食指勾則上字應手內同絃法左外第七絃八絃為林鐘律用右手中食兩指撮則尺字應手內同絃法左外第九絃十絃為南呂律用右手中食兩指撮則工字應手內同絃法左外十一絃十二絃為應鐘律用右手中食兩指撮則凡字應手內同絃法左內外二十四絃不可參差先後欲清

中相應疾徐ナ一其兩絃兼彈者取陰陽相配也自仲呂而上以律配呂自仲呂而下以呂配律琴之兩絃皆彈者蓋取老少相配也一二三弦用少配老四五六絃用老配少若欲稍作指法少配老或可吟而下注老配少或可猱而上綽摀欲琴瑟協和則他音不能掩下矣〔制法〕三才圖曰伏羲作五十絃為大瑟黄帝破二十五絃為中瑟十五絃為小瑟五絃為次小瑟或謂朱襄使士達作或謂神農作長七尺二寸廣一尺八寸桐面梓腹九梁二越越者兩頭底下穴也其岳用桑以絲敲與桑宜儀禮正義曰瑟首廣而尾狹近首鼓處則寬近尾不鼓處則狹故首欲近前以就一尺八寸之廣令可容二十五絃近尾不鼓而底有越故尾狹於首而長倍之以容越也首之越上當其鼓處宜横尾之越餘絃所歸宜縱其武崇以八寸四隅刻雲以緣其武蓋取諸雲和漆其壁與首尾腹不漆其背恐柱之蹶也柱崇二寸七分肩厚二分足底濶一寸三分厚四分足要方平防其傾倒承絃口厚三厘十分其瑟之長以其一為首之長而尾倍之

又四分其尺有八之廣去一以為尾之廣首尾俱繪以錦彩昭其文也隱間五尺用粉素存其質也餘皆漆之俱如漆琴法面上兩頭各有小眼二十五孔以繫絃絃長一丈內外各十二練絲為之粗細相等中一絃為君絃較他絃稍粗古用朱絃不若今以純白為美

鳳簫

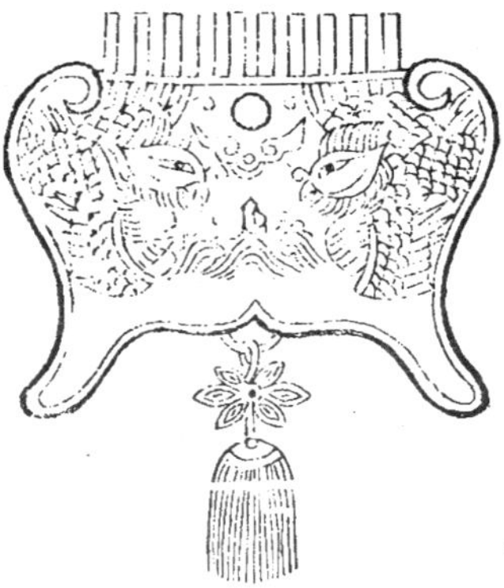

鳳簫譜

鳳簫

爾雅云籟謂之簫莊周云人籟比竹是也名鳳簫昔排竹如鳳翼故以鳳名樂奏用五管乃黃鐘調正音為五音之所取正而主宰乎眾音即古聽鳳凰之鳴其雄聲六雌聲六之謂也又名排簫古有三十六管今制十六管協十二律之數又有四清聲

吹法 用兩手捧持自各管吹起每管一聲第一為黃鐘律以合字應　第三管太簇律以四字應第五姑洗律以一字應　第六仲呂律以上字應第八林鐘律以尺字應　第十南呂律以工字應第十二管應鐘律以凡字應　第十三清黃律以六字應　第十五清太律以五字應每管頭俱有閼竅為吹次第輕吹則聲得矣

制法 十六管聲音既定長短如制編列於櫝中上齊其端露一寸五分便於吹也下則長短不齊參差如鳳翼其櫝以木為之濶一尺兩寸高一尺有底照簫之長短為高下髹以朱兩面皆創金鳳凰紋藻為飾

洞簫譜

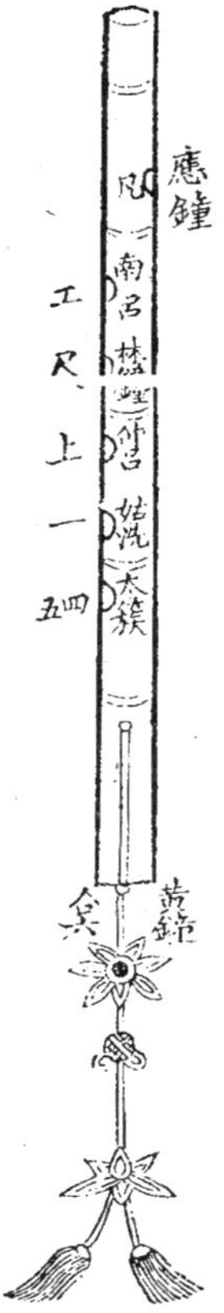

洞簫 簫以洞名言其空洞無底也所以通衆音之壅滯而使之疏暢樂聲云簫為衆音之祖本律呂而成所以究極中和遂萬物之情也仲呂之器夏至之音和琴瑟以定黃鐘非簫不為功

吹法

吹簫以唇安小口上全在口唇之俯仰氣吹之緩急唇仰急吹則清唇俯緩吹則濁簫底孔及穿繩眼黃鐘也○右吹此律六孔皆閉俯唇輕吹則(合)字應○仰而急吹為清黃律則㊅字應○自尾起放第一孔為太簇律俯唇輕吹則㊃字應○仰而急吹為清太律則㊄字應○放第二孔為姑洗律以㊀字應○放第三

孔為仲呂律則(上)字應○放第四孔為林鐘律以(尺)字應○放第五孔為南呂律以(工)字應○放後一孔為應鐘律以(凡)字應自下而上以漸而清象一陽之氣自黃泉而升也凡放一孔此孔以下盡開孔以上盡閉管笛倣此

制法

古者造簫或以玉或以竹今制紫竹為之長一尺九寸五分圍三寸前五孔後一孔俱徑二分八厘開口半竅名山口徑二分深五厘後孔與前五孔俱離一寸一分下有穿繩孔離五寸二分繫以紅絲長與簫等以黃錦囊盛之如教坊俗樂所用不合尺寸是鄭衛之音未可和雅樂也其嚴辨之

龍笛譜

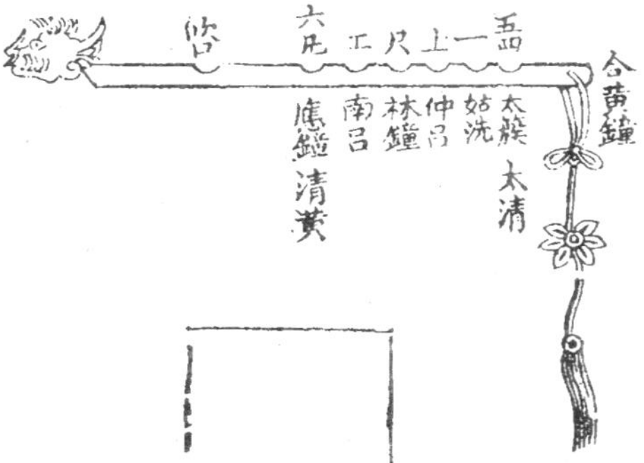

龍笛

笛滌也所以滌衆音之煩穢而使之清朗也周官笙師掌教吹笛笛竹音之雅樂也笛之為物其直節而有制其心虛而能通而利濟之音所由出也橫而右偏其吹口在左管面較他孔稍大頭底孔

在穿繩眼黃鐘也

吹法

若吹黃鐘律六孔盡閉微氣輕噓則合字應○自右頭起放第一孔為太蔟律俯唇輕吹則四字應○重吹則太清律以五字應○放第二孔為姑洗律以一字應○放第三孔為仲呂律以上字應○放第四孔為林鐘律以尺字應○放第五孔為南呂律以工字應○放第六孔為應鐘律以凡字應○重吹則清黃律以六字應斷不可用俗樂所制若彼此悅耳導淫與律呂相去遠矣

制法

以文竹為之長一尺八寸闕里志載一尺二寸闊二寸二分上開一孔曰吹竅徑三分五厘下開六孔各徑二分吹竅至前一孔離三寸三分餘孔皆離五分尾有穿繩二小眼相對末孔至穿繩眼離一寸三分通身髹以朱雕龍首金飾之安於上端尾孔繫以紅絨絲下垂如龍尾○笛其卦震其方東其時春其聲姑洗律其風明庶其音灩春分之氣也

雙管譜

雙管

管絹也管攝衆音而使之齊一也其聲最洪詩曰嘒嘒管聲二竹相比為之每管六孔以應十二月之音如笛而小並兩而吹之蓋鳳凰雌雄各六声也

吹法 按荻頭入口含吹以呑叶深淺為字之抑揚兩管同一音〇六孔盡閉為黃鐘律以(合)字應〇自下而上放第一孔為太簇律以(四)字應〇放第二孔為姑洗律以(一)字應〇放第三孔為仲呂律以(上)字應〇放第四孔為林鐘律以(尺)字應〇放第五孔為南呂律以(工)字應〇放第六孔為應鐘律以(凡)字應此器声調過高當俯而抑之斯與衆音和諧

制法 以二竹相比用膠漆固如一端以錫束之各長一尺九寸圍一寸二分每管六孔各徑二分縣以朱剪二荻箭為頭長二寸薄則聲濁厚則聲清㪷酌製之用銅絲縛固安於二管之端併含吹之

篪譜

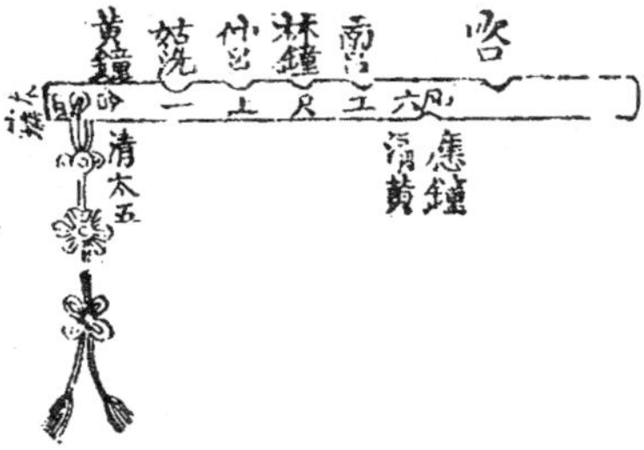

篪篪唬也声從孔出如嬰兒唬也声與塤相和其聲篪大宜輕用氣吹之音乃與樂和詩仲氏吹篪

吹法

如吹笛法左手名指挽其繩橫而左偏其吹口在右頭管面較他孔稍大左尾上有穿繩二小孔為黃鐘清太律○六孔俱閉調氣輕吹則(合)字應○重吹則㊄字應○當有一底孔為太簇律以㊃字應只開此孔餘俱閉○左第一孔為姑洗律以㊀字應吹㊀字此孔與底孔開餘皆閉○第二孔為仲呂

律以(上)字應吹(上)字此孔與下俱開○第三孔爲林鐘律以(尺)字應吹(尺)字此孔與下俱開○第四孔為南吕律以(工)字應吹(工)字與下俱開○後一孔為應鐘律開此孔輕吹則(凡)字應又為清黃律重吹則(六)字應吹(六)字只開此孔餘俱開○舊譜呼底孔開為陽尾開為陰尾譜多不同當以此為法

制法

古有六七八孔之異今制以竹為之長一尺四寸圍五寸三分面上吹竅徑五分橫四分後一孔前四孔横底一孔共六孔皆徑二分五厘正面尾上開二小穿繩眼相併中聲所寓全在於此大則過濁小則過清必適中僅容一米許而後中聲出吹竅至後一孔離二寸五分後一孔至前一孔離一寸一分餘三孔皆然末孔至繩眼離九分通身髹以朱繫以紅絨絛篪筩大而内濶吹之甚難止宜微氣輕吹乃得

笙

笙譜

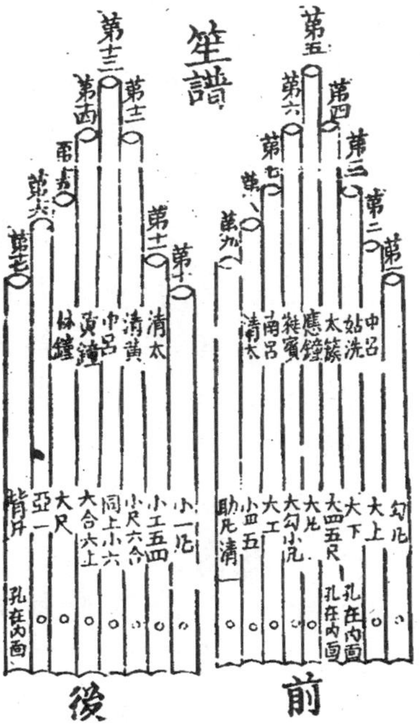

笙

笙生也生衆音之萌蘖而發其聲華也凡吹竹音按其孔則無聲放其孔則有聲惟笙按其孔則有聲放其孔則無聲故謂之鼓笙鼓者歎也按其孔則氣從山口出以鼓動其簧而聲發矣笙後面居中一長管位第十四乃黃鐘中聲譜以（合）字應○其第十二管乃黃鐘清聲以（六）字應凡吹（合）字必吹（六）字

亦取清中相和以左手食指及中指按其孔餘孔開如吹十二管(六)字又燕按十三管(小六)吹之○第四管第八管第十一管為太簇律用右手食指及左手大指食指按其孔則(四)字應第一管第三管第十管為姑洗律用右手食指大指左手大指按其孔則(一)字應○第二管第十三管為仲呂律用左右手大指按其孔則(上)字應○第十二管第十五管為林鍾律用左手大指食指按其孔則(尺)字應○第三管第七管第十一管為南呂律用左手大指右手大指食指按其孔則(工)字應○第五管第六管第十管為應鍾律用右手大指左手大指食指按其孔則(凡)字應○又第一管為(勾)(凡)第九管為(助)(凡)(清)(一)第干六管為(亞)(一)十七管為(背)(凡)審其調之清濁皆可取為助音而雅樂不用也○第四管第八管第十一管為清太律用右手大指左手大指食指按其孔則(五)字應欲知各管配合再看下文點笙歌訣

內外孔字音歌訣

一三十管一字真　二管十三上字聞
四八十一爲四字　十二十四六合音
三七十一應工字　十二十五尺字輪

金簧孔字音歌訣

五六勾凡九清一　亞一背凡十六七
又加十三爲上字　徐徐用字呼與吸

此摠括管孔以清中數聲兼言之若大成樂止用㊀合㊃㊤㊀尺㊀工㊅六字當依所列圖管取應用字按孔平吹勿以焦音乱雅樂也

制法

大者十九簧謂之巢小者十三簧謂之和儀禮云笙一和而成聲今制以小紫竹為之攢十七管先安山口每管內面方孔是也開取有高低以定音律以配清濁㊀尺字山口

最高以次而低為㈤(凡)(合)(四)(一)(上)句尺(尺)(上)(乙)(六)(五)閉至(乙)而孔最低矣開山口完以黃楊木接竹為脚脚内旁開半竅施簧簧用響銅打成薄片用方剛銼剉之加雀舌狀簧厚薄適宜平正嚴密常於耳畔彈試其聲中律而已否則再修之用黃蠟澀清作點頭隨時寒暑而調和之點輕則声清點重則声濁要必字字協

簫笛

劇簧審音妙訣

四字合小工　小工合大工　大工合太乙

太乙合小一　小乙合大凡　大凡合小尺

又曰清上合大上　合字合清上　小尺合合字

大尺合小尺　大尺合太四　四字合小五

安簧既畢按序鋪於匏斗中内外管各有長孔外一四内孔三内孔君太乙太四背孔也其管用竹然簧之古制斗用匏匏性輕而浮中虛而通置管簧中象植物而生故名曰笙然匏多難圓正且易破碎今旋堅木為之内安質柱以膠共盖盖用牛角循邊鑽孔寸之要比管脚相稱若氣泄則簧不應聲矣斗用漆布灰髹以黑吹以號吹則簧動而聲發是謂吹笙鼓簧也

壎譜

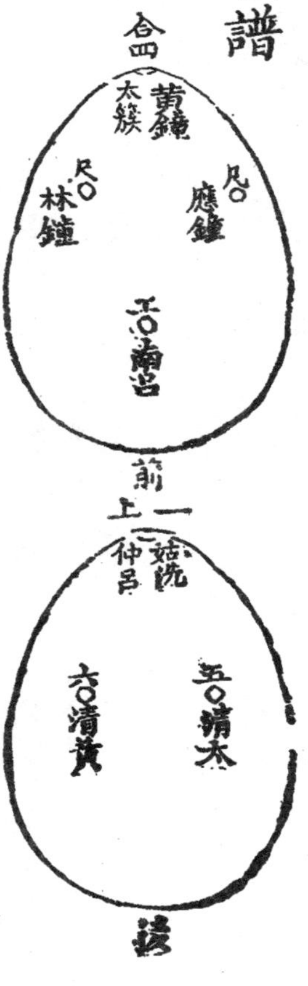

壎

塤之為物以土為質以水火相合而成器故具水火土三形中虛上銳火形也平底水形也圓體土形也相和而成声聚音得塤而有純如之致詩伯氏吹塤

吹法

吹時先以兩手名指扺塤底作環謎狀兩大指按後二孔兩食指按前上二孔右中指按前下一孔○平氣俯唇輕吹之則為黃鐘律以（合）字應○畧俯唇微仰而吹則為太簇律以㊃字應○微俯更加氣則為姑洗律以㊀字應○俯極重吹則為仲呂律以㊤字應○放前上右一孔則為林鐘律以（尺）字應凡放尺字餘声皆閉○放前下一孔則為南呂律以（工）字應凡放（工）字上閉凡五六字○放前上左一孔則為應鐘律以（凡）字應若放凡字止閉五六字○放後左一孔則為清黃律以㊅字應凡放六字只閉五字○放右一孔則為太清律以㊄字應凡放五字諸孔盡開此器極難吹急不鳴緩不洪仰口蹙唇徐噓有力方得正声

制法

乃埏植以為器形如桐鎚古有雅有頌形如雁子謂之雅如鷄子謂之頌今廟中俱用雅塤其制通高四寸中虛高三寸

六分空圍八寸一分徑二寸七分四圍及底俱厚四分吹口圍九分徑三分中虛上銳平底圓體前下孔如倒品字樣上二下一後二孔平列除吹口前後共五竅皆徑二分前下一孔離底一寸前上二孔離吹口一寸八分離底二寸二分後二孔離吹口一寸四分前後二孔並列者其中各開五分舊制用棉花和黄土為之今制以米湯和灰為模曝乾用礬石擣極爛以水澄細取上好生漆調和如餳冒塑於模於銳處留一竅待乾將內灰土從上竅中空出穴前後孔畢更加漆布細灰磨光髹以朱色戧金雲龍為飾開前後孔俱僅容一米許內要圓淨如拭乃協律否則無聲亦不應律

手版一名木笏笏者忽也備忽忘也古者臣執之以對揚明制五品以下用木至歌樂之用未詳所自清太常儀制凡歌生皆執之闕里亦增用焉其制槐木為之長一尺三寸五分下寬二寸五分上殺三分粉飾書樂章於上兩手執之

大鼓

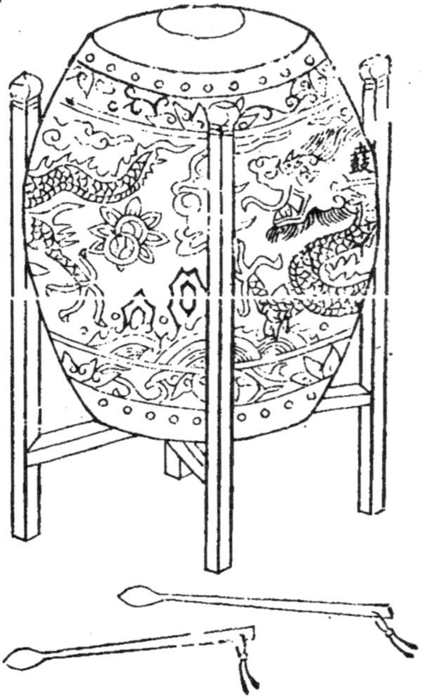

大鼓即賁鼓詩曰賁鼓維鏞一名晉鼓一名鼉鼓周禮以晉鼓鼓金奏置大成門之左堂下之樂與鏞鐘配瞽矇掌之詩云鼉鼓逢逢矇瞍奏功

擊法

各官初至先擊三百六十聲以儆衆又擊三通以節其進初起樂生叅班第一通畢俱升堂第二通畢俱入室三通畢俱就位謂之著住所以秩其始也

全樂奏終其擊法如前初起卷抄第一通畢離位第二通畢下堂第三遍畢拜辭而散此金樂之收宮謂之餟歸所以謹其退也擊鼉鼓于始終皆取儆戒之義

鼓字用左手擊　鼗字用右手擊　左手欲輕　右手欲重

初起擊法　札札鼗　札札鼗　札札鼗鼗　札札者兩槌連擊繇也

第一通　鼓鼗　鼓鼗　鼓鼗

第二通　鼓鼗鼗　鼓鼗鼗　鼓鼗鼗

第三通　鼓鼗鼓鼗鼗　鼓鼗鼓鼗鼗

鼓鼗鼓鼗鼗

結尾　鼗鼗

制法　今制鼓大而短安於架上俯而擊曰鼓以桑木為體冒以牛馬革必於啓蟄日造之應雷声也

懸鼓

懸鼓 詩曰應田懸鼓儀禮謂之建鼓樂記宗廟用九变之樂鼓用四面以収宮亦謂路鼓宮懸四隅各一架

擊法 毎奏一曲之終聽特磬響畢即擊于乾嚮巽應次坤響艮應凡四声盖一曲之収宮也

制法 周之制其大小視楹鼓式腹加銅環懸之簨虡

楹鼓

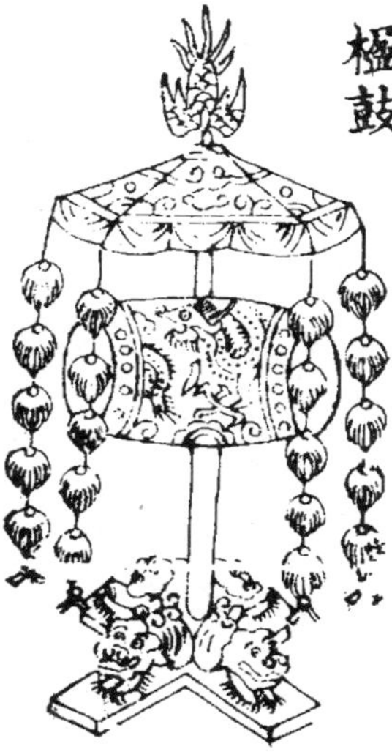

足鼓

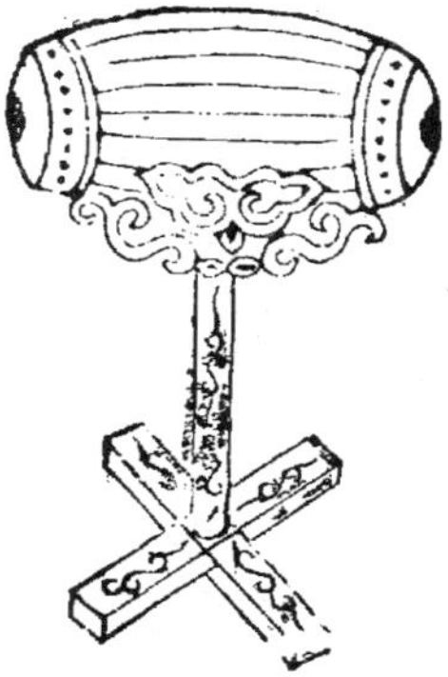

鞉鼓

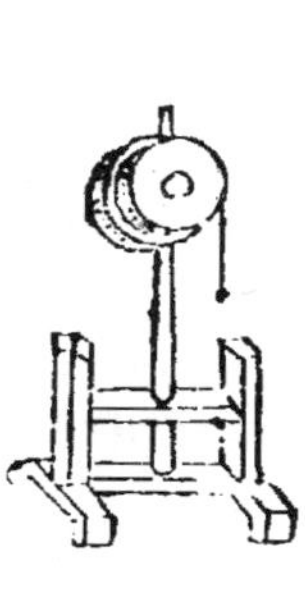

楹鼓 足鼓 鞉鼓

楹鼓商制也亦名建鼓周禮大僕建
路鼓于太廟門外儀禮建鼓在阼階
西南一楹两四稜馬貫鼓於端則建之意也又名朔
鼓為群音首其卦坎其方北其時冬其風廣莫其律
黄鐘其声一其音
權冬至之氣也

擊法

奏樂一句以槌擊者三仙部
奏從容為全樂之綱領〇今
制楹鼓足鼓鞉鼓共四架一列堂上左右每奏一台之
終聽編磬响畢先擊楹鼓一響足鼓應之鼗鼓尾之
凡三響三應二尾〇播鞉法持柄左轉兩耳擊三點
蓋一句之収宫大成樂加鼗鼓于楹鼓之前所謂[illegible]
鼓

制法

楹鼓殷之制木身高三尺五寸皮面濶二尺
也二寸两旁用四銅環銅泡釘二行漆以朱[illegible]
於木柱柱高六尺六寸柱貫鼓上出頂安彩鳳作[illegible]
儀狀方蓋綴以紅羅銷金雲花双簷四角有褁金[illegible]
午首皆啣璧翣每串各五末綴以繼結柱下方趺[illegible]
十字俱繫以朱刻獅狀安於趺頭向外
足鼓夏后[illegible]
制蓋以應楹鼓獨木為架高七尺七端木刻為雲横
、於上其下施四足如十字
播鞉鼓面濶六寸高[illegible]

相等柄長一尺九寸貫中出上五分許內旁當鼓之半安銅釦繫以紅絲繩絲末九蠟為珥其長短稱鼓面之中円木為架兩縱兩橫下各施方趺橫木上開孔下開半孔植鼓柄於中

搏拊

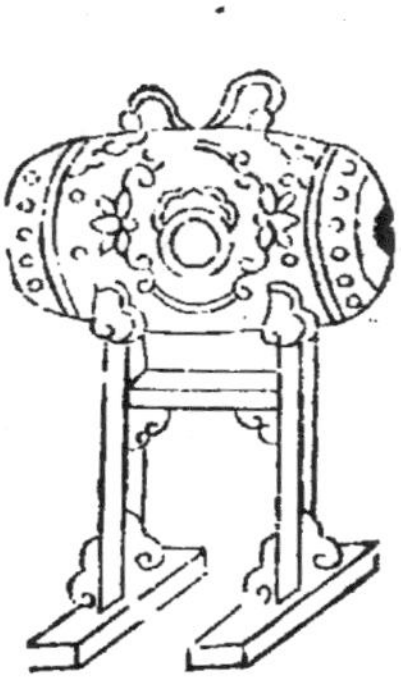

田鼓

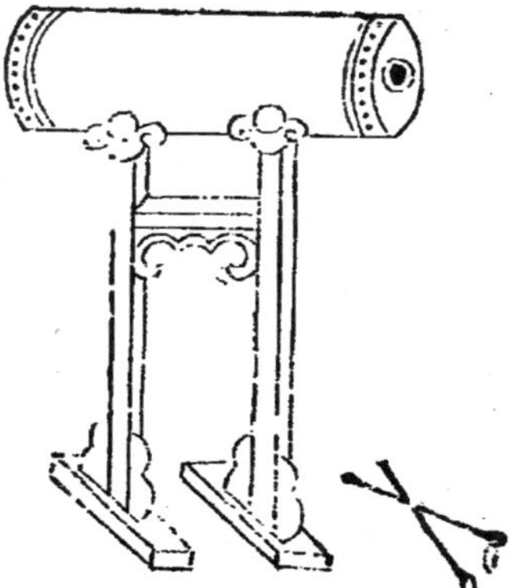

搏拊應田鼓

搏拊書傳以韋為鼓謂之搏拊實之以稻穀糠韋表糠裹使有聲而不甚響恐

歷繹音也其形類鼓其聲录和設在堂上其【拍法】初字用則先歌周禮所謂登歌合奏擊拊是也
以左手再字以右手三字又以左手四字則兩手齊拊〇今制以桑為鞞長尺有咫兩頭冐以韋徑六寸腹漸大乘繪飾以金環二並直列之以繫襻焉閒則臥置於架其架如鞉鼓之架上安二荷葉以承之〇

【應田鼓】詩曰應田懸鼓應夏后之制所以應楹鼓也應小鼓先儒觧田為朄朄亦小鼓周禮祭祀皆鼓朄鼓應而設在門外有東西之分故其名異蓋不止應堂上之拊而二鼓亦各有倡應臥於架擊之架如搏拊制〇【鼔應田鼓】初字以右杖再字以左杖三字又以右杖兩擊則二杖齊敲與搏拊皆一字之收宮也

柷

柷志曰樂統命于柷擊之以起堂上堂下之音

擊法

每奏一曲之始聽舉麾唱畢两手舉上撞底一聲次擊左旁一聲次擊右旁一聲共三聲

制法

以梓木為之狀如漆桶上方二尺四寸濶一尺九寸深一尺八寸中虛有底以梓木為柄長二尺四柷之中東方圖青為青龍南方圖赤隱為丹鳳西

六圖白隱為騶虞北方圖黑隱為靈龜中央圖黃隱為神螾外三面繪山東一面繪水水繪一圓竅徑四寸五分象日之浮於海上

敔

敔狀伏虎西方陰獸其形伏故以止樂

【擽法】每奏一曲之終聽懸鼓鑾畢即兩手舉籈先擊其首

者三次逆擽齟齬者三共〔制法〕以梓木為之狀如伏虎身長三尺首高一
六響以止堂上堂下之樂
尺二寸五分尾長一尺二寸背刻二十七齟齬黃色
黑紋載以方趺朱髹甑以竹為之長二尺四寸中破
一尺二寸為十
二莖用篾箍之

音律考

樂器名義曰聖人作樂以理制器理者天而已矣天
有八方之氣聖人以金石絲竹匏土革木八方之物

以宣八方之氣故八音欲其全器欲其備不全則氣
缺不備則氣微備也者合大小之謂也小者合律呂
之本數大者合律呂之倍數故有一倍二倍三倍四
倍之器倍至於四其器始全如鏞鐘鎛鐘編鐘歌鐘
之類皆倍數爲之也蓋本數其聲清倍數其聲濁單
清失之輕單濁失之重得輕重之間乃天地合德四
時合器中聲之所以妙用故必大小器而並奏之合
律呂之和而不見乖戾此大成雅樂所以爲妙焉○
律呂之法每三分而損益隔八位而相生陽主損陰

圭益按黃帝時命伶倫取崑崙之西嶰谷之竹吹其竅以聽鳳凰之鳴其陽六為律黃鐘太簇姑洗蕤賓夷則無射陰六為呂大呂夾鐘仲呂林鐘南呂應鐘五聲之本生於黃鐘之律其長九寸每寸九分九九八十一是為宮三分其數各二十七損去一分得五十四合為下生林鐘為徵三分林鐘各十八益一分得七十二數合為上生太簇為商三分太簇各二十四損一分得四十八合為下生南呂為羽三分南呂各十六益一分得六十四數合為上生姑洗為角姑

洗六十四三分而零一數即分不盡數不行矣此音所以止于五也○隔八相生者一陽一陰間數如子為黃鐘之宮宮歷丑寅卯辰巳午未為林鐘之徵徵歷申酉戌亥子丑寅為太簇之商商歷卯辰巳午未申酉為南呂之羽羽歷戌亥子丑寅卯辰為姑洗之角盖六律六呂配一歲十二月之令正月太簇商二月夾鐘三月姑洗角四月仲呂五月蕤賓六月林鐘徵七月夷則八月南呂羽九月無射十月應鐘十一月黃鐘宮十二月大呂其相生者由宮而徵而商而

羽而角皆隔八也五音最濁為宮稍濁為商半清半濁為角稍清為徵最清為羽此宮商角徵羽之所以次也濁者管長出聲緩清者管短出聲速也

文武舞器圖說

節

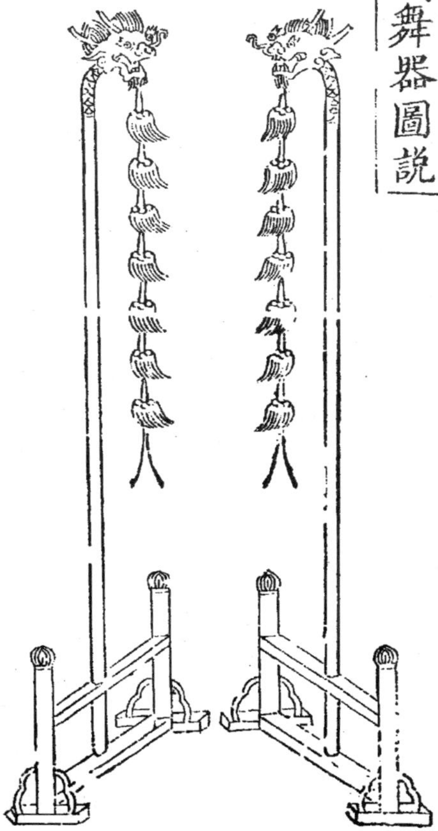

節

爾雅云和樂謂之節盖樂之声節之以鼓樂之容節之以節舞師執之以為綴兆行列進止疾徐之則節者制也謹始之意也

執節法

舞將陳執節前導既列綴兆則分東西立舞生之首如貪帛初獻麾生唱樂奏寧平之曲東階節亦揚節唱曰奏寧平之舞三獻皆同凡舞畢西階抑節唱曰舞止遂植架上舞生俱歸班

制法

簇紅纓為之加塗金銅雲寶盖於其上又用綠斜皮刻花為盖覆纓上其項處用皮金緣為七層長七尺貫以紅絨縧下綴以結竿長八尺五寸朱髹上安塗金銅龍首口啣寶盖下垂紅絨架用朱髹舞畢植於架

籥

翟

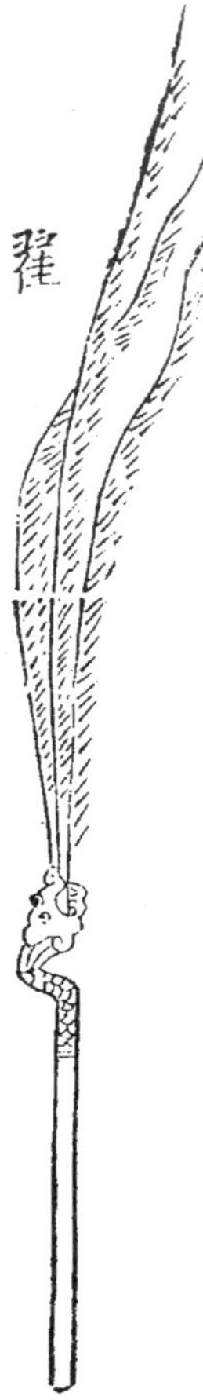

籥翟

通典曰樂之在耳曰容藏于心難以貌觀故聖人假干戚羽籥以表其容發揚蹈厲以見其意人之動而有節者莫如舞所以動陽氣而導物也文王世子春秋學羽籥

執籥秉翟法

籥用左手橫執之有竅而不吹翟用右手執之○翟縱籥橫齊肩執之為執○起之齊目為舉○平心執之為衡○盡之向下執之為落○向前正舉為拱○向耳邊舉為呈○籥翟縱橫兩分為開○籥翟縱橫相加為合○籥翟縱橫如一為相○各分順手向下為揖○兩執相接為交凡執籥秉翟俱右手在外左手在內其手指俱大指在內四指在外縱則如缾橫則如衡不可忽也

制法

籥古用萹籥今制以竹為之長二尺二寸三竅朱餙翟以木為柄長一尺四寸其巨細度籥孔足容朱縧之柄端刻龍首長五寸餙以金彩每翟用雉尾三根揷龍口中

木鐸

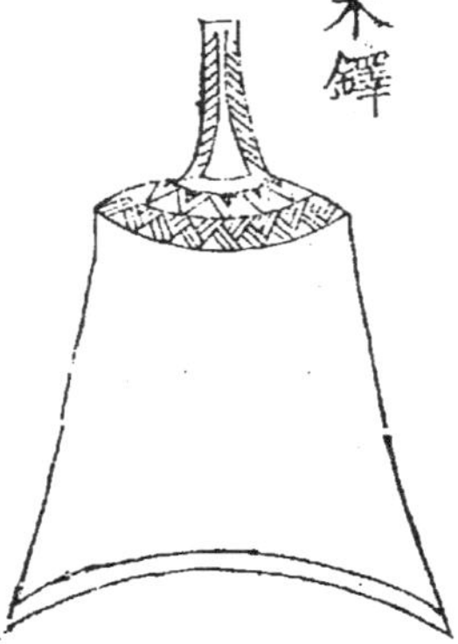

相鼓

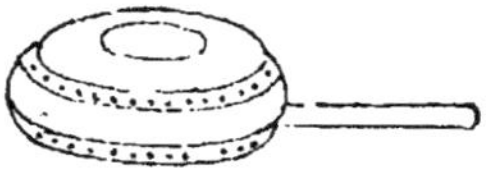

木鐸 闕里志曰節武舞以金鐸節文舞以木鐸一聲應一步

振法 持者同執相鼓者旁隨舞人執搖聽樂既發聲即搖一聲隨舞生所向之方位俯則先俯仰則先仰以為舞容之節

制法 鑄銅鉄為鐸上安木柄鐸內施鈎懸垂木舌節舞者持柄而搖

相鼓 亦名節鼓節即相也小而隔安柄懸于胸前聽鐸響即擊以應之所以輔鐸節樂也

旌

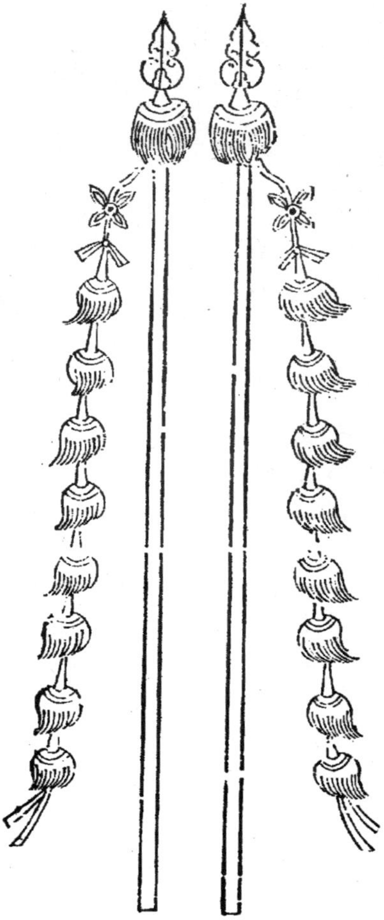

旌三才圖會曰旌夏大旌也舞者行列以大旌表識旌之大射禮舉旌以官偃旌以商武舞則執旌執干執戚其人數同文舞武舞昭武功文舞昭文德所以象成名德而兼脩文武者也○旌較節大而多一層

無架

干

戚

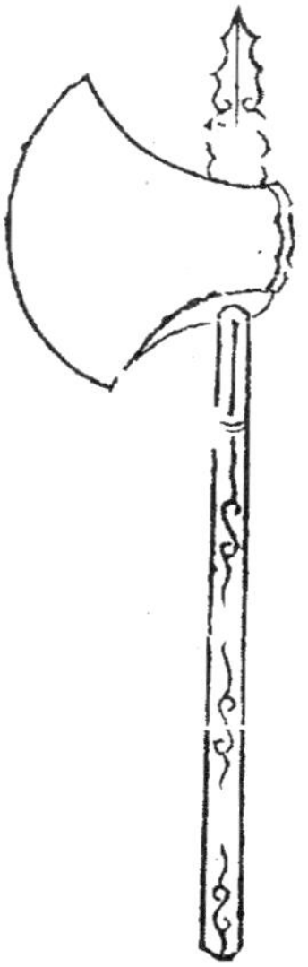

干戚

禮曰朱干玉戚以舞大武干盾也所以自蔽戚斧也所以待敵祭統曰干戚非伐人之器用之以舞示有武備也朱干白金以飾其背戚剝玉以飾其柄

金鐸

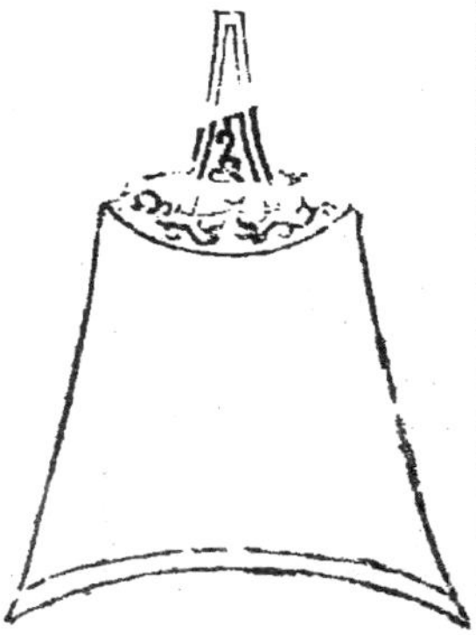

金鐸周禮鼓人以金鐸通鼓兩司馬執鐸三鼓摝鐸振鐸舞者振之警衆以為節金鐸以金為舌所以振武舞也一聲應一步

引導部

龍旂　燈　拍板　歌　笙　管　簫　笛　雲鑼

鼓　提爐　掌扇　繖蓋

此係迎送神時用其歌與樂同迎送神樂章與大
成門鐘鼓齊鳴引導圖見下

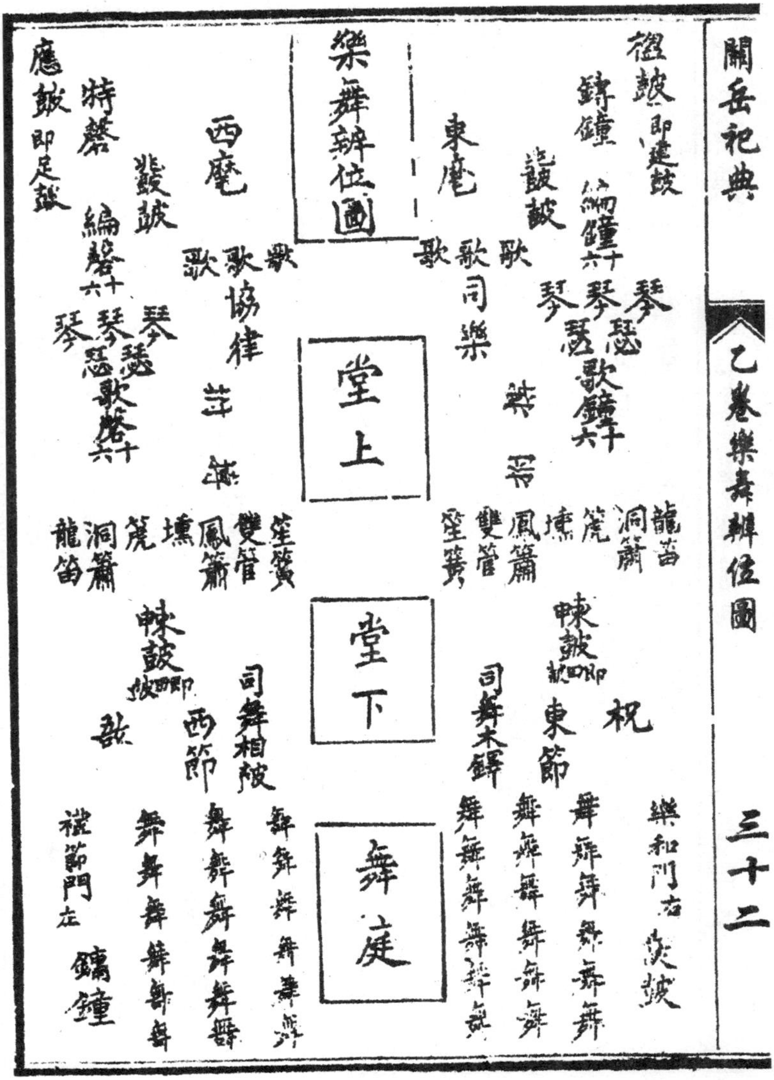
關岳祀典
乙卷樂舞辨位圖
三十二
樂舞辨位圖
堂上
堂下
舞庭
東麾
西麾
司樂
協律
東節
西節
祝
敔
特磬
編磬
編鐘
鏄鐘
應鼓 即足鼓
樂和門右
禮節門左

引導部圖

正樂部麾領歌樂生節領舞生龍旂領引
導諸生班列東西聽走班鼓響由禮節樂和兩

龍旂宮燈柏板
歌生笙簧雙管洞簫龍笛
歌生笙簧雙管洞簫龍笛
雲鑼鼓提爐扇

前　前
東西各十七繖蓋居中全部三十五人
後　後
繖蓋

龍旂宮燈柏板
歌生笙簧雙管洞簫龍笛
歌生笙簧雙管洞簫龍笛
雲鑼鼓提爐扇

門而出站立護表之旁與正樂部互為上
下上則列舞庭之旁下則列護表之上

樂舞就位式

麾引樂生由兩楹門入復由香案前出兩楹門下階次節引舞生挨轉當丹墀中分向東西序立禮生唱就位麾引諸部內轉甬道登堦分向東西各四轉而柷敔先立本位麾引諸部由兩楹門入殿亦四轉而各立本位節引舞生列行丹陛上樂奏迎神曲終舞生分班縱橫各八行舞三曲畢合班對立樂六章俱畢麾節各引所部仍前轉班下階分向左右各四轉四變而為八叅神四叩首散班

舞譜

關里誌曰鼓聲既嚴旌節前導魚貫而進列行於陛上左右相同聽節生唱奏雝和之舞則散而為佾聽唱樂止則聚而成列忽散忽聚部位不亂如兵家之陣法然凡舞東階者面東則西階者面西東階者面西則西階者面東又東階者用左手左足舞蹈則西階者用右手右足舞蹈其向背低昂周旋俯仰各各成偶不可亂也

凡立之容五

兩階相對為向內　兩階相背為向外　俱面正北為

朝上　兩兩相對為相對　兩兩相背為相背

舞之容二

兩階相顧作勢為向內　兩階相負作勢為向外

首之容三

舉面朝上為仰　俯首向下為低　左右顧為側

身之容五

起身正立為平身　曲其背為躬身　正立左右轉為

側身　轉過為回身　開左右膝直身下坐為蹲身

手之容五

一手高舉爲起手　順下爲垂手　前伸爲出手　兩手合舉爲拱手　相持爲挽手

步之容二

前邁爲進步　後縮爲退步

足之容七

起足前尖以足跟着地爲蹺足　起足後跟以足尖着地爲點足　進足稍前爲出足　膝前足後爲曲足

履位遷换爲移足　左足交右右足交左爲交足　反履底向上爲蹈足

禮之容十

屈身出手下踢為授　更屈身出手上承為受　拱手後退為辭　拱手向左右為讓　低首屈身拱手為謙平出兩肘拱手齊心為揖　低首屈身至地為拜　屈膝至地為跽　點首為叩頭　蹺一足屈一足拱手左右讓為舞蹈

舞生按譜作勢

凡舞合字四字欲遲工字六字欲疾上字尺字欲適中聽鐸既響兩階羽籥齊作進退俯仰象文德之容合歌

聲之妙而舞之能事畢矣

按佾舞凡六變初變在綴之中東西立象尼山毓聖五老降庭再變而為佾數稍前進象筮仕於魯而魯治三變而東西分象歷聘列國而四方化四變稍後退象删述六經告備于天五變而左右向象講論授受傳道于賢六變而復歸于綴中東西立象廟堂尊崇弟子配享

舞圖　照闕志註式

關岳祀典

乙卷初獻舞安和之舞

三十六

神

東

正立干居中戚下垂

西

正立干居中戚下垂

格

東

轉身向東干戚分舉

西

轉身向西干戚分舉

來

東

向東身蹲腿廣干平舉

戚斜銜左手上

西

向西身蹲腿廣干平舉

戚斜銜左手上

思

東

側首蹲身偏左屈雙足

干植地戚横

西

側首蹲身偏右屈雙足

干植地戚横

兮

東

轉身向西面微仰左足

少前干戚偏右

西

轉身向東面微仰右足

少前干戚偏右

風

東

轉身向東干側舉戚平

指東

西

轉身向西干側舉戚平

指西

東 馬 西

正面兩足並干正舉戚
衡左手上

衡左手上
正面兩足並干正舉戚

東 下 西

正面起左足干高舉戚
斜衡

斜衡
正面起左足干高舉戚

東 兮 西

正面身微俯兩足並干
戚十字居中

戚十字居中
正面身微俯兩足並干

東 靈 西

轉身向東兩足並干平
舉戚衡左手上

一舉戚衡右手上
轉身向西兩足並干平

東 旗 西

正面手微拱兩足並干
戚十字居中

戚十字居中
正面手微拱兩足並干

東 量 西

俯首左足虛立干左戚
右少垂

右少垂
俯首左足虛立干左戚

關岳祀典

乙卷舞安和之舞

三十七

東　幣　西

東：正面右足少前干戚十字向西微拱

西：正面左足少前干戚十字向東微拱

東　兮　西

東：身俯向西右足進前干戚偏左作肩負勢

西：身俯向東左足進前干戚偏右作肩負勢

東　初　西

東：正立干居左戚居右植

西：正立干居左戚居右植

東　陳　西

東：身俯面微仰兩足並干戚十字居中

西：身俯面微仰兩足並干戚十字居中

東　薦　西

東：正面右足虛立干植戚橫偏右

西：正面左足虛立干植戚橫偏左

東　芝　西

東：正面身微俯右足交左干戚十字居中

西：正面身微俯右足交左干戚十字居中

東 馨 西

東：轉身向西兩足並手推
出干植戚衡左手上

西：轉身向東兩足並手推
出干植戚衡左手上

東 兮 西

東：俯首身蹲左足少前干
戚偏右

西：俯首身蹲左足少前干
戚偏右

東 玉 西

東：正立干居中戚居右

西：正立干居中戚居右

東 卮 西

東：轉身向東身俯右足少
前干側舉戚衡左手上

西：轉身向西身俯右足少
前干側舉戚衡左手上

東 瞻 西

東：正面兩足並干戚十字
居中

西：正面兩足並干戚十字
居中

東 仰 西

東：俯首偏左左足少前右
足虛立干戚十字偏右

西：俯首偏左左足少前右
足虛立干戚十字偏右

關岳祀典

乙卷舞安和之舞

三十七

關岳祀典

乙卷初獻　舞安和之舞　三十八

東　分　西

轉身向東首俯起左足
干平舉戚斜衡左手上

轉身向西首俯起左足
干平舉戚斜衡左手上

東　明　西

正立干居左戚居右下
垂

正立干居左戚居右下
垂

東　威　西

轉身向西身微俯左足
交於右干戚偏右

轉身向東身微俯右足
交於左干戚偏左

東　儼　西

正面左足少前身微俯
東干戚偏右

正面右足少前身微俯
西干戚偏左

東　如　西

正面右足少前身微俯
東干戚偏左

正面左足少前身微俯
西干戚偏右

東　在　西

正立兩手高拱干正舉
戚平衡

正立兩手高拱干正舉
戚平衡

東 兮 西

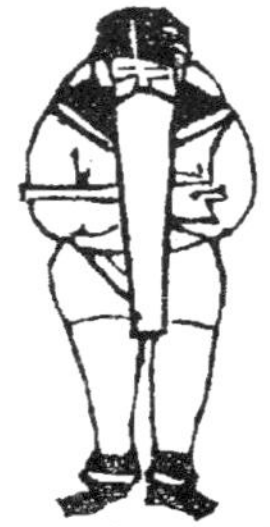

東：首微俯手微拱兩足並 干戚十字居中

西：首微俯手微拱兩足並 干戚十字居中

東 軒 西

東：正面干戚十字居中兩 足腿廣

西：正面干戚十字居中兩 足腿廣

東 墀 西

東：屈雙足俯首干居中至 地戚衡左手上

西：屈雙足俯首干居中至 地戚衡左手上

舞止

初獻全章六句

共三十三字

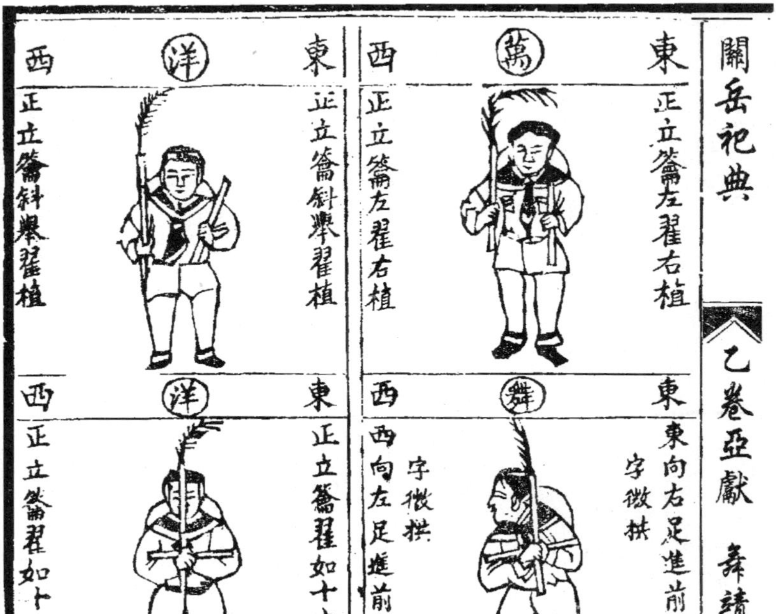
關岳祀典
乙卷亞獻　舞靖和之舞　三十九
東　萬　西
正立籥左翟右植
正立籥左翟右植
東　舞　西
東向右足進前籥翟十
字微拱
西向左足進前籥翟十
字微拱
東　兮　西
轉身向東兩足並籥翟
十字指東
轉身向西兩足並籥翟
十字指西
東　洋　西
正立籥斜舉翟植
正立籥斜舉翟植
東　洋　西
正立籥翟如十字
正立籥翟如十字
東　禮　西
轉身向東身俯右足進
前籥斜指下翟植
轉身向西身俯左足進
前籥斜指下翟植

關岳祀典　乙卷亞獻　舞靖和之舞　三十九

再

東：正面兩足並籥左翟右植

西：正面兩足並籥左翟右植

舉

東：身微向西點右足籥翟十字偏左

西：身微向東點左足籥翟十字偏右

兮

東：轉身向西左足進前籥斜衡翟直籥上

西：轉身向東右足進前籥斜衡翟直籥上

陳

東：正立籥平衡翟右植

西：正立籥平衡翟右植

觴

東：正立籥翟十字兩手拱上撫西

西：正立籥翟十字兩手拱上撫面

靈

東：正立籥翟十字俯首深揖勢

西：正立籥翟十字俯首深揖勢

關岳祀典

乙卷亞獻　舞請和之舞　四十

東　昭　西

正面身微蹲籥植過眉
翟横平額上

翟横平額上
正面身微蹲籥植過眉

東　昭　西

西向點左足兩手相並
籥翟植推向西

籥翟植推向東
東向點右足兩手相並

東　兮　西

身微蹲向東籥翟十字
兩手偏右微拱

兩手偏左微拱
身微蹲向西籥翟十字

東　既　西

身微蹲向西籥翟十字
兩手偏左微拱

兩手偏右微拱
身微蹲向東籥翟十字

東　留　西

轉身向東身微俯籥平
指東翟植

指西翟植
轉身向西身微俯籥平

東　庶　西

正立首俯籥左翟右植

正立首俯籥左翟右植

東　鑒　西

正面身微向東兩手籥
翟植推向東

正面身微向西兩手籥
翟植推向西

東　誠　西

正面身向西點左足籥
翟植推向西

正面身向東點右足籥
翟植推向東

東　兮　西

正面身蹲籥衡膝下翟
植

正面身蹲籥衡膝下翟
植

東　降　西

正面籥翟十字居中兩
足腿廣

正面籥翟十字居中兩
足腿廣

東　康　西

正面屈雙足籥翟十字
俯首深揖至地

正面屈雙足籥翟十字
俯首深揖至地

舞止

亞獻全章四句
共二十三字

關岳祀典

乙卷終獻　舞康和之舞　四一

東　名　西

正立籥下垂右手翟植
推出

正立籥下垂右手翟植
推出

東　世　西

正面身微向西少蹲兩
手籥翟植推向西

正面身微向東少蹲兩
手籥翟植推向東

東　兮　西

轉身向東籥下垂右手
翟植伸出

轉身向西籥下垂右手
翟植伸出

東　鏞　西

向東右足進前身微俯
籥斜指翟植

向西左足進前身微俯
籥斜指翟植

東　靈　西

東向右足少前面微仰
兩手籥翟十字微拱

西向左足少前面微仰
兩手籥翟十字微拱

東　炳　西

轉身向西左足少前面
微仰籥翟十字微拱

轉身向東右足少前面
微仰籥翟十字微拱

關岳祀典 乙卷終獻 舞康和之舞 四一

河

東：正立籥翟十字俯首深揖

西：正立籥翟十字俯首深揖

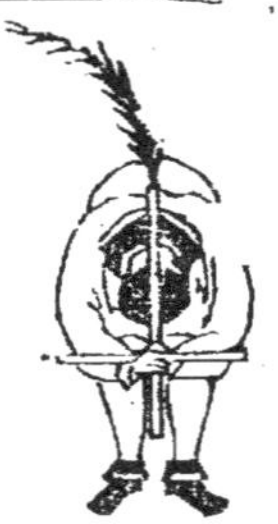

嶽

東：正立籥植過肩翟平衡如十字

西：正立籥植過肩翟平衡如十字

兮

東：正面身向東右足進前左趾虛立籥翟並植

西：正面身向西左足進前左趾虛立籥翟並植

日

東：正面右足交於左籥翟十字居中

西：正面右足交於左籥翟十字居中

星

東：正立籥下垂翟植

西：正立籥下垂翟植

祀

東：正立籥翟斜交

西：正立籥翟斜交

關岳祀典

乙卷終獻　舞康和之舞　四二

東　事　西

正立籥翟偏左斜倚肩

正立籥翟偏右斜倚肩

東　兮　西

正立籥植過肩翟橫平

額上

額上

正立籥植過肩翟橫平

東　三　西

正面右足交於左籥植

居左翟橫居中

居左翟橫居中

正面右足交於左籥植

東　成　西

轉身向東籥平指東翟

植

植

轉身向西籥平指西翟

東　肅　西

向東點右足籥後翟前

兩手植推向西

兩手植推向東

向西點左足籥後翟前

東　駿　西

向東身微俯籥前翟後

兩手植推向右

兩手植推向左

向西身微俯籥前翟後

乙卷終獻　舞康和之舞

東　奔　西

正立兩手相交籥翟並植

正立兩手相交籥翟並植

東　兮　西

正立身偏左籥翟十字兩手偏左微拱

正立身偏右籥翟十字兩手偏右微拱

東　廟　西

正面籥翟十字居中兩足腿廣

正面籥翟十字居中兩足腿廣

東　庭　西

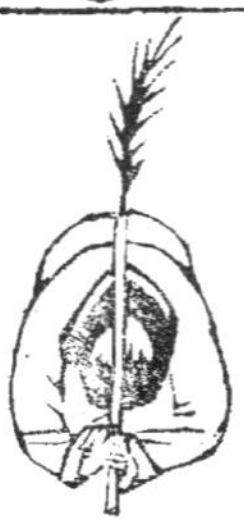

正面屈雙足籥翟十字俯首深揖至地

正面屈雙足籥翟十字俯首深揖至地

舞止

終獻全章四句

共二十二字

司樂林藻耀

司舞曾亦昌

遵頒恭校

祭前三日正獻官傳集樂舞生於禮樂廳演習庶八音克諧舞容中節

執事人數

監宰一人　監洗一人　監造祭物一人　省牲一人　收發祭器一人　收發樂舞器一人　分胙二人　正殿通贊二人　引贊二人　讀祝一人　司爵帛二人　分獻引贊四人　分獻司爵帛四人　司帳二人合共二十五人

司樂二人　麾二人　歌生六人　金部鏞鐘一人　鎛鐘一人　編鐘十六人　歌鐘十六人　石部特磬一人　編磬十六人　歌磬十六人　絲部琴六人　瑟四人　竹部排簫二人　篪二人　雙管二人　洞簫四人　龍笛四人　匏部笙簧四人　土部壎二人　革部賁鼓一人　走班鼓一人　楹

鼗一人　應鼓一人　楝鼓二人　鼖鼓二人　搏拊二人

木部柷一人　敔一人　司舞二人　節二人　相鼓一人

木鐸一人　文舞籥翟三十六人　旌二人　金鐸二人　武舞干戚三十六人　引導部三十五人　總辦禮樂事務二人

全樂合共二百三十八人

全樂步驟

詠蒹趙師錫編定

玉琳許榮華
藻耀林高翔
仝參校

東麾

聽通贊唱何章即舉麾升龍現高唱曰樂奏△和之章。欲勃然而起。悠然而長末稍加空韻

西麾

聽特磬響。即偃麾降龍現高唱曰樂止。欲颯然而去。

鏞鐘

迎神送神皆兩鼓一鐘，所謂鼓鐘送尸也。

鎛鐘

候東麾唱畢即打。每章皆然。凡作樂先鳴鎛鐘一聲，所謂金聲也者，乃一章之始條理也。

編鐘

十六枚，初起手聽祝止即打。每句須待鼓鳴三次，諸小鼓亦鳴完。即從容再打。一句一聲，宜按各句第一字之音。即擊所屬之鐘，如四字起調先擊四字之鐘，餘倣此。每奏一句之始，即擊一聲，以開衆音。乃一句之始條理也。又於初獻第一句前，須候讀祝文止唱叩首，然後再打。切宜關心，不可失儀。

歌鐘

亦十六枚。每句之始，聽編鐘鳴即打，一字一聲。宜聽歌聲所屬之音。即擊所屬之鐘，以開衆音，每句皆然，惟三獻禮要緩些為妙。此乃一字之始條理也。

特磬

每章聽樂敔畢即打一聲，所謂玉振之也者，終條理也。惟三獻禮須聽西節唱舞止即打。

編磬

十六枚。每奏一句之終，即擊所屬之音，逐句聽歌磬響，即打一聲，乃一句之終條理也。

歌磬

亦十六枚。每奏一字之終，聽歌聲所屬之音將終，即擊所屬之磬，均聽歌鐘響，以手按三下即打，正音曰三眼一板，南譜曰三寮四，一字一響，以收衆音，乃一字之終條理也。三獻禮須緩緩初献更緩爲妙。

琴

琴之指法最多，均非正聲。今雅樂指法甚簡。右手只用勾挑二聲，一按一散。散即其正聲，按即其助法也。以左手按徽，以右手鼓于臨岳之下，則達越之聲見矣。四字小間散挑七絃，大指按四絃九徽，上字小間散挑三絃，大指按一絃十徽，尺字小間散挑四絃，大指按一絃九徽，工字大間散挑五絃，大指按二絃九徽，六字小間散挑六絃，大指按三絃九徽，五字小間散挑七絃，大指按四絃九徽，仩字大間散勾三絃，大指按七絃六徽。

瑟

兩絃合一字，首尾各間六絃，四字第一絃與第六絃，上字第五

絃與第十絃，尺字第四絃與第九絃，工字第三絃與第八絃，六字第二絃與第七絃，五字第一絃與第六絃，五同四，仩與上同

鳳簫

一名排簫。左右皆八管。四字第一管，乙字第二管，上字第三管，尺字第四管，工字第五管，凡字第六管，六字第七管，五字第八管，仩與上同宮。

洞簫

四字放前五孔，上字盡閉，尺字放尾第一孔，工字放尾第二孔，六字放尾第四孔，五同四，仩亦同上。

雙管

按萩頭入口含吹，以吞叶深淺爲字之抑揚，兩管同一音，四字放尾第一孔，上字放尾第三孔，尺字放尾第四孔，工字放尾第

五孔，六字盡閉，五同四，仩亦同上。

龍笛

四字放尾第一孔，上字放尾第三孔，尺字放尾第四孔，工字放尾第五孔，六字盡閉。五同四。仩亦與上同。

篪

其聲極大，宜用氣吹，其管位與龍笛同。

笙

吸入按其孔則有聲，放其孔則無聲，兩孔合一字，如琴之仙翁音也。共十七枝，實乃十三管。四字六甲九，上字十一甲十二，尺字三甲七，工字二甲五，六字十甲十三，四五同宮。仩與上同宮。衆音無不皆然。

壎

此器難吹，急不鳴，緩不洪，仰口壓唇，徐噓有力，方得正聲。四字俯首盡閉，上字小仰首盡閉，尺字放下一孔，工字放前下一孔，左一孔，六字放前三孔，後一孔，五字盡放。仕與上同宮，何以能得高低之音，仰首重吹則高，俯首輕吹則低。

鼖鼓

臨祭迎送神，皆兩鼓一鐘，按一百二十聲，鼓止即止，不可再打。祭日及正習儀日，先擊頭二三鼓，各一百二十聲，頭鼓結尾一聲，二鼓二聲，三鼓三聲。初起手要緩緩，漸漸而中而緊，至末須結得緊快，少停然後打一下二下三下。

走班鼓擊法 札札者，兩手連擊鼙也，左手輕曰鼓，右手重曰鼕。

札札鼕 札札鼕 札札鼕鼕

第一通 鼓鼕 鼓鼕 鼓鼕

第二通　鼓鼕鼕、　鼓鼕鼕、　鼓鼕鼕

第三通　鼓鼕鼓鼕鼕、　鼓鼕鼓鼕鼕、　鼓鼕鼓鼕鼕結尾鼕鼕

楹鼓

樂奏一句之終，聽編磬止先響楹鼓一聲，應鼓應之。鼗鼓搏拊朄鼓尾之。凡三响、三應、三尾，每句皆然，至一章畢，以鼓槌連擊鼓邊者三。此乃全樂之綱領，切須從容為佳。

應鼓

聽楹鼓響即應一聲，凡三響三應，一章畢，楹鼓打鼓邊三聲，即緩緩應三鼓，聲鼕。、鼕。、鼕。

鼗鼓

聽應鼓響，即持柄左轉，使兩耳自擊三點以助之，蓋一句之收宮也。

楝鼓

聽楹鼓響應鼓應即打，初以右杖，次以左杖。至句則兩杖齊敲。

搏拊

亦聽楹鼓響應鼓應即打。初以左杖，次以右杖，至句則兩手齊拍。

柷

聽鎛鐘鳴，兩手舉止撞地一聲，次左之旁，次右之旁，共三。惟三獻禮須待東節唱畢即打。柷椎名曰止

敔

每章衆鼓鳴完，即舉籈擊其首者三，逆揉齟齬者三，以止堂上堂下之音。敔椎名曰籈

東節

惟三獻禮三章，聽東壁唱鎛鐘鳴，即揚節唱曰舞。和之舞。

西節

亦惟三獻禮，每章畢諸鼓既響櫟敔完，即抑節高唱曰舞止。

木鐸

惟三獻禮三章，一字一聲，須聽樂既發而歌鐘鄉音即搖一聲應一步，隨舞生所向東西俯仰之方位，以為舞容之節。

相鼓

亦惟三獻禮三章，聽鐸既響一字，即擊一聲以應之，均隨舞生所向東西俯仰之方位，以為輔鐸節樂也。

引導部步驟

龍旂

全部步驟，關於龍旂綱領，務宜熟讀歌章，按行地點，以免混亂。

凡班列於禮節樂和門，聽走班鼓響，即列行於蕞表之旁，候通贊唱迎神，即領歌樂生，由兩旁而出，歸中接駕合班，直入由香案前，分班出兩楹門，站立於舞定之旁，候唱送神，復由兩楹門而入，至香案前候叩首畢，合班直出中門送駕，復站立護衣兩旁，候正樂部作完，走班鼓響麾節出，方可散班。

宮燈

兩手平舉，燭火務須細心，東西均隨龍旂而行。

柏板

聽雲鑼響即歌，按左手抱三，右手執兩，一字一板。迎送神歌章與正樂部同

笙簧　雙管　洞簫　龍笛　以上四種均聽雲鑼鼓為起止，迎送神，簫譜亦同正樂部。

雲鑼

凡執雲鑼須讀歌章，聽通贊唱迎送神即兩鑼齊打，切勿高低，候鼓響再打，章畢不可亂打，切宜關心，此乃一字一鳴之始也。

鼓

聽柏板聲，即兩鼓齊打，切勿高低，此乃一字一聲，以收衆音。

提爐

理宜虔誠焚香，兩手平舉，東西各隨行。

掌扇

亦用兩手端方合執，東西各隨行。

繖蓋

凡執繖蓋生，切宜誠敬，兩手端方合執，方有尊崇，分班均[illegible]邊來，合班踊中出入，務須關心謹慎，勿直無闕。

凡絲竹匏土諸部，皆聽歌鐘磬爲起[illegible]先鳴鎛鐘，吹鳴[illegible]鐘。歌鐘不可悟聽。磬止即止。諸樂[illegible]盡微細心研究，庶幾八音克諧，無相奪倫，鳳儀獸舞[illegible]可復余有學識。

四上工尺
元陽運秀
工六上尺
忠义峥荣
四上工尺
炎鑪續復
工六上尺
平蕩邪精
四上工尺
千千截首
工工上尺
明檢鬼營
工六五工
三界五帝

魔大帝神咒附刊樂譜

工工上尺
二烝鐘英
仩六五六
日在天上
工工上尺
磅礴扶傾
仩六五六
神化萬寰

玉清大洞神咒附刊樂譜

工工上尺
萬萬剪滅
工六五工
不得容隱
上尺六工
列元上清

工六五工
亂膺帝命
上尺工六
心在身中
工六五工
萬魔摧滅
上尺工六
聖力潛通
工六五工
魔無干犯
上尺六工
金馬驛程
五六工尺上
急急如律令

上尺六工
爰畀堅貞
上尺六工
古今未有
上尺六工
三界伏形
上尺六工
嶶嘉帝號
上尺六工
鬼郎蕩傾
四上工尺
普告無窮

五六工五
聖威顯赫
上尺上四
天下尊崇
五六工工
禠殲妖祟
上尺上四
永護聖明
四上工尺
三官北斗
工工上尺
萬神咸听

關岳祀典　甲卷步驟

跋

關公忠義，其氣浩然。孟子所謂塞乎天地之間者也。故歷代崇祀且家尸而户祝矣。岳王矢志抗金，爲漢族鬚眉生色。清代抑而不彰，豈有所諱歟！民國肇造，關岳并祀，斯誠血氣之尊親，而介胄之楷則也。泉地原有關廟，并祀岳王。凡鍾鏞琴瑟、豆籩樽俎，廟董曾君亦昌一一印之於篇，使後之人有所觀感。昔太史公曰：適魯觀車服禮器，爲之低徊留之不能去，志一時之隆盛，俟千秋之興起，是即此意也夫！

中華民國三十一年十月　日

林騷

《跋》作者簡介

林騷（1874—1953 年），翀鶴弟，字醒我，又名叔潜，晚名半邨老人，同治十三年生。幼入二哥翀鶴塾館附讀，勤奮攻習。曾患脖頸瘰病，抱病三年，坐卧不安，依然手不釋卷。光緒二十四年，以第一名秀才進泉州府學，試卷得“句有驚天”的批語。光緒二十八年中舉人，光緒三十年與翀鶴同科考中進士。

林騷中進士後，授鎮江縣知事。任内耳聞目睹官場腐敗，遂無心仕途，退居鄉里。民國元年，任明新小學堂校長，同年 5 月執教昭昧國學。後被推任泉州公路局局長，未幾，退隱家居，致力詩文創作。他是近代泉州的著名詩人。主持“温陵弢社”多年，一生詩作四千多首，計十九卷，民國三十四年，自選七百餘首編為《半邨詩集》付梓傳世。在自序中他説：“比歲兵災寇禍，狐嘯魚赬。把酒問天，百憂如擣，乃竭餘微軀與詩相周旋。”民國十二年（1923 年）冬，有一越墻逃跑的挑夫，身負重傷，卧倒路旁，林騷將他藏匿在執節宫和洞靈庵，變賣家中古玩器物為其治傷，長達五個月之久，並作古風《挑夫嘆》，對被强行征召的挑夫的悲慘遭遇寄予無限同情，無情揭露統治者對征夫的凶暴殘忍。

林騷寫作詩文，極為嚴謹。他生活雖然清苦，但從不把詩文作為商品，媚衆牟利。他認為：“文字之貴，不在堆金砌玉，文過飾非，而是實事求是，褒貶得宜。”

泉州解放後，林騷被選為泉州市人民代表，積極參政議政。

1953 年，林騷去世，泉州市人民政府為他舉行隆重葬禮。

注：見新編《泉州市志》卷五十一《人物傳》，第 3839—3840 頁，中國社會科學出版社，2000 年 5 月出版。又見新編《鯉城區志》卷三十六《人物傳》，第 1267—1368 頁，中國社會科學出版社，1999 年 12 月出版。

卷八

籤詩

一 《泉郡通淮關聖夫子靈籤》

泉州通淮廟“關聖夫子靈籤”簡介

靈籤這一占卜形式是中國宗教文化的一個重要的内容和獨特的現象，在全國各民間廟宇中廣泛存在，並流傳到臺港澳、東南亞及世界各華僑聚居地。其中“關帝靈籤”流傳最廣，影響最大。現存“關帝靈籤”有兩種，一爲一百籤的“靈籤”系統，一爲一百零一籤的“聖籤”系統：

“靈籤”系統實際上是借用宋代早已廣泛流傳的“贛州聖濟廟靈籤”而發展起來的。該廟在贛州城外貢水東五里，故俗稱“江東籤”。借用後之“關帝靈籤”，趁着朝廷多次加封關羽的聲勢，反而比原江東籤流傳更廣，加上明清兩代衆多解籤人增加了“解曰”、“聖意”，以及籤名典故、“碧仙注”、“占驗”等欄目，使解籤更方便更通俗化，以致“關帝靈籤”完全取代了“江東籤”而流行於世。

泉州通淮關帝廟所刊行之“靈籤”，爲清光緒王鑁刊刻本，既保留了全國通行的“關帝靈籤”的基本内容，又在“占驗”欄目中增加大量泉州府信衆“抽籤”前後所謂“靈驗”的傳説逸聞，這些當然有荒唐不經的迷信内容，但客觀上却從一個側面反映出那個時代的民情風俗和庶民、士子的生活願望，有一定的歷史認識意義，可以説是泉州本土化了的“關帝靈籤”。

通淮廟還收藏有一部一百零一籤的“聖籤”，内容與“靈籤”完全不同，應是清康熙年間人假托關羽顯聖授予和尚善知識，并要求其“爲吾流傳於世”的。但因内容太過簡單，没有爲解籤人提供多少方便和資料，無法普及而束之高閣。

泉郡通淮關聖夫子靈籤

靈籤原序

古來惟氣之正者其靈能鑒是以吉凶禍福人莫知而神先察之然神能察而人亦可以知蓋觀於求神者知之夫神曷嘗付人以言哉而人不嘗受其命此文有存於誠者矣

關聖夫子漢忠義臣其氣正其神也
能鑒矣故民間行事莫不致誠以求
之而古之求神者用蓍蔡但以龜繇
爻象深遠難知雖卜筮人猶僅守占
二卜五以待衍忒至於定吉凶察禍
福惟至誠乃能洞然責之民間未必

家喻戶曉蓋其理隱矣後世因夫子忠義用詩百首俾人占驗彷彿著龜之意而得其數著者歟然往往有妄猜逆料而失乎詩之旨前人故特輯一編有聖意東坡解碧仙註及解釋占驗條分縷析庶乎可以至誠

而得悟焉但歷時以遠篇軸散失恭
因自肩剞劂之資刊刻成軸非特俾
求神者得所趨避實存
夫子之忠義靈應於萬世之後耳
晉江佛弟子林廷恭敬序
泉州塗門外田長保鄉
施唐望三男湘傑刻

聖籤之靈驗夫人而知之矣予　先君子
自咸豐辛酉興樂以後凡廟中春秋祀典
靡不親董其事方事當創始或日一至焉
或月屢至焉以故凡入廟之趨誠卜吉者
多常耳其事而深得其機一日恍然顧籤
而言曰　聖意之深遠其殆難以常情

測乎有馬姓者嘗占籤二十八籤竟以上林蛾冠軍補廩而詩題則爲相如題橋本王山人以事到泮入廟求籤後聞其鄉人籍如皋有王姓者嘗占籤二十七籤入場坐東號舍竟與江姓相連亦於是科入泮而詩題則爲江東得道然則占驗者徒在諸全詩之內其不可謂善

解詩者矣彼時所引述者不下十餘條茲
則日久漸忘不復記憶矣蔑邇來齋居無
事因於詩題一端詳加註釋復邀同郭君
金鰲及其族弟謀燦互相考訂逐首註明
俾得
聖鑒者觀象玩辭因題求解或
可於推測無從之下悠然而有會乎第家

少藏書尚未完璧惟望　博雅君子採輯
而增補之以匡籛不逮是亦仝一敬
聖之心也夫詮釋之餘并加占驗成書而
後剞劂獨肩區匕之情願閱是編者毋以
籛為好事也謹陳原委如此詎敢言序哉
光緒辛卯夏年通淮廟董事王　籛敬識

《泉郡通淮關聖夫子靈籤》

第一籤　漢高祖入關

大吉
甲甲

巍巍獨步向雲間
玉殿千官第一班
富貴榮華天付汝
福如東海壽如山

聖意

功名遂　福禄全　訟得理　病即痊
桑麻熟　婚姻聯　孕生子　行人還

東坡解

雲間獨步　拔萃超群　名登甲第
談笑功勛　終身光顯　皆天所相
禄厚壽高　意稱謀望

碧仙注

月裏攀丹桂　成名步玉畿
求謀皆稱意　萬事足無疑

漢高祖姓劉名邦字季，沛人也。其時秦法苛暴，天下皆叛。楚人項羽起義立懷王孫心。高祖率沛中子弟以從，諸侯兵皆合力攻秦，約以先入關者王之。獨高祖先入秦關，除苛法，與父老約法三章，秦民大悦。秦王子嬰素車白馬出軸道以降。

解曰

此籤謀望通達，無不遂意，但各有所主，官員占兹，有超越之喜；士人有功名之望；庶人不吉，若謀望求財者，有名無實，爲空虚也。

釋義

上兩句顯仕者之進身，出玉殿千官之上，壽山福海，皆天所付，不可易得，故不應占得此者，勢如騎虎。降得者吉，降不得，者反被所傷。千官或作仙官。

占驗

一士人問功名，占此。自謂非會即狀，久而始第，會試殿試，兩科通榜，序品皆第一。授官山東，由知縣歷州府司道，以致撫臺。皆不離山東。應在末句。

第二籤

張子房遊赤松

上吉 甲乙

盈虛消息總天時
自此君當百事宜
若問前程歸宿地
更須方寸好修爲

聖意

訟宜和　病宜禱　功名有　遲莫躁
求財平　問婚好　若妄爲　身莫保

東坡解

萬事乘除　隨時而處　否極泰來
事無齟齬　能保則吉　更當修爲
切莫妄動　萬福來宜

碧仙注

禍福從天降　心仁萬事宜
若還無妄作　災散禍消除

子房名良，韓國公子。自博浪沙事後，匿下邳。遊圯上，遇衣褐老夫墜屐命取，良跪進之。老夫曰：孺子可教。越五日授以太公兵法，謂後十三年，濟北谷城山下黄石即我也。後良佐高祖定天下封留侯，因感鳥盡弓藏，謝病歸，入白雲山師事黄石，號赤松子。

解曰

此籤謀望虛沓，不宜速進，且須待時，方可成就。婚則合，訟宜和，求財有，行人至，孕生女，病宜禱。大概以正心修德爲要。

釋義

盈，滿也。虛，空也。消，窮也。息，涣也。四者皆由天命，卜者當順受，不可妄爲。前程歸宿地，言目下功名期望遠大，必藉修爲乃得。病不可保，訟不可終，其曰君當百事宜者，蓋勉人修爲心地。至於宿地，乃縮千里於目前，跬步可至，此壺公授費長房之術也。

占驗

一少年患弱病，占此，殞殁竟棄人間，應在前程歸宿地一句。又一人問行人，占此。不數日其人兼程而至，亦縮地之應也。又一人問執業，占此。奔走四方，靡有生涯。後遇一選課者，傳授心法，乃混跡潯江，擇日自開館，研究趨吉避凶之術，頗精。上二句甚驗。

第三籤

賈誼遇漢文帝

中吉

甲丙

衣食自然生處有
勸君不用苦勞心
但能孝悌存忠信
福祿來成禍不侵

聖意

問名利　自有時　訟和吉　病瘥遲
求財平　婚未宜　宜謹守　免憂疑

東坡解

富貴前定　何須强求　徒勞心力
反致傷憂　事親待人　動合循理
天必佑之　有泰無否

碧仙注

隨緣安分　直道而行
心中無愧　自然和平

漢賈誼，洛陽人。文帝時河南守薦之，召爲博士，年二十餘，超遷歲中至大中大夫。請改正朔，興禮樂，上治安策。絳灌毁之，出爲長沙王太傅。誼既謫去，渡湘水作賦吊屈原。論者謂賈生，王佐才，遇漢文明主，終不大用，卒悲傷而死，豈非天乎！

解曰

此籤只宜守舊，不可貪求，但存中直，却得兩平。謀事遲，求財阻，婚姻可，風水更，孕將生，宜早保，免憂驚。

釋義

生處有者，戒人凡事依本分，不可貪得。處家孝悌，則內無怨；處人忠信，則外無怨，毒害消矣。交財未穩，婚姻主遲，是非口舌，主散爲宜，修身待時，不可徒勞心力，成字或作時字。

占驗

一生赴考遺才，占得此。得收録，應在衣食自然生處有一句。蓋宗師正科舉之生處也。又道光間，一人自恃有財，圖謀官爵，已捐同知矣。一旦忽欲詣省浙江候補，故到廟占此。人勸其作富家翁，不聽。旋赴該省候委，百計營求，始有差事，因延緩多日，尚未動身。大憲責其怠慢，截留改委。勞碌數年，金盡裘敝，歿於旅寓，不得回家。上二句之應也。

第四籤

小秦王三跳澗

下下

甲丁

去年百事頗相宜
若較今年時運衰
好把瓣香告神佛
莫教福謝悔無追

聖意

功名無　財祿輕　訟宜息　婚未成
病難愈　行阻程　若求吉　禱神明

東坡解

先凶後吉　時運將否　謀事無成
頓非前比　秉誠禱神　以求福祉
若無遠慮　悔無及已

碧仙注

好事連綿過　時衰禍漸來
頂天並拜地　庶可保無災

小秦王即唐太宗李世民。劉武周時被其部將尉遲恭所追，三跳澗而逃，幾乎不免。幸遇秦叔寶救之。

解曰

此籤吉事已去，凶將漸來，祈禱神明以保平安。官事臨身，是非自見。凡事謀望不成，求財交易不就，所爲皆不利也。

釋義

此言名利之機，禍福之由也。尤當預圖，免致噬臍之晚矣。今年時運衰，言謀事不利，眷屬不寧，但當側身祈禱，則變災爲福。凡事先凶後吉。運字或作漸字。

占驗

一人平日許下香願，後患病，占此。輒以未酬香願爲疑，不及禱而死。瓣香告神佛，福謝悔無追二語靈甚。

第五籤　呂蒙正守困

中平　甲戊

子有三般不自由
門庭蕭索冷如秋
若逢牛鼠交承日
萬事回春不用憂

聖意

財祿耗　功名遲　訟終吉　病可醫
婚宜慎　行人歸　待時至　百事宜

東坡解

榮枯有時　不由人力　泰運將亨
終於否極　月日子丑　凡事皆吉
如木遇春　轉見榮益

碧仙注

事有不如意　常存忍耐心
時來皆順受　福至禍無侵

宋呂蒙正字聖初，河南人，父龜圖與母不合，並蒙正而逐之。時貧甚，投跡龍門寺僧，鑿山岩爲龕，禁足不出，守困數年。太宗時舉廷試第一，三歷相府，以直道自持。拜太師致仕歸，纍封許國公，卒謚文穆。

解曰

此籤先憂後喜。三般者，心口意。十二時中却得衣食。官員主有遷移之兆，應在子丑。凶者漸吉，事皆可望也。

釋義

自由者，如意之謂。牛屬十二月，鼠屬十一月也。牛鼠交承，春氣將回之候，夏正建寅，萬物之生機寓焉。言人生壽富貴三般，得之不得，皆由天命，非可强求，子雖有於將來，而不能如意於此際，譬如秋景蕭條，庭户冷落，轉盼間而秋去春回，門第生色矣。人能順受天命，坐以待時，則當子丑交承之日，春風鼓蕩之際，不獨名利顯榮，衣食充足，即萬事亦無不遂意，又何足憂之有哉。

占驗

一生歲試，占此。居三等，驗在三般不自由一句。若值子丑寅月日又不當以此斷之。又有一生科試，占此。縣府院三處皆取。應子有三般。臨丁母憂，應門庭蕭索。又一生院試前占此。放榜之日竟取進，應子有兩字也。

第六籤 相如完璧歸趙

下下 甲己

何勞鼓瑟更吹笙
寸步如登萬里程
彼此懷疑不相信
休將私意憶濃情

聖意

功名無　財祿散　病難痊　防產難
婚不成　訟未判　行人遲　空嗟嘆

東坡解

凡事勞心　有退無進　謀望不成
懷疑不信　求合未合　將圓未圓
只宜守己　不宜變遷

碧仙注

兩下心平　中間卻好
先義後利　庶幾可保

戰國藺相如，趙人也。時趙有良璧，秦請易以十五城。相如奉璧入秦，而秦負約。相如將璧先使舍人懷歸，以理折服秦王，完璧歸趙。相如在趙，秦終不能勝趙。

解曰

此籤謂人類不齊，有陽爲君子，陰爲小人者，須防其面是背非之心。訟只可和，主有離間，凡事謹慎周密，庶不致敗。

釋義

占此者，名利難進易退，謀爲多困，彼此私情，互相離間，空勞無成。休將者，戒其去心地之疑，示人以信，則謀事自和矣。鼓瑟吹笙，小雅篇也。

占驗

此籤占凡事皆不遂意，科名亦然。惟有福建泉州府一增生占此，中副車，蓋應在寸步如登之句也。

第七籤

呂洞賓煉丹

大吉

甲庚

仙風道骨本天生
又遇仙宗爲主盟
指日成丹謝岩谷
一朝引領向天行

聖意

圖名遂　求財豐　訟得理　病不凶
行人至　夢飛熊　陰地吉　婚姻仝

東坡解

天生富貴　況得神助　凡骨成仙
昇騰雲路　庶人遇貴　財物皆聚
百事大吉　何必疑慮

碧仙注

問病三日内　須逢好手扶
若還求富貴　雲路是亨途

唐呂巖字洞賓，天寶十四年四月十四日巳時生，自號純陽子。由進士授江州德化縣令。私行廬遇鍾離真人，授天仙劍法，得九九數學金丹之術，居深山煉丹，丹成長生不老。多在湘鄂間，滕守宗諒常遇諸岳陽樓，自稱華州道人。

解曰

此籤貴人占之，有薦投之喜。士人占之，有不虞之譽。庶人占之，有百倍之利。若占病當有仙醫扶佑，在三七日内有效，否則凶。

釋義

呂洞賓，唐末避兵多遊湘湖梁魏間，稱回道人，亦稱守谷客，人皆目寓之。凡富貴者占此，事必遂意。諺云有錢十萬可通仙。若貧賤之人，勢力不勝，不應此籤，遇人扶持，事方亨泰，亦恐不久。病有仙遊之約，如遇一月，保可無虞。

占驗

世宗時，羽士陶仲文得此籤。後以方技遭際，歷官禮部尚書，封恭安伯。

第八籤

大舜耕歷山

上上

甲辛

年來耕稼苦無收
今歲田疇定有秋
況遇太平無事日
士農工賈百無憂

聖意

士領薦　人獲財　訟即解　病無災
問行人　即便回　謀望吉　喜慶來

東坡解

凡事求謀　昔否今泰　財運將亨
有喜無害　士農工商　悉逢嘉會
財物倍收　普均內外

碧仙注

時否今逢泰　尤當要守成
不論貧與富　自此盡亨通

帝舜有虞氏，瞽瞍之子。父頑母嚚。弟象傲。舜事親盡孝，小杖則受，大杖則走，恐陷親不義也。其耕於歷山，有象爲之耕，有鳥爲之耘，後受帝堯禪位。

解曰

此籤宜改圖謀利，凡百事貴賤之人皆有望。問病占訟，先憂後喜。孕生男，風水吉，利子孫亨嘉也。

釋義

酉戌亥月日，美中不足，主田土之累，或病疾之憂。占者多事，而遇太平反處無事。耕稼無收，年來之否也，定有秋，目下之泰也。占此先凶後吉，訟與功名，秋期捷勝。

占驗

一生歲攷，占此。案居三等，應太平無事四字。蓋三等乃平遇地位也。又一生類考占此。案居一等，因起復候廩，應定有秋一句。

第九籤

宋太祖陳橋即位

大吉
甲壬

望渠消息向長安
常把菱花仔細看
見說文書將入境
今朝喜色上眉端

聖意

名與利　必到頭　訟即勝　病即療
孕生男　婚可求　行人至　百無憂

東坡解

謀望已久　忽得好音　音書到手
喜在目今　利有攸往　財獲千金
所謀遂意　凡事稱心

碧仙注

行人若久望　只在三日至
自去自回歸　不出百日内

宋太祖，時匡胤仕周爲檢點。世宗崩，子恭帝立，僅數歲。奉命往伐河東。兵至陳橋，部下將士以主幼政亂，勸太祖即位。初不許，後乘太祖醉卧，以黄袍加體，乃引兵回京，受周恭帝禪位。

解曰

此籤謀事尚遠，自己心急，他人不知。若問遠行，只在百日之内。婚姻有期合，病者宜請禱。大概空虚無實也。

釋義

望，待也。長安，帝畿也。文書入境，有喜信也。若代人問名利，主日下帝畿内有佳音來報。本身自占，名利則是虚喜。

占驗

消息菱花與見説喜色，無一字着實。凡百謀望，皆空指望。占者詳之。又一女子占夫子之信，得此籤。果有家報至。

第十籤

冉伯牛染病

周冉耕，字伯牛，魯人，孔門弟子。以德行稱。有奇疾將死，孔子甚痛惜之。曰：斯人也而有斯疾也！後世追封爲鄆公。

下下

甲癸

病患時時命蹇衰
何須打瓦共鑽龜
直教重見一陽復
始可求神仗佛持

聖意

名難圖　財祿失　行人遲　訟未息
病留連　求神佑　莫貪求　宜守舊

東坡解

命運多蹇　疾病連綿　但須修省
託在蒼天　直須冬至　禱神方痊
凡百謀望　作事必全

碧仙注

無妄遇凶災　陰人口舌來
一交生日後　漸漸笑顏開

解曰

此籤大意曉然，欲惡人知悔過。若問病訟，十月方可，不然莫解。若作非爲，禍患立至。主家神不安也。

釋義

一陽復生，即有喜之義，泰來之兆也。交生誕冬節候，名利漸亨，謀爲遂意，只當避害向善，慎勿妄動。君子占之，當式微之運，倚剛正人爲援，則立身行己不爲小人排陷。小人占此，亦宜斂退，不可進陵君子。病訟過前半月無事爲幸。

占驗

一生考遺才，占此。不取，應在何須打瓦一句。又一士考後占此，中二十二名。蓋十一月冬至乃一陽未復之候，而重見者，恰符二十二也。此第三句之驗。

第十一籤　韓信功勞不久

下下　乙甲

今年好事一番新
富貴榮華萃汝身
誰道機關難料處
到頭獨立轉傷神

聖意

莫貪求　名未遂　財祿平　訟不利
病者凶　事不濟　問行人　多阻滯

東坡解

命運難亨　亦不如意　吉中有凶
事實無濟　切莫貪求　出外不利
如或妄動　福消禍至

碧仙注

作事須宜慎　人心隔肚皮
用心防險算　百事自相宜

漢韓信，淮陰人。佐漢高帝定天下，虜魏、破趙、降燕、下齊、滅楚，建十大功勳。初封齊王，高祖深忌其能，僞遊雲夢，執解降封。淮陰侯仍不自損抑，務伐己功，致有殺身滅族之禍。亡年僅三十二歲，雖有功勞，不久於人世。

解曰

此籤宜更改，方得財祿。要知足，不可與人共事，恐機事不密，反成禍敗。官有旌麾之喜。孕生男，亡有超拔之喜，訟者勝，婚不吉。

釋義

此籤却要知道，吾人處世當見機而作，今年命運，雖吉未吉，似亨未亨。若問孕生男，終難長養，底於有成。難料言事有變幻。凡事占之，徒勞心力，若强爲，到底無益。立字一作力字。

占驗

一生到省考遺才，占此。不録，至返家時乏騎步行，應轉傷神也。又兩商人同往茶山採茶，多年蝕本，欲收場未決，故託人占此，或勸再做，一信之，一不聽，遂拆股。其一人將資本携歸，中途得病，到歲杪尚在旅寓獨宿，末句驗甚。一人再整。適茶葉失收，但人心太寒，無敢買。彼獨廣購，果大有獲。後因轉贌洋船乃敗。全詩俱應末句。到頭獨立，巧極，轉傷神三字尤妙。

第十二籤 蘇武牧羊

中平 乙乙

榮爲期望在春前
誰料秋來又不然
直遇清江貴公子
一生活計始安全

聖意

求名遲 財未至 病改醫 訟宜息
行人歸 孕生貴 顯宦遇 方吉利

東坡解

作事遲疑 求財未遂 臨江貴人
望之如意 萬一他求 徒勞心志
且謹踐修 以俟時至

碧仙注

凡事苦難成 好處反傷情
好人爲主宰 謀望盡皆亨

漢蘇武字子卿，杜陵人。天漢初，以中郎將使匈奴，被留，吃雪咽氈，杖節牧羊。居海邊十九年得還，拜典屬國。宣帝立，賜爵關内侯，圖形麒麟閣。

解曰

此籤先憂繼疑，最後始定。謀事須託旁人扶持，或官場或紳士，方能有成。訟宜休，病擇醫，直到秋散後，始寢安全，慎勿亂聽讒言，信任非人可也。

釋義

營爲在春間，主多遂意，交至秋分則否。大抵始吉終凶。清江貴人，謂遠方貴顯之人也，遇之扶持，則百事遂意，舍此他求，徒勞心力。財貨至秋必主消廢，訟有變，主貴人和解。

占驗

一士問終身，得此籤。久而不遇，至晚年，有淮安宦家聘爲西賓，大有所得，其家居在清江浦，方悟籤語之靈。又一人自泉渡臺收賬。去時與妻約三月便回來，後經年不歸，其妻遣人占此，及回家時，計其外出之月，恰與牧羊之年數適相符合，籤意之巧如此。又光緒庚辰歲試，林生與友三人合占此，依序猜，榜發惟林取進，蓋生年最長，故籤言一生是始者。

第十三籤　姜太公釣魚

中平　乙丙

君今庚甲未亨通
且向江頭作釣翁
玉兔重生應發跡
萬人頭上逞英雄

聖意

時未亨　宜守舊　遇卯日　名利就
病遲愈　守終利　行人歸　事終濟

東坡解

命運當蹇　萬事遲疑　且宜守舊
藏器待時　年與月日　逢卯則宜
或遇望日　方稱所爲

碧仙注

孕男婚不成　守舊莫紛争
不貪與不妬　平安福禄生

周姜尚，字子牙，汲人。先世封於吕，亦曰吕望。避紂亂，居東海之濱，釣於磻溪。文王聞其賢，聘爲師。後伐紂興周，武王稱曰尚父，封其子丁公於齊。

解曰

此籤君子占，有五年之厄。庶人占，有五年之難。若能守己，轉禍爲福，不宜進，圖更改，休問訟，免是非也。

釋義

江頭釣翁，指吕望未遇時釣於渭濱。及西伯後車之載，則萬人上英雄矣。君今，指卜者説。未亨通，言目下未遇，有五年之厄，是由庚至甲也。若能守己待時，至卯年月，則轉禍爲福，士人高擢，庶人發福，且不但卯年月日遂意，若望日，則玉兔重生，亦應。

占驗

一孝廉會試，臨考占此。有爲之斷曰：不獲大喜，必遭奇禍，以萬人頭上決之。及至就試之日，被人衆擠倒仆地，踐踏而死。又一生甲午年卜秋闈，斷曰必中。言今科值甲午，必亨通，主甲未聯捷，後果如其言，應在甲未亨通四字。又光緒三年，晉江縣張氏有兩子俱應童試，其父占此。榜發，惟卯年所生之次子入泮，此固玉兔重生句之驗也。

第十四籤 郭華戀王月英

下下

乙丁

一見佳人便喜歡
誰知去後有多般
人情冷暖君休訝
歷涉應知行路難

聖意

始雖易　終則難　名利失　病未安
訟反復　孕生女　行未歸　事多阻

東坡解

事望團圓　反生齟齬　人多不情
恐難憑據　只宜自省　無爲他誤
戒之戒之　且疑且慮

碧仙注

乍喜反成憂　虛花總不收
世情多反復　守己是良謀

胭脂記：宋郭華，洛陽人。往汴京赴試，因戀胭脂鋪女王月英之美，落第不歸，羈留汴京，與之約期私會。屆期，王月英至，郭華酒飲醉，推擠不醒，乃解弓鞋藏華懷中而回。華醒時見鞋，悔恨仰吞而死。是可爲出門不知遏欲者戒之。

解曰

此籤先喜後憂，不宜放肆，大概親而又疏，合而復離，歷涉險阻，竟無成就，兢兢業業，庶免後悔。

釋義

大抵此籤，好事難成，親中招怨，惹禍難免。婚不宜成。占此不可託人，宜自周旋，免得後日之悔。白樂天諷諫曰：行路難，不在水兮不在山，人情反覆間是也。應字或作方字亦通。

占驗

一士父母爲之求婚已，私占此，不敢竟白。後果因貧富久而不諧。大禮將畢，而復悔晚矣。

第十五籤　張君瑞憶鶯鶯

中平

乙戊

兩家門户各相當
不是姻緣莫較量
直待春風好消息
却調琴瑟向蘭房

聖意

婚未合　訟未決　名利遲　音信缺
孕難生　防口舌　非知己　莫妄説

東坡解

兩意未合　宜可待時　防憂與患
謹慎愆非　直待來春　萬事方佳
若或妄動　徒勞心懷

碧仙注

兩家未合　百事難諧
門户可慮　猶恐成乖

唐張拱，字君瑞。因事出蒲東，寄寓普救寺。寺之西廂，有崔氏母女寄焉。即君瑞之中表親，女名曰鶯鶯，有絶色。會值淫寇之亂，崔母許以：如能保護，願將女妻焉。君瑞出爲護持，乃免於難。後崔母背盟，君瑞思憶成疾，識者謂其不出道所致也。

解曰

此籤名不成，利不就，婚不合。凡事却待新春方始稱意。若妄作，反勞心力，終不能如人心願也。

釋義

各相當者，謂情不能諧也，主骨肉有言語口舌之傷。俟其物换人移，方得妻子和合，父母克諧。若或妄爲，徒勞無益。直遇寅卯辰年月日，名利皆有，百事合宜也。

占驗

一人春間往楚經商，卜此。自謂秋間必返，及到彼因事羈留，剛到明春抵家，末二句驗甚。

第十六籤 王祥卧冰

下下
乙己

官事悠悠難辨明
不如息了且歸耕
旁人煽惑君休信
此事當謀親弟兄

聖意

訟難明　和爲貴　功名無　行人至
婚未成　病有祟　財莫貪　終無利

東坡解

訟事未決　且宜從和　旁人煽惑
平地風波　慎勿輕信　自投網羅
謀之兄弟　誰能奈何

碧仙注

埋頭莫向前　時違休怨天
貴人垂手援　亨通到百年

晉王祥，字伏徵。臨沂人。性至孝，事繼母極恭謹。母欲食生魚，天寒冰凍，祥赤身卧於冰上求之。其冰立解，得雙鯉持歸。人以爲孝感云。後官至太保，進公爵。

解曰

此籤訟事未便，以和爲貴。名利全無，婚姻未當。凡有謀望，且待來時，有人煽惑，莫輕信也。

釋義

問訟顯然宜和。士人占之，功名未遂。官員占之，主難進步，有礙前程。蓋明有神非，幽有鬼責，財利難求，營謀寡效。凡事待時，不宜聽信讒言萋菲之説。兄弟謂至親之人，當謀之以決疑惑也。

占驗

一監生科舉，卜此，見遺。後其弟新授例到監，偕弟同懇人司，成，得以續取。此事當謀句驗甚。

第十七籤　石崇被難

田園價貫好商量
事到公庭彼此傷
縱使機關圖得勝
定爲後世子孫殃

下下　乙庚

聖意

事悖理　訟必傷　名利未　亦如常
行人阻　病宜禳　且謹慎　保安康

東坡解

事依本分　自有前程　若用機關
反害其身　如作交易　當合人情
倘或妄作　難保安寧

碧仙注

交加二字必虛勸　若問財時必見侵
凡事只宜退一步　須知守己得安寧

晉石崇，字季倫。爲城陰太守，伐吳有功，封安陽鄉侯。財業豐積，室宇宏麗，庖膳窮水陸之珍。與王愷以奢靡相尚。後爲交趾採訪使，有美女名緑珠，以珍珠十斛買之，藏於金谷，被趙王倫窺見，乃以計害崇。冀得緑珠。及崇被害，緑珠墜樓而死。

解曰

此籤切須依本分，自有前程，如有機關反成害己利人。凡謀望自家商酌方好。名利未遂，宜守平常，行人有阻。病可禳，婚難成，謹保安康。

釋義

此言訟不成。凡事循理而行，不願乎外，自得亨利。子孫殃者，言本身無事，家口多難。占此謀望參商，功名阻滯，切宜自安本分，莫置度外，恐有彼此是非。

占驗

一人卜米價，是年米不貴。又桐城内一士人，有螟蛉子弗受駕馭。一日偶督責之，竟逃去莫知所之。其父百計圖謀，終無踪影，迨占此之後，乃於勝果鋪尋得，帶回家裏，旋染怪病，破費許多，未弱冠而夭亡。三四兩句之驗如此。

第十八籤 孟嘗君招賢

中平 乙辛

知君指擬是空華
底事茫茫未有涯
牢把脚根踏實地
善爲善應永無差

聖意

名利難　終則有　病禱神　訟勿鬥
行人遲　事難就　且向善　祈福佑

東坡解

作事未成　空自指擬　且宜緩圖
急則損己　更宜向善　禱神求安
轉禍爲福　可免多端

碧仙注

本分二字到處諧　虧爲妄想便生災
財源未遂徒勞力　且宜向善保亨來

戰國孟嘗君，姓田名文。嘗謂其父田嬰曰：家纍萬金，門下不見一賢者。後其父卒，孟嘗君立在薛招致諸侯賓客及亡人有罪者皆歸焉。孟嘗君舍業厚遇之，以故傾天下之士。其時門下食客數千，無分貴賤，一與交等。

解曰

此籤不宜妄意求謀，無事空自指擬，定必有損。切宜向善，祈禱神靈，轉禍成福。事有多般。功名無，訟勿鬥，行人遲，財難就。問善保安，乃爲上策。

釋義

空華，謂事無成也。未有涯，亦空也。凡事宜緩，不宜妄動。求名利者，難得易失。若從善事行去，則是脚踏實地無失處。善爲善應，言天之報施，並無差謬。如遇禍患占此，能修省向善，自然轉凶爲吉，而天必佑之矣。

占驗

一道人遇寇欲趨避，占此。潛隱草廬中，得脱去。是應脚根一句。又一人被訟占此，有司公出，不得歸結。是應底事一句。又一生占此，秋闈不中，是應第二句也。

第十九籤　劉智遠得岳氏

上吉　乙壬

嗟子從來未得時
今年星運頗相宜
營求動作都如意
和合婚姻誕貴兒

聖意

作事吉　名利遂　婚姻成　訟得理
孕生貴　行人至　病易安　皆吉利

東坡解

久困沉埋　時運今泰　作事有成
名利俱快　更無阻滯　宜爲買賣
士人占之　前程遠大

碧仙注

時來時去有其時　但要平心任所爲
自此謀爲皆隨意　孕生貴子旺宗枝

劉智遠，沙陶人。初爲節度使岳彦真軍校時，彦真奇其貌，以女妻焉。後仕晉，爲邠州太原節度。契丹滅晉，中原無主，智遠乃即帝位，改國曰後漢，仍稱天福而不改元。

解曰

此籤不問貴賤，皆有和合之象。謀爲各事，從今以後可成就也。

釋義

作客經紀曰營，與人索取曰求，要爲此事曰動，力爲此事曰作。凡事交秋來新運，自然無阻。無子者得子，無官者得官，始雖頗相宜，終則滔滔順也。從來未得時，有兩義。占者在得意之日，反不應此，在失意之日，許應此。又當推年命歲運，相合詩意爲美。

占驗

一生占秋闈，得此，下第。蓋頗宜者，猶未甚宜也。試畢，以歲者準貢，是小事吉也。又先兄諱晴光，己亥科試，占此。自解曰，誕貴子，是生子已完，果入泮，爲縣學生員。及咸豐癸丑元旦，又占此，復自解曰，誕貴兒是此生已完矣，果於是年三月卒。又余門人王景星，亦占此入泮，蓋童生占之則吉也。凡占科名，逢未年必捷，應未便得時也。

第二十籤 嚴子陵登釣臺

下下

乙癸

一生心事向誰論
十八灘頭説與君
世事盡從流水去
功名富貴等浮雲

聖意

訟終凶 止則宜 名利輕 病擇醫
行人遠 婚遲疑 凡作事 且隨時

東坡解

凡事未决 且宜緩圖 時勢縱吉
未有神扶 凡事退省 終保無虞
更加修福 可履亨途

碧仙注

險人求險地 説話險心腸
有人牢把作 凶事得安康

漢嚴光，字少陵，餘姚人。少有高名，與光武同遊學。及光武即位，遂變姓名隱身不仕。帝令訪之。後齊國書云，有一男子垂釣池中。帝疑爲光，遣使聘之，三反乃至，除諫議大夫，不屆，耕富春山。帝遂其志，爲建釣臺。東漢高士稱第一焉。

解曰

此籤得之，外履程途險阻，終不大吉利。訟終凶，止則吉，功名輕，行人遲，婚未成。凡事到底不吉，宜謹守可保安也。

釋義

始雖履險地阻，中多反覆。心事向誰論者，嘆不得逢貴人之意焉。十八灘，屬贛州，灘名惶恐，難也。占此，主大事已去，有包羞含耻之纍，但當修省，功名富貴，雖有機會，終亦難就，切勿妄想，只宜謹守。凡事照占者審之。病不可保，孕不可得。

占驗

一人買僕，占此。後僕逃去，應世從流水一句。又光緒間安溪縣一生歲試，占此。後惟草索取録十八名。此係第二句之應也。又晉江縣郭姓問二子孰得入泮，占此，俱失意。此乃第四句等浮雲之驗焉。

第二十一籤　孫龐鬥智結仇

下下

丙甲

與君夙昔結成冤
今日相逢那得緣
好把經文多諷誦
祈求户内保嬋娟

聖意

事無成　病禱愈　出不宜　訟有理
冤報冤　求神解　若欲貪　終必敗

東坡解

舊有夙冤　作事隨緣　急宜向善
方保安全　力行好事　心契上天
變凶爲吉　出自福田

碧仙注

前因損害用心機　只怕中間有險危
財物存留防耗散　更憂人口得傷悲

戰國孫臏，齊人。龐涓，魏人。同師事鬼谷子。孫臏之學，優於龐涓。涓爲魏將，與臏鬥智，輸而忌之，乃以計刖其足。後孫臏假作顛狂得脱歸。齊成王以爲師，將兵伐魏。用減竈添兵之法賺龐涓，追至馬陵道埋伏，用萬弩射死之。

解曰

此籤舊有夙冤，問事無緣，訟凶。貴人占之不吉，庶人占之不利，行人未至，謀望不成，若問病宜禱謝。財物散，不吉利也。

釋義

凡事雖有好機會，終無成。諺云：無緣對面不相逢是也。婚姻不足説。若貴顯庶人占之，皆有變更，不可妄爲。行人望前有歸音至，病者在望前難過。嬋娟，陰像也。若朔日占此，主陰人是非，謙恭以保之，勤儉以待之，則天佑之矣。望日得之，不如此。

占驗

一典鋪媳病，占此。後其婦譫語曰：我前世爲盜，所得物俱質汝家，今來安亨汝財，速與酬神可保無恙也。後果其如言。又一生鈔襲便文騙進。因覆場文筆大相刺謬，幾於見黜。後宗師把他經取之文，多誦數遍，不忍割愛，畢竟無恙。方悟籤語明言與君夙昔結成冤，無有他慮焉。科名之事，猜此即合，君占别物，慎勿輕決。

第二十二籤 李太白遇唐明皇

上吉 丙乙

碧玉池中開白蓮
莊嚴色相自天然
生來骨格超凡俗
正是人間第一仙

聖意

訟決勝　名易成　病即愈　財即盈
婚姻合　貴子生　家道成　百事亨

東坡解

事易明白　不假人爲　更宜出入
切莫遲疑　士人占之　高攀桂枝
一切謀望　宜趁明時

碧仙注

更宜出入莫遲疑　士子高舉折桂枝
婚合自然生貴子　萬般謀望趁明時

唐李白，字太白，成紀人。性倜儻，善詩歌。天寶中，召見金鑾，論當世事，詔供奉翰林。明皇愛其才，欲官之。會高力士以脱靴爲耻，讒於楊貴妃，輒爲所沮，遂浮遊四方，寓情詩歌。

解曰

此籤可謀財，可望事，若有現成，不圖自至，不勞心力。訟已決，名利成，病則愈，婚則成。凡事皆成就也。

釋義

花在上，實在下，功名謀望，若在晚景求財得之，不勞心力。早年未遂。病即愈，有孕吉，無孕凶，問婚得舊配，問孕生女。謀事夏秋則吉。碧玉池中開白蓮者，乃仙所有，有疑是空談之説，占者慎之。

占驗

一生聞憐邑考童生，欲往，占此。後爲彼地所逐。路見一觀音坐白蓮，竟買之而還。又余表叔陳内史府試，占此籤名册。果結第一名，應在末句也。又泉州有一副貢生，鄉試占此。竟中式。蓋應正是兩個字。

第二十三籤

吳王愛西施

下下

丙丙

花開花謝在春風
貴賤窮通百歲中
羡子榮華今已矣
到頭萬事總成空

聖意

名與利　似虛花　訟不勝　病愈加
婚未合　行人賒　事無就　徒咨嗟

東坡解

凡百謀望　有成有敗　始雖快意
終竟成害　吉中有凶　否生於泰
若不斂藏　後憂方大

碧仙注

此簽大不終　花開遇烈風
不利老人占　病訟盡皆凶

吳既滅越，越王勾踐卑詞請成。卧薪嘗膽，果報會稽之仇。與大夫范蠡、文種謀，乃選民間絶色西施女進之。吳王夫差甚嬖愛之，至於亡國。

解曰

此籤求望有成有敗，初快意，終有害。吉中有凶，否中有泰，不善斂藏，後憂更大。名利虛，訟宜散，病防老，人爲凶。婚未成，行人遲。失物之憂，大不吉也。

釋義

富貴窮通，四者循環得失不久，如花之開落無時也。今已矣者，言凡事泰必復否，否必復泰，乃數之極，變之始也。但占者不爲泰所移，不爲吉所困，斯爲人定亦能勝天。病防老者，路防失財，婚防有别，孕必生女。

占驗

一生未遇時占此，自謂無發達之日。後入場坐空字號，遂得中榜，應在總成空之句。聖詩微妙不易測。又泉城内郭生有子得病，延兩醫，一名榮觀，一名今先，因寒熱争辨，遂入廟占此。猜者謂，今已矣，決不合。勉其託榮觀調治。至年終果愈。此又羡子榮華到頭總成之驗矣。

第二十四籤 張騫誤入鬥牛宮

中平

丙丁

一春萬事苦憂煎
夏裏營求始帖然
更遇秋成冬至後
恰如騎鶴與腰纏

聖意

名利有　莫躁爲　詞訟解　婚姻宜
行人遠　病瘥遲　富與貴　自有時

東坡解

春日謀望　事多不成　夏秋冬月
始見光亨　更宜出入　福禄豐盈
營求如意　時至即行。

碧仙注

如舟上高灘　險後得平安
勞心勤苦過　財氣不艱難

漢張騫，城固人。武帝時奉命使大月氏，開西南夷。嘗乘槎直上天河，入鬥牛宮，見一女子手弄金梭，旁有一石，問之不答，惟云可問嚴君平便知。君平蜀人，精天文術數。往詢之，云此天孫織女也。石名支磯石。

解曰

此籤先難後易，官員占之，有超擢之喜。士人占之，名利晚成。凡諸謀望，只是後好。訟終解，婚姻宜，行人遠，病難好。凡事可爲，自有成就也。

釋義

昔人一欲富，一欲貴，一欲仙，一欲腰纏十萬貫，騎鶴上揚州。時揚州吏最稱富貴仙也。但此人有是說，無是事。欲求名利者，皆安於義命，不可妄爲。凡事夏秋冬俱遂意，惟春則不利也。

占驗

一人謁選占此。自謂必得揚州爲官矣。乃選得河南信陽州知州。陽與揚同音，恰如二字之驗。

第二十五籤　唐明皇遊月宮

中平　丙戌

寅午戌年多阻滯
亥子丑月漸亨嘉
更逢玉兔金鷄會
枯木逢春自放花

聖意

訟多憂　終則息　名利遲　婚姻吉
孕欲保　作福力　問行人　歸有日

東坡解

春夏秋時　作事遲疑　直至三冬
百事咸宜　卯酉月日　降福孔皆
待此謀望　枯木花開

碧仙注

謀事難成未可誇　枯木逢春始開花
敗了又成離又聚　不宜共事與陰家

唐玄宗與方士羅光遠於八月十五日秋宴。光遠取桂枝杖向空擲之化爲大橋，其色如銀，斯時與帝同登遊，入月宮，見有霓裳羽衣之女歌唱，調新奇，帝默記其譜，以教太真。

解曰

此籤作事遲疑，至三冬乃通。卯酉日月，作事得時，如枯木開花。謀望各事，不勞心力而成。以寅午戌三者爲凶，亥子丑年月日爲吉。若謀事決宜審時，不得妄動。訟終息，名利遲，婚姻吉，行人歸矣。

釋義

十二支干，凡寅午戌，人事有阻，不可進取，反是有禍。遇亥子丑漸見亨嘉，至卯酉大吉，名成利就，取青紫如拾芥。凡事先看年月以詳，命運正合亥子丑卯酉等字則遂意矣。君子得之主仕，小人得之逢恩赦至。

占驗

一人久病，占此。夏日請醫來遲，問何以遲？曰看日食。問，何爲日食？對曰，日月交會也。病人大悟籤語，曰：吾病必痊矣，一劑而愈。

第二十六籤

邵堯夫告天

中吉

丙己

年來豐歉皆天數
自是今年旱較多
與子定期三日内
田疇沾足雨滂沱

宋邵雍，字堯夫，範陽人。於書無所不讀，精天文易數，程子稱爲振古之豪傑。遇苦旱，焚香告天，爲民祈雨，謁盡誠敬。經王拱辰、吕誨等屢薦不起，卒六十九，贈秘書省著作郎。元祐中謚康節。

聖意

名與利　今雖損　若遇時　便返本
訟可解　病得安　婚即合　行人還

東坡解

吉凶天數　目下多迍　直得時至
如木逢春　禱求皆應　定時三辰
謀望必遂　好事相因

碧仙注

吉凶天數竟如何　且待時來福氣和
祈禱定應三日内　管爲好事入門多

解曰

此籤謀事先損後遂，問病星運未順，目下多悔方吉，病遇庚甲日安。訟即解，名利難，行人三日内必至，婚未成，求財無。凡事不利。

釋義

富貴皆有天數，非人力所爲。凡百謀望爲厄，於時勢尚未順利，定期三日内，言後必有變也。庚者，事之變，前庚三日爲丁，後庚三日爲癸，二字則變凶爲吉，名成利就。又當謹修於始，不可妄動，病宜祈禱，子有三胎。大抵虚名而少實也。

占驗

一生秋闈占此，三場連日皆雨，竟得中榜，應末兩句也。又一生屢試不利，晚年與其子同考，出場後甚得意，命其子代占得此，益喜。有爲斷曰，決應抽者，次句自是兩字已説明。其父不信，親到占，復得此籤。斷者不辯。榜發，其子取進。方悟初次果應自是兩字。迨親身往占，乃示以與子定三字。

第二十七籤

江東得道

下下

丙庚

世間萬物各有主
一粒一毫君莫取
英雄豪傑自天生
也須步步循規矩

聖意

訟莫興　病審醫　名與利　聽天推
婚未定　行人遲　凡作事　安分宜

東坡解

富貴分定　切莫强求　若或妄取
必有後憂　且宜守舊　更勉進修
心行平等　自獲天庥

碧仙注

守分方可遇　欺凌必反災
妄爲難自保　依理福田來

錢塘羅隱號江東，唐末舉進士，求官不遂，立意修道。尋遇異人傳授心法，因而得道，故能開口成讖。嘗遊泉州，乞食於羅裳山下，鄉人慢之，江東畫馬於石，每夜出踐田谷，鄉人知而請罪焉。乃畫椿樹以繫馬，遂不踐。至今遺跡猶存矣。

解曰

此籤只宜守分，不可妄爲，若要謀事不可以强凌弱，以富壓貧，稍涉欺凌，反成災害。訟必和，名利有，財難求，行人有阻，病宜禳方可，婚不宜也。

釋義

名利近不可得，遠大難就，言萬物各有所主，戒占者不可以强凌弱。且富貴貧賤，自有分定，若妄爲損其德行，安望名利之遠大哉？此籤大抵當循規矩，自獲天祐，病者勿藥而自愈也。

占驗

江東神廟有大樹一株。明太祖皇帝欲伐之，初占此籤，猶爲偶然，復占仍得此籤。遂驚嘆以爲神異而置之。又一新科舉人占得此，春闈大捷，應步步二字，若間一科者不利。又余族人王生歲試，占此。入場坐東廊號舍，與江生隔鄰爲道，題解得竅，果入泮。蓋上三句末明示『主取生』三個字，至結句第六字復暗藏一員字之義。

第二十八籤 相如題橋

上吉 丙辛

公侯將相本無種
好把勤勞契上天
人事盡從天理見
才高豈得困林泉

聖意

病與訟 久方解 名與利 姑少待
若失物 尋必在 雖漸困 終必泰

東坡解

榮華富貴 勤苦得之 目下雖困
後必逢時 切勿自怠 更勉修爲
人事已盡 天理可知

碧仙注

但存平等心 所作皆無慮
若不勤謹修 歡處必生事

漢司馬相如，成都人。未遇時嘗過橋，見貴者車馬喧騰，慨然曰：大丈夫當如是。因題橋以見志。作子虛、上林賦，武帝讀而善之，召見以爲郎。會唐蒙驚擾巴蜀，遣相如責之。上乃拜相如爲中郎將。後有人上書，言相如使時受金。失官，居歲餘，復召爲郎。

解曰

此籤吉利，凡事切莫嘆息，要須修心向善，自有好處。問訟久方決，名利達，失物尋在，病宜祈保，行人還，求財得。

釋義

人之富貴，勤苦可得，豈限白屋朱門之説，所謂本無種者也。目下雖困，而未逢時，切莫嗟嘆，但當勇爲。若才高而人事已盡，則天必假手薦拔，不求而自至矣。名有天理之報，財有守時之益。凡事只當循乎理法，不可妄爲也。

占驗

一士人林某問終身，占此。後習武不利，加納爲泉州府牧，終於任。又馬生歲科試，皆列三等，及占此，乃加考古學，竟以擬上林賦冠軍，遂得補廩。

第二十九籤

司馬温公嗟困

上上　丙壬

祖宗積德幾多年
源遠流長慶自然
若更操修無倦已
天須還汝舊青氈

聖意

天福善　産貴子　病者安　訟得理
名必得　仍得利　行人歸　皆得意

東坡解

善惡胚胎　由人自栽　修善者泰
積惡者災　若能修持　福自天來
依舊榮華　自有安排

碧仙注

積善之家　必有餘慶　子孫衆多
門户昌盛　好修福禄　前程順應

宋司馬光，夏縣人，池次子。寶元初進士，纍官端明殿大學士，因嘆民困，上疏極言新法不便。哲宗初立，召拜左僕射。罷青苗法。人謂元祐相業，有旋乾轉坤之功。卒贈太師，封爲温公，謚文正。

解曰

此籤士人占之大吉，官員占之高擢，庶人占之終有發達。訟得理，病易安，婚必成，名利遂，行人即回，凡事如意，但要修身積善方好，不可着急也。

釋義

凡事多得遂意，此皆祖宗積德所致，若果能順理而行，去其欺害，則天之報施，决然不爽。青氈者，舊物也。運乃失而復得，否而復泰也。操修或作修爲。

占驗

一士以文考黜，占此。下科竟復優等，應在四句。又晉江王生，其祖父素世與攷不利。即生自己，府縣試亦曾取結前茅，而院攷仍無名。光緒乙亥，將應院試，入廟禱祈，占此。自謂無望，迨榜發，竟取進。因該生頗寒，欲作青衣，苦於無力，不已，轉向親朋借舊者所用。至簪掛日，諸同案皆衣冠蹌濟，而彼獨穿舊青衣，始悟。

第三十籤 柳毅傳書

中吉 丙癸

奉公謹守莫欺心
自有亨通吉利臨
目下營求且休矣
秋期與子定佳音

聖意

利雖有　莫妄作　訟宜利　病勿藥
名待時　婚有約　但存心　安且樂

東坡解

公平處己　切莫自欺　福禄雖有
暫且待時　若要進取　未可施爲
凡百謀望　秋以爲期

碧仙注

先難後易莫相欺　謀望營爲秋得宜
謹守定應多福禄　且須以緩待其時

唐柳毅下第，歸至涇陽，遇一女子溺而涕零。自云洞庭龍女，嫁與涇陽，遭婿暴辱。出書一封，託寄洞庭。毅以不能入水爲辭，女云：湖邊有柳樹一株，摇之當有所見。及至摇樹，果水中有人出，爲持書去，俄邀毅入龍宫。洞庭君以女妻焉，後不知所終。

解曰

此籤目下不宜妄取，只宜守己。官員占之，必有憂疑，若能謹守，方得吉利。士人占之，且待時來。庶人占之平順。病宜服藥，訟宜和，婚有約，謀望先難後易，不可躁進，安分守己，秋月方佳也。

釋義

貴人占之，有刑憲。士人占之，進取未遂，秋期方有佳音，宜好學養重。凡事占之，當正道而行，待時而動爲要。

占驗

一人少入公門，存心忠厚，久無所遇，占得此籤。至秋偶與一貧士結親，聘其女爲媳。日後其母貴顯，此人父子因而致富。又泉州有林生占財氣，得此籤。未幾賈客郭秋期官，一林姓店夥無故自服毒身死，林生與認同親出，爲調停，因此得酬金二百。蓋神已先知之。又一生占功弟病得此，未歸家而中途忽聞凶信，是第三句之驗。竹坪王鑀敬識

第三十一籤　蘇卿負信

中吉　丁甲

秋冬作事只尋常
春到門庭漸吉昌
千里信音符遠望
萱堂快樂未渠央

聖意

訟漸理　病漸康　財始達　名始彰
行人近　婚姻良　家道吉　福禄昌

東坡解

凡事謀望　秋冬平平　春來謀望
次第光亨　遠行有信　所作皆成
家道清吉　可保安寧

碧仙注

凡事營求名以成　春來次第自通亨
門庭吉利皆平善　財物相應漸漸生

漢蘇武，字子卿。使匈奴，被留十九年。有一番女奉侍甚勤，子卿納之，與生三子，歸時約其再往。迨到中國後，不克踐約。二子奉母命來請，蘇卿置而不顧，番女所由責其有節而無信焉。世謂聚猩猩之女非也。

解曰

此籤秋冬平平，逢春求財謀事，只宜漸進，不可急切。行人至，訟必理，病漸安，婚欠成。凡謀事緩則安康也。

釋義

凡百謀望，秋冬尋常，至春方可。求名者，秋闈未遂，春闈及第。千里信音，宜遠不宜近，宜緩不宜速也，若躁進有害。萱堂，母氏也。快樂，無恙也。大抵此籤言家眷有慶餘，須看時令，合則吉，乖便非。

占驗

一生占秋闈不中。應秋冬只尋常也。若占春闈則有可望。又晉江鄭姓，倘弟戍杭城，城陷，衆皆謂死。其母患之，占此。不數日，同往者有人逃歸，始知尚在。越年季春，乃以計脱，方得回家。全詩俱驗。

第三十二籤

周公解夢

下下
丁乙

勞心汩汩竟何歸
疾病兼多是與非
事到頭來渾似夢
何如休要用心機

聖意

訟終凶　名未通　病者險　財亦空
婚未合　是非叢　行人阻　事無終

東坡解

事謀不成　徒自勞心　口舌立至
福患來侵　不如退步　暫避山林
處其所在　可遇知音

碧仙注

謀望事多嗟　徒勞心力賒
若求婚與利　口舌見交加

（光緒版原籤缺）

解曰

此籤問病不利，訟不好，謀事皆不如意。主口舌之憂，事雖有成，後必有敗，空勞心力，只宜安分，不可妄爲也。

釋義

謀爲動作，是是非非，何有歸一，徒弊精神，無益於己。且事以謀而成，以謀而敗，到底不吉，如春望一番，有名無實也。占者作事，可已則已，如不可已，則當循理而行，使盡心力而爲之，後必有災。正六月防有疾，老者難保。

占驗

凡事占之，多不吉利。因詩句無一字可人意。惟有天啟甲子科，山東應試三人同占得此籤，意謂俱登科，解元名丁乙，乃悟此籤首數是丁乙，三人者合當中丁乙榜，丁舉人也。又同治乙丑，補行甲子鄉試，福建主考丁紹周。當未點差之先，晉江黄生乳名頭，問科名，占此不解。迨中試後始悟，亦丁乙到頭四字之驗。

第三十三籤　莊子慕道

中平　丁丙

不分南北與西東
眼底昏昏耳似聾
熟讀黃庭經一卷
不論貴賤與窮通

聖意

訟莫爭　病難愈　名與利　莫貪求
問行人　信尚阻　能修善　有神助

東坡解

吉凶禍福　報應分明　若人祈禳
如谷應聲　無分貴賤　宜養精神
定則能應　福自駢臻

碧仙注

是非莫管　一任紜紛
見如不見　聞如不聞

莊子名周，蒙人。爲周漆園吏。其學無所不窺，楚威王聞其賢，遣使厚幣迎之。周曰：千金重利，卿相尊位也，子獨不見牲牛乎？我寧遊戲，以浹吾志焉。慕清静無爲之道，師事老子，著南華經等書十餘萬言。

解曰

此籤不宜妄想，只宜守舊，自有成處。不意反成得意，無望反成有望。宜謹守，所爲不可自專。訟莫興，病宜禱，利莫貪，行人阻，若修善，自有神助也。

釋義

不宜妄動，佯爲聾鼓，是非莫管。黃庭經，道書也。士人占之，但當明其道，不計其功，貴賤窮通，付之大數，則天必祐之矣。

占驗

一生會試將揭榜，占此。竟不第。又一人問終身，占此。後中年失明，妻子俱喪，寄居道院，至老安康，眼目反明，此熟讀庭經之應也。又光緒乙酉年晉江一文會十餘人，於鄉闈前同占此籤。榜發，惟王生取中第四名經魁，始悟黃庭經一卷五字之驗。又一朱生將應院試，亦占此。入場竟坐東號舍，有爲解曰：逐句之末，暗藏東廊卷通四字。後果入泮。

第三十四籤 蕭何追韓信

中平 丁丁

春夏才過秋又冬
紛紛謀慮攪心胸
貴人垂手來相援
休把私心情意濃

聖意

訟解憂 病漸瘳 財祿散 忌遠謀
行人動 婚莫求 防口舌 免愁悶

東坡解

一歲營謀 未有發達 必得貴人
垂手提携 漸漸亨通 可免激聒
莫信私人 巧語鬥謀

碧仙注

訟則憂兮病不瘳 財物耗散莫相謀
行人動作婚難就 口舌須防免唧啾

漢蕭何，沛人。韓信，淮陰人。時漢王燒絶棧道，部下將士逃亡甚多。其時信歸漢，逃去。何知之，連夜追信回。翌日，王知怒曰：將士逃亡過半，不聞丞相有所追，獨追信，何也？何曰：大王如無意東伐固罷，若與楚争天下非信莫當其任。乃拜信爲大將。

解曰

此籤空虚，指望無成，徒勞自己心力，謀事不就，所爲虚費工夫，營求未有發達，若得貴人提携，漸漸亨通。莫信私言巧語，方免聒聒也。

釋義

一年之内，謀爲紛紜，徒然勞苦，若得貴人提挈，只宜逐去私慮，專心靠他，始得亨通。若惑於婦人之言，或因他事之累，則彼此之間，互相猜忌，事便無益。占者得之，防口舌，名利休問。

占驗

一人出外抽豐，其父在家占此。其子客居數年，竟空手而回，所得盡付花柳之費矣。

第三十五籤

王昭君和番

下下

丁戊

一山如畫對清江
門裏團圓事事雙
誰料半途分拆去
空幃無語對銀釭

聖意

訟終凶　宜謹防　病者險　主重喪
行人阻　財有傷　婚不合　謹行藏

東坡解

墳宅雖吉　命運未通　家門招禍
好事成空　夫妻離散　骨肉西東
凡事不遂　有始無終

碧仙注

始終未必不貪圖　到底須知力枉勞
設得十分奇巧計　却防中路被風濤

昭君姓王，名嬙，字皓月，歸州人，漢元帝宮女。得罪畫工，爲點崩夫痣，致不見帝幸。昭君以才貌雙全，自傷不見知。會匈奴求婚，乃自上書請行。臨去之時，步入掖庭，顧影舞袖，君臣相顧失色，然不能失信於單于，故遣其和番，而斬畫工毛延壽等計二百餘人。

解曰

此籤墳宅雖吉，命運未遇，謀事到底成空，先吉後凶，有始無終，須防有死亡之患，訟必凶，病主險，求財無，行人有阻也。

釋義

一山對清江，言風水雖合，但命運未通故也。門裏團圓之事，半途分拆，骨肉離散。名成而敗，利得而失，若人有見識之智，不待時之過，中勢之極盛，先爲趨避之計，則晚節末路可保無虞。占家宅親病必危，問行人有阻，凡事欠順。

占驗

一人妻病，占此，遂亡。應半途云。一堪輿託薦於富室，彼已有先至者，應門裏云。兩人各爲異論，與主家不合，皆不用而返，應半途空幃云。又一婦人，產後未滿月，母子得病，占此。不數日俱亡，應事雙雙兩句也。又一家兄弟兩人，將應試，仝占此。後俱進庠，蓋誰料半得佳字。途拆去僅存走馬，二者合成進字，故宜其入學也。

第三十六籤　羅隱求官

上吉　丁己

功名富貴自能爲
偶着仙鞭莫問伊
萬里鵬程君有分
吳山頂上好鑽軀

聖意

名與利　在晚成　訟得理　病漸亨
問遠信　阻行程　婚可合　孕將生

東坡解

富貴分定　遲速有時　藏器以待
切莫怨遲　掀天事業　時至即爲
若到天邊　便可決疑

碧仙注

榮華有分　未得其時
他人早達　切莫恨遲

唐羅隱，字昭諫，錢塘人，工詩，稱爲羅江東。吳越錢鏐辟爲從事、節度判官副使。嘗説鏐討朱温，縱無功猶可保杭越。奈何交臂事賊，圖謀顯達，爲終古之羞乎！著作甚多。

解曰

此籤不可躁進，欲速則不達。富貴遲速有時，若在家則困苦，出外則震亨，不宜守室。訟得理，名利晚成，行人阻，婚必成，病漸安，先凶後吉也。

釋義

窮通得喪，出於偶然，各有其時。凡事成之必在於後。鵬程，名利之程。吳山，即吳越之山。高宗即位，播遷至越，功名之會南至於此，以應選，占者亦當進圖功名。好鑽軀者，謂占其用否之兆，自能爲者，要在人當修爲以待時，不可委於時之未至嗟嘆也。求財南方有，北方不穩。

占驗

一浙中人，父子因兵亂失散，占此。因上吳山卜卦至廟門，見有父尋子招貼，遂訪見其父，其驗如此。又龔廣文將應院試，占此。時學政吳伯新，尚書也，果入泮。

第三十七籤　邵堯夫祝香

中平　丁庚

焚香來告復何辭
善惡平分汝自知
屏却昧公心裏事
出門無礙是通時

聖意

訟和吉　病禱安　名有望　財頗難
婚可合　行人還　宜向善　保團圓

東坡解

作善降祥　作惡降殃　何必禱神
當自揣量　公心莫昧　勉爲善良
前程遠大　可保安康

碧仙注

爾欲陷人而自陷　欺心暗裏鬼神知
若能改善求天福　轉禍爲祥事事宜

宋邵雍，字堯夫。年三十從父徙居河南。於書無所不讀，精易理天文數，居慎，凡所祝香，皆爲國爲親之事，未嘗私禱及己也。初除試將作監，主簿不起，繼除潁州團練，推官不就。卒贈秘書省著作郎，元祐間謚康節。

解曰

此籤顯然説主家人有害人之心，而又受人之害，若能悔過，則吉。訟宜和，病祈福，求財少，名利難，婚可合，只要心正，無事不吉也。

釋義

人之爲善爲惡，人雖不知，己所獨知。若使欺其不知而欲害之，不惟不能害人，抑反爲人所害，不可不戒。占者當公平正大，不可暗昧欺人，則凡事亨通而無阻滯。大抵此籤戒人爲惡，勉人爲善也。

占驗

一人公門不利，占此。乃棄去爲商，大獲厚利。應在第三、四句。又晉江鄭生將赴院試，占此。後果入泮。末句驗甚。

第三十八籤 孟姜女思夫

下下
丁辛

蛩吟唧唧守孤幃
千里懸懸望信歸
等得榮華公子到
秋冬括括雨霏霏

聖意

莫問財　休鬥訟　行未回　病亦重
婚無成　多怪夢　且禱神　勿妄動

東坡解

作事無聊　空自惆悵　縱得好音
依然淒愴　謀望不遂　心神徒送
家道未安　禱神陰相

碧仙注

不宜問事不宜行　九日常憂十日驚
一段榮華如一夢　翻來復去總無情

孟姜女，秦始皇時人。夫范杞郎，派作長城，久役不歸，故思之。

解曰

此籤主有死亡之憂，哭泣之哀。訟休問，病有險，財莫求，婚難成，行人不至，謀事凶多吉少。秋冬占之，大不吉，縱有虛喜，終是大憂。

釋義

計出無聊，獨守孤幃，又聞秋聲唧唧，能不惆悵耶！千里懸懸者，目下謀爲不遂。榮華公子到者，亦是虛名而無實事。雨霏霏者，言是非喪服之累。喜未完，憂繼之。占者大抵不吉，秋冬尤宜謹之。秋冬括括，或作秋風括地。

占驗

占功名必得，但恐憂繼之。然所應又有不同。有一生占此入學，抵家遭妻之喪。又一生占此中式，旋時則值淫雨連綿。

第三十九籤　陶淵明賞菊

下下　丁壬

北山門下好安居
若問終時慎厥初
堪笑包藏許多事
鱗鴻雖便莫修書

聖意

病擇醫　訟宜解　求財無　圖名寡
婚宜審　行須待　謹修爲　過必改

東坡解

靜處安身　不堪比匪　欲保終吉
作事謹始　毋惑人言　切防害己
勿輕傳信　暗中有鬼

碧仙注

好把工夫作吉鉉　有時暗地結姻緣
對面好談心曲事　莫將隱奧與人傳

晉陶淵明，字元亮，在宋名潛，世號靖節先生。少好高尚，博學善文。宅邊有五柳，自號五柳先生。後爲彭澤令。郡遣督郵至縣，吏白當冠帶見之。嘆曰：吾不能爲五斗米折腰。即解印去，賦歸去來辭以見志。性愛菊花，每清晨必賞之。

解曰

此籤只宜守舊，不可妄想，謀望遲，且待時至，還須退步，方得安寧。病擇醫，訟宜解，求財無，婚宜審，行人阻，謹慎修爲，庶幾得以長保。

釋義

戒人安身靜處，慎擇交遊，防閑詐僞言，他人包藏禍心，久欲中我，我則付之一笑，但當作事謀始，謹慎修爲，勿囂囂口舌，以招禍非。莫修書，言欺詐之不可爲也。處訟宜和，求財以信，有病者不保守，則死亡必至。末句或作好修書，欠妥。

占驗

江右一貴人，寓金陵，卜壙葬父，占此。後屢擇不中。因出麒麟閣觀地，偶見門外一山，遂問鄉人山名，對曰北山。即得佳地，乃悟首句之驗。

第四十籤

漢光武陷昆陽

上吉

丁

癸

新來換得好規模
何用隨他步與趨
只聽耳邊消息到
崎嶇歷盡見亨衢

聖意

名終成　訟得勝　孕生男　保無病
行人回　婚宜定　事須遲　有餘慶

東坡解

謀望更改　修爲盡好　何必依人
自可遠到　須歷艱難　必獲好報
平步青霄　榮捧恩詔

碧仙注

好把工夫換新般　門庭增喜轉眉攢
文書到手皆成就　宜訟宜婚病亦安

漢光武帝劉秀率兵至昆陽，王莽命王邑、王尋將兵百餘萬，並驅虎豹犀象以助軍威。光武兵僅數萬，自將步騎千餘爲前鋒，破其前軍，諸將激進，莽兵大潰。會大風雨，虎豹股慄被殺，尋邑遁去，盡獲其車馬輜重。東漢之興，賴此戰也。

解曰

此籤謀望更變盡好，莫聽人言，閑是閑非，何必依人，自可達到。名後成，訟得勝，孕生子，保無病，行人回，婚宜定。凡事宜遲，必有餘慶也。

釋義

百事規模，多主更變，名利遲遲，若能歷涉艱難，必獲薦拔，平步青霄，榮棒恩詔，以處順境。占者只宜守己，不可隨人是非，以招禍患。始孕生女，次孕生男，自用則吉，用人則凶。

占驗

吳下一富生，隨友南京援例，占此。後因循花柳，金用過半，而事不成。後遇耿姓年誼，稍爲青口，竟以儒士得中鄉試。應在後三句也。

第四十一籤　劉文龍求官

中吉

戊甲

自南自北自東西
欲到天涯誰作梯
遇鼠逢牛三弄笛
好將名姓榜頭題

聖意

訟無定　終有遇　病多憂　擇醫愈
信即到　婚終好　凡所謀　慎勿躁

東坡解

若求名利　先難後有　白日青雲
必在子丑　聲譽顯赫　題名榜首
百事亨通　顯然有後

碧仙注

歷涉艱難　求謀未遂
富貴榮華　顯達在後

野史劉文龍，漢時人，學問極淵博。因求官而同王昭君出塞和番，與妻分別十八年，回時家中老幼俱不相識。

解曰

此籤妄意事務，皆無定準，須緩求之，方有成就。訟必反覆，婚有三變之說，遇子丑日，或姓蕭之人方可。功名初年難望，病多變，信能到，婚姻好，名利得，必待子丑年方得顯達也。

釋義

人生志在四方，欲到天涯不得人指引，靠人無力，前程有阻。遇鼠逢牛三弄笛者，謂子丑年月日，自有貴人援擢，聲譽洋溢，名登金榜矣。問婚姻，得葛姓之力。占病，有死之兆。凡事守之，必遇子丑二字方遂。此籤大抵始難終易。

占驗

一生甲子科，占此。鄉會連捷，是應遇鼠逢牛四字。蓋占科名，凡遇子丑年必捷也。惟泉州一生科試，占此。場內經題自西自東二句，放榜時剛值子月丑日，竟列在三等首名，全詩之驗如此。

第四十二籤

董永賣身

中吉

戊乙

我曾許汝事和諧
誰料修爲汝自乖
但改新圖莫依舊
營謀應得稱心懷

聖意

病更醫　訟改圖　名與利　換規模
婚別議　行人遲　謹修爲　神力持

東坡解

神許和合　自乖所爲　急須更變
方得其宜　心行正直　毋好自欺
若能悔過　天必相之

碧仙注

只好從新莫依舊　自然百事稱心神
莫愁中路無成就　當遇舟航涉利津

漢董永，千乘人。少失母，獨養父，流寓孝感。父亡無以葬，乃從人貸錢一萬，日後無錢還，當以身作奴。葬畢，道遇一婦人求爲永妻，永與俱詣錢主，令織縑三佰疋以償，一月而畢，辭永去，乃曰：我天上織女，緣君至孝，帝令我助君賞債。言訖凌空而去。

解曰

此籤宜更改，問婚當有再合之意。訟宜和則吉，孕生男，求利改圖方好，病更醫，功名未遂。凡事更改方稱意。

釋義

凡事只當遷改，不可蹈襲故常，積弊至蠱。名利未遂，若因改圖，庶幾提携有人。向之自乖者，今得寧矣。營謀或作榮華，未妥。

占驗

一生久困，文場不利，占此。遂改武學，後奉聖旨文科許中武生一人，此生竟聯捷成文進士。應以改圖而遇，仍獲所求也。

第四十三籤　玄德公黃鶴樓赴宴

中吉　戊丙

一紙官書火急催
扁舟速下浪如雷
雖然目下多驚險
保汝平安去復回

聖意

功名遂　求嗣歡　病訟險　終必安
失物在　行人還　婚宜遠　利不難

東坡解

官書火急　激聒之兆　目下雖驚
終無紛擾　有神陰扶　收功談笑
來往平安　吉星高照

碧仙注

先驚未是驚　後喜方爲喜
若問謀事多　連綿無定止

漢劉備，字玄德。獻帝時群雄割據，曹操挾天子令諸侯，玄德未得西川，藉荊州託足。周瑜計請赴宴，設伏挾討。幸孔明授趙雲密計，得免於難。此係俗傳，考史赤壁合兵拒操時，瑜計請玄德，設伏欲害之，因見關公在場不敢動手。

解曰

此籤先凶後吉者，謀望終有好處，病者虛險，自然解散。大事成，求官遂，問訟好，婚姻不難，失物還，行人至，凡事大吉。

釋義

火急催者，主有激聒是非，占者目下驚恐，到後無事。新病易瘳，久病難保，凶事化吉，大事變小。求名利者，有疾病是非之累，方應其占而得選舉，否則難遂。回字或作來字。

占驗

一生會試，值以人命構訟所阻，占得此。後司憲見而奇之，許令應試，遂中春榜，全詩皆應。此籤凡占問病，無有不瘳者，惟道光間一人患中瘋症，占此。後雖平安，但病根終不能除耳。是去復回之應也。

第四十四籤

王莽篡漢

中平

戊丁

汝是人中最吉人
誤爲誤作損精神
堅牢一念酬香願
富貴榮華萃汝身

聖意

事多錯　訟莫作　病禱神　且勿藥
婚莫求　行未還　能自悔　利名全

東坡解

心行平等　反誤爲非　急宜改過
切莫自欺　盡誠作福　神必佑之
榮華富貴　付汝非遲

碧仙注

萬事皆從忙裏錯　但將心地細思量
若能謹守無他望　可保終身大吉昌

王莽，字巨君，漢孝元皇后之侄也。以國戚一門貴顯。莽繼叔父遺烈，當成襄平帝享國不永，統嗣三絶，位居宰相，封新都侯，假行仁義，自比伊周，弑平帝立孺子嬰，竊周公之法，攝位改元，竟移漢祚，國號曰新，後被漢兵所殺，傳首京師，百姓争食其肉。

解曰

此籤防有横逆事，若能改過則吉。凡事且忍，不宜躁進。訟莫作，利未有，婚莫求，病禱神。行人未歸，能悔過，名利雙全也。

釋義

吉人，善人也。言人雖善，作事差謬，所輔非人，作爲皆誤，但能堅心向善，謹而行之，則富貴可得，終身榮華矣。占者不宜欺妄輕躁，先自知戒，可免其悔。求財無利，求名未亨。萃字或作在字。

占驗

一生本富人子，性傲不敬其父，屢中副榜，占得此籤。改悔行孝，父子俱安，亨壽以終。倘不能改，豈惟不中，禍將不免矣。全首之意，顯然能改過，勝酬香願矣。又咸豐年間，郡西華仕鋪，端午節土著循俗例迎木刻龍頭，與東佛鋪民口角，邑尊聞知，飭差嚴拿。該鋪惟奇仕宫香火甚盛，老尼有錢，怕累，因到廟占此。迨事情完局，富貴之家，分文不肯看破，衙門賠禮等費，悉萃老尼之身。第四句之驗如此。

第四十五籤　高祖遇丁公

中平

戊戊

好將心地力耕耘
彼此山頭總是墳
陰地不如心地好
修爲到底却輸君

聖意

心既好　地亦美　病即安　訟得理
財勿求　且守己　行人至　終有喜

東坡解

好心修地　莫用他求　但依本分
可獲天庥　勿與人競　福力自優
子孫之慶　皆善之由

碧仙注

人己初來用意同　好將心地問天公
若還虧却分毫理　萬事教君吉又凶

丁公爲楚項籍將，逐窘漢高祖於彭城西，短兵接，高祖急顧曰：兩賢豈相厄哉！丁公乃還。及高祖即位來謁，帝曰：丁公爲臣不忠，使項王失天下者也，遂斬之，曰：使後爲人臣無效丁公也。

解曰

此籤不可妄求，但於本分方得天之庥庇。問地利不宜遷改，行人必至，病則安，求財無，且宜守舊，訟必凶，宜和息。凡事只宜修心積善，庶免災禍也。

釋義

人之名勢凌逼我，固不能勝彼，然不可處之太驟，惟務修爲，天必佑之，而使輸於我，所謂却輸君也。占者貨財生殖，但當守舊，不可妄爲，功名在後，方得榮華。風水不宜更改，雖好無益，終不如心地之好也。凡事不可爭長竟短，但修爲以待之。

占驗

一生原籍江右，在南京應考，府縣俱取，人知而攻之，不得進院，占此。遂往原籍，竟首取。係二句三句之驗。又道光戊戌年，先嚴秋嵐公將應院試，占此。時杜給諫胞弟亦在廟，求此籤。榜發，先嚴與杜之弟皆入邑庠。應彼此總是四字也。後先嚴中式，而杜以庠生終。並尾句亦應。

第四十六籤 孤兒報冤

中平 戊己

君是山中萬户侯
信知騎馬勝騎牛
今朝馬上看山色
争似騎牛得自由

聖意

名與利　皆不濟　訟莫興　多阻滯
行人遲　婚莫許　謹踐修　當静處

東坡解

本自富貴　已勝常人　愈有愈貪
禍及自身　宜依本分　當亨和平
勸君静守　可免災懼

碧仙注

要作惺惺成懵懂　誰知懵懂勝惺惺
多生巧計須成拙　守己方才事有成

孤兒即晉趙武也。史稱父朔爲屠岸賈所殺，朔妻成公姐，遺腹兒生武，賈索之急，賴程嬰杵臼救之。臼以假孤兒出首，自殺。嬰乃抱趙氏真孤匿山中十五年。後韓厥言於晉景公，立趙氏後，即孤兒也。遂攻屠岸賈，滅之，以報一門之冤。

解曰

此籤宜守舊，不可妄作，遠行必有阻滯。訟必凶，病多險，婚兩平，有是非，名利休問。凡事不好，但安分方能享榮華。許君静處安身，可免災禍。

釋義

萬户侯，富貴人也。神言君固勝乎常人也。今朝馬上看山色，亦只當如是。反涉險道，心多悒鬱，争似騎牛得自由，不如安分守舊，則是非莫及，寵辱不驚，享清修之福。名利婚姻諸事，交午字上可，丑字上大利。

占驗

一生丑年歲考三等，午年考優等，科舉省城，占此。下第，但生本貧士，邊方僻遠，盤費不資，大爲所困。此不如騎牛之驗也。

第四十七籤　楚漢争鋒

下下　戊庚

與君萬語復千言
只欲平和雪爾冤
訟則終凶君記取
試於清夜把心捫

聖意

訟莫興　恐遭刑　財莫貪　病未寧
行有阻　婚難成　且循理　保和平

東坡解

訟則終凶　不可多説　若得和平
舊冤可雪　凡所謀望　皆當謹節
反求諸己　禍端自滅

碧仙注

心地好時身自吉　何須巧計去鑽天
勸君静處勤修省　禍及身來不可捐

項籍既滅秦軍，宰割天下，自立爲西楚霸王，封沛公爲漢王，陰弑義帝於江南。漢王乃拜韓信爲將，舉兵伐楚，定三秦，取咸陽，爲義帝發喪，責楚弑逆之罪。與楚戰於成皋、滎陽間，大戰三十，小戰七十，争鋒五年。迨英布降漢，范增貶死，楚乃勢孤，被漢所滅。

解曰

此籤不可妄意，切莫貪求，但要和平，冤自可雪。謀事有反覆，婚難合，久而後成。財莫貪，疾未安，訟必凶。若有害人之意，反成殃也。

釋義

戒人不可興訟，訟則終凶，不可成也。若能自處和平，則禍端自絶，冤抑可雪。占者凡事不可貪取，晝之所爲，有一毫不善，清夜之間，鬼神森列，雖不以爲禍，而禍自生矣。可不戒哉！

占驗

一富人纍爲少年無賴所騙，不下百金，欲往訟之，占得此籤，乃清夜捫心，昔未富時，曾得一人數十金未償，其人卒無後，記其死之日，即此人生之時，乃驚悟，再與少年十餘金，約有死者兩倍之數，自此不復生端矣。

第四十八籤 趙五娘尋夫

中平

戊辛

登山涉水正天寒
兄弟婚姻那得安
幸遇虎頭人一喚
全家遂保汝重歡

聖意

遇貴人　訟和平　病驚險　莫求名
財物耗　婚宜停　逢寅字　事漸亨

東坡解

乃涉艱難　時運輒左　家道不齊
事多坎坷　遇富貴人　提挈方可
倘無所濟　難逃後禍

碧仙注

先難後易本天然　只恐勞心事不全
若得貴人提挈處　管教騎鶴與腰纏

趙五娘，漢蔡伯喈之妻也。伯喈仕爲議郎，在京別立家室，久羈不歸，父母死，妻爲治喪，旋乃進京尋夫。事見琵琶曲。與史稱蔡邕字伯喈，陳留圉人。建寧三年，辟司徒喬玄府，拜郎中，校書東觀，遷議郎。其事親以至孝聞，殆出兩人歟。

解曰

此籤家道不安，須防人口，孝服臨門，財有失，逢貴人提挈方保漸亨。婚不成，多口舌，問訟平，病有驚，財物散，名利空虛，只宜守舊，不利遠行，防親人侵損也。

釋義

登山涉水，謂歷艱難也。姻親那得安，謂舉家多坎坷也。虎頭，謂盧虞之姓，或云虎頭，顧愷之小字，得此三姓提携，名利方遂。保汝重歡，謂失而復得，漸入順境也。功名目下有阻，後方顯達。婚姻主妯娌乖張，家宅主兄弟分散。訟有驚，財有耗，守舊則害可免。

占驗

嘉靖間，上海被倭寇番圍急，城中之人占此。不數日，果有盧參將統兵解圍。又一人官派築城，占此。得顯宦顧姓者求解始免，俱應虎頭人一喚也。又晉江縣謝生，光緒七年科試，場前占此。寅日發榜，取列一等，遂補廩。查該生歲進科幫，是應保汝重歡四字也。

第四十九籤　張子房遁跡

下下　戊壬

彼此家居只一山
如何似隔鬼門關
日月如梭人易老
許多勞碌不如閑

聖意

名利阻　且休問　訟宜和　病有願
婚姻遲　行人遠　欲獲吉　且安分

東坡解

安閑易處　出門有阻　時迍易過
枉自勞苦　且宜守舊　隨分而處
運未亨通　不宜進取

碧仙注

寄跡相親心不親　如何要作契深人
謀爲動作皆會定　只恐虛名不得真

漢張良，字子房，韓人。其先五世相韓。秦滅韓，良散家財遁跡，欲爲韓報仇，乃使力士懷鐵椎擊始皇於博浪沙上，誤中副車。始皇大索天下，十月不獲。後佐漢定天下，功成謝絶人事，託名與赤松子遊。

解曰

此籤事有阻滯，且隨緣分，切莫貪求。訟宜和，病有祟，名利阻，問婚不和，家宅有難，陰人爲災。凡事防凶人中途侵害。

釋義

彼此家居，内外一般也。兩山咸出，只有一山似隔鬼門關，有阻礙不得出也。日月如梭，易催人老，勞碌無成，不如閑坐也。名利皆迍，隨時修爲，俟其自通，方可進取。婚姻不成，家宅主陰人謀害，行人至途中侵損，切宜謹防，占此者凡事守舊爲上策。

占驗

一人住居省城，欲往縣生理，占此。人以籤不吉，止之不聽，離家只四十里，在外終忙碌，無人可託，三年不得回，竟卒於外，首二句之驗也。又光緒間桐郡鄭姓，有子染病，延醫許氏，服藥未效。有人薦一何姓老醫，其父遲疑莫決，占此。乃信必託與高年者，不數日而愈，益恍然於如何似、人易老、許不如此九字，儼若爲斯人作焉。

第五十籤

蘇東坡勸民

上吉

戊癸

人說今年勝舊年
也須步步要周旋
一家和氣多生福
萋菲讒言莫聽偏

聖意

出入吉 財物多 孕可保 病即痊
婚必成 訟宜和 問行人 奏凱歌

東坡解

謀望勝先 進取攸利 人事周密
禍消福至 勿信讒言 惶惑思慮
慎終如始 切莫猶豫

碧仙注

此心有主何憂懼 須管今番勝舊番
婦人言語君休聽 家道興衰在此間

宋蘇軾，字子瞻，號東坡居士。知杭州，歲饑，勸民平糶，發倉廩賑濟，又遣使出治病，活者萬計。有逋稅不償，軾探詢之。云：以賈扇謀生，天寒誰買？非故負也。軾令取二十餘柄來，據桌草書及畫枯木竹石，其人持出，衆以千文爭買一扇不得，盡償所逋。

解曰

此籤大吉，富貴榮華，門庭興旺，見喜添丁，但謀事要和合，莫信讒言，只宜保守，方得安樂。出入吉，財可求，婚可合，行人至，病得痊，訟宜和，百事亨泰也。

釋義

功名未遂，若謀爲他事，今春頗勝，如不能周旋，亦只去年榜樣也。周旋，爲進步要慎審的。蓋作事須要周旋也。卜者得之，人事能周旋，則一家之内，禍事消滅，和氣自生矣。莫聽偏者，戒人不可聽信讒言，以致惶惑也。

占驗

一人惑妻言，欲與弟分家，占此感悟，依舊同居。後其弟遠商，獲利數萬，與兄同享，數世安居。第三句驗甚。又鯉城郭補庵，與余總角交也。庚寅病重，其弟以年近五旬，且身體素弱，非温補不宜。余薦種福堂醫士吳和尚，舍方用清涼，闔家訝焉，占此。服之火候始見，竟以和藥奏功，亦第三句之驗也。

第五十一籤　御溝流紅葉

上上吉　己甲

君今百事且隨緣
水到渠成聽自然
莫嘆年來不如意
喜逢新運稱心田

聖意

名漸顯　訟漸寬　財自裕　病自安
行有信　婚可定　命漸亨　心必稱

東坡解

目下謀望　且隨緣分　一朝榮達
多顯如願　休自嗟怨　待時遷變
漸遇亨通　好事叠見

碧仙注

一生勞碌不曾閑　也是心緣倍累關
漸遇亨通有生意　後來容易嘆先難

唐顧況，遊禁苑於御溝邊得紅葉，上題詩云：流水何太急，深宮盡日閑。殷勤謝紅葉，好去到人間。況亦拾紅葉戲和之云：愁見鶯啼柳絮飛，上陽宮女斷腸時，君恩不禁東流水，葉上題詩寄與誰？後爲夫婦，情愈篤。按御溝題葉名有四，姑録其一。

解曰

此籤好事重重，名利漸達。財緩發，婚可定，行人有信，病漸安，訟得理，時運亨泰，孕生貴子，風水合利，自有稱心之望也。

釋義

目下功名謀爲，多不如意，且隨分而行，所謂莫嘆不如意，以後來極容易者也。直須交運眼，或交節候，自然漸亨，重重好事，稱我心田。占此大抵先否後泰。

占驗

一生占得此籤。屢涉江湖不利，一人解之曰：君命臣子屬土，以水爲財，四柱無水，故屢行不遂，三年之後，運行癸水，自當大發。其後果然。應水到渠成、喜逢新運之驗。

第五十二籤

匡衡夜讀書

上吉

己乙

兀坐幽居嘆寂寥
孤燈掩映度清宵
萬金忽報秋光好
活計扁舟渡北朝

聖意

名晚成　利遲得　病漸安　訟終息
孕無驚　婚姻吉　行人回　事勝昔

東坡解

席珍待聘　休嗟未遇　忽際明時
青雲得路　好音一來　得意高步
凡事必得　皆有佳趣

碧仙注

陰阻之間却似流　此心憂處不成憂
文書得力消多少　自有容顏作話頭

漢匡衡，字稚圭，東海承人。好學不倦，讀書夜以繼日。纍官太子少傅。朝廷有政議，輒引經以對，言多法義。數上書陳便宜事。後拜相，封樂鄉侯。當微時，夜讀無膏可焚，私鑿鄰家之壁，偷光映讀。其勤苦有如此者。

解曰

此籤有文節之喜，謀事先難後易，先憂後喜。圖名必高，求財必有。婚姻吉，行人回，訟者勝，病漸安，功名有望，百事皆吉。

釋義

士人時運來至，但當兀坐青燈黃卷之間，養晦待時，不可妄動。科舉時秋光正好，杜詩云：家書抵萬金。秋光之好，亦抵萬金。活計一作決許。渡北朝者，決許其高掇科頭，北面事君也。凡事先難後易，有文書詔赦之喜，財物穀粟，至秋盈溢。蓋秋主金，旺也。

占驗

占此秋闈決中。一生占此，果於子丑年鄉會連捷。又前明一生，南場屢試不利，占此。遂改北監，竟聯捷，此第四句渡北朝之驗。又國朝泉郡前輩陳繩庵先生占此，鄉闈中第二名，是科解元，榜後磨勘革去，應首句兀坐寂寥也。又晉江黃生，於鄉試前在通淮廟占此。至榜發，果中第二名。蓋增一畫即是元，亦兀字之驗矣。

第五十三籤　玄德入贅孫權妹

下下

己丙

艱難險阻路蹊蹺
南鳥孤飛依北巢
今日貴人曾識面
相逢却在夏秋交

聖意

病與訟　皆不利　名與財　亦阻滯
孕有驚　行未至　若遇貴　事方濟

東坡解

艱難歷遍　作事皆非　南鳥北巢
失其所依　夏秋之交　貴人相提
應稱謀望　榮達可期

碧仙注

謀爲先阻後通亨　事用心機遂所行
若得貴人提拔處　諸般方可事圓成

劉備字玄德，西蜀先主也，爲荊州牧時，甘夫人新喪，東吳孫權聞知，詐以妹招贅，欲賺其入吳，親討荊州。孔明料知，乃授趙雲錦囊計。先主入吳，竟弄假成真，娶孫夫人以歸矣。

解曰

此籤歷涉艱難，凡事不遂，如南鳥依北巢，失其所居之處。若遇夏秋之後，方得貴人提携。病宜防，訟亦險，名利俱阻，行人未回，婚能成，財緩有，言目下終未便也。

釋義

玄德贅孫堅女，起卧處悉羅列劍戟，其歷艱險，恍如失勢之龍，是南鳥依北巢不得其所也。後竄南歸，起諸葛，用關張，是得貴人識面也。占者若所依之地，因其人而用之，不得其宜，則是非紛紜，動輒見咎。凡事夏末秋初，方遇貴人提携，有泰來之兆。名利遂意，但恐其終不如其始。婚不易成，訟不得勝，他事愼之。

占驗

宋紹興中，閩人施宜生陷賊中，百計得逃脱避淮上，占此。入金獻策，金主擢居上第，纍官尚書左丞相，以出使至宋，泄露軍情獲罪，此南鳥北巢之驗。又同治戊辰，余同五邑諸芸友占此。後惟南安楊生坐東號舍見售。亦南鳥孤飛之應也。

第五十四籤 蘇秦刺股

中平 己丁

萬人叢裏逞英豪
便欲飛騰霄漢高
争奈承流風未便
青燈黄卷且勤勞

聖意

財未遂　名未超　訟不宜　病未消
婚難信　行路迢　待時至　百事饒

東坡解

望遠超高　便期運到　争奈時乖
徒自狂躁　且宜守己　勉行善道
直待時亨　凡事皆好

碧仙注

一事方成一事虧　不如意者受禁持
舟移上水南風急　險阻艱難在此時

戰國蘇秦，洛陽人，師鬼谷子，遊説秦王，書十二上，其説不行，裘敝金盡，憔悴而歸。至家，妻不下機，嫂不爲炊，秦慚怒，得太公陰符，發憤苦讀，困怠時，用錐刺股，痛而再讀。後以合縱之説説趙，竟佩六國相印。

解曰

此籤惺惺成懵懂，凡事皆不如意，只可守舊，休自躁進，徒勞心力，直待時來，自有亨泰。名未超，財未遂，訟不宜，婚休問，行人遂，病未安，命運迍宜，謹守也。

釋義

英豪之士，天氣所生，高出人表，自有不同。然厄於運之窮，未遂飛騰，但不爲窮所困，而能勤勞黄卷，則志之所養，愈雄邁乎人矣。一得其時，事豈不濟。占者無得，只宜謹守。

占驗

一生少年，鄉榜高魁，迨會試時，占得此籤。後竟纍舉不第，三任教職，以終其身。不負青燈黄卷之驗。又同治甲子年，福建漳州府城爲髮逆所陷，時陸提林軍門將帶兵進剿，先占此，後果不利。第三句籤語驗甚。

第五十五籤　包龍圖勸農

中平　己戊

勤耕力作莫蹉跎
衣食隨時安分過
縱使經商收倍利
不如逐歲廩禾多

聖意

休問名　莫貪財　訟宜解　病無災
婚可就　遠行回　戒出入　福自來

東坡解

衣食自足　强求則損　不如歸耕
種植爲本　縱巧經營　豈能長遠
守分守成　榮達未晚

碧仙注

守己須防勝巧心　皇天有眼不虧人
只宜安分休更改　恐把災殃及汝身

宋包拯，字希仁，合肥人。官爲龍圖閣大學士，由進士出身，常守鄉郡，不少屈法以狥鄉曲。惟貴粟重農，欲民知耕，吏治推第一。爲御史時，危言鯁論，烈如秋霜。尹開封，權貴斂跡，人以其笑比黄河清。雖童稚婦人，亦識其姓名。卒謚孝肅。

解曰

此籤顯然説安分守己，隨時謹守方好。名莫貪，訟宜和，病自安，婚自就，遠行回，休出入，福禄隨分也。

釋義

衣食饒足，强求有損，不如勤耕力作，莫使蹉跎歲月，縱有巧計經商，豈能長久。占者安分待時，莫求險利，坐享温飽，大抵此籤主有廩禄未來之益，未能實有富貴耳。

占驗

一生自負交誼之廣，終歲出遊，所得之資，時遇劫攘，或殖貨回虧折大半，占得此籤。乃發憤苦攻，竟得補廩，後以明經出仕。此第四句之驗。又泉郡陳生，弱冠時窘甚。咸豐癸丑年歲試，有友託場内代作，已定議，其母偵知，不許答應，因詣廟請示，占此。乃以神語並母命却之。是年該生古學正案，俱列第一，得補廩缺。應在後二句，而歲廩兩字尤確。

第五十六籤

王樞密奸險

下下

己己

心頭理曲强詞遮
直欲欺官行路斜
一旦丑形臨月鏡
身投憲網莫咨嗟

宋王欽若，字定國，官至樞密，封冀國公，謚文穆。仁宗常謂輔臣曰：欽若久在政府，觀其所爲，真奸邪也。澶淵之役，遼已大震，寇準請乘破竹之勢，以復燕雲。欽若妬功，乃以孤注阻之。真宗竟許遼盟，使宋終失燕雲，欽若之罪也。

聖意

莫興訟　勿求財　病有祟　行人回
婚須審　難信媒　行正直　免凶災

東坡解

心邪理曲　飾詞欺公　明鏡照破
必致終凶　何如退步　正直是從
庶免其禍　可保厥躬

碧仙注

萬事皆從命裏招　十場煩惱九場焦
不如退步求安静　只把明香向佛燒

解曰

此籤先凶後吉，有成有敗，不如退步免禍。休問訟，莫求財，病有邪，婚不成，信未回，修陰騭，免凶災也。

釋義

天下奸無不破。憲網，臺諫官也。訟者若理屈詞强，則不免鞭笞戳辱，悔亦晚矣。求名若朔日不應，望日主上人作養反吉，庶人得此，明有人非，幽有鬼責。一毫欺心，十分惡報。只宜爲善，不可以私滅公，如此則禍消福降，事事遂意也。

占驗

一生占入學，後果與選。又一生占科舉，正考雖見遺，後遺才收録。蓋應身投憲網之句也。

第五十七籤　爛柯觀棋

中平　己庚

事端百出慮雖長
莫聽人言自主張
一着仙機君記取
紛紛鬧裏更思量

聖意

訟急解　病早禳　信即至　財如常
孕生男　禱神康　凡百事　自主張

東坡解

事務多端　紛紜不已　三思後行
悉歸條理　莫信人言　當自揣己
抵先一着　何事不濟

碧仙注

是非誰不怕將來　只要胸中自主裁
先自關防贏地立　若遲一步便成災

晉王質，採樵信步深山，見兩童子在石上對弈。質置斧旁觀，童子與質一物，形如棗核，食之不饑。至局終謂質曰：此非人間，仙家片刻，凡世百年，爾合急歸，質回頭，見柯已爛，忽惶而歸，至家景物全非，人莫之識。爛柯山今在浙江省衢州府。

解曰

此籤只宜退步，不可求勝，莫信人言，當自理會，才先一着，何憂不濟。婚不成，財如常，訟宜和，病蚤禳，信即至，孕可慮。禱神康，防人侵害也。

釋義

陳凱提兵伐寇，人言紛紛，神與之言曰：一着仙機，君還圖之，俾無竄匿。既而密遣顧嚴等抵郡，即平之。故有一着仙機君記取之説。凡事事紛紛，若失機關，枉費心力，必不濟也。名利未遂，謀事如常。仙或作先。

占驗

一人結訟，久而未解，占得此籤。後竟賴一友人，時與怨家弈棋，居間勸息，正着仙機句之驗。又晉江吳生，一胞侄出天花，十分危險，多方調治莫何。迨占得此籤後，始憶及家藏痘疹奇書，依法自治，不數日而愈。此二三句之驗。

第五十八籖 蘇秦背劍

上 吉

己 辛

蘇秦三寸足平生
富貴功名在此行
更好修爲陰騭事
前程萬里自通亨

聖意

病即安　訟決勝　行人回　婚宜定
孕生男　家道盛　積陰功　福求應

東坡解

凡百謀望　遠行則吉　求財必豐
求名必得　更行好事　以助陰騭
富貴榮華　始自今日

碧仙注

孕則生男財則遂　功名到底可相期
作事有成終有望　凡人皆可問謀爲

戰國蘇秦，既説秦不行，乃歸家發憤苦讀，研究太公陰符。學成至趙，往説趙王以合縱拒秦，趙王大悦，屬治裝往説齊、楚、魏、韓等，而蘇秦竟佩六國相印，使秦兵十五年不敢出函谷關。

解曰

此籖只宜謹慎，不可强爲，防有口舌之憂，莫聽人言，方可無事。婚宜定，訟決勝，病遇良醫即愈。凡謀望遠行則吉，求財豐源，功名必得，要須陰德，自然福禄全成。

釋義

蘇秦掉三寸舌，佩相印，謂以口舌得官也。占者得此，主賴口才之助，富貴可得，但當修爲陰騭，即前程遠大。萬里者，遠大之意。凡事當遂行勿遲，以慎自守，不可欺詐，即得無虞。問事與病，遇蘇秦二姓之人則吉，名利遠行可得，鄉邦未遂。

占驗

功名初次占之不應，第二次占之方有成就，以蘇秦再出始懸相印也。

第五十九籤

鄧伯道無兒

中平

己壬

門衰户冷苦伶仃
自嘆祈求不一靈
幸有祖宗陰騭在
香烟未斷續螟蛉

聖意

名難保　財難圖　訟不利　病無虞
婚可合　信音無　行方便　守規模

東坡解

門户衰微　空自祈禱　幸有祖宗
陰騭可保　若問後嗣　異姓更好
更行善事　當得美報

碧仙注

寂寞之後好榮華　福自生來富貴家
凡事前緣宜有令　到門當户必堪誇

晉鄧攸字伯道。永嘉末，石勒兵起，攸挈家而逃，以其弟早亡，特全其侄，繫其子於樹而去。爲吳郡太守，載採之官，俸禄無所收，惠政及民，民歌頌之。後官至尚書，卒，竟無兒。時人慕其名，以爲天道無知，而不想其縛子於樹，其心未免太忍。

解曰

此籤冷落中有生氣，當見重重之喜，必得螟蛉之續，雖然假合，却是前緣。訟且和，財未遂，名難得，婚却合，信音無，病急祈禱，幸有祖宗陰騭可保，更作好事相助也。

釋義

明説人之無子，宜螟蛉以繼其後。門衰一句，言時運否塞，天之福佑乎人，雖曰靡常，而亦鄙吝於薄命之人，故祈求於神而神不靈焉。占此，凡事皆賴祖宗陰德庇佑，雖淡泊之中，自有意味。值午未字來，始得亨通。名可顯，利可獲，嗣可續，螟蛉也。

占驗

一友占科舉得此，正攷不利，收功遺才，凡事可以類推。又一生占此，屢攷不利，後假他人之名獲進，此亦續螟蛉之應。又同治壬戌並補辛酉正科，時閩縣一幕友，秋闈前在泉州通淮廟祈禱己子，及放榜只中一螟蛉侄。蓋他族正派書香，經咸豐己未恩科中完，今之繼起者，惟此螟蛉耳。末句之驗更巧。

第六十籤

宋郊兄弟同科

上上

己癸

羡君兄弟好名聲
只管謙撝莫自矜
丹詔槐黄相逼近
巍巍科甲兩同登

聖意

宜出入　好謀望　訟即決　財亦旺
孕生男　病無恙　信音回　有神相

東坡解

兄弟聯芳　聲名自起　凡事謙撝
以全其美　前程遠大　好事近矣
兩兩高擢　同登甲第

碧仙注

同志同登兩得仙　時來凡事合先鞭
所謀所望皆如意　福禄榮華件件全

宋代宋郊弟祁，雍邱人。天聖初，同擧進士。未第時，有僧相之云：小宋當大魁天下，大宋亦不失功名。後數日，僧見郊異之曰：君何滿面陰騭紋，似救數萬生命者。郊曰：惟前日見蟻被水淹，戲將竹編橋渡之。僧曰：即此便是。當大魁天下。後果然。

解曰

此籤百般如意，謀事有成，出入好，求財多，高登科甲。訟必解，病即愈，財方旺，功名必得，行人即至，孕生男，婚必合，宅舍吉，神明相助也。

釋義

大器既成，許擢高第。如兄占弟，弟必利；弟占兄，兄必利。兄弟同科，必主聯芳。然得意者多矜，故當謙撝，則天佑神助，前程遠大。凡事占之，至秋大利，家宅得此，主兄弟和睦，妻孥好合。同字或作重字。

占驗

一人被報築城大户，占此。有司僉之，不得免。不一年又令重築，似此則不當論籤訣之可否，惟視所占之事如何耳。

第六十一籤　蒯徹見韓信

中平　庚甲

嘯聚山林凶惡儔
善良無事苦煎憂
主人大笑出門去
不用干戈盜賊休

聖意

財平平　病漸效　訟自散　莫與較
遠行歸　婚亦宜　雖有險　終平夷

東坡解

惡少操心　欲害良善　彼何能爲
徒逞强健　君子善勝　收功不戰
神明相之　險消禍變

碧仙注

心驚如踏一層冰　畏敬番成度量生
一葦一航波浪定　鬖鬖喜色靄門庭

漢蒯徹字通，范陽人。時韓信假節爲齊王，徹知天下權在韓信，往説之曰：今大王威震天下，與楚則楚勝，與漢則漢勝，大王若不楚不漢，鼎足三分，可長保富貴。信謝之曰：吾受漢王厚恩，終身不忍背漢。後信被呂后所殺，臨刑有悔，不聽蒯通之言。

解曰

此籤有驚險，防小人侵害，若能守性存善，却有德耀及身，神明助之，陰消禍變。病恐險，訟必散，財平平，婚宜審。凡事有險，及後平和。

釋義

灌嬰將兵擊尉陀，人民驚恐，蒯在南越山上告將軍曰：戈不動，而盜賊遂休。後果奏凱。占此主小人侵害，事多驚恐。若能修福則惡不能侵害。危病小口無事，家主見凶。凡事先憂後喜，名利險中可得。

占驗

一生試畢，卜捷音占此。後不得中榜，則知此籤大不利於求名也。

第六十二籤 韓信戰霸王

中平 庚乙

百千人面虎狼心
賴汝干戈用力深
得勝回時秋漸老
虎頭城裏喜相尋

聖意

訟必勝 財必進 病有祟 遠有信
婚可成 名可稱 到秋來 百事順

東坡解

人多謀害 汝善却敵 縱有憂驚
終自消釋 得勝回時 定在秋日
圖向西方 事事皆吉

碧仙注

各人心術各人行 須要心機更自精
只恐榮華方到手 秋風吹散葉飛聲

韓信率諸侯兵與楚王大戰於九里山，十面埋伏圍籍垓下。籍走至烏江，有亭長船舟以待曰：今獨臣有船，王急渡，江東亦足王也。籍笑曰：江東子弟同與籍渡江，西誅秦無道，今無一人還，縱江東父老憐而王我，我獨不愧於心乎！竟自刎而死。

解曰

此籤其先險阻，後却亨通。凡事遲滯，防有後難，若遇秋日，事事皆吉，婚成訟勝，病防反覆，財有進退，遠行有傷，名利終不遂意。

釋義

干戈，謂貴人扶持也。言人聚集之衆，人面獸心，咸欲謀害善良，賴有干戈護衛，總使目下驚憂，不足爲懼，終自消釋，季秋之期，高折桂枝。凡百圖謀，決勝於前。始雖險阻，終却亨通。虎頭城，乃贛州也。舊爲虔州，趙清獻公知虔州，有詩曰：乍辭鳳尾闕來到。虎頭城裏喜相尋，偶然事機之會也。占此遇寅子始能發福。

占驗

昔劉誠意占此，後輔太祖興王。辭榮歸隱，蓋喻秋漸老三字，乃盛名之下，難久居也。歸隱處亦虎頭城也。又泉州許生，咸豐辛酉年科試，占此。中第二名。解元乃盧姓，虎頭也。

第六十三籤　楊令公撞李陵碑

中平

庚丙

曩時敗北且圖南
筋力雖衰尚一堪
欲識生前君大數
前三三與後三三

聖意

病可醫　訟中平　財尋常　信有準
名未亨　婚可聘　勿圖强　隨分定

東坡解

前後謀望　皆有所成　晚年經商
尚堪一行　福分數定　不虧不盈
若欲多取　徒勞精神

碧仙注

作事當圖共老成　莫疑阻滯没通亨
要知勤苦勞神處　正是皇天玉手更

宋楊繼業，太原人。先事北漢，屢立戰功，號楊無敵。後歸宋，隨潘仁美征遼，被遼將耶律斜軫伏兵於陳家谷，業以孤軍深入，美妬恨之，故不發援軍，欲置於死地。業被困無援兵，撞李陵碑而死。此見於北宋志傳，與史稱被擒不食而死異。

解曰

此籤謀望有成，晚年經商，正可一行，若欲多取，徒勞心力。問訟宜和，婚主三娶，財如常，信準有，名未遂，病可醫。凡事當隨分也。

釋義

頭句言不如昔日之遂意也。二句言人不可自棄也。但人自有大數，不可强求。三三，俱九數。九者老陽之名。凡老陽，則變而動。占者主泰極變否，否極變泰，吉凶得失，輒相循環，所謂有數存焉。推此，當以所占之期，合成九數，則可趨；不合，則可避。斯得之矣。大抵此籤，問名主晚成，問子主早得，婚主三娶，謹宜詳之。

占驗

一貢生在京十年，值試期，人勸與考，偶展卷被鷄抓破，遂立意就選，人强之，乃占此。後復温習赴試，中六十六名，應前後三三之數，授辰州推官，一任而罷，次句並驗。又南安一拔貢生，欲進京供職，並應北闈，占此。改就鄉試，竟中副車。蓋渠屢應京闈未第，是敗北宜圖南也。筋力雖衰，亞於正也。尚一堪，宜其副焉。

第六十四籤　管鮑分金

上上　庚丁

吉人相遇本和同
況有持謀天水翁
人力不勞公論協
事成功倍笑談中

聖意

貴遲趙　訟即了　名能成　病可療
財有餘　婚亦好　問信音　即刻到

東坡解

與人謀合　況遇朝貴　援手提攜
事皆稱意　勿勞餘力　成就甚易
出入皆宜　吉無不利

碧仙注

作事須知兩不同　主謀全仗貴人功
但凡事事皆如意　只恐人生笑談中

春秋管仲與鮑叔，未出仕時同爲賈，分金仲多自予，鮑叔知其貧，不以爲貪。後鮑叔爲齊桓公大夫，竟薦仲爲齊相，佐桓公尊周攘夷，霸諸侯，一匡天下。管仲嘗曰：生我者父母，知我者鮑叔也。

解曰

此籤謀望和合，遇貴人提挈，凡事稱意，出入皆宜。訟即了，名得成，財有望，婚亦合，病可醫，信決至，無不遂也。

釋義

言功名謀爲，凡遇趙胡二姓者協力贊襄，則意所和合，事無不成，功無不就，勞一毫心力。只恐談笑中三字，主事有阻滯，中道而止，半途而廢也。俱宜謹言慎行，吉無不利。天水不止姓趙，凡郡中有天水者皆是。

占驗

一人作縣官被劾，占此。後賴合城紳士力保留仕。應在第三句人力不勞公論協也。又同治丁卯年科，晉江謄録書，占所謄諸生誰是榜上人。迨出榜惟一陳姓，乳名吉字，故籤語明示首末以吉中兩字也。

第六十五籤　蒙正木蘭和詩

上上　庚戊

朔風凛凛正窮冬
多羡門庭喜氣濃
更入新春人事後
衷言方得信先容

聖意

財多得　名高中　可問婚　亦宜訟
病即安　行人動　禍變消　福力重

東坡解

數極於冬　窮久則通　交季冬月
喜氣重重　新春一至　和氣愈充
好遇貴客　百事皆同

碧仙注

不意反成得意歸　入門一卦見仙機
當時險難皆平静　百事和諧無是非

宋吕蒙正，字聖初，河南人。微時，嘗在僧家别院木蘭寺内和詩，其品迥異庸流。迨太宗時，果舉進士第一。後三居相位，引薦人才，使上下各稱其職，稱賢相焉。

解曰

此籤數極於窮冬，遇變而通，遇人提拔，百事亨通。病者安，訟宜和，財有望，婚可求，名利高，行人來。凡事死中求生也。

釋義

言氣數之窮，有變亨之兆，時值冬月，雖多喜事，不若新春人事之後，方始遂意，謂加以人爲之周旋也。衷言者，陰貴人之言也。信先容者，凡事至春，凶變爲吉，好事重重。

占驗

一生科舉，占此。臨試給冬字號簽，至春發案，不取。所謂窮冬者，此也。後遺才收録，此又更入之應。窮則通之意。

第六十六籤

杜甫遊春

上上

庚己

耕耘只可在鄉邦
何用求謀向外方
見説今年新運好
門闌喜氣事雙雙

聖意

病即安　訟即決　財漸豐　名高揚
行人回　婚可結　莫外求　福盡得

東坡解

出外不宜　在家必達　時運將亨
財禄俱發　好事重重　門庭改革
若欲遠圖　弄巧成拙

碧仙注

自家安分莫他求　自有榮華切莫憂
喜得一陽天氣象　也知春暖勝三秋

唐杜甫，字子美，杜陵人。玄宗朝獻賦，命待詔集賢院，後轉撿校工部員外。甫覽群書，善爲詩歌，涵渾汪洋，千態萬狀，陳時事確切精深，世號詩史。元稹謂，詩人以來，未有如子美者。惟好賞春山，故每當春晴，必遊郊外。

解曰

此籤不宜遠行，只宜守舊。自有超達，時運漸亨，財禄俱發。訟不宜，財自至，婚可求，名利高，病獲安，孕生貴子，風水利順，家宅昌隆也。

釋義

名利只宜近處，不宜遠行，守舊好，進步難。見説新運好者，不是決許其好，尚當待時發達也。占者凡事皆利，且得護喜，婚姻事尤宜。耕耘，或作經營。向字或作出字。

占驗

正德間，京師楊惟聰占此。後以鼎元歷官翰苑，至宮保學士尚書，凡十餘任，並不出京，正應首句。

第六十七籤

江遺囑兒

中平

庚庚

纔發君心天已知
何須問我決狐疑
願子改圖從孝悌
不愁家室不相宜

聖意

訟和貴　病改醫　財別圖　婚姻遲
問行人　尚未歸　能改過　事皆宜

東坡解

所謀未善　何必禱神　當決於理
改過自新　但能孝悌　敬君事親
和氣生福　家道回春

碧仙注

立志須行在善中　天難瞞隱意先通
能行好事有功效　管取家門喜氣濃

（光緒版原籤缺）

解曰

此籤好善有善報，惡有惡報，君當決狐疑之心，改過自新，禍去福來，但存好心，和氣自生。求財先難後易，婚姻吉，行人遲，孕生男，風水利也。

釋義

言天之禍福由人，善惡不必問我以決狐疑，但當改過遷善，自然福至禍消。孝悌者，百行之先，萬善之本也。人能孝悌，則和氣充溢而家室自宜矣。目下名利難得，後有生意。占此主先難後易，宜改圖之則吉。

占驗

萬曆間一廣文，選遼東都司學訓，時以遼左方亂爲憂，占此。遲疑未行，值遼陽陷没，改選湖廣孝感縣教諭，屢掌縣印，大有所獲。應第三句也。又光緒甲申，余室得病，諸醫調治未愈。余占此，乃延一醫家，在孝悌境者，遂漸痊。後二句驗甚。

第六十八籤 錢大王販鹽

中平 庚辛

南販珍珠北販鹽
年來幾倍貨財添
勸君止此求田舍
心欲多時何日厭

聖意

訟已勝　莫再戰　名已成　勿再問
婚可定　病自散　行人歸　且安分

東坡解

謀望既遂　利亦倍收　貪心不止
必獲後憂　知足不辱　可樂優遊
凡事如意　可休則休

碧仙注

一樣工夫不兩般　得寬閑處且寬閑
若謀富貴不知足　自有災愆不待言

唐錢鏐，臨安人。微時從販鹽謀生，值黄巢亂，以鄉兵破走之，又以八都兵討劉漢宏，破越州以迎董昌，而自居於杭。及董昌反，鏐執之歸杭。昭宗拜爲鎮海、鎮東兩軍節度使。朱温篡唐，封爲越王，傳至孫忠懿王俶，乃納土於宋。

解曰

此籤大吉，謀望有成，諸般遂意，家道亨通。訟必勝，莫再興，名利有，婚自成，行人回，病莫憂，財百倍，任意求。風水利，孕生女。凡謀事要謹慎，且安分守己也。

釋義

昔太祖即位應天，故時人以應天爲南，以汴城爲北，凡求名得此，往往顯達，以膺拔擢。蓋以帝畿在南也。占者謀爲，或自南而北，不逆其方，則所爲遂意。又當戒其貪心，不可妄求。止此求田舍者，言不可過貪，而其爲田舍翁也。若人不能謹守，而冒進干禄，則並其所得而亡之，反爲不美矣。

占驗

一生占科舉，不得觀場。是止此求田舍之應也。

第六十九籤　孫龐鬥智

下下　庚壬

舍舟遵路總相宜
慎勿嬉遊逐貴兒
一夜樽前兄與弟
明朝仇敵又相隨

聖意

名與利　莫强求　醫宜審　婚難謀
行人至　訟可休　凡出人　謹交遊

東坡解

舍舟登路　宜踏實地　莫伴貴兒
自當牢記　好中成惡　口舌立至
戒之慎之　樽節遊戲

碧仙注

得意濃時終失意　親朋遇我莫相隨
强言説得如甘蜜　那得開心見膽時

齊孫臏，魏龐涓，其初同師事鬼谷子。涓才學弗如臏，常與鬥智輸之，涓忌其能，致結成仇，彼此謀害。君子觀於此，異曰：涓刖臏足，臏喪涓命，互相殘忍，毋乃其不仁不義之甚與。

解曰

此籤出入道路，宜踏實地，謹防親人侵害，持酒遊戲，好中成惡，口舌立至。訟者休，病審醫，終不利，行人至，名與利，莫貪求。宜謹慎，省是非也。

釋義

言謀爲當擇交遊，凡事好中成惡，是處成非，所謂樽前兄弟，明朝仇敵也。若占名利得此，只宜安守，不可强求。凡有出入，宜向善背惡，切勿輕忽，以貽後悔。占孕生男，主有産難，慎之慎之。

占驗

楚中一士人，遠至晉地，干謁顯官。占得此籤。後果與公子笑言相謔，席前共鬧。其人忽悟籤語，次早不辭而歸，怨者欲害之而不得，其驗如此。

第七十籤　王曾祈禱

中平　庚癸

雷雨風雲各有司
至誠禱告莫生疑
與君定約爲霖日
正是蘊隆中伏時

宋王曾，字孝先，益都人。自少穎悟，善爲文辭。咸平中三元及第，纍官右僕射平章事，封沂國公，謚文正。居官之日，偶值旱乾，輒竭誠祈禱，必沛霖乃止。其在朝廷，正色危言，進退士人，莫有知者。嘗曰：夫執政者，恩欲歸己，怨欲歸誰？范仲淹深服其言。

聖意

訟與病　漸可解　名與利　姑少待
婚宜遲　行無信　若禱神　三日應

東坡解

吉凶悔吝　各有神司　若問濟事
在中伏期　如旱得雨　恰慰雲霓
凡所謀望　直待其時

碧仙注

貧富當知各有司　功名婚事待其時
謀望定應庚日至　季夏交臨事可宜

解曰

此籤先凶後吉，凡事謀望，且在季夏中伏，時運漸亨，訟即解，名利且待時，婚宜遲，行無信，病且禱。謀事逢庚日方得成就也。

釋義

雷雨風雲，天之變態也。吉凶貧賤，人之變態也。求名占此，期在三年三月三日之内。爲霖雨者，事之濟也。爾雅云：雨三日爲霖，夏月有伏，故占者必遇三數，逢庚子爲大利，若夏月占之亦利也。

占驗

一生科舉，占得此籤。後取二等，應中伏時也。發案在三月，應在爲霖月也。

第七十一籤　蘇武還鄉

中平　辛甲

喜雀檐前報好音
知君千里欲歸心
綉幃重結鴛鴦帶
葉落霜飛寒色侵

聖意

訟宜和　名漸通　婚再合　病主凶
問求財　時未同　凡謀望　在秋冬

東坡解

好音報喜　遠涉方回　交冬之際
家室和諧　凡事終吉　且待將來
自有成就　不必疑猜

碧仙注

凡事要經畫　須待好時來
到底方就成　何必致猜疑

漢蘇武，字子卿，杜陵人。天漢初爲中郎，奉命使匈奴，被留，手持漢節牧羊海上十九年。初單于留武，詐以死報漢，後漢使至匈奴，偵知武所在，乃請單于放歸，詐以雁傳書至漢，知正在海邊牧羊爲請，單于驚爲神，乃放歸。

解曰

此籤先難後易，凡事守舊，謀望待時，心無挂礙，好行陰騭，神明來佑，得保亨通。訟事有理，功名漸通，婚主合，求財未遂，問病主凶，凡事謀望，宜在秋冬方吉也。

釋義

立名多不遂意，所期在後，而謀事求財，在深秋早冬之際，必有成就。禽鳥得氣之先，故鵲知遠人有佳音信至則報之，圖事有成就，則報之，但所惜者不久，若吉者家方亨之日，必有意外之禍，求全之悔。家宅主有陰人疾病，又當慎之。

占驗

一人妻子深秋抱病，占此籤。其妻遂亡，第三句奇之應，直如面告也。

第七十二籤 范蠡歸湖

下下 辛乙

河渠傍路有高低
可嘆長途日已西
縱有榮華好時節
直須猴犬換金鷄

聖意

求財遲 占病險 名難成 信尚遠
訟終凶 婚必晚 孕必驚 地未穩

東坡解

修路崎嶇 況當衰晚 求事多難
徒自嗟嘆 逢由酉戌 年月日見
若遇此時 稍可如願

碧仙注

平川静處被風傷 愛巧翻成拙一場
縱饒願得平川静 只恐榮華不久長

春秋范蠡，字少伯，吴人，與文種同爲越大夫。吴滅越，蠡與種爲越王勾踐劃策，卑詞請成，復求民間美女，得西施進於吴。迨滅吴功成，蠡知勾踐可與同患難，不可共安樂，乃辭官扁舟泛湖，止於陶。復以謀生致富，稱陶朱公。凡三徙方成名，後不知所終。

解曰

此籤防有險阻，平地遇難，俗云：閉門家裏坐，禍從天上來。逢甲酉戌年月日方吉。訟凶財遲，功名難，婚姻晚，孕必驚，病主險，事多凶也。

釋義

主日平地涉險，凡事掣肘，是乃命之所致。占此不必嗟嘆，遇申戌年月日，頗得遂意，至酉上大得利，所謂崎嶇歷而通衢至也。

占驗

一生宗師考試，占此。獲二等，科舉發案，得報消息，乃丙申日黄昏時。榮華二語應之不爽。

第七十三籤　王昭君憶漢帝

下下

辛丙

憶昔蘭房分半釵
而今忽把信音乖
痴心指望成連理
到底誰知事不諧

聖意

名利無　訟休争　婚重娶　孕多驚
病危難　命迍邅　宜作福　保安全

東坡解

事多離散　難望再成　痴心未解
尚自縈情　縱能强合　終必敗名
凡事謀望　宜守真誠

碧仙注

訟事多阻　問財成空
家人嗃嗃　憂心忡忡

昭君，歸州人，漢元帝宫女。適匈奴求婚，昭君乃自上書請行。既嫁單于，其心未嘗忘漢，嘗上書漢帝曰：臣妾幸得入宫，以爲身依日月，死有餘芳，豈料失意丹青，遠竄絶域，命也奈何！妾有父有弟，願君王憐而愛之。

解曰

此籤事多散，難再合，雖强合，終不久長。病險，訟不吉，功名虚喜，婚主重娶，終不到頭，行人不至，孕驚恐，墳宅空虚也。

釋義

言婚不諧，訟者休問，名利始終更變，決難永葆，但人之痴心未絶，徒勞指望。凡事皆難，不止名利也。孕不成，子難養，雖無鼓盆之怨，亦有陰人之損。

占驗

一人爲子擇媳，占此。信籤意而强成之，其子婚不數月，出外經營，失意浪蕩不歸，其媳志苦守，清節以終，其驗如此。又光緒年間，晉江縣有人爲其妻問病，占此，竟斷弦。

第七十四籤 崔武求官

上上

辛丁

崔巍崔巍復崔巍
履險如夷去復來
身似菩提心似鏡
長安一道放春回

聖意

病與訟　險而平　名與利　連而亨
婚先難　終必成　行人至　福自生

東坡解

路途崎險　心却平夷　轉凶爲吉
終免憂疑　更宜守正　切莫改移
履道坦坦　何福不隨

碧仙注

至再至三方見效　聿然機會可重逢
此心無愧何憂事　謀事終成不計功

（光緒版原籤缺）

解曰

此籤事有重險，心似平康。凡事先難後易，婚姻久方成，病險後安，訟凶，財可緩求，行人匆匆，萬物至春後，諸事轉凶爲吉象。

釋義

唐宣宗時，則諒荒酒爲邪魔，委於深崖中，家人不知其處。默禱於神，有履險如夷之説，明早得從間道歸。凡占名利，主三數之巧，春夏頗利，至秋大利。大抵人能平其心，正其身，則吉福自臻矣。

占驗

一人求婚占此。娶妻至家，好善聰慧。應身似菩提一句。又一人鄉居，四面皆倭寇，急欲脱去，占此。夜從間道得入郡城。應履險如夷一句。又同治甲子福建鄉試，晉江一生問名，占此。迨到省城後，忽值鄰省有警停攷。回路又聞沿途劫掠大慘，正於猶豫間，適有崔姓武官邀他隨同林提軍來泉，中途遇雨，延至十月初四日乃到家，占此。不特全詩多應，連題亦驗收。

第七十五籤　劉小姐愛蒙正

中吉　辛戊

生前結得好緣姻
一笑相逢情自親
相當人物無高下
得意休論富與貧

聖意

財物聚　病即愈　若問訟　必遇主
更修善　禱神助　行人回　事無阻

東坡解

既有夙約　一見如故　所謀皆同
事多就緒　何必相逢　又分爾汝
且順而行　事無齟齬

碧仙注

兩情如水素流通　何況機緣舊日同
分外人交分外話　如鴻遇順穩乘風

志乘云：呂蒙正妻劉氏，樞密文茂之女。蒙正未逢時，茂輕之有悔意。劉小姐獨愛之，同居破窰。因見蒙正舉止不凡，知蛟龍非久困池中物也。後果得中，大魁天下，三居相位，受封蔭焉。

解曰

此籤大吉，凡事遂決，功名高，財物聚，病即安，訟者遇清官，婚合，行人回，孕生男，更修善，祈神佑吉也。

釋義

結得好緣，言緣雖多得處甚少，功名必舊有根基，今始得濟。財貨如前，無損無益。凡百求謀，有傾蓋如故之人扶持。無高下，謂彼此兩平配。若得意，休生議論，要當知足。訟必準，終難贏。

占驗

一顯宦欲與貧士結親，占此。後其婿果登上第。又一富商，欲與貧友經營，占此。後其友果能興財致富，皆不論貧富之驗。又表弟陳遠汀，內史府試時，臨結榜，占得此籤，籤意明示以前列。結得好緣，是指第一也。後果結榜首。又晉江郭氏子科試，占此。入場坐結字，其前號乃生字，係渠摯友陳子也，二人相逢，同發一笑，至掛榜，郭在二等二十三名，陳在二等二十四名，此即上二句摘字之應也。

第七十六籤　蕭何注律法

中平　辛己

三千法律八千文
此事如何説與君
善惡兩途君自作
一生禍福此中分

聖意

問公訟　且審理　求財禄　當揣己
病早禳　宜求嗣　婚更審　方吉利

東坡解

吉凶多變　非止一端　言不盡意
當以心觀　福因積善　禍胎稔惡
知所趨避　宜自先覺

碧仙注

訟庭有險莫來尋　只恐憂疑亂了心
凡事要知前定數　但將善心自浮沉

漢蕭何，沛郡人。微時嘗爲刀筆吏，後佐漢高帝定天下，爲宰相，以功封酇侯，既一統，以三章之法約，非可長治天下，乃命蕭何主律，使民知所守法焉。

解曰

此籤謀事，陰人議論不盡，當以心觀。積善福來，積惡禍胎，修善避惡，宜自先覺。婚宜審，擇財未遂，病不妨，訟主凶，宜作善方吉。

釋義

言吉凶通塞，當隨所占之事，以理推之，如作善降祥，作不善降禍，所謂此中分也。求功名者，初未遂，後顯擢。凡事營謀有二條路，占者宜審决，於善趨惡避，切勿貪取躁進，大抵先憂後善也。

占驗

一生入場畢，自謂文字得意，占此。竟無名，後取原卷觀之，前場密圈擬元，後場則塗抹不堪矣。此三四兩句之驗。又余姑丈龔慎齋，明經當廩保時，占財氣，得此。時府試挨保無贄敬，惟院試每人送百文計，文武兩途並進，一生三款，合算得銅錢八千文，籤經之明示。又光緒己卯年，泉州南臺寺文會，晉江邱生帶籤譜在大魁殿用錢卜此。後鄉闈惟邱生卷八次到取中。此亦八千文及與君數字之驗焉。王鍒謹志。

第七十七籤

吕后害韓信

下下

辛庚

木有根荄水有源
君當自此究其原
莫隨道路人閑話
訟則終凶是至言

聖意

訟當戒　病宜禱　名不利　婚難老
防口舌　行人到　凡事謹　莫輕躁

東坡解

禍因福積　當究其源　最宜向善
病保安存　自當謹慎　勿信人言
若有偏徇　禍及家門

碧仙注

口是禍之因　人言有過迍
訟則終不利　謹守福隨身

漢之得天下，信功居多。初封齊王，後敕封楚王。高祖後疑其反，仍僞遊雲夢，執歸京師，降封淮陰侯。信以失職怨望，羞與絳灌爲伍。會帝親征陳豨，家僕上變。吕后乃與蕭何定計，誘信入朝，竟斬信於未央宫，夷其三族。

解曰

此籤先凶後吉，根源已定，不可妄爲，自宜謹慎，禍去福來。訟當審，財利無，婚不好，有口舌，行人未至，病尤可禱。凡事不可信人，自宜省察，免災也。

釋義

善者福之本，惡者禍之本，讀書積蓄，求名利之本，無其本而欲名成利就，福得禍遠，難矣。然又當推其既往，驗其將來，果目前之得而吉，則今日之得亦吉；目前之失而凶，則今日之失亦凶。凡事皆然，不可不慎。言不可聽，訟不可成，目下求財不可得。

占驗

一士人占功名得此。遲數科至甲子始中，應首句也。後謁選，官至司理，因斷獄受賄而敗。應第四句也。又一人先習儒，後習賈，因當家生理不定，欲覓别途，迨占此籤，始仍舉業，不數年果入學，克紹乃父書香。以上二句之應也。

第七十八籤 袁安守困

下下 辛辛

家道豐腴自飽温
也須肚裏立乾坤
財多害己君當省
福有胚胎禍有門

聖意

莫貪財 能害己 休門訟 當知止
病禱神 孕生子 婚擇良 行未至

東坡解

家道昌盛 猶宜謹守 自立主張
祈求護佑 輕財重道 方能長久
善善惡惡 自作自受

碧仙注

一人會處一人事 莫管他人閑是非
若能作福求安静 雖否還能轉福機

漢袁安，字邵公，汝南人。少時貧困，志行清高，嘗高卧雪上，後舉孝廉，除陰平長任城。所在吏人畏而愛之。至爲三公時，漢室中微，外戚强盛，朝廷之上，皆倚賴安一人焉。

解曰

此籤家道雖然昌大，亦宜謹守，不可倚强欺弱，主有口舌是非，財多害己，不可妄求，只宜集善去惡。財莫貪，訟休問，婚不宜，行未回，病求神，休妄想也。

釋義

肚裏乾坤，謂自主張也。可行則行，可止則止，一事三思，切勿貪戀。胚胎有門，言一善一惡，俱是人之所爲，功名有份，終必不失。目下求財不利，尤宜謹省。

占驗

天啟時一臺諫不順閹宦，恐有他禍，占此。乃休官散財，安居林下，後權閹勢敗，此公仍復超擢，此自明禍福之驗。又一人，春月妻病，寢食不安，子又患痘，占此。莫識所指，有爲解曰：妻病無妨，因裏有孕也；子出天花，禍不遠矣。而渠云：天癸才去二十餘日，焉有胎？子出痘，並未危，奚能死？均不信。不數日，其子竟死，至冬間，妻舉兩胎，一男一女，其人始服。二句與四句之驗如此。

第七十九籤　文王編易卦

中平　辛壬

乾亥來龍仔細看
坎居午向自當安
若移丑艮陰陽逆
門户凋零家道難

聖意

名與利　依理求　婚與訟　莫妄謀
病擇醫　方無憂　行人至　慮且休

東坡解

立宅安墳　當明正向　龍穴雖吉
向差則病　凡百謀望　南向則善
一或他向　恐不如意

碧仙注

天然得個好規模　心計雖多莫改圖
妄作妄謀終是拙　吉凶分界真岐趨

西伯侯昌，謚文王，爲紂之諸侯，生有聖德。往朝紂，被崇侯虎所譖，囚於羑里，乃編易卦，定六爻。後周大夫散宜生以美女玉帛獻紂，方釋歸。

解曰

此籤凡事宜順理順行，不可妄意强求，反招禍患。如相地者，一乾玄來龍，自以坐坎向午爲順，若獨機偏見，改作丑艮坐穴，是爲陰陽背逆，豈不致門户凋零之咎乎！此以見吉趨凶可避，慎無顛倒錯亂，自貽伊滅也。

釋義

此以羅經方位比喻也。乾亥位居西北，來龍由此脈甚分明。坎爲正北，午爲正南，雖爲坐坎向離，自與乾亥來龍有陰陽交媾之美，安穩奚疑？若丑艮，位居東北，則與乾亥陰陽相反，奈何移穴坐地，豈非自是其愚乎？門口凋零，丁口不旺也。家道難，財産退敗也。人不可逆理數以妄行，斷斷明矣。方向西北、正北、正南皆利，東北不利年運，亥子年頗佳，丑寅年欠吉。

占驗

一人擇婿，占此，不解。後得姓馬屬猪者爲婿。蓋乾象爲馬，亥屬猪，來此者，乃乘龍佳婿也。應首句奇驗。又同邑一人，於光緒丁亥履端之月，問生理，占此。是年果大有所獲。越年亦好。至己丑春，當事歿，另换生手，兼用不得其人，生理乃敗。

第八十籤 郭璞爲母卜葬

下下

辛癸

一朝無事忽遭官
也是門衰墳未安
改換陰陽移禍福
勸君莫作等閑看

聖意

名與利 宜改圖 訟和解 保無虞
病宜醫 行漸回 婚别配 莫輕爲

東坡解

風水不利 門户衰蹇 致招殃咎
有此禍變 急宜遷改 避惡向善
若能戒意 可保無患

碧仙注

有是無非天所使，星辰地理免求尋。
若能久守祈天佑，福禄來臨禍不侵。

晉郭璞，字景純，聞喜人。博學高才，得青襄山書，由是洞知五行卜筮之術。母死，爲卜葬於河濱。著有青鳥葬經，學堪輿者宗之。又注爾雅、山海經楚辭等詩賦數千萬言。避亂過江。元帝重之，以爲著作郎。

解曰

此籤凡謀望宜謹守，作善求保，禍去福來，防出入，訟非牽連，即宜和解。病有鬼，擇醫作福。行人回，婚别議。財防小人侵失，名利虚，莫輕爲也。

釋義

言禍福無門，唯人自召。急宜趨善避惡，方保無禍。忽遭官，言求名之人忽然得官，移禍作福，有非等閑。凡事當改圖，否則事成難改，禍至難移也。爲客者，防風水之患，在家防火盗之厄，官訟是非之累，過十日後，庶乎可免。

占驗

一生占此籤，中武會試；一生占之，因墳傍開門構訟，蓋求第者遭官，則受職置産，營葬者遭官，則不宜也。俱應首句。

第八十一籤

寇公任雷陽

中平

壬甲

假君財物自當還

謀賴心欺他自奸

幸有高臺明月鏡

請來對照破機關

聖意

訟莫欺　依本分　病遇醫　名休問

婚慎求　事審論　孕保安　行人迍

東坡解

負人財物　欺賴自奸　幽有鬼神

顯有清官　一朝照破　難逃其禍

每事依心　無施不可

碧仙注

本分兩字　合天合地

若有虧心　神明共棄

宋寇準，字平仲，下邽人，年十九舉進士，真宗時知同州，判永興軍，盡心民事。每曰：有一時之閑，則有一時之滯。後拜相，決策成澶淵之功。出鎮大名，貶雷陽。準內儉外奢，寢處一青幃二十年。仁宗朝贈中書令封萊公。

解曰

此籤先難後易，欺人自欺，反惹其禍，只可修心向善，暗有神明佑護，不可妄爲。訟終凶，事莫想，休求名利，婚宜審，病者醫，行人緩，風水遷改，孕生女，求財依本分。

釋義

凡事在前半月，占者防小人侵害，財物欺賴。在後半月占者，主訟得理，財得利，病得脱，要當事莫相欺也。

占驗

江右一人負屈，屢訟未勝，後遇山東趙耀爲按察使，其冤始白。趙本清廉，且趙與照同，應明照臺之義。又同治甲子九月，髮逆陷漳州城，時晉江令葉公爲霖，占此。至十一月果有提臺帶兵剿賊。應高臺破機關也。又一婦往府口探親，回時遺失一釵，遍尋無踪，到廟占此。有爲解曰：何不再回姻家覓看，婦從其言，果於外戚門前照墻脚拾得。銀釵已被糞穢遮蓋，惟一柄露出，故路人莫知也。此當還句之應矣。

第八十二籤 宋仁宗認母

上吉

壬乙

彼亦儔中一輩賢
勸君特達與周旋
此時賓主歡相會
他日王侯却並肩

聖意

財必獲　名遇薦　訟得理　病有願
婚姻成　行必見　發福財　因積善

東坡解

事有相干　宜與效力　君既周旋
他必報德　凡所謀爲　遇貴可得
神力陰扶　福報有日

碧仙注

凡事成全必有因　交情初淡後相親
貴人提携無難力　君子相逢便認真

宋史仁宗，李娠妃所生，劉后抱養爲己子。左右皆畏后威，無敢言者，故帝不知也。及娠妃卒，后欲以婢禮葬之，宰相吕夷簡請厚葬。后怒曰：一宮人死，相公何云云，欲離間吾母子耶？夷簡對曰：太后不以劉氏爲念，臣不敢言；尚念劉氏，則禮宜從厚焉，后悟，乃以一品禮。夷簡再請以后服殮，水銀實棺。太后許之，迨后崩，有爲帝言娠妃所生及妃薄殮之事。帝號慟，即往祭，易梓棺親啓視之，妃以水銀實棺，面色如生。冠服悉如皇后，帝嘆曰：人言其可信哉！待劉氏加厚。

解曰

此籤大吉，凡事謀望，無不遂意。婚必合，財必遂，名遇薦，行人至，病有願未還，訟得理，孕生子，風水利，家道昌，貴人提挈，當在平日所交處，故彼此相逢，不求自至也。

釋義

言占者當推己以及人，能處事周旋，可獲厚報，能謹慎擇人，可獲信利。若問功名，能先自治己身，則人之薦舉，有不能逃矣。

占驗

嘉靖中，豐城雷禮，會試不第，占此。下科中第，前一名王宗本，後一名侯岳牧，嗣後三人同時爲南部尚書。王侯並肩之言益驗。

第八十三籤　諸葛孔明學道

下下　壬丙

隨分堂前赴粥饘
何須妄想苦憂煎
主張門户誠難事
百歲安閑得幾年

聖意

名與利　難遂致　訟宜和　行未至
病瘥遲　婚莫議　能守得　家必利

東坡解

好事隨緣　莫貪莫競　且宜守成
庶保安寧　若更妄求　必主多憂
何如退省　以遂優遊

碧仙注

守己當知事莫爲　莫將心術肆凌欺
依然舊日規模好　休聽閑人説是非

漢諸葛亮，字孔明，琅琊人。漢末避居南陽，志學清修養性之道，研究奇門遁法。天文術數，卦算韜略，無所不精。初不求聞達於諸侯，後徐庶薦於劉先主，先主凡三往問計，延爲軍師。先主即位，拜爲丞相，受以託孤。後主封爲武鄉侯，卒謚忠武。

解曰

此籤只宜守成，不可妄爲。凡事且隨緣分。不宜出行，婚未成，財莫貪，名利休問，訟宜和，病未痊，六甲保，墳宅改移，安分謹守，持家方吉利也。

釋義

大抵妄想則貪求，貪求則取禍。人生百歲，其中無禍無虞，安享和平之福者，能有幾時？占者當退却一步，坐食饘粥，以待時至。主張門户誠難事者，蓋言繼述無人，所以不得相助有成也。

占驗

一生小考，占此。發案列優等補廪，應赴饘粥也。又一大刹僧，欲謀爲住持，占此，遂止。後見主僧操持勞苦，迎送干謁，煩惱怨恨，不如己之安閑清静，始悟籤言不謬。又余妹倩按照磨林名樹立之，母病危占此，獲痊。應百歲安閑得也。又一人被人欠，討不來，欠人債迫太急，欲賣屋償之，占此。竟賣不得，後果就收入還出了事，方悟一二三句之驗。

第八十四籤

須賈害范雎

中平

壬丁

個中事緒更紛然
當局須知一着先
長舌婦人休酷聽
力行禮義要心堅

聖意

訟宜解　莫信讒　財緩求　名莫貪
孕生女　行人還　婚更審　莫妄攀

東坡解

萬事一理　各有先見　莫聽人言
激成多變　依理而行　禍自可免
當堅乃心　毋或退轉

碧仙注

兩下相謀要見他　更然未可便平和
若從音信求安静　只恐將來事轉多

戰國范雎，字叔，魏人。事須賈使齊，襄王賜金及牛酒，雎辭。賈知之歸告魏相魏齊。齊怒，笞擊雎，折脅摺齒。雎佯死得脱，入秦説昭王，拜相。須賈使秦，雎敝衣微服至邸見賈。賈驚曰：范叔無恙乎？何一寒至此！乃取綈袍贈焉。雎以賈有故人風，釋之。

解曰

此籤占之，謀望平心，禍去福來，若强求福，轉生禍胎。病則安，訟宜和，休聽讒言，財有失，名勿貪，婚姻莫强求，行人至，或有失物，隨機應變可得，陰人切莫交言，須謹慎也。

釋義

言事之未來，既要先見，又要預圖，莫聽人言，致生變故。名利進步則得，遲疑則失，慎勿貪取，依理而行，隨機而應，不患衆事之紛也，長舌女人是陰人，其言决不可聽也。

占驗

一人惑於婦言，欲與弟分居，占此，遂止。其後因弟克勤克儉，興財致富，其兄安享，終身和樂。聖言之化人也如此夫。

第八十五籤　姜女尋夫

中平

壬戌

一春風雨正瀟瀟
千里行人去路遥
移寡就多君得計
如何歸路轉無聊

聖意

且隨分　莫貪財　訟宜息　防外災
婚不利　遠行回　禱神助　福自來

東坡解

時之未遇　歷涉艱苦　巧計雖多
終於無補　且宜守舊　免致招災
已成長保　禍去福來

碧仙注

貪得不知義　財多是禍胎
若能隨本分　時到花便開

野史秦孟姜女夫范杞郎，奉命作長城之役，姜女往尋之。及至，知夫已死，欲尋骸骨歸葬，神爲指處。咬指出血點認夫骨，號慟大哭，長城爲之崩。婦人守節自孟姜女始有之。

解曰

此籤只宜守舊，不可妄想，若欲强取財物，必致招禍。訟可避，病多困，遠行回，婚不吉也。

釋義

時有四季，不獨一春，每季之首，即謂一春。占者利遠行，洵爲光顯，但小事則利，大事則不利。風雨瀟瀟，豈真風雨瀟瀟哉，蓋言是非疾病，紛紛交至也。始雖用計，終反有損，凡利所在，不可痴心强取，後必有災。歸路無聊，主行有阻滯，不宜妄想，庶得保身之道也。

占驗

一士人應一摯友聘作縣幕賓，束修百金，占此。之後又遇一按君，出五百金，其人即棄縣而就按。未幾，巡按卒於任，財物爲有司封閉，一無所得而返，始悔不從籤之示也。

第八十六籤 管鮑爲賈

上上

壬己

一般行貨好招邀
積少成多自富饒
常把他人比自己
管須日後勝今朝

聖意

財祿富　訟得理　婚和合　病漸止
問行人　歸未矣　莫害人　人即己

東坡解

同時經營　皆欲成家　將人比己
不得矜誇　自然天佑　福祿常嘉
更宜方便　錦上添花

碧仙注

莫將心膽用偏欺　更行方便兩相宜
似此謀爲須進步　若還獨力難扶持

春秋管仲與鮑叔微時曾同爲賈，及分金，管仲多自與，鮑叔知之，不以爲貪，知其貧也。後鮑叔爲齊桓公大夫，薦仲爲相。其善全交道，有如此者。

解曰

此籤凡事，先難後易，求財有，婚必成，功名小，失物在，訟得勝，病漸安，行人未，風水好，孕生男，求福保，莫害他人，反害自己也。

釋義

言求名利者，目下漸好，後必大利，如錦上添花，有可厚獲。然必恕以待人，公以持己，戒其躁率輕易之意，則天佑之福祿薦臻，財必增益，無不遂意矣。

占驗

一紙客出行，占此。後遇逆水行舟，風急灘險，舟人不戒，船折紙沉，半没於水。舟人願賣破船賠償，客不忍，縱之而去。至其地，紙大賤，且濕難賣，候紙曬乾時，紙已賣缺，爭買水濕者，大獲三倍之息。此不忍人賠償一念之善也。

第八十七籤　武侯與子敬同舟

下下　壬庚

陰裏詳看怪爾曹
舟中敵國笑中刀
藩籬剖破渾無事
一種天生惜羽毛

聖意

名利無　病有祟　訟莫興　和爲貴
莫貪財　婚不利　孕無憂　行未至

東坡解

骨肉乖張　操戈入室　面上春風
胸中荆棘　何必思維　人己則一
若能和同　變凶爲吉

碧仙注

自家何必操戈戰　若有平生便釋然
所作所爲天地見　陰消漸弭可無愆

曹操已破劉備，備奔夏口依劉琦。操乘勢下江南，孫權大懼，和戰未決。聞曹兵聲勢百萬，乃使魯肅往夏口探問虛實，並請孔明同入吳，肅意欲戰，於舟中囑孔明曰：見吾主切勿言曹兵之多，勸其決戰合力拒曹，願先生相助焉。

解曰

此籤先凶後吉，凡事要和同，可免是非。病有祟未安，訟是手足之親，只宜和解，防有暗箭。求財遂，却被相識之人耗散。婚有變，不合，行人未即至也。

釋義

言人受形父母，初無少異，譬如桃仁則生桃，枝亦不變種而生。故占者當慎，惜鳥毛養成飛騰之具，則去貧賤而受富貴矣。占此主骨肉猜忌，小人侵害，苟能大公無我，取信於人，則自可免，尚宜慎之。

占驗

一生携重資赴試，出行占此。登舟遇一人求附舟，失足落水衣盡濕，此生解衣贈之，復與酒食温暖之。臨别謂生曰：我盜也。將有不利於君，感君之義，故謝去耳。生復厚贈之。雖此生之德感化其心，亦籤經之明示昭然也。

第八十八籤　高文定守困

上吉　壬辛

從前作事總徒勞
纔見新春時漸遭
百計營求都得意
更須守己莫心高

聖意

名與利　且隨緣　訟解釋　病安痊
婚姻合　行人旋　若謀望　在新年

東坡解

平生勞苦　百事無成　時運將泰
謀望稱心　更宜謹守　貪心莫生
隨緣受用　坐享安榮

碧仙注

貪心莫起且隨緣　營謀勤謹要心堅
但得時運亨泰日　富貴榮華萬事生

（光緒版原籤缺）

解曰

此籤上吉，名與利，且隨緣，婚亦合，訟和釋，墳宅安，孕生兒，且守己，莫貪心，名利在，春間好，夏秋冬平，凡謀望待時稱心也。

釋義

言自今以前，作事空勞，無所成就。才交新春，凡百謀爲，皆得遂意。寅卯辰屬春，但名利不獨春間有得，凡遇寅卯辰年，亦無不利。占者但當謹守，不可肆意妄爲也。

占驗

萬曆時，楚中一士人會試，占此。遂中式，同列謂之曰：張江陵當權，若拜門下，鼎甲可圖也。不應。遂殿三甲末，同列又謂曰：函求張相，翰林可選也。又不應。僅得外縣。未幾張相亡，凡附張者俱敗，此公擢爲京官。乃守己莫心高之驗也。

第八十九籤　班超歸玉門關

中平　壬壬

樽前無事且高歌
時未來兮奈若何
白馬渡江嘶日暮
虎頭城裏看巍峨

聖意

名未得　財尚遲　病漸愈　歸有期
訟可解　孕無危　婚和合　緩則宜

東坡解

時運未遇　且自開懷　年月逢午
好事方來　雖臨晚景　掀轟一回
衆人聳看　積粟多財

碧仙注

笑面有刀　一生徒勞
等得時來　日落天高

漢班超，安陵人，彪之子。少有大志，傭書養母，嘗投筆嘆曰：大丈夫當立功異域，以取封侯，安能久事筆硯乎！明章兩朝，征定五十餘國，封定遠侯，久鎮西域，後年老乞歸，帝使任尚代之，故班超得歸入玉門關，至京未幾而卒。

解曰

此籤占之，功名晚，財谷遲，訟必和，婚主緩，惟宜行人逢丑午酉回。病者喜治醫，謹防杯酒後口舌。凡事先難後易，可守己也。

釋義

言時雖未遇，但當優遊自處，待至晚景遇午年月日，名利大遂，衆人欽仰，財帛滿盈，但所恨者時之不多，占者得此，當公道持身，人不敢犯，杯酒之間，宜防口舌。

占驗

臨川陳大士，少年占此，至五十七歲始中鄉科。應白馬渡江之句，白馬庚午也。甲戌爲行人，奉召吉安封王，衣錦而回。吉安，古虔州。虔字虎頭也。應第四句。又晉江明經陳世清，咸豐庚戌春，父病頗重，占此。自謂尊人決無事，可獲痊安，迨至是年六月庚午日寅時歿，始悟起二句乃示其尊翁，目前却無事，至六月建未來時則無奈何，後二句又暗藏日時於中，神意之深，遠非善會者不能測也。

第九十籤 楊文廣陷柳州

中平 壬癸

崆峒城裏事如麻
無事如君有幾家
勸汝不須勤致禱
徒營生事苦咨嗟

聖意

訟和吉　求財無　婚未成　病無虞
信未至　勿他圖　不須禱　守規模

東坡解

人事擾擾　君獨清閑　不必瀆神
妄求多般　反招口舌　激起禍端
急宜静守　以保平安

碧仙注

在家好安分　莫笑别人難
若是貪憎愛　身遭羅網間

正史稱，宋代楊文廣，乃延昭子，從狄青南征儂智高，爲廣西鈐轄，兵陷柳州，青救之。與野史云文廣係宗保之子，陷柳州，被困，楊家諸女將往救焉，傳述迥異。姑並録之，仍宜從正史爲是。

解曰

此籤謀望事艱難，家門招禍愆。訟必和爲貴，慎勿聽人言，求財決定失，問病也無安，懷孕宜早保，行人無信還，若問婚姻事，渾如過險山。

釋義

言似有事，而實無事，占者但當主静，不可貪圖，雖勤致禱，終無所益，謂之曰禱者以其邀福也，殊不知福降於作善之人，若去妄求，則禍隨時矣。崆峒，在高平縣，凡城居之家，必然多事，豈特崆峒爲然，亦須言之耳，占者詳之。

占驗

一人訟事占之，竟無相干，應第二句也。

第九十一籤　趙子龍抱太子

中平　癸甲

佛說淘沙始見金
只緣君子不勞心
榮華總得詩書效
妙裏功夫仔細尋

聖意

求名利　勤苦有　訟須勞　終無咎
問婚姻　宜擇友　探行人　三六九

東坡解

淘沙見金　勤苦方得　富貴榮華
皆是書力　肯用功夫　自然有益
惰於經營　終無所獲

碧仙注

銳志功名　不宜徒躁
用心用力　自有功效

三國趙雲，字子龍，常山人。初依袁紹，後從劉備，時曹操欲下江南，先攻劉備於新野，備走樊城，復敗於當陽，家眷失散。雲於土墻下遇糜夫人，夫人將子阿斗託雲，雲將馬授夫人，夫人不肯，投井而死。雲哭埋夫人已畢，懷抱阿斗殺出重圍。

解曰

此籤若問功名，勤苦方得。宜審問財，用心自得。訟雖勞終無咎，行人無信，病難好，有鬼，宜求福以保之。凡事宜謹守也。

釋義

言先難後易。求名得者，主庚辛年月日得之，非勤苦不可，如淘沙之金，淘之則得，否則埋沒沙泅而已。占者凡事須歷洗艱難，倍嘗辛苦，然後志慮通達，處事熟練，天佑而人從矣。

占驗

一人有子患痘，危甚。幼科欲用金汁呷之，猶豫未決，占此。詩有金字，即以金汁呷之，其子遂有生存之意，調理月餘而安，因識金汁有起死回生之功。金汁即糞也。

第九十二籤 高祖治漢民

下下 癸乙

今年禾穀不如前
物價喧騰倍百年
災數流行多疫癘
一陽復後始安全

聖意

訟紛紜　久自解　病患多　終無害
財祿難　時且待　孕屬陽　祿終在

東坡解

目下求謀　今不如昔　口舌疊來
病多啾唧　時運尚乖　至今不吉
待冬至後　方時寧息

碧仙注

破財重重見　最後不雷同
病主沈沈滯　訟事必先凶

諸侯既滅秦，惟項籍最强，自立爲西楚霸王，封高祖於漢。高祖與國民言曰：父老苦秦久矣，毁謗者族，偶語者棄市，民其何堪焉。今日者，吾當王關中，與父老約法三章：殺人者死，傷人及盜者抵罪，餘悉除去，民賴以安也。

解曰

此籤求財，今不如昔，口舌不測，疾病纏綿，命運偃蹇，於今不吉，待冬至後，方漸安，訟久自解，婚久可成，行人無信，病無害。凡事待後方吉也。

釋義

言當謹守，不可輕動。交冬自然福降禍消，漸得亨通矣。一陽復後者，豈必冬至後爲一陽，占此者須推算其所占之期，節候之始是也。

占驗

一人賣首飾妝奩之物，因欲改途，占此。遂守舊。一陽後忽遇大婚，民間嫁娶殆盡，物價喧騰，倍獲厚利。第二句之驗。又晉江一士人，母病，初醫家皆謂火盛，叠投涼劑，而病益重，迨占此後，適有老醫云：症是真陰假陽，須大温補，庶幾真陽得復，後果如其言。第四句之驗巧也。

第九十三籤　邵康節定陰陽

中平

癸丙

春來雨水太連綿
入夏晴乾雨又愆
節氣直交三伏始
喜逢滂沛足田園

聖意

財聚散　病反復　欲求安　候三伏
事進退　宜作福　婚可成　慎往復

東坡解

盈虛消息　天道之常　春多如意
夏却乖張　直交三伏　時運方昌
財多積聚　事事平康

碧仙注

舉意方濃却未成　百般阻滯隔人情
直須忍耐毋求速　至否之中有泰亨

宋邵雍字堯夫，謚康節。精先天河圖術數，著太極圖說。祖方士陳搏之學，復定陰陽推八卦，著皇極經世。初，王拱辰領伊洛，以雍應詔，除主簿，不就。熙寧二年，吕誨吳充復薦，除推官，仍辭。年六十七卒，贈著作郎。元祐中，韓維清再奏請，謚康節。

解曰

此籤謀望中有阻滯，後必安康，訟反覆，久方決。問病庚日安，婚宜細審可成，行人遲，孕生女。凡事不可强求，静以安身也。

釋義

盈虛消息，天道之常；吉凶禍福，人事之常。占此春回間方得遂意，夏主乖張，直遇三伏之後方泰。問嗣主生二子，病反覆，主寅午日見凶。

占驗

一人問終身，占此。自解曰，四十一歲後當大發。人問故，曰：夏至三庚入初伏，四庚中伏，五庚三伏，我庚申生，十一庚午，二十二庚辰，三十一庚寅，四十一庚子，是五庚也。非三伏之始乎？後果然。

第九十四籤 提結過長者門

中平 癸丁

一般器用與人同
巧斲輪輿梓匠工
凡事有緣且隨分
秋冬方遇主人翁

聖意

遇貴人　訟得理　財尚遲　病未愈
婚未成　信尚阻　待秋冬　方有遇

東坡解

機關謀望　人事雖同　隨緣隨分
心合上穹　秋冬時至　遇主人翁
藉此提携　凡事皆通

碧仙注

説道惺惺勝别人　奈何由命不由身
時來方許成謀事　若要亨通候吉辰

提結，梁武帝時西域高僧也。有侯長者者，家資巨萬，一文不舍。提結到其門化緣，長者不見，令閽者語之曰：汝自謂高僧，若能知我家中事，即肯布施。提結將長者心事一一指出，長者受其點化而皈依焉。事載蕭梁逸事。

解曰

此籤謀望，且隨緣分，時運將至，福禄自來，切莫貪求，安分守己。訟得理，財尚遲，病有祟，求福保禱吉，孕生女，要保吉，行人遲。凡事待秋冬，方有貴人提携也。

釋義

言謀爲機彀，人心所同，要當隨緣安分，行合天心，則時至心泰矣。凡事在秋冬，遇主事之人提携，勝於前日矣。名利主先難後易，不可妄動也。

占驗

一生林姓小試，占此。屢試未遇，值宗師金姓者始取，乃知林屬木，遇金成材，梓匠輪輿，木之主人也。又同治壬戌，特恩并補辛酉正科，副者官馬壽金。晉江林生鄉試前占此，亦取中矣。

第九十五籤　張文遠求官

中平　癸戊

知君袖裏有驪珠
生不逢辰亦强圖
可嘆頭顱已如許
而今方得貴人扶

聖意

財發遲　訟終折　名晚成　婚未決
問遠信　有此月　遇貴人　災難滅

東坡解

藏器待時　弄巧成拙　今當晚景
遇貴提挈　凡事謀望　各有時節
福禄勝前　自當發越

碧仙注

有財有禄有天福　時未來時且待沽
一旦有人垂手援　謀爲萬事稱心圖

（光緒版原籤缺）

解曰

此籤切莫貪求，唯修心向善，自成福助也。

釋義

驪珠者，言難得之中，有可得之機，人之目下，名利未遂，不可强圖，但藏器待時，必遇貴人扶持，或遇辰字上，自然發福，極於遠大。凡百事宜守己，又宜見機，乃能成就而無失矣。

占驗

萬曆一士，寓京師訓蒙，求終身，占此。了無所遇，年已六十，其門生侯拱宸選中駙馬，延館於府，積千金之富。乃知辰者宸也。老年遭際，籤已明示之矣。又晉江李建琛應縣試，首場並招覆，俱列第一名，望結正案榜首，求占籤，此不悟。及揭曉，一名係許篤因，三名爲楊貴先，而李生取結第二。按楊生初名僚先，臨填榜時，官乃改僚爲貴。後二句姓名位置均預爲指示，其靈驗尤奇。

第九十六籤

山濤見王衍

上吉

癸己

婚姻子息莫嫌遲
但把精神仗佛持
四十年前須報應
功圓行滿育馨兒

聖意

名利訟 遲方吉 病漸瘥 婚姻結
終年後 得子息 問行人 未有日

東坡解

謀望雖遲 終有所遇 福神相佑
扶持門户 終年運泰 事宜進取
凡事稱心 咸無憂慮

碧仙注

莫言來速與來遲 自要功名兩夾持
但着平生多少力 晚來忽報事皆宜

晉朝山濤，字巨源，河内懷人，器量不群。自小與阮籍爲竹林友。武帝朝爲吏部尚書，薦拔人物。王衍少時，山濤見之曰：何物老嫗，生此寧馨兒。然誤天下蒼生者，必此子也。衍字夷甫，晉陽人，神姿高傲，如瑶林玉樹。官至司徒，後爲石勒所害。

解曰

此籤求財發達，訟莫興，和爲貴，婚先未得，後成，遠行信，在此月至，孕生男吉，墳宅穩。凡事稱心咸無憂慮也。

釋義

言人求子息者，主生寧馨兒，以致凡百謀爲，初未遂意，終必遇。平正心事，則天必相佑，名利遠大。得此籤者，主有四字之應。病見凶，過卯巳月日無事。子息，京本作仔細，非也。

占驗

一人苦淫雨，入廟問晴，占此，不知所謂。及霽，乃值滿日也。且馨字下有一日字，此其所以待滿而日出也。又光緒九年，晉江郭生年四十，元旦到廟求財氣，占此。無所應，至冬間乃舉一子，其生辰與該生同月日，此三四句籤語之驗也。又惠安縣有一武生將應試，占此。後縣榜取結第十名，府榜取結二十六名，迨宗師按臨，則取第四名，至拜客請酒後復生子，亦應三、四兩句之應也。

第九十七籤

買臣五十富貴

上上　癸庚

五十功名心已灰
那知富貴迫人來
更行好事存方寸
壽比崗陵位鼎臺

聖意

訟即解　名可成　財漸聚　病且寧
孕生子　婚姻平　行人至　事稱情

東坡解

功名進退　一旦逢時　逼人富貴
皆善所基　更行好事　相與扶持
壽高貴顯　大勝前時

碧仙注

天自有眼　人不能知
善惡報應　在人自持

漢朱買臣，會稽人。家貧賣薪自給，行歌誦書，妻羞之，求去。買臣曰：吾年五十當富貴，那時可報汝，勿去也。妻不聽，適田夫。後買臣果五十爲會稽太守，妻與田夫沿道迎官，買臣見之住車呼之，以車載夫妻舍園中，給食一月，妻慚自縊。與夫錢以葬之。

解曰

此籤大吉利。婚可成，財漸亨，病安康，孕生男，名利遲，後必豐，家道昌，墳宅平，行好事，福祿遂。凡百事皆如意也。

釋義

人年五十，其氣已衰，其心已灰，一日逢時，富貴逼人至，是乃天數使然，占者必否極而後泰至，然又當行好事，不可貪取妄作，斯能長保其泰矣。朱買臣五十富貴，崗陵者，三壽之謂。鼎爲三足之器，臺爲三公之象，占此主有三數之應，占者詳之。

占驗

一生占科舉，不中而歸，時年四十九，明年病亡，應第一句。又一人年五十，占功名得此，是年顯榮，應詩第二句。占者須以天時之吉凶消長，人事之返退存亡，合而推之。功名必本身年五十之外者方佳，否則不利。

第九十八籤

薛仁貴投軍

中平

癸辛

經營百出費精神
南北奔馳運未新
玉兔交時當得意
恰如枯木再逢春

聖意

名利有　晚方成　訟與病　久方平
孕生子　行阻程　遇卯運　事皆亨

東坡解

營謀艱力　況逢時否　奔北超南
百事未遂　卯年月日　方可營計
轉瘁爲榮　節節生意

碧仙注

買賣費精神　求謀時運平
卯年月日至　方得稱心情

唐薛禮，字仁貴，龍門縣人。應募投軍征遼，白衣陷陣立奇功。太宗曰：朕不喜得遼東，喜得將軍。纍官左武衛將軍，封河南男縣，嘗拒突厥於天山，發三箭射殺三人，突厥懼遁，軍中歌曰：將軍三箭定天山，壯士長歌入漢關。

解曰

此籤先凶後吉，凡事逢春則吉，遇卯年月日，百事漸進，若貪求徒勞心力，求名晚成，訟可解，婚宜審，孕要保，行人阻，謀望皆要平心和氣，方免是非也。

釋義

言百事營求，不但勞力，抑且費財，奔走南北是無益，却宜安坐，方可無悔，待卯年月日，方得名就，如枯木逢春，發生暢茂。凡事在春天大亨，他季不吉也。

占驗

一生自南庠改北監，屢試不第，占此。自謂卯科當中，亦不驗。後值酉年始領鄉薦，乃悟兩座師一房師，俱是卯年所生，所謂玉兔交也。又一人有兒子，光緒庚寅春月患痘頗險，事完後再到廟示疹期，以便預防，占此。果於辛卯年二月出疹，是玉兔交時當得意，第三句之驗。

第九十九籤

百里奚投秦

上上

癸壬

貴人遭遇水雲鄉
冷淡交情滋味長
黃閣開時延故客
驊騮應得驟康莊

聖意

名與財　訟和事　家道康　婚吉利
病即安　孕生驥　婚則成　行人至

東坡解

憶昔貴人　忽見邂逅　從此提携
命運亨泰　出入圖謀　凡事利快
士庶占之　前程遠大

碧仙注

如鴻遇順風　衆隨下水中
得人輕助力　任意過西東

百里奚，宛人。初事虞公。晉假途滅虢，知其將亡，不諫而先去。之秦，復爲執，逃隱於楚。秦穆公聞其賢，以五張羊皮向楚贖回，授以國政。秦自强盛，併國二十，遂霸西戎。國人稱奚爲五羊大夫。

解曰

此籤上吉，家宅安穩，風水利，名與利皆快便，婚姻成，行人至，病安全，孕生子，保平安。凡事皆吉利也。

釋義

光武與嚴光同學，厥後光武物色求於富春山安車迎之，延之黃閣。士庶占之，必得貴人提携，但未實有富貴，凡事主午上大利。驊騮，良馬也，驟康莊，通且達矣，水雲鄉，如黃牛峽、白馬江、東南澤國之類，遭遇於此，謹修爲可也。

占驗

一人選時，占此。後得武進，乃東南水澤之國，自甘冷淡，冀得久任。又一人登科占此。久不第，直至座師拜相作總裁時始第，應第三、四句。又一人習賈有才扶不得，士料其必敗，占此。欲應海口，世好蘇比聘不果，乃爲鳳閣街黃姓當事，將周歲，甫開市，而蘇氏以厚利爭向，遂於通衢建一大生意，歷二十年，號已馳名，其人始卒。此占連題義畢應，善解者毋須多贅焉。

第一百籤

唐明宗禱告天

上上

癸癸

我本天仙雷雨師
吉凶禍福我先知
至誠禱告皆靈應
抽得終籤百事宜

聖意

籤至百　數已終　我所知　象無凶
禱神扶　借陰騭　危處安　損中益

東坡解

吉凶禍福　神先知得　廣修陰騭
神必佑之　凡百謀爲　有進無退
數雖已終　周而復始

碧仙注

求事先難後易諧　吉凶禍福自修來
病安孕育終無事　更有風雲入壯懷

唐明宗李亶，沙陀國人。後五代唐李克用之養子。登極之時，年踰六十，每夕在於宮中焚香祝天曰：某本胡人，困亂爲衆所推，願天早生聖人，爲生民主。見十國世家。

解曰

此籤求謀無不遂意，前通後達，百事如意。訟有理，婚必合，行人回，孕生男，風水利，病全安。凡事莫貪，静處安身可也。

釋義

籤至一百，數之終也。休咎吉凶，莫逃聖意，故於此備詳言之。占者凡事皆吉，富貴之人，當持盈守滿，則無傾溢之咎。疾病少壯則吉，老年則凶，有壽終之兆。婚姻有百年偕老之吉，占子孫主長壽多男之應，謀爲有百年長久之計也。

占驗

隆慶中嘉善丁改亭先生會試，占此。中第三百名榜尾進士，官至宮保尚書，享壽百齡，大吉壽考者，吉祥之兆也。

注：以上見光緒版《關聖夫子靈籤》。該書係泉州市區民間信仰研究會副秘書長張炳熙先生提供。

二 《聖籤》

第一籤

擊壤高歌作息時，豈知帝力密扶持。

源源福禄如川至，黄氣朝來又上眉。

解曰

有貴相，資福禄所助，有喜大吉，可進可圖。此卦天下太平之象，凡事營謀大利。

第二籤

雖將粟粒種春泥，耘耔工夫要及時。

處此但將勤補拙，功多厚賞信何疑。

解曰

君子攸往，必用其力，更加謹慎，後獲其益。此卦將勤補拙之象，凡事謹慎則吉。

第三籤

消息盈虧理固然，莫將淚眼向青天。

甑如已破休回顧，來歲秋天月復圓。

解曰

聽其自然，莫怨於天。待時而動，後得重顯。此卦月復重光之象，凡百待時成就。

第四籤

腐菻蟲生水蝎中，龍膏鳳髓恐無功。

鬼神夢昧天高遠，失楫中流遇逆風。

解曰

不獲遂意，徒勞心力。隨時消息，終不利益。此卦中流失楫之象，凡百不宜妄爲。

第五籤

否若極時泰自來，從君抖搜出塵埃。

門闌當有非常喜，寒谷春回花再開。

解曰

否去泰來，謀望皆遂。即得亨通，盡可施爲。此卦春回寒谷之象，凡事進身大吉。

第六籤

欲問平生修習功，不狂不簡只從中。

常言事事皆前定，勤則功成儉則豐。

解曰

君子處事，允執厥中。勤儉幹製，必慕貞實。此卦修身慎德之象，凡百聽其自然。

第七籤

數聲鴉鵲噪檐柯，紅日初昇氣漸和。

正好杖藜牢著步，前頭險路已無多。

解曰

事漸和諧，如日初昇。陰消陽長，謀事得成。此卦日麗中天之象，凡百宜緩可就。

第八籤

歌舞歡娱是禍胎，塞翁失馬又回來。

勸君動用休狂妄，緣木求魚無後災。

解曰

事多阻隔，切莫妄求。固守勿躁，終則無憂。此卦守分待時之象，凡百緩圖無咎。

第九籤

披開雲霧覩青天，況是中天月正圓。

匹馬通衢無阻滯，佳聲美譽聽爭傳。

解曰

掃開悔吝，得遇貴人。漸見亨通，廣播聲名。此卦雲開見月之象，凡事如意。

第十籤

爐鼎丹砂非已物，服之僥幸得安痊。

此時未可誇全效，明日愁來又似前。

解曰

秀而不實，徒勞心力。不宜妄動，事見變易。此卦僥幸之象，凡百未可成就。

第十一籤

六一群中推最靈，忽然頭角聳峥嶸。

萬人頭上標名字，南北東西道路亨。

解曰

際會風雲，頭角昇騰。六合之内，任其自然。此卦潛龍變化之象，凡事稱心。

第十二籤

惡食粗衣且休嗔，逢橋下馬莫辭頻。

流行坎坷當然事，何必區區諂鬼神。

解曰

預防謹慎，切莫妄動。聽其自然，見機而用。此卦見機而作之象，凡事小心謙守。

第十三籤

借便因人非善謀，曳裾端可見王侯。

功名唾手誠非妄，事在人間桂子秋。

解曰

事須詳密，不可輕舉。依時而作，有謀可許。此卦識達事務之象，凡事待時而吉。

第十四籤

青黄赤白亂横陳，須信於中有至真。

宜向離方尋影跡，只愁公訟與焚身。

解曰

事多錯亂，不得歸一。若以妄求，非災不測。此卦離火焚身之象，凡事不吉。

第十五籤

玄妙須從坎位求，只愁沉溺與漂流。

若逢黑色宜收贖，莫向凡夫爲鬼謀。

解曰

處事險阻，乖戾不利。守之慎之，終不稱意。此卦守信濟險之象，凡事安分則吉。

第十六籤

只因致恨與相嫌，愁病無端日日添。

爲問蜜蜂勤醞釀，不知辛苦與誰甜。

解曰

營營役役，勞於朝夕，日益其功，己利它得。此卦徒勞之象，凡事安守則吉。

第十七籤

肘後靈丹活盡人，豈知弄劍要傷身。

更遭羅網纏綿後，却向山中與鬼鄰。

解曰

暴虎憑河，有損無益。非禮貪求，以喪其德。此卦羅網之象，凡事不可妄求。

第十八籤

青黄黼黻木之菑，一入迷途喚不回。

莫向花前深注意，家肥端自儉中來。

解曰

安分養福，省費養財。君子知命，無以後災。此卦戒奢守儉之象，凡事守舊可也。

第十九籤

雖罹縲絏罪非真，舉眼無非白眼人。

天理昭昭終福善，到頭金屋與安身。

解曰

大明之象，初有阻退。謹於動用，後見稱心。此卦天佑吉人之象，凡事先凶後吉。

第二十籤

因凶得吉又奇哉，宿病漸消好事諧。

陡覺聲名馳四海，如今信有命安排。

解曰

雲去月來，好事和諧。以中取正，寒谷花開。此卦因凶獲福之象，凡事和合大吉。

第二十一籤

探積窮幽自顯然，豈知智術合神仙。

到頭不利吾家事，留得聲名萬古傳。

解曰

有名無實，勞而無益。事防更變，不利之則。此卦幻術虛名之象，凡事不宜成就。

第二十二籤

大厦栟幪千萬間，静看風雨激狂瀾。

那堪九里滋河潤，兒女團圓盡意歡。

解曰

德政之廣，民皆受福。所求得宜，不可退忽。此卦德政資民之象，凡事盡可施爲。

第二十三籤

身若安時道自隆，莫言遊子哭途窮。

臨門當有陰人喜，猶感吾翁積纍功。

解曰

臨門之喜，積德所致。事未稱心，守分得宜。此卦知分感德之象，凡百守舊待時。

第二十四籤

爐冶鉗槌功已成，莫教樂極恐悲生。

佳城將見成荒冢，天道虧盈鬼禍盈。

解曰

治極則亂，樂極則悲。萬事盡然，終防更變。此卦樂生悲之象，凡事不可强爲。

第二十五籤

太阿在手凜然寒，碧眼胡兒仰面看。

從此進身高處立，一呼百諾指揮間。

解曰

執劍在手，號令施張。凡事雖可，其後光揚。此卦實見光明之象，凡百守後有吉。

第二十六籤

克勤克儉有嘉謀，爲利須兼十倍收。

急把紫鞭鞭紫馬，看君絲帛積山邱。

解曰

勤儉圖謀，十倍成收。諸事莫延，吉而無咎。此卦勤儉獲利之象，凡百營謀大吉。

第二十七籤

公子王孫作主人，豈愁豪俠與頑塵。

官清馬瘦休懷恨，到底身貧道不貧。

解曰

以廉爲守，以信爲貧。到底無凶，出入無咎。此卦清慎持身之象，凡事寧耐則吉。

第二十八籤

養癰成疽切自防，莫教蔓衍恐難當。

幾多白眼人相顧，暗地穿窬作計長。

解曰

修己防虞，乃獲安處。預宜保守，莫使成疽。此卦謹慎防虞之象，凡事守舊則吉。

第二十九籤

作善應須降百祥，門庭具盛事非常。

濟人初願君無負，看取堂前桂子香。

解曰

以善立身，有喜無凶。初願不負，家道福洪。此卦作善降祥之象，凡事進身後吉。

第三十籤

斂黛佳人仰看天，堂前鶴去月空圓。

天淵浩浩津涯遠，迅浪痴風恐覆船。

解曰

事多摇漾，俱不利益。妄舉躁爲，順反爲逆。此卦涉險艱難之象，凡事終不稱意。

第三十一籤

寒窗儒士遇昌時，天日清明奴隸知。

朝野和諧魚鳥樂，遐方戎狄盡雍熙。

解曰

初見淹留，漸逢發達。禍散福來，自然超越。此卦化及遐方之象，凡事稱心遂意。

第三十二籤

九轉丹砂功已成，臨風牽動覺身輕。

有人問我前程事，名利途中總稱情。

解曰

出入自在，切莫奔波。前程有限，吉福後多。此卦九轉成功之象，凡事可舉可成。

第三十三籤

甜言善語似開懷，纔入牢籠撥不開。

酒色氣財宜早戒，貪求不免有非災。

解曰

魚貪上鈞，鳥貪入網。早能驚戒，免遭羅網。此卦修身戒貪之象，凡事不可妄求。

第三十四籤

人生定業固無訛，引頸迎刀復奈何。

若向空門閑寄跡，恩波雨露不勝多。

解曰

事有定數，不可速成。斟酌勿躁，寄跡昌盛。此卦革故鼎新之象，凡事勉勞心力。

第三十五籤

蓬窗草舍暫淹留，知命樂天休謾愁。

佇待震雷驚曲竇，直教群蟄盡回頭。

解曰

知命守分，自見從容。忽然福至，百事雍雍。此卦春雷起蟄之象，凡事時至宜動。

第三十六籤

蝸休龜隱没蓬蒿，虎伏龍降道愈高。

自得山林泉石趣，不愁饑饉與兵刀。

解曰

陰盛陽衰，不宜舉動。聽其自然，所謀安分。此卦遁身養道之象，凡事耐守則吉。

第三十七籤

富潤屋兮德潤身，綽然由義復居仁。

安如山岳難移動，百福千祥日日臻。

解曰

事由仁義，必遂其意。宜乎安守，萬物皆利。此卦德義潤身之象，凡事稱心而利。

第三十八籤

道如在己應多助，德若周身自不孤。

好似心靈因福至，洋洋令聞滿江湖。

解曰

道德在己，所舉必利。享福千春，百無禁忌。此卦道德齊身之象，凡事大利可用。

第三十九籤

駟馬高車走九衢，不須首鼠與狐疑。

運行斲堊誇精手，指日聲名説漢都。

解曰

高車駟馬，進身遂意。不須疑惑，所求大利。此卦車馬通衢之象，凡事亨通如意。

第四十籤

老樹生花滿目春，福生災散户門新。

幾多好事今成就，自是疏中却有親。

解曰

先難後易，出入無疑。枯木逢春，百凡稱意。此卦枯木逢春之象，凡事所謀稱心。

第四十一籤

一花將謝一花開，事若求全意轉猜。

猶喜根深宜蒂固，到頭難免喜中哀。

解曰

富貴在天，不宜妄求。諸謀不利，思前論後。此卦進退愁疑之象，凡事守舊則吉。

第四十二籤

事如鑽火始逢烟，手若停時冷不然。

機會既來須急就，清風明月九秋天。

解曰

圖謀見頭，乘機急就。所在秋天，百事無咎。此卦乘機用事之象，凡事急須成就。

第四十三籤

火燃方始滅何難，原燎如今千萬山。

更欲延年除痼疾，要須玉髓與金丹。

解曰

能謹於始，無害於後。怠則有辱，謹則無愁。此卦防火原燎之象，凡事守分無凶。

第四十四籤

勝負榮枯反掌間，急圖活法濟艱難。

眼前清濁須分別，莫作尋常容易看。

解曰

君子守時，事莫容易。問卜平平，終不稱意。此卦活法驅馳之象，凡事中平之兆。

第四十五籤

金馬玉堂知有分，青燈黄卷可留心。

勸君動用休狂妄，且要功夫積纍深。

解曰

君子用事，功夫要深。切勿狂躁，遲必稱心。此卦黄卷留心之象，凡事自然成就。

第四十六籤

動用周旋戒自輕，君須持重有威名。

黄金非寶休貪戀，且向源頭辨濁清。

解曰

守則有功，貪則無益。凡事勿妄，安分大吉。此卦持重威名之象，凡百不可妄爲。

第四十七籤

安居健馬走通衢，苦澀辛酸今日無。

有法持盈君識否？謙温恭儉可無虞。

解曰

守分則安，謙退則吉。動不如静，終無破失。此卦遏盈謹慎之象，凡事守舊則吉。

第四十八籤

市朝鍾鼎信無因，宜覓山林避世塵。

處此須知通變法，遠圖當問白頭人。

解曰

守舊勿貪，要知通變。相問白頭，以取長便。此卦活法通變之象，凡百宜乎守舊。

第四十九籤

多防手足致憂來，禱鬼求神枉費財。

雲去月來花弄影，不須愁懼不須猜。

解曰

提防破耗，枉費錢財。待時動用，雲散月來。此卦雲過月來之象，凡事先凶後吉。

第五十籤

須知口是禍之門，只可三緘莫浪言。

不若用和爲貴美，團團碧月滿乾坤。

解曰

修身保護，謹慎行藏。守口如瓶，乃得吉昌。此卦緘口用和之象，凡事以和爲吉。

第五十一籤

無端眼目不分明，莫怨神嗔鬼負淩。

賴有撥雲高妙手，要知方寸冷如冰。

解曰

心要定論，事未趁懷。謹防小人，免得其災。此卦撥雲見月之象，凡事守分勿妄。

第五十二籤

往來月下與花前，醉夢昏昏更可憐。

說與痴人行險道，前多猛虎後深淵。

解曰

月下花前，危險不安。凡百謹慎，庶得周全。此卦進退逢危之象，凡事不可强爲。

第五十三籤

爛石煎砂何太甚，亢陽如火物如焚。

民心激切投情重，仰面干天又必聞。

解曰

如天之旱，憂煎百端。守待泰來，自然心寬。此卦誠意格天之象，凡事勞心費力。

第五十四籤

有身須假氣流通，忽爾今朝塞滿胸。

須待乾坤烟雨霽，一輪明月掛當空。

解曰

憂疑方散，荆棘漸脱。如天開霽，吉福在末。此卦雲散月明之象，凡事向後則吉。

第五十五籤

奇花再發月重圓，好把鸞膠續斷弦。

自是興隆從此始，君家留地有金錢。

解曰

人心主事，展轉勞心。向後大吉，不必沈吟。此卦斷弦再續之象，凡事進身大利。

第五十六籤

風激狂濤浪拍空，冥雲凍雨失西東。

忽然開霽天淵静，魚躍鳶飛樂不窮。

解曰

先憂後吉，小人所忌。守待時通，自然福至。此卦雲開天净之象，凡事先難後易。

第五十七籤

暴虎憑河事固難，不須留意强追扳。

若從誑語輕移動，何異鮎魚上竹竿。

解曰

空手搏虎，無舟渡河。凡百艱難，不必奔波。此卦事難信任之象，凡事固守其常。

第五十八籤

一箭高施入碧空，仰看端的中飛鴻。

坦途欲進須乘勢，天意人心自合同。

解曰

以箭射空，緩進爲功。乘勢莫躁，天意合同。此卦坦途乘勢之象，凡事慎守大吉。

第五十九籤

惡風吹浪作花飛，砥柱中流鎮不移。

欲問太平無事日，牛頭鼠尾更何疑。

解曰

惡風吹浪，其事驚惶。雖然穩當，守舊無妨。此卦砥柱不移之象，凡事更變不利。

第六十籤

志向乖離氣稟殊，薰蕕不可以同居。

別尋嶇嶼棲舟楫，更要均平檢卜書。

解曰

乖離不安，因氣各異。終無穩實，只怕欠忌。此卦陰陽未濟之象，凡事不宜成就。

第六十一籤

魚水相忘臭味同，居然滿面愛春風。

不須更費閑言語，自是龜從筮亦從。

解曰

和合平安，春風滿面。不必占卜，從心所便。此卦魚水相同之象，凡事亨通如意。

第六十二籤

大匠輪輿巧百端，不因繩墨事應難。

深藏機路無人識，忽挺婁羅與衆喧。

解曰

匠雖有巧，乃託繩墨。得一機路，百事可圖。此卦巧匠藏機之象，凡事諸謀則吉。

第六十三籤

溶溶碧水滿江湖，魚鱉龍蛇樂有餘。

多藉東君生養力，春風和氣遍門閭。

解曰

凡舉之事，皆獲於心。得貴人力，不必沈吟。此卦春色和氣之象，凡事進身大吉。

第六十四籤

三五嫦娥滿月明，那堪生魄在三更。

須知世事多翻覆，天道虧盈鬼禍盈。

解曰

事有陰殊，鬼賊侵淩。謹防變阻，静退安寧。此卦群陰剥陽之象，凡事守分待時。

第六十五籤

幾年淹滯在埃塵，一出埃塵色轉新。

聲價倏然高十倍，金章紫綬照青春。

解曰

幾年抑鬱，才履亨泰。所求稱意，攸往皆宜。此卦大有聲名之象，凡事盡可施爲。

第六十六籤

但把青藜且自扶，休憐喜鵲唾啼烏。

直須往探龍蛇穴，自得君王照乘珠。

解曰

雖見口舌，心坦勿疑。到龍蛇穴，亨泰可知。此卦探龍得珠之象，凡事待時則吉。

第六十七籤

疾風暴雨吼雷聲，大厦傾頹土石崩。

縱有技如盧扁輩，回骸起死信難能。

解曰

凡事不吉，無勞用心。若妄作爲，疑惑沉吟。此卦風雨崩山之象，凡事守分則吉。

第六十八籤

往來漁獵固相宜，步履須教且放遲。

厚利高名終有分，春蘭秋菊各當時。

解曰

緩則獲利，忙則無功。待時而動，吉在其中。此卦緩步無虞之象，凡事自然方吉。

第六十九籤

强賊狼心弦已驚，君須耐守始能生。

掩聰不及雷霆震，禱向神祇枉至誠。

解曰

當知進退，謹守無疑。君子守分，取節便宜。此卦守分待時之象，凡事多虛少實。

第七十籤

大器晚成休恨遲，君如欲速反成疑。

水深船漏津涯遠，猶藉篙師巧護持。

解曰

夜疑暗生，動則有咎。守困待時，前凶後吉。此卦大器晚成之象，凡百始凶終吉。

第七十一籤

壯士張弓仰射天，應弦有雁落人前。

須知此舉多佳趣，得勝回來君最先。

解曰

事之所占，一舉可成。應弦有獲，得勝回程。此卦張弓落雁之象，凡事盡宜施爲。

第七十二籤

治事何如理亂絲，怨嗔憔悴恐難爲。

直須牛馬相逢處，執熱臨風樂有餘。

解曰

事多錯亂，舉助難爲。牛馬時至，得動可宜。此卦執熱臨風之象，凡事不宜急爲。

第七十三籤

災患迍邅日有之，不知亨泰在何時。

直須去到猪羊地，自有名師與指迷。

解曰

災患迍邅，是非日纏。若求亨泰，亥未安然。此卦守災待時之象，凡事待時而作。

第七十四籤

禍欲消除病自痊，醮禳誠意要精專。

不須問卜勞神鬼，管取新年勝舊年。

解曰

禍散災退，雲過月明。若還保佑，百凡趁情。此卦感格天地之象，凡事進益有望。

第七十五籤

美目佳人笑語温，暗懷匕首要傷君。

事如得意須回首，别有仁人爲解紛。

解曰

進退不一，陰人所忌。暗防失破，謹慎保護。此卦笑裏藏刀之象，凡事謹慎小心。

第七十六籤

莫誇外護有城池，耗損惟應鼠雀知。

智術經綸如不及，鐵錐蛀後悔何遲。

解曰

用防破失，災愁在躬。凡百守分，舉動大凶。此卦鼠牙雀角之象，凡事不宜作爲。

第七十七籤

良賈深藏常若虛，故教箱篋富金珠。

小舟易滿無多載，禍起風波有不虞。

解曰

謀望難成，事若持盈，小舟易滿，禍起蕭墻。此卦臨事防虞之象，凡事戒莫妄爲。

第七十八籤

金爲從剛多缺裂，水因居下固淵源。

請將仁義爲桿櫓，四海無非爲弟昆。

解曰

金剛則裂，水柔則流。知身知命，庶免其憂。此卦仁義和同之象，凡事以和爲美。

第七十九籤

莫將幻術鴆他人，利口從來不利身。

羝羊觸藩方自悔，何如今日莫貪嗔。

解曰

羊羸其角，進退兩難。慎守勿爲，得其安然。此卦羊悔觸籬之象，凡事仔細守舊。

第八十籤

宜將活法卷還舒，膠柱調弦抑下愚。

巢穴未安宜改創，匱藏美玉待時沽。

解曰

革故鼎新，待時而行。若舉諸事，須用沉吟。此卦活法待時之象，凡事耐守則吉。

第八十一籤

風帆縹緲泛中流，劍墜中流枉刻舟。

戰馬將軍今已去，須移巢穴向龍頭。

解曰

刻舟求劍，徒勞心力。切莫妄求，守舊如昔。此卦刻舟求劍之象，凡事終不利益。

第八十二籤

舉動猖狂信任輕，岸移不悟是舟行。

欲求佳偶相和合，草木頭邊是姓名。

解曰

無事輕信，敢莫躁妄。進退難成，戒勿攸往。此卦岸移不悟之象，凡事有阻。

第八十三籤

曾經霜雪畏梅花，似此勤拳意頗嘉。

遇鬼請君因就鬼，眼前人事免紛華。

解曰

内外不安，漸勝當年。知機守分，和合自然。此卦乘機取事之象，凡事畏謹守耐。

第八十四籤

事如失馬不須愁，寧耐身心莫妄謀。

作善終須來百福，明朝喜慶又從頭。

解曰

初見進退，後獲吉昌。切莫妄舉，守分自康。此卦失意復來之象，凡百先難後易。

第八十五籤

圖利圖名雖異道，事神事鬼總無功。

蒼天自有安排處，行盡江南路始通。

解曰

圖利圖名，枉事鬼神。聽其天理，萬事皆成。此卦聽天自然之象，凡事知命亨通。

第八十六籤

一聲霹靂動天門，萬國歡忻雨露新。

不但蛟龍能奮發，飛潛動植盡沾恩。

解曰

禹門雷震，舉事皆成。恩貴扶持，常常趁心。此卦恩沾萬物之象，凡事和合大吉。

第八十七籤

難中求易又爲謀，易處求難又得收。

難易若能加體認，碧天連水自浮漚。

解曰

易者難成，難者可就。碧天映水，得決之秋。此卦見機用變以信之象，凡事更變不一。

第八十八籤

鷸蚌相持漁者利，大家何用苦紛紛。

正人萬事皆從正，回首西山望白雲。

解曰

鷸蚌相持，不利於己。正人爲正，知止當止。此卦鷸蚌相持之象，凡事以和爲貴。

第八十九籤

荷中珠露照人明，一陣風來珠露盈。

莫信傳聞虛妄語，九江波浪未安寧。

解曰

事莫妄語，不如且休。君子知務，以善自謀。此卦荷露風反之象，凡事謹慎爲福。

第九十籤

醉眼生花不自安，謾將弓影作蛇看。

門前樹老人方貴，江上潮平舟自還。

解曰

弓影疑蛇，心不自安。君子守舊，百凡成全。此卦弓影疑蛇之象，凡事多虛少實。

第九十一籤

壯士須當達太虛，君如趨下有災虞。

一朝忽中暗中箭，何異清淵龍化魚。

解曰

百凡守舊，切勿下流。親近君子，名不趨危。此卦戒趨下流之象，凡事謹慎保吉。

第九十二籤

莫挺豪强莫附炎，須知剛克在沉潛。

能於淡處尋濃味，天道流謙地益謙。

解曰

知剛克己，以淡尋濃。君子謙守，樂在其中。此卦淡中求味之象，凡事守分方可。

第九十三籤

蛟龍戰鬥事非常，魚鱉無辜及禍殃。

所得未能償所失，更於陰地細評量。

解曰

占之不利，爲之可戒。若是妄作，小者成大。此卦龍鬥魚傷之象，凡事有損無益。

第九十四籤

毛羽自浮石自沉，就中得失莫容心。

但將仁義爲心法，無臭無聲自鑒臨。

解曰

進退不利，守舊爲宜。君子慎理，以安其居。此卦信義感天之象，凡百安分便宜。

第九十五籤

欲誅逆黨信非難，論可回天力拔山。

况復體仁無妄殺，三軍將有凱歌還。

解曰

不妨大象，勞心費力。以仁無妄，後獲其得。此卦體仁得勝之象，凡事用力勞心。

第九十六籤

登山始信天尤遠，入水方知地更深。

回首家鄉尋熟路，白衣親舊自知音。

解曰

登山知高，入水知深。不如守舊，何必沈吟。此卦回首知音之象，凡事所爲有險。

第九十七籤

幾年鼓瑟齊門外，道不相同事轉差。

錯路若能回故步，春風何地不開花。

解曰

蹭蹬進退，其道不通。回尋舊路，和氣春風。此卦陽春布德之象，凡事守舊則吉。

第九十八籤

美玉璠璵價莫酬，壯如砥柱矻中流。

任他憐伴生嗔喜，暑往寒來春復秋。

解曰

欲動莫退，欲用莫違。安如砥柱，自然合意。此卦美玉有定價之象，凡事待時而作。

第九十九籤

揠苗助長是狂謀，見卵無爲時夜求。

自有一區得卜吉，請君回首探源流。

解曰

欲求興旺，反害災迍。慎時守舊，庶免其殃。此卦回首探源之象，凡事切勿狂躁。

第一百籤

居間虛耗建瓴勢，臨事艱難逆水船。

雖有佳人調密約，好姻緣是惡因緣。

解曰

逆水行船，諸事不利。君子守舊，終不趁意。此卦好事多磨之象，凡事守困待時。

第一百一籤

孕必生男續祖先，婚姻佳偶貫多錢。

田蠶豐熟多歡慶，六畜孳生事事便。

解曰

事有始終，心無主意。利見上官，坦然勿疑。此卦有生理無窮之象，凡事趁心遂意。

盧湛曰，此籤詩乃山客所述。聖帝於順治八年間，授浙江寧波府延慶寺僧善知識傳以示人也。籤詩比之江東，尤爲靈驗。知識隆勝，悟徹因果，每與聖帝神色相會感動，邱太守欲援僧以見帝。帝謂僧曰，邱乃凡夫，不宜會，會之爾則不復會我矣。但爾既爲彼請，許之。邱果於是日見帝，茶罷語畢，問玄德公何在。帝怒曰，爾何人？斯擅敢呼吾主聖號。邱驚仆在地。帝又謂僧曰，我不欲會邱者，恐陰陽泄露也。今爾我隔矣。授爾籤詩一百一首，可爲吾傳於世。余聞而異之，欲往求而未能焉。適有閩中黃子樂先生之弟諱鏞者，虔心嚮往，即買舟去，果於四明延慶寺得石刻籤詩如數。及詢其故，而善知識業已西歸。若徒若孫，俱傳盛事，與山客所言相符。噫，此籤之所由來也，帝之聲靈赫濯更可見矣。且細味籤詩，大抵善者感發其善心，惡者懲遏其惡念。既求得之，敢不附諸集内，廣傳聖帝勉人爲善之至意焉爾。

注：

見《關帝聖跡圖志全集》卷三，禮部，《聖籤攷》，光緒丁亥（光緒十三年，1887 年）泉州府晉江縣教諭江葆熙募刻，板藏泉郡玉犀巷文昌祠。

卷九

勸善書

中國封建制度至清朝中後期已走向没落，各種社會矛盾加劇，民不聊生。特别是1840年鴉片戰争以後，喪權辱國的《中英南京條約》的簽訂，帝國主義列强勢力侵入中國沿海各省，民族矛盾、社會矛盾交織一起，封建統治空前黑暗，人們找不到出路，社會風氣空前大壞。一部分有正義感的知識分子，看不慣“都市中士大夫方且沉酣歌舞，日於金粉樓臺中肆其晏遊之樂”，並視“以修德立命……嗤爲迂腐”（見《願體集·序》）。他們企圖藉助儒家的“孝悌、忠信、禮義、廉耻”等作爲標準，來規範人們的社會道德行爲，以挽救江河日下的世風。

道光以降的咸豐、同治、光緒，乃至民國的百年間，各種醒世勸善的書紛紛問世，以上海宏大善書總發行所印行的書籍爲代表，刊印諸如《醒世良方》、《崇德正心録》、《醒世言》、《修身寶録》、《養性集》、《修身要旨》、《醒世俚語》、《普度迷津》、《朱子家訓白話句解》等，大量出版，廣泛流行於江南廣大地區。泉州各大佛教、道教和民間信仰寺廟宫觀，普遍都有代售，或競相傳閱、抄寫，甚至修訂、翻印。

另一方面，冠以關聖帝君的勸善經書亦紛紛出現，諸如《關帝明聖真經》、《關聖帝君覺世真經詳注》、《關聖帝君正心寶誥》、《關聖帝君降筆真經》、《桃園明聖經》，以及道光二十年蘇廷玉書刻於通淮關帝廟墻壁上的《覺世真經》等。民國期間，蘇廷玉所書《覺世真經》，甚至成爲泉州地區小學生臨摹字帖。

《願體集》勸善書，成書於乾隆間，經咸豐、同治兩次新增重修，是清末泉州地區流行較普遍的勸善書之一，内容較完備，爲本廟收藏和翻印流通，故選取收入本志，以存史資鑒。

《願體集》

重刻《願體集》張序

輓近世風日漓，人心澆薄，社會之黑暗，廛市之囂競，接觸於吾人之眼簾耳鼓者，胥淫亂奸詐之事，横覽都市中。士大夫方且沉酣歌舞，日於金粉樓臺中，肆其晏遊之樂，人以修德立命之説進者，彼即嗤爲迂腐。嗚乎！道德誠不適用於今日矣乎！然則《願體集》胡爲而重刻也？曰：是亦有説。《願體集》乃匯先聖之格言，教人以孝悌忠信、禮義廉耻，而不雜迷信鬼神之見，足以造成吾青年完全之人格，迥非近日流行所謂家庭寶鑒、治家全書等浮泛可得而比擬者也。故樂爲重刻，以廣流傳，願吾同胞，取是書而瀏覽之，謹守之，重摹刊行之，使人人知此惡濁世界中，尚有葆身立命之金鍼，則余斯序爲不虚矣夫。

庚申仲夏魏塘秋爽齋主張國權序

是書乃浙東李建甫先生輯自乾隆間，板已毁於兵燹。吴門洪君逸卿，偶於友人處見有存本，袖之而歸，時時披覽，喜其廣集先正格言，分門别類，文義雖淺，使閲者皆知講解，大有益於世道人心。所惜冗句訛字，不一而足。因囑余重加校讎，略事增損，付之剞劂，以永其傳。余固重李公之一片婆心，殷殷訓俗，而尤重洪君之勇於爲善，獨力解囊，乃不揣陋劣，勉從其囑，恐尚多忽謬，還希鑒家正之。

同治九年歲次庚午暮春之初，新安凌鴻舉拜識於滬上寡過未能齋

《新增願體集》目錄

甲　卷

總　論

凡有望於天者，必先思己之所作。凡有望於人者，必先思己之所施。如敬天地，忠君王，孝父母，尊師長，和夫婦，友兄弟，信朋友，篤親戚，睦鄉黨。此數者，人倫之根本。逐一體行，固非取必於報應，而福禄自綿於無窮矣。

父　子

父慈子孝，兄友弟恭，縱到極盡處，只是合當如此，着不得一毫感激居功念頭。如施者視爲德，受者視爲恩，便是路人，便成市道矣。

事親者，雖菽水當盡承歡，若到子欲養而親不在，即椎牛以祭，不如鷄豚之逮親存也。

少年子弟，不可令其浮閑無業，必察其資性才力，無論士農商賈，授一業與之習，則心有所閑，身有所拘，外而經營，内而謀劃，自然無暇他想矣。若任其閑遊，飽食終日，必流入花酒呼壚鬥狠之中，諸般歹事，俱做出來，勢必蕩産破家，亡身敗行。故爲人父兄者，於少年子弟，必尋一業，早令他做，非定要得利也，即業事無大小，而拘束了身心，演習了世務，諳練了人情，長進了學識，這便是大利益也，豈必得金哉。若縱容子弟，浮閑慣了，是送上了貧窮道路，雖遺金千萬，有何益哉。

父嚴母慈，天性爲然，賢愚不易。但母太慈，有過姑息，而父太嚴，未免苛求，久之督責太過，其子反恐懼不前，不但智識顛倒，即言語問答，皆逡巡不敢出口，此因拘束太過，欲速期成之故，豈不可惜。是母當慈，不宜太慈；父當嚴，不宜太嚴，方爲中道。

父之望子，無不欲其敦倫厚情，獨是妾媵生子之後，乳哺能食，總角能行，常見將妾遣去，甚至結怨成仇，此倫常中慘刻事也，何以式訓其子。夫以無子而置妾廣嗣，及生子而活拆母子，存心長厚者，豈如是乎？若憎貌丑，何以收之於前，若嫌妾名，嫡庶律禮俱載，況既託身則一生攸賴。且既生子，又母道所關，以天性骨肉，秦楚分離，子豈無知，何能堪此！凡長厚存心，長厚望子者，自不爲也。

吾之一身，常有少不同壯，壯不同老，吾之身後，焉有子能肖父，孫能肖祖？如此期望，盡屬妄想，所可盡者惟留好樣與兒孫而已。

男婚不宜太早，女婚不宜太遲，其中委曲多端，不能盡述。今人每言女生外向，遂忽略不教。不知養子不教，玷止家門；養女不教，患貽他姓，辱及父母。故婦道貴循大體，孝舅姑，和妯娌，敬夫君，訓子女，恤奴婢，勤紡績，儉中饋，甘淡薄，任勞苦。不聽讒言，不與外事，今之女習者，止知修飾容儀，不能敬承婦道。有閨訓者，女史内則諸書，不可不令誦解也。

生子自乳爲安，若覓乳婦，必擇端莊之人，後日其子肖貌者居多。但伊拋棄親兒，乳哺我子，無非爲貧所使，不獨一切支給宜豐，必令伊子得所，庶幾於心相安。

父子爲五倫之重，孝爲百行之先，何也？蓋吾人無父母，不能有此身，有此身，無論懷妊十月，母氏劬勞，即分娩時，幾死得生，命關呼吸矣。迨後見笑則喜，見哭則求，見病則憂，見寒則衣，見饑則食，見行則提，遺穢而不爲穢，遇臭而不爲臭，有所嗜好，多方求覓，以博一笑，鞠育顧復，無所不至。此所謂恩深罔極也。人能細細揣摩，雖蠢爾村夫，無不涕泣而追思孝養，以報萬一也。

人於報親之法，無有窮盡。然就常情論之，當以奉養爲主。奉養之道，各隨其力。在貧賤者，父母既處寒微，眼界本來不大，布素衣裳，時新食品，隨意一物，皆可娛親。人子所費，原自無多，父母得之，已生歡喜。況人雖極貧，未有終歲無所入者，但能先盡二人之用，而後及其身與妻子，即竭力之道也。若夫富貴之家，即將父母所遺，還以奉之父母，不過略費一番調度，而猶不肯效此微勞，非惟不孝，亦大不才矣。

人子於親，俱當盡孝。獨有四種父母，待子之孝尤切：曰老、曰病、曰鰥寡、曰貧乏。父母當壯盛時，起居猶能自理，至龍鍾鵠立，扶杖易仆，寒夜苦瘦，鐵骨難挨。又如偏風久病，坐卧不適，遺溲叢穢，席薦可憎。子所難奉惟此時，親所賴子亦惟此時。又如老境失偶，寒暖誰問，就使兒孫滿前，耦者耦，稚者稚，人人鼾睡去，個個樂事多，漏聲長處不可問，枕邊泪濕與誰同，抵憑半點骨血，以博一世凄涼。又有撫字財匱，婚娶力竭，健少年經營肥煖，老窮人搔首躊躇。望一味而垂涎，丐三餐而忍氣。吁嗟！身從何來，而長養若是，爲子者，於斯更宜喫緊。

兄　弟

父母而下，惟有兄弟。孩提時，無刻不追隨相好，兄長而弟幼，無日不提携懷抱。長各有室，或聽妻子語言，或因財帛交易，多致參商。有餘則妒忌，不足則較量。及患難相臨，雖至厚之親朋，終不若至薄之兄弟，若能同居共爨爲妙。然有勢不得不分者，如食指多寡不同，人事厚薄不一，各有親戚交遊，各有好尚不齊，難稱衆心，易生水火，各行其志，則事無條理，況妯娌和睦者少，米鹽口語，易致争端，分爨而不分居者爲上。若至分居，兄友弟恭，當愈加和好，不然外患將至，身家難保矣。語云：兄弟同居忍便安，莫因毫末起争端。眼前生子又兄弟，留與兒孫作樣看。念之哉！

家人離，多由婦女隙。婦女隙，多出黠婢。婦勿聽婢語，男勿惑婦言，雍睦其可敦矣。

骨肉失歡，有本於至微，而終至於不可解者，止由各自負氣不肯先下耳。有一人能先下氣，與之語言，則彼此酬復，遂如平時，宜深思之。

家庭之内，兄弟之間，和氣可以致祥。而致和之法，惟在容忍。見如不見，聞如不聞，則小忿小利，自不足以動之矣。

兄弟不睦，則子侄不愛；子侄不愛，則群從疏薄；群從疏薄，則僮僕爲讎敵。如此，若外侮一至，誰禦之哉。

夫婦

男女有尊卑之序，夫婦有唱隨之禮，此常理也。若徇情肆欲，惟悦是動，男牽欲而失其剛，婦狃悦而忘其順，則昏而無所利矣。

夫之有婦，宗祀於此乎承，身體於此乎安，子姓於此乎始，家道於此乎成。易視之，忍處之，庶亂之，皆未知此一倫之至要且重也。

夫者婦之天，仰賴以終身者也。若輕慢其夫，不顧其衣食，叱咤其夫，妄自立門户，非悍婦即婬蕩之婦也。

人之於妻也，宜防其蔽子之過；於後妻也，宜防其誣子之過。天下未有不正其妻而能正其子者，故曰刑於寡妻。

妻雖賢，不可使與外事；僕雖能，不可使與内事。主家者不可不知。

有女之家，以擇婿爲主，而家業次之。若論眼前榮華，不察兒郎端正，驕奢婬蕩，暴戾恣睢，不諳詩書，鮮通禮義，及女於歸之後，或因年不相當，或因痼疾不治，或因痴憨難調，或因先收婢媵生有子女，或因公姑貪戾，嫌薄妝奩，淩虐時加，氣勢難近，弱質相從，多不相安，口雖三緘，腸則九回。由是日復一日，形容枯槁，爲父母者，能不爲之凄然乎！至於遥遠締親，尤宜慎重。一時義氣相投，片言而定，以致女子拋擲遠方，心爲不忍。縱使於歸之後，琴瑟和諧，而誕辰佳節，思及家人完聚，骨肉團圓，大有難爲情者；倘或性情不調，時見反目，天各一方，舉目無親，其何以堪。即或數年而一歸，不匝月而旋去，現在難留，後會未定，當其出閣之日，便是生離，回首父母之邦，竟成異域，未免有情，誰能遣此。

男女不宜幼小時便議婚姻。大抵女欲得託，男欲得偶，若論目前，悔或在後。益富貴盛衰，更迭不常。且人之賢否，必年長始見。若早議婚姻，事無變易固善，或昔富今貧，昔貴今賤；或所議之婿，流蕩不肖。所議之女，狼戾不簡。從前約則難保家，背前盟則爲薄義，且爭訟或由之以興，不可不戒。

夫婦配合，人倫大事。乃有等地方，造爲討喜之說，不知出自何典？合巹之後，有喜則爲全璧，無喜便屬瑕疵。夫喜者，聞係些須血耳，殊不知血之存遺，豈在淫合一事。或登高跨猛，或跌撲久蹲，或洗浴麻巾，或行經粗紙，或女年過長，多食酸鹹，俱能失去。今人不察其新婦之賢德，徒惑於渺茫之荒言，以致丑播中外，釁構閨闈。迨後婦秉堅貞，夫心疑釋，爲夫者，急欲泯滅前言，駟馬難追；爲女者，致使負屈含羞，終身莫白，亦可嘆矣。況琴瑟乖張，家道不和，往往由此。明理達人，自當昭悉。

朋　友

一心可以交萬友，二心不可交一人。

朋友即甚相得，未有事事如意者。一言一事之不合，且自含忍寬緩，則霧釋冰消，過而不留。不得遂輕出惡言，亦不必逢人愬說，恐怒過心回，無顏再見，且恐他友聞之，各自寒心。

人情厚密時，不可盡以密私之事語之。恐一旦失歡，則前日所言，得憑爲口實。至於失歡之時，亦不可盡以絶交之語加之，恐忿氣既平，而復與通好，則前言可愧。

子弟習氣，自孩提以至就外傅，此數年中，止知有父母兄弟而已。及成人後，貿易則有同夥，公門則有同房，進學則有同案，文會則有同社，不知不覺，自然變化氣習。此際年紀長成，即父兄教誨，亦不能多從。惟此朋友一道，最能染變，最能砥礪，所以列入五倫，全在成立者，自能擇交。

交貴顯之士十，不若交貧賤之士一；交才學之士十，不若交德行之士一；交智巧之士十，不若交樸拙之士一；交年少之士十，不若交老成之士一。

小人當遠之於始，一飲一啄，不可與之交接，泛然若不相識，則無怨無尤。若愛其才能，或借其勢力，一與親密，後來必成大仇。

小人固當遠，然亦不可顯爲仇敵；君子固當親，然亦不可曲爲附和。

與剛直人居，心有畏憚，故言必擇，行必謹，初若不相安，久而有益多矣。與柔善人居，意覺和易，然而言必予贊，過莫予警，積尤悔於身而不自知，損孰大焉！

交之初也，多見其善，及其久也，多見其過。未必其後之遜於前也，厭心生焉耳；人之生也，但念其過，及其死也，但念其善。未必其後之逾於前也，哀思動之耳。人能以待死者之心待生人，則取其材也必寬；人能以待初交之心待故舊，則其責備也必恕，宜思之。

彼無望德，此無市恩，窮交所以能長；望不勝奢，恩不勝厭，利交所以必忤。泛交則多費，多費則多營，多營則多求，多求則多辱。惟省事足以養廉，慎交可以成德。

博戲之交不終日，飲食之交不終月，勢利之交不終歲，惟道義之交可以終身。

友先貧賤而後富貴，我當察其情，恐我欲親而友欲疏也；友先富貴而後貧賤，我當施其敬，恐友防我疏，而我遂處其疏也。

交友之道，以淡爲主。初交之時，審其才力之足以相助也，心腹之可以重託也，事機之可與謀劃也，見識之練達也，錢財之分明也。彼之長，可以助吾之短；彼之益，可以捐我之損。必淡淡焉與之日親日近，可合即合之。若其才力不足以相助也，心腹之不足以重託也，事機之不足與謀劃也，見識之未練達也，錢財之不清白也，不特無長可取，且將有損於我，仍淡淡焉與之日疏日遠，可散即散之。初以淡合，後以淡散，不見形跡，不成讎怨，此聚散之良法也。

親　族

同姓曰族，異姓曰親，雖遠近不同，親疏各别，皆當待以親愛，處以忠誠，恤其患難，賑其困乏。

疏族窮親無所歸，代爲贍養，乃盛德事。若視同奴隸，全不禮貌，必傷元氣。親友見訪，有欲言不言之意，此必有不得已事，欲求我而難啓齒者，當揣其意而先問之，力之所能，不可推諉。

親故因窘相求，量情量力，曲加周給，不必云借，借則倘或不能償，在人爲負欠，在己或責望者有之。如力量實不能，應當直告以故，切莫含糊，致誤乃事。

人之於宗族至戚，自有名分，是尊卑不可諱者。常見炎涼之人，每遇宗族在座，若衣冠齊整，人詢之，則曰兄弟伯叔，稍或貧乏襤褸，則曰寒族，或遇至戚在座，若氣宇軒昂，人詢之則曰舅姑姨表。稍或憔悴落拓，則曰舍親。總之以富貴爲親厚，視貧賤爲疏遠，徒令達者冷眼。

語云：毋以小嫌疏至戚，毋以新怨忘舊親，此言親族之宜厚也。無如人情惡薄，遇富貴者即疏族遠親，亦宛同骨肉；遇貧賤者，即同宗共祖，反視若路人。倫理倒置，隆殺失宜，良可嘆也。

親三黨，睦九族，交朋友，和鄰里，人生闕一不可。然四者，獨睦族更宜講求。每見今人修建寺宇，鎔金塑像，更有蓄養歌童妓女，賭賽豪華，往往不惜千金，獨宗族面上，反争錙較忽，不肯用一文。殊不知一族之中，我果出人頭地，此祖宗積德所及，更宜培養厚道，以及後人，豈可漠視族人饑寒困苦。況盛衰理本循環，在我未必常保豐盈，在彼未必終處貧賤，我視之如陌路，恐未幾身後子孫流落，人亦陌路視之矣。常見親友貧富相形，終年而不一聚，即有慶弔大事，在貧者非袖短裙長，即相將無物，幾回欲行欲止。縱使勉强登堂，足欲進而趦趄，口將言而囁嚅，此際即富者曲意周旋，尚增幾許跼蹐，況以傲慢臨之乎？此日遠日疏，骨肉所以間闊也。人當審己量力以周恤之，庶一本之誼全矣。

立　心

人承祖父遺業，衣食無缺，此大幸也。便當讀書守志，安分經營，即或家貧，亦惟勤學立行，爲鄉黨所重。若喪心以求利，人人惡之，是自絶生路矣。

白日欺人，難逃清夜之愧赧，紅顔失志，空遺皓首之悲傷。

常有小不快事，是好消息，若事事稱心，即有大不稱心事，隨後至矣。知此理，可免怨尤。

説人之短，而乃護己之短；誇己之長，而乃忌人之長，皆由存心不厚，識量太狹耳。

聞人之善而疑，聞人之惡而信，慣好説人短，不喜説人長，其人平生，必有惡而無善。

氣欲忍而心欲慈，體欲勞而心欲逸。

耳能聰，目能明，吾身之至寶也。若用之以求人過失，而不用之以内照，是以吾之至寶徒爲人用，豈不可惜。

攻人之惡毋太嚴，要思其堪受；教人以善毋過高，當原其可從。

貧賤時妄思富貴，惡念即於此而萌；富貴時回思貧賤，善心即於此而動。

貧賤時，眼中不著富貴，他日得志必不驕；富貴時意中不忘貧賤，一日退休必不怨。

相由心生，看相決不如看心；命由心造，立心即可以立命。

一念之善，吉神隨之；一念之惡，厲鬼隨之。人起惡念，豈不危乎！如做出來，身命危險。即不做出來，而良田中已下惡種。

先去私心而後可以治公事，先平己見而後可以聽人言。

今有人攷其平生，言遵道德，行法先民，宜乎吉祥駢集，而家道日見衰微者，何故？良由心術之不端也。雖未有損人利己之事，而時懷我强彼弱之思；雖未有殘忍刻薄之行，而時萌幸災樂禍之意。由此觀之，非是不做壞事，乃力量不能做耳。若一朝得志，何憚而不爲哉！如可以行不義而不行，可以作不仁而不作，才是心術端方之士。

有一善，逢人賣弄。有一惡，到處掩飾，此是良心不昧處。若行事則反之，何哉？

行一件好事，心中泰然。行一件歹事，衾影抱愧，即此是天堂地獄。

害人之心不可有，防人之心不可無。

當爲天下不可少之人，莫作天下不可常之事？當思心上過不去之事；勿萌事上行不去之心。

有以名利之説來者，勿問大小，悉宜應以淡心；有以是非之説來者，勿問人我，悉宜處以平心。

天地以好生爲心，佛仙以戒殺爲最。古云鉤簾歸乳燕，穴牖出痴蠅。愛鼠常留飯，憐蛾紗罩燈。微物如此，況有功於人者，如耕牛守犬。無害於人者，如走獸飛禽。往往人愛一臠，斷喉瀝血，刳胎誅雛而不顧者，此獨何心？誠思半指探湯，護持失色，微膚遇蠆，啞咋驚心。人物雖異，痛苦則同，吾人立心，當如是觀。

凡人一生，以身爲重。吾人一身，又以心爲主。心好善，則視聽言動，無一不善爲君子，爲英傑，爲正人，人皆尊敬之。不特一生受用無窮，即子孫亦享遺流福澤，其利益正未可量也；心苟不好善，則視聽言動，無一有善。爲小人，爲奸徒，爲强暴，人皆厭惡之，不特一生罹刑冒險，即子孫必遭困苦之厄，其禍患又何如也！凡此者，止須冷眼將目前所見所聞之人，詳攷其祖父言德若何，自見天道報施不爽也。

立　身

貧不足羞，可羞是貧而無志；賤不足惡，可惡是賤而無能；老不足嘆，可嘆是老而虛生；死不足悲，可悲是死而無補。

揖讓周旋，雖是儀文，正以觀人之敬忽。其在少年，尤當兢兢守禮，不得一味率真。

平居寡欲養身，臨大節則達生委命，治家量入爲出，徇大義則芥視千金。

古今真聖賢，爲人决不迂腐。古今真豪傑，爲人决不粗疏。

凡人應事接物，胸中要有分曉，外面須存渾厚。

血氣之怒不可有，理法之怒不可無。

不交不可知之人，自無不可知之禍；能積實可據之德，必有實可據之福。

識見每欲深人一層，或反入於淺；議論每欲高人一層，或反入於卑。蓋不見理而求勝，不思致用，而徒快於言，無益也。

凡人，才不足則多謀，識不足則多事，威不足則多怒，信不足則多言，勇不足則多勞，明不足則多察，理不足則多辯，情不足則多儀。

盡前行者地步窄，向後看者眼界寬。

能改過，則天地不怒；能安分，則鬼神無權。

巧人得利固多，然得禍亦不少；拙人安分無大利，然亦不致有大禍。

嗜欲正濃時，能斬斷。怒氣正盛時，能按納。此皆學問得力處。

事遇快意處當轉，言遇快意處當住。

對失意人不談得意事，處得意日莫忘失意時。

體認天理，只在我心安不安，人情妥不妥上。

任他極有見識，着得假，認不得真；隨你極有聰明，賣得巧，藏不得拙。

有作用者，器宇定是不凡。有受用者，才情決然不露。

眼界愈大，心腸愈小。地位愈高，舉止愈卑。

安詳是處事第一法，謙退是保身第一法。

一失足時千古恨，再回頭是百年遲。

我有功於人不可念，而過則不可不念。人有恩於我不可忘，而怨則不可不忘。

處事不可不斬截，存心不可不寬舒，持己不可不嚴明，與人不可不和氣。

富貴家動持禮法，即爲求福之基。貧賤士愛惜身名，定爲遠到之器。

人只言人心難料，不知自心更難料；人只言人心不平，不知自心更不平。識得自心，方可説人。

群居守口，獨坐防心。

不欺二字，終身用之不盡。

護體面，不如重廉耻。求醫藥，不如養性情。立黨羽，不如昭信義。作威福，不如篤至誠。多言説，不如慎隱微。求聲名，不如正心術。恣豪華，不如樂名教。廣田宅，不如教義方。

見遺金於曠途，遇艷婦於密室，是一塊試金石。

富貴家宜學寬，聰明人宜學厚。

富貴人家，不肯從寬，必速横禍。聰明子弟，不肯從厚，必夭天年。

閑暇出於精勤，寬悦出於恐懼，無思出於能慮，大膽出於小心。

學　問

學者當有日新之功，所謂日新之功者，惟有常程。不貪多而務博，不一暴而十寒，積以悠久，自然日新。若乃驟勤而遂怠，方得而旋失，雖欲日新，豈可得哉。

以積貨財之心積學問，以求功名之念求道德，以愛妻子之心愛父母，以保爵位之策保國家。

少年子弟，父母蔭下，教以讀書，如牽羊入肆，死不肯讀。及至父母歿後，家務纏擾，或境遇艱難，欲讀不能，無論不能顯達功名、出人頭地，甚至舉筆重若千金，措辭奚啻十年三賦，即酒席之間，欲行一令道一底，便覺手足無措。若遇文人談笑，惟有瞪目而視，不知所言何事。追思從前父兄之訓，何可得也。

看書如看戲，有何不看之書。悔過如悔棊，有何不悔之過。

讀書人，但存一點修名之心，文章自然精進，行誼自然端方；治家人，但辦一片務實之心，門户自然安恬，囊橐自然殷厚。

詩書多讀，見識自生。文章頻改，精神自出。

品　行

禾稼賴乎秋成，人品賴乎晚節。人有晚節不終者，非是兩截，蓋本色才露耳。故恭不誠，則爲大機變。和不誠，則爲真鄉願。

大事難事看擔當，逆境順境看襟懷，臨喜臨怒看涵養，群行群止看識見。

治家勤儉者，天不能貧。立品高潔者，天不能賤。居心淡泊者，天不能病。制行精嚴者，天不能殃。

不自重者取辱，不自畏者招禍，不自滿者受益，不自是者博聞。

安莫安於知足，危莫危於多言，貴莫貴於不求，賤莫賤於多欲。

窮通貧富，數已注定，君子樂得爲君子，小人枉自爲小人。

附權勢以立功，功難成而品已壞。剥愚賤以求利，利難得而行已隳。

人不自重，每每取辱。非親友班輩之間，即一切細人，亦不可輕易肆言動手。倘彼一時不遜，必受耻辱，縱使懲治，在彼無足重輕，在我已傷體面。

人若一味老實，到頭來大可成大，小可成小。若使一味説謊虚花，平時無甚關係，及有至急之情，即傾肺腑吐心腹，人亦以謊精目之矣，豈不自誤。

人貴心口相應，今人多有外貌寬洪大度，儼然達者，及臨事之際，却又口是心非，即如人用錢，笑其鄙俗慷他人之慨，及到自己財物，錙銖必較。談及女色，自謂寡欲之人，不旋踵而又納妾置婢，有女必争厚聘，説到賠送，動引牽犬爲詞，娶媳必望妝奩，議及行聘，即引荆釵爲定，親友冠婚喪祭，不肯輕用一文，自己遇有此事，怪人體節不周。我之眷屬，惡人窺覻，别人婦女，貪看不休。我借人銀，嗔人取討，人借我銀，利上起利。生平最喜他人奉承，自己却又居傲，以言嘲人，視爲泛常，人略戲謔，拂然大怒。自己之僕，放肆護短，他人之僕，有意責備。此等陋品，人自當察。

平地坦途，車豈無蹶。鉅浪洪濤，舟亦可渡。料無事，必有事；料有事，必無事。

欲做金精美玉的人品，定從烈火中鍛出來；思立揭地掀天的事功，須從薄冰上履過去。

人以品爲重，若存一點卑汙黷貨之心，便非正大光明。爲頂天立地漢子，品以行爲主，若有一件衾影慚愧之事，即非威儀厚重，成泰山北斗品格。

治　家

三姑六婆勿令入門，古人戒之嚴矣。蓋緣此輩，或稱募化，或賣簪珥。或假媒妁，或治疾病，專一傳播各家新聞，揣合婦人意向，巧於説辭，盗哄財物，甚至爲賊之導、奸之媒。其害有不可勝言者，最所當謹也。

蚤起之家，則不夜飲可知。不夜飲，則奴僕無奸盗可知。諺云，通宵飲宴清晨卧，此是人家大不祥。

家無姣童，不惟省自己防閑，且免旁人疑議。至僕妻乳婦，妖艷者切勿投僱，惟其不見不聞，可消無限妄念，無限禍端。

凡人一生，未必盡是逆境。但使主家者，能存心謹慎，居躬儉約，得寸則寸，得尺則尺，小小成個局面，何至沿門持鉢。

有一樂境界，便有一不樂的相對會；有一好光景，便有一不好的相乘除。只是尋常茶飯，實地風光，才是個安樂窩。

樂勞苦，營本業，其後衣食必有餘；縱口腹，事逸遊，其後衣食必不足。非天也，非人也，自取之也。

起家之人，易於殷富。蓋服食器用及吉凶百費，規模淺狹，日入之數每多於日出，此所以常有餘也。富家之子，易於破蕩。蓋服食器用及吉凶百費，規模廣大，日出之數，每多於日入，此所以常不足也。

高年倦勤，多將財産分給子孫。若祖父初無偏曲，子孫各能戮力，則分給之後，自無争訟。倘以憎愛之私，致有厚薄，或於分給之内，暗有重輕，必起他日之争端。

俗子居家，精明之事，多是刻，寬厚之處，多是昏。若能瑣屑不較，而不失精明，涇渭了然，而務從寬厚，豈惟家治，亦可通於學矣。

子弟不得自打，僮僕婦女不得自打，婢妾有過，則告之家長，爲之善遣。家長亦不可親自鞭打。恐一時怒氣所激，鞭打之數必不計，當觀其過之輕重，徐徐責問，不惟養威，而僕婢亦自畏懼矣。

富貴如傳舍，惟謹慎可得久居；貧賤如敝衣，惟勤儉可以脱卸。

婦人聚會少，則是非之起無因，而戚誼自篤。男子燕飲少，則酬酢之費有節，而物力亦培。

閨　門

男女之所以隔絶者？惟争一見。禮云：外言不入於閫，内言不出於閫，即聲音尚不容通，況顔面乎。於此見古人防微杜漸之意。有等婦女竟不避人，入寺燒香，登舟遊玩。爲丈夫者，明知而縱之，其故何歟？甚有好見人者，反笑避人爲不大方，則惑愈甚。

主婦職在中饋，躬督紡織，至老勿踰中門。下及侍女，亦宜同約束，如有恣性越禮，遊山遊湖，看戲燒香，出露體面，即非士族家法。

閨閫之教，與子弟之教不同。子弟欲其上知千古，下明當世，然后胸中有所得。婦女則不然，除勤儉和順，女紅中饋之外，不必令有學識。獨有沿街敲鼓，唱説書詞之人，編成七字韵，婦女最喜聽之，以其鄙俚易解，又且費錢無多，大家小户，往往唤來唱説，雜坐群聽，初則階下敷陳，久則内堂演説，始而或言賢孝節義之事，繼而㸌及淫奔苟合之詞。婦女聽至患難凄慘，每多感嘆墮泪，及聽到綢繆私合，保無觸念動心？余意婦女概不令其讀書，尤不可容看戲文聽唱説也。閨門嚴肅之家，宜細防範。

謹飭閨門，人盡知之。乃主家者，於服食器用之數，或躬親備辦，或介紹分勞，獨於婦女抿掠脂粉，女紅針綫等物，每多聽其自購。常見閭巷閨雛，朱門媵婢，叢繞佇立與街市貨郎，擇揀精粗，奪來搶去，男女混雜，殊爲不雅。豈禮嚴内外，獨此不禁耶！深心者，當令僮僕代之。

居家第一件事，在嚴肅閨門。居官第一件事，在澄清衙役。

閨闈之内，不出戲言，則刑於之化行矣。房幄之中，不聞戲笑，則相敬之風著矣。

居　家

人之家貲内囊，乃一己之物，外人何從而知。然俗有黄金在櫃，分兩在街之語。是人身分，外竟可得而知，常有自己之妻與子而反不知者，何也？其中或係祖遺蓄積，家長良賈深藏，而妻子不知，容或有之。獨是眼見自創規模，明知有限局面，不過家長善於敷衍，凡事運籌謀劃，預爲措備，内而布帛菽粟，令其粗安。外而禮節應酬，無不周到，即婚喪諸務，不露破綻。此皆家長一團心血所致，無非粉飾體面而已。乃自己妻子，竟認以爲真正富厚財主。年幼之兒，華衣美食，猶屬小事。年長之子，不遂其欲，即出怨言，妻既怪其節儉，媳亦笑其財奴，一家憎惡，各懷不滿之意。諭以家私有限，全然不信，告其實在空虚，亦屬枉然。爲家長者，忿急莫訴，惟自嘆其死而後明。奈終朝絮聒，難甘忍受，將欲棄其家而不顧。又覺近似乖張。可憐一身辛苦，反令有口難分，有冤莫辨，終日抱悶於懷。因此抑鬱成疾，雖水落石出，到後方知。但棺内之人，焉能起而剖之，以白生前之非誣。世有莫與兒孫作馬牛之句，乃外人語。今觀此情，即自己兒孫，亦是此意。

淫詞艷語，春宫媚藥之類，正人君子，不蓄於家。至於藥中硫黄、熖硝、巴豆、水銀、砒霜等物，間或有之，全要收藏謹慎。若誤入人口，何異鶴頂紅之毒也。曾有孩童誤吃附子而殞，又有嬰兒舌舐爆竹而亡。推廣言之，可不慎乎！再如利刀器械，設以防家，亦當貯於密處，若琳琅四壁，恐短見女子，無賴小人，争鬥之間，隨手携取，萬一有傷，豈不反滋禍害耶。

周坦然先生觀宅相四十吉祥，字字箴規，附之集中，以勉同志。案頭無淫書。架上無新整書（手且未觸，何有於目）。座上有二三十年前老友。堂中有七八十年前古桌椅，門下有祖父遺留龐眉皓首老僕。婦女不垂簾觀劇，婦女不識字。老妾孀婦不變作尼姑。不呼優人同坐。不在席上按優人曲，不以箸並足代爲打板。外無姣童，内無老婢。不教婢子度曲。紙牌不入手中。不解新令不爲酒糾。肯習醫卜。席上不勸人第二日補齋。僕從不與主人同坐者並坐。凌晨客至，僕從已拱立候命，主人已盥沐相迎。僕從各隨其姓。門前赴從，見士人過，無論識與不識，皆起身直立，遇諸途皆側立讓行。不奴隸疏親窮族。不學奢侈。口角無閨門事。口中無刻薄尖酸議論。先輩格言常在壁上口頭。凡夢俱可告人。十二歲以上小童不入内户，女童不出外户。肯爲人宛轉寄家信。能明佛理，却不爲邪説所誘。肯周濟貧親族，或助人婚嫁，或代完官贖，却不做佛事，不修建庵觀。肯爲人説眼報應，肯聽人説報應諸事。能敬信奉行感應篇，功過格，每日能體認所行善惡。書館中小學生有讀四書小注聲。不以病試醫，肯將已驗醫方，或抄或刻施人。躬送破衣親友出門外。受人賀分，即一箠一絲，無微不答。不磨祖父圖章，刻作己名。有贈祖父詩文者，能舉其姓字，習其篇章。不戲謔父執貧友。内聲不聞於外。坐定不問新聞。司閽人回卑幼貧賤親友，惟恐傷其意。

田　宅

置田宅者，即非有餘，尚在順境。棄田宅者事非得已，不足可知。每見居間之人，於成交時，往往迎合買主，搜剔刁難，事事刻削。棄産之家，因在急需，隱忍從命，日後不能無言，殊非貽謀計也。至於契書，不妨加意斟酌，價目一切，當以厚道待人。俗説金子買田金子在，糠秕依舊换糠秕。詩云：一派青山景色幽，前人田土後人收。後人收得休歡喜，更有收人在後頭。

凡田産基址相連，不可遂萌兼併之心，即使有人或因家貧，或因别故，轉售於我，必以足價與之，不可因彼事勢急迫，故意推託，欲其減價賤售。諺云：田是主人人是客，自開阡陌以來，此田此地，買者賣者，不知經幾千百人，而後傳至於我，我今得之，能必其世世相承，千百年而不失乎？至於找價一節，在賣者恒稱某房原價所置甚多，某田照鄰虧剋不少，以壓買者之口；而買者常云某房已經增修無算，某田業已挑濬多工，以塞賣者之詞，紛争不已。總之各宜自揣，苟價已足，此衷無愧，又何慮焉！若只圖得之易，不思他人置之難，目前身後，循環甚速，當聽親友處分，必使賣者無憾，庶幾買者可安。若兩不相下，更有從中起釁者，一言憤之，追悔無及矣。

田宜多置，屋宜少造。在住居前近水，後有園，第一進爲門面，第二進爲客堂，第三進爲内室，第四進爲後屋。每進有四五間，盡可以居矣。此論中等守成人家也。若夫創業之人，屋止求其可以容身，餘宜竭力置田，以圖生息。若徒事屋宇奢華，不以田地爲根本，便非節儉成立之人，立見其敗矣。至於置田宜整塊，不可零星，致有奔走收米之勞。價宜從貴，不宜求賤，非徒以濟賣産者不得已之急也，價貴則原主無找貼取贖之心，且即有不肖子孫，棄賣亦難於輕廢矣。

起造屋宇，最是人家難事。須數年經營，先議基址，或平高就下，或增卑爲高，或築墻穿池，逐年已辦，然後議規模之大小，工料之多少，細至椽桷籬壁竹木之類，必藉其數，木植幾何，瓦石幾何，皆以日用餘資，逐年收買，堆垛斫削，以待其用，雖僦傭之費，亦不取辦於倉卒，庶宅成而富自若也。

甲卷終

乙 卷

訓 後

古云：父兄之教不先，子弟之率不謹，是子弟效法，必視父兄之教導。乃父兄訓之節儉，而仍然淫侈，父兄訓之謙勤，而仍然傲慢者，其故何歟？良由父兄日爲傲慢，而責子弟以謙勤，父兄日爲淫侈，而責子弟以節儉，正與孟夫子所言：夫子教我以正，夫子未出於正也。爲父兄者，當先作榜樣。

子弟少年時，不當以世事分讀書，但令以讀書通世務，切勿順其所欲，須要訓之以謙恭，時時遏抑他，則驕氣自除。鮮衣美食當爲之禁，淫朋匪友勿令之親，則志趨自然樸實近理。其相貌不論好丑，果能終日讀書静坐。便有一種文雅可觀，即一顰一笑，亦覺有致；若恣肆失學，行同市井，縱美如冠玉，列之文墨之地，但覺面目可憎，即彼自視，亦覺置身無地矣。

烈女閨範諸書，近日罕見。淫詞艷語，觸目甚多，故女子不必令其識字，寧可使人説其無才，不可使人議其無德。

十賢子孫，未必能興家。一不肖子孫，破家爲有餘。他事皆可區處，唯子孫不肖，無策可治。人不知教子孫，而徒爲之營生，不得謂之智也。

語云：有好子孫方是福，無多田地不爲貧。好與不好只争個教與不教，世上那個生來就是賢人？都是教訓成的；那個生來就是惡人？都是不教訓壞的。也有大姓人家子孫，辱門敗户。也有貧賤人家子孫，立身揚名。可見全在教訓。每見人家祖父愛子孫，定要好食與他吃，好衣與他穿，獨不思吃慣穿慣了好的，便不撙節，賣田賣地，都從這裏來。又見人家祖父疼子孫，盡他要的，把來與他，盡他惱的，替他打駡出氣。獨不思順從他慣了，必至自縱自由，闖禍生事，那時節雖悔也遲了。從此一想，子孫如何可以不教？但教訓有個方法，未教他作家，先教他做人。教他做好人，先教他存好心、明倫理、顧廉耻、習勤儉、守法度，方是教訓。

世家子弟不知稼穡艱難，每每怠惰奢侈，不習禮節，皆由父兄失教之故。蓋子孫之賢不肖，關係家運之絶續。爲父兄者，誠心端行，上之有潜孚默奪之神工；巽語法言，次之有隨事化誨之實訓，此當有一段苦心，非徒責之子弟也。

人家子弟，知識稍開，課誦之餘，一切家計出入，人情世故，須爲講究。即如飲食，使其知稼穡辛勤，衣服使其知機杼工苦，並田莊望歲時豐稔，經營慨物力艱難，漸漸説至創業守成，防危慮患，多方譬喻。此等言語，較之詩書，易於入耳，使其平日了然胸中，及長庶幾稍知把握矣。

童子六歲，啓蒙受業，須先令其識字，未讀時細心指示，已讀後令其存想。如存想不出，隨查讀過寫過之字，與之印證。讀時務使其口到、眼到、心到，寧可緩念，必要句讀清楚，毋貪捷誦，致吐字含糊。生書則寧少而勿多，多讀不如勤理，退前添後，是爲良法。習字先用紅影減筆，令其描繪，甫能持筆，即教以後先，次及周正。及脱手能書，不克遽就，爲師長者，或先寫邊旁，或先寫上半，俾有徑可循，爲則不遠，慎勿省手巧寫，積慣難改。

非讀書不能登貴顯之地，非積善不能生聰慧之兒。

凡人生子，至四五歲，看其口角清楚，知識漸開，即用小木板或素紙，截作四方者千塊，端書千字文，每塊一字，令其子每日識十字，或三五字。復令其湊集成句讀之，或聚或散，或亂或整，聽其頑耍，則其識認自真。

淫詞小説，多將男女穢跡，敷爲才子佳人，以淫奔無耻爲逸韻，以私情苟合爲風流，雲期雨約，摹寫傳神，少年閲之，未有不意蕩心迷、神魂顛倒者。在作者本屬子虚，在看者竟認爲實有，遂以鑽穴踰墻爲美舉，以六禮父命爲迂闊。遂致傷風敗俗，滅理亂倫，則淫詞小説之爲禍烈也。即有寓意，因果報應，但人多略而不看，將信將疑，況人好德之心，決不能勝其好色之心，既以挑引於前，豈能謹飭於後。有司者正其士民，有家者閑其子弟，於此等淫詞嚴行禁毁。

子弟幼時，不可不督以讀書，書不讀，則不知禮法文墨，而淪於俗。及列於大庭廣衆之中，談今論古之際，外雖佯作笑容，内若針氈刺股，求其早散一刻而不可得。爲父兄者，於子弟成人時，察其資質，可讀則讀，即不能卜科第，究不失爲文人。及長而不能讀，速令習耕，爲勤儉守家之人。若非耕讀，不妨即習商賈，亦足成家。倘任其遊蕩，鮮衣美食，浪飲酣歌，讀又不成，耕又不能，商賈又不習，勢必流入無賴窮徒而後已。此皆爲父兄者不教之過也。

行　藏

人以聽其自然，謂之順天，不知天賦我以聰明才識，與庸衆不同者，原有許大事業，待我盡之。若聽其自然，而人事不盡，是逆天也。安得謂之順哉。

得失有定數，求而不得者多矣。縱求而得，亦是命所應有。語云：緊行慢行，前程止有這些路。逆取順取，命中止有這些財，何苦損人利己，自多貪圖也。

少年不宜收斂太蚤，亦不可聰明太露。如花之千葉者必無實，以其精華發盡也。人若開口便刻薄尖酸，好議論人者，不獨無實，且恐根將朽矣。

名心未化，對妻孥亦自矜莊，隱衷釋然，即夢寐皆成清楚。

人生待足何時足，未老得閑才是閑。

貧賤時，累心者少，宜學道；富貴時，施與者易，宜濟人。若貧賤而存濟人之心，富貴而兼學道之志，尤加人一等。

徑路窄處，留一步與人行。滋味濃的，減三分讓人食。

得意之人多闊略，闊略似乎坦率，然恐其過，略而近於疏慢；失意人多深隱，深隱似乎沉潛，然恐其過深，而傺於谿刻。

經一番折挫，長一番識見。多一分享用，減一分福澤。加一分體貼，知一分物情。

不到極逆之境，不知平日之安。不遇至刻之人，不知忠厚之善。不遇別離之苦，不知聚處之歡。

可以一出而救人之危，一言而解人之紛，此亦不必過爲退避也。但因以爲利，則市道矣。

欲不除，似蛾撲燈，焚身乃止。貪無了，如猩嗜酒，鞭血方休。

争名利，要審自己分量，不要眼熱别人，更生妒忌之念。撑門户，要算自己來路，不要步趨别人，妄生扳扯之計。

務小巧者多大拙，好小利者多大害。不如順理直行，步步着實，得則不勞，失亦無愧。

見人私語，勿傾耳竊聽。入人私室，勿側目旁觀。

凡人但遇逆境，只宜安静，不宜躁動。如舟遇逆風，必欲開船，鮮有不失事者。

富貴之家，雖主人謙虚，而閽人多有驕悍之氣。士君子於此當自愛，可以無求，便宜少往，寧令怪其不來，無令厭其數至。

人生自幼至老，無論士農工商，智愚賢不肖，刻刻常懷畏懼之心。如明中畏天理，暗地畏鬼神，終身畏父母，讀書畏師長，居家畏鄉評，做官畏國法，農家畏旱澇，工匠畏差使，商賈畏虧折，兢兢業業，方了得這一生。

百技皆可成名，天下惟無技之人最苦。片技即可自立，天下惟多技之人最勞。

有大通，必有大塞。無奇遇，必無奇窮。

怪小人之顛倒豪傑，不知慣顛倒方爲小人；惜君子之受世折磨，不知惟折磨乃見君子。

以患難心居安樂，以貧賤心居富貴，則無往不泰；以淵谷視康莊，以疾病視强健，則無往不安。

最可憐是書生落魄，極難處是浪子回頭。

從極迷處識迷，則到處醒。將難放懷一放，則萬境寬。

打人思及抵命，則其手自戢。告人慮及招誣，則其詞自焚。

做人無成心，便帶福氣。做事有結果，亦是壽徵。

人情豈無缺陷，不可到處求全。天道實忌滿盈，何妨有時不足。

執拗者福輕，而圓融之人，其禄必厚。操切者壽夭，而寬厚之士，其年必長。故君子不言命，養性即以立命，亦不言天，盡人自可回天。

聽　言

聽言當以理察。傳之小人之口，不足輕重；出之正人君子，便有關係。

言有三不可聽，昵私恩不知大體，婦人之言也。貪小利背大義，市人之言也。横心所發，横口所言，不復知有禮義，野人之言也。

聽人語言，勿遏以己見，勿撓以他端，惟談及市井淫媟者，宜引正事以遏絶之，毋令得竟其說。

一坐之中，有好以言彈射人者，吾宜端坐沉默以銷之，此之謂不言之教。

神人之言微，聖人之言明，衆人之言多，小人之言妄。士君子不能陶鎔人，畢竟學問中功夫未透。

天下無不好諛之人，故諂之術不窮。世間盡是善毁之輩，故讒之路難塞。

處富貴，勿聽僕隸之言。值貧賤，莫信妻孥之口。恐妻孥之見短，而僕隸之心貪且險也。

責我以過，當虚心體察，不必論其人何如。局外之言，往往多中，此大舜所以察邇言也。

有人告我曰，某謗汝。此藉我以泄其所憤，勿聽也。若良友借人言以相惕，意在規正，其詞氣自不同，要視其人何如耳。

人有投我之所好，而以言誘我者，當察之，無爲其所誘，而至流連荒亡，破家蕩産，則智矣；人有知我之所惡，而以言激我者，當察之，無爲其所激，而至破釜沉舟，喪身辱命，則明矣。

諂諛之言，易於入耳。人以諂諛進吾耳者，未必正人也，彼將有取於我也，宜加意防之。規諫之言，難入於耳，人以規諫進我耳者，此誠君子也，彼實有益於我也，宜細心聽之。

慎　言

修己之要非一端，清心爲要。涉世之要非一端，慎言爲先。

生人之惡不可言也，死者之惡不忍言也。

言語之過，似小實大。有一言而傷天地之和，一語而折終身之福者，切須檢點。

好説人陰諱事及閨門丑惡者，必遭奇禍。且言之鑿鑿，如曾目睹，旁有鬼神，何不説得略活動些。

取怨招禍，言語佔了八分，此是常人最易犯處。故語言不可不謹；喪名失義，錢財佔了八分，此是常人最易動處。故錢財不可不看輕。

以言譏人，此學者之大病，取禍之大端也。稠人廣座之中，不可極口議論，逞己之長，非惟惹妒，抑且傷人，豈無有過者在其中耶。惟有簡言語、和顔色，隨問而答，庶幾可耳。若一言有失，慚愧無及，不可不慎也。諺云：飽知世事慵開口，看破人情只點頭。若使連頭都不點，更無煩惱更無愁。

隱惡揚善，待他人且然，自己子弟，稍稍失歡，便逢人告訴，又加增飾，使子弟遂成不肖之名，於心忍乎！

事上言貴約，不可以一事而蔓延取辱，接下言貴簡，不可以一言而冗長取厭。

以言傷人者，利於刀斧。以術害人者，毒於虎狼。言不可不慎，術不可不慎也。

大抵言要減少。老子云，多言多敗。

恩仇分明四字，非有道者之言也。無好人三字，非有德者之言也。

言人之私即己私，言人之過即己過。

將欲論人長短，先思自己如何。

耐貧賤不作酸語，耐炎涼不作激語，耐是非不作辨語，耐煩惱不作禪語。此誠世間大度漢，有無窮作用，無窮受用。

乘醉乘興，往往失言，及覺而百計挽回，費盡氣力，何能挽回得來？何不於醉時興時，高談闊論時，略加謹慎，免追駟馬。

戲而不謔，詩人所稱。終日正襟莊語，人所難能。但戲止以解頤，切勿互相譏誚而爲謔，因戲成仇，殊覺無謂。

拜訪坐定，先叙寒温，次陳見聞，繼而方道來意，此大概皆然。若乍交初識，則一切言語，尤須留意，庶不至禍從口出。

交接宴會之間，人品不齊，或行檢有玷，或相貌不全，或今雖尊顯而出身本微，或先世昌隆而後裔流落，言語之間，須留心檢點，切勿犯人忌諱，令其愧恨，不獨自失厚道，亦且結怨於人。

人前做得出的方可説，人前説得出的方可做。

存心説謊固不可，開口賭咒亦不可。

對官言清，則不清者怒。對友言直，則不直者憎。

對痴人莫言夢話，防所誤也。見短人莫説矮話，避所忌也。

居　處

不爲過三字，昧却多少良心。没奈何三字，抹却多少體面。

恃勢凌人，恃智愚人者，猶登冰山而自謂身高，第恐太陽當空，冰山消釋，則落身泥塗，置足無所矣。願以爲戒。

進一步想，有此而少彼，缺東而補西，時刻過去不得。退一步想，只吃這碗飯，只穿這件衣，俯仰寬然有餘。

受人淩辱，畏其勢而忍之者，不足爲忍。無可畏之勢而能忍之者，是爲真忍。

凡親友藉用車馬器物，不可吝借。然藉者必須加意照管，勿令損壞，萬一損壞，急爲修製完好，切勿朦朧掩飾送還。

人家隆盛之時，産業多不税契，雖當事未必遍查，恐久之勢去，子孫反受其累。

斗斛秤戥之類，今人有用兩樣，大入小出，重入輕出，此損人利己之事，富貴有命，全不在此些微之間。

登人之堂，即知人室中之事，語云：入觀庭户知勤惰，一出茶湯便見妻。父老奔馳無孝子，要知賢母者看兒衣。可見有諸内必形諸外，爲人之子與妻者，尤不可不知。

人生多一事，即有一事之累。凡娱情適興，無過園亭聲色數端，須審自己境界，如地步稍寬，而終日攢眉蹙額，如枯木死灰，固非人情。若一味沈湎恣縱，亦覺太過。

悖謬之事，野人之言，其不干名義者，亦不必舉以剖辨。獨是事關倫教，有不得不言者，如人子服闋之日，流俗相率慶賀，笙歌宴飲，結綵披紅，謂除凶而就吉。夫恨未終天，歡成一旦，孝思罔極，豈無餘哀？何喜何賀，悖謬甚矣。

酒色財氣，人情難免。然於四者之中，惟色爲最，必須御之以義，制之以理，始無損於名節。今人明明具酷好之癖，而故作違心之談，殊不知有諸内必形諸外，將誰欺乎？即如言及邪淫，無不同聲嗔怒，及遇觀燈賽會等事，男女雜沓之時，盡有素稱拘謹，夙號老成，到此不能自持，後顧斜睨，全副精神，注射於窗間簾下，伊且以爲得計，傍人早見肺肝。道路偶逢，無可如何者且然，況密邇易狎者乎。再如賓筵演劇，内子垂簾，而輕佻者於斯，屬意傍窺，存神近坐，不時除冠易服，或則欠背伸腰，賣俏取憐，莫能形狀，殊不知此群列坐簾中者，非友室即周親，試問一盼之間，有何意味？平日縱有端謹之名，瞬息被人看破矣。

樓下不宜供神，慮樓上之穢褻。屋後必須開户，防屋前之火災。

居處必先精勤，乃能閑暇。凡事務求停妥，然後逍遥。

閑居勿極其歡，寢處勿忘其患。

無事如有事提防，才可弭意外之變。有事如無事鎮定，方可消局中之危。

閨闈内不作戲言，即是修身齊家之始。草稿上不寫便字，亦關誠意正心之功。

兄弟争財，其父遺不盡不止。妻妾争寵，其夫命不死不休。

處　世

人欲易流，處順境難於處逆境。世情叵測，待小人難於待正人。

待小人宜寬，防小人宜嚴。

年高而無德，貧極而無所顧惜，此兩種人，不可與之較量。

鄉曲士夫之中，有挾術待人，近之不可，遠之不能者，所謂君子中小人，不可不爲之防。農商僕隸之流，有天資忠厚，可任以事，可委以財者，所謂小人中君子，不可不加以禮。

枝頭秋葉將落，猶然戀樹。簷前野鳥至死，方得離籠。人之處世，可憐如此。閑事少管則鮮咎，閑話少説則省過。

德業常看人勝於我者，則愧耻自增。境界常看人不如我者，則怨尤自寡。

見人有得意事，便當生歡喜心。見人有失意事，便當生憐憫心。

縱與人相争，只可就事論事，斷不可揭其父母之短，揚其閨門之惡，此禍關殺身，非止傷長厚也。

凡一事而關人終身，縱實見實聞，不可着口。凡一語而傷我長厚，雖閑談酒謔，慎勿出言。

與人相處，雖貴情意投洽，然亦不可狎昵太甚，如齒有長幼，自當序齒。分有尊卑，自當明分。内外男女之間，更當有别。笑語戲謔之際，更當有節。勿攻人陰私，勿犯人忌諱，斯嫌疑既遠，可久處矣。

地之穢者多生物，水之清者常無魚。故士君子處世，當存含詬納汙之量，不可有執拗刻薄之行。

積　善

現在之福，積自祖宗者，不可不惜。將來之福，貽於子孫者，不可不培。現在之福，如點燈，隨點則隨竭。將來之福如添油，愈添則愈久。

積德於人所不知，是爲陰德。陰德之報較陽德倍多。造惡於人所不知，是爲陰惡。陰惡之報，亦較陽惡加慘。

君子能扶人之危，周人之急，因是美事，能不自誇，則益善矣。

終日端坐，略無勞事，未饑而飯至，未寒而衣添，飲酒食肉，呼奴使婢，居有華堂，出有舟與輿，可謂色色如意矣。不於此時爲善，豈不大可惜乎？嘗思及此，善念自生。

人當貧賤時爲善，善有限。爲惡，惡亦有限。無其力也。一當富貴時爲善，善無量；爲惡，惡亦無量，有其具也。故富貴者，乃成敗禍福之大關，不可不慎。

急難濟人，一善可以當百善。

貧士肯濟人，才是性天中惠澤。鬧場能篤學，方爲心地上功夫。

人之所賴以生者惟錢財，能於錢財上寬一分待人，省一分濟人，事事留心，久久習慣，雖不見福，禍自消矣。

語言之間最可積德。如見人爲善，以一言贊成之。見人爲惡，以一言諫止之。人有爭訟，以一言勸解之。人有冤抑，以一言明辨之，以致勿訐人陰私，勿談人閨閫，其功德俱無量。

世　情

使人有面前之譽，不若使人無背後之毀。使人有乍交之歡，不若使人無久處之厭。

怨自德彰，故使人德我，不若德怨之兩忘。仇自恩立，故使人知恩，不若恩仇之俱泯。

世態炎涼，可以磨礪真儒之品。衙門冷落，可以養成廉吏之操。

成名每在窮苦日，敗事多因得意時。

冷暖無定，驟暖勿棄綿衣。貴賤何常，驟貴勿忘故友。

倚高才而玩世，背後須防射影之蟲。飾厚貌以欺人，面前恐有照膽之鏡。

求足何時足，知足便足。待閑何日閑，得閑便閑。

利可共而不可獨，獨利則敗。謀可寡而不可衆，衆謀則泄。

費千金而結納勢豪，孰若傾半瓢之粟，以濟饑餓。構千楹而招徠賓客，孰若葺數椽之茅，以庇孤寒。

辱人以不堪，必反辱。傷人以已甚，必反傷。

貧賤生勤儉，勤儉生富貴，富貴生驕奢，驕奢生淫佚，淫佚復生貧賤。此循環之常理。

不近人情，舉世皆畏途。不察物情，一生俱夢境。

人處順境，不獨凡事易於爲力，且無往而不以爲是，譬如順境之人，赴席偶爾來蚤，主家即喜其周旋，設或稍遲，又必代原其事。冗在逆境者，則不然也。早則主家追陪懈怠，遲則厭其故意延捱，世態炎涼，人情惡薄，即此一端，可概其餘。豈知逆境之人，遇邀飲而不至者，或慚衣履之不整，或慮齒長而僭坐，或防風雨驟至，途次泥濘，或恐席遲夜歸，路無燈火，一舉一動，大費躊躇耶。

情最難久，故多情人，必至寡情。性自有常，故任性人，終不失信。

人情冷暖，世態炎涼，在處順境者，固宜體貼人情，而處逆境者，亦未必自重品行，以副人體貼之心。

循環天理，故君子履安以思危。反覆人心，故小人行險以徼幸。

禮　節

禮節雖屬虛文，爲人不可不習熟，即如作揖打拱，安席告坐之類，素不留心，驟一登場，必然手足無措。

富貴受貧賤禮，以爲當然，殊不知幾費設措而來，即一箧一絲，宜從厚速答。

男女拜見之禮，必係至親本族，方可入内接見。今有不論親疏，每遇元旦慶賀，不煩通報，直達於内，甚至主人力辭，必欲堅入，恃親厚者有之，懷戲謔者有之。每每多有未及預備，或梳洗未完，或裙衫未整。萬一窺見隱微，彼此何以自安？愚意毋論尊卑上下，當看主人之意，若必欲勉强拜見，則於禮有乖，於情不合也。

節　儉

儉者君子之德，世俗反以儉爲可鄙。殊不知儉則足用，儉則寡求，儉則可以成家，儉則可以立身，儉則可以傳子孫。奢則用不給，奢則貪求，奢則破家，奢則損身，奢則不可訓子孫。相反如此，可不念哉。

食可飽而不必珍，衣可暖而不必華，居可安而不可麗，賓客可備禮而不必侈。

貪饕以招辱，不若儉而守廉。干請以犯義，不若儉而全節。

奢華之習，江南爲甚。即嫁娶一節，兩家俱宜審己量力，何必彼此誇富爭奇。乃往往有因，一娶而大傷貲本，一嫁而苦費經營。及至事後拮據，追思所費，究竟實在有限，浮費居多。常見素封之家，不獨金珠溢篋，幣帛盈箱，即彩轎酒筵，亦不肯輸人一籌。獨不思必欲從厚，或佐以貲本，或代置妝田，何等實用，而必爲此浪費哉。曾見詩譚一詠："婚姻幾見門奢華。金屋銀屏衆口誇，轉眼十年人事變，妝奩賤價賣人家。"深有意味可玩。

成敗興衰關乎氣數。若創業者成之，守成者敗之，此亦常情。獨怪在自創之旋自敗之者，常見浪費之人不知己過，自以爲達，見謹守者，反哂其過爲兒孫計。余意深爲不然。夫兒孫不承祖業而自立者固多，賴根基而繼起者亦不少，豈可任意揮霍，不留餘蓄，不顧後日，止圖一時稱心快意，釣譽沽名，以致老來拮據，身後艱難。縱使爲後人者，不敢口頭埋怨，未免心内咨嗟，不如略留根本，或可稍生枝葉。余願得意之人，於浪費之際，回顧兒孫，即不令其饒裕，亦使免其饑寒，設或妻幼子小，更宜檢點。

祖宗富貴，自詩書中來。子孫享富貴，則棄詩書矣；祖宗家業，自勤儉中來，子孫享家業，則忘勤儉矣。

貧富俱少不得勤儉二字。勤非孜孜爲利，惟在竭力經營。儉非鄙吝過情，只是量入爲出。

凡人生而不肯習勤，好安逸、貪懶惰者，家富則入於下流，家貧則必爲乞丐。凡人生而不肯從儉，飲酒無節，貪食無度，好淫濫、習賭博、吸洋烟者。家富則至於破蕩，家貧則必爲盗竊。

儉而曰節者，以其儉中有節也。不儉者，一味好勝争奇，全不量入爲出，鮮衣美食，揮金不顧。初則暗地挪移，喬妝虚禮，繼則當場出丑，稱貸無門。此不知儉，豈知有節乎。若一味鄙吝，事事錙銖剥削，一文可取，唾駡自甘，家有餘糧，身無完布，所謂放於利而多怨，怨則一旦變生意外，人且樂其有事，將乘此以舒其宿憤，蕩其貲財，勢必蕩産破家而後止，此知儉而不知有節也。宜酌而行之。

節儉與鄙吝不同，慷慨與奢華不同。鄙吝者，止知做家而不知做人。奢華者，止知做人而不知做家，二者皆屬不當。

待　人

待己者，當從無過中求有過，非獨進德，亦且免患；待人者，當於有過中求無過，非但存厚，亦且解怨。

濟人窮者，勿問其所以窮，恐憎惡之心生，則測隱之心泯矣。慕人善者，勿問其所以善，恐擬議之念起，則效法之念微矣。

人之可憎者，未必没一件好處，勿並其好處而忘之；人之可愛者，未必没一件短處，勿並其短處而護之。

待富貴人，不難有禮，而難有體；待貧賤人不難有恩，而難有禮。

遇詭詐人，變幻百端，不可測度，吾一以至誠待之，彼術自窮。

骨肉貧者莫疏，他人富者莫厚，其一切餽遺，須有常度，勿以富而加豐，貧而致薄。

强人以難行之事，吾心何安。汙人以不美之名，吾心何忍。

出口侵人，要使人受得。着意凌人，要令人耐得。

無義之人，不得已而與之居，外和我色，内平吾心，庶幾不及於禍。

處世讓一步爲高，退步即進步張本；待人寬一分是福，利人實利己根基。

自謙則人愈服，自誇則人必疑。我恭可以平人之怒氣，我貪必至起人之争端，是皆存乎我者也。

爲人在世，固不可多事。然分内親友，有義不容辭者，以事重託，理宜委婉力行，若至必不能行，在我之心已盡，而親友自亦見諒。近見一種自了漢，只知自吃飯，自穿衣，若人稍有所託，即攢眉蹙額，沈吟推諉。生平未嘗代人挑一擔，解一事，及到自己有事，未必不求於人。若人人似我，又當何如?

周急恤貧，仁者猶病，焉敢迂言博濟；强人所難，獨是同一施與，有因一緩急間，在己無傷於惠，在人便得其益者。每見有餘之家，於歲底時，一切食物無不備具，及僕從工食，並親友補助，必捱至除夕，方肯給送，殊不知度歲之需，自己既欲早辦，何不推己及人，且此日銀縱到手，市物闌殘，非貴即缺，衣履袍帽，從何置辦。此中微情隱苦，有不能盡述者，亦可不曲加體諒?

語云：受人之託，必當終人之事，雖隨處宜然，獨託孤爲最。夫託孤一節，良非小可，人至臨危時候，嬌妻幼子，號泣牽衣，當肝腸碎裂之際，生死離别之時，從至親厚友中，擇素所欽服者，以身後之事託之。妻子跪拜於榻前，病人垂淚於枕上，滿腔心緒，無限衷情，口欲言而不忍言，目欲視而不忍視，哽咽許久，勉强吩咐，此時此際，聞者傷心，見者慘目，豈比尋常囑託哉。每見受託之人，未必盡非不當，惟患始勤終怠。如能讀書者，雖延師而不攷功課。能經營者，雖貿易而任其飄遊。或聽小人誹謗，或信婦人挑唆，日淡一日，年冷一年，婚嫁漫無選擇，疾病漠不關心。鼠牙雀角不爲籌劃，饑寒窘迫，視若罔聞，一切草草了局，隨處好好先生。總不思當日叮嚀於生前，囑望於死後，而更有陽襲託孤之名，陰行欺孤之術，千方謀奪，百計鯨吞，此又人世梟禽，天地所不能容也。余願受託者，慮始慎終，孑遺孤子，無論讀書貿易，首在收束身心，禁絶匪類，更令分别男女，防閑閨閫，事事代爲留心，時時多方開導。至於所存資斧，或置近便産業，或附殷實經營，待其成立，付之掌握，此最要也。總之對人無慚，返躬不愧，斯可以信存歿矣。

我施有恩，不求他報。他結有怨，不與他較。這個中間，寬了多少懷抱，忍不過時，着力再忍。受不得時，耐心再受。這個中間除了多少煩惱。

親戚故舊，因言語而失歡，未必其言語之傷人，多是顏色詞氣間，不能和平。若諫人之失語，雖切直，而能温言下氣以道之，縱不見聽，亦未必怒。若平常言語，初無傷人之意，而詞色亢厲，未免爲人所怪，不可不知。

凡作事第一念爲自己思量，第二念便須替他人籌算。若彼此兩利，或於己有利，於人無損，皆可爲之。若利於己者十之九，損於人者十之一，即宜躊躇。若人與己，利害各半，便宜輟手，況利全在己，害全在人者乎？至損己利人，尤上上人事，願同志共圖之。

事係幽隱，要思回護他，着不得一點攻訐的念頭。人屬寒微，要思矜禮他，着不得一毫傲睨的氣象。

人有毁我者，我即十分有理，亦必有個致毁之由。我當痛自刻責；人有譽我者，人即十分確當，到底有些過情之稱，我當深自愧悔。

製　作

造作詩詞歌謡，及戲文小説，以嘲笑時人譏諷時事，此大關陰騭，君子所不爲。凡有傳聞，當緘口勿言，若驚爲新奇，喜談樂道，口中傳誦，不止有傷忠厚，或且疑爲我作矣。

凡作格言壯語，原以勸化人爲善，人雖未因其勸而遂改弦易轍，即化爲善。然善念未必不動，而作者之心血不致空費。若作淫詞艷曲，原以儆戒人爲惡，人乃略視其戒，或竟痴心想慕，將效爲惡，縱惡事未必即行，而作者之心血，造孽實多，即如翠屏山之潘巧雲，前有入寺行淫，後即有殺身之禍，作者正所以戒奸淫也。人乃思效其淫，而忘殺身之禍，如浣紗記之吳王夫差，前有採蓮行樂，後即有亡國之慘。作者正以戒極樂也。人惟羡慕其樂，而略亡國之慘，此非獨看者之過，抑亦作者之過也。故凡淫詞小説，在作者能先度看者之心，則落筆自然不苟，在看者能揣作者之旨，則淫書亦可論道。

訟　事

小忿不忍以至興訟，訟必有師，師利於争，而不利於息，一息彼無利矣。情可和也，而恐之曰，彼布置已定。理本長也，而疑之曰，莫輕易就審。佯爲勸止，而實以鼓進。明爲竭忠，而暗以輸敵，一處可結，必動經數處，一倍可了，必花費十倍。及事敗不可收拾，又且歸咎於主人，不從其謀，不順其手，非我尤也。總之好訟之人，其家必破。

勸人息訟者君子，激人起訟者小人。

人以無訟爲福，小忿微嫌，可已則已。若果情關切膚，不得不控者，亦當打定主意，據實陳情，不可輕信旁人，造謊越告，目前希圖一準，其如後審虚反坐何？至於干證最關緊要，若非事果干涉，素有操守之人，不可輕列。常有匪類，當其未做干證時，竭盡肝膽，滿口公平，一用其名，遂改弦易轍，聽其播弄，或臨審不到，或當堂左袒，以致真枉竟不能伸，實事翻成疑案，獄重初情，追悔亦無及矣。總之訟非美事，終訟必凶，昔海陵賢牧，書一對聯於門曰：得一日閑且耕爾地，非十分屈勿入吾門。好訟者宜味之。

火　燭

水火無情，陸處者尚可防水，而舟居者難免無火。從來水柔火烈，爲患大矣。偶得火燭，一詩云：無人房内莫烘衣，衣帶常防着火垂。卷紙吃烟防紙灼，臨風剪燭慮風吹。水缸息炭方爲穩，木桶盛灰最不宜。臨睡厨房須走遍，竈前柴火莫留遺。

凡桐油雨傘油紙油簍之類，收藏全要留心，聞此物堆貯日久，竟能内里生火自灼。昔某處一刹，因酷日暴油紙，以致回禄，閲火攻書内。有云桐油拌蒲花，遇風而灼，可見不可不慎。又曾見人濬一久不汲水之井，入内即斃，復以鷄犬投之亦斃，疑其内有蟾毒，即傾水數擔於井内，再以牲試，安然無恙。詢其故，或云陰氣上騰，故能殺人，以水投之，則陰氣隨水下降，此亦理也。故凡濬井者，遇久不汲水之井，不可不先投牲試之，其水亦不可輕嘗。

回禄之災，多委之天火。然此雖屬大數，畢竟由人事之不謹。常見空僻之地，柴薪堆積，可保無虞，惟是稠密之處，寸土如金，勢必貯於宅内，而有餘者，不知富不積薪之説，多於柴賤之時，貪圖便易，滿屋盈房，人口叢雜，難禁其吃烟餘燼，隨處輕拋，照路紙捻，迎風亂棄，無知童婢，藏火烘床，嬌養兒女，燃燈達夜。再如席闌人散，酒爐火紅，茶鐺湯沸，主人倦怠，僕從貪眠，焉有不失之理。至於小户人家，柴薪與竈門相連，燈檠掛蘆芭壁上，此更易於起火，天乎人乎可不謹乎。

飲　食

凡人七日不食，則餓死矣。若七日節飲，則食愈進，可見食不可已，而飲可已也。以此計之，酒當日止，倘止不能，遽節之可耳。

酒可合歡，亦堪舒悶。冠婚喪祭，非酒弗能成禮，美景良辰，無酒終爲虚度。古今以來藉此陶情適興者固多，因而亂性亡身者亦復不少。至於荷鍤輕生，解裘易醉，乃前賢一時之豪舉，非今人終日之沉湎。每見中産之家，米鹽柴炭，錙銖籌算，獨至於酒，忽略不較，殊不知一夕之飲便可爲竟日之資，今且替爲頂門一針，升米煮飯，腹小者可食三餐，斗米釀酒，量大者僅堪一醉。如以斯言爲謬，古之禁酤節飲，抑獨何歟?

酒之爲禍，不止一端。柔弱之人得酒而暴，恬静之人得酒而躁，緘默之人得酒而嘩。事宜密者酒泄之，事宜急者酒懈之，事宜記者酒忘之。有心病者，酒佐之鬥。有痴情者，酒益之狂，甚矣，酒之爲禍烈也！

量窄者，不必强勸以酒，或醉而留卧，須令老成陪伴。昔有醉客，誤飲插花瓶水，因而致斃。如醉後欲歸，必須遣人送至其家。

人生不過寢食二事，日不甘食，夜不安寢，則病起。今富貴之家，以酒奪食，以色忘寢，甚且中酒之後，縱之戕賊，宿醒未解，又思酒飲，如是之人未有能中壽者。嗜飲者，宜慎之。

凡覽食物本草，及載在書籍之物，遇有毒者，人皆知而防之。至於有毒而爲人所忽略者，更不可不知。即如菜葉生蟲，園户每以砒末摻葉，而蟲絶，使遇大雨之後，其毒可消，食之無恙。若夫經雨潤，誤買此菜，洗之不潔，未有不爲害者。更如厨房水缸，誤落飯粒，日久成翳，食之令人生疔，此皆人所不防，似微而實甚者。若缸内置以貫，衆可免疔毒之患。愚意旱天菜蔬宜多洗，又宜少食之爲愈。

乙卷終

丙　卷

觀　人

人之深者，有兩種焉：一曰深沈。如訥言自守，容人忍物，内裏分明，外邊渾厚不露圭角，不逞才華，此德之上者也。一曰奸深。如閉口存心，藏機挾詐，喜動惡静，形跡詭秘，兩目斜抹，片語針鋒，此惡之尤者也。此兩種人，雖若相似，細察之，大相逕庭。近日以深沉君子與奸深並觀，豈非以浮動淺躁者爲善士哉。

激之而不怒者，非有大量，必有深機。

遇沈沈不語之士，切莫輸心。見悻悻自好之徒，應須防口。

人有誦我之美，使我喜聞而不覺者，此小人之奸黠者也。人有揣我之意，使我喜其言與己合者，此尤小人之奸黠者也，遇此種人，所當急遠。

有才而性緩，定是大才。有智而氣和，斯爲大智。

平時强項好直言者，即患難時不肯負人，此謂血性男子。若軟熟者掉臂而去，或且下石，此之謂無耻小人。

當樂境而不能享者，畢竟是薄福之人。遇苦境而反覺甘者，方才是真修之士。

好便宜者，不可與之交財。多狐疑者，不可與之謀事。

奸人難處，迂人亦難處。奸人詐而好名，其行事有酷似君子處。迂人執而不化，其決裂有甚於小人時。我當觀其爲何如人，而處之之道自得。

鷹立如睡，虎行如病，正是他攫人噬人手段處。奸惡之輩，多同此態。

觀富貴人，當觀其氣概。如温厚和平者，則其榮必久，而其後必昌。觀貧賤人，當觀其度量。如寬宏坦蕩者，則其福必臻，而其家必裕。

凡觀人，須先觀其平昔之於親戚也，宗族也，鄰里鄉黨也，即其所重者，所忽者。平心而細察之，則其肺肝如見，若至待我而後觀人，晚矣。

處　事

凡人處事只問道理如何，隨而應之，無往不中。若先有所偏主，做來畢竟不是。

凡遇不得意事，試取其更甚者譬之，心地自然涼爽矣。

事最不可輕忽，雖至微至易者，皆當以慎重處之。及事當將完，越要加慎。

處難處之事，愈宜寬。處至急之事，愈宜緩。處至大之事，愈宜平。處必争之事，愈宜無意。

人能自如，藏許多拙。若一躁急，獻多少醜。

事前而恐懼則畏，畏則可以免禍。事後而恐懼則悔，悔則可以改過。

自信者不疑人，人亦信之，吳越皆可同胞。自疑者不信人，人亦疑之，骨肉皆成敵國。

人之謗我也，與其能辯，不如能容。人之侮我也，與其能防，不如能化。

見人與人忿争不休者，當勸之曰：天下事，未有理全在我，非理全在人之事，但念自己有幾分不是，即我之氣平。肯説自己一個不是，即人之氣亦平。

待有餘而後濟人，必無濟人之日。待有暇而後讀書，必無讀書之時。

爲人謀事，必如爲己謀事而後慮之也。審爲己謀事，又必如爲人謀事，而後見之也明。

處家庭骨肉之變，宜從容，不宜激烈。遇朋友交遊之失，宜剴切，不宜優悠。

無病之身，不知其樂也，病生始知無病之樂。無事之家，不知其福也，事至始知無事之福。

大聰明人，小事必朦朧。大懵懂人，小事必精察。蓋精察乃懵憧之根，而朦朧正聰明之窟也。

人家一遇不測之事，即有匪人假託親厚插入調停，希圖於中取利，用之則生波取釁，拒之則飲恨挑唆，此際全要婉轉謝去，一毫得罪不得。

用一片真實肝膽待人，事雖未成，日後人必諒我之肝膽。使一種詐僞心腸處事，人即被愚，日後人必見我之心腸。

才能成功，以速爲貴。智能決事，以密爲奇。

馭　下

奴僕下人，天資多拙，作事違背，得便偷閑，又性易忘，囑之以事，或不記憶，又性多執，不肯自認不是，輕於抵對，不識尊卑。爲家長者，於使令之際，當原情體恤，以寬處之。即或犯事當懲治，亦不可親自鞭打。既已懲治，呼喚使令，顏色便當如常，不可先期發於聲色，使之畏而逃。不必事後追稱其失，使之疑而懼。

凡收僕從，寧取愚拙老成，勿覓俏黠俊少。愚拙老成者，雖不便捷，亦不壞事。俏黠俊少者，不惟壞事，亦恐使乖。

主僕之分，雖有貴賤，念彼父母，撫養長成，總是一樣，一旦勢得不已，賣身於後，割肉剜心，已自難忍，我復從而苛虐之，豈有仁心者所爲。

未使奴僕，先問饑寒，至於卧宿處所，冬時風冽，夏日蚊蟲，必須爲之檢點。遇有疾病，即當延醫診視，若幽置別室，付之度外，使痛苦無告，倘有不測，不惟陰騭有虧，亦且開人藉口之端。

體貼奴僕，載有數條，偶見苦婢一詠，深爲實情可憫。其吟云：人家有婢任驅馳，不説旁人那得知，井上浣衣寒徹骨，竈前吹火淚如絲。梳頭娘子嫌湯冷，上學書生駡飯遲。灑掃堂前還未了，房中又叫抱孩兒。

人有尊卑，情無上下，每見富家大室，使用婢女，有年及三十四十而未配者，甚有髮白齒落而未適人者，是違天地間陰陽二道，用一片真實肝膽待人，事雖未成，日後必諒我之肝膽。使竟屬徒然，夫婦一倫，遂成虛設。此皆主人喜用無夫之婢，便於出入房幃，恐一經配合，即分事主之勤，以爲愛夫之好，是以日復一日，年復一年，遂不覺老之將至，及其老也，欲行婚配，又無樂受之人，此所以孑處一生，永絶於歸之樂也。試問呼奴使婢之家，親生兒女過期不婚，未有不爲擇配而望其生育者，且如自家妻妾，樂我琴瑟之歡，使用婢女，忍彼向隅之泣，何不加體貼若是耶。

常見人家婢女，自幼服役勤勞，及至長成，若稍有姿色，定復收入房幃，始用其力，繼用其身，彼之報效於我者，亦云苦矣。往往又厭常喜新，罔念平昔之情，或復轉賣他人，不問彼家寬嚴，惟圖身價厚重。在買者既出厚資，若非配偶，必是仍留使用，一身苦樂，悉聽於人。婢雖有身，而不能自由，有口而無可訴説，是婢之服役於人者，與牛馬相同，而人之報施於婢者，殆牛馬之弗若也。蓋牛馬，人用其力，或憐其老而放生之，或憫其死而埋瘞之，食肉有戒，屠戮有禁，猶足動人憐憫，獨是奴婢之苦，竟無過而問焉。鬱鬱此心，誰爲憐惜，反而思之，譬如我曾有恩於人，未必不望人之報，我曾有德於世，未必不望天之知。人之貴賤雖殊，而報施之道則一也。

士君子之待小人女子，不可無信，其於婚配一節，尤宜慎之。每見人家婢僕，服侍勤勞，主人即以某婢許配某僕，家長一言出口，婢僕百諾於心，男女雖未配合，彼此難免留情，乃或因家庭事冗，遷延歲月，婢僕有過，遲緩因循，無識小人，見爲期無定，未免埋怨偷安，或私相遇合，主人聞之，反生嗔怒，甚而改悔前言，男女失望，遂萌異念，防範愈嚴，伎倆愈詭，或偷盜逃拐，或别有他説，必變幻旋生。願爲人上者，務宜酌量於前，庶無改悔於後。

主之馭僕固有家法，然用法之道，不可不明。家法處分，以薄責而治輕，罪至於所犯。罪重，即鳴之官府，以國法治其應得之罪，庶幾確當。近有少年子弟，驕恣婦女，不諳世故，無論輕重，不分男女，輒用國法，施之家庭，僕婢因而致命，遂起禍端。愚思主罹僕患，蓋由一時憤怒不能把持，用法過當之故耳。特於責罰中，撮其要者列於後，使覽者知所警而慎之：老不打，幼不打，病不打，衣食不繼不打，人已打過不打，婦人非犯重務不打，婦人胎前産後即犯重務不打，人急勿就打，人忿勿就打，人醉勿就打，人隨遠行勿就打，人跑來喘息未定勿就打，我怒且緩打，我醉且緩打，我病且緩打，我不見真確且緩打，我不能處分且緩打，朔望忌誕不可打，佳辰令節不可打，嚴寒酷暑不可打，人方傷心不可打，禁亂打，禁重杖打，禁從下腿灣打，禁昨日打過今日又打。

奢人持齋，不如察下人之暴殄。悍婦禮拜，不如減奴婢之鞭棰。

凡奴僕得罪於主人，可恕也。得罪於親友，不可恕也。此輩豈知道義，須預教而預戢之。

凡奴婢以膚受來愬者，直笑曰，我不曾眼見。有駑言毀罵主翁者，直笑曰，我不曾耳聞，則下人無所售其欺，而我亦不爲彼激怒矣。

錢　財

交財一事最難。雖係至親好友，亦須明白，寧可後來相讓，不可起初含糊。俗語有云，先明後不爭，真至言也。

若或有人負欠，非本心不願還者，不必淩虐太甚，言語説盡，身分做盡，當看兒孫面上，稍稍寬容。遇衆擎易舉之事，亟宜贊助，不可從中一板打住，使人無綫生路。所一云：贊人陷人皆是口，推人扶人皆是手。但恐做盡説盡天道好，還將來思人一贊一扶，不可得也。

出利稱貸，當借之時，不過一時暫用，且有他件抵當，誰知意中之物成虚，紙上之銀日迫，當早爲割愛，變産以償之。若惜産沽名，借債還債，是利上加利，負纍既久，出利愈多，前之田産器物，昔不忍棄者，至此棄之，亦不足矣。

世人止知用色銀，討便宜，不知用色銀，必遭詛咒也。賣菜挑脚，小本營生，一人出門，全家待食，終一日勞勞，多者所賺不過三四分、少者二三分，若再是色銀買米買柴，聽其折色，腹能飽乎，寒能禦乎！今見有餘之家，每十兩必插色銀一二兩，名爲搭頭，或有勸之者，則曰，我未嘗施之於小人也。試問此銀納糧不得，贖當不可，輾轉貿易，終歸肩挑負擔貧人，豈不可憫。予謂即有不必用紋銀之處，當照色折算，無不樂從也。

錢財爲人養命之源，不可不惜。然亦不可苛刻，我能寬一分，則人受一分之惠。如小本生理及挑負奔馳者，惟仗工夫氣力，爲養家活口之計。尤當倍加優恤。蓋因此種人，取之甚難。在我釐毫之寬，所去有限，在彼分文之得，其喜無窮。吾人靠天吃飯，天又何處不可補償於我？而用刻薄於人哉。每見刻薄之人，取之盡錙銖，剥削半生，害生一旦，反至傾家蕩産，算到此種地步，平生刻取者幾何，而今之所費者又幾何，其利害得失爲何如也。

人　情

處富貴之境，要知貧賤的痛癢。當少壯之日，須念衰老的辛酸。居安樂之場，當體患難人景況。處旁觀之地，宜知局内人苦心。

子怨父貧，兄攘弟富，妻妾視豐歉爲悲歡，奴僕視盛衰爲勤怠，人情冷暖，不在門外。

人在病中，百念灰冷，雖有富貴，欲亯不能，反羡貧賤而健者。人能於無事時，常作病時想，一切營謀之心，自然掃去。

子弟僮僕，有與人相争者，只可自行戒飭，不可加怒别人。至若他人僮僕，遇我不恭，如坐不起、騎不下、稱謂無禮，彼與我原無主僕之分，不足較也。

凡事留不盡之意，則機圓。凡物留不盡之意，則用裕。凡情留不盡之意，則味深。凡言留不盡之意，則致遠。凡興留不盡之意，則趣多。凡才留不盡之意，則神滿。

能於熱地思冷，則一世不受淒涼。能於淡處求濃，則終身不落枯槁。

事有急之不白者，寬之或自明，毋躁急以速其忿。人有諫之不從者，順之或自化，毋操切以益其頑。

親友婚喪之事，有窘乏者，能隨力相助，方可代籌豐儉。若於事毫無所補，而徒用關切虛言，似可不必。

己情不可縱，當用逆法制之，其道在一忍字。人情不可拂，當用順法調之，其道在一恕字。

投傭僕從，全要自己咨詢其踪跡，若聽媒人撮合之言，忽略成事，將來走失，尚屬小事，若來歷不明，勢必貽累，雖有媒保一面承當之説，到得此時果能承當乎？甚有匪類，汝爲我保，我爲汝保，連環作局，一力擔承，及至事難歸結，漸漸卸肩，且以媒不擔担，保不賠錢爲詞，不可不慎始慮終也。

娼妓雖苦，見之者亦視爲路人，常因隔船失起坐，隔席未逢迎，遂至逞英雄誇手段，打駡呈告，獨不思人至娼妓，卑賤極矣，我即處之盡情，亦不過得志於若輩耳，何足爲榮耶。此皆不近人情之流。

人心不同，有如其面。心異則情自異，然而趨時避害附熖迎時之情，則一也。人能揆情度理，慎始慮終，參透人情，方免後患，固不可概以小人之心度人，亦不可竟以君子之心託人。須知凡事有常必有變，必先慮其變，而後不失其常。凡人有成亦有敗，必先防其敗，而後得其成。達者能知之，而不至於僨蹷。

保　養

養生之道，當先寡欲。世以寡欲爲難者，皆愚痴之見也。試於無人之地，獨行獨卧，日則以書史爲玩，夜則以寧静存心，眼前既無亂境，胸中亦無妄念，如此半年三月，待其精氣内固，則欲念自消矣。語云，精全者不思欲，真名言也。

獨宿之妙，不但老年，少壯時亦當如此。日間紛擾，心神散亂，全在夜間鼾睡，以復元氣。若日間心猿意馬，奔走馳驅，及至醉飽，又恣情縱欲，不自愛惜，如泥水一碗，何時得清。

服金石酷烈之藥，必至殞命。即坐功服氣，往往致痰損目，人能清心寡欲，無暴怒、無過思，自然血氣和平，却疾多壽。譬如爐火，置風中則易熾易滅，置静室則難燼難消。此是必然之理。

常慮染病則慎疾，常操小勞則身健。過壯者一病必危，過懶者久閑必倦，人之斫喪，非止色欲，即如耳聽目視、勞神費力、憂愁思慮、言語過多，皆爲斫喪之基。

人之所以生者，惟精氣神。人能寡欲以養精，寡思以養神，寡言以養氣，再節飲食以和脾胃，避風寒以却感冒，常勞動以堅筋骨，即可延年矣。

嫖　賭

青樓翠館之遊，不但有關行止，此中不潔者，十人而九。一染其毒，發病生瘡，人人憎厭，不與同坐共食，大則喪生，小則毁傷面目，即幸而無事，遺毒生育，害及妻子，可不慎乎！

人有一好即有一累，而賭爲甚。一入其場，衆心歡悦，幫客之逢迎，紅裙之諂媚，按摩之小心，孌童之會意，左右前后，無非吸汝之髓，呼汝之膏者。無論汝之伎倆，不能出人範圍，即偶獲一勝，不過將取姑與之計。漏盡方休，日出又集，所得必不多，自然花費若水。所失必不少，屹然鐵案如山。其始也人求汝，惟恐汝之不往。其繼也汝尋人，而人竟不可得。見急早回頭，尚留一半，若圖恢復，勢必全輸，以致一敗塗地。爲父母憂，爲妻子怨，爲朋友所不齒，爲賭家所不收。至於寒素之子，尤宜切戒。古人云，一擲千金渾是膽，惟其有也。今以空拳而冒白刃，未臨敵先已氣怯，其愚甚矣。請試思之。

交遊之中有文友、詩友、酒友、棋友、道友、琴友，近日則添賭友。夫賭之法，曰馬吊、曰由吾。二者不知創自何時，昔日以會者爲罕見，近日以不會者爲俗人。總之無人不學，無處不然。至戚好友，相聚一堂，自曉及暮，自夜達曙，廢寢忘餐，不冠不櫛，遇客無禮，問事不應。因之而失業者有之，破産者有之。缺父母之養，悞功名之期。妻兒啼號而不顧，錢糧掛欠而不完。秦晉翻爲吳越，强壯化爲尫羸。若謂以陶情，何如詩酒？以之適興，何如琴書？以之求名，非禮樂文章之譽。以之謀利，豈商賈貿易之策。不知何所取義，而酷好之耶？若再增廣其譜，敷衍其説，更屬不可。

好賭而思一擲全輸，則賭念自息。好嫖而想受毒苦楚，則嫖念自消。錢財係祖父辛勤拮據，無不寶之爲養身之策。溺於賭者，蕩産傾家而不顧，饑寒困苦而自甘。同檯共賭，不分貴賤賢愚，不别尊卑上下，偶得一勝，則吐氣揚眉，忽爾一輸，即面紅耳熱。甚至竊衣飾貲囊，以償宿帳，更或借開場撮頭，以補輸錢。卜晝卜夜，無内無外，是奸盜邪淫，鮮廉寡耻，未有不由於呼盧一道者也。若溺於嫖者，惟圖目下歡娱，不念費財受毒，一入迷魂之陣，鮮不蕩費無遺，害病受累，可不慎與！

事　業

創業守成，二者皆非易事。予謂守成更難於創業，何也？蓋創業無先人法程，能創不能創，無關榮辱。而守成已有先人規模，稍不矜持，則爲人竊笑。然亦不能個個求勝於前，人若能如得舊様子，飽暖不失，禮義不違，授受相承，即是繼述之子孫矣。

人自十歲以至七十，俱各有業，無能免勞者。唯十歲以前則猶少，七十以后則已老。苟非二者，未有不老，惟智者能擇術。勞智而不勞力，若不勞智又不勞力，斯餓莩也。

金帛多，只是博得垂死時子孫眼淚少，不知其他，知有争而已。金帛少，只是博得垂死時子孫淚多，亦不知其他，知有哀而已。

人生不論貴賤，一日有一日當作之事，若飽食暖衣，無所事事，那得有好結果？

一年之計在於春，一日之計在於寅，一家之計在於和，一生之計在於勤。

諺云：朱門生餓殍，白屋出公卿。雖或未必盡然，蓋貧而富，富而貧，猶如暑往寒來之理。常見輕薄之流，因門族中曾有讀書僥幸者，或有貿易致富者，開口便鄙笑他爲暴發户、何許人。獨不思自己祖父門族，亦從暴發户、何許人而來。使天下無暴發户、何許人，則舉世之貧賤富貴，永無轉變矣。豈一歲之春夏秋冬，能不遞更乎？每見富貴後裔自暴自棄，不肯讀書，不屑經營，反不如暴發子弟。讀書則憤志，貿易則誠實，孝友和順，勤儉雍睦，轉覺妥帖可觀。總之將相無種，人當自强。若徒仗先人餘蔭，虚華架勢，大言不慚，不惟衰禍所伏，且爲識者所哂。

世間事業，都是從困苦中創出來，而創者須計守者之難。人家局面，都從謹慎内守過去，而守者當念創者之苦。

吃一日飯，便算計做出一日飯錢來，不可虛費了一日，則自不惰不蕩而家給；舉一件業，須思量過得一生活計去，不可蹉跎了一生，則自克勤克儉而人足。

經營

百錢三處放之説，此語雖係俗談，亦屬至論。蓋不獨錢財一端爲然，即如人生三子，若盡貿易，則書香何繼，若盡讀書，將資生何賴？此中擇聰明者讀書，善籌算者經營，豈非三處放之遺意乎？至於一切生財置産，皆當以此語爲法。如生財也，若以蠹資置一物，或意外之變生，或時價之不一，其間盈虛之理，焉能未卜先知。即或偶中，不過一時僥幸，倘有失足，則孤注一擲，豈不險哉。

今之經營作客者，載馳異地，方其貿易未遂，事不稱心，既不得歸。及至利途亨豫，難於歇手，又不肯歸，勢必未娶者在外求婚，已娶者多思納妾，偎紅倚翠，沈湎客里浮華，裙布荆釵，反覺家中寒樸。以此蹉跎荏苒，年復一年，歸計徒淹，歸期難卜。甚有雙親在堂者，菽水有缺，恨無縮地之能，疾病疏虞，又抱終天之恨。談及者以爲恨事，當局者豈不酸心。孝子愛日，達士齊家，觀此亦宜悚惕。

母錢少而治生，當從子錢多者，相時以貿易，其用方敷；母錢多而託本，寧從子錢少者，擇人以經營，其利方穩。

人之經營財利倍收厚息者，必其命運偶通，鬼神陰佑，故致此。世有見人獲息之多，致富之速，即欲以人事昧奪天理，如販米而加以水，賣鹽而雜以灰，賣漆而和以油，賣藥而易以他物。如此等類，目下或得贏餘，而不知造物者，隨即以他事取之，終於貧乏。況又因假壞真，用以虧本者。往往而是。大抵轉販經營，須是先存心地，凡物貨必真，常存敬慎，又不敢貪求厚利，順天理行之，雖目下所得不多，異日必無他患。

錢　糧

凡有家産，必有税賦。務須先留輸納之資，却將贏餘分給日用，歲收或薄，只可省用。若一侵用輸納之資，臨時爲官吏所迫，勢必借債認息，或託攬兑納，而高價算還，皆耗家之道也。

戒　殺

祭祀燕享，非牲牢無以致敬。事親養老，非食肉不爲甘旨，以及冠婚喪祭之事，禮之所在，宰殺不可盡廢也。若夫窮口腹之欲，爲殘忍之行，或一餐而殺數命，或一羹而害百生，則不仁甚矣。試思八珍羅列，無過一飽，恣意宰殺，於心何忍。

清明拜掃之時，正百蟲振動之候，往往就地焚化紙錢，土内蟲蟻，盡遭炮烙，傷生無算。當令墳丁備一瓦盆，不獨保全生命，在彼且有課灰之利。

報　施

暗箭射人者，人不能防。借刀殺人者，已不費力，自謂巧矣。而造物尤巧焉。我善暗箭，造物還之以明中之箭，而更不能防。我善借刀，造物還之以自己之刀，而更不費力。然則巧於射人殺人者，實巧於自射自殺耳。

傲狠之人，驟得通顯，天將重刑之也。疏放之人，艱於進取，天將曲赦之也。

歲逢水旱，流離滿路，仁人君子，諒皆垂慈，然非虚爲嘆息已也。或曰俟其有而施之，何時是有？何不分一二口食，一二文錢，亦可救饑度命。若曰善門難開，恐其不繼，即密持錢米於流民往來要地，隨緣給之，老幼殘疾者加之，不居名，不露相，救得一人是一人，施得一日是一日，囊傾則止，何慮其不繼哉。更有最窮苦者，久富初貧，先貴後賤，顧先人之體面，存自己之規模，甘受凍餒，羞向人言，或枵腹出户，而勉稱飽腹，或囊如懸罄，而强支應酬。終日愁煩，窮年抑鬱。仁人君子，遇有此等，宜隨意饋送，設法周恤。今人建寺燒香，自謂功德，妄思福報。殊不知寺不建，佛未必露處。香不燒，佛未必饑餓。若移此以濟人，福報當百倍矣。

人謂善惡報應甚遲，不知其理甚速也。即如待人以禮貌，人亦以禮貌答之。詈人以惡言，人即以惡言反之。此豈非報應甚速者乎。

暗里算人者，算的是自家兒孫。空中造謗者，謗的是本身罪惡。

施而必有報者，天理之自然，仁人述之以化俗。施而不望報者，聖賢之盛德，君子存之以濟世。

惜　字

字乃天地間之至寶，成人功名，佐人事業，開人識見，爲人憑據，不思而得，不言而喻。能令古今人隔千萬年覿面共語，能使天下人遠千萬里携手談心。傳古聖欲傳之心法，記今人難記之瑣事，無往而不賴乎字。若無福之人，竭力求之，旋得旋失。有福之人，藏之胸臆，盗賊莫能劫之，使去豈非寶之至者乎！以天地之至寶，而糊墻裹物，拭穢燃燈，不幾大損福分乎！今一字不識之人，見片紙只字於道旁，必舉而投之於壁隙，以待惜字者取而焚之，隨祝之曰，願我來生識字，其敬吾儒之字也如此。吾儒反自輕之，豈不可怪可嘆。願同志君子，凡遇斷簡殘編，即貯丙庫以貽後裔，以資來世，更有磁器上詩句、圖章，及其損壞沉溺坑厠者甚多，倘見者即取而搗之爲粉，付之水火，亦惜字之推廣也。若夫欺心昧心，誣人害人之字，下筆即有果報，或名利暗減，刑禍潛生，或書香絶脈，子孫聾瞶，又豈可不大加慎惜也哉。

孔子爲文章之祖，帝王之師，凡有血氣，莫不尊親，歷代欽崇，於今爲烈。後生小子，正望詩書進步，既添斯文，當知恭敬，豈今訓蒙習字，每書上大人，邱乙己，初學聖人之道，先犯聖人之諱，斥言不敬，於心安乎？

人知惜字於既有字之後，不知惜字於未有字之先。常見人家子弟，遇有筆硯之處，任意塗抹，不加收拾，勢必散落塵埃，委擲溝厠，余每極言苦勸，終莫可化誨也。爲子弟者，宜切戒之。

勸惜字紙，載諸簡編者，纍纍矣。但路途字紙，有作福者，使人檢拾，不過在於通衢大道，若人宅内，焉能入室尋覓。因思婦女罔知惜字，或任其委擲溝厠汙穢之處，其無知實甚。莫若令檢拾字紙之人，籠上寫收買廢壞字紙一帖，使愚夫愚婦知字紙可以賣錢，必加護惜，是則所費無多，所收甚普矣。

防　患

酒不顧身，色不顧病，財不顧親，氣不顧命。當其未值，孰不明知，亦能勸人，亦能自解。及身親其境，便致昏迷，當此之時，不可深自警省。

安而忘危，必多僨事，此所謂死於安樂。安而防危，必多成事，此所謂生於憂患。故無忌憚者，即爲小人。能戒懼者，方稱君子。

人之一生，雖云命定，勿謂命該顯達者，自謂必得功名，詩書似可不讀也。命該富饒者，自謂坐致豐亨，經營自可不謀也。且一生無禍者，竟放心行險，可恃以無恐也。終身少病者，即恣意荒淫，可保以無虞也。不知命由心立，福自己求，日行善事，命雖凶而轉吉。日行惡事，命雖吉而反凶。慎勿拘拘於命數，而不防患修爲也。

輕　生

律例之中有服毒投河，自刎自經者。概不抵償，定律者蓋有深意焉。使民知輕生無益，即有憤恨，另思報復，正所以保民命也。常見有女之家，適人已久，中道喪亡，父母兄弟，即往口角，使平日或夫漁婢色，琴瑟不調，或姑憎奩輕，家庭有隙，因氣飲恨，以勞致疾。爲父母者，懷怨已久，計無所施，惟藉此打罵，稍舒宿忿，猶不爲過。乃有富室之女，在家嬌養成性，過門井臼不親，公姑知其習慣，亦加愛惜。又且妯娌相好，夫婦相投，一旦或疾或産，不幸而殂，夫家舉室哀痛，方悲玉碎珠沉。女之父母不加感傷，反行争打吵鬧，甚至席擲衣飾，毁傷什物。挈回婢僕，勒索厚殮，更有藉此圖賴，欲行構訟，親友從中勸解，宗族合計調停，託詞痛女，實圖肥槖，使果人死親疏，永絶情好，尚不忍享亡女斷腸之物，婿家剥膚之財。况有遺雛在抱，呱呱無依，獨不思女婿可不親，外甥乃骨肉，日後往來何以相對。且亡魂有知，能安心於泉下乎！此皆地方惡俗，必非詩書禮樂之家所爲。古人賣犬嫁女，荆釵聘婦，婚姻以道義爲重，視財帛爲輕。後世論財，賢者耻之，何况死别乖張，恩仇浪結。願見道君子，遇此陋習頹風，極力挽之，亦扶持世道人心之一端也。

服毒、飲滷、投河、自縊，律不填抵者，蓋緣定律之法，全在誅心。所以造意殺人，主謀者，雖不當場亦斬，遇赦不宥。若鬥毆殺人，雖手刃立斃，止擬以絞，有赦即釋者，以其初無殺人之心也。至於輕生自盡，皆出於自己短見，他人初無欲殺之心，即威逼致死，止擬杖一百，斷埋葬銀十兩而已。且必有威逼實跡，至無可生之路，方合此律。如其不然，即不便擬杖矣。世人不知律例，希圖一死可以致人抵償，輒思自盡。殊不知律不準填，空向泉臺，割斷夫妻兒女之情，在彼仇家依然安全無恙，是欲泄憤而反爲仇家，拔去眼中釘，大失算矣。

占　風

天下最猛者，莫如水火。然而非風不能助其勢，但熱極生風，乃氣候使然，猶可防備。常有瞬息之間，暴風猝至，舟楫吉凶，在於反掌，甚爲可慮，於是留心攷查風暴日期，或前或後，三日之内，大小必應。今梓以公世，使江湖仕客，知所趨避，以保其身。正月（初九、廿九），二月（初七、十七、廿一、廿九），三月（初三、七、十五、廿三、廿八），四月（初一、八、廿三、廿五），五月（初五、十三、廿一），六月（十二，廿四此二日暴最烈），七月（初八），八月（十四、廿一），九月（初九、廿七），十月（初五、二十），十一月（十四、廿九），十二月（廿四）。每月箕壁翼軫四宿，多主有風，其風暴多起於午後，渡江涉水者宜早爲妙。

敬　神

凡慢神褻天，踐踏字紙五穀之人，必有禍患。非必天神震怒而加之以禍也。彼於天神聖賢且不知敬，則無處而不放恣可知，故有得禍之理。

對北涕溺，尚稱罪過，觸犯神聖，必有禍殃。每遇暑月炎天，常見入廟乘涼之人，或裸體神前，横眠仰卧，或脱膊殿内，飲酒高歌，甚至恣談穢謔，賭博喧嘩，挈女携兒，糞溺無忌。獨不思平日之燒香禮拜者何心。今日之作踐藐視者，又何意心乎！

附戒酒筵戲演關帝引

忠孝宜傳，褻瀆須戒。況侑觴原屬陶情，何演戲不思顧義。

如今日酒筵，妄演關聖之戲者，惟帝正氣格天，古今欽敬，天下崇祀，廟貌輝煌。竟有狂妄之徒，譔成傳奇，付之剞劂，遂令俗子宴會，箕倨玩賞於俳優，觀者竟以逢場，何妨遊戲。演者猥爲當局，愈入迷離。遂令亙古英雄，作當筵優孟，於理不順，於心何安。當此局者，務宜知戒。

祭 祀

各處風俗不同，敬神則無二理。每見人將紙印神像，供於道傍，一經風雨，則狼藉溝厠，不惟汙穢神像，抑且聖賢字跡，沿路踐踏，大爲不敬。明理惜字者，能逢人解勸，德莫大焉。

清明祭掃，歲一舉行，此乃烝嘗之遺意也。近見人家子孫，於祖宗墳墓，或輪流派值，或糾分合行，或一家有故，彼此推諉，或畏遠憚勞，時日愆期，如此即爲不孝。至於本身父母，無可推託者，又復草草了事，且邀朋携友，藉此遊玩踏青，不敬甚矣。

祭祀之要有三，宜專、宜潔、宜時。專者何？祭器是也。當作一橱，置祠堂内，諸凡攢盒甌筯，合用若干，悉貯其中，臨祭取出洗濯，用畢仍濯而藏之，不得移借他用。潔者何？祭品是也。或用三牲，或用熟味，各隨所宜，並應豐潔，與宴相似，不然，是敬祖先不及敬客也。時者何？蓋取古人薦其時食之義，如清明則加角黍，端陽則加菖蒲、雄黄之類，事死如生，孝子慈孫理當留意。

喪 葬

人子事親，惟送死可以當大事，雖有稱家之説，不可太泥。古人云，得爲而不爲，與不得爲而爲，均爲不孝。然不得爲而爲之，其失也厚，得爲而不肯爲，其失也薄。爲人子者，寧處於厚，毋處於薄。

君子有終身之喪，忌日是也。君子有百年之養，廬墓是也。

人子送親最緊要者，莫如棺木。倘不如法，一錯弗能再補。板以婺源紫桱木爲上，削去四旁，木質結練，不妨兩栟三栟，造作必尋善做老手，兩墻不宜太灣，恐不能載土，日久陷坍，其糊縫搪裹封口，全要真正生漆，則性粘易乾，方能堅久。棺外亦宜多加生漆，釘宜蘇木爲上，熟銅熟鐵次之。入殮之時，須緩哀慟之情，必要親自鋪墊，手足要安舒，勿得拗曲。衣履要周正，勿令卷摺。四圍多用石灰紙包，摁塞緊密，勿得虚松，久而肉化灰鎔，成爲一塊。枕宜低平，兩耳襯貼宜緊實，庶幾不致摇動。若在旅邸治喪，須從水陸扶櫬者，絞布絲綿，必不可少。衣宜多布少紬，羢羯最生蟲蟻，切不可用。掛綫蓋棺，全要中正，否則將來山向朝對不真。至於舉棺之時，脚夫繫繩扛抬，並一路轉灣歇肩，全要人子緊貼棺旁照管，勿令震動。無論深葬浮厝，皆要擇地。擇地須先擇師，明師自有妙用。總之陰地者，心地也。常有既得吉地，後因陰騭有虧以至立穴差訛。或下葬日時不當，入土分金不真，向址反就凶舍吉。又或分金却真，偶因風雨，人子一拜而返，聽土工掩蓋，周圍填塞不實，亂用鍬鋤，樁搗歪側，永莫能知：受殃自是立驗。若欲避樹根蟲蟻之患者，無如三合土爲妙，用石灰六分，黄土二分，炭屑二分，俱細篩如麵，將糯米磨碎，每鍋入一升煮粥，再加濃酒和三合土，務令築實，久而結成一塊，其堅如石。棺之坐向兼年庚姓氏，内宜墓志，外宜勒石，使日後子孫，便於查攷。至墳墓界址，宜將圖形弓步，勒於碑背，以免墳丁侵削，盗賣之後患。

世有分金葬親一説，父母先見背者，覓地葬之。及後見背者，不合葬，而又覓地另葬。詢其故，則云若前地果好，恐開之泄氣，若前地不佳，豈堪再誤。此言似乎近理，未免有貪圖風水之飾説。夫人子事死如事生，父母在日，稍有參商，尚曲意勸解，使歸和好，何可身後令其迢遞遠離。如果前地不佳，或移先以就後。如前地既佳，離棺尺許開穴，旋葬即掩，亦未必即致泄氣也。但先葬親者，三合土不宜輕易而用，一則恐日後合葬，難於開封，二者恐地不佳，難於起掘。

每見墳墓樹植，賢者保之，不肖者伐之，關係甚危，而立心各異。獨不思冢内何人，而乃忍心戕伐耶！今占二絶奉勸。滿山松柏久成陰，魂魄依棲愛茂林。孝子慈孫當世守，年年瞻拜一恁臨。可嘆兒孫意在錢，傷心古木已參天。斧斤伐盡無餘樹，空使啼鴉繞墓田。

講究風水，今時愈甚。在地廣空僻之處，穴猶易覓。至地狹輳集之所，穴甚難尋。貪圖風水者，每向葬中扦葬，穴邊挖穴，掘人邱隴，謀人佳城，恐非仁人君子之用心也。前賢有云：世人盡知穴在山，豈知穴在方寸間。好山好水世不欠，苟非其人尋不見。

梓童帝君蕉窗十則

未見不可思，當見不可亂，既見不可憶，於處子寡婦，尤宜慎之。

勿藏險心，勿動妄想，勿記仇不釋，勿見利而起謀，見才而起嫉。

勿談閨閫，勿訐陰私，勿揚人短，勿設雌黄，勿造歌謡，勿毁聖賢，於尊親死亡尤宜慎。

勿早睡遲起，勿舍己耘人，勿身在心馳，勿學爲無益，勿見異思遷。

勿以書文裹物，糊墻燒茶拭桌，勿塗抹好書，濫寫門壁，於途穢中尤宜慎。

父子主恩，喻之以義。君臣主敬，引之以道。兄弟相愛，勉之以正。朋友相信，勸之有成。夫婦相和，敬而有别。

玩古訓以懲心，多静坐以收心，寡酒色以清心，去私欲以養心，悟至理以明心。

敏事慎言，志高身下，膽大心小，棄邪從正。思君子之九思，畏聖人之三畏。尤當不恤人言。

終始不怠，内外如一，貴賤不二，死生不異，尤當功過相規，親近上士。

遇高人説性理，遇常人説因果，多刻善書，多講善行，尤當化邪歸正，以衛吾道。

帝君十則，乃人生所最切者，不廢工夫，不藉財力，可以修身省行，凡我同人幸爲留意。

丙卷終

丁　卷

戒淫邪

處　女

婦人所重，惟在貞節。此與子孝臣忠，並垂天壤者也。而一生貞節，自處女始，不可有一毫汙玷。倘或受人汙玷，即是片刻之淫，損壞終身之節，後來婚嫁，便非完體，致使父母兄弟暗傷體面，且敗夫家門風。縱使無人知覺，隱微亦自羞慚，即能日後持家，大節依然虧損。淫惡多端，此爲最重。凡屬女流，首宜痛戒。

寡　婦

人命無常，當抛妻而死之時，必有强作叮嚀，不勝淒慘之狀，總欲其爲我守節，不墮門風。所以守節之婦，上天最重，必使子孫昌大，以報答之。國家必建坊立祠，以表揚之。蓋苦節最難，蓋棺始定，若貪其姿色，利其貨物，誘而淫之，使臨危握手之約誼，敗於俄頃，霜貞冰潔之操，誤於片時，不獨生者含羞，死者亦當飲恨，於兹設想，能不寒心。至於孤寡無依，更宜委曲成就，使之得全名節，其德愈厚，非但不淫之報而已也。

婢　女

人家女子，誰不願他長成美好，嫁配得所，只爲饑寒窮苦，萬不得已，將女賣人，原屬心痛哭，切骨之事。爲主人者，當如己女看待，俟其長大，即便配偶。若以隨身近便，恣意淫汙，更或强逼於情竇未開之先，或受虐於主母捶楚之下，或久留服役，不使適人，爲主人者，均宜戒慎。

僕　婦

俗稱家奴爲義男，奴妻爲義婦，分雖主僕，恩同父子。所以義僕報主，古多奇跡，由主人有恩義以感之也。乃今好色之徒，欲用家人，先覷妻色，既入淫局，必至成奸，且有母女盡遭汙辱，姑媳並無完節者，雖或暫時隱忍，究竟銜恨終身。試思我既不以正道待人，安望彼以良心報我，我既自壞家法，彼必引水入墻。種種變故由此生，種種醜行由此起矣。

乳　嫗

富貴之家，生育子女，必僱乳嫗，又必取少艾者僱之，冀其多乳以哺養也。彼蓋舍其子女，鞠我嬰孩，豈可因我嬰孩，辱其大節。況嫗住我家，夫守空舍，彼之意中，難保妻不失節，又以窮苦之故，强爲隱忍，究之永夜凄涼，未常不自羞自恨也。奉勸世人，切勿相犯，厚其賞賚，間或遣歸，使之夫妻常聚，得保令名，陰騭莫大，子女必昌。

慎正色

世間不正之事，勾引起於男人。天下豈有無女之境，彼奸邪之徒，或瓜葛有誼，不禁往來，或左右比隣，時常得見。總當以禮相待，不可毫忽動心，若因貌言相接，頓起淫思，遂爾設計施謀，惡端百出，必至喪身俄頃，辱及兩門，縱或陽報稍遲，必然陰譴立至，若能互爲警戒，庶幾各保妻孥。

娼　妓

娼妓爲淫賤之流，此輩何言名節。須知君子修身，如同執玉，彼雖無損，我則有虧。且狐媚動人，小則耗費家財，大則染毒致病，真陷火深坑，決不可近，宜慎正色。

妻

夫妻之道，大倫所繫，上敬翁姑，下成家業，原非專爲淫欲而設，若不加撙節，盡足喪命，豈待兼營外好，殆至傷生也哉。夫婦偕老，人生至樂，與其不恤身命，致死青年，何如保此微軀，永偕白首；與其身死之後，妻室冷守空房，孰若未死之前，情事略爲稀少，如肯慎之於早，自不致後悔而莫及。

妾

古之四十無子，然後娶妾，止爲嗣續計耳。若既正室生子，則妾便不當娶，恐得新忘故，不獨有負糟糠，而少婦老夫，亦且難言恩愛。每見富貴之家，廣蓄婢妾，恣意宣淫，一不當意，旋即擯棄，視女子之終身，有同兒戲，作禽獸之醜行，自謂風流，豈知色未衰而愛已弛，閨怨最堪憐憫。年方少而欲方熾，偷情不及防閑。荒淫者，務宜知戒。

隨時戒淫

少　年

凡人功名事業，壽夭窮通，皆自少年始。少年讀得書，終身記憶。少年成得家，終身享用。少年得了病，終身難瘳。少年損了德，終身莫補。故凡遊蕩賭博、吸洋烟，皆宜深戒。而戒淫尤爲第一要事。蓋少年血氣未定，利害不明，苟見可淫，便思汙辱，不思天生配偶，原有本分夫妻。今乃先好邪淫，必至有乖倫理。精神喪於外鶩，何能宜室宜家，紀算減於陰司，何能多福多壽。凡此敗行，真足傷心，願少年自愛也。

中　年

人至中年，正竪起精神，成名立業之時，况血氣將衰，尤宜預爲保養。若耽於淫欲，則精神日耗，疾病日增，豈知歲月易邁，衰頹即在眼前。兒女長成，觀法先須在我，何不早爲打破，及時珍重乎。

老 年

少年夫妻，花柳相對，若至衰老，則種種難堪之狀，有不可對人言者。乃鬚眉皓白，自恃身强，兒孫滿前，尚思媵妾，究竟有名無實，徒以誤彼青春。即使有所生育，難冀長成。況乎少婦無依，能無眷戀，此身死後，或將别抱琵琶，凡彼高年，當深戒之。

隨人戒淫

仕 宦

士大夫立身行道，當以社稷民生爲己任。況天工人代，非清心寡欲，不能以真精神爲大經濟。今之仕宦，惟知淫欲，罔計聲名。方其初遇，不過偶用偏房，若至顯榮，遂爾滿前姿色，争妍鬥寵，竭蹶周旋。五更待漏，鷄鳴尚緩趨朝；案牘如山，日午未親公務。凡其經國理民之頃，悉是調情插趣之餘。若此神疲意倦之容，安有强固精明之治。是尚不能保身以保爵，何由壽國而壽民。欲肅官箴，用陳斯語。

富 厚

古云民勞則思，思則善心生，逸則忘善，忘善則惡心生，此貴易交、富易妻之語，有由來也。殊不知人家基業，守之最難，敗之極易，酒色博賭，致敗尤速。夫妻失睦，釁端肇自家庭，嫡庶相争，禍患潛生骨肉。因而破家蕩産，亦即産盡身亡。睹兹淫禍，可不戒諸。

讀 書

人要讀書，全賴精神，若志氣昏惰，力量萎靡，平居既少精鋭之力，臨場安有驚奇之句。主司如果公明，此輩難圖僥幸。曷思寒窗燈火，勤苦何爲，養氣讀書，功夫安在。乃以耽於酒色，遂爾自誤功名，看人飛騰，自悔無及。

農 工

君子勞心，小人勞力，惟恣色欲，關係匪輕。或足胼手胝，朝夕辛勤，或背負肩挑，風霜勞苦。設或淫欲過度，因而致病傷身，各宜自慎。

商　旅

大凡商旅，營謀異地，或自行立業，或爲人幫夥，無非蠅頭覓利，以養身家。苟不老成，必遭折挫，若親邪色，定然受彼誑欺。況乎離鄉背井，須防疾病相侵，兼之冒雪衝風，安得清閑調治，切宜謹守，勿近邪淫。

報　應

人即無良，試告以妻妾穢行，子女邪淫，彼必艴然大怒，無非怕形其醜也。曷思自己家門，欲其端正，他人閨閫，亦莫淫汙，易地相觀，良心頓見。是必常常返觀内省，事事由己譬人，我欲淫人妻，即作人淫我妻想。我欲淫人女，即作人淫我女想，出爾反爾，慎之戒之。

毁淫書

古今一應書籍，看之皆有利益，獨至淫詞艷曲，總無一句好語。偷香竊玉，機關不止千般。賣俏行奸，流毒直行數世。庸夫俗子，固爲誑惑，學士文人，亦遭引誘。欲心方熾，豈能再顧綱常。惡緣既成，何暇更惜身命。皆以邪説惑世，故爾穢跡彰聞，若使留神觀看，必然盡喪人心，縱難毁板，曷先焚書。

蚤嫁娶

古云男大須婚、女大須嫁。若久阻因緣，遲其配偶，要顧體面，計論貲財，則怨女曠夫，彼此空爲眷戀。閑花野草，邂逅難免牽情。縱使女節無虧，或者男淫先犯。當知婚姻論財，本非正道，門楣相對，即是良緣，最宜交相體諒，庶乎遏邪未萌。

交遊謹慎

朋友之道，最關人品。與端人正士相交，自然誠實老成，不致染習惡行。若門多俗士，交盡紈袴，居常講論，既無倫理之言；日夕浪遊，豈無輕薄之行。或成群結黨，勾引奸淫，或獻媚取容，行媒進寵。此雖自開滲漏，實因若輩贊成，急宜屏絶，勿聽往來。

淫　報

無子嗣

隱律云，姦人妻者，得子孫淫佚報，姦人室女者，得絶嗣報。古又云，殺人者，殺其一身，淫人者，殺其三世。蓋穢德必彰，醜聲易播，上則辱其父母，中則辱其夫妻，下則辱其子女，真正罪孽重大，非絶嗣不足以相報也。每見人家生子已經長成，忽又夭殂者，有多購姬妾，竟終身無嗣者，亦有生子不肖，如同無子者，皆以淫惡過重，故爾殃及子孫。若思血食非輕，曷不早觀淫報。

損功名

凡人功名禄位，皆有司命掌管，故天榜每於隔年預定，諸凡善惡，各有報應。惟兹淫惡尤爲嚴，若隱微有愧，亦被删除，況穢跡多端，能無褫革？試觀場屋之中，更有神明昭察，或燭墨之汙，佳文不録，或點畫差謬，攷試不終。何平時素擅才名，至此文思窒塞？何向來本無深學，忽然下筆成章？凡此英雄顛倒，悉是神明主持。今既陰騭有虧，奚望名登金榜？敬告士林，咸思警惕，預期積德，免怨主試。

折年壽

感應篇云，凡人有過，大則奪紀，小則奪算。又云算盡則死。試思人之過惡，孰有大於好淫者乎！淫惡既重，豈有不即身死者乎！縱資醫藥，稍緩須臾，而病入膏肓，奚容長久。務當生時防死，無待死日求生。

壞門風

大凡人家閨門必宜端正，而閨門端正，先要自己端正。若我先尋邪徑，妻自別有懷人。父即惟色是耽，子便相沿成習。不夫不婦，惟聞詬厲之聲。何尊何卑，盡蹈犬豕之行。此雖家門之隱事，已爲里巷之羞稱矣。

不淫報

子孫衆多

人惟精神耗散，情不專一，且不知撙節，時相侵犯，故往往不能成胎。若能戒淫，則陰騭既大，元氣復充，必然得子。又能清秀無毒，易於長成。諺所謂寡欲多男子，洵不誣也。夫娶妻本爲生子，人顧徒思淫欲，豈知姬妾滿房者，莫延宗嗣。而中年娶妻者，轉多佳兒。苟知嗣續爲重，尚當慎爾邪淫。

功名顯達

古云，一命二相三風水，四積陰功五讀書。人能戒淫，是即第一種陰功也。蓋富貴功名，本天所定，人自虧減，莫能承當。若戒淫而全人子女，完人夫婦，不以外色棄糟糠，不以幽獨行苟且，種種盛德大功，件件天心降鑒，自然福至心靈，脱白掛緑，致君澤民，名揚身顯矣。

福壽綿遠

人要享福先須延壽。苟能多壽，何福不臻。惟其宣淫無度，以致早喪天年。若能戒淫，則精神完固，疾病不生，即非遂其功名，亦必臻於殷富，夫妻偕老，絶無悲慘之遭，兒婦成家，備極孝養之奉。假使少年不慎，何能到老榮華。惟其自幼戒淫，故爾一門衍慶，斯誠可欣可羨，何不是訓是行。

家道興隆

古云無婦不成家，又云和氣致祥，乖氣致戾，可見夫婦之道，關係人家成敗也。人能戒淫，則夫妻相敬，上下和睦，待人有方，作事有度，以義夫而得賢妻，何難操作成家，從積德而致阜財，親朋仰慕，吉慶駢臻。

勸孝文

唐王中書勸孝文

世有不孝子，浮生空碌碌，不念父母恩，何殊生枯木。百骸未成人，十月居母腹，渴飲母之血，饑食母之肉。兒身將欲生，母身如殺戮，父爲母悲辛，妻對夫啼哭，惟恐生産時，身爲鬼眷屬。一旦見兒面，一命喜再續，自是慈母心，日夜勤撫鞠。母卧濕簟席，兒眠乾茵褥，兒睡正安寢，母不敢伸縮。潛身在臭穢，不暇思沐浴，横簪與倒冠，形容不顧陋。動步憂坑井，舉足畏顛覆。乳哺經三年，汗血計幾斛。辛苦萬千端，年至十五六。性氣漸剛强，行止難拘束。朋友外追遊，酒色恣所慾，日暮不歸家，倚門至昏旭。兒行千里程，母心千里逐。一娶得賢妻，魚水情和睦。看母面如土，觀妻顔似玉。父母責一言，含怨怒瞋目，妻或駡百般，陪笑不爲辱。母披舊裙衫，妻着新羅縠，不避人憎嫌，不畏人慚忸。父母或鰥寡，長夜守孤獨，健或與一飯，病則與一粥。棄置在空房，猶如客寄宿。將爲泉下鬼，命若風中燭。一旦至無常，孤墳殯山谷，魂靈在幽壤，誰念當蹐跼。慈親骨未寒，兄弟分財禄，不識二親恩，惟言我之福。人不孝其親，不如禽與畜，慈烏尚反哺，羔羊猶跪足。勸汝爲人子，經書勤覽讀，黄香夏扇枕，冬夜温衾褥。王祥卧寒冰，孟淙泣枯竹，郭巨尚埋兒，丁蘭曾刻木。如何今時人，不學古風俗。勿以不孝頭，枉戴人間屋。勿以不孝身，枉着人衣服。勿以不孝口，枉食人五穀。天地雖廣大，難容忤逆族。早早悔前非，莫待天誅戮。

許青嶼勸孝歌

其一

有子方長成，遍身新綺羅。有親漸衰老，輒著舊衣多。暮年非帛不温暖，衣單被薄當如何。勸君今後看親服，比得兒曹有半無。

其二

但有肥兒丸，醫得兒無病。從無却老丹，延得雙親命。兒身日壯親漸衰，衰年血弱當多症。勸君今後保親身，須比兒曹加謹慎。

其三

子有一分孝，君便向人道。親有十分慈，子心全不曉。試思君待子何如，罔極恩深真不小。勸君今後不忘親，將慈比孝誰多少。

其四

兒曹每多言，聽來未嘗厭。父母一開口，便道閑多管。一般言話恁差池，老人小子何長短。勸君今后聽親言，只當兒曹休不滿。

丁卷終

富春李仲麟建章氏重輯

上海宏大善書總發行所印行

同治庚午（同治九年，1870 年）增訂

卷十

習俗

泉州古稱泉南佛國，風俗淳厚，其人樂善。乾隆《泉州府志·風俗志》轉引《温陵舊事》云：泉州“俗樸而淳，士農工賈，各世其業”。

現代的學者，盛贊泉州是“世界多元一體文化的典範”。稱贊泉州人有“海洋精神”、有“海納百川”的胸襟，有“各美其美”的容忍品質，有“美人之美”的開放和互相學習的精神。

泉州的民俗是泉州多元一體文化中的一個重要組成部分，而泉州的關聖夫子信仰民俗，又是泉州豐富多彩民俗文化中的一個組成部分。本志書把明、清、民國的泉州關聖夫子信仰民俗，歸納爲：退寇、治病、定羅經中針祝文、泉州風信、臺灣風信、歲時、增壽、卜筊、普度、平安、健康、添福壽、丁財加添、巡狩、結拜、科舉、仕途、生理和其他等幾個部分。

這樣，泉州關聖夫子信仰民俗則躍然紙上。關聖夫子成爲與媽祖、保生大帝和王爺等民間信仰神明同等地位的多功能神明。

泉州的關聖夫子信仰民俗與儒、道、釋文化有着緊密的聯係，但它又不是嚴格意義上的宗教。透過泉州關聖夫子信仰民俗文化，我們可以窺見，儒家文化是其主體。泉州通淮關岳廟主殿命名“武成殿”；禮樂亭清代鑄鐵鐘銘文有“通淮武廟”四個大篆字（今猶存焉），名實相符矣。

一　退寇

張守化，字時化（《閩書》作字可化），號謹吾，晉江人。伯志選，舉進士，守毗陵有聲。祖父鬱，父志立，並以孝友隱德見稱鄉閭。守化少孤，事母至孝，家酷貧，年十七，治經苦勵，出授書以供母。母病歿，侍湯藥、具殯殮，無不盡禮。嘉靖中，值倭寇。兄陷賊，索贖金，稍緩則盡命。橐中束脩無幾，乃脱。其妻裝足之，宗老皆勸勿往，曰往則俱死。守化不顧，身故佩關聖香火，途遇他盜，忽有異香從空下，盜怪之，舍去。竟達賊壘。賊少其金，守化淒愴哀慟，賊爲感噓曰："此孝禮也！"縱之去。行未三四里，賊壘爲官軍所破陷，賊人及被擄者皆見殺，守化兄弟得生還。復出授弟子。海上柯坑寺有逃寇百餘走寺中，晨食徘徊廡下，良久鄉兵追至，乃遁去。守化尚閉門卧山下，野人叩扉呼之，覺而開門，則農家被殺在地。守化心動，棄學徒歸。以其束脩之入，販米市中，時推其餘以哺饑者。人謂舌耕之遺幾何，可復繼乎？守化曰："烏念繼後，饉當前不能已，吾心而推之耳。"後兄病問醫古雷山，天大雨，渡水幾没，得巨木，亂流而濟。蓋孝友之報云。以子維樞任工部左侍郎，贈如其官。次子維機。（《閩書》）

注：見［乾隆］《泉州府志》卷五十八，明孝友。

二　治病

何喬遴，本名茂先，字隆孝，晉江人。炯侄，八歲喪母林氏，哀慕不忘，伏臘必到墓哭泣。賣紙爲業，格前貿易，格後讀書。以餘錢易破故書，雖零落不備，必讀終卷，擇可以脩德養生者裒存之。事繼母至孝，母病爲之禱神，願以身代繼母。所生女與己子夢駿同時出痘，而女瘡甚，遴密疏告關帝廟曰："繼母僅有一女，與民子同痘，顧民壯尚能生育，妹而不生，母無望矣！若上蒼見禍，願以己子易妹之生。"竟子妹同愈。及妹長適人，貧甚。遴承母志，嘗斷餐以資妹家。隆慶壬申兵燹，有寄厚貲者，其人死於賊。遴查其妻子，悉還之。又嘗拾遺金，不取。鄰人盗己貲，獲贓證甚具，人曰："何不治以官而置之法?"遴曰："孰若不言，而使自愧。"嘗病卧經年，偶起出户，俄屋壞床毁，得免。臨歿，戒吊者勿哭，曰："無傷老父心。"後子夢駿，萬曆甲午舉於鄉，人謂好德之報。崇禎間旌表。所著有《紀愚録》、《通志》、《閩書》。

注：見［乾隆］《泉州府志》卷五十八，明孝友。

三 《定羅經中針祝文》

（康熙末年，即18世紀初）

定羅經中針祝文

伏以壇前弟子，謹秉誠心，俯伏躬身，焚香拜諸位請歷代御前指南祖師、軒轅皇帝、周公聖人、前代神通陰陽先師、鬼谷、孫臏先師、袁天罡、李淳風、楊救貧仙師、王子喬、陳希夷仙師，主倜郭仙師：歷代過洋、知山形水勢、知淺深、知礁嶼、識灣澳、精通海島、望斗①牽星、往古來今前傳後受流派②祖師，奉祀羅經二十四位尊神，神針大將、夾石大神、定針童子、換水童郎、水盞聖者、起針神兵，位向守護尊神、魯班仙師、部下神兵目龍楨椇一切神兵，本船護國庇民明著天后、三界伏魔關聖帝君、茅竹水仙、五位尊王部下、喝浪神兵、白水都公、林使總管、海洋澳嶼里位正神，本船隨帶奉祝香火一切尊神，乞賜降臨。伏念大清國某省某府某縣某保某船主某人，興販某港，涓於某月某日開駕下針，虔備禮物，祈求平安。今日上針，東南西北無差，往來過洋已行正路。人船清吉，海島安寧。暴風疾雨不相遇，暗礁沉石莫相逢。求謀遂意，財實自興。來則流星，去則降神。稽首皈依，無極珍重。

注：見向達校注《兩種海道針經》（乙）《指南正法》《定羅經中針祝文》。中華書局，1961年9月出版。

---

① “斗”字原本誤自“牛”，兹依《順風相送》改正。

② “派”字原本誤作“沛”，兹依《順風相送》改正。

四　泉州風信

又海船出洋推算風信，名爲颶期。按期多驗，統載於後：

正月初九日玉皇颶，此日有颶風，各颶皆驗。若無，則各颶亦多有不驗者。十三日關帝颶。廿九日烏狗颶。

二月初二日白鬚颶。

三月初三日上帝颶。十五日真人颶。廿三日媽祖颶。真人颶多風，媽祖颶多雨。

四月初八日佛子颶。

五月初五日屈原颶。十三日關帝颶。

六月十二日彭祖颶。十八日彭祖婆颶。廿四日洗蒸籠颶。以上三日，皆係大颶，旬雖内港亦宜避。

七月十五日鬼颶。

八月初一日竈君颶。初三日是日龍神大會，有颶。十五日魁星颶。

九月十六日張良颶。十九日觀音颶。

十月初十日水仙王颶。廿六日翁爹颶。

十一月廿七日普庵颶。

十二月廿九日火盆颶，自廿四日至年終，每遇大風，名送年風。

注：見［乾隆］《泉州府志》卷二十五，海防，風信。

五　臺灣風信

臺灣風信與他海殊異，風大而烈者爲颶，又甚者爲颱。颶倏發倏止，颱常連日夜不止。正、二、三、四月發者爲颶；五、六、七、八月發者爲颱；九月則北風初烈，或至連月，爲九降。過洋以四、七、十月爲穩，以四月少颶，七月寒暑初交，十月小春天氣多晴暖故也。六月多颱，九月多九降，最忌。颱、颶俱多挾雨，九降多無雨而風。凡颱將至，則天邊有斷虹，先見一片如船帆者曰破帆，稍及半天如鱟尾者曰屈鱟。土番識風草，草生無節則一年無颱，一節則颱一次，多節則多次。颶之名以時而異，正月初四日曰接神颶，初九日曰玉皇颶，十三日曰關帝颶，廿九日曰烏狗颶，二月二日曰白鬚颶，三月三日曰上帝颶，十五日曰真人颶，廿三日曰馬祖颶。真人多風，馬祖多雨。已上春三月共三十六颶，此具大者。四月八日曰佛子颶，五月五日曰屈原颶，十三日曰關帝颶，六月十二日曰彭祖颶，十八日曰彭婆颶，廿四日曰洗炊籠颶，十九日曰觀音颶，十月十日曰水仙王颶，廿六日曰翁爹颶，十一月廿七日曰普庵颶，十二月廿四日曰送神颶，廿九日曰火盆颶，廿四日以後皆曰送年風。

按：本篇爲媽祖名稱之最早記載，然寫作“馬祖”，故臺灣迄今有人主媽祖本爲禪宗馬祖道一之説。另嘉道間梁紹壬《兩般秋雨盦筆記》中亦有“颶信”一節，内容與此文相似，而已寫作“媽祖”，並云爲粵中之俗。

注：見王士禛《香祖筆記》卷二。

作者簡介

王士禛（1634—1711 年），字貽上，號阮亭，別號漁洋山人，山東新城人。順治十二年（1655 年）進士，官至刑部尚書。有《漁洋詩文集》、《帶經堂集》、《香祖筆記》等。

六　歲時

初九日，《閩書》云泉人謂是日爲天誕，（《玉皇本行經》）玉皇以是日度世。按干寶《搜神記》：玉皇乃外國王子之成佛者，具有父母姓名，今即以爲天，誤矣。道觀多報賽近則里巷有之，鄉邨之間無定日，謂之天香。

上元夜張燈，以米圓祭祖先及神，或以酒饌祀祠堂，謂之祭春。又上元内外賽會迎神，鄉邨之間或於二月，謂之進香。（《隆慶府志》）多者費數百金，少者亦不下十金。（《萬曆府志》）妝飾神像，窮極珍貝，闐遊衢路，因起争端。（《閩書》）泉中上元後數日大賽神像，裝扮故事，盛飾珠寶，鐘鼓震鍧，一國若狂。（《温陵舊事》）三吳人謂之社，謂之會，舉行於春夏之交，或以五月。王山人《百穀》紀之詳矣。末附顧氏一書，則指爲禍階。噫！亦太甚矣。吾温陵以正月謂之朝拜，亦曰會，蓋合閭里之精虔，以祈年降福，亦遵古儺遺意，相沿已久，事亦無足甚非者。凡會皆於正初，擇其境之齒德而裕財者首其事。鳩金訂期設醮，然後迎神，周其境内人家，置幾櫝焚香楮甚恭。紳富家之先有所祈請者，裝爲神像，名曰賽答。假面盛飾，高擎其座及於楣檐。正神八座端拱。其行前者，稱某將軍、某元帥，則選長軀偉幹者，亦八抬，挺立結束，不亞正神。復有一無所執，惟拱手躬身如廟中泥塑。位置既高，道上下轉折，凝然不動，足稱絶技者。樂之部有馬上吹，有步吹，有五音銅鼓，宦川雲得之者，即所云諸葛鼓也。旗之部有高招旗、五方旗、帥旗、三軍司命旗、清道旗、飛虎旗、巡視旗。執事則戈、鋋、矛、戟、箭架、劍盾、龍頭鈎鐮等，刀無不畢具。而材官騎士執蓋碇馬、奚奴軍校、蒼頭旗手之類，復百餘人。好事者又或摘某詩句、某傳奇，飾稚小僮婢而爲之，名曰抬閣。或結綵紬爲棚，懸以珍玩，執之而行，名曰軟棚。凡皆疲纍日之精神，以供一朝之睇盻。神皆四舁，惟通淮關大帝、花橋吳真人、南門天妃、虎山王相公、古榕境元檀元帥則八擡。吳真人、天妃步耳，餘皆馳脚攢力，齊其疾如風，雖奔馬弗及。其或異飾花面，極爲醜態，鳴鑼助喊，以爲神威，觀之一笑而已。神之前爲道士，又前爲鼓吹，又前爲巡逆，豈即逐疫二字之訛乎！虎冠假面爲厲鬼之形，飾金執桃菊，古儺遺式也。吳真人巡逆，獨多至數百人，餘或半或十之二三。鑼聲震天地，久之而神始過矣。凡會一日之事，大略止此也。至夜，首事者例以鑼數面，呼人家門首點燈，二更時呼出燈牌火把。於是不論大小人家，各執長柄方燈，一持香燈，書“風調雨順，祈保平安”等字。聞之故老，云：舊例每十步敲金，則持香者皆拜，朝拜之名以此，然持香吾猶及之。每燈數十間以鐘鼓架，其制四人舁之。周圍燈火，緣以練錦，綴以流蘇，鼓鳴於内，鐘應於外。復夾以二觱粟爲左右行。又一種名香架鼓吹，一如鐘鼓架，而制加侈，大略如吳下酒船。長河官座，四周紗屏，畫山水人物，皆名筆也。燈火三層，爇沉檀其上，香聞數里矣。關大帝、吳真人燈牌以數千計，鐘鼓架、香架以數百計，火炬亦千百計。長街一望如星宿，如燎原。凡兹皆不招而至，不約而同，欣欣而來，滿願而歸者也。

注：見［乾隆］《泉州府志》卷二十，風俗，歲時。

七 增壽

燕子磯

柯王誥綸俞

當年此地未稱臣，江水猶流血汗；今日普天同頌聖，爐烟尚爇丹心。

不生應無蜀，不死斷無曹，漢魏存亡，係生和死；有義揭如晝，有忠懸如燭，江山配享，惟義與忠。

數定三分扶炎漢，伐魏討吳，辛苦備嘗，未了平生事業；志存一統佐熙朝，伏魔蕩寇，威靈丕振，只完當日精忠。

注 云：

山左諸生張世美，病死未殮，幽魂號泣冥途。適經關帝殿前，關帝召而問之，曰："死生有命，哭之何益?"對曰："上有八旬老母，無人奉養，是以悲耳。"問："有子否?"曰："甫四歲。"帝曰："少待。"即退殿。頃刻，復出殿前曰："念爾孝心，已奉上帝增壽一紀矣。"賜茶一杯，世美不敢飲。帝曰："爾來路遠，渴矣。此陽間物，但飲無妨。"遂飲之，既出，召語曰："世間奉我殿宇必有對聯，俱未道明我生平之事，此聯可爲我布傳於世。"既醒，備告其母以及親友。偶鄰近有一帝君古廟，遂修葺之。因時日遷延，竟忘聯語，憂思成疾。一日其母晨起，忽有青衣叩門，手持一函付之。曰："汝子見之，病即愈矣。"母授之於世美，起視則聖聯也。急問青衣，不知所往。

注：見泉州通淮關帝廟乾隆七年（1742 年）木牌對聯。但木牌聯缺下半部，全文見康熙三十一年盧湛《關帝聖跡圖志全集》卷五，藝文攷（上），聯類。光緒丁亥（光緒十三年，1887 年）泉州府晉江縣教諭江葆熙重刻本，板藏泉郡玉犀巷文昌祠。

八　卜筮

北山居別業落成

鏡泉亭

彩筆巷中喜結盧，嘉名肇錫北山居。

美哉受福亭前井，樂取鏡泉牓隸書。

原書注：壬午（道光二年，1822 年）置宅於郡之西隅，卜吉關夫子廟，得“北山門下好安居”云云。因不果徙，迨丙申，移居在北方，悟籤語事有前定，神其默相之焉。鏡泉隸刻井欄，購便適用，遂以名亭。

注：見施鈺《石房樵唱》卷二《北山居別業落成》。道光三年，安平水緑山青書塾初稿。道光二十二年，臺南刻版。

九　普度

《募勸承天寺萬緣普度》

（光緒二十二年，1896 年）

——《募勸承天寺萬緣普度》中關於通淮
關聖夫子民俗的部分録文

光緒二十一年三月（1895 年 4 月）清政府與日方簽訂《馬關條約》，把遼東半島和臺灣及其附屬諸島割讓給日本，並給予日本戰爭賠款，爲其添設通商口岸。《馬關條約》簽訂以後，日本軍隊開始登陸臺灣，準備對臺灣實行殖民化。在日本登陸的過程中，臺灣官兵、地方士紳領導的軍事組織以及民間各界進行了激烈的抵抗，但最終由於缺乏朝廷的支持而傷亡慘重。

保衛臺灣的戰爭所帶來的傷亡，隨即在海峽對岸的泉州地區造成了一場更爲深刻的恐懼。其時，泉州正好流行着一場由香港、鷺島傳來的鼠疫，爲病魔帶走的人命達到如此之多，以至於人們不禁要將這個事件與戰爭帶來的傷亡相聯係。人們清楚地知道，因戰爭和瘟疫帶來的死亡，是由一定原因引起的。然而，對於如何克服戰爭和疾病帶來的生命危機這個問題，無論是社會各界，還是在政府官員當中，對於採取何種現實的行動都無計可施。他們所能做到的，只不過是用"超現實"的辦法來處置已經發生的事件，挽回已經喪失的生命。於是，在光緒二十二年（1896 年），也就是在《馬關條約》簽訂後的一年，在日本帝國主義勢力在臺灣建立其殖民統治的過程中，一場席卷泉州整個城鄉地區的超度亡靈運動拉開了序幕。泉州通淮廟關羽神像被迎至佛教承天寺裏，爲疫災死去的百姓超度。關於這場超度亡靈的運動，由負責儀式事務的組織編收的《募勸承天寺萬緣普度》(1896 年手抄本）文獻留下了珍貴的記載。其中《南無山海慧自在通王如來榜》一文關於超度儀式的起因和目的，地方宗教精英人物有如下的描述。

南無山海慧自在通王如來榜

今爲大清國福建泉州府晉江縣四來等境共修因果，普度幽冥，翻貝葉之靈音，集刺桐之福蔭。念近歲海疆多故，德邑被災，燹火成墟，兵塵積野。小醜作跳梁之態，大兵揚撻伐之威。旌旗動而日月無光，干盾揮則風云變色。悵一城之騷擾，獸困鷄連；嗟百里荒涼，龍吟虎嘯。猶幸霓旌色壯，拔城還奏凱之師；鸞噦聲揚，在泮紀獻囚之績。掃狼烟而開荆棘，謀鳩聚以奠苞桑。固已大地皆春，普天同慶已。孰知東征斧鉞，一戰空還；南國屏藩，三臺遽削。相臣功業，獨誇割地之能；天意蒼茫，未及厭兵之候。至犬羊之小國，恣狼虎之雄威。臺之人世受國恩，久居故土。惜江山之錦綉，耻戎狄之冠裳。剖腹開誠，合義士力圖報效；割鬚潜遁，奈假王莫補空言。兵失掌而勢孤，賊乘機而力進。一天什日，争關后羿之弓；萬頃驚濤，誰濟傳岩之楫。無怪干戈氣奪，金鼓聲虚。遷徙紛紛，死生了了。楚氛甚惡，動教荼毒生靈；秦政日苛，哪惜凋殘民命。是以瀝孤城之血，禍構睢陽；流四野之膏，慘遭回紇。含冤莫白，抱恨難平。共登枉死之城，願入無生之路。青磷閃火，夜飄倚樹之魂；白骨凝霜，晝作驚人之狀，遂使兵戈之氣釀成癘疫之災。加以青草烟霏，黄茅瘴發，災星示異，禍水横流。五瘟使銜命而來，百姓家有身如寄。種無名之毒，吾末如何；罹未有之災，至於此極。考醫宗金鑒，空傳老鼠之鑽；脱國手青囊，誰擅摸龍之術？此即縷懸長命，符佩護身。五木薰湯，百花釀水。要不足扶危濟困，挽造化於須臾；起死回生，補陰陽之缺陷。吾郡犬牙相錯，鱗籍聯編。縱隔天河，潛通地軸。盼舟車之駕馭，載行旅以往來。彼毒焰之縱横，此惡氛之漸染。桐城内外，毒霧迷天。草野生靈，望風委地。嗟蜉蝣之性命，作鴻雁之哀鳴。所願五邑名山引祥雲，而遍覆雙江流水，化甘露以濃敷。乃集紳耆，共伸誠敬。效周官之逐疫，掃蕩妖魔；賽楚國之迎神，肅清塵界。祥輪影射，寒生癘鬼之心；法鼓聲沈，擂破遊魂之膽。易才占夫勿藥，詩旋詠乎且平。苟非得渡世之慈航，仗伏魔之慧劍，何以乘否極泰來之會，立乾旋坤轉之功乎？

所以通淮關聖帝君目擊瘡痍，情關痌養。指瓊臺而下馬，垂寶誥於扶鸞。爲窮災害之原，命結因緣之果。意以四郊戰壘，英雄半昭沈埋；一網災區，生死何關種類！或關山萬里，逆旅飄魂；或骨月（肉）一家，捐軀爲國。或無兒之伯道，難延一綫馨香；或駡賊之鐵鉉，竟入千秋鼎鑊。或廊鴻聲於宇宙，紅塵墮浩劫之中；或著梟惡於邦家，黑籍隸陰誅之列。凡諸滯魄，共抱沉冤。隨劫數以淪胥，詎區分乎善惡。善者知人誰不死，勘破機關；惡者乃忿極而横，釀爲妖異。誕登彼岸，非寶筏何以指迷津；普濟衆生，惟金繩乃以開覺路。故特掃月臺之净地，施露澤於承天。敕命通關，卜九秋之下浣；樹幡動鼓，諏十月之初旬。人第見燒爆竹，則魑魅皆驚；散香花，則魁魔共伏。洗月支之鉢，則一城沐而災消；薰弱水之香，則百里聞而沴祓。不知延沙門之法衆，誦天竺之真言。結萬善喜緣，廣祈多福，度一切苦厄，大開法門，四十九天大會無遮，十八獄幽魂齊脱。更可破三生之孽障，鼓蕩天機；開一片之婆心，輪廻世界。諭孤魂之等衆歸女室與男堂。聽説法於生公，點頭大悟。得傳經於天女，合掌嗚恭。發菩提心，省識不生不滅，運廣長衆，須知即色即空。分香積之清齋，含哺鼓腹；饗伊蒲之法食，義粟仁漿。翹首天堂，藉階梯於寶藏；脱身地府，憑懺悔於金經。晦氣既消，祥氛自佈。民登仁壽，化洽平安。不必飲鞠酒而延齡，不必服蓬虆而闢疫。不必寫鐘馗之影，而群鬼銷聲；不必懸束艾之符，而百靈效順。吾想泉山秀挹，海國春融。干戈化日月之光，帶礪享河山之福。甲科乙榜，龍虎同登。子婦丁男，螽麟衍慶。商賈入五都之市，利溥同人；農夫受百畝之田，歲歌大有。萬家醉飽，共知讓水廉泉；一曲昇平，譜出和風甘雨。

《募勸承天寺萬緣普度》序

……卜之關聖，果協人謀。陰慘以舒，陽和允布……凡兹地下沈淪，均望法門倈拔。爰於孟冬六日，建四十九晝夜道場。香火有緣，聯衆心於一萬；德施自普，度世界之三千。大願船咸與誕登，天堂不遠；往生咒勤加唪誦，地獄爲空。異鄉則路引齊頒，陰陽界無虞阻礙；水府則法輪疊轉，沈迷途立予超昇。功果非誣，資財宜足。所賴當世鉅公、四方善信，同扶義舉，樂捨金錢。效子敬之指囷，固堪造福；舍阮孚之掛杖，亦見輸誠。庶幾惠溥夜臺，咸歡欣而鼓舞；光回震旦，長熾壽而康强。化日增輝，慈雲絢彩。惟期種德，以迓休祥。

光緒丙申年桂月　日　延禧局紳董公啓

關聖帝君聖諭

奉通淮關聖帝君諭：舉萬緣普度，在承天寺諏吉建壇，並於城内外及各都、各鋪、各境分日普度。其五邑所屬等處，如未及分日普度，務祈諸善信各結良緣，共助盛舉。自十月初六日起，至十一月廿四止，各從其便自行擇日，各就家門隨量備辦筵席、祭品，普施幽冥，福有攸皈。耑此布聞。

再凡有願捐承天寺普度香資，務祈取回收單，各加經手董事印記，以昭慎重。又啓。

泉郡承天寺延禧局董事啓

赦　文

秉釋迦如來遺教，奉行靈山佛旨赦命，法事沙門爲普度幽冥事。

據大清國福建省泉州府闔郡士商、四來等境居住，蒙關聖帝君諭，設壇頂禮，拜佛宣經，結萬衆之緣，度十方之鬼。經將翻乎貝葉，文先達乎冥關。赦墜劫之幽魂，欽如來之佛旨事：兹因去歲氣候有愆，以致群生災祲迭告。初由香港遞及鷺門，漸至郡城，多沾鼠疫。幸而天心仁愛，抵今夏午安全。既轉凶而爲吉，爰議結夫良緣。敬擇九月廿五日，赦命通關文頒下地。謹諏十月初六日竪幡、動鼓，寺在承天。開一十八地獄之圜扉，作四十九晝夜之功果。旬凡七日七晝一旬，座配七城七宵一座。凡兹男女各就行列，聽説法而點頭，令無嘩以遵命；受無遮之甘露，赴勝會於盂蘭。今特赦爾孤魂等，生處人間，死歸地府。富貴貧賤，各有不同。孤獨寡鰥，恆憂失所。欲求解脱之路，須仗佛之力施。演蜜語而破迷關，禮觀音以度爾衆。所有造下纍劫，多生無名，等罪三生，冤對禍仇，盡管解釋，超劫往生。至拘繫陰司，罷停酸楚，不論大小輕重，咸行赦宥。各屬關津境主、土地，一體放行，毋得稽延阻止，上干科律。感佛法之無邊，隨之方應化究；神恩之廣被，有類皆沾。赦書到日，遍布酆都，遵行勿違。須至赦者。

太歲丙申玖月廿伍日給

進表稿（十月初六日道壇申）

清褒封忠義神武靈祐仁勇威顯護國保民精誠綏靖翊贊宣德大帝、（臣）關某謹頓首稽首上言：伏以帝出乎震九霄開詄蕩之門，皇建厥中，二氣鼓絪緼之槖。布行生之大化，軋運無愆，檀位育之真機，周流不息。劫灰净掃，經蕩滌於乾功，闓澤覃敷，祈更新乎泰運。仰體好生之德，净果同修；冀沾廣運之仁，善根永庇。敬演真如之教，虔蘄皇矣之臨。謹率蟻衆以輸誠，伏望鴻慈之式鑒。恭維皇天上帝陛下，一無恢漠，萬有彌羅。禀太初太始之精，立於穆於昭之命。静專動直，自有顯神藏用之功；賞罰非私，本無亭毒虔劉之意。（臣）叨承典祀，纍荷崇封。泉山晉水，係一郡之瞻依；秋報春祈，享萬家之頂祝。庇民護國，素矢忠誠；捍患御災，實懷本願。念自去歲以迄今年，癘疫繁興，生靈多故。固知惟人所召，匪降自天。惟是幸劫運之消除，宜善功之廣積。爰合四衆微誠，特建萬緣之勝會。涓擇十月初六日，迄十一月廿四日，凡四十九日，命闔郡官紳士庶軍民人等，廣延僧衆，普度幽魂。寺卜承天，壇開浄地。朗鳴法鼓，暢演楞伽。爲薜荔道而懺除，設盂蘭盆而救度。紙錢似雪，遍分祇樹之金；香米如山，咸飽伊蒲之饌。轉光明之寶藏，蓮界齊昇禮，懺悔之琅函，梵天共度。罪花燋種，灑甘露以均沾；黑獄青亭，蔭慈雲而廣被。以拯沈淪於既往，以延福祉於方來。伏願廣施聖惠，普洽龐恩。齊七政於四時，常平酉氣亥孛；已計甲羅之沴，納萬靈於五福。不構凶荒、矢札、熒潦疫癘之災，詔三臺拯黔部之氓，俾閻浮界都成壽，寓命九聖，赦黑書之罪，使泥犁獄盡變化城。會教瑞溢雙江，常駐慶雲。景星之曜，長使福臨五邑，永綏和風甘雨之祥。（臣）不勝瞻仰禱祈之至。謹奏表以聞。

光緒二十二年十月　日呈

黄榜文皇覺梵檀

伏以心燈一點，開覺路於窮泉；寶筏三乘，渡迷津於彼岸。演妙蓮筆之秘密，廣集檀那；拯豪薜荔之沈淪，同皈梵刹。道場既啓，告諭用張。今據大清國福建省泉州府城厢内外官紳士庶軍民人等諸善信，延僧在承天寺中建壇，奉佛修齋，宣經禮懺；冀爲五邑人民增延福祉，並爲十方鬼衆超釋罪愆；各抱顓誠，同希慈鑒。念自去歲以迄今年，癘疫繁興，生靈多故。幸荷彼蒼眷佑，我佛慈悲，遣除疾病之災，載錫安平之福，因思劫運既消，更合善功廣積。恭奉通淮關聖帝君諭，令闔郡紳民同伸一念之誠，共建萬緣之會。爰是涓諏吉日，揀擇良辰，燈燃寶炬，照冥路以光明，幡竪靈幢，導幽魂而應赴，朗鳴法鼓，暢演靈珈憫羅刹道之饑寒，設盂蘭盆而赦度。惟願自今而後，慈雲遍覆，火氣生涼，寶號宏宣，銅圄悉解，新鬼故鬼，適歡國以遊行；大招小招，入化城而安穩，帶荔披蘿之衆，脱離青亭罪花燋種之儔，蠲除黑籍。紙錢似雪，同分浄貝於祇園；飯顆成山，飽餐伊蒲於香積。隸酆都者，既渥叨駿惠；居閻浮者，自廣集鴻禧。謹筮十月初六日至十一月廿四日，延仗沙門一壇，就於寺内建立梵場，宣誦《大方廣佛華嚴經》，再誦《地藏能仁尊經》，並誦《最上乘金光明經》，又誦《藥師本願真經》，頂禮《梁皇千佛寶懺》，復禮《慈悲三昧水懺》，旋轉《諸天金輪寶藏》，加持《往生浄土神咒》，頒降《靈山佛旨赦命》，略填男女受生庫財，午獻天厨伊蒲浄供祀登，金剛菩提寶座敷演。

瑜珈焰口，普沾一切孤魂鬼衆。以此良因，合行榜諭：

陽界城社神明　陰府曹司吏役，務宜肅清法界，拱護壇場。上迎法駕降臨，下衛幽魂赴會。並諭爾等孤魂，近悦遠來饑餐渴飲，各宜遵循禮法，懔守壇規，貴賤無分，冤親平等，浄財同領，法食均沾。慎勿喧囂，有違科律。須至榜者。

右榜曉諭，幽冥知悉。

太歲丙申年陽月　日請

達佛疏意

伏惟秋風凛冽，籬邊之菊蕊將殘；冬日舒和，嶺上之梅花乍放。喜天心之復見乾旋坤轉之機，值陽氣之漸生否極泰來之會。是以善男信女，果種菩提，降福消災，天開忉利。合三千之世界，誦五百兮阿羅。持寶珞以擎天，迎金沙而遍地。兹據大清國福建省泉州府闔郡士商四來等衆，仰荷通淮關聖帝君，憫自來之兵疫，嗟群匯之死亡。滯泉壤之幽魂，釀閭閻之妖異。誕登道岸，宜開枉死之城；力脱幽囚，合引超生之路。望佛天而合什，發宏願以持經。於是結萬善之良緣，成一時之盛舉。善門託鉢，宏搜百腋之狐。

法海開船，共渡六塵之鷄。布冥關之赦命，輒吉日以樹幡。自十月之初旬，迄仲冬之下浣，傳鐙席定，寺掃承天，演鈸僧來，靈昭浄地四十九天；空門蕩亡，有感斯通七千劫。孽海茫茫，回頭是岸。脱風波於世網，贊水月之禪襟，登選佛之場中，仰參禪於座上。馨流寶鴨，聲澈木魚。面北心齋，和南頂祝。敬宣《大方廣佛真經》，再誦《上乘金光明經》，頂禮《慈悲三昧水懺》，復念《淨土往生神咒》，頒降陰府庫財，冥司填額。男堂女室謹懺悔於金經；司牘判官執勾銷之鐵筆。逢午齋分募化，食享隨緣，供淨伊蒲，厨開香積。誦超生之神咒，玉鉢生蓮，進上界之表文；金爐貢楮，答神光之庇蔭。仗佛力以扶持，所願慧業增修，懋祺永錫，國恩家慶，物阜民康。化兵刀癘疫之殃；作怡悦歡欣之象。引慈雲於桐郡，草木皆春；施法雨於鯉城，魚龍得水。念幽明之均感，合生死以同沾。爰敬肅乎丹籤，表精誠之素□。謹疏。

第一旬表文

釋迦如來教命法事沙門心印代白佛言：伏以馬圖獻書，終事必本於始事；犧易垂象，後天必原於先天。世無分古今，有本斯立；事不論巨細，有開必先。欲觀厥成，貴肇端於謹始；不揣其本，將徒勞而無功。況乃事關幽明，恩及生死。欲轉禍以爲福，俾祓災而降祥，更宜反身而誠。靡事不謹望末力不懈，處先事而預防。庶幾衆心不遺，群力齊赴，五體投地，一誠格天。基以端而克底於成，局雖創而必得其正，圖終於始，既不貽有始鮮終之譏；由後溯前，自不作懲前毖後之慮，則知善氣初長，福門甫開。造佛天之一層，演經義於首席，欲上白乎蓮界，表寸丹於葵忱，修意修詞；望梵宇而北面，稽首頓首。叩法門於西方，爲陳魚箋之文，上瀆獅座之聽。蓋以大清國福建省泉州府闔郡士商四來等衆，念自甲午之歲，迄茲丙申之年，陰陽失調，風雨不節，天降疫癘，民罹災殃。同起蛇景之疑，共貽鼠鑽之患。癰疽發背，誰向腦後穿針；災害及身，安得胸中見症？甚至毆傷心血，鏤出肝腸。人不皆乎周瑜，病直等於李賀。毒是無名之種，刀圭不靈；人獲無妄之災，生死莫卜。遂使束手無策，空聽攫鼠之琴；含冤莫伸，漫詡捕蛇之說。於斯時也，苦雨淒慘，愁雲陰森，鬼聲夜啾，磷火宵燭。見之者，目不忍見；聞之者，耳何忍聞？是誠千百年之奇災，億萬姓之劫運也。同載高厚，共深憫憐；矧懷慈悲，更垂惻隱。以此，通淮關聖夫子振發聾聵，轉旋氣機。起死回生，捍災禦患。引鴻嗷乎中澤，輸螘慕於齋壇。荷上天之好生，憫下民之垂死。故不必佩解疫之芝草，服延年於菖蒲。而祓除災祲，漸次安謐。化宇共隸，春臺同登。夫固賴精誠之感通，共額手而稱慶。已然而一勞永逸，謀必求乎周詳；正本清源，事貴得其要領。欲進伏魔之策，遂究致災之由。意以六道九幽，癘氣斯積；五途入難，遊魂日多。困苦至極，則剽掠漸滋；抑塞久則狡獪百出。譸張爲幻，勢誠必然。防範忽疏，害伊胡底？誠使寶筏津指，金繩路開，懺生人之罪愆，伸餒魄而超雪。則濟蓮葉於苦海，化作慈帆，滴楊枝於浄瓶，沾來法雨。不誠借大乘之法力，渡微塵之衆生乎？爾乃共培福田，争修善果。宏納黔首，廣延緇流。建七旬之壇，諏十月之吉。波羅蜜是大神咒最上乘，故名如來。聽蒲團之經聲，咒名解脱，彌桑樹之慈蔭，種是菩提。進焦面之鬼王，命撤泥犁之獄；現慈心於我佛，力開枉死之城。又復登戒壇以隨緣，據齋席而募化。託飯食之鉢，供浄伊蒲開香積之厨，佛言布施。會萬緣之普度，九京之沉魂齊昇；開一片之婆心，五邑之災黎咸賴。將所謂即空即色，現五蘊光明。大慈大悲，度一切苦厄者，此也。兹者會逢首旬之期，用修頂祝之禮。一枝慧劍，才屬禍根；一輪禪輝，乍彌壽宇。灑功德之水，火宅之凉方生；散阿陀之花，祇園之樹初種。

所願一鼓作氣，衆志成城。始基既端，半途毋廢。更竭後路之力，勉圖垂成之功。行見開誠佈公，上邀佛鑒駕福乘喜，仰賴神庥加以力臻全神，共立勝舉。三教登翌，一局終成。引慈雲之彌天，沐甘露於揮塵。盼四境之綏靖，慰萬家之禱祈。惟至誠者能感神，知修德者必獲報。爐香乍熱，佛弟子誠恐誠惶；罪花已焦，大菩薩救苦救難。吾知民樂安化，地稱吉祥。刺桐有花，開作曼陀之果；筍江流水，共登大願之船。旋乾轉坤，因禍得福。爲之兆也，不其然乎？（心印）等忝膺法壇，力闡經意，寅肅丹奏，申明素心。此時法鼓剛鳴，誦金經而塵皈命；他日靈音畢奏，書寶牒以告成功。惟希仰沐恩惠，俯體微忱，不勝膜拜頂禮之至。謹疏。

第二旬表文

秉教加持主行法事沙門（心印）誠惶誠恐，稽首頓首，九拜上言：伏以桐郡延禧五邑絢曇雲之覆，蓮臺說法，九霄沐甘露之施。仗佛法之無邊，善緣喜結；荷恩光之普被，浄果同修。凡在光天化日之中，均蒙法雨慈雲之蔭。今爲大清國福建省泉州府延禧局闔郡官紳士農工商軍民人等，因念去歲氣候有愆，以致衆生災祲迭告。死生呼吸，聞之碎膽摧肝；癘疫流行，見者傷心慘目。幸荷天心仁愛，獲值夏午安全；都由佛力扶持，如登春臺熙皓。用是消凶迪吉，議結良緣，且將合掌齊心，虔修浄業。遵關聖帝君之諭，誦大方諸佛之經。一誠格天，潔心香於上界；五體投地，虔頂禮於梵壇。惟願金繩開覺，寶筏渡迷。錫兩字之平安，慰萬家之祈禱。水旱、戈兵、毒癘，未刦全消；幼稚、少壯、老羸，群生咸遂。庶泉郡增延福祉，亦夜臺永放毫光。樂世界之蕩平，荷神天之覆幬。從此古稱“佛國”，長開法界華嚴；地號“温陵”，群享人間富貴。垂吉雲而廣佈，火宅生涼；灑法水以頻沾，泉山被澤。應鐘甫奏，譜出有脚陽春；□鉢時擊，自有點頭頑石。豈惟齊雲、紫帽，瑞獻名山；抑且浯渚、洛江，甘流醴水。（心印）等寅衷敬表，子墨重申。復祈慈鑒，永錫天庥，無任仰望翹瞻傲切屏營之至。謹奉表以日，合著松煙，上達神聰，兼行榜諭。須至榜者。

赦　文

釋迦如來遺教沙門法事奉行靈山佛旨，爲普濟幽冥頒行赦命事。據大清國福建省泉州府闔郡士商四來等衆，叨蒙通淮關聖帝君澤布鸞音，默宣鴻誨，命修絜果，共結蘭因。延鹿苑之緇流，啓龍山之素席。正擬沙門説法，羅百葉以繙青；合持天竺遺音，叩九幽而遍白。俾悉超生脱劫，陰曹傳赦宥之文；直同解網開恩，陽界著寬刑之典。庶幾拔沈淪於苦海，鶯語佛共説慈悲；開鎖鑰於愁城，鶴飛仙任憑解脱。試稽首而塵皈命，謹合掌而白佛言：粤自鯤海翻波，鰐煙蔽日。患遺養虎，毒恣吞鯨。背城傾一戰之師，漂杆瀝群生之血。生靈塗炭，大干天地之和；民命凋殘，隱釀災祲之氣。既干戈之迭遘，旋癘疫之頻加。泉郡分野星聯，熏天日射。腥風遠遞，蜓雨横飛。鶴唳驚聞，縱乏同袍之賦；蠓塵祓沴，誰收脱簇之功。當塵劫之慘遭，願福音之共佈；比災區之肅靖，宜盛舉之修明。爰集高賢，依集賢之勝境；同昭喜慶，得昭慶之嘉名。由是壇設承天，文頒下地；祥幡樹蔭，法鼓鳴庥。十月小陽春，煦物則春真有脚；一場大歡喜，延禧則喜洽群情。叩一十八獄之圜扉，宏恩不次；作四十九天之浄果，大會無遮。按七日以奠一旬，合七旬而成一舉。旬登一座，持偈諦以超生；座配一城，脱幽囚之枉死。幸諸滯魄，共得奇逢。男列男堂，女歸女室。結人緣於香火，納冥庫之泉刀。分河潤以生枯，天厨化食；渥膏流而豐瘠，地府臚歡。法語聽來，應點頭而大悟；禪機參破，儼生面之别開。今特命爾幽魂：歷劫人間，沈冤地下。貧窮富貴，品類難齊。苦厄冤仇，死傷不一。欲拔迷途之苦，但憑佛力之施。悟生者各受以生，悔罪者不加其罪。所有一切森羅鐵案，法府金科，孽鏡照冤，恆河數刦。舉三生之罪惡，付一筆以勾銷。翹首天堂，脱身地獄。了無邊之酸楚，囹圄一空；入有路之輪回，超昇萬劫。不拘種類，胥開口面之仁；凡掌權衡，共竭一身之力。至各屬關津境主、土地福神，仍宜悉予放行，勿容阻止，俾悉梵壇，　　　聞。

太歲丙申年十月　日　主行法事沙門（心印）表奏

第三旬表文

秉教加持主行法事沙門（心印）誠惶誠恐，稽首頓首，九拜上言：伏以作大獻於玉京，脱離衆苦；仗化通於金像，普濟群生。世界大千，惟望金繩開覺；佛天尺五，仰希寶筏渡迷。凡在冥途，荷恩光之廣蔭；用增陽福，喜壽醴澤之旁流。

今據大清國福建省泉州府延禧局闔郡官紳士農工商軍民人等，蒙關聖帝君諄諭，建西方諸佛梵壇。禮懺宣經，爲幽魂略填冥庫；延禧植福，合大衆虔竭齋心。壇掃承天，既朗鳴夫法鼓；場開淨地，復廣演夫瑜珈。轉寶藏，以超昇極樂國，已無苦趣；焚文憑，以通往大願船，盡有歸魂。凡兹超拔之宏恩，咸荷慈悲之大德。惟願陽回忝谷，祚溢桐城。國泰民安，災祲悉泯；和風甘雨，愆伏無聞。祥兆螽麟，丁男鵲起；榜開龍虎，甲第蟬聯。務農則蓄修九年，倉儲紅朽；服賈則利欣三倍，家盡素封。物阜民康，休禎驗諸粒米；年豐人壽，善氣召於瓣香。皆由佛力扶持，五邑時增福祉；仰荷神恩丕冒，九京永放毫光。（心印）等屢謁（竭）寅衷，再三申意，復祈慈鑒，永錫天庥，曷勝翹瞻屏營之至。謹奉表以聞。

太歲丙申年十月 日　主行法事沙門（心印）表奏

第四旬表文

秉釋迦如來遺教加持主行法事沙門（心印）稽首和南，敬白佛言：伏以法輪廣大，循兩戒以周環；慧炬光明，照九幽而洞鑒。蕩劫灰於黑籍，湛露宏敷；潤燋種於青亭，妙雲廣覆。敬合檀施之力，虔修梵課之功。翹瞻蓮界以皈依，伏冀葵忱之薦格。

今爲福建省泉州府城厢内外官紳士庶軍民人等，竊因客歲，以迄今年，時疫爲災，生靈罹劫，肘生楊而量緑，刺股創深；口唾榴以凝紅，蕩胸血濺人。非林甫，偏逢鼠孽之災；賢似叔，故難勝蛇妖之怪。幸荷彼蒼孚佑，我佛垂慈，蠲除浩劫之塵，重啓庥祥之宇，惟是災氛既靖，允宜浄業聿修。庶延福佑於方來，共迓禎祥於靡既。爰偕善信，祗竭精誠，恭奉通淮關聖帝君，揀十月之良辰，結萬緣之勝會。經繙寶藏，轉清唄於魚山；懺展瑶函，禮真詮於獅座。轉諸天之法藏，彩涌金輪；咒浄土之微言，香飄玉鼎。金分祇樹，惠普泥犁；饌撤伊蒲，飽騰薜荔。以斯妙果，仰結勝因。伏祈法聖證明，慈悲照納。祥凝晉水，祚溢泉山。蒸善氣於一方，不愧地稱“佛國”；扇和風於四序，無慚郡號“温陵”。橋通御史之波，屏除邪厲；山帶將軍之石，戢伏刀兵。科第蟬聯，名勝應狀元之井；師儒鵲起，淵源尋夫子之泉。從兹清紫葵羅，長鐘嘉氣；定見祓禧祧佑，永兆休徵。（心印）等忝隨法嗣，代達誠衷。屢竭寅忱，叠陳申禱。蕪章再注，箋疏頻通。伏候恩慈，俯垂鑒納，不勝膜拜頂禮之至。謹奉表以聞。

太歲丙申年十一月 日　主行法事沙門（心印）和南

第五旬表文

秉釋迦如來遺教，加持主行法事沙門稽首和南，敬白佛言：伏以相輪旋轉，龍象輝騰；慧炬照臨，人天界悦。望慈雲於西極，厄解銅圍；注法雨於東垂，涼生火宅。劫壺移轉，三災有不到之庭；神驥騰驤，五衍有可憑之軾。恩窮沙界，劫换磨塵。集布地之金錢，無遮作會；演浄天之梵咒，有感能通。爰伸草野之忱，上瀆蓮臺之聽。

今爲福建省泉州府城厢内外官紳士庶軍民人等，起自協洽之歲，迄兹涒灘之年，種種孽生，跕跕鳶墜。人非瞿薩，創甚生疤，聲咽杜鵑，壺成唾碧。出蛇術杳，問華佗而無方；溷鼠技窮，觸霍門亦僕。寒冰熱鐵，苦惱備嘗；雨魄雲魂，滯沈不少。策以窮夫祈禱，疾未起乎膏肓。恭奉通淮廟關聖帝君，示以呼籲之途，借達通明之所。幸蒙天穹眷顧，佛聖矜憐。現普光明，示大慈愍。夫人百道乳，皆化醍醐；羅漢一針尖，安坐廣衆。卒令修羅入藕，避睒睒之刀輪；鬼母揮戈，泣啾啾之金鉢。尼蓮輟水，穩渡慈航；洛陽伽藍，咒回枯樹。罪花凋落，燋種萌生。影覆鴿王，灰消羊劫。災氣既掃，浄業聿修。爰自十月之辰，謹結萬緣之會，虔偕善信，廣演瑜珈。助德勝土麪之齋，灑圖澄鉢蓮之水，採華梵夾香爇旃檀；想象兜羅經，經繙貝葉。轉泥犁於法藏，唪浄土之真言。供獻果花，園成歡喜。楊枝嗽齒，宣秘笈於毘尼；薜荔招魂，飲伊蒲之盛饌。固已化城並入，浄域同遊。兹當五七之期，載誦涅槃之偈。伏祈法聖證明，慈悲照納；元關幽楗，總拔沈淪；鯉郭桐城，仰邀福佑。物消疵癘，民用平康。更法力之有加，保皇圖而永固。等忝隨法嗣，代達誠衷；衹建壇場，書陳香火。葵忱一縷，箋疏五通。伏望鴻慈，俯垂洞鑒，不勝膜拜頂禮之至。謹奉表以聞。

太歲丙申年十月　日　　主行法事沙門（心印）和南

第六旬表文

秉釋迦如來遺教，加持主行法事沙門和南稽首敬白佛言：伏以聲音輪轉，白法超生，智慧芽開，元言宣秘。菩薩原分十地，梵王自有一天；如如覺後之身，的的西來之意。回頭彼岸，艤寶筏之三乘；如是我聞，接心燈之一點。非非想處，亦建天宫；種種光中，别成世界。設無遮之大會，咒鉢生蓮；闡密諦於真如，談經點石。劫壺浩渺，三災有不到之庭；法相圓通，一葉現無窮之國。啓經函之百牒，心動葵忱；颺佛火於一燈，誠通蓮座。

今爲福建省泉州府官紳士庶軍民人等，痛温陵頻年遘癘，憫臺郡去歲罹殃。迭生二竪之災，莫續一絲之命。仙洲路渺，香罔驗夫返魂；月府宵深，藥弗靈於不死。極目泉宫晝黑，鬼哭啾啾；傷心磷火宵清，鵑啼慘慘。遂令罪花燋種，聚六道之遊魂；何堪熱鐵寒風，畫九幽之變相。斯固法輪未轉，致使佛日無輝。恭奉通淮廟關聖帝君，示以籲禱之誠，上瀆穹蒼之聽。幸蒙天心矜憫，佛法慈悲。寶號一宣，銅圍立解。眉低菩薩，咸推一念痌瘝；舌運廣長，共議萬緣普度。迓刺桐之福蔭，齋壇則寺啓承天；繙貝葉之經文，梵語則聲聞浄地。設盂蘭盆而救度，爲薜荔道以懺除。大弟子十八部經旁通覺悟，小夫人五百道乳並化醍醐。花水澄懷，試説菩提之果；楊枝嗽齒，請談文字之禪。燃無盡之燈，紙錢似雪；餐大悲之飯，香米如山。大招小招，共聽酸文之唱；新鬼故鬼，同聯歡國之遊。固已大願船浮，拔昇苦海；八功水滿，普度慈航已。兹逢六七之期，再説大千之法。恰值黄鐘應管，杜結蓮花；重煩白馬馱經，園開祇樹。伏祈禪燈朗耀，慧炬高燃。引西極之慈雲，注東垂之法雨。生死人而肉白骨，齊上化臺；上碧落而下黄泉，咸通覺路。鷄園鷲嶺，大功緣個個圓通；鯉郭桐城，好報施家家歡喜。總賴檀那之助，成兹超拔之功。（心印）等誦法沙門，澄思蕉水，肅陳花果，廣演瑜珈。箋疏六通，上達蓮臺之聽；檀香一瓣，代攄草野之忱。伏望婆心大施法力，不勝㬫臆皈依之至。謹奉表以聞。

太歲丙申年十一月 日 主行法事沙門（心印）和南上

第七旬表文

秉釋迦如來遺教，加持主行法事沙門（心印）稽首和南，敬白佛言：伏以慈航廣濟，利普十方。慧炬高懸，圓成一切。導生靈於四九，法雨宏施；循世界於三千，祥雲遠覆。塗將香塔，纍七級而功成；並入化城，蕩三災而灰掃。紅羊劫換，白鶴飛來。集大會於無遮，分耀光明之域；慶群生於在宥，平填歡喜之園。爰陳覼縷之蟻，誠冀藉昇聞於獅座。

今爲福建省泉州府城厢内外官紳士庶軍民人等，自從協洽之年，迄兹涒灘之歲，災罹鼠即，病起蛇疑。極贅柟瘤，痛剥膚而切近；榴紅荔碧，沫隨口以吹噓。冰山熱海之交加，備諸苦惱；黑甜黄粱之睡夢，頓入膏肓。扁鵲無方，安得臟中見症；梁公乏術，誰爲腦後下針。既祈禱以無從，亦瘡痍之未復。恭奉通淮廟關聖帝君，憫赤子之顛連，竭丹誠而呼籲，仰荷上蒼眷佑，我佛悲憐，力揮龍象，界顯人天。坐廣衆於針尖，或爲解脱；拔諸子於火宅，盡得清涼。移到靈泉，浄瓶枝灑；咒回枯樹，燋種萌生。固已浩劫默消，庥祥臻至。然而九幽餒魄，漂泊何依；六道遊魂，殢沈不少。惟冥塗之普照，允浄業之聿修。乃輒十月良辰，喜結萬緣盛會，敬偕善信，廣演瑜珈。爲薜荔道而懺除，設盂蘭盆而救度。口繙貝葉，清醮啓於漁山；齒嗽楊枝，真言唪於鷲嶺。轉法輪之廣大，十地軋以回旋；騰寶鼎之芬芳，諸天悉爲供養。託阿難鉢，饌具伊蒲，給須達園，金分祇樹。兹當七旬期届，演就三乘經成；十二之因緣俱酬，百八之牟尼已遍。金繩高啓，齊宏大願之船；寶筏同登，常清功德之水。伏祈法聖證明，慈悲照納。青華黑籍，總賴超拔之宏，晉水泉山，群沾覆被之佑。扇和風於五邑，曜慧日於康衢，翹願力之宏深，庇國基之鞏固。（心印）等忝隨法嗣，代達誠衷，祇肅旃檀，申祈蓮界，葵忱一片，箋疏七通。伏望恩慈，俯垂洞鑒，不勝膜拜頂禮之至。謹奉表以聞。

光緒二十三年丁酉春日

維光緒二十二年歲次丙申，十月壬戌朔，越六日丁卯，泉州府延禧局董事暨闔郡紳士軍民人等，謹以香楮庶饌之儀，奠告於十方男女幽冥之靈。曰：吁嗟乎！月缺花殘，千古有難彌之憾；天荒地老，百年無不盡之身。大都緣謝紅塵，便合魂歸黄土。然飄茵墜溷，生且異其遭逢；而月黑磷青，死或傷於沈滯。佛恩未荷，鬼趣終淪。吾泉鼠疫既平，鳩安共慶。奉關聖人之訓示，仗諸菩薩之慈悲。樹刺桐城之幡，謹輒十月，設盂蘭盆之會，喜結萬緣。開四十九日之道場，放億萬家之焰口。齋壇施食，爲薜荔道而懺除；梵唄宣音，藉楊柳枝而揮灑。填庫以輸冥幣，轉藏以蕩生機。將以了萬種之業冤，解九京之幽憤；生死人而肉白骨，普度慈航，上碧落而下黄泉，大開覺路。伏念十方殢魄，四處孤魂，或罹風霜水火之災，或受疹癘刀兵之劫；或沙場戰死，碧血未乾；或産室艱危，青年遽殞；或異鄉溘逝，難歸客子之魂；或後嗣凋零，幾餒若敖之鬼；亦有懸梁自縊，飲酖以終；爲廢疾而捐生，受非辜而畢命。鳳山叢莽，紙錢與麥飯皆虚；鯉郭丐棺，秋菊與寒泉誰薦。無嗣宫拾起之木主，育嬰堂失養之亡孩。凡在幽冥，均遭困厄。爰致蕪詞於靈次，載傾絮酒於樽前，招魂且仿《離騒》，降鑒更通肸蠁。合卑尊長幼，普蔭慈雲，便女緑男紅，亦沾甘露。所願超昇上界，生天證仙佛之緣；尤祈呵護温陵，終古迓祥和之福。尚饗。

覺皇梵壇

大清國福建省泉州府城厢内外闔郡官紳士商軍民人等，叨通淮關聖帝君諭，奉佛宣經禮懺，開普度，會萬緣，爲男堂女室幽魂略修填庫，用資冥福，給牒特申事。蓋聞法輪轉世，冥庫受生，既終轉世之天年，必納受生於地府。兹緣超度爾等男女幽魂，略修填庫。愍含冤於下地，結善果於承天。有糊銀爲折兑，有白打之紙錢。就三所之魂龕，配七旬以焚化。今爲第×旬，預行填納。延禧局特備冥財×仟萬貫文，並冥銀×仟，填納陰府十二該庫大夫曹官案下。但恐封數若干，有難懸擬，特向陰府掌曹，先投牒文。懇祈就中匀扺。俾爾有衆，咸造在庭，聽於所司，盡行銷案，各種菩提之果，毋懷争競之心。庶幾爾等遠近幽魂，差堪慰願泉臺，亦得皈依蓮界，或者往生浄土，免貽負欠之名。宜其特謝塵緣，共脱濁流之苦。尚其慎旃。須至牒者，以爲西方公據。

太歲丙申年十月 日　　請秉教加持法事沙門給

《閣郡延禧》通令

現奉關聖夫子諭：此次普度，每日祭獻米飯甚少，須於旬日多備米飯，以便登座化食，普施幽冥，並分給貧民。祈善信加意，多敬米飯。於各旬日午刻，到局交齊，幽明受福。此佈。

延禧局啓

注：以上諸材料摘録自《閣郡延禧》，光緒丁酉（光緒二十三年，1897 年）仲春，郡中紳士庶公立，吴魯敬書。資料係北京大學王銘銘教授贈送。原件藏厦門大學圖書館。

十　平安、健康、添福壽、丁財加添

民國十六年（丁卯，1927 年）吳門楊氏酬神疏

叩答神恩

伏以一柱茗香通三界，萬里禎祥萃人間。

今爲福建泉州府晉江縣在城三教鋪厚誠境居住，奉道，叩答植福。信女吳門楊氏

男　祖尉

婦　王氏

孫　蜂涯

偕闔家用等，荷斗真主照賴，神力扶持。但念信女吳門楊氏，因於前心願叩求。

北斗星君庇佑，男孫今逢周歲，並闔家平安涓吉。今月廿九日，就於觀中添贊根枝，許願綫戲，叩答神恩，共保平安事，丁財加添。謹具上聞。

天運丁卯年 二月　日上疏

民國二十一年（壬申，1932 年）吳門楊氏酬神疏

神明最靈

今據福建泉州府晉江縣在城三教鋪厚誠境居住，奉道祁安植福。信女吳門楊氏因爲三媳婦外出回家，心願叩下。

血瘋（峰）把心夫人孚佑闔家男女平安，許願寶藏燈金，叩謝。

天運壬申年　九月廿三日 上疏

民國二十一年（壬申，1932 年）吳門楊氏酬神疏

天恩廣大

伏以昔日求恩，沐穹蒼庇佑，今晨懇禱，盡蟻民之微忱。今爲福建泉州府晉江縣在城三教鋪厚城境居住，奉道守願，叩答植福。

蟻婦吳門楊氏主命　　年　　月（日）時生
次子吳祖慰主命　　年　　月（日）時生
孫吳邦彦主命　　年　　月（日）時生
孫吳邦良主命　　年　　月（日）時生

偕闔家人等，荷天地巨庇，賴神光扶持。但念楊氏因前願叩祝昊天玉皇上帝，萬壽求庇。弟（第）三螻蟻回家水路順序，并媳婦生産男孫，又孫兒身命康健，全家平安，許下金燈綫戲，涓吉十一月十五日，就於通淮廟丕建。

清壇寶燈經，祝燈披陳，三獻花果珍品午供，進上表文，提演木戲，貢化金楮，昭答天恩，更祈福祐，家門昌吉，福壽求寧，四時八節有慶，諸事亨旺，供（共）保平安。謹疏。

民國壬申年十一月　　日上疏

民國二十二年（癸酉，1933 年）吳門楊氏酬神疏

一心誠敬

伏以昔日求恩，沐高真而默庇。今晨悃答，蓋螻蟻之微忱。

今爲福建泉州府晉江縣在城三教鋪厚城境居住，奉道叩答植福。

蟻婦吳門楊氏主命		年	月	日吉時生
男兒	海量主命	年	月	日吉時生
	祖約主命	年	月	日吉時世
	祖慰主命	年	月	日吉時世
三媳婦	王氏主命	年	月	日吉時世
男孫	邦彦主命	年	月	日吉時世
	邦臺主命	年	月	日吉時世
女孫	姚津主命	年	月	日吉時世
	姚姿主命	年	月	日吉時世

闔家人等，荷天地巨庇，賴神力扶持。言念蟻婦吳門楊氏於前心願叩求。

玉皇大帝庇佑三男祖慰身體安健。今逢三旬，並求闔家男女均安。許願全燈，虔誠酬謝。涓吉瓜月廿八日，就於通淮廟建立清壇，延道宣經祝燈，披陳花果，提演偶戲，午供進表，焚化金楮，昭答天恩。更祈庇佑家門迪吉，人眷順序。當壇伏願，三男祖慰四旬，闔家平安，再叩皇天。

天運癸酉年　七月　　日叩疏

民國二十三年（甲戌，1934 年）吳門楊氏祈

神恩庇佑

伏以祈善信，添福壽，叩神明，保平安。今爲福建泉州府晉江縣在城三教鋪厚誠境居住，奉道叩答植福。

信女吳門楊氏	
男	祖慰
媳婦	王氏
男孫	邦彦
	邦良
女孫	姚姿

偕闔家人等，荷恩光庇佑，神力扶持。但念信女吳門楊氏因於前心願叩求。

北斗星君庇佑男孫邦彥身體康健。今逢十歲，幼庚順序，並闔家平安，虔誠叩答，涓是今月初一日，就於觀中建立清壇，延道宣經祝燈，報陳花果，羅列珍品，提演偶戲，午供進表，化貢金楮，昭答恩光。更祈庇佑闔門迪吉，人眷均安，添贊根枝，丁財加添，謹具。

天運甲戌年三月　　日上疏

一心誠敬

伏以祈善信，添福壽，敬神明，保平安。今爲福建泉州府晉江縣在城三教鋪厚城境居住，奉道叩答植福。信女吳門楊氏主命，闔家人等，荷恩光庇，賴神力扶持。但念信女吳楊氏爲女孫於前，願叩血瘋（峰）夫人孚祐，得育女孫。今逢周歲，許下寶藏，大伸敬謝神光。更祈庇佑闔家清吉，大小平安。涓吉今自廿一日到廟筵奉。謹疏 。

天運丙子年十一月　　日上疏

民國二十五年（丙子，1936 年）吳門楊氏祈神疏

注：以上諸酬神疏來源，見諸泉州通淮關岳廟董事會、泉州市區民間信仰研究會合編《泉州關岳信仰民俗研究文集》第 46 頁，注（16）。（泉）新出（2001 年）內書第 011 號。原手抄件存泉州南門天后宮。

十一　巡狩

巡　狩

最能表現關帝的威靈顯赫和民衆對他的肅穆敬畏的事件，就是關帝的巡狩，俗叫“遊燈”。

巡狩本來是天子的事，因關羽已封爲帝，所以他的出巡就稱巡狩。巡狩一般三日。

歷史上關帝的幾次巡狩，都是在嚴重的天災人禍降臨泉州的情況下舉行的。其儀式之隆重，民衆之虔誠，比真帝王駕臨有過之而無不及。

謹就最近一次關帝巡狩爲例説明。

巡狩的時間和背景：民國三十二年（1943 年），泉州鼠疫大發，遍及郊區鄰縣。嚎哭之聲四起，送屍扶柩時見。死神在上空盤旋，全城陷於恐怖之中。據當時住在東街的人計算，一天之中，送尸上東岳山埋葬的竟多達一七二人，加上送往其他各地的不下二百人。這是抗日戰争後期，外受日寇的侵略，内因政治腐敗，衛生防疫工作落後，致使人民呼天不應，叫地不靈，只能聽天由命，忍聽遍野哀鴻，慘看屍體川流。

這種情景，使人想起清光緒二十一年（1901 年）泉州疫情。當時也有人在東門計算過，一日之中，送尸體出東門的竟達一二〇次。當時人們是如何平息這場災禍呢？人們歸之於請關帝巡狩，鎮妖驅邪。這種説法是迷信的，但在迷信的行動之中，做了許多科學的衛生防疫措施，制止疫情的蔓延。

這時死神在泉州上空盤旋，政府既無力驅除以保民，老百姓就只能求之於關帝。

巡狩過程：謹就最近這一次巡狩情況作介紹，借以保存歷史面貌。讓將來的人藉此尋覓前人走過的踪跡。

首先，在關帝出巡前一個月出“香條”（即通告），貼遍七城門。讓城内外民衆知曉，開始齋戒。全市大掃除，清汙溝，洗厠所，拆鷄塒，除障礙。出巡前三日，全市禁屠。

其次，出路關。路關有刻版，刷拓張貼，並廣泛賣給群衆。

路關内容：

泉郡通淮廟關聖夫子

漢壽亭侯聖駕出遊路關

日　　時由本廟起駕從　　經過　　至　　聖駕回廟

日　　時由本廟起駕從　　經過　　至　　聖駕回廟

日　　時由本廟起駕從　　經過　　至　　聖駕回廟

年　月　日

泉郡通淮關岳廟董事會

出巡前，必須先向天公進表。即向至高無上的衆神之王奏聞，祈求弭災降福。進表前三天，縉紳董事與參與盛典的文武官員，即齋戒沐浴。

五月十九日夜子時，聖駕出廟。沿途灑掃自不必説。奉表縉紳在前，“香擔”、“球爐”、“燈儀”跟隨，然後是關帝二駕、龍宮城隍、關帝大駕，依次前進，一路上莊重肅穆、悄然無聲。

出巡隧伍聖駕依次排列，奉表官肅立，司儀唱儀。禮畢聖駕回廟。

傍晚開始第一天巡狩。千家萬户擺設香案，案上供五果、六齋、清茶、鮮花，點燃炷香、對燭，熏燒貢末、檀香。全城鞭炮轟鳴，動地震天，硝烟彌漫，烟灰騰空。執帚、舉叉，拉布攔之信士信女，先行開路。通淮街上排好隊列：路關前導，鳴鑼開道。四面大鑼，每面直徑一米多，每面兩人抬着，啌——啌——啌，聲音沉雄。執棒舉牌之士分成兩行，“肅静”、“回避”，黄底金字。一個彪形大漢高擎大纛。纛杆插在竹筒中，竹筒挂在大漢項頸上。纛高數丈，纛尖繫四條彩繩，四個大漢分四角拉牽。纛上寫着“忠義神武靈佑仁勇威顯護國保民精誠綏靖翊贊宣德關聖大帝”。接着是旗燈，旗燈以燈爲旗，扎三十二圈，每圈挂一紅燈，單行竪舉，約二十餘對。再次是長吹隊，犀螺隊，打——打——齊鳴，嘟——嘟——陣響，陣勢威嚴，鬼遁神驚。接着便是各鋪分、各行莊、各鄉里敬獻的禮儀。禮儀大多是《山海經》圖中的獸類，有麒麟、獅子、貎豸、虎豹、駿馬、四不像等等，不下百餘隻。多是用棉紙和紗絹糊成，底座加上木輪，推推拉拉前進。每件禮儀由樂隊伴送，樂隊有各種形式，或五音，或十音，或弦管車鼓。隊伍填街塞巷，燈火成河，管弦喧天。

待到關帝起駕，“香炮”連響十二發，震耳欲聾。鞭炮大響，呼聲騰起。人群擁着“大帝”、“二帝”出廟。二駕八人抬，八人護，大駕十六人抬。關帝雖是所有信奉男女所共有，但此廟在龍會鋪，因此起駕出廟這一段，是龍會鋪人的專利。聖駕出廟後，便人人都有權争。喊“買一肩”。“買一肩”就是商量讓抬幾步。其實，大多是剛放上肩就被别人“買”去了。這“買一肩”表示對關帝的虔敬；能“買一肩”便感到無限榮幸，以爲這樣就“福禄來臨禍不侵”了。

聖駕開始巡行，一路上前呼後擁，大街變成人流。有障礙即除，有臟汙即清，有厠所則拉布攔遮掩。天威駕臨，沿途跪拜，叩頭如搗蒜，響聲如擂鼓，禱告如誦詩。有的淚隨聲下，感謝聖恩，虔敬之情無以復加。誰敢褻瀆神明，冒犯衆怒，立即化爲齏粉。如巡狩隊伍路過聚寶街時，有個賣鷄蛋的異教徒，衣服曬在樓上欄杆外，前哨執叉者，把它叉開，不料樓上潑下水來。於是立即激起衆怒，人流涌入屋去，家具盡行搗毁；人幸逃匿，才免喪命。

關帝巡狩之後，果真疫情大減。探討其原因，實歸功於人力。

第一，全城徹底大掃除。蚊蟲無孳生之所，鼠蛇無藏身之穴。

第二，貢末、炎硝、琉璜、丹砂，烟燻氣蒸，天上地下全面消毒。

第三，全市官民解除精神枷鎖，心膽俱壯，抗疫能力加强。

第四，疫情最嚴重時，也是轉入尾聲之時，猖獗之勢已斂。

這就是迷信的行動之中，寓有科學的功果。

這樣的盛典，傳聞頗多，數月之中，茶餘飯後，街談巷議不絕。往往講起一支鵝毛，幾天後講成鵝成群，使這種迷信活動蒙上神奇色彩。

注：見傅金星、曾焕智《泉州通淮關岳廟志》“活動”，“關帝巡狩盛況”。1986 年 5 月版。

十二　結拜

端榭蘭譜序

端榭何以名？端者，正也。正己而後正人；端者，始也。慎始所以圖終。吾泉端品勵行諸君子，結成好會，而榭以端名，非徒取慎始之義，將以正人倫之不正而以身率之也。自邪説流行，名爲平等，無上下之分矣。曰小家庭，無父子兄弟之親矣。戀愛自由，夫婦之倫更不堪問矣。猶有存者，相見恨晚，如弟兄，交際往來，未嘗無友。然而乘車戴笠，口血未乳，覆雨翻雲。肺肝如見，則朋友之倫不絶而絶。夫友者，人倫之所維係也。舜有七友，又有四鄰。古之聖人，亦藉朋友之助，以立人倫之極。是以兑亨利貞，垂諸易象；攻玉攻錯，載於詩章。記曰：朋友之交，一人有善，其心好之；一人有惡，其心痛之。通貨財而不計，共憂患而相救。友道如是，今或無之。端榭諸君子，蓋有志於敦古誼，挽頹風，爲社會之表率，使人紀人綱，復明於今之世懿哉，立榭之宗旨也。僕誠欣焉慕焉，不獲從諸君子後，然志竊有同焉。用綴數語，用附青雲。

丙寅年端節後　吳銘珪敬序

祭文

維中華民國　年端月　朔越　日，端榭同人直祭，（某）等謹以牲禮帛果酒庶饈之品，致祭於關聖夫子之神曰：神人一理，道義勿忘。係公正氣，上薄穹蒼。配義與道，無體無方。式兹黎庶，示以綱常。兹我同志，聲氣相當。車笠盟誓，矢以久長。在陰鶴和，序齒雁行。道以相助，義以相匡。時維歲首，春日載陽。集成佳會，依公之光。景行行止，臨上質旁。敬陳酒醴，載獻心香。神其鑒諸，尚饗。

儀注

就位　跪　上香　奠帛　獻爵　再獻爵　三獻爵　獻果　獻燈　獻壽朋　止樂　讀祝文　啓讀　叩首　叩首　三叩首　興　跪　叩首　叩首　六叩首　興　跪　叩首　叩首　九叩首　興　禮畢

神前祭品

紅百壽龜粿盒全座（觔半重，插四季花加粿桔）。朱紅洋棗燈全對（備送新正東帶去）。正副東緑地紗燈叁盞（一畔寫硃字金墘，端榭關聖夫子，一畔畫雲龍）。正副東白糖米壽朋叁個（每各一觔四兩，插金花、四季花、菓桔）。奪彩米壽朋四個（寫紅字“福禄壽喜”，插四季花，每各一觔）。薦盒全座（插蜜味八枝）。麵乾三座（掛松竹梅）。供飯全甌（插長春花）。紅員全盤（福禄壽春花二蕊）。

白糖碗糕全盤（四塊，每四兩）。五果六齋全備。清茗花枝全備。禮瓶並爵全付（備紅酒）。白正蘇板綾一尺二寸（疋帛之用金字四個，書禮神制帛）。祭筵二席（四烹盤、四小碗、四大碗、二珍、四點心、水餃盤麵，就席中化，三牲一副）。備各位碗麵、點心二十四碗、燒酒、厚薄煙、茶水、面巾、雪文（足用）。備送新正東車儀小洋貳角，如在廟中致祭，須送香資小洋捌角。

阮鴻，字藻飛，咸豐庚申年正月初三日吉時，光緒丙戌年，陳宗師取進泉州府學武生第四名，開張豐興號瓦窰，世居奉聖舖孟衙巷。永感下。妻唐、楊、張、許氏。子金城、金鏘。孫火土。曾孫。

張文元，字克榮，同治壬戌年九月十三日吉時，開張成茂乾果棧。業商。住居靈慈宮溝。永感下，妻林、楊氏。子昌本、傑、漢，孫貽泉、貽昭。曾孫。

顔慶清，字啓濤，同治丁卯年七月十七日吉時，開張鼎源號綢布莊。業商。住居育才舖許厝埕。永感下，妻黄、傅氏，子受謙、福、安，孫培材、承祜、昭祜、培森。曾孫。

顔階的，字得忠，同治庚午年十一月初十日吉時，開張源茂號糖品棧。業商。世居聚津舖水巷。永感下，妻魏氏，子受鵬、願、福。孫。曾孫。

楊家棟，字景賢，號柏薌，同治癸酉年五月初一日吉時，光緒戊戌年，戴宗師取進泉州府學第九名，壬寅補科鄉試中式舉人第七十七名。世居三教舖厚誠里。永感下，妻王、陳、薛氏。子升、豐、謙、坤、萃、咸、恆、同。孫慶椒。曾孫。

陳育才，字澤山，號起吾。同治癸酉年六月廿八日吉時，光緒戊戌年，戴宗師取進晉江縣學第二十二名，壬寅補科鄉試中式舉人第九十九名。世居聚津舖聚寶里。永感下，妻張氏，子盛明、盛智。孫。曾孫。

洪暘谷，字卜年，同治癸酉年十一月二十日吉時，光緒辛丑年，檀宗師取進府學武生第三名。世承三房擇日館，世居惠義舖塗門街。慈侍下，妻葉氏、蔣氏。子純方、純仁、純矩、純規、純圓、純焻。孫集熙、集藩。曾孫。

陳季珊，字淦甫，一字邦渥。同治癸酉年十二月廿二日吉時，開張聚得號錢莊。業商。世居文錦舖文魁巷。永感下，妻莊氏，子智識、聯芳、智慧。孫。曾孫。

李翰，字秉樞，光緒丙子年十月廿二日吉時，開張錦發號絲綫舖。業商。世居妙華舖元妙觀口。永感下，妻朱、謝、龔、林氏。子溪生、後生、淇生。孫錫齡。曾孫。

唐韞玉，字少華，光緒丙子年十二月十七日吉時，開張慶芳號首飾舖。業商。世居文山舖新門街。永感下，妻陳氏。子景岑、嵩、崇、峰。孫。曾孫。

鄭式纓，字燕汀。光緒丁丑年九月廿三日吉時，開張壺中春號藥棧。業醫。世居萬厚舖井亭巷。永感下，妻吳、陳氏、陳氏。子源生、增飈、淦生。孫。曾孫。

李鶴榮，字炳霖。光緒乙卯年六月初九日吉時。開張義昌號綢布莊。業商。世居陽義舖南大街。永感下，妻吳、洪、黄氏。子永義、克中、番薯。孫。曾孫。

張禮三，字有德，一字德成。光緒庚辰年三月三十日吉時。開張順昌號米棧。業商。世居雲山舖新街。慈侍下，妻郭氏。子呈瑞、呈炎。孫。曾孫。

陳禹亭，字喬木。光緒庚辰年五月初五日吉時。開張萬源號米棧。業商。世居聚津舖竹樹港。永感下，妻吕、翁、張氏。子瀛源、瀛海、瀛洲、瀛彬。孫。曾孫。

曾炳輝，字穎嵐。光緒庚辰年八月初四日吉時。開張萬昌號米棧。業商。世居惠義舖龍會境。永感下，妻黄氏。子澄清、澄曲。孫。曾孫。

尤奕南，字葉舟。光緒壬午年四月初三日吉時。開張爪亞萬隆埠衡石號。業商，世居鐵爐舖龍頭山。慈侍下，妻林氏。子世訓、世評。孫。曾孫。

蔡藻芳，字謀楠。光緒辛巳年二月十三日吉時。開張復源絲綫莊。業商。世居登賢舖承天巷。永感下，妻林氏。子垂權、垂木、垂奎。孫裕炎。曾孫。

陳勳，字世禄。光緒庚辰年十二月廿一日。世居寬仁舖。永感下，妻蘇氏。子兆禧、兆祥。孫丕顧。曾孫。

林芳僊，字成璧。光緒壬午年七月十六日吉時。開張挹蘭亭香棧。業商，世居萼輝舖白耇廟。永感下，妻蘇氏。子澤森、澤如、澤通、澤沛、澤榕。孫。曾孫。

陳慶瓚，字堯眉。光緒壬午年十月初十日吉時。光緒辛巳年檀宗師取進泉州府學第七名。世居兖綉舖菜巷。永感下，妻莊氏。子舜衡。孫、曾孫。

葉起鶴，字寶印，光緒癸未年四月初八日吉時。業醫。世居道口街海清亭。慈侍下，妻林氏。子祖珍、祖烈、祖澤。孫。曾孫。

曾爾增，字奕昌。光緒乙酉年八月廿一日吉時。開張章泰號絲綫莊。業商。世居雲山舖驛内巷。慈侍下，妻吳氏、王氏。子啓泰、啓禧、啓賡、啓滄。孫。曾孫。

陳懋功，字文卿。光緒己丑年十二月初二日吉時。開張昌隆號參行。業商。世居南門外涵口。永感下，妻高氏。子長輝、長齡、長謨。孫。曾孫。

蔡鼎常，字敬五。光緒乙未年八月十一日吉時。開張珍利號。泉州中學校畢業。世居園坂鄉，遷居聚寶街。嚴侍下，妻蔣氏、陳氏。子美卿、美榕。孫。曾孫。

公同議定規則計二十八條：

一，本樹取友必端之義，故定名爲端樹。於民國丙寅年端節後組織成立。

一，本樹組合會友數以二十四名爲限，日後不得妄議增減，倘有不敦品行，不守樹規或不願在樹者，則將其名扣起，再選擇端人補入抵額，以符此數。

一，訂每年恭祝聖誕，以端月十三日爲樹中致祭讌會日期，屆時全體須齊到，以昭誠敬。

一，訂致祭聖誕，或在廟中，或在正東家中，均聽自便，惟不得改越訂日。如正東有急要之事，預先聲明，或託付東或樹友代辦均可。

一，訂每年正東祭日，預備神前祭品，應照簿中物品辦理，不得減少，如違公罰。

一，訂每年祭期，正東須用桃片，或書或印均可，先三日前，取交副東分給諸樹友。片式列下：涓端月十三日午時恭祝端樹關聖夫子千秋，伏祈　　直東　　拜訂　　早臨齊集行禮，爲荷。此佈。

一，訂祭期諸同人須衣常服齊整，準時會集致祭，如逾時不到者，依例公罰。

一，本樹每年致祭日期，卜新正東一位，副東二位，公同推舉臨時經濟司務一位。

一，訂奪彩新正副東均不得與奪，如不到者，他人亦不能代奪。

一，訂樹友每名應交基金壹拾肆大元，集成公款，建業生息，以垂永久。

一，訂鳩收樹友基金，未建業以前，暫存經濟處生息，公議每佰元應貼利息捌釐照算。

一，樹中公同推舉本樹妥人爲經濟司務，將樹友所交基金，歸其建業，每年所收租款，正東逐月應收交經濟處，至祭聖先五日，將全年租款付交直東前去預辦祭品。其樹中所收喜慶款項，原歸經濟處儲積登賬，以備查攷。

一，訂樹中授理經濟一位，任期一年，至讌會日將年收支賬目并存款手續全盤送出。是日公同推舉，連舉可得連任。

一，訂樹中公建物業所有契據，以及所收喜慶之款，雖歸每屆正東輪流收交經濟處，然諸同人應協力保存，倘日後有被人吞没或混佔等事，當公同追究，毋得互相推諉。樹友縱有要切之事，亦不得向經濟處私議借契爲胎或借款暫用，至經濟處當然拒絕，不能私相授受，樹中決不承認。

一，訂樹中議建公業租款，應設摺一個，每年歸正東管理，每月憑摺收租，繳交經濟處儲爲慶祝之費。届期正東可向經濟處全數領出，預辦祭品等物，惟不得過領年息以外，亦不得擅將每月所收租款扣留，侵用不交，違規照例公罰。

一，訂每年舊正東交卸時，應將手續檢點完全，交與新正東承接，倘有不完全，當隨時交涉，毋得稍徇情面。

一，本樹自丙寅年起至十年爲一周年，作紀念會一次，如再遇周年，永以爲例。該年直東應備辦團圓紀念燈二十四盞，紅蛋二十四枚，白糖米壽朋二十四個，每各壹觔，神前香燭足用，以付諸同人帶去，爲受福之慶，經費可將逐年喜慶所存公款，隨時酌撥津貼，如不敷用，可就樹友鳩份補助。

一，訂樹中每年慶祝聖誕，樹友可永遠免交份金，惟須自備金炮，以昭誠敬。

一，訂樹友遇有壽慶婚娶、生子生孫，交出喜慶儀貳大元，由副東收交正東，付交經濟處儲爲公款，倘隱匿不報，查知倍罰充公。

一，訂樹中如有慶弔事，須先五日報知正副東，以便備片傳請，不得擅自舉行。

一，訂樹中友人，如遇祖父母及父母、伯叔、嬸姆兄弟己身，元配子侄孫新婚及吉喪事情，預先三日前備紅片，託副東傳請應酬，全體當齊到，以敦友誼。

一，訂副東職任：凡遇樹中有慶弔事，當會同正東聯絡辦理，每人公訂鳩小銀捌角，三日前齊交正副東代辦禮物往送慶弔，越日各衣常服登堂拜賀奠。

一，訂樹友如遇有樹中應酬事務，須準時親到，設有事故，亦當遣其子弟侄瓜代，抑先日向正副東聲明，如違公罰。

一，訂我同人，凡有居父母喪者，若逢祭聖及樹友喜慶之事，各聽其便，應份禮儀須照原則。

一，公議樹友如不照遵所訂規則，應罰大洋貳元，交經濟處儲存，日後公同解決，作善舉事。

一，訂樹友不得半途改換他人。至本人身故，如有子孫或兄弟侄，均可承接入樹，惟須先向正東聲明，傳知樹友公議許可。然非營業不正及品行卑汙者，不在屏黜之例。

一，訂樹中諸同人，如逢祭日，無故逾三期不到者，開會公議，請其退樹。

一，訂樹中讌會時，新正東、副東應坐首二位，餘皆論年齒坐位，舊正東、副東應坐主人，卑免淆亂。

以上所訂規則，如有未盡善者，俟讌會日期，公同斟酌參改。

注：本資料由泉州市閩臺關係史博物館館長陳建鷹提供。

十三　科舉　仕途

據清光緒年間王鏘《泉郡通淮關聖夫子靈籤》的“占驗”傳説，有許多是記載泉州地區求通淮關聖夫子保佑科舉、仕途順利的。兹摘録占驗數條以説明之。

第三籤　賈誼遇漢文帝

云：“道光間，一人自恃有財，圖謀官爵，已捐同知矣。一旦忽欲詣省浙江候補，故到廟占此。人勸其作富家翁，不聽。旋赴省候委，百計營求，始有差事。因延緩多日，尚未動身。大憲責其怠慢，截留改委。勞碌數年，金盡裘敝，歿於旅寓。”

第六籤　相如完璧歸趙

云：“唯福建泉州府一增生占此，中副車。”

第十三籤　姜太公釣魚

云：“光緒三年，晉江縣張氏有兩子俱應試，其父占此。榜發，惟卯年所生之次子入泮。”

第二十籤　嚴子陵登釣臺

云：“光緒間，安溪縣一生歲試，占此，後惟草索取録十八名。”

第二十二籤　李太白遇唐明皇

云：“泉州有一副貢生鄉試，占此。竟中式。”

第二十八籤　相如題橋

云：“一士人林某問終身，占此。後習武不利，加納爲泉州府牧，終於任。”

第二十九籤　司馬温公嗟困

云："晉江王生，其祖父素世與攷不利。即生自己，府縣試亦曾取結前茅，而院攷仍無名。光緒乙亥，將應院試，入廟禱祈，占此。自謂無望，迨榜發，竟取進。"

第三十三籤　莊子慕道

云："晉江一文會十餘人，於鄉闈前同占此籤，榜發，惟王生取中第四名經魁，始悟《黄庭經》一卷五字之驗如此。"

第五十二籤　匡衡夜讀書

云："國朝泉郡前輩陳繩庵先生占此，鄉闈中第二名，是科解元，榜後磨勘革去。又晉江黄生，於鄉試前在通淮廟占此，至榜發，果中第二名。"

第五十四籤　蘇秦刺股

云："同治甲子年，福建漳州府城爲髪逆所陷，時陸提督林軍門將帶兵進剿，先占此。後果不利。"

第五十五籤　包龍圖勸農

云："泉郡陳生，弱冠時窘甚。咸豐癸丑年歲試，有友欲託場内代作，已定議。其母偵知，不許答應，因詣廟請示，占此。乃以神語並母命却之。是年該生古學正案，俱列第一，得補廩缺。"

十四　生理

據王錢《泉郡通淮關聖夫子靈籤》的“占驗”傳説，有許多是記載泉州地區求通淮關聖夫子保佑生理興旺的。兹摘録占驗數條以説明之。

第十一籤　韓信功勞不久

云：“兩商人同往茶山採茶，多年蝕本，欲收場未決，故託人占此。或勸再做，一信之，一不聽，遂拆股。其一人將資本携歸，中途得病，到歲杪尚在旅寓獨宿，末句驗甚。一人再整，適茶葉失收，但人心太寒，無敢買。彼獨廣購，果大有獲。後因轉贌洋船乃敗。全詩俱應。”

第十二籤　蘇武牧羊

云：“一人自泉渡臺收賬，去時與妻約兩三月便可回來，後經年不歸，其妻遣人占此，及至回家時，計其外出之月，恰與牧羊之年數適相符合。”

第三十七籤　邵堯夫祝香

云：“一人公門不利，占此。乃棄爲商，大獲厚利。”

第七十九籤　文王編易卦

云：“司邑一人，於光緒丁亥履端之月，問生理，占此。是年果大有所獲。越年亦好。至己丑春，當事歿，另換生手，兼用不得其人，生理乃敗。”

第八十六籤　管鮑爲賈

云：“一紙客出行，占此。後遇逆水行舟，風在灘險，舟人不戒，船折紙沉，舟人不戒半没於水。舟人願賣破船賠償，客不忍，縱之而去。至其地，紙大賤，且濕難賣。候曬乾時，紙已賣缺，争買水濕者，大獲三倍之息。此不忍人賠償一念之善也。”

十五　籤詩

泉州關公信仰民俗，還有以籤詩的形式表現。如洛江區馬甲鎮仙公山的“仙公靈籤”，第九十八籤是“關公約三事”，籤詩云：“出入求謀事遲疑，只恐閑愁惹是非。如鳥飛入網中裏，相逢能有幾多時。”並有案云：“關公，即關羽，字雲長，河東解縣人。建安五年（200 年），曹操東征，進攻下邳，圍關公於屯土山上，並派關公故人張遼勸降。張遼與關羽約定‘三事’，曹操賞識關羽爲人，當即答應。於是關羽暫依曹操。”

十六　泉州關帝信仰習俗拾萃

泉州民間關帝（以通淮關岳廟爲主）信仰，有頗多習俗。玆將所見所聞及少時參與者，回憶整理於下，供民間信仰研究者參攷。

（一）尊天

關帝生前忠於漢室和蜀主劉備，成神後也忠於玉皇大帝。玉帝是人、天最高神靈。到通淮關岳廟祈拜關帝，必先焚香向南仰天跪拜玉帝，然後才焚香跪拜關帝（其他神靈亦然）。玉帝不食人間煙火，敬奉他的供品，可再敬奉關帝或其他神靈；敬奉關帝及其他神靈的供品，絶不可再敬奉玉帝。

（二）求卜

到通淮關岳廟祈拜的人，大都要抽籤求卜。故老和吳藻汀先生的《泉州民間傳説》都説，該廟一百支籤詩，是明朝泉州浮橋人、禮部尚書兼東閣大學士李廷機編寫的。理由是：李廷機相信神佛，只有他才能編出這麽多富有文采詩意又有豐富歷史故事的籤詩。

信徒進廟抽籤，愛抽到上籤或中籤。忌抽到下籤。但又不敢企求抽到上吉的“漢高祖入關”第一籤，怕“泰極否來”，没有福分，承受不了，反受其殃。

建國前，每逢舊曆正月初四日神回人間，經常要由吳桂生、林騷、曾振仲、陳仲瑾等有身份地位的士紳，到通淮關岳廟抽“大籤”，或叫“公籤”，卜求合城年運吉祥，五穀豐登。

（三）盟誓

關帝注重情義誠信。《三國志》説他與劉備、張飛“寢則同床，恩若兄弟”，《三國演義》則説他與劉備、張飛“桃園三結義”，成爲“不願同年同月同日生，但求同年同月同日死”的異姓兄弟。關帝逝後，成爲信義神靈。建國前，結拜爲異姓兄弟的好友，都要到通淮廟西側毗鄰的三義廟焚香跪拜宣誓，交换用大紅紙寫的“金蘭誼帖”，先父少時是孤兒，有與異姓結兄弟的“金蘭誼帖”。

古時泉州實行鄉規民約，要到北門約所關帝廟宣誓，並檢查執行情況，進行獎懲。

（四）鎮宅

舊社會至“文化大革命”前，泉州居民家中爲求鎮宅保平安，神龕除供奉福德正神、觀音菩薩外，大都供奉木雕或泥塑的關帝神像。關帝神像有兩種類型，一是正方“忠”字形，一是長方“義”字形。廟宇供奉“忠”字形神像；民間只供奉“義”字形神像，且要到通淮廟“過爐”，才有神靈。

據説明代晉江人、東閣大學士、大書畫家張瑞圖畫的關帝神像最靈驗，最能驅邪鎮宅。該畫像黑底白綫條畫繪。有兩種：一是關帝端坐，一手捻鬚，一手捧讀《春秋》，背後周倉站立，手執青龍偃月刀；一是關帝騎追風赤兔馬，一手捻鬚，一手執持青龍偃月刀。據説我外祖家常有怪異，不好居住，就請（買）了一張印刷的關帝騎赤兔馬手執青龍偃月刀的神像到家中神案上懸掛，就不再有怪異了。這張神像以後傳給我大姨母及我母親，我小時看到，很古舊。“文化大革命”時，連同泥塑坐像一起被毁了。現在泉州民間大都只供奉福德正神和觀音菩薩神像，供奉關帝神像比以前少了。

（五）却敵

人們認爲，關帝生前保國安民，成神後也才能保國安民，遇到外敵或盜寇時，便祈求他保佑。抗日戰爭時，日機常來泉州轟炸掃射，居民死傷很多。那時我才五六歲，和母親都很害怕。一遇日機來了，就和母親鑽到床下躲藏起來。大姨母膽壯又善心，就焚香望空，祈求天公、佛祖、觀音、關帝，把敵機驅逐出境，或掃到海底。我和母親受到心理安慰，就比較不害怕了。不只我姨母這樣祈求，許多老人家也都這樣祈求。

（六）驅瘟

關帝能驅逐瘟神。舊社會至建國前，泉州遇到大災疫，人們無法抵御，都要請出通淮關岳廟的大帝出巡，驅逐瘟神。1943年正值抗戰後期艱難時刻，泉州鼠疫嚴重，國民黨政府漠視人民衛生健康，人死很多。那年就請出通淮關岳廟大帝巡境驅瘟。夏季某天晚上，我親眼看到這一情景。大帝出來，很多人争搶抬扛，説能扛走三步，會生男孩。後面兩柄鉅大巴蕉扇交叉撑起，臉前很多鷄毛帚不停撣拂。大帝前有二帝、城隍爺等神靈作陪出巡。長號猛吹，大鑼猛敲，關刀插上香煙作前導。店舖民家都張挂緑紙燈或緑電燈。擺上香案。街道兩旁有很多人拿着大掃帚清掃邪穢，地上舖草席或麻布。關帝神像一到，一齊下跪叩頭祈求。氣氛既陰森又熱鬧。

故老又傳説，泉州北帝廟的關帝也極靈，曾令神將周倉殺死“僵尸”，解救一私塾先生。

（七）忌諱

關帝廟忌諱上演關帝戲，尤其忌諱上演他敗走麥城之類的戲。傳説某朝代某關帝廟上演關帝敗走麥城的戲，神附在飾關帝演員身上，揮刀砍死（一説砍傷）飾吕蒙（一説潘璋）的演員。官府問罪，飾關帝的演員説他如醉如痴，全失知覺，不知怎的，把飾敵人的演員砍了，才不辦他的罪。以後别的神廟也盡量不演關帝戲。要演，也要在飾關帝的演員的臉上隨便畫幾筆，使之不肖關帝，神才不會附身，不會砍殺或砍傷飾敵人的演員。

又傳説，關帝成神後，仍很忌恨殺害他的敵將潘璋。某鄉一位姓潘的中年婦女，給我母親做保姆。她曾對我説，他們的祖先是潘璋，鄉里有潘璋的廟宇。如關帝神像經過他們鄉中潘璋廟時，鄉里人要給潘璋神像穿上白衣，頭扎白布，抬出來跪地請罪。

以上傳説，都是荒誕的，不足爲信，但反映人們對關帝的崇拜信仰。

注：廖淵泉輯。見《泉州民間信仰》（論文集），第 18—19 頁，泉州市區民間信仰研究會編，2003 年元月。

卷十一

傳說

泉州一帶，關岳廟的傳説很多，關帝的傳説尤多。這些傳説大多是抽籤占卜，顯示其靈異的，因此都帶有迷信的唯心的色彩。但這些傳説在勞動人民或市民中流傳，大多經過傳説者的創造和補充，把他們的希望和思想感情滲透在傳説之中。這樣一來，這種傳説又具有一定的人民性。

下面所選傳説四則，都是流傳很廣，有的是家喻户曉的。這四則傳説，反映泉州關帝廟創建的某些原因；關岳併廟的歷史發展；懲惡勸戒的用心，等等。這些既是歷史資料，又是通俗文學。

一　江夏侯與關帝廟

泉州一帶流傳着許多江夏侯周德興破壞“風水”的故事。迷信“風水”的人認爲，江夏侯所破壞的這些“風水”，有的關係到泉郡氣運，有的關係某族興衰，因此便異口同聲地咒駡他。甚至編造故事，説江夏侯破壞了泉州十八處“天子地”之後，皇帝賜他葬在“剪刀剪浮菱”穴，要讓他斷子絶孫。經他苦苦哀求，皇帝才允許他的請求，葬在“剪刀栓穴”，讓他單丁過代。不料，後人在洛陽橋與烏嶼橋之間，建一座塔，剪刀因此不能轉動，剪刀栓生銹了，結果還是斷子絶孫。

還有一説：江夏侯選擇的墓地，面向雙陽山，稱爲“孩兒吸乳”。即靠吸乳維持其命根子。據云，后來有一個和尚經過其地，見江夏侯墓碑，特地站着瞻望。看罷，笑着説：這小子壞事幹盡，還想延續後代！便建議泉城人士，於此地建個路亭，稱事安亭。亭跨路中，如一拱門，攔住江墓，如牛犢加枷。牛犢加枷就吸不到乳，吸不到乳就活不成。因此，江夏侯便斷子絶孫了。

這兩則傳説都飽含着對江夏侯周德興的刻骨仇恨。

唯獨關於建關帝廟的故事，却是説他有功德於泉州的。不過，這個功德是這個“惡人”誤解泉州人的感情，把憎恨當作愛戴，而良心發現，藉以報答泉州人的善良的。

據説：明太祖朱元璋推翻蒙元統治削平群雄之後，福建地方還很不安定，内地有多處小股雄豪扎寨山頭，海上有大隊船隻横行稱雄。朱元璋問江夏侯福建事態能否平定？江夏侯奏稱：臣觀福建東南有天子氣，如果不斷其地脈，恐難奏效，事態一擴大，將爲後患。朱元璋原是個迷信"風水"的皇覺寺和尚。聽江夏侯一説，有點着急，便下令説：你精通"風水"之道，速帶兵入福建，斷其地脈，平其叛亂！

江夏侯入福建後，一面練兵築城，一面大破"風水"。單是泉州一帶就破壞了十八處"天子地"，如東岳鳳山的"飛鳳下田梁"、丞相墓的"五虎朝金獅"、西南二龍山的"二龍交戲"、府署的"百鳥朝鳳"……泉州縉紳士民被搞得惶惶不安。加上按籍抽丁練兵，徭役頻繁，怨聲鼎沸。可是懾於江夏侯手握上方寶劍，不敢反抗。江夏侯要離開了，泉州人爲之送行。官設儀仗在前，民間"鼓、鈸、吹"在後，江夏侯不禁爲之感動。他想：泉州人實在太好了！我來泉州幹了許多傷害泉州人的事，而泉州人竟這樣隆重地爲我送行。惻隱之心，人皆有之，怎忍心看着泉州人遭殃哩！隊伍出東門，迤邐過東岳到了七里庵，江夏侯下轎拜辭官紳百姓，緊拉着兩位縉紳，沈重地説："我對不起泉郡士民。我走之後，泉州將天災人禍頻臨，爲今之計，急於每城門内建一關帝廟以鎮凶邪，並挖一口井以泄瘴癘，方能消災彌殃。"

泉州風俗，迎親與送殯鼓樂迥然不同。這一天送江夏侯的敲打鼓樂的節奏正是用於送殯的，江夏侯哪里知道，誤認爲是鑼鼓喧天爲之送行，因此大受感動，良心發現，而叮嚀了這一番話。於是泉州合城士紳民衆齊心協力，擇定吉日興工。原來已有關帝廟的，就修建擴大，没有的就擇地興建。七座關帝廟，七口大井，同時併舉，不到一個月便全部竣工了。

江夏侯被泉州人咒駡了幾百年，實際上他做了許多有益於泉州的事，《明史》載：周德興，濠州人，與太祖（朱元璋）同鄉里，少年時很要好。洪武十三年，受命管理福建軍務，不久召回。明年五溪蠻叛亂，德興已老，還是力請前去平亂。周德興在楚（即江夏）時間長，所用都是楚兵，威震蠻中。平定了武昌等十五衛，每年訓練軍士四萬四千八百人。決荆州岳山壩以溉田，每年增加官税四千三百石。楚人感念他。還鄉，居不久，太祖對他説："福建大功未成，你雖然年紀大了，還希望能勉力爲我去一趟。"周德興到福建後，按籍僉練，得民兵十萬餘人；相視要害，築城十六座，置巡司四十五所，海防設備得以完善。三年後歸第。諸勛臣存者，德興年紀最大，每年之中按期入朝，賞賜不絶。洪武二十五年八旬，因其兒子周驥亂宫，一併被殺。

根據《明史》這段記載，周德興所築城十六座，全在泉州府各縣沿海，對泉州府的海防是有貢獻的。他的死也不是如傳説的那樣。按其防衛設施，傳説建關廟挖井事是完全有可能的，賦役繁重而引起當地官紳士民的咒駡也完全是事實。據《泉州府志》載："萬曆二十五年，添募水陸營兵，修繕泉州、永寧二衛及高浦、崇武、福全、中左（厦門）、金門五所，軍費以千萬計。行軍急需，縣官不能按時供給，奔府告急，府藏空虚，日凛凛焉。"周德興當時工程，比萬曆期間的工程要大幾倍。當日民情洶洶之狀，可以此類推。

二　關岳護國更替

封建王朝爲了加强其統治，鞏固其政權，在利用神權爲其服務方面，真是機關算盡。至上有玉皇，陰曹有閻羅，山有山神，社有土地、海有龍王……神無所不在。並極力制造一種現象，好像這些神都是他們的，爲他們服務的。比如，封建王朝往往敕封某個神作爲“護國”神。被選中的這個神，毫無疑問是在人民群衆中享有崇高威望的。既然這個神是這個王朝的保衛者，小民出於敬畏，自然不敢犯上作亂了。

關羽和岳飛，都曾經被選爲“護國”之神。元代初年，岳飛在漢民族中，是反抗異族入侵的光輝形象，具有極大的號召力，當時的統治者當然不願請岳飛出來護國。所以就加封關羽的爵位，請他當護國之神。朱元璋推翻了蒙元統治，就請出這位要“駕長車踏破賀蘭山闕”的英雄來，以“壯志饑餐胡虜肉，笑談渴飲匈奴血”的氣概，給以北方民族一種威懾力量。

統治者的意圖是統治者的事，老百姓的想法又是老百姓的事。這兩者之間也有鬥争，而且顯示了人民群衆的創作天才。

據説：滿族統一中國之後，曾經想依照明代舊制，敕封岳飛爲護國，藉此緩和滿漢民族之間的矛盾。哪知敕令一下，岳飛神像的臉皮竟然脱落了一大層。原來岳飛不願接受這個敕封。岳飛爲什麽不願接受這一敕封呢？岳飛原是宋代愛國名將，他爲了抵抗女真貴族政權的侵擾，打了不少勝仗。他曾經鼓勵將士們：直搗黄龍府，與諸君痛飲哩！他還寫了一首《送張紫巖先生北伐》

的詩：“號令風霆迭，三聲動北陬。長驅渡河洛，直搗向燕幽。馬蹚閼氏血，旗梟可汗頭。歸來報明主，恢復我神州。”可是他的宏願没有實現，反而被奸臣秦檜殺害於杭州風波亭。可憐飲恨千古。他已經看見過蒙古人的鐵騎，蹂躪過中原的大地；如今又眼看女真族的後代——八旗軍隊横行於大好河山。難道他要當這個統治集團的保鑣。他不禁慚愧之極，無臉見中原父老。因此，就掉下臉皮。朝廷知道後，大爲掃興。連忙改封關羽爲護國神，頭銜加到二十六字之多，即“忠義神武靈佑仁勇威顯護國保民精誠綏靖翊贊宣德關聖大帝”，進而追封關羽的曾祖、祖父、父親爲公、爲王。

岳飛神像，雖然經過幾次修整，都無法彌補這一缺陷。後來，就連神像也没有了，只留一座牌位。所以清代以後，泉州的關岳廟，只有關帝的塑像而没有岳王的塑像。

三　孔昭同抽籤循規矩

關聖帝腰間有條玉帶，這條玉帶曾經使許多官紳垂涎。不過大多懾於關帝威靈，不敢奢望；肆無忌憚、孜孜以求之的人到底是個別的。

關帝這條玉帶有個來歷。

泉州玉犀巷黃氏世家，自黃宗漢於道光十五年登進士第、任過浙江巡撫、兩廣總督後，兒子黃貽楫又於同治甲戌（1874 年）科舉中探花，煊赫一時。璐霞溝徐春，與黃氏過往甚密，因仕途阻塞，改途經商，求籤於關帝；關帝示意，須依賴黃府才能發跡。徐把關帝的意思告知黃探花，黃表示願意出資金讓徐經營。徐來往於江浙閩廣一帶，數年之間，獲得厚利。徐有感於關帝聖靈，特地在寧波選擇美玉三塊，製成腰帶一條獻給關帝。

關帝有這樣一條貴重玉帶，聞名遐邇，覬覦之者大有人在。但是有的畏神，有的乏力，都不能得逞，所以玉帶得以保存。爲了防止意外，後來，便把這條玉帶從關帝身上解下，由董事會輪流保存。

民國十五年（1926 年），北洋軍閥周蔭人部第十二師第十四旅旅長孔昭同駐防泉州。他到泉州後，自然就有一些走卒向他說及這條玉帶，因此他曾向董事會詢問關帝玉帶一事，並毫不隱諱攫取這條玉帶的意圖。在那“城頭變幻大王旗”的時代，駐守某一地方的軍事頭目，就是當地的土皇帝，握生殺予奪的大權，只要他說個“要”字，誰敢回個“不”字。

這就使董事會大爲難了。紳士某，靈機一動，計上心來，想出一個兩全的解决辦法來。他對孔昭同説："孔旅長要這一玉帶，董事會怎敢不與，但玉帶是關夫子的，要問關夫子本人。按關夫子指示辦事就是了。"孔昭同心想，關夫子的籤詩，往往四句四個意思，屆時各取所需，曲解而取之，諒董事們不敢阻攔，便欣然同意。於是，孔在關帝案前，拈香禮拜，把自己的意圖向關帝説了，問關帝是否允許他抽支籤。信一放是"一信"，意思是答應了。孔於是大步走向籤簡，雙手詩籤一攏，往上一提，猛地一放，其中一支籤衝出筒外。他彎下身子拾起竹籤一看，上面寫着"二十七"，查籤詩一看是"江東得道：世間萬物各有主，一粒一毫君莫取。英雄豪傑自天生，也須步步循規矩。"衆董事看了都很驚異，不敢發表意見。沈默片刻，孔昭同突然哈哈大笑説："關夫子也稱我爲英雄豪傑，自古以來'惺惺惜惺惺'，這話真不假。"衆董事乘機送高帽給他戴，堆火灰給他墊，接着是招待酒筵，美酒佳肴終於代替了玉帶，填補孔旅長的慾壑。

不久，北閥軍何應欽入福建，孔昭同大爲不安，準備撤逃。臨逃前大肆搜刮財物。但當時革命形勢發展很快，陸路海路都不安全，爲了求得萬全之策，孔昭同便想起這尊威靈顯赫的關帝，於是他惟虔惟誠，畢恭畢敬地向關帝請示——走陸路安全還是走海路安全？這一次孔抽到第九十九籤：百里奚投秦。詩云："貴人遭遇水雲鄉，冷淡交情滋味長。黄閣開時延故客，驊騮應得驟康莊。"解籤者謂，當走水路安全。

孔昭同率隊至厦門。厦門守備××，出乎意料地熱情，隆重迎接，當天就在艦艇上設筵招待。真是"相遇水雲鄉"了。酒過三巡，××便説到軍費拮据，難於應付。孔昭同這杯酒可就不好喝了，這股滋味大概不容易忘記的。孔昭同到底是明白此中道道的，便不待××開口，慷慨解囊，以五千元饋贈，補充軍費不足。於是盡歡而散，孔昭同也得率隊揚帆而去。至今泉人仍津津樂道其事。

四　死刑犯"平安去復回"

30年代初期，軍閥混戰，民不聊生，有的百姓鋌而走險，"落草爲寇"。在那個官匪不分的時代，有些人雖説是爲官，其實質是匪；有些人雖説是匪，其實質是走投無路的小民。但是做官的爲匪是"堂堂皇皇"的，小民爲寇盜，得血塗草莽、暴尸刑場。

晉江縣紫帽山麓某村有個叫××的，這人身手矯健敏捷，但謀生無路，被人招入伙爲盜，後來案發。真正爲寇盜者，路通官府無罪；這××却是罪有應得，被逮捕了，不久被判處死刑。

這死刑犯的母親到處奔走，無門投訴，當絕望之際，便只好請問關聖夫子，占卜兒子生命安危。她抽了一支四十三籤"玄德公黄鶴樓赴宴"，詩云："一紙官書火急催，扁舟速下浪如雷；雖然目下多驚險，保汝平安去復回。"很明顯，罪犯可以安全脱險。

那老婆子把籤揣在懷里，懷着恐懼和喜悦的心情離開關岳廟，往塗門街頭走去。才走到十字街頭，只見人山人海，等着瞧什麽。一會兒，一陣喇叭聲響，人群騷動，背後就是荷槍的隊伍，押着幾個插上斬牌的死囚，其中一個正是她的兒子。那老婆子腦子轟轟作響，顛顛簸簸，退到小巷後面嗚嗚啼哭。一面喃喃自語説："啊，關帝爺庵戇了，人都押去槍斃了，怎麽會'平安去復回'呵！"

死犯押從天後路入南教場，"嘭！嘭！嘭！"一陣槍聲過後，個個覆地横尸，血流滿地。劊子手揚長而去，觀熱鬧的人們也作鳥獸散了。天漸漸晚了，淒風陣陣。死尸之一開始蠕動，繼而坐起，摸撫脅下血跡，驚惶地向四周張望，接着拔腿就跑。繞道金山，横渡浯江……

據説這個死犯脱險後，跑到厦門，漂洋過海去了。

這件事轟動泉州周圍幾縣，關聖夫子靈驗的傳説插上了翅膀，越飛越遠。

注：以上諸傳説皆録自傅金星、曾煥智《泉州通淮關岳廟志》，1986年5月出版。

卷十二

董事會

一　歷屆董事會名單

（一）咸豐七年（1857 年）董事會名單

陳朝光	王若霖	林光昭	鄭朝彥	林玉香
鄭朝陽	楊鴻圖	吳錫疇	鄭少瀛	楊德生
蔣彩鷗	楊捷登	許孚中	林同瀾	陳彭年
黃興國	郭鵬摶	李邦翰	王　昀	林文波
趙湘南	黃貽檀	黃啓元	王揚烈	

同勒石

注：石碑砌於三義廟東壁。

（二）光緒十七年（1891 年）董事會名單

王籛（王昀子，其餘董事姓名無攷）

注：見泉州通淮關岳廟籤詩手册王籛序，序云："光緒辛卯年（光緒十七年，1891 年）夏，通淮廟董事王籛敬識。"

（三）民國初年董事會名單

鄭錫應（其餘董事姓名無攷）

注：鄭錫應係咸豐間董事鄭朝彥之孫。

（四）民國中期董事會名單

曾亦昌 李劍舟 林藻耀（其餘董事姓名無攷）

注：見《關岳祀典目録》，民國三十年秋重刻本，板藏通淮關岳廟。

（五）1983 年“泉州保護通淮廟古跡董事會”名單

參照通淮廟歷史上由地方紳士二十四人組成董事會管理形式，在籌備恢復時，廣泛徵求了社會各界意見，推薦新的董事人選，經協商，於 1983 年 2 月 5 日成立新的董事會，定名“泉州保護通淮廟古跡董事會”，成員十一人。伍澤旭任董事長，蔡樵生、莊爲玠任副董事長，劉諸侯、林琛、陳炳坤、陳兆祥、王愛琛、蘇祖鶴、李沙彌、林存義等爲董事。1988 年 10 月，增補鄭國棟爲常務副董事長。同時，製定董事會章程、管理制度，爲開展工作創造條件。

注：見鄭國棟《泉州通淮廟的恢復與關帝崇拜的現狀》一文，載泉州市區道教文化研究會編《泉州道教文化》（關公信仰研究專輯）第 9 頁，1994 年 10 月出版。

（六）1998 年第二届泉州通淮關岳廟董事會名單

名譽董事長　周焜民　伍澤旭
顧　　問　王今生　曾國傑　曾華社　陳文水
　　　　　吳捷秋　許在全　鄭國棟
名譽副董事長　莊爲玠
名譽董事　陳炳焜　林存義

董事長　吳世揖
常務副董事長　何璇英
副董事長　李少園　蔡小輝
董　　事　翁輝煌　吳幼雄　吳慶賜　吳爲文　林春培
　　　　　曾煥濟　伍長積　謝秋林　黄爾南　黄嘉民

（七）2005 年第三屆泉州通淮關岳廟董事會、監事會名單

名譽董事長　周焜民　周子澄
顧　　　問　王今生　吴捷秋
董　事　長　吴金炎
副董事長　吴慶祥　何璇英　翁輝煌
董　　　事　（按姓氏筆畫先後）
伍長積　李少園　莊永泉
黄爾南　黄嘉民　曾焕濟
謝秋林　羅興祥
監　事　長　吴世揖
監　　　事　周貽謀　陳伯鏞

二　董事會規章制度

咸豐七年（1857 年）董事會《立看守字碑》（略，見卷三“其他碑刻”）

泉州通淮關岳廟章程

通淮關岳廟是我市著名的廟宇，歷史悠久。爲保護、管理這一名勝古跡，特設立“泉州保護通淮關岳廟古跡董事會”負責管理。兹訂立章程如下：

一，董事會應嚴格遵守政府的政策、法令，在有關部門的指導下，負責廟宇的保護、管理和修建工作。

二，維護信仰群衆的正當信仰活動，禁止巫婆、神棍進廟招摇撞騙等非法活動。

三，本會按民主集中制的原則，凡重要事項由集體商定，並經常向有關部門匯報工作情況。

四，本廟一切活動，由董事會統一安排，未經本會同意，任何人不得假藉名義擅自活動，不得向群衆攤派、募捐財物。

五，本會設董事長一人，主持會務，副董事長若干人協助之，董事若干人，名譽董事若干人。

六，本會設文物、修建、財務組。由董事分工、各組設組長一人，組員若干人，負責本廟的文物搜集、廟宇修建、財務審查和接待聯係等事宜。

七，本會聘用若干工作人員，安排若干護廟人員，負責辦理日常事務、安全防火、打掃環境。

八，本會每月舉行一次例會，討論工作，必要時可提前或推遲召開，會議由董事長主持，董事長因事請假，由副董事長主持之。

九，本會收入，首先使用於廟宇修建，倘有節餘，可用於社會公益事業。

十，本章程如有未盡事宜，經本會討論，可以隨時修改。

泉州保護通淮關岳廟古跡董事會

一九八三年四月十一日

泉州通淮關岳廟工作人員守則

一，必須遵守政府的政策、法令，在董事會領導下進行工作。

二，實行分工協作，認真做好本職工作，管理廟内財物。

三，做好熱情接待，制止巫婆、神棍在廟内進行非法迷信活動。

四，負責督促、檢查護廟人員遵守本會章程，做好值班、防火、衛生工作。

五，廟内如有重要事情，應及時向董事會匯報。

泉州保護通淮關岳廟古跡董事會

一九八三年四月十一日

注：1983 年 3 月 26 日，董事長會議討論，決定製定規章制度，交内部擬稿，4 月 11 日，經董事會研究，修改通過並實施。

泉州通淮關岳廟護廟人員守則

一，必須遵守政府政策、法令和本會章程，服從有關部門的管理，不得在廟内進行違法活動、解説籤文，不得違背現行政府法令。

二，廟内一切活動，聽從董事會安排，護廟人員無權作出決定。

三，不得向群衆攤派、募捐款物，群衆自願捐送的財物，應及時報告董事會，不得從中截留。

四，在本會領導下，認真負責護廟職責，做好值班、防火防盗、打掃環境衛生工作。

泉州保護通淮關岳廟古跡董事會
一九八三年四月十一日

泉州通淮關岳廟財務財産管理制度

爲管理好本廟財物，董事會採取民主管理原則，本着勤儉辦一切事業精神，特訂如下制度：

一，財務收入

凡群衆自願捐送的款項，得開付收款收據，及時登賬，添油款項逐日清點，清點時至少要有二人參加，清點後按手續繳交出納登賬。其他收入，亦均應按手續繳交出納登賬。

二，經費支出權限

支出在十元以上，由工作人員共同商定；支出十元以上至一百元以下，由財務組來定；支出在一百以上四百元以下，由董事長審批；支出在四百元以上由董事會討論。

三，財産管理

凡購進物品須有發票，並按財務手續辦理。群衆敬奉物品，應登記入賬，多餘的由財務組研究處理。

泉州保護通淮關岳廟古跡董事會

一九八三年四月十一日

泉州通淮關岳廟管理章程

根據國家有關宗教政策精神，爲切實保護通淮關岳廟古跡和加强廟宇的管理，經董事會研究，特重訂本章程：

一，董事會宗旨，遵循國家有關政策、法令，保護廟宇及文物，加强廟務管理，維護公共財物，積極開展工作，努力爲社會作出有益的貢獻。

二，董事會是民間社會團體，成員由有關單位協商，推薦熱心公益事業的社會人士組成，經辦理社團登記，具有法人資格。

三，董事會設董事長一人，副董事長二至三人，董事若干人，每届任期三年，可連聘連任。

根據工作需要，聘請海内外若干知名人士，擔任董事會名譽董事長、顧問、名譽董事。

四，董事會實行董事長負責制，副董事長協助之。

按照民主集中制的原則，凡開展重要活動，須經董事會討論決定。

董事會由常務副董事長主持日常工作，下設宣傳接待、廟務管理、財務審核等組，由董事分工，並聘用若干合同制工作人員，辦理經常性事務。

五，董事會每月舉行一次例會，聽取、審議工作匯報和財務收支情況，商討工作，必要時可召集臨時會議。

六，健全服務制度，加强財物管理，定期清點審核。

凡廟内財物收入，任何人不得利用職便截留私分或擅自拿取，也不得向群衆索取財物，違者從嚴處理。

費用開支，從嚴控制，專人審批，防止浪費。

每年由董事長主持，進行一次財物審核、清點。

七，加强安全保衛工作，配備專人負責，嚴格管好消防器材，切實做好防火工作。

八，積極開展聯誼活動，做好宗教文化交流，熱情爲臺灣、港澳同胞和海外僑胞提供服務。

九，爲維護正常的宗教秩序，禁止一切巫婆、神棍在廟内非法活動。

十，董事會本着量力而行、多做實事的原則，安排適當資金，用於有利於群衆的社會公益事業。

本章程經董事會通過，並報主管部門備案，自即日起施行，修改時亦同。

泉州市區保護通淮關岳廟古跡董事會

一九九一年九月十一日

卷十三

交流

一　臺灣雲林縣保長湖保安宫沿革

本宫奉祀之山西夫子“關聖帝君”，係於清初（1661 年間），國姓延平郡王佔據臺灣後，福建省泉州府（晉江縣）之居民紛紛向外遺（移）民，迨至康熙三十六年（1697 年）第三批移民來臺，斯時，莫不以木舟爲渡海之交通工具。有一次組成七艘木舟於渡臺航行中烏（黑）雲四起，狂風大作，同行木舟隊已沉没六艘，慘不忍睹。在此千鈞一發之際，唯一未沉没之木舟，舟師正舉刀欲砍斷船桅，以免沉船之難時，山西夫子關聖帝君大顯神靈，站在船上，以手勢指示舟師勿砍斷船桅，以策安全。於是舟師即刻走下船艙，詢以何人帶有山西夫子“關聖帝君神像”。斯時，唯有吳授滿之三歲兒子吳佩身上，帶有山西夫子關聖帝君香火，舟師方表明證實，關聖帝君救恩之事跡。因而衆弟子跪在船上祈求，若能平安登上陸地，將敬謝神恩。旋即風平浪静，風和日麗，逢凶化吉，一帆風順，平安抵達臺南安平港。衆弟子即籌演民戲四十九天，以謝神恩。

未幾，舟師携帶香火，返回唐山福建省泉州塗門關聖帝君廟，恭雕神尊再度來臺，供贈吳授滿朝夕供奉朝拜。於此期間，神意指示應向北而行，以保長湖爲安居之所。於是衆弟子遵照神意，來到保長湖時，本莊東西兩部落已有人居住。吳授滿居於中，即爲現在三股是也。爲求人畜平安及紀念救恩，同船移民戚友紛紛提取靈丹，作成香火奉祀朝拜之。

故今本宫所奉祀之山西夫子關聖帝君正駕，乃當時由唐山福建省泉州塗門關聖帝廟所雕刻分靈迎請來臺之神尊也，距今已近三百多年之歷史矣。

注：録自《泉州通淮關岳廟志》，“藝文輯録”，第80—82頁，臺灣雲林縣保長湖《保安宮簡介》，泉州通淮關岳廟董事會、泉州市區道教文化研究會合編，1991年5月。

二 《從通淮關帝廟到神户關帝廟》

(旅日)孫立川

寫下這個題目，却不知該從何説起，一擱數月。此時，我支頤在大阪市中心一座三十四層高的大樓頂層的咖啡座中，鳥瞰這個城市的冬夜景，身旁全是洋人，環境與氛圍與這個題目毫不相關。但是，奇怪得很，我有一種衝動，一種强烈想寫出它的欲望，它驅使我坐立不安，連杯濃烈的美國咖啡都變得淡而無味。

泉州號稱文化名城，又有宗教博物館之美稱，山林寺廟，精舍道統，自然各呈異彩，但當今香火鼎盛者，當推通淮古街即塗門街的關岳廟爲最。關岳廟，顧名思義，所祀爲關聖帝君與民族英雄岳飛。郡人對於關帝有着一種持久不衰的信仰與熱誠。作爲神的關帝，因靈異而遐邇聞名；作爲人的關羽，在民間傳説與文學作品中也是威名赫赫。一部《三國演義》成了許多勞動人民喜聞樂道的話題。我現在常常思忖：關公之所以獲得許多下層階級（所謂販夫走卒，引車賣漿者流）的愛戴，與《三國演義》不無關係。泮宫内"夫子泉"旁舊有的一説書場，我從兒時起就經常跟我的祖父去那兒聽説"三國"，在座者的小市民們都是百聽不厭、耳熟能詳。關帝與孔夫子曾被併稱爲"武聖"、"文聖"。文廟與關帝廟的隆盛恰成一種對照，看來是老百姓們怠慢了孔夫子。胡適之老先生就曾評價《三國演義》曰：五百年來，無數的失學的國民從這部書里得了無數的常識與智慧。又説：我們都曾受過它的恩惠，都應該表示對它的敬仰，云云。此話不無道理。我想念那“夫子泉”邊的説書場，以及關帝廟中頂禮膜拜的人流。鄉思并不都在詩、酒、月色中閃光，有時就在這種微不足道之處發酵着。20世紀最偉大的藝術巨匠之一，西班牙畫家塔里有一幅名畫叫《固執的懷念》，以粗獷渾樸的綫條清晰地在空間裏散亂着幾件舊物，表現了畫家對於舊時景物的一種執著的追憶。那些舊物也不是瑰寶與名作，而只有小物、道具幾種。人同此心，中外使然乎？

然而，你知道嗎？大洋彼岸的這裏也有關帝廟。

神户是日本的重要通商港口城市，五方異人，雜處彼埠。那裏有一條“南京町”，是一座小小的中國城。關帝廟却遠離這繁華市中心而位於生田區，毗鄰着“福建會館”。碑載關帝廟始建於1892年，那是光緒十八年的事了。佔地一百二十坪，1945年毁於戰火，1946年重建。1977年又因日本兒童玩火被焚，華僑們復於二年後重新修成。廟中大殿供奉着關帝，兩側合供觀音、天公及媽祖等神。殿堂金碧輝煌，飛檐琉瓦，青松紅墻，一座地地道道的中國式建築。僑居此地的華僑，將關帝廟視爲中華民族的崇拜象徵，無論是從大陸來的，還是港臺來的，還是外國輾轉而至的，都以此廟爲中心，在這裏認知自己的文化之根。關帝廟成了對華僑們最具吸引力的聚合所。它的存在超越了宗教、政治、歷史與地理的隔閡。我每一次叩訪此處，總是感受到一種民族與文化之聲的轟鳴，有如黄鐘大吕，那種在異域所常滋生的失落感與孤獨感，也會漸漸地消弭。

傳統是潛意識的，它在民族生命的血緣中延續着。五四以來，對於舊中國數千年的舊文化，先驅者早就發出與之決裂的戰叫，中西合璧、全盤西化的提倡者也不乏有人。但舊的傳統與新的思想交錯而存，並不以人的意志爲轉移。你説關帝廟是封建迷信，大力排拒，甚至將之關門而改爲工場，虔誠者照樣參拜如斯，而在國外，關帝廟倒成了與愛國主義同步伐的民族文化象徵。我們不必對西方文化視如洪水猛獸，也不必對舊傳統的一切深惡痛絶。多元的文化才會絢爛多姿。傳統的文化不是人爲就可割裂的，事實證明，任何一個脱離民族傳統的國家都不可能走上現代化道路，對於那些落后文化因子，我們可以提倡淡化，注意疏導與轉化，這才得以形成中國特具的現代化。這兩座關帝廟之間的連挈，不也正給了人們一些這樣的啓迪？

想到這裏，我將那杯咖啡一飲而盡，窗外正是雪霽。

注：《泉州通淮關岳廟志》，“藝文輯録”，第80—82頁，摘自《泉州晚報》1989年6月6日第三版，泉州通淮關岳廟董事會、泉州市區道教文化研究會合編，1991年5月。

三　臺灣、香港、澳門和海外來廟進香團概況

1990 年

1 月 5 日　由彭紹周爲團長，臺灣道教領導人親善訪問團一行三十四人，來廟攷察、交流。

3 月 17 日　由郭建領團，臺北新安宫一行七十六人來廟參拜。

4 月 8 日　由主任委員李金秋領團，雲林縣四湖鄉保長湖保安宫一行十八人，來廟認祖神參拜。

4 月 19 日　香港楊吉爻先生專程來廟敬獻、拍攝電影《三國志》關公使用的關刀一把。

5 月 10 日　臺灣花蓮臺胞一行十九人來廟參拜、座談交流。

5 月 23 日　由臺南學甲慈濟宫主任周大圍領團，臺灣保生大帝廟宇聯誼會大陸進香團一行四百三十七人來廟參拜。

11 月 1 日　由張子清領團，臺中聖壽宫一行二十八人來廟參拜。

11 月 12 日　由陳展松主任委員領團，臺南市顯明殿一行十二人來廟攷察認祖神。

12 月 6 日　由莊丁興主任委員領團，高雄市前鎮區忠聖堂，苗栗縣竹南鎮玄德宫（主任葉宏基）一行十三人來廟參拜。

1991 年

1 月 25 日　由葉榮美董事領團，馬來西亞吉隆坡關帝廟一行九人來廟交流、參拜。

2 月 6 日　由莊水談領團，金門同胞一行九人來廟參拜。

3 月 14 日　臺北縣中和市碧雲堂周政偉來廟參拜，請關帝（木雕）一尊回臺供奉。

3 月 21 日　由林春富主任委員、駱光榮主持領團，臺北南港區南天宮進香團一行三十三人來廟謁祖神，本廟送予“泉州通淮關岳廟分靈印”一枚，銅香爐一個，及紀念章、廟志等。

4 月 25 日　由吳應從領團，苗栗縣南莊慈惠堂一行十八人來廟參拜。

5 月 26 日　由吳舉仁、顏初財委員領團，雲林縣四湖鄉保長湖保安宮一行五十五人，應邀前來參加本廟修建落成慶典，敬獻匾額一塊，本廟送予青石香爐、大燈、紅彩等。

5 月 30 日　由曾吉連顧問，臺南臺郡開基武廟一行三十四人，來廟謁祖神進香（該廟供奉關聖係清康熙年間從通淮廟分靈的）。廟送予關刀一柄和紀念章、廟志等。

7 月 27 日　由蘇明進主持領團，桃園市武燕宮一行五人來廟參拜，請去關帝一尊。

8 月 2 日　菲律賓僑胞十一人來廟參拜。

9 月 21 日　臺灣苗栗縣後壠乾靈壇一行二十人來廟參拜。

10 月 7 日　新加坡道教總會，由會長陳國尊領團一行十三人來廟參拜。

10 月 14 日　由陳勝泰領團，高雄、臺中等地道教界人士一行二十人來廟交流、參拜。

1992 年

2 月 19 日　由林金發先生領團，新加坡通淮廟一行十九人來廟參拜。

2 月 26 日　印尼僑胞尤傳接夫婦來廟行香，捐敬石碑一方。

3 月 2 日　雲林縣四湖鄉保長湖保安宮王明宏等六人來廟行香。

3 月 20 日　新加坡忠義宮王金端等三人來廟參拜。

6 月 17 日　菲律賓僑胞曾美仁等十人來廟參拜。

7 月 24 日　臺北王明宏等五人，受雲林縣四湖鄉保長湖保安宮之託，來廟行香，並捐香資人民幣二萬七千元。

9 月 7 日　由陳永□主任委員領團，臺中縣龍井鄉龍津村代天堂一行四十一人來廟謁祖進香，本廟送予“正氣千秋”匾額一塊。

由蘇明進領團，臺灣桃園市武燕宮一行六十人來廟進香。

9 月 17 日　由吳進尊、王明宏領團，臺北明山天行宮（新建）一行十四人來廟進香，應要求送予關刀、香爐、紅燈各一件。

10 月 8 日　由黃寶珍主任委員領團，嘉義縣水上鄉粗溪村關帝廟一行三十四人來廟進香，送予木雕關帝一尊和紅燈、龍旗等紀念品。

10 月 10 日　菲律賓保和宮（主奉保生大帝）一行十人來廟參拜。

11 月 8 日　臺南禹帝宮主任委員林志銘等五人來廟行香，洽談恭請二（關）帝（供奉在崇先殿）赴該宮恭奉。

12 月 15 日　由歐戍鏞主席領團，臺北板橋元德宮一行十人來廟參拜。

1993 年

2 月 21 日　臺灣桃園八德明聖宮，由盧澄川領團一行二十五人來廟進香。

3 月 9 日　臺南市永安街玉泉文興殿陳朝昌等二十人來廟行香並取香火。

3 月 15 日　臺南禹帝宮由林志銘主任委員領團一行二十四人，來廟參拜。

5 月 14 日　由李炳南主任委員領團，宜蘭草湖玉尊宮一行八十人來廟參拜。

5 月 14 日　由吳進益主任委員領團，臺北明山天行宮一行十七人來廟參拜，本廟送予“泉州通淮關岳廟分靈印”一枚和龍旗、紅燈等紀念品。

5 月 23 日　臺南林志銘、曾吉連等五人來廟行香。

5 月 27 日　雲林縣四湖鄉保長湖保安宮委員吳初財、蔡水源等四人，來廟迎請贈予該宮（舊）關帝服一套，關刀一柄，該宮捐香資臺幣十三萬二千元。

6 月 27 日　雲林縣臺西聚安宮一行十八人來廟參拜。

7 月 2 日　菲律賓僑胞曾美仁等十六人來廟參拜。

9 月 20 日　臺南禹帝宮主任委員林志銘等四人來廟行香，並落實迎請關帝赴臺供奉事宜。

9 月 22 日　臺中靈聖宮（新建）主任委員施德昌等十三人來廟參拜，了解關帝有關歷史資料。

10 月 7 日　臺北縣淡水鎮無極天元宮一行三十二人來廟參拜。

10 月 9 日　臺灣苗栗縣中興宮由蔣顯龍領團一行三十五人來廟參拜。

11 月 22 日　臺南臺郡開基武廟，陳朝昌等八人來廟行香，洽談進香事宜。

1994 年

3 月 14 日　由主任委員陳呵月、主持盧澄明領團，臺灣桃園市八德明聖宫一行二十一人來廟參香。

3 月 14 日　由林志銘主任委員領團，臺南禹帝宫進香團一行三十五人專程來廟恭迎“泉州通淮關岳廟文衡帝君鎮駐鹽行禹帝宫”儀式。17 日上午 6:45 時神尊起駕赴臺，本廟送予“乾坤正氣”匾一方，“泉州通淮關岳廟分靈印”一枚和關刀、劍、紅燈等紀念品。

3 月 24 日　由郭耀元領團，臺北淡水魯班廟一行二十一人來廟參拜。

4 月 1 日　由黄米金、鄭景新領團，馬來西亞沙巴州龍山廟，納閩聖王公宫一行八十人來廟參拜。

4 月 21 日　由陳昭賢（建智）領團，臺北縣板橋市蓮聖宫一行七人來廟參拜，恭請十六寸木雕關帝一尊。

9 月 25 日　由曾吉連領團，臺南大天后宫、李聖宫、英靈宫一行二十一人來廟參拜。

1995 年

1 月 12 日　由曾吉連領團，臺南禹帝宫、大天后宫一行十一人來廟參拜。

3 月 5 日　由主任委員陳呵月領團，桃園市八德明聖宫一行十五人來廟參拜。

3 月 21 日　由吳順慶領團，臺南信衆一行九人來廟參拜。

4 月 15 日　由主任委員蔡承亞領團，桃園市聖義堂一行三十二人來廟參拜。

4月20日　由曾美仁領團，菲律賓僑胞十七人來廟參拜。

4月21日　由吳進益、王宏明領團，臺北明山天行宮一行十五人來廟參拜。

5月1日　臺灣宜蘭草湖玉尊宮副主任委員林惠聰等五人來廟參拜。

7月17日　由吕松根主任委員領團，臺南大天后宫一行三十五人來廟參拜。

8月30日　出席省閩臺民間信仰學術研討會臺灣學者十八人來廟攷察、座談交流。

1996年

3月18日　由倪橘領團，新加坡鳳山聖尊壇一行三十九人來廟參拜。

4月2日　由吳澄謀領團，臺中清水媽祖宫一行三十二人來廟參拜。

4月6日　由盧澄川主任領團，桃園八聖明聖宫一行二十人來廟進香。

4月24日　由陳榮昆主任委員領團，臺南馬沙溝李聖宫一行一百三十三人來廟參拜，敬獻“正氣參天”匾一方。

4月26日　臺北張秀全等三人來廟行香，敬獻“普照乾坤”匾一方。

5月2日　新加坡忠義廟負責人六人來廟行香。

6月1日　馬來西亞聚星堂關帝廟總務委員葉榮和等四人來廟行香，洽談兩廟文化交流事宜。

6月11日　由曾美仁領團，菲律賓僑胞二十四人來廟參拜。

11月5日　由吕松根主任委員領團，臺南大天后宫一行二十八人來廟參拜。

1997 年

3 月 18 日　由洪金文主任委員領團，桃園八德明聖宮一行十九人來廟參拜。

4 月 24 日　由范清三領團，雲林縣斗六市南聖宮一行八人來廟參拜。

4 月 27 日　由林嘉生領團，高雄發元宫、西湖宫一行四十六人來廟參拜。

5 月 6 日　由曾吉連領團，臺南大天后宫、開基武廟、祀典武廟一行六十四人來廟參拜、座談交流。

6 月 10 日　由主任委員蘇齊邀領團，雲林縣虎屋鎮五間厝鎮興宫一行二十一人來廟進香、座談交流。

9 月 4 日　臺北板橋天德宫一行五十人來廟參拜。

10 月 20 日　由林慶全領團，臺南醫道研究會一行十八人來廟參拜、座談泉臺民間信仰狀况。

1998 年

2 月 18 日　曾吉連、陳忠雄等五人來廟，爲陳忠雄定製木雕關帝神尊開光，並請回供奉。

注：以上交流資料由前届董事會常務副董事長鄭國棟先生提供。

1999 年

10 月 21 日　1999 年 10 月 18—22 日，泉州高等師範專科學校（今泉州師範學院）主辦、泉州通淮關岳廟協辦的“海峽兩岸泉州學學術研討會”在泉州舉行。與會的有海峽兩岸學者和英國牛津大學博士生導師著名漢學家龍彼得教授。21 日下午，由臺灣“中央研究院”李亦園院士率領的臺灣教授代表團一行十二人，蒞臨泉州通淮關岳廟考察，並舉行由李亦園院士題字、泉州市副市長周焜民書匾的“義範英風”匾額揭匾儀式。出席本廟揭匾儀式的臺灣教授、學者有：

李亦園（“中央研究院”院士）

王秋桂（“清華大學”人類所、歷史所教授）

李壬癸（“中央研究院”人類所、歷史所教授）

李東華（臺灣大學文學院院長）

李豐楙（“中央研究院”中國文哲所研究員）

莊英章（前“中央研究院”民族所所長、前“清華大學”人類學所所長）

陳祥水（“清華大學”人類學所所長）

曾永義（臺灣大學中文系教授）

楊秀芳（臺灣大學中文系教授）

沈　冬（臺灣大學中文系副教授）

翁玲玲（“中央研究院”民族所博士後研究員）

高怡萍（“清華大學”人類學所博士候選人）

2003 年

9 月 17 日　澳門疊石塘山媽祖文化村代表團一行八人，來本廟分爐關聖夫子香火到新建澳門大天后宮。10 月 2 日，本廟董事應邀組團五人赴澳門，參加大天后宮落成慶典。

四　兄弟廟宇文化交流

1994 年 11 月，泉州通淮關岳廟董事會組成攷察團，一行五人，由鄭國棟爲團長，訪問山西省解州關帝廟、常平家廟。返程又訪問河南省洛陽關林。

1999 年 5 月，泉州通淮關岳廟董事會組團七人，參加湖北省當陽關陵舉辦的關公文化節。隨後訪問洛陽關林和解州關帝廟。

1999 年 11 月，泉州通淮關岳廟董事會應邀組團七人赴洛陽關林、解州關帝廟、常平家廟訪問。

2000 年 4 月，泉州通淮關岳廟董事會應邀訪問湖北省當陽關陵，參加第十屆關公文化節和周倉廟落成活動，並拜謁玉泉山關公祠和荆州關帝廟。

2000 年 6 月，泉州通淮關岳廟董事會應邀組團，參加東山島關公文化節。

2000 年 7 月，泉州通淮關岳廟、泉州市區民間信仰研究會聯合舉辦“關岳信仰文化”學術研討會，湖北省當陽關陵文管所所長張德宏，東山關帝廟董事會代表應邀出席。

2001 年 10 月，泉州通淮關岳廟董事會應邀組團訪問湖北省當陽關陵，參加第十一屆關公文化節活動，隨後赴山西解州，參加金秋節關帝廟慶典活動。

2002 年 10 月，泉州通淮關岳廟董事會應邀組團赴山西省解州關帝廟參加關公文化節活動。

附録

論叢　書評

論　叢

泉州通淮廟的恢復與關帝崇拜的現狀

鄭國棟

泉州通淮關岳廟，俗稱塗門關帝廟，是供奉我國著名歷史人物關羽、岳飛（民國三年合祀）的古廟。這座馳名海内外的千年古跡，在“文化大革命”浩刦中遭受了破壞，中斷活動十七年之久。經撥亂反正，在國家重申宗教信仰自由政策的情況下，於 1983 年 2 月 11 日重新恢復活動。當時這一舉措，曾成爲街談巷議的話題，許多群衆高興不已，互相通告，稱贊政府順應民心；海外一些“三胞”聞訊後，也紛紛專程回鄉朝拜。這一切，既反映民意，也説明關帝崇拜在泉州乃至海外“三胞”的影響。

這座古廟恢復活動以來，已近十二年。在這期間，情況如何？兹列舉幾個統計數予以説明：接待人（次）數，逐年增加，從恢復初的 1983 年約十五萬人次，增至現在已超過七十萬人次以上。影響範圍不斷擴大，由市區和鄰縣市延伸到厦門、漳州、福州以至浙江、上海、北京、廣東等地。在“三胞”方面，也由來自中國香港和菲律賓、新加坡、印尼，發展到中國臺灣、澳門，緬甸、馬來西亞、越南、日本、美國、加拿大、澳大利亞、法國、瑞典等十八個國家和地區。年均接待“三胞”達二萬人次以上。同時還與中國臺灣和新加坡、馬來西亞等地三十多座廟宇建立聯係。近幾年，已前來謁祖參拜的進香團有五十餘批。經濟收入逐年度增加，1993 年同 1983 年比較，捐資人數增加五點八四倍，其中“三胞”增加八點一六倍（占捐資總額百分之二十四），廟的總收入增加三十五點九八倍。這些收入，在用於廟宇修建的同時，還在力所能及的前提下，致力於公益事業。先後資助市區、遠郊九所小學修建校舍，捐助“希望工程”、閩北救災、市區修路、救濟遠郊特困户等，受到社會的好評。

現以本人親身經歷，談一下通淮廟恢復過程和關帝文化在當今社會影響的狀況。謬誤之處，請指正。

一　通淮廟恢復始末

泉州是歷史文化名城、宗教勝地，各類宫觀寺廟遍布城鄉。而受群衆公認、在海内外享有盛譽的廟宇却爲數不多，通淮關帝廟是其中之一。明、清兩代的地方志，對通淮廟就有“郡人奉之特盛”記載。可見數百年來關帝文化是深深扎根於泉州群衆中。人們在崇拜關羽的高尚人格的同時，又認爲他是護佑泉州百姓、保境安民的福神，這種觀念長期延續下來，直至於今。因此它同其他廟宇不同，香火從没有間斷；即使在“文化大革命”期間，廟雖改爲他用，群衆仍然在早、晚悄悄地到廟前、廟後、路邊燒香，一有放松，就大批擁至，造成當地交通阻塞，可見信仰的魅力是難以用人爲的辦法制服的了。然而由於當時“左”的思想影響尚未清除的情況下，對這座古廟該不該恢復，有着不同的看法：有的人憑着偏見，認爲關帝是所謂“雜神”，不屬宗教，不贊同恢復；也有些人認爲通淮廟影響大，擔心一旦恢復，會“刺激”封建迷信活動的興起等；還有些人視通淮廟是“金庫”、“肥肉”，想從中插手，曾出現了一些自稱的“社會董事”，對恢復工作進行干擾。

爲使恢復工作順利進行，曾作了大量調查研究，提出方案，上報政府審批。但當時面臨的有三大實際問題：首先是廟宇被四個單位全部占用，如何收回，解決活動場所；其次是原有管理機構已不存在，如何重新組建；第三，資金一無所有等困難。爲妥善解決上述問題，采取先易後難，逐步解決的辦法，着重抓以下三項工作。

（一）組建機構，建章立制。參照通淮廟歷史上由地方紳士二十四人，組成董事會管理形式，在籌備恢復時，廣泛徵求了社會各界意見，推薦新的董事人選。經協商，於 1983 年 2 月 5 日成立新的董事會，定名“泉州保護通淮廟古跡董事會”，成員十一人。伍澤旭任董事長，蔡樵生、莊爲玠任副董事長，劉諸侯、林琛、陳炳坤、陳兆祥、王愛琛、蘇祖鶴、李沙彌、林存義等爲董事，1988 年 10 月，增補鄭國棟爲常務副董事長。同時，製定董事會章程、管理制度，爲開展工作創造條件。

（二）收回廟産，解決場所。恢復活動首先必須要有場所。可是當時廟宇全部被四個單位分别佔用，用於辦廠和作學校教室，要收回可不是易事。但爲恢復廟的故有面貌，在有關部門的支持下，分别同佔用單位反復進行磋商、談判。最后，有二個單位無條件搬遷；另二個單位分别采取補貼搬遷費和資助新建校舍爲條件，予以解決。至 1988 年 9 月底，全部搬遷歸還。

（三）籌集資金，組織修建。廟由於長期失修，又經過“文化大革命”，建築已遭到嚴重損壞，財物散失殆盡。面對這破爛不堪的廟宇和日益增多的海内外香客遊人，亟待進行修建。但當時修建資金十分困難，是先集資後修建還是邊集邊建，意見不盡一致。爲不失時機做好修復工作，採取全面規劃，積極籌資，分項建設的辦法。於 1986 年 11 月 19 日破土動工，逐步進行修建，一九九零年底基本竣工，共耗資近百萬元。重建一千零八十四點五平方米，修繕二百四十三平方米，合計一千三百二十七點五平方米，比恢復時現存破舊建築的面積六百八十六點三平方米，增加近一倍。於 1991 年 5 月 27 日舉行落成慶典。臺灣雲林縣四湖保安宫（清康熙三十六年分靈）特地組團前來祖廟慶賀。

經過四年組建機構，整頓秩序，回收被佔用廟産，和四年廟宇修建工作，終於使這座破廟煥然一新，爲以後對“三胞”開展宣傳、接待，進行宗教文化交流創造了必要條件。

二　關帝信仰的現狀

泉州供奉關帝的廟宇數以百計，但都不如通淮廟的著名。其原因：該廟位於市區，交通方便；清初就定爲泉州府官祭武聖的廟宇。管理層次高，由著名地方紳士出任董事，具有半官方性質；歷史上不少官紳、名家爲該廟譔碑銘、竪匾額楹聯。在民間流傳許多關帝顯靈的故事傳説。此外，另一個重要因素：泉州是著名僑鄉，臺胞主要祖籍地。當時這大批先民在背鄉離井，遠渡重洋往外謀生時，紛紛來廟叩求關帝庇佑旅途平安，帶着香火作爲護身符。到達異國他鄉後，又設壇建宫供奉。而在家的親屬則不時來廟行香，祈求在外親人平安。因此，數百年來通淮廟同廣大“三胞”結下深切的神緣關係，也由此，通淮廟在“三胞”的關心捐助下，爲廟宇不斷進行修繕提供了經濟條件。這是通淮廟存在與發展的重要因素，且成爲泉州歷史上對海外傳播關帝信仰的主要廟宇。可以説，通淮廟是泉州重要宗教文化遺産，是人們難予再造或可取代的古跡。它過去是“三胞”在海外的凝聚力和精神支柱，現在仍然是吸引他們向往故土、參拜祖廟巨大的“磁力”。這是通淮廟的特色和價值。

本文暫不談通淮廟由來，以及關帝文化在泉州歷史上傳播的情況，而着重就恢復以來的現狀談些看法，供參考。

（一）在新的歷史時期，人們對關帝信仰是淡化、削弱呢，還是有所發展？原因是什麽？

大量的事實表明，人們雖經“文化大革命”的“洗禮”，但對關帝的信仰並没有淡化，相反的而是有所發展。從主觀原因講，崇拜關帝是歷史形成的一種信仰，且爲多數人確認的習俗，這種信仰具有它的延續性和生命力。盡管“文化大革命”期間的横掃一切，而深藏在人們心中的信仰問題，却是掃不了、除不盡的。從客觀上講，隨着改革、開放的深入，人們的價值觀念也相應産生很大改變。思想認識呈現了多元化。特别在商品經濟的發展大潮中，由於存在着競争和風險，還由於在社會變革中，人際間新的利害衝突、矛盾增多。這一切現實及大量的問題，由於個人難以預測，作出合理解決，還因爲當今某些社會風氣不正、辦事難等原因，所以在群衆中就有一種“求人不如求神”的説法。把許多本來應由人來解決的問題，推給了神來承擔，雖明知最終還是人來辦理，但至少可暫時獲得精神上的安慰。基於這一新情況，關帝就成爲人們最理想的祈求對象和高級顧問。另外，大量“三胞”回鄉朝拜，也是促使關帝信仰興起的一個重要原因。

幾年來，到通淮廟燒香朝拜的衆多人群，有顯著的三個變化：一是信徒趨向年輕化。恢復的初期，多數是中老年婦女，變爲目前以中青年爲主，約佔百分之七十。二是信仰者階層擴大化。由原來的職工、家庭主婦、農民爲主，變爲以商人爲主，而且一些本來最不敢涉足宫廟的醫務、文化、教育工作者，乃至幹部，因信仰失調，也不避嫌地前來朝拜。三是地域擴大化。由於現代交通方便，在國内香客已從市區和鄰縣發展到厦門、漳州、福州、三明等地，甚至還有些來自廣東、浙江、北京、黑龍江等省市。在境外的已有來自臺、港、澳和東南亞，以及歐美等十八個國家和地區，現仍繼續在擴大，人數逐年增加。上述的發展變化，反映了當今泉州關帝文化影響的廣度，和通淮廟知名度在海内外的不斷提高。

（二）信仰態度問題。具有求近務實的特點，衆多的人們到關帝神前祈求敬獻，都不是追求羽化登仙，也未必是爲學習關帝的高尚道德，而是把關帝作爲神通廣大、有求必應的萬能之神。頂禮膜拜的目的，是爲解決個人在現實生活中遇到的各種各樣的困惑。由於信仰是務實的，雖然態度很虔誠，但大多數人是無事不登三寶殿。如有位港商初來泉辦廠時，每次到泉州必到神前叩拜，表現得十分虔誠，企業辦成後，也就少來了。這種根據個人所需，求近務實的對神態度，是普遍的現象。

（三）信仰的目的。人們朝拜關帝，如上所述是務實的，那是什麽内容呢？爲此，從 1985 年始，每年作一次（二至三天）調查了解。群衆通過卜筮、抽籤的形式，企求關帝爲他們將要辦事，或碰到困難給予啓示決定可否。現把信徒抽籤所求的事分類統計，主要包括如下内容：生産經營、建房置業、就業謀生、出境出國、平安運氣、子女升學、生育求嗣、婚姻問題、患病求醫、糾紛訴訟。這些内容説明純屬個人日常生活中的私事。但在不同年份，各類所佔的比例則不同。現列舉同人們生活既重要又普遍的問題，分析其變化情況。

1. 生産經營。隨着改革、開放深化，市場經濟發展，爲人們提供了各種機遇。由於經濟活動中存在競争和風險，他們就求助於神，而關帝（財神之一）便成了他們理想的“顧問”、“參謀”。求這類籤的所佔比例逐年增加：1985 年佔求籤數（支）的百分之十點八，1987 年上升爲百分之十九點九，1989 年佔百分之四十，1993 年達百分之四十五。這種變化，從某種意義上講，也反映了社會經濟活動的動態。

2. 建房置業。人們生活不斷提高，要求改善居住條件的多了起來，建厝、購房、搬遷以及房産糾紛等等也逐年增加。求籤比例也上升了。如 1985 年僅佔百分之九，1990 年上升爲百分之十二點二，1993 年達百分之十六點八。

3. 出境出國。隨着經濟的發展，就業問題基本得到解決的情況下，出境出國熱相應有所降温。如 1985 年佔百分之十一點七，1990 年降爲百分之七點四，1993 年僅佔百分之四點四八。

抽籤問卜，是信仰者的心理所需，通過對神的祈求問卜，是一種諮詢、預測個人所想辦的事情能否順利的形式，一般無礙於社會和他人。如晉江有位女企業家，經常來廟求籤，據她説：凡企業有關的事，如投資、選擇廠房、購置設備、聘用人員，以及産銷等問題，都先來求關帝作決策。由於事業順利，她感到很靈驗，關帝成了她的精神寄託。在商品經濟大潮中，使更多的人相信“謀事在人，成事在天”的信條。因此關帝信仰的興起，同社會經濟發展是相關的。

三　管理的問題

廟宇和神祇是宗教的象徵，也是信仰者朝拜的場所。而宗教的興衰是要受社會的制約，一座廟宇能否存在或發展的關鍵，則是管理問題。正如有人所説的“神聖也要弟子正”，是有其道理的。歷史上許多宫觀寺廟的興廢，除同社會是否協調的因素外，管理問題却是不可忽視的重要原因。過去流傳有一句話“看宫吃宫”，他們爲了“吃”，便不顧一切裝神弄鬼，斂取財物，把神聖的宗教場所變爲少數人的“家廟”，使它走向反面。在新的歷史時期，宗教廟宇的管理，同樣也有一個改革的問題，不然就難以符合時代的要求，適應多數人的願望。只有通過改革，興利除弊；而不應把歷史上所有的辦法視爲“至寶”，不加取捨，照搬濫用。必須依據國家法律、法規，進行管理。這樣，才能把它引導走向同社會發展相適應的軌道。

泉州是開放城市，廟宇不僅是宏揚傳統宗教文化、教化信徒的場所，而且也是一個對外宣傳的窗口。管理是否得當，是關係一座宫廟的形象並關係到地方的聲譽。尤其像通淮廟這樣知名度高、影響面廣的古跡，管理得當，可起到穩定社會、團結“三胞”的作用。反之，也可能被一些巫婆神棍用來造謡惑衆，擾亂人心，破壞社會正常秩序而起反作用。

通淮廟恢復之後，爲避免舊習沈渣泛起，危害古廟形象，造成不良的社會影響，在管理章程上明確規定了廟的性質是“社會公益事業單位”，任務是“保護信仰者正常宗教活動”，和

“反對巫婆神棍”等條文。强調在經濟效益和社會效益兩者中，應把社會效益放在首位，作爲考慮一切工作的出發點和最終目的。同時，還根據通淮廟故有的特色和潛力，提出辦成“正常宗教活動，對外宣傳窗口，聯絡‘三胞’渠道，社會公益事業單位”。多年來，按上述指導思想認真開展工作，各項事業逐年有所開拓，有所前進，獲得了區、市、省、中央有關部門的肯定，海内外信仰者的好評。

總之，泉州通淮廟恢復活動以來，堅持了與社會發展相適應的方向，在繼承傳統的同時，採取興利除弊的方法，使古廟賦予了新的内涵。這對宣傳關帝文化，弘揚正氣，發揚中華民族優良的道德品質，團結海内外廣大信仰者，發揮了一定的作用。

十多年來，泉州民間信仰活動處在一個自發的恢復和發展時期，不少在建國後和“文化大革命”間已被拆毁的宫廟，藉着宗教信仰自由，紛紛重修重建。這對保護古跡，發揮宗教勝地優勢，争取團結“三胞”，開展宗教文化交流，發展旅遊事業等，無不具有一定的作用。但另一方面一些舊社會殘存的陋習和習慣勢力，也伴隨而生，致使一些單位在管理上、活動上較爲混亂。尤其在當前社會一些不正之風和“一切向錢看”的利慾驅動下，有些人利用宫廟作爲獵取財物的“風水寶地”，使一些早已依法被取締的封建勢力和新的巫婆神棍重新出現。他們利用群衆誠信心理，打着宗教旗號，藉神的名義和宫廟的招牌，高唱所謂“歷史世襲”調子，進行種種坑害群衆利益的活動，把“神聖”的殿堂，變爲某些人“發財致富”的場所。這種損害宫廟形象，造成社會不良影響的現象，雖有歷史的、現實的諸多原因，但有關部門對此還没引起足够重視，把該貫徹的政策、法規束之高閣，該歸誰來管理職責不明，造成客觀上寬容那些歪風邪氣的滋生發展。希望能盡快採取必要措施，依法治理，逐步引導他們完善管理，走上正常活動軌道。

討論關帝文化的目的，是爲宏揚中華民族優良傳統文化，藉以提高人們的道德品質。但關帝已由人升爲神，關帝文化的傳播，却大量的是通過宫廟和廣大信仰者活動來表現。因此，如何把握好關帝文化的宣傳導向，改善、提高宫廟管理水平，是維護關帝形象，發揚優良傳統文化的重要條件。若是這方面工作做好了，對發揮古城民間信仰優勢，擴大“三胞”聯誼，發展旅遊事業，將是有現實意義的。

（作者：原泉州通淮關岳廟董事會常務董事長、泉州市區民間信仰研究會副會長）

中國傳統關羽信仰民俗文化

吴幼雄

近幾年，隨着改革開放的發展，隨着對外和對臺灣文化交流的頻繁，闕帝信仰民俗文化的活動形成了一股不小的熱潮。關帝信仰是中華民族傳統文化的一個組成部分。當今，如何引導關帝信仰與社會主義社會相適應，是漢民族信仰民俗研究的重要課題。

1994 年 12 月，泉州市區民間信仰研究會舉行第一次“關公信仰學術研討會”，並出版關公研究專輯，刊發論文十七篇，涉及範圍甚廣，包括泉州通淮關岳廟的恢復與關帝崇拜的現狀，泉州關帝信仰的源流，泉州關帝信仰的勸善書與詩籤，泉州通淮關岳廟的建築藝術，泉州關帝信仰的儒、道、釋文化滲透，泉州的武聖祭祀儀式，關帝信仰與華人、華僑等幾個方面。首次對泉州關帝信仰文化現象進行了比較深入的研究，取得了可喜的成績。

本文擬把泉州關帝信仰的文化現象置諸福建、臺灣，乃至全國的範圍來進行攷察，以求能更全面了解漢民族關帝信仰在信仰民俗範疇内的歷史地位；本文還想從另一個角度來探討泉州通淮廟的關帝信仰文化，即探討山西省運城市解州鎮常平村關帝故里的關帝信仰文化與泉州通淮關帝廟的歷史因緣關係；本文還要探討泉州通淮廟關帝信仰與臺灣省的臺南、雲林等地關帝信仰的文化因緣關係。

這就是説本文從更廣的範圍，研究關帝信仰是中華漢民族傳統文化的一部分，關帝信仰社會功能的演變，以及在當今如何引導關帝信仰與社會主義社會相適應。

一 山西解州常平關帝故里

解州鎮常平鄉常平村有關帝家廟，又稱關帝祖祠。地處運城市西南十二公里，西距解州關帝廟十公里。常平關帝廟，南依中條山（僅距離三公里），北臨鹽池（周圍長四十多公里），景色秀麗，環境清静，有公路横貫鹽池，然後西向從廟前通過。據《解州縣志》載：關聖家廟在縣東常平里馮村，距城二十里。“相傳爲關聖故宅……廟貌巋然，東距安邑玉鈎山夏（朝）忠諫大夫諱龍逢公墓四十餘里，南對條山石盤溝。”①

據傳，關帝家廟創建於隋初，到了金代，遂成相當規模的建築群體，取名“關聖家廟”。以后，隨關羽不斷受到追封，廟堂不斷擴建。明嘉靖三十四年（1555 年）以降，關聖家廟修建達十六次。現今，家廟總面積有一萬五千平方米，規模宏敞，佈局嚴謹，屬磚木結構和琉璃瓦建築。廟里有金朝碑刻一方、明碑一方、清碑十三方和民國碑一方。

總體佈局沿襲“前廟後宫”體制。進山門有牌坊三座，東、西爲木構牌坊，東牌坊題刻“靈鍾鹺海”，西牌坊題刻“秀毓條山”。鹺海，即鹽池，古稱河東鹽池；條山，著名的中條山脈。兩題刻點出關聖故里及其家廟的地理環境、自然風貌和歷史人物。中間牌坊爲龍柱石牌坊。横額刻“關王故里”，兩旁置鐵獅守衛。兩厢有鐘、鼓樓。沿中軸綫有午門、享殿、崇寧殿（内祀關羽塑像）、娘娘殿（内祀關夫人塑像）、聖祖殿（主祀遠祖關龍逢；東側配祀三代夫人塑像）。此外，午門東南方有八角七層磚塔一座，建於金朝大定十七年（1177 年），據傳爲祭奠關羽父母而創建的。崇寧殿前有兩株古柏，幹粗各有三人圍，信徒於樹幹纏上數百匝紅紗繩。據介紹：經科學測定，樹齡有一千一百多年了。據樹齡推測，關聖家廟最遲於唐末有之。關聖家廟南的中條山石盤溝坡上，有稀疏古柏，還散落許多歷代石碑，此乃關氏祖墳也。此墳塋正待修復爲旅遊勝地。

據《解梁關帝志·廟制》記載，明嘉靖以降，“每年清明節，州官屬遵拜掃例，一在塋墓，一在本廟致祭，歲以爲常”。新中國成立後，家廟爲鄉政府辦公處。近年由解州關帝廟文物保管所出資人民幣一百三十萬元贖回。現在關聖家廟和祖塋被定爲山西省文物保護單位，由運城市文物管理委員會派遣山西大學歷史系畢業生、解州人侯學金出任文物保管所所長，主持解州關帝廟、常平家廟和關聖祖塋等三處的事務。關帝家廟與二千公里外的泉州通淮帝廟竟然有一段歷史因緣呢！

二　解州關帝廟

解州關帝廟在運城市西南二十公里，廟南望中條山，東近鹽池，有湖光山色之勝。廟佔地面積一萬八千五百平方米，是全國最大的關帝廟。廟内宫殿式建築群巍峨壯觀，佈局嚴謹，保存明清的木構建築規制，是全國重點文物保護單位。據記載，廟始建於隋文帝開皇九年（589 年）。重建於宋真宗大中祥符七年（1014 年）。明嘉靖年間（1522—1566 年）毁於地震，重建後又於康熙四十一年（1702 年）毁於火。此後多次重修，承蒙侯學金所長贈送《解州關帝廟》、《常平家廟》、關公畫竹拓片及護身符等禮品。

廟的平面佈局分南北兩部分。南爲結義園，由牌坊、君子亭、三義閣、假山和蓮池等組成。結義園猶如半島，三面環水，後有假山、人工瀑布。結義園裏保存着乾隆二十八年（1763 年）刻立的古石碑，碑上刻圖畫，内容是劉備、關羽、張飛桃園三結義故事。結義館内陳列“三結義”的蠟像。結義園全爲新建築，是三年前從工廠手中以一百三十多萬元贖回後修建的。

北部爲正廟，又分前後兩院。前院的中軸綫從南向北順序是琉璃龍壁、端門、雉門、午門、御書樓、崇寧殿，兩側配以石牌坊、木坊、鐘樓、鼓樓、崇聖祠、胡公祠、碑亭、鐘亭等。前院建築群以崇寧殿規模最宏偉，工藝最精致。崇寧殿是關帝廟的主殿，四周有回廊。殿前有昂首奮爪龍柱八根。殿右豎立關聖的銅、鐵青龍偃月刀，據云各三百斤。崇寧殿前有拜臺，圍繞以石碑。崇寧殿屋頂二重檐間有“金秋大祭”四個大字，這才知道我們拜訪解州關帝廟的十一月十四日，時間距一年一度的河東九月金秋大祭的廟會活動僅去兩月。清代，廟東有三清殿，住有道士，但早已湮没。

後院與崇寧殿之間，有園林間隔，園北以“氣肅千秋”木牌坊爲屏障，後有三十米高的三重檐木構建築——春秋樓，兩側面有三重檐的刀樓和印樓，組成一組特殊的建築群體。古柏樹梢從建築群的翹脊上伸出，更增加春秋樓的精巧别致。春秋樓的二樓周以吊柱式的回廊，憑欄可眺望中條山和鹽池，真是山水毓秀啊！春秋樓的建築藝術有一絶，即二樓屋頂藻井有兩個直徑十米左右的大倒掛斗拱群裝飾，更顯出它的奇特。

總之，解州關帝廟的中軸綫古建築群乃沿襲“前廟後寢”的古制，餘間圍護，形成左右對稱而以中軸綫爲主體的我國古建築傳統風格。廟裹保存着明朝石碑一方、清碑十八方、民國碑四方，還有歷代題詩、題匾六十多條、幅，其中有康熙皇帝的題匾。此外，廟内還有數噸重的銅製供桌面、巨大鐵獅、鐵人、鐵焚表爐等古物。誰能想到，解州關帝廟與二千公里外的泉州通淮帝廟亦有一段歷史因緣呢！

三　洛陽關林

關林位於河南省洛陽市南郊八公里處的關林鎮，鎮區頗大，也很繁榮。關林創建於明朝萬曆年間（1573—1619 年）。據傳這裏埋葬着關羽的首級，是中國武聖人的陵寢。關林是我國少有的廟、冢、林三祀合一的古建築遺存。清代屢加擴修，殿宇堂皇，墓冢巍峨，碑碣林立，古柏參天，氣勢磅礴，是中國的三大關帝廟之一。1980 年闢爲洛陽古代藝術館，展藏洛陽出土古代文物一千三百多件，是洛陽市的愛國主義教育基地。

進山門，有條長長的清代雕刻的石獅甬道直通大殿，兩旁古柏參天，古石碑林立，緑草如茵。大殿前有對聯云："漢封侯宋封王明封大帝"；"釋稱佛儒稱聖道稱天尊"。對聯以二十個字高度概括關羽歷史上受追封和儒道釋争祀的事實。

關林一樣仿古三進、中軸綫，兩旁厢房、鐘鼓樓建築體制。中軸綫的最後爲陵寢，周邊是廣闊的柏樹林，緑草茵茵，幽静奇絶。陵寢是一個高十米左右的土堆，上植柏樹。陵寢前是一座木構八角亭，亭内竪立古石碑，亭前有大小兩座石牌坊，第一座石牌坊横刻"漢壽亭侯墓"，第二座石碑坊横刻"中央宛在"。關林的總面積約有二百三十五畝，園林里還有鳳尾柏、龍頭柏和關公昇天柏等奇樹。

已是 13 日下午 5 時，洛陽關林管理委員會書記李群、管委會副主任李春敏等多人接待我等一行七人，並贈送關公像拓片、護身符、關林明信片和《洛陽藝術館》介紹一書，還代我們與山西解州關帝廟文物管理所聯係前往拜訪事宜。

四　當陽關陵·荆州帝廟

2000 年 4 月，湖北省當陽市關陵文物保護管理所所長張德宏來函，邀請泉州通淮關岳廟董事會組團參加當陽市第十届關公文化節。這是泉州通淮關岳廟與當陽關陵之間有文字記載的第一次文化交流。

14 日傍晚，我們一行抵達當陽市，市區交叉路口有巨大的關羽塑像。我們住宿金葉賓館，就在長坂坡公園附近。該賓館屬烟草公司，公司經營名牌“關公牌”香烟。15日上午9時，在關陵舉行盛大的關公文化節開幕儀式，副市長致開幕詞，接着舉行廟會活動，有舞龍、高蹺、腰鼓和母女乘轎繞儀門祈求關帝賜福等民俗活動。整個關陵擠滿了群衆，地攤上排滿各色食品、飲料、圖書。在關公陵墓四周，栽種了一種灌木，其枝幹柔軟，可以隨便打結，只見每一棵樹前均圍着好多位少女，她們虔誠地替樹枝打結。據云，是少女祈求關公保佑她們找到如意郎君；少婦則祈求關公賜福夫妻和合平安，永不變心。這可以説是當陽關公信仰民俗文化的一個縮影。

10時半，在關陵正殿前舉行隆重祭拜關公儀式，鑼鼓齊喧天，長管號長鳴，供桌上有全豬、羊、鷄、鴨和水牛頭，觀衆如堵。高唱捐資數目、單位、姓名的聲音，雜鼓樂聲而出。

關陵，位於當陽市城西二公里處。建安二十四年（219年），關羽大意失荆州，敗走麥城，孫權擒斬關羽於臨沮夾石（今遠安縣回馬坡）。孫權送關羽首級於曹操，以諸侯禮葬關羽遺骸於章鄉（今當陽關陵），而曹操則以諸侯禮厚葬關羽首級於洛陽關林。當陽市民認定關帝的生日是農曆六月二十三日。這便是關羽“頭枕洛陽，身困當陽”俗稱的由來。

關陵占地七十五畝，陵冢爲一圓形土堆，上長樹木，周砌石板和圍欄，石欄板有雕刻圖案、花草和動物，通高七米。宋時墓前有祭亭。元初建墓門、墓道。明成化三年（1467年），當陽令黄恕奏準敕建廟宇。嘉靖十五年（1536年），建成大規模陵園。新中國成立後多次重修，80年代落架大修。其建築形制爲中軸綫對稱式帝陵。中軸綫上八座主要建築先後次序爲神道碑亭、“漢室忠良”石牌坊、三元門、馬殿、拜殿、正殿（有同治皇帝御筆“威震華夏”之匾）、寢殿、陵墓。兩旁有華表、鐘樓、鼓樓、碑廊、齋堂、來止軒、聖像亭、伯子祠、啓聖宫、佛堂、春秋閣等。陵區環以帝陵式紅墻黄瓦宫墻。

15日下午，赴荆州市區參觀關帝廟，關帝廟文物管理所所長簡素珍親自赴當陽迎接。廟創建於洪武二十九年（1396 年）。據《江陵縣志》載，廟址爲關羽鎮守荆州的府邸故基，也是關羽後代世襲江陵的封地。後因年久失修，殿宇湮没。1987 年在原址復建，殿宇分儀門、正殿、三義樓和陳列樓等，共佔地四千五百平方米。廟内現存明萬曆年間雌雄銀杏兩株（左邊一棵已枯死）。廟内保存青龍偃月刀、赤兔馬槽等古代珍貴文物。大殿内塑高大關羽、關平、周倉銅像。有佛教清信女負責抽籤和解讀，大殿内有“佛日增輝，法輪常轉”大鐵鐘一口。荆州關帝廟正對南城門，相距百米左右，三面是街道，十分熱鬧。荆州帝廟與泉州通淮帝廟亦有因緣關係。

據道光《晉江縣志·祠廟志》記載，雍正九年（1731 年），泉州通淮帝廟重修，張煥登譔《重修通淮關帝廟碑記》云：“故昔之記修廟者，於其創始闕如，或曰‘今天下之祀侯者，遍郡邑而是。而獨正陽也，荆州也，通淮也，三者爲舊’。是亦未可據者。”前文已述，荆州關王廟創於洪武二十九年（1396 年）。這就是説，遲至雍正年間，已有泉州人到達正陽、荆州關王廟攷察過，所以才提出此三地的關王廟爲最古的結論。所謂正陽關帝廟，即北京正陽門前的關帝廟。這是從另一個側面反映泉州通淮帝廟與荆州、正陽帝廟的文化聯係。

還有一點必須注意，荆州帝廟是由儒家的關羽祠發展而來，常平帝廟由儒家的家廟發展而來，關林帝廟和當陽帝廟則由關陵發展而來。這就是説每座關帝廟都有按漢民族的儒家思想發展變化的歷史，但皆興盛於嘉靖、萬曆年間（包括解州帝廟）。

16 日上午，參加當陽市雙陽鎮（古麥城）周倉廟落成典禮，廟係臺灣宜蘭縣協天廟吳朝煌先生等捐資六十萬元興建。廟中軸綫有周倉墳、周倉亭（内佇立周倉石雕立像，係惠安石雕廠産品）、周倉陳列館（内塑周倉木雕像，亦惠安木雕廠産品，尚未完成）。

10 時 30 分，趕赴當陽市西南郊玉泉山玉泉寺參觀。玉泉寺爲佛教寺院，大雄寶殿敬奉釋迦牟尼，右偏殿祀高大關羽坐像，稱玉泉顯烈祠。有聯句，上聯是“赤面秉赤心騎赤兔追風馳驅時無忘赤帝”；下聯是“青燈觀青史仗青龍偃月隱微處不愧青天”。在玉泉澗石橋旁有關公顯聖處，即《佛教統紀》所載南朝時關公顯聖獻地建玉泉佛寺的地方，該處有光緒年碑和萬曆年石柱。石柱高三米，方形，正面雕刻“關公顯聖處所”，另三面刻：“當陽縣知縣，今昇福建建寧府同知李一陽”；“興都留後參軍署當陽縣×潘×××題”；“萬曆丙辰歲（萬曆四十四年，1616年）孟秋月吉旦建立”。過玉泉澗石橋左側山坡上，新建一座關帝廟，内塑關公坐像。

玉泉寺原有唐朝貞元年間（785—805年）董侹譔立的《重建關侯廟記》，但石碑已湮没。據碑文記載：“玉泉寺，在覆船山，東去當陽三十里，叠嶂迴擁，飛泉迤邐。信金人之净界，域中之絶景也……有蜀將軍都督荆州事關公遺廟存焉……陳光大中（567—568年），智顗禪師者至自天臺，宴坐喬木之下，夜分忽與神遇，云‘願舍此山爲僧坊，請師出山以觀其用’……荆南節度使工部尚書江陵尹裴公，政成事時，典從禮順，以爲神道之教，依人而行……而祠宇墮毁……爰從舊址，試展新規……唯曩時禪坐之樹，今則延袤數十圍矣。”今唐時數十圍的巨樹亦不見矣。

玉泉寺大雄寶殿前月臺上，陳列隋大業十一年（615年）當陽李慧達鑄造的三千斤“永充供養”大鐵鑊一口，鐵鑊已銹透底，唯銘文大都清晰，是玉泉寺最早的文物。另有元朝延祐年間（1314—1320年）鑄造的兩口各三千斤的鐵鐘，銘文清楚，記載關公在玉泉山顯聖捐此山爲佛教道場的傳説；又記載玉泉山佛教天臺宗與兩浙佛教天臺宗的聯係。所以玉泉寺是中國佛教唯一設顯烈祠祀關羽的寺廟，也是中國唯一在佛教寺廟創建關帝廟的寺廟。而全國所有的大規模的佛教寺院，均把關羽列爲第十九位伽藍神，其典故則出自當陽玉泉山關公顯聖捐地建佛教寺的神話。

五　泉州通淮關聖帝廟·東山帝廟

泉州通淮關帝廟位於市區東南，在古通淮大道北側，背靠宋代城濠，南臨通淮繁盛街道，爲省級文物保護單位。通淮關帝廟的創建時間無攷，明萬曆《泉州府志·雜志·寺觀宮廟》僅記“關王廟在郡城通淮街北，郡人奉之特盛”[②]。乾隆《泉州府志·壇廟寺觀》則記“明嘉靖間，長史李一德重修”[③]。道光《晉江縣志·選舉志》又記，李一德“嘉靖十六年舉人”[④]。李一德哪年重修通淮關帝廟乏記。而李一德《重修關侯廟記》見諸《清源文獻》[⑤]。可是，《清源文獻》係手抄本，亦未注明出處。再細讀李一德《重修關侯廟記》，廟記只論述關羽的“忠且智”，未見有復修或創建時間。李一德作廟記應在嘉靖十六年（1537 年）中舉人之後，如是，上距洪武三十一年（1398 年）爲一百四十年。是故，有的學人推斷通淮關帝廟創建於“明初”，皆缺乏充分依據。又有的學人據民間傳說：明初江夏侯周德興奉敕重建泉州城，在所有的城門邊建關帝廟，據此斷定通淮廟建於明初。我們暫且不議此民間傳說是否可靠，僅就通淮帝廟的位置而言，也不符合傳說，因爲關帝廟的位置距通淮城門還有數百米之遥。

福建東山島的關帝廟，坐落銅陵鎮東面，倚獅山而面海。屬抬梁式構架、單檐歇山頂、傳統對稱型建築，内有回廊厢房、丹墀陛、華表，其建築中軸綫與隔海文峰塔相對。廟門爲牌樓式，稱太子亭。據《東山縣志》載，始建於明洪武二十年（1387 年），原稱關王祠。正德三年（1508 年），由九位地方紳士募衆擴建。嘉靖二十一年（1542 年）重修。康熙三年（1664 年）被焚，十九年重修[⑥]。爲全國重點文物保護單位。

關帝廟門口牌樓石横楣背面刻有“正德己巳（正德四年，1509 年）……捐建”；正面刻有“嘉靖壬寅（嘉靖二十一年，1542 年）……捐建”。廟内西墻又有康熙二十年重修廟石碑。這些與《東山縣志》記載吻合。

廟里東墻，砌有同治間捐資芳名碑，有泉州安溪一人上榜。在光緒間捐資芳名碑上，有安平遊擊三人捐資。這是歷史上東山島關帝廟與泉州人的直接往來之事實。

2000年農曆五月十三日，舉行第九届東山關帝廟文化節暨朝聖樓落成典禮，泉州通淮關岳廟董事會接受邀請，前赴盛會，參觀了關帝廟和朝聖樓，與洛陽關林、當陽關陵、解州帝廟、許昌春秋樓和臺灣宜蘭協天廟的代表分别進行接觸和交流，擴大了泉州通淮關岳廟的社會影響。東山關帝廟董事會由社會各界人士組成，由縣旅遊局直接管理。

東山第九届關帝文化節後，即6月15日下午，以吳朝煌爲團長的臺灣宜蘭縣協天廟等二十多座關帝廟的代表，一共二百一十六人，專程趕赴泉州通淮關岳廟，手捧關帝神像“進香”朝拜。5時到達，直到近7時離去。

此前幾天，即6月7日上午，金門縣古寧真武廟一團二十八人，赴泉州通淮關岳廟，捧着關帝神像到廟“乞火”，謂由泉州通淮關帝廟分靈的。當前，在泉州通淮關帝廟的創建時間問題，尚未找到有充分的材料證明其確切創建時間之時，再花時間來討論創建問題，我認爲没有什麽必要，因爲從民間小廟發展到公認的大廟，是需要一個較長的過程的。我認爲，我們應把精力放在研究泉州通淮關帝廟的社會功能，以及它在國内外的社會地位。

泉州通淮關聖帝廟中殿祀關羽和岳飛（民國三年，1914年增祀岳飛）；西殿稱三義廟，祀劉備、關羽、張飛，配祀諸葛亮、趙子龍；東殿稱崇先殿，祀關羽曾祖光昭、祖裕昌、父成忠。經1986年至1990年的修復後，總面積爲一千二百九十四平方米。1999年，又在崇先殿東擴建議事廳、金亭等，又增加四百多平方米。據《泉州通淮關岳廟志》記載，通淮關帝廟明代重修二次、清朝四次、民國一次⑦。泉州通淮關岳廟因位於鬧市區，所以没有緑化地帶，面積和建築與山西祖廟也不可比擬。但是，在廟務管理上有它的特點，即史載自清咸豐七年（1857 年）以來，廟務即由社會人士組成的董事會負責，一直延續至今。咸豐七年六月的《立看守碑》還砌於三義廟東墻上。1996 年拓寬塗門街（原通淮街），在通淮關岳廟門前擴建廣場一千多平方米，廟貌爲之改觀。

泉州通淮帝廟三義廟東墻砌有兩方碑記，其中一方記載清初本廟與山西省解州關帝廟和常平關帝家廟及關帝祖塋的關係，因此顯得十分珍貴；另一方碑記，則記載清末本廟與臺灣省臺南關帝信仰民俗的關係，也顯得十分的珍貴。下文即對這兩方碑記進行研究分析。

六　通淮關帝廟與常平故里

泉州通淮關岳廟西三義廟的東墻上砌有康熙間碑一方，紀年爲康熙戊子（康熙四十七年，1708 年），碑名是《關聖帝君祖塋碑記》。本碑記在傅金星、曾煥智編著《泉州通淮關岳廟志》里有全文記録，但有十五處錯誤[8]。而由泉州通淮關岳廟董事會、泉州市區道教文化研究會新編《泉州通淮關岳廟志》，亦收録本碑文，但不知何故删棄碑文的前半部分，又未加説明。餘下的録文也有十三處錯誤[9]。因本碑文涉及關帝常平故里、解州關帝廟與通淮關帝廟的歷史因緣，故全文録於下，以供讀者研究。

關聖帝君祖塋碑記

漢壯繆侯死，忠祠廟遍天下，莫敢指爲淫祀。侯生於蒲，其先祖世系不可攷。然墳墓之在條麓者歲有祀。康熙戊午十七年，昌平士人于昌讀書於解州塔廟。塔廟者傳爲侯故居也。昌晝寢，夢侯呼授易碑二大字。寤而起，殿西方濬井得巨磚有文，磚已碎。昌亟合而讀之，即侯父奉祀關考，主中紀死生甲子、兩世字諱。因往循求墓道，悉合。昌白於州守王君朱旦，愁然曰：“旦丁酉宿涿州逆旅，夢侯揖迎，酌以巨觥曰：‘煩椽筆叙生平’。迄今二十有二年，始符前夢。”乃自爲碑，竪侯祖墓旁。分守使者張君夫本銘焉。

謹按王君所記，侯祖諱審，字問之，號石磐。漢和帝永元二年庚寅生解梁常平村寶池里五甲，絶意進取，以《春秋》訓子數十年，至桓帝永壽三年丁酉卒，壽六十六。侯父諱毅，字道遠，廬墓終喪，歸已爲桓帝延禧二年。明年庚子六月二十四日，産侯於故里。侯長讀父書不絶，博通淹貫。娶婦胡氏，於靈帝光和元年戊午五月十三日，生子平。次年詣郡陳時事，不報。仗義擊殺豪右吕熊等七人，吏捕侯急，婦抱平匿母家以免。其大略如此。

關夫子忠烈貫古今，浩氣塞天地，九州之内，六合之外，靡不竭誠殫敬。獨□祖考世系代寢湮遠，杳不可攷。即如慶壽一舉，世皆相沿，以五月十有三日尸祝，是蓋惑於《三國志》四戊午之説也。余於戊子（康熙四十七年）秋，晉安獲郵傳解州。□□昌夢侯授易碑之事。及州守王公朱旦筆記，較之《三國志》所載，殊不相□。然《三國志》中叙事頗近小説家，而詞與《漢書》亦相謬舛。毋如販夫牧竪□□侈傳，以四戊午爲信然，牢不可破。至於世譜諸書並無記載，以故侯先後兩見夢於王、於二君。赫赫靈爽，千百載猶如在焉。因特表而刊之，以告我同人云爾。

温陵霞山供奉弟子蘇麟臣定伯□□

碑文分析如下：

（一）碑文是泉州通淮關帝廟與山西省運城市解州關帝廟、常平故里和關帝祖塋因緣的最早記録。碑文譔於康熙四十七年（1708 年），距今近三百年。記載泉州關帝信徒“温陵霞山”村人蘇麟臣，藉解送郵件到山西省解州的機會，順便拜訪解州關帝廟和常平關帝故里。蘇麟臣是從福州（晉安）接受任務出發的。碑記立於泉州通淮關帝廟，碑文且聲明：“因特表而刊之，以告我同人云爾。”所以碑文是泉州通淮關帝廟與解州關帝廟、常平關帝故里關係的最早記録。

（二）碑文内容分析。碑文第一段是引解州守張君夫譔碑銘。内容有兩方面：其一，從迷信角度説關帝兩次顯靈現夢（一次爲昌平書生于昌；一次是解州縣令王朱旦），要求爲他“叙生平”。其二，以家廟井裏磚銘與關帝祖塋墓道碑文對照，世系、生死時間完全符合（這是科學的）。

碑文第二段，記温陵蘇麟臣在解州根據康熙十九年譔立的《漢前將軍壯繆侯關聖帝君祖墓碑銘》（此碑文，下文還要談到），記録關帝的世系，有具體的時間、人名、地點，特别强調關帝的生日是六月二十四日，和關平生日是五月十三日。點明關帝生日確定六月二十四日，是根據祖塋碑銘，並回應了前文的井磚銘文和兩次顯靈現夢。

碑文第三段，是温陵蘇麟臣分析泉州的關帝信徒，以五月十三日爲關帝的生日原因，是受“《三國志》四戊午之説”的影響，係謬説。點出譔刻本碑文的目的，是“告我同人”，關帝的生日是墓道碑記所載的六月二十四日。又回應了碑額《關聖帝君祖塋碑記》。所以本碑記既是解州關帝廟、常平關帝故里與泉州通淮關帝廟關係的最早記載，又是對泉州關帝信仰民俗文化影響最大的記載。

（三）碑文表明關帝的崇拜始於祖先崇拜，是中華民族的傳統文化。由祖先崇拜逐漸發展爲神明崇拜，這是中國歷史人物作爲信仰民俗的普遍規律。前文所述，常平關帝家廟有崇寧殿祀關帝，有娘娘殿祀關夫人，又有聖祖殿祀關帝遠祖、曾祖、祖父、父及三代夫人。還有七層磚塔祭奠關帝父母等。泉州通淮關帝廟崇先殿也祀關帝曾祖、祖父、父及三代夫人。康熙十九年（1680年），解州守在確定關帝生日時，除了藉助顯靈迷信外，也求助關氏祖塋碑銘的記載。所以，關帝的由人到神，是與泉州地區的保生大帝吴夲、蕭王爺蕭望之等的由人到神的轉變，即由祖先崇拜到神明崇拜是一樣的,這是中華民族的傳統文化的一個部分。

此外，温陵蘇麟臣譔《關聖帝君祖塋碑記》的内容，與解州守王朱旦譔《漢前將軍壯繆侯關聖帝君祖墓碑銘》的内容基本一致，僅詳略不同而已。再徵以《關帝文獻匯編·關聖帝君聖跡圖志全集》[10]，亦無出入。至於關帝的生日，據解州文管會編《解州關帝廟》一書的攷證，認爲應以六月二十四日爲準，但也保留五月十三日説和六月二十二日説。至於四月八日和九月十三日，是大祭日以及廟會[11]，與關帝生日無關。且指出康熙間解州守王朱旦攷證比較可靠。

在温陵蘇麟臣首訪山西解州關帝廟和關帝常平故里以后，即近三百年以后的現代，泉州通淮關岳廟董事會有三次出訪解州，分別爲 1994 年 11 月，1999 年 5 月、11 月。這是繼康熙四十八年以後兩地聯誼的記録，應該在此補記的。

七　泉州通淮帝廟·臺郡帝宫和晉江崇義廟

泉州通淮關岳廟三義殿東墻上砌有一方石刻，石刻無碑額。在傅金星、曾焕智編《泉州通淮關岳廟志》稱“降神碑”，而在泉州通淮關岳廟董事會、泉州市區道教文化研究會合編《泉州通淮關岳廟志》，則稱“臺灣彰化林光夏所書石刻”。碑文藉關帝顯靈迷信説法，告誡人們切勿形以敬關帝，實爲戲侮關帝。碑文藉關帝顯靈强調“速將吾諭言，貼文衡殿通曉”。這便是這方碑記的來歷。但是，寫這一方碑記的原因是什麽呢？這方碑記是臺灣彰化生員林光夏書寫的，然後由泉州的關帝信徒刻立的。事情發生於臺灣省臺南縣。現在摘録碑文下半部分於下，以供讀者研究。録文如下：

嘉慶二十一年歲丙子六月初七日下午，臺郡宫後街鼎行演唱梨園，摘三國臨江會一錦，行中聖像前爐光發越，不知覺悟。已而，擡上假託聖貌之人突然躍舞，就手中所執木劍亂斫裝魯子敬者，如真慾殺聲勢，隨即顛撲，莫知其身。口授此語，令書以示。伏思，聖言本不可侮，況聖像乎！爰敬録之，以昭靈赫，以悟世人。

彰化生員林光夏熏沐書

嘉慶二十有四年歲次己卯八月十五日

泉郡下民奉命擇立

本碑文記載嘉慶二十一年（1816 年），臺灣省臺南府關帝宫後街鼎行演唱梨園戲，裝扮關聖夫子手執木劍殺裝魯肅者。彰化生員林光夏親見此狀，認爲有侮聖人而不妥當，但又無力制止。待嘉慶二十四年（1819 年），得機會來泉州通淮關帝廟（祖廟），藉關聖夫子附乩的迷信説法，要求關帝信徒切勿以敬關聖夫子爲名，時而戲侮關聖夫子。故刻石砌於“衡殿通曉”。本碑文反映泉州通淮關帝廟與臺南關帝信仰民俗的源流關係。1991 年 4 月，臺郡開基武廟組團來山西解州、福建泉州、浙江普陀山謁祖廟，並贈送謁祖旗一面。

臺灣雲林縣保長湖保安宫主祀關聖夫子，據載係康熙三十六年（1697 年）由泉州移民帶去的。據傳一船得以戰勝風浪平安到達，因此返回“唐山福建省泉州塗門關聖帝君廟，恭雕神像再度來臺”。因此，時至今日，雲林縣保長湖保安宫還組團到泉州通淮關岳廟進香、認祖廟。2000 年 2 月 28 日，臺灣省臺中縣沙鹿天九靈修道院一團三十多人到泉州通淮關岳廟進香，手捧關夫子像“過爐”。以上數例，都表明泉州通淮關岳廟與臺灣關帝信仰的密切關係，亦即源流關係。

爲什麼臺灣省彰化縣生員林光夏，對臺南關帝廟的宫後街鼎行梨園戲上演關帝戲劇表示反感？且到泉州通淮關帝廟藉關帝附乩而發禁令。這是有歷史原因的。據徐珂《清稗類鈔》記：“優人演劇，每多褻瀆聖賢，聖祖頒詔：禁止裝孔子及諸賢。至雍正丁未（雍正五年，1727 年），世宗則並禁演關羽。”甚至以後的慈禧太后當權，也下詔禁演關帝戲呢。故除了聖像不可侮以外，還有皇帝的命令呢。這小小的演戲事件，反映了海峽兩岸理學思想的繼承和延續，也反映了兩岸中華漢民族傳統文化的一脉同源關係。

2000 年 6 月 29 日，泉州師範學院泉州學研究所、泉州市區民間信仰研究會，在晉江市文管會何振良、粘良圖二位先生帶領下，調查晉江金井關公信仰民俗文化。見到晉江縣金井鎮西資岩麓有崇奉關羽的崇義廟，依山傍築，有山門、大埕、兩廊、大殿，廟宇寬敞。據廟前光緒三年（1877 年）的新建崇義廟碑記載，該廟源於臺灣鳳山縣，後傳晉江縣沙堤，於光緒三年由沙堤再分爐西資岩，而鳳山縣關帝廟是雍正五年（1727 年），由知縣蕭震創建的[12]。這是首次發現的關帝信仰由臺灣回傳的現象。崇義廟可以與深滬寶泉庵（保生大帝廟）同列爲臺灣民間信仰回傳大陸的姐妹廟，這表明海峽兩岸中華漢民族的傳統文化之同根同源，互動互傳的獨特現象。

八　關帝信仰民俗社會功能的演變

關帝信仰民俗中，關帝的社會功能是隨社會的發展而不斷地演變的。下分三個方面闡述。

（一）關帝信仰在早期表現爲儒、道、釋爭祀。早在西漢董仲舒提出“罷黜百家，獨尊儒術”，至諸葛亮《出師表》，儒家提倡的“忠”、“孝”已成爲一個時代的思潮。一千多年來，儒家對關羽不斷追封，由侯而公，由公而王，由王而帝，甚至與孔子併列稱聖，列入國家祀典。

南朝佛教天臺宗的創始人智顗，編造關羽在當陽玉泉山顯靈，所謂“感師道行願，舍此山作師道場，永護佛法”，將關羽列入佛教護法神，使佛教與中國的傳統文化相結合，爲佛教的存在和發展，開闢了廣闊的道路。而最早記載此傳説的碑記，當推湖北省當陽縣覆船山玉泉寺的唐朝貞元間（785—805 年）董侹的《重建廟記》。

宋大中祥符七年（1014 年），解州常平故里鹽池乾涸減產，課税難完。道教則借此編造關羽在故里鹽池戰蚩尤而使老天降雨，恢復鹽產的故事。崇信道教的宋真宗則據此命有司建祠宇，歲時奉祭關羽。宋徽宗又封關羽爲崇寧真君，故關帝廟主殿後稱崇寧殿。

（二）關帝顯靈庇民。關帝顯靈傳説，除早期的佛教玉泉山説和道教的關公戰蚩尤説以外，又有前文所述的于昌在常平故里夢説，解州守涿郡夢説，有前文所述的臺灣彰化生員的關帝降乩説和臺灣雲林保長湖保安宮的關帝保佑渡臺説，還有乾隆壬戌（乾隆七年，1742 年），關帝在泉州通淮關帝廟顯靈爲本地信徒增壽説[13]，還有關帝於明代在浙江省餘姚縣顯靈抗倭説，明嘉靖四十三年（1564 年）關帝顯靈福建泉州安海港抗倭説和在山西省顯靈抗日説等等，不勝枚舉。甚至 1989 年夏天的一個下午，常平故里關帝家廟的北方上空（即鹽池上空）出現“海市蜃樓”景觀[14]，亦被信徒歸於關帝顯靈。關帝顯靈庇民説，容易爲文化水平不高的人們所接受。

（三）關帝有求必應説，亦即爲關帝多功能説。首先，關帝信仰民俗把關帝視爲商業神——財神。乾隆三十一年編《解梁關帝志·廟制》記：解州關帝廟“歲常以四月十一日爲賈區，百貨珍貴之物，無不走集，踰三旬乃罷”。這是藉關帝信仰民俗舉行集市貿易的記載。洛陽關林鎮的關陵，則自萬曆年間起，於每年五月舉辦廟會，也利用廟會舉行集市貿易。可以這樣説，自明末清初，關帝逐漸由儒、道、釋爭祀的顯靈的神明向商業神明演變。如今臺灣新竹關帝的塑像高達一百二十尺，加上太師椅座臺，竟高達一百五十尺。這表明關帝作爲商業神地位之高。泉州通淮關岳廟祈求經營順利的“籤詩”逐年增多，這反映了關帝成爲財神的社會現實。據鄭國棟先生統計，信徒祈求生產經營的“籤詩”所占比例逐年增加，如“1985 年佔求籤數（支）的百分之十點八，1987 年上升爲百分之十九點九，1989 年佔百分之四十，1993 年達百分之四十五”[15]。這從另一種角度反映了社會經濟的動態，也是關帝成爲主要財神的最好說明。

其次，關帝又是有求必應的多功能神明。前文已述，常平故里家廟崇寧殿前的兩棵千年古柏樹幹上，各繞上數百匝紅色紗繩，就是信衆祈求的表示，每一匝都代表一次的祈求。民國十七年（1928 年）、二十一年、二十二年、二十三年和二十五年，泉州府晉江縣城三教舖厚城境的“吳門楊氏酬神疏”，可以看出民國前期，泉州通淮關岳廟的社會功能是“祈求植福”、“共保平安事，丁財加添”、“回家順序”、“身命健康，全家平安”、“四時八節有慶，諸事亨旺”、“庇佑家門迪吉”和“得育女孫”[16]。道光二十年（1840 年），泉州同安人四川總督蘇廷玉書寫關帝《覺世真經》。道光二十二年（1842 年），“刻石藏於通淮古廟，以應聖訓而重久遠”。有“敬天地，禮神明。奉祖先，孝雙親，守王法，重師尊。愛兄弟，信友朋。睦宗族，和鄉鄰。別夫婦，教子孫”等等勸善內容。光緒十一年，泉州人狀元吳魯又刊刻爲字帖，廣爲流傳。可謂關帝信仰的社會功能齊全矣。據鄭國棟先生統計，近年來人們生活提高了，“建厝、購房、搬遷，以及房産糾紛等等，也逐年增加，求籤比例也上昇了。如 1985 年僅佔百分之九，1990 年上昇爲百分之十二點二，1993 年達百分之十六點八”。這就是說隨着經濟的發展，人們生活的提高，關帝的社會功能也隨之擴大了。又如隨着經濟的發展，就業問題基本解決，泉州的出境、出國熱有大幅度的降温，這也反映在關帝的社會功能方面。如“1985 年祈出國籤詩佔百分之十一點七，1990 年降爲百分之七點四，1993 年僅佔百分之四點四八”[17]。

九　關帝信仰民俗與兩個文明建設

關帝信仰民俗文化是倫理型的文化，關帝的“忠、義、信、仁、智、勇”，無處不表現漢民族的儒家的倫理道德精神。所以，關帝信仰民俗文化在實質上是儒家的道德崇拜文化。關帝信仰民俗文化在歷史上發揮了積極的作用，在當今兩個文明建設時期，亦不失其現實的意義。在社會主義精神文明建設中，道德建設是重要内容。弘揚關帝信仰民俗文化，有利於社會主義精神文明建設。

關帝信仰民俗文化對社會主義市場經濟的發展具有經濟倫理的價值。關帝信仰文化裏的“忠”的精神，延伸到經濟領域，則爲“産業報國”的企業經營宗旨。據云，日本的松下集團和中國的長虹集團，都是本着“産業報國”的宗旨發展的。這是一種超越經濟利益的高層次的高尚的追求，具有很大的凝聚力。

關帝信仰民俗文化裏的“信譽”，是社會主義市場經濟倫理的基本原則。市場經濟愈發展，市場競争愈激烈，愈要求人們恪守信譽。弘揚關帝信仰民俗文化，對經濟領域的欺詐、違約、投機和權錢交易等腐敗現象，是一種倫理道德的約束。所以，要把人們對關帝信仰民俗中的守信倫理道德，提升到對社會主義市場經濟信守原則的遵循。也有的學者認爲，關帝信仰民俗文化裏的“智”，可以引申爲發展社會主義市場經濟中的科學精神和科學管理。

關帝信仰的民俗文化，體現了中華民族的精神，是中華民族的傳統文化，有利於振奮民族精神。關帝信仰民俗文化，對臺灣同胞又是一種凝聚力。有一位臺胞説：“忠義二字團結了中華兒女，《春秋》一書代表着民族精神。”又有一位臺胞説“關帝是中華民族統一之神”⑱，多麼有道理啊！旅日僑胞孫立川在《從通淮關帝廟到神户關帝廟》一文中説：海外的華人，不論他們從哪裏來到神户，都“將關帝廟視爲中華民族的崇拜象徵……在這裏認知自己的文化之根……它的存在超越了宗教、政治、歷史與地理的隔閡……關帝廟倒成了與愛國主義同步伐的民族文化象征”⑲。

關帝信仰民俗文化，是聯結中華漢民族傳統文化與世界文化的紐帶。所以弘揚關帝文化有利於國際文化交流，有利於中華漢民族傳統文化走向世界。《解州關帝廟》一書，引美國芝加哥大學人類學系博士焦大衛的話，説：關帝信仰民俗文化提倡的“仁就是愛心，義就是信譽，智就是文化，勇就是不怕困難。上帝的子民如果都像你們的關公那樣，我們的世界就會變得更加美好”。

十　結束語

綜上所述，泉州通淮關帝信仰民俗文化，與山西省解州、常平關帝故里、洛陽關林和當陽關陵、荆州家廟、北京正陽帝廟的關帝信仰民俗文化，有着密切的源流關係；而泉州通淮關帝廟的關帝信仰民俗文化，與臺灣省的臺南、雲林兩地的關帝信仰民俗文化也存在着源流的關係。這兩個源流關係，貫穿着一條主綫，這條主綫便是中華漢民族的傳統文化。

當前，擺在我們關帝信仰民俗文化研究者面前的任務，就是要弘揚關帝信仰民俗文化裏的“倫理道德”、“守信”等，並因勢利導，把它引導到社會主義兩個文明建設的軌道上來。

還有，要通過弘揚關帝信仰民俗文化，加强臺灣同胞的向心力，增强海峽兩岸同胞的凝聚力。並通過弘揚關帝信仰民俗文化，加强海外僑胞的文化聯係，增强海外華人、華僑的凝聚力和向心力，共同推動中華漢民族傳統文化走向世界。

注　釋

① 山西省《解州縣志》卷一二《古跡攷》。

② ［萬曆］《泉州府志》卷二四，雜志，寺觀宫廟類。

③ ［乾隆］《泉州府志》卷十六《壇廟寺觀》。

④ ［道光］《晉江縣志》卷三一《選舉志》，舉人。

⑤ ［明］何炯：《清源文獻》卷十，李一德：《重修關侯廟記》，手抄

本，保存泉州市圖書館。

⑥ 《東山縣志》卷三一，文物名勝，第658—659頁，1994年9月版。

⑦ 《泉州通淮關岳廟志》，“歷史沿革”，第6頁，1991年5月版。

⑧ 《泉州通淮關岳廟志》，“廟記”，第44—46頁，1986年5月版。

⑨ 《泉州通淮關岳廟志》，“碑記”，第57—59頁，1991年5月版。

⑩ 見《關帝文獻匯編》，第1册，《關聖帝君聖跡圖志全集》卷之一，全圖考，“井磚示異”，第251頁。又見同書，卷之三，禮部，墳廟攷，常平塚廟，國際文化出版公司1995年8月版。

⑪ 侯學金主編：《解州關帝廟》，第62頁《關羽生日攷辨》，山西解州關帝廟文物保管所，1998年10月。

⑫ ［乾隆］《續修臺灣府志》卷七《祠祀》。

⑬ 泉州通淮關岳廟保存着一塊乾隆七年殘破木匾，上浮刻“數定三分，扶炎漢，討吳伐魏，辛苦備嘗，未了平生事業”。左旁刻寫關帝顯靈爲信徒“增壽一紀”年的神話故事。該木匾爲張炳熙先生發現撿回保存。

⑭ 見侯學金、李筠霞：《常平關帝家廟》，第17頁，1998年10版。又據筆者於1999年11月15日拜訪關羽常平家廟，聽侯學金和導遊介紹。

⑮ 鄭國棟：《泉州通淮廟的恢復與關帝崇拜的現狀》，載泉州市區道教文化研究會編《泉州道教文化》（關公信仰研究專輯），第10頁，1999年10月版。

⑯ 《酬神疏》的全稱是福建泉州府晉江縣在城三教舖厚城境《吳門楊氏酬神疏》，原爲楊氏保存。20世紀90年代，厚城街拆遷遺棄。《酬神疏》裏的許願部分，內容多是“許願綫戲”、“許願寶藏燈金”、“許下金燈、綫戲”、“提演木戲、貢化金楮”、“披陳花果，提演偶戲，午供進表，焚化金楮”、“到廟筵奉”等多種形式，是研究泉州信仰民俗的第一手材料。

⑰ 同注⑮，見同書第11頁。

⑱ 同注⑪，王大高：《關公文化的內涵及現代價值》，第245—247頁。

⑲ 《泉州通淮關岳廟志》，第83—87頁，泉州通淮關岳廟董事會編，1991年5月。

（作者：泉州師范學院歷史系教授、泉州市區民間信仰研究會會長）

泉州通淮關岳廟應是儒教之廟

鄭焕章

通淮關岳廟位於泉州市鯉城區塗門街（古稱“通淮街”）東段北側，現主祀三國蜀將關羽和南宋抗金英雄岳飛，係由關岳廟、三義廟、崇先殿三座殿堂並排組成，均爲三進，建築面積一千二百九十四平方米。它自古以來是泉州地區規模最大、建築最爲堂皇壯觀的關帝廟，也是泉州地區香火最旺盛、在海内外影響最大的民間信仰廟宇。由於儒、道、釋三教和民間都崇祀關羽，因此近年來曾對這座廟宇的宗教屬性展開過熱烈的討論，可以説它已被界定是屬於民間信仰。本人贊成這個觀點，但從確切的意義上來説，它自有歷史可攷之後，即明朝嘉靖以來，就不是一般性的民間信仰的廟宇，而是開始衍化成爲儒教之廟。

通淮關岳廟原僅主祀關羽，由於在明萬曆三十二年（1604年）其封號由“王”昇格爲“帝”，故該廟在此之前是稱爲“關王廟”，之後則稱爲“關帝廟”。民國三年（1914年）增祀岳飛後，才稱今名。但因泉州士民對關帝特别崇信，所以一直俗稱它爲“關帝廟”。爲叙述方便，本文亦均以“關帝廟”稱之。

這座關帝廟創建於何時呢？由於文獻資料和考古資料的欠缺，這個問題迄今還是個謎。明萬曆間，李光縉在《關帝廟記》中説：“今天下祠漢壽亭侯者（即關羽），遍郡國而是，其在吾泉建宫，毋慮百數，獨我儒林里中廟貌爲勝。詢之故老，不知創所由始，相沿至今。”① 清雍正九年，張焕登在《重修關帝廟碑記》中也説：“而通淮者，南唐郡城之東南門也，然則郡之盛於祀侯也，自通淮門始。而廟之創自何代也，爲唐、爲宋，則皆無可據者，故昔之記修廟者於其創始闕如。或曰今天下之祀侯者遍郡邑而是，獨正陽也、荆州也、通淮也，三者爲舊，是亦未可據者。”[②]根據文獻資料記載，關羽的神化大概起源於隋唐，關帝廟至宋代已開始在全國普遍建立起來，而通淮廟被傳爲是全國三座最早建造的關帝廟之一，故它的創建年代必定較爲久遠，前人所傳“爲唐”（五代南唐）或“爲宋”，是值得探究的。

至於現在有的學者以通淮關帝廟懸掛着一方朱熹題寫“正氣”兩字的木匾，而斷定它是創建於南宋紹興年間，係張冠李戴，不能爲證。因爲南宋紹興年間大理學家朱熹所題“正氣”兩字，原是表彰岳飛的，清代抑岳揚關，被誤傳爲表彰關羽。又此匾是清末楊家棟任通淮關帝廟廟董時仿後城關帝廟所懸之匾，且將竪式改爲横式[③]。這説明此匾與通淮關帝廟的創建是没有什麽關聯的，用它來攷證該廟的創建年代，實在是風馬牛不相及。所以説，通淮關帝廟創建於何時，迄今還是個懸案。

然而，從明朝嘉靖年間開始，通淮關帝廟就有歷史可攷。清乾隆《泉州府志》卷十六“壇廟寺觀”就記載它説：“明嘉靖間，長史李一德重修。”張煥登説：“郡之盛於祀侯也，自通淮門始。”據吳幼雄先生攷證，“泉州盛行關羽崇拜，是始於明嘉靖年間。”[④]由此可見，明朝嘉靖年間，通淮關帝廟成爲泉州開始盛行關羽崇拜的標志。於是這也説明在此之前，它僅是一座普普通通的民間信仰的廟宇，影響甚小，否則文獻上不會没有記載，也不會没有碑刻或碑刻上的文字流傳下來。但從此開始，它已逐漸衍化爲儒教之廟了。

明清時期，封建統治者仍以儒家正統的程朱理學作爲統治思想。作爲“勇武”和“忠義”的化身、實踐儒家思想的典範的關羽，更是受到封建帝王們的大力推崇。在明朝萬曆年間，關羽就被明神宗加封爲“協天護國忠義大帝”、“三界伏魔大帝神威遠鎮天尊關聖帝君”。清順治時，清世祖又將其封號增加到二十六字，曰“忠義神武靈佑仁勇威顯護國保民精誠綏靖翊贊宣德關聖大帝”，其封號由宋元明的“王”昇爲“帝”以至“大帝”，地位極爲顯赫。不僅如此，從明末或清初開始，關羽又被尊爲“武王”、“武聖人”，其廟崇之爲武廟，與“文王”、“文聖人”孔子的文廟並祀。於是，關羽不但成爲民間供奉的神明，而且成爲國家祭祀的高級神祇，還充當了皇家的保護神。另者，由於封建帝王們的不斷推崇，佛、道二家也争相把關羽拉進自己的教門，以壯大聲勢，因此，他亦成爲儒、道、釋三教都尊崇的“超級”偶像。

泉州自宋以來就享有“海濱鄒魯”之譽，理學興盛，科舉發達，臻至明代，尤其是嘉靖以降，理學更是大興，科舉之風更是大盛。又從此時開始，泉州屢遭倭寇的猖狂侵擾，其他戰亂也頻繁不斷。於是，在封建帝王們的大力推崇下，泉州對“具有司命禄，佑科舉，治病除災，驅邪避惡，誅罰叛逆，巡察冥司，乃至招財進寶，庇護商賈等‘全能’法力”⑤的關羽的崇拜，就從明朝嘉靖年間開始盛行起來，至萬曆年間掀起了熱潮，之後一直久盛不衰。按李光縉在《關帝廟記》中說的，通淮關帝廟位於“儒林里”，即“孔氏宫之左”（泉州府文廟的東南側）⑥，對泉州士子（縉紳學士和地方官員）是最有吸引力，從而在他們的辛勤努力和虔誠崇信下，便由一般性的民間信仰之廟衍化爲儒教之廟。主要體現在下述幾個方面。

一　最為泉州士子所信奉

通淮關帝廟，由於所處位置的優越，即在泉州府文廟的附近，所以泉州士子對它最爲信奉。明萬曆間，李光縉在《關帝廟記》中就描述其盛況説：“今天下祠漢壽亭侯者，遍郡國而是，其在吾泉建宫，毋慮百數，獨我儒林里中廟貌爲勝。……上自監司守令居是邦者，迨郡縉紳學士、紅女嬰孺，無不人人奔走，禱靡不神。”又說：“郡故有漢壽亭侯廟，靈響特異，士民奉之甚恪。”⑦李光縉在這裏所稱的“儒林里”，似乎不是指行政區域，因明代無此設置，就是在宋代這個區域也不這樣稱呼。其所以如此稱呼，恐怕是將通淮關帝廟歸入“儒林”內，即與府文廟一樣，同視爲儒教之廟。正因如此，在當時泉郡上百座的關帝廟中，通淮關帝廟才最爲泉州士子及平民所信奉。

泉州士子對通淮關帝廟的信奉是延續不斷，持久不衰的。在清同治六年（1868 年）的《重修泉郡通淮廟捐啓》中，也提及自明嘉靖以來泉州地方官員對通淮關帝廟虔誠信奉的情況，說：“帝像之始，稽之志乘，當在嘉靖至天啟百年間，迄於今日。其間握軍符、膺疆寄及監司守令，春秋祭祀，練時日，恭整肅穆，趨蹌奔走。或百里間水旱疾疫，以至梯於山、航於海、遠託異國、身熱首痛、風災鬼難之域，禱請祈求，莫不以帝像爲依歸。”⑧

在泉州的關帝廟中，能長期如此地受到泉州士子的崇奉者，唯有通淮關帝廟也。

二 泉州士子主持修建廟宇

根據記載，通淮關帝廟自明朝嘉靖至民國期間，計修建七次，其主持者均爲泉州士子。

第一次是清乾隆《泉州府志》所記載的“明嘉靖間，長史李一德重修”。李一德，字恒甫，號雲泉，泉州人，嘉靖十六年（1537 年）舉人，歷官陽山知縣、濟寧知州、襄陽長史，後乞歸。居家時重修此廟，並撰寫重修碑記。按推算，其重修時間應在嘉靖二十五年（1546 年）以後。由於長史李一德的重修，就使通淮關帝廟開始成爲泉州人，尤其是士子最崇信的關帝廟。

第二次是明天啟元年（1621 年）的重修。清道光《晉江縣志》卷十六“祠廟志”記載：“天啟元年於後殿塑帝衮冕像，郡紳楊維清、李光縉、徐某（即徐十洲）重修，廣僧道住持居室，復立碑記。”這次重修，“於左堂後廳改爲正氣堂，塑帝冕旒像祀其中”，並“買廟右林屋增拓之，構堂於正氣之西”，又於“新前廊兩廡蓋僧室，移厨舍”，擴大其規模。楊維清和徐十洲的身世，不明，但均係泉州的縉紳。李光縉則爲明代泉州的大儒，他字宗謙，號衷一，户部主事李仁之子，師事著名理學家蘇濬，萬曆乙酉解元。因無意官場，潛心鑽研經史，有《景壁集》、《四書要旨》、《四書指南》、《四書千百年眼》、《易學潛解》、《中庸臆説》、《讀史偶見》等一系列著作問世，卒後還祀於學宫。李光縉還先後於萬曆年間爲通淮關帝廟譔寫了二方《關帝廟記》，在天啟元年又譔寫了《關帝廟重修碑記》。正是由於他的積極參與，大大增添了通淮關帝廟的儒教色彩。

第三次是清雍正九年（1731 年）的重修。張焕登在重修碑記中記載説：“今歲辛亥春既祭，郡人相與議曰：‘維兹侯廟實妥厥靈，而左右廳事剥焉將圮，冕旒圖像日就黯昧，不亟新之，神弗寧宇。’於是斬木伐石，一仍舊址。經始於夏四月二日，閱仲秋而告訖功，既而曰願有述。”[⑨]張焕登，泉州人，總兵張天福之孫，清雍正五年（1727 年）進士，授汀州教授，未任時卒。他在碑記中僅説，“郡人”重修此廟。這次重修是否只是普通平民所爲？張焕登在碑記中又説：“侯之廟貌遍天下，威靈亘古，今褒崇之典久而彌隆，固非淺陋者所能贊頌也。”可見這次重修必是由縉紳學士出面主持，他本人諒有參與此事，並爲之譔寫重修碑記。

第四次是清乾隆四十三年（1778 年）的重修。官獻瑶在重修碑記中記載説：“乾隆癸巳年（乾隆三十八年，1773 年），前殿正脊之棟將撓，後殿臨八卦溝者亦傾欹弗整，一切瓴瓦榱桷俱破漏腐朽不鮮。郡之紳士同心勸諭，遵前規而葺之，材美工良，既固且新。廟前故有華表巍然，今圮矣，樹而揭之，以肅觀瞻。

費洋金計千，經始於其年九月，迄丙申二月竣工。董其事以書來請記，並録舊碑文二首。”[10]官獻瑶，字瑜卿，安溪人，乾隆四年（1739 年）進士，官翰林院修譔、廣西學政、陝甘學政、詹事府司經局洗馬。主編《漳州府志》，並著有《讀易偶記》、《尚書偶記》、《尚書講稿・思問録》、《春秋傳習録》等，是當時著名的理學家。郡之紳士重修此廟後，爲了進一步加强它的儒教色彩，還特聘他譔寫重修碑記。

第五次是清道光三年（1823 年）的重修。清道光《晉江縣志》卷十六“祠廟志”僅載“道光三年復勸捐修葺”。其勸捐者當是紳士，因歷史上通淮廟的董事會都是由紳士所組成。

第六次是清同治六年（1867 年）的重修。據泉郡通淮廟諸董事所發的《重修泉郡通淮廟捐啓》寫道：“歲丁卯（同治六年，1867 年）十一月初四夜，通淮聖帝廟三殿災，帝像燼，歷朝法物付一炬。”於是爲“達我民事神之義，而慰薦紳學士農工商賈以迨紅女嬰孺之私”，諸董事倡起募捐，於“十一月十五日卯時啟土”，重修三殿，並“復求良木塑帝像”[11]。

第七次是民國十六年（1927 年）的重建。據傅金星、曾焕智編譔的《泉州通淮關岳廟志》記載：“民國十六年十一月間大火，左堂化成礫，三義廟、崇先殿尚存。董事會倡議重建，籌措就緒後，經閱月而告竣。”[12]其時董事會依然是地方紳士所組成，在他們的倡議和主持下，重建了左堂，即主要殿堂“關岳廟”。重建後一些清末遺老，如進士林翀鶴、林騷，舉人曾遒、蘇鏡潭等人，還以儒家的思想觀念頌揚關羽和岳飛，或題詩刻石嵌於墻上，或譔寫楹聯刻於石柱上，或題詞製匾懸掛於大殿上，從而大造儒教的文化氛圍。

從泉州所有的關帝廟來看，歷史上一直由士子主持重修廟宇者，除了通淮關帝廟外，恐怕别無他座。

三　淨化和完善所祀之神

通淮關帝廟，由於在明嘉靖以前是一般性的民間信仰之廟，因此，廟中祀有水神平浪侯晏公。在萬曆年間，又有佛教徒在廟中塑造觀音大士祀奉。之後，隨着封建統治者對關羽推崇的力度不斷增大，泉州士子對通淮關帝廟信仰的程度的不斷提高，這些與儒教無關的神佛就一一被淘汰掉了，而不斷增祀與關羽有關之神，從而組成了一個龐大的神明系列。

明萬曆間，李光縉記載通淮關帝廟說："廟左右堂，左祀壽亭侯，右祀平浪侯晏，不知所從始，久沿弗敢更。萬曆甲辰歲（萬曆三十二年，1604 年），奉佛者遷平浪侯於堂右偏，而中塑觀音大士像，爲善信皈依之地，識者非之。壬子（萬曆四十年，1612 年）春，移大士像於月臺（承天寺）之禪室，而里中孝廉張君汾、文學楊君某、何君啓升、張君某，相議塑劉先主（劉備）、關壽亭侯、張西鄉侯（張飛），附諸葛武侯（諸葛亮）於其中堂，位南向。而奉平浪侯於前廳，位北向。塑既成，表漢時共事之雅，開泉人未有之祀，觀者如堵。"⑬天啟元年（1621 年），李光縉又記載說："今上尊侯以協天大帝，乃於左堂後廳改爲正氣堂，塑帝冕旒像祀其中，以晏平浪侯附焉。"⑭

清乾隆《泉州府志》記載："雍正五年（1727 年），敕封神曾祖光昭公、祖裕昌公、父成忠公，增設神牌，附祀於右殿之後。"⑮雍正九年（1731 年），張煥登又記載："故事左右二堂，左奉侯，右爲三義祠，左之廳事今改像文昌帝君，配侯德也。右爲冕旒像，則明萬曆之季也。"⑯到此時，連水神平浪侯也完全被清除掉，而配祀純然是儒教之神的文昌帝君了。

民國三年（1914 年），通淮關帝廟改名爲"關岳廟"後，其正殿（武成殿）除增祀岳飛神主牌外，又配祀二十四位歷代忠武將士神主牌。民國版泉州通淮廟《關岳祀典》記載：殿内正位，左奉關壯繆侯（關羽），右奉岳忠武王（岳飛），均南向。兩序奉歷代忠武將士：左列十二位，均東位西向，有張飛、王濬、韓擒虎、李靖、蘇定方、郭子儀、曹彬、徐達、韓世忠、馮勝、旭烈兀、戚繼光；右列十二位，均西位東向，有趙雲、謝玄、賀若弼、尉遲敬德、李光弼、王彥章、狄青、劉錡、郭侃、常遇春、藍玉、周遇吉⑰。

在泉州衆多的屬於一般性的民間信仰的關帝廟中，長期以來，其所祀者或多或少都有其他雜神，没有像通淮關帝廟這樣加以淨化，而且也没有組成這麼龐大的神系。

四 實際上的武廟

馬書田在《華夏諸神》一書中説："明清時代，關羽極顯，有'武王'、'武聖人'之尊，儼然與'文王'、'文聖人'孔子並肩而立。"⑱清乾隆間，官獻瑶亦説："國家沿前典建文廟，崇祀先師孔子，復肇建武廟，以崇祀關帝。廟用帝制，自京師暨各省郡州縣歲三祭，其儀略降於先師，在社稷二神之上。"⑲

明代，泉州没有建武廟，但從嘉靖以後，官府已在通淮關帝廟舉行春秋之祭。《重修泉郡通淮廟捐啓》説："帝像之始，稽之志乘，當在嘉靖至天啟百年間迄於今日。其間握軍符、膺疆寄及監司守令，春秋祭祀。"

清代，泉州雖然建有武廟，但按朝廷規定的"秩祀之典"，基本上都在通淮關帝廟舉行。清乾隆《晉江縣志》卷五"秩祀志"記載："關帝之祭，廟在府治惠義舖……清順治九年（1652年），敕封忠義神武關聖大帝，歲春秋仲月，頒行吉日及五月十三日致祭。雍正五年（1727 年），敕封神曾祖光昭公、祖裕昌公、父成忠公，增設神牌，附祀於殿之後，同日致祭。"又清道光《晉江縣志》卷十六"祠廟志"記載武廟説："在萼輝舖提督署之左，前係提督東教場。康熙二十七年（1688 年），提帥張雲翼建，稱武廟。朔望行香，春秋致祭，而秩祀之典尚在塗門街廟。至嘉慶間，提帥顔、城守英始將秩祀之祭移於蓴輝舖提督署左旁之武廟，是在嘉慶八年（1803 年）。”不久又移回通淮關帝廟[20]。在清代，通淮關帝廟雖不是武廟，但實際上是發揮出武廟的職能。

“武廟，又稱關岳廟。”[21]民國三年（1914 年），通淮關帝廟遵照北洋政府命名令，增祀岳飛，改名爲“關岳廟”後，就正式成爲納入國家祀典的武廟。據民國版泉州通淮廟《關岳祀典》記載：“歲均以春秋分節氣後第一戊日，由該地方行政長官，省以巡按使、將軍，駐在地則以將軍，道以道尹，縣以縣知事，特別行政區域則以道尹或辦事長官，親詣敬祭，有故則以屬代。兩序分獻，亦各以其屬在該地方各軍官警官及兼有軍警職者，各文武一律與祭，其餘將軍同城之巡按使，及與巡按使同城之道尹，道尹同城之縣知事，不另致祭。祭之日，陳設祭品，行禮儀節，均與京師遣祭禮同。”[22]民國期間，泉州地方官員正是遵此祀典，在通淮關帝廟致祭。

所以，從明後期至民國，通淮關帝廟都是泉州地方官員祭祀“武聖”關羽的場所，它實際上成爲與府文廟並祀的武廟。

五　特别强調以儒家思想施行教化

馬書田在《華夏諸神》一書中說：“從統治階級方面來説，用集忠、孝、節、義於一身的關羽，來‘教化’億萬臣民，是强化封建統治的再好不過的‘靈丹妙藥’了。”[23]明後期以後，作爲泉州士子最爲崇信，又是官方致祭的通淮關帝廟，更是特别强調用關羽身上所表現的儒家倫理道德來施行教化。

明萬曆間，李光縉首先在《關帝廟記》中對此用意講述得非常明白不過。他寫道：“郡人廟侯於孔氏宫之左。孔門之教莫大人倫，《春秋》之誅亂賊，誅其悖乎倫者。若不嘗藥，不踰境，不討賊之類，不必其身親弑而後斧鉞之。諸弟子中，所推勇惟仲子路，迂正名死結纓，夫子皆過之而許其弑君父而不從，則能明倫理之正，而不失食禄死難之義也。侯素好《春秋》，是以明正統，仇孫曹，使其得吾夫子爲依歸，當其在仲由之右。與郡人祀侯甚恪，不盡所以祀，故以此語之。其或有不忠、不孝、不友、不信者，無得入此廟，縱禱於侯，侯亦必不應之。”[24]萬曆四十年（1612年），通淮關帝廟塑劉備、關羽、張飛及諸葛亮之像。他在《廟記》中又寫道：“夫自古未有非輕大利之人而能與人成大利者。壽亭（關羽）、西鄉（張飛）以君臣之義，完手足之好。武侯（諸葛亮）釋兄弟之好，完君臣之義。或先北而後臣，或先師而後臣，則先主（劉備）以義始，而三臣以義終。魚水之歡，同休等戚之愛，非偶然也。史稱先主於二人，寢則同床，恩若兄弟，而侍立周旋，不避艱險。夫武侯亦自表於先主，臣死之日，不使内有餘帛，外有餘財，以負陛下。其見大義而忘利如此。嗟夫！使世人皆能見義以忘利也，則恩誼之情篤，而身家之心輕矣。以處君臣、兄弟、朋友之倫，何所不可哉？余故特表而出之，以爲世之臣弟友者勸焉。”[25]

清乾隆四十三年（1778年），官獻瑶《重修泉郡通淮街關帝廟碑》中，對於“國家沿前典建文廟，崇祀先師孔子，復肇建武廟以崇祀關帝”的原因，以《易·説卦》之理，進一步宣揚儒家的“仁義”，進行教化。他寫道：“《易·説卦》云，立人之道，曰仁與義。仁者天德之元也，義者天德之正也。仁之至者統乎義，而稱先師（孔子）必以仁該之，謂其如太和元氣，流行於四海也；義之至者成乎仁，而稱帝（關羽）必以義該之，謂其至大至剛，浩然正氣，塞乎兩間也。天生先師以立仁之極親而尊，立義之極尊而親。記稱，凡有血氣者，莫不尊親而溥而横之，覆載照臨之域，無遠弗届，故曰此壽天地，齊光日月也。國家既立文廟以祀先師，必立武廟以祀帝。嘉與敷天，合敬同愛，日優遊乎安宅正路而莫知爲之者，余故闡而出之，以發前修未發之藴，以表紳士洞洞屬屬難已之誠。”[26]

在泉州，屬於一般性民間信仰的關帝廟，甚至包括各縣的武廟，都没有像通淮關帝廟這樣强調以關羽身上所表現的儒家倫理道德來進行教化。

烏丙安在《中國民間信仰》一書中指出：“上下幾千年，民間信仰中的聖人崇拜總是以儒家思想爲指引，以皇朝官方爲倡導，以建祠立廟爲標志，以崇拜祀奉爲手段，成爲中國信仰的獨特内容。”[27]於是，對於“文聖人”孔子和“武聖人”關羽的崇拜，都是屬於民間信仰。然而，“宋朝興起了儒教，儒教奉孔子爲教主”[28]。因此，主祀“文聖人”孔子的文廟（孔廟），在特定的意義上，人們都認定是儒教之廟。這樣，主祀與孔子並稱爲“文武聖人”的關羽的武廟，自然亦應是儒教之廟。從上面所述五個方面的情況來看，通淮關帝廟不但儒教色彩相當濃厚，而且在歷史上一直發揮出泉州府一級武廟的作用，所以，應當將它歸入儒教之廟，以區别於一般性民間信仰的關帝廟，則能顯示其規格之高。但不管怎樣，儒教是準宗教，不是嚴格意義上的那種宗教，依然屬於民間信仰的範疇。

注　釋

①⑥⑦⑬⑮㉔㉕　［乾隆］《泉州府志》卷十六《壇廟寺觀》。

②⑨⑩⑭⑯⑲⑳㉖　［道光］《晉江縣志》卷十六《祠廟志》。

③　詳見陳允敦：《泉州名匾録》，第25—26頁，紫禁城出版社1995年版。

④　吴幼雄：《泉州關羽信仰的儒、道、釋文化滲透》，載《泉州道教文化關公信仰研究專輯》，第2頁，泉州市區道教文化研究會1994年10月編。

⑤⑱㉓　馬書田：《華夏諸神》，第121頁，北京燕山出版社1990年版。

⑧⑪　《泉州通淮關岳廟志》，第66頁，泉州通淮關岳廟董事會、泉州市區道教文化研究會合編。

⑫ 曾焕智、傅金星:《泉州通淮關岳廟志》, 第 10 頁。

⑰ 同⑧, 第 52 頁。

⑳ 同⑧, 第 2 頁。

㉑ 同⑤, 第 123 頁。

㉒ 同⑧, 第 51—52 頁。

㉗ 烏丙安:《中國民間信仰》, 第 235 頁, 上海人民出版社 1998 年版。

㉘ 任繼愈:《具有中國民族形式的宗教——儒教》, 載《文史知識》1986 年第 6 期。

(作者: 泉州市文物管理委員會研究員)

明清時期泉州的關羽信仰

李玉昆

關羽在宋朝中期以前，是作爲一個歷史人物加以褒揚。兩宋之交，關羽由人向神轉化。明清時期，把關羽崇拜推到更高更廣的位置，尤以清代爲甚。[①]明朝把關羽定爲武廟的主神，與各地學宫崇祀孔子的文廟相對應。明萬曆十八年（1590 年），關羽封號由王提高到帝，稱協天護國忠義大帝。萬曆四十二年（1614 年），又稱三界伏魔大帝神威遠震天尊關聖帝君。清統治者入關後，沿襲明制，歲祭關廟。順治時，關羽封號達二十六字之多。

統治者通過關羽的忠義，激發人們維護其統治。關羽的忠義道德在士大夫中産生深遠的影響，他還作爲地方保護神和財神。當時凡府州縣衛所衙門，必須建造關公廟，由士民建造的民間私廟更多。

宋代泉州是否奉祀關羽？没有確切的文獻記載。泉州第一山地祇忠義廟奉祀關羽神像，時間在明嘉靖年間（1522—1566 年）[②]，而泉州通淮關帝廟爲嘉靖間泉州長史李一德重修。此後，泉州出現關羽崇拜的熱潮。本文擬就明清時期，泉州關羽信仰略加論述。

一　關帝廟宇遍布泉郡各地

明清時期，關帝廟宇遍布泉郡各地，各縣、衛所等均建立宫廟，士民建的私廟更多。清崇武張榮登譔的《重修武廟碑記》

説："神在天爲星辰，在地爲河岳，自王畿郡邑以逮山陬海澨，無不崇奉。"③安海《城中東北隅忠義廟記》也説："蓋關夫子之神，舉天下州郡鄉社皆建廟以祀之。是夫子神之在天下，如水之在地中，無所往而不在也。"④明朝泉州關帝廟，據李光縉説："今天下祠漢壽亭侯者，遍郡國而是，其在吾泉，建宫俎豆毋慮百數，獨吾儒林里中廟貌爲勝。"⑤

儒林里中廟，即通淮關岳廟，始建年代不詳。明嘉靖間，長史李一德重修。萬曆年間，於廟右塑帝及漢昭烈帝（劉備）、張西鄉侯（飛）、諸葛丞相（亮）像，俗稱三義廟，其後多有修建。通淮關帝廟爲官方祭祀的地方，官府每歲頒行祭費，於春秋二仲月吉日及五月十三日致祭。安海東關王廟，創建於明萬曆初，因嘉靖四十三年（1564 年）顯靈退倭而著稱。安溪頂關帝廟，因保護李光地而聞名。

二　關羽信仰深入各階層

泉州各階層人普遍信仰關帝，正如李光縉所説："居是邦者，以迨郡薦紳學士，紅女嬰孺，亡不人人奔走。禱靡不應，應靡不神。"⑥泉州的關帝聖會，"上元後數日，爲關聖會，大賽神像，裝扮故事，盛飾珠寶，鐘鼓震鍧，一國若狂"⑦。

地方官吏，主要通過宣揚關羽的忠義，來維護統治。建關廟的目的，是宣揚忠義孝悌。李光縉説："其或有不忠、不孝、不悌、不友、不信者，無得入此廟，縱禱於侯，侯亦必不之應矣。"⑧天啟年間《碑記》云："侯爲國家，衛社稷生靈之心至今在目。"⑨官獻瑶《重修泉郡通淮街關帝廟碑》也説："惟帝明德丕顯，威靈赫濯，保佑皇極，遠而彌耀。"他們宣揚關羽"衛社稷"、"保佑皇極"的精神，而且身體力行，虔誠祭祀關帝，積極修建廟宇。如清康熙三十九年（1700 年），陳燦"奉憲調堵御風斯土，到署越日，即瞻拜諸宫宇"，並捐資修建崇武南門關夫子廟。[10]

泉州士大夫對關羽的崇拜，表現在以關羽的忠義爲楷模。正如李清馥在《新建武廟碑記》所説："克副朝廷之尊崇盛典，又喜紳士樂遵賢侯旨，克盡子來之心，此可以觀政已！"[11]

明清時期，泉州士大夫編譔、推介勸善書、關帝靈籤，推動關帝信仰的發展，起了决定作用。

隨着關帝信仰的發展，明清時期，一些有關的經籤典籍相繼出現，如《三界伏魔關聖帝君忠孝忠義真經》、《關帝本傳》、《太上忠武關聖帝君護國保民寶籤》、《關帝正朝全集》，以及勸善書《關聖帝君明聖真經》、《關聖帝君覺世真經》等。這些經籤典籍和勸善書也流入泉州。官宦、士子注解、抄寫，在社會上廣爲流傳。

清道光二十年（1840年），任過四川總督的蘇廷玉書寫《覺世真經》，三年後，其子刻石嵌於塗門關帝廟的墻壁上。光緒十一年（1885年），狀元吳魯抄寫《覺世真經》，印成字帖，流布於民間。《覺世真經》的主要内容是：託名關聖帝君，謂人應"敬天地，禮神明。奉祖先，孝雙親。守王法，重師尊。愛兄弟，信友朋。睦宗親，和鄉鄰。别夫婦，教子孫"。並列舉因果報應，善惡報應的事例。

泉州佛教博物館陳列的明代木刻關公畫像，據傳爲南宋著名畫家馬遠所畫，明長洲（今蘇州）人申時行題字。其神咒宣揚關公是"正直神靈"，崇奉者"祈之有報"，"禱之有靈"，"供奉者佑"，"褻瀆者烹"。

籤詩是提供信徒判斷事物成敗、禍福的手段。現在所能見到最早的關帝籤，是清康熙年間盧湛編的《圖志》中所謂關公自製的籤詩一零一支。泉州通淮關帝廟籤詩，傳説爲明代東閣大學士李廷機從京師返回故鄉時，在路上編的。清光緒十七年（1891年），泉州通淮關帝廟董事、綺文居書坊老板王鎰印製的《關帝靈籤》，林廷恭及王鎰的序言均未提及李廷機編。林廷恭序云：

“夫子忠義，用詩百首，俾上占驗，仿佛蓍龜之意，而得其數較著昔歟？然往往有妄猜逆料而失乎詩之旨，前人故特輯一編，有‘聖意’、‘東坡解’、‘碧仙注’，有解釋‘占驗’，條分縷析，庶乎可以至誠而得悟焉。但歷時久遠，篇軸散失，恭因自肩剞劂之資，刊刻成軸，非特俾求神者得所趨避，實存夫子之忠義、靈應於萬世之後耳。”

泉州通淮關帝廟籤詩附注占驗中，科舉最多，五十五例，其他依次爲平安、宦途、求醫、經商、婚姻、財氣、官司、禍福等。

老百姓崇祀關羽，祈求消災去病，保護地方安寧。《重修泉郡通淮廟捐啓》云：“或百里間水旱疾疫，以致梯於山、航於海，遠民異國，身熱首痛，風災鬼難之域，禱請祈求，莫不以帝像爲依歸。”⑫

三 神職功能“全能化”

明清時期，關羽有“武聖人”之尊，被説成具有司命禄，佑科舉，治病除災，驅邪避惡，誅罰叛逆，巡察冥司，招財進寶，庇護商賈的“全能”功能。

關羽爲地方保護神。明朝初年，江夏侯周德興受命入閩，整頓海防，在福建沿海建了許多衛所。修建衛所城時，又建了許多關帝廟。傳説周德興奉朱元璋之命，到泉州破壞風水。臨離開泉州時，百姓戲弄他，演奏喪殯樂曲，他以爲百姓感謝他，下令泉州地方官修了許多關帝廟。這些關帝廟都是作爲地方保護神、城池保護神而修建的。

傳説關帝在明嘉靖年間抗倭寇侵擾沿海時，顯靈保護百姓。嘉靖四十三年（1564 年）正月，倭寇突至安平，人民未及防備。“夫子顯靈，躍馬縱刀而退之”。倭寇退去時，放火焚燒，“夫子神靈，反風撲火"，倭寇遂解圍而去⑬。清順治年間，李光地家爲賊寇襲擊，其叔日熺向關帝祈禱，"得保安全乞示信，連卜卜筊，後果安全"⑭。

關羽爲財神。關羽以忠、勇、仁兼備，並以恪守信義著稱，這些品格符合商人經商的道德規範，被尊爲財神。

明清時期，由於工商業的發展，各地工商業者爲了在商品競争中立於不敗之地，各行商中組織會館，有的組織同鄉會館，是同鄉商人"聯鄉誼"的地方，同時也作爲商人議事和商品儲存、交易的場所。泉州的會館多奉祀媽祖、關帝等神衹。

會館奉祀關帝的目的，正如立於上海的《泉漳會館興修碑記》所説："吾邑人聚首一堂，而情本枌榆，愛如手足，更仰賴關聖尊神靈佑，俾使家家通達義理，心一而力同也。"⑮

商人經商前，往往到關帝廟行香抽籤，以決定經商事宜。據光緒十七年（1891 年）泉州通淮關帝廟《關聖帝君靈籤》中，"占驗"爲例，有的問經商的地方，有的問經商的合作對象，有的問商品價格，有的問棄吏經商及經商財運等。總之，都想以關帝籤作爲判斷經商事宜的依據。

關羽佑科舉。民間把關帝列爲科舉保護神的五文昌之一，即文昌帝君、文衡帝君（關帝）、孚佑帝君（吕洞賓）、魁斗星君（魁星）、朱衣神等。

士子在科舉時，到關帝廟祈求保佑。泉州通淮關岳廟《關聖帝君靈籤》占驗中，士子抽籤主要有以下幾種情況：有未攷時抽籤，有場後抽籤，有欲往鄰邑攷童生抽籤。傳説明朝一攷生南場屢試不利，抽第五十二籤"匡衡夜讀書"，遂改試北監，因而聯捷。有一攷生久困文場，抽第四十二籤"董永賣身"，遂改武學，後奉旨文科許中武生三人，該攷生竟聯捷。

泉州"故有漢壽亭侯廟，靈響特異，士民奉之甚恪"，士民百姓崇祀關羽，以求消災去病。

明何喬遠從兄茂先爲子、妹病禱關帝。茂先"事後母至孝，母病，爲文禱神，乞延壽攷。後母所生女，與己子同時患痘，而後母女瘡甚，茂先密書一疏，告關帝廟下曰：‘繼母年大，僅有一女，民子同痘，顧民壯尚能生育，妹而不生，母無望已，若上蒼見禍，願以己子易妹之生。’後竟子、妹同愈”[16]。

在嚴重的天災人禍降臨時，恭請關帝巡狩。到19世紀末期，泉州通淮關帝廟成爲當地最權威的民間宗教組織的巡狩驅災神靈。

光緒二十一年（1896年）十月，在泉州承天寺舉辦超度亡靈的“承天萬緣普度”，請“關帝巡狩”。其原因是，泉州流行瘟疫。但更深刻的原因是，中日甲午戰爭後簽訂《馬關條約》，把遼東半島和臺灣割給日本，遭到臺灣人民激烈的抵抗，造成慘重的傷亡，給泉州地區造成一場更爲深刻的恐懼，所以舉行一場席卷整個泉州城鄉地區的超度亡靈運動。泉州通淮關帝廟的宗教團體通過鸞堂的儀式，獲得關帝的“聖諭”，舉辦一次“關帝巡狩”。之後，泉州的疫情果然大減。但是，海峽對岸漂來的“孤魂野鬼”，又給泉州的生命造成威脅，於是舉辦“承天萬緣普度[17]”。

四　關羽信仰向臺灣及海外傳播

明清時期，隨着泉州人民的移居海外和臺灣，關羽信仰也向海外和臺灣傳播。

古代船舶在海上航行，憑藉自然風力，海上風雲變幻莫測，經常遭到風浪而葬身大海。當時對天時的變化不能掌握，於是把希望寄託於神靈的保佑。在船上奉祀的有船神和媽祖、觀音、關公、玄天上帝、拏公、尚書、順正王、蕭太傅、普庵祖師等各種神靈。

隨着泉州與臺灣的海上往來，關公信仰也傳入臺灣。傳説明萬曆年間，有一艘泉州船停泊銅山港（今東山），陳姓船主到銅山關帝廟進香，恭請關帝香火到船上奉祀。後來，他將船上奉祀的關帝送到臺灣鳳山，興建文衡殿，成爲臺灣南部較早的關帝廟[18]。又傳説臺灣雲林縣保長湖保安宫奉祀的關聖帝君，是康熙三十六年（1697 年）泉州移民乘船航渡臺灣，途中遭風，同行七艘木船沉没六艘，其中一艘因一吳姓三歲之子佩帶關聖帝君神像，關帝顯靈而獲安全航抵安平港。衆弟子演戲四十九天，以謝神恩。後舟師携帶香火回泉州塗門街關聖帝君廟，恭雕神像來臺，在雲林縣保長湖建廟奉祀[19]。臺南縣開基武廟，建於南明永曆二十三年（1669 年），神像由泉州塗門街關帝廟恭請來奉祀。

明末清初，泉州人大批移居臺灣，開墾荒地，與自然進行頑强鬥争，遇到傷殘疾病。他們在鬥争中互相幫助，祈求關帝保佑，在關帝面前焚香結義，組成“關帝會”，關帝信仰在臺灣廣泛傳播。

隨着我國海外貿易的發展和華僑的出國謀生，關帝信仰也傳播到海外。

旅居海外的泉州人，從通淮關帝廟恭請香火到海外的有：菲律賓岷尼拉黎剎大街的一座菲華通淮廟，北怡羅戈省一座泉州塗門關夫子廟。新加坡裕廊也有一座泉州通淮關帝廟。1820 年，旅居越南的粤、閩、泉、漳、潮、瓊、客家七府華僑在提岸廣東街與梅山街口建造關帝廟等[20]。不少華僑在家中奉祀關帝，以求平安。

關帝信仰是中華民族傳統文化的組成部分，具有中華傳統文化的凝聚力和向心力，對促進華僑在僑居地的開發，推動華僑社會的發展，密切華僑與祖國的聯係等方面發揮了作用。

注　釋

① 郭松義：《論明清時期的關羽崇拜》，載《中國史研究》1990 年第 3 期。

② 吳幼雄：《泉州關羽信仰的儒道釋文化滲透》，載《泉州道教文

化》總第4、5期（1994年10月）。

③⑩ 《崇武所城記》“碑記”。

④⑬ 新編《安海志》卷一〇，“廟堂·東關王廟”。

⑤⑥⑧ 李光縉：《漢關前將軍漢壽亭侯廟記》，《景璧集》卷八《碑記》。

⑦⑯ 何喬遠：《閩書》卷三八《風俗志》；卷一五四《我私志》。

⑨ ［道光］《晉江縣志》卷一六《祠廟志》。

⑪⑭ ［乾隆］《安溪縣志》卷一二《藝文》下；卷一〇《寺觀》。

⑫⑲ 傅金星、曾煥智編：《泉州通淮關岳廟志》。

⑮ 林謙晉：《泉漳會館興修碑記》，載《上海碑刻資料選輯》。

⑰ 王銘銘：《逝去的繁榮》，第280—281頁，浙江人民出版社1999年版。

⑱ 孫英龍：《臺灣關帝文化發祥地——東山關帝廟》，載《臺灣源流》（六），臺灣省各姓淵源研究學會。

⑳ 李天錫：《關帝信仰在華僑華人中的傳播和影響》，載《泉州道教文化總第4、5期（1994年10月）。

（作者：泉州海外交通史博物館研究員）

論中華民族優秀人文特質與關岳信仰

李少園

關岳信仰從社會學的角度觀察，有着極其豐富的文化内涵。關岳信仰千年的發展定型過程中，凝聚着中華民族的理想和願望，融鑄進漢民族可貴的人文特質。因此，剔除其中統治者强加的糟粕和迷信色彩、功利意圖等消極因素，發掘出内在藴含的精華部分，在加强文化教育的基礎上，可以引導其與社會主義社會相適應，在爲社會主義精神文明建設的服務中發揮正面的作用。

一　漢民族可貴的人文特質

崛起於春秋、發展於戰國、形成於秦漢的漢民族，是世界上歷史最悠久、成員最衆多的民族。四大文明古國唯一歷史没有中斷的就是中國的漢民族。在五千至九千年的發展史中，漢民族經歷了無數災變與戰火，尤其是外族的入侵，盡管傷痕纍纍，却能在儒家“大一統”的旗幟下，一直延續並發展着本民族的文化而屹立於世界東方。這種頑强的生命力和强大的凝聚力來源於漢民族的優秀人文特質即民族精神。優秀的人文特質包括如下幾方面的民族成員所共識的共同心理素質。

1. 追求“仁愛”的理想境界與“大一統”的遠大目標。

漢民族傳統文化的核心部分爲孔孟的儒家思想體系。孔子在《論語》中反復强調“仁”的理想。“仁者愛人”，以人爲本的思想就是“仁愛”思想的軸心；孔子親手刪訂的《春秋》最先倡導的“大一統”思想，(“大”，即推崇尊重)，經過漢儒董仲舒的發揮和系統化，成爲整個中華民族不斷追求的神聖目標。它維繫着全民族的團結，推動着國家民族的統一和歷史的前進。

2. 崇尚崇高的民族氣節——“大丈夫”氣概。

漢民族十分崇尚高風亮節的民族氣節。儒家“亞聖”孟軻在《孟子·滕文公下》中將其總結爲“富貴不能淫，威武不能屈，貧賤不能移”三準則。它激勵着歷代仁人志士，以堅韌不拔的意志和堅貞不屈的人格，在民族敵人面前不畏强暴，横眉冷對，維護民族尊嚴；或直面嚴酷的生存條件，一往直前，義無反顧。誰能履踐三準則，誰就被譽爲具有正氣凛然的“大丈夫”氣概。

3. 胸懷偉大的人生抱負——“忠”與“勇”。

漢民族的另一個人文特質是具有對群體生存的自覺責任感和集體意識。爲族群的“興利除害”願意放棄個人利益而服從集體利益。“天下爲公”成爲民族美德。怎麽達到忠誠於“爲公”的抱負呢?《六經》之首《周易》曰：“天行健，君子以自强不息。”提倡剛健自强，致命遂志的“彌天大勇”。“勇”來自維護民族利益的自覺性和對理想目標的無限忠誠。“勇”源於“忠”，“忠”體現爲“勇”。忠勇密不可分。

4. 堅持履踐人際行爲規範——“信”與“義”。

漢民族成員在儒家思想的範式下，形成了一套關於君臣、父子、兄弟、朋友之間的行爲道德規範。“信”與“義”是其重要内容。《論語·子路》曰：“言必信，行必果。”言行必須誠信，言而有信；交友必須一諾千金。“信”的進一步深化是“義”。義者宜也，也就是符合正義的或道德規範的行爲事物。《論語》云：“不義而富且貴者，於我如浮雲。”因此在民族群體中形成“重然諾、講義氣”的風尚，朋友間則提倡輕財重義、樂於助人、披肝瀝膽、患難與共，甚至“舍身取義”的美德。以上的民族精神保證了漢族内部的團結、有序與和諧，並逐漸爲境内其他少數民族所接受而成爲全中華民族的共同心理素質。

當然漢民族還有講究"中庸之道"的包容性、蘊藉含蓄的内向性等優秀品格；也有講究"面子"、因循守舊等"民族劣根性"。這些不在本文探討之列。

二　民間信仰的關岳形象是漢民族精神的典型

漢民族幾千年形成的共同心理素質猶如"文法"之於"語言"那樣存在於民族成員的潛意識中。宗教信仰作爲文化現象也深深地打上漢民族特質的印記。民間信仰的關岳形象正是千百年來廣大信衆，在英雄人物原有品格的基礎上，按自己認同的本民族道德規範來塑造的崇拜對象。

首先，史乘的記載，爲關岳形象提供了原始基礎。關羽岳飛歷史上確有其人。正史陳壽《三國志》的《關羽傳》已簡略記載了關羽"策馬刺（顔）良於萬衆之中"、"斬龐德、降于禁，威震華夏"，以及"盡封其（操）所賜，拜書告辭而奔先主於袁軍"的史實。忠勇信義，端倪已露。至唐代，已有"將軍凜天資，忠勇冠今昔。走馬百戰場，一劍（原文如此）萬人敵"的贊詩出現①。關公原始形象已具雛形。但單憑粗略的史料和幾句褒詞，畢竟難以成爲全民族的崇拜對象。唐宋流行於湖北荆州一帶民間的神話傳說和神祇崇拜，才是關公信仰興盛的根本原因。早在唐中葉，關羽曾威鎮一方的荆州，民間已流傳玉泉山顯靈平叛以及"冥力建玉泉寺"的傳説，在修廟碑記中還稱"邦之興廢，歲之豐荒，於是乎繫"。可見關公在民間已成爲平亂驅害、保護一方人民的"善神"形象②。至宋紹興中，有人"見荆人所以事關羽者，家置一祠"③，足見民間信仰的虔誠與傳播的普遍。

到了宋元間，民間百姓以説書、平話、雜劇等衆多藝術形式來塑造更高大的關公形象。明羅貫中的長篇通俗小説《三國演義》就是在《三國志》基礎上，主要根據民間流傳的三國故事加工整理、創作出來的。所添加的大量情節，都匯注了民間百姓的願望和理想。如前幾回描繪出身低層的關公，體察民間疾苦，怒殺豪强，爲民除害，即是一例。

誠然，不應低估歷代王朝不斷加封和南朝（一説唐朝）僧人關於神顯靈護法玉泉山的渲染在發展傳播中的重要作用。但關公崇拜之所以興盛不衰，從根本上説，是民間百姓根據自己潛意識中的道德規範判斷加以塑造、經由民間文藝作品加以渲染、因而受到百姓崇仰虔敬的結果。

在分析關岳形象所體現的漢民族優秀人文特質時，我們發現，二公既具漢民族共通的崇高民族精神的共性，又各有側重，具備各呈異彩的個性。

首先，關羽、岳飛都是在以儒家思想爲核心的中華傳統文化陶冶下成長的歷史英雄人物。關羽好讀《春秋》，更可貴的是他一生極力實踐"春秋大義"中"誅亂臣，討賊子；内中國，外夷狄"的"大一統"目標。"内中國"即實現中華民族内部的團結統一；"外夷狄"即抵禦少數民族貴族政權的外部入侵。關羽所處的時代，漢室衰微，曹操"挾天子以令諸侯"，孫權僭越稱王，統一的漢朝已名存實亡。關羽痛心疾首，桃源三結義後，視"劉皇叔"爲漢室正統、國家的代表，以及民族統一的希望所在，從而奮不顧身追隨劉備，企圖統一全中國。傳統的"正統"觀念，確有復雜的内涵。但關羽維護漢室正統的忠勇行爲，有利於歷史的前進，却是他將《春秋》"大一統"目標付之實踐的懿德嘉行。"孔子、孟子著書立説，宣傳自己的哲學思想和政治主張，屬於言教；關羽雖不著書立説，却用自己的行動實踐儒家的思想，屬於身教。"[④]看來，後代民間稱關廟爲"夫子廟"，與孔子並稱"兩夫子"；歷代王朝封之爲王爲聖，抬高到"文武兩聖"的地位，也有一定的内在合理性。

岳飛同樣出身貧苦家庭[⑤]，同樣受到儒家傳統文化"忠君愛國”的教育。他生活於北宋滅亡、徽欽二帝被擄、國難深重、民族危亡的時代，從小讀書習武，滿懷報國壯志。母親在他背上所刺“深入膚裏”的“盡忠報國”四個字，鼓舞着他一生爲捍衛民族的尊嚴而浴血戰鬥。他所率領的抗金隊伍號稱“岳家軍”，到處打擊金兵，收復失地，所向披靡，勇不可擋。人民敬稱他爲“岳爺”，敵酋哀嘆“撼山易，撼岳家軍難”。他激勵部下說：“直搗黄龍府，與諸君痛飲耳。”他以鐵筆銀鈎，發出“還我河山”的怒吼和誓言。其愛國詞作《滿江紅·怒髮沖冠》，充滿對外寇的無比痛恨，表達洗雪民族仇家國恨的忠心與壯志，成爲千古絶唱。後人謂“千載後讀之，凛凛有生氣焉”。岳飛在漢民族危難之際，表現出剛健不屈的堅强意志和大無畏的英雄氣概。千年來，每當民族危亡之時，岳飛崇高的民族氣節總是激勵着本民族成員團結一心、前赴後繼、救亡圖存。岳飛不愧爲中華民族的可敬愛國英雄。文天祥、史可法、鄭成功等都從他的事跡中汲取精神的鼓舞力量。岳飛於 1142 年 1 月 27 日被奸相秦檜以“莫須有”罪名殺害。但雖死猶生，人民景仰他崇拜他，自發建廟祭祀。淳熙六年，朝廷賜謚武穆。嘉定四年，追封鄂王。

關羽和岳飛崇高的民族氣節，孤忠貫日，相輝相映。後人以關壯繆戮力王事、岳武穆精忠報國，合祀而稱“雙忠”。所以矢忠不二的“浩然正氣”就是關岳形象的共性。

共性寓於個性，個性顯示共性。關岳形象中的漢民族人文特質，各具表現形式，個性十分鮮明。關公以“大丈夫”的形象和“忠勇”、“信義”的高風亮節而光照千古，岳王則以“民族脊梁”的形象和“壯懷激烈”的民族氣節而氣壯山河。

關公最爲人稱道的是不爲曹操利誘威逼所動，而始終謹守三結義的“義氣”，合“忠”“義”於一身。“身在曹營心在漢”的佳話成了“忠義”的代名詞。《三國演義》等民間文藝作品演繹出來的“秉燭達旦”、“封金掛印”、“斬將奪關”、“千里歸漢”、“單刀赴會”、“刮骨療毒”等許多故事，都表明關公的大義大勇、至正至剛，恰是孟子“富貴不能淫”三準則的富於個性的詮釋。

與關公以神威勇武而受後人崇拜有所不同，作爲民族英雄的岳飛，自有“民族脊梁”的偉岸形象。其忠公體國的戰鬥的一生，極具感人的人格魅力。當然也有長篇通俗小説《説岳全傳》敷衍出“臨盆大鵬飛鳴”、“洪水遇難得救”等一些故事在民間流傳。但總體上看，岳王形象中史實居多，虛構神化成分有限，缺乏民間信衆所喜聞樂道的神話浪漫色彩，使信徒得以馳騁宗教想象、宣泄宗教感情的空間相對狹小。這也許就是“雙忠”崇拜中香火旺盛程度有所差别，在文史學者和民間信仰者之間崇仰度有所差異的原因。

注　釋

①　［唐］郎士元詩：《關羽祠送高員外還荆州》，轉引自《中華文化論壇》1999. 1，蔡東州《關羽現象探源》。

②③　見《中華文化論壇》1999. 1，蔡東州《關羽現象探源》。

④　李柏青：《解州關帝廟·序》（主編侯學金）。

⑤　《朱子語類》卷一三二，“岳太尉飛，本是韓琦家佃客”，轉引自高等院校教材《中國古代史》，中册，第395頁。

（作者：福建師範大學中文系副教授、泉州通淮關岳廟董事會副董事長）

略論明清泉州士子對關帝的崇拜

陳桂炳

關帝崇拜在我國民間信仰中佔有十分重要的地位。劉獻廷《廣陽雜記》卷四載："予嘗謂菩薩中之觀音，神仙中之純陽，鬼神中之關壯繆，皆神聖中之最有時運者。……舉天下之人，下逮婦人孺子，莫不歸心嚮往，而香火爲之佔盡。"今人烏丙安教授的專著《中國民間信仰》也指出："民間對於關公或關帝、關老爺的崇拜，是中國民間信仰中最典型的神人崇拜。其影響之深，甚至超過了對其他各種神靈的崇信。"①泉州人崇拜關帝之風甚盛，把關帝的神格定得很高。據《温陵舊事》云，泉州城區於正月初舉行盛大的遊神活動時，各境、舖諸神皆四人抬，"唯通淮關大帝、花橋吴真人、南門天妃、虎山王相公、古榕境玄壇元帥"，則八人抬。而且夜間遊行時，"關大帝、吴真人燈牌以數千，鐘鼓架、香架以數百計。長街一望，如星宿，如燎原。凡諸皆不招而至，不約而同，欣欣而來，滿意而歸者也"②。這些崇拜者，大體上可分爲"士"與"民"兩大類。明代泉州人李光縉記曰："郡故有漢壽亭侯廟，靈響特異，士民奉之甚恪。"③其中"士"在崇拜者的總人數中所佔比例雖甚小，但在關帝崇拜發展過程中所起的作用却甚大，很值得認真加以研究。本文擬就此問題，以通淮關帝廟明清時的盛況爲例，展開論述。

一　對通淮關帝廟的早期歷史的看法

泉州專祀關帝的廟宇，規模最大且時間最早的，是通淮關帝廟。該廟明萬曆《泉州府志》稱關王廟，清乾隆《泉州府志》稱關帝廟。通淮關帝廟創自何時，早在明代的有關記載中已稱無考。明萬曆年間，李光縉在爲通淮關帝廟譔寫的碑記中即稱："今天下祠漢壽亭侯者，遍郡國而是。其中吾泉建宮，毋慮百數，獨我儒林里中廟貌爲勝。詢之故老，不知創所由始，相沿至今。"[④]譔寫於清雍正年間的另一篇通淮關帝廟碑記亦曰："郡之盛於祀侯也，自通淮門始。而廟之創自何代也，爲唐、爲宋，則皆無可據者。故昔之記修廟者，於其創始闕如。"[⑤]看來，如果没有發現新的文獻資料，通淮關帝廟創自何代的問題，是很難回答的。前些年，有位對泉州民間信仰很有研究的老先生"據若干跡象，暫作預測，係年於宋紹興年間"。但"因缺乏史籍資料和文物資料，姑作此推理而已"[⑥]。儘管如此，其思路對我們進一步探討這個問題，是很有啓發的。

由於目前尚未發現有關文獻對通淮關帝廟始建時間的明確記載，故筆者在這個問題上持謹慎態度，看法較爲保守。爲方便研究起見，我們不妨把該廟的始建時間先確定一個上、下限，其上限目前可暫且存疑，下限則可視爲明代前期。

《福建民間信仰源流》的作者認爲，閩中的關帝廟是逐步從北方傳入的。其傳播的途徑，可能是入閩駐防的軍人作爲他們所奉祀的軍神傳來的[⑦]。筆者傾向於這個看法。在福建衆多的關帝廟中，較著名的當推泉州的通淮關帝廟和漳州的東山關帝廟。但有明確記載始建時間的最早關帝廟，則爲東山關帝廟。"國朝洪武二十年（1387年），城銅山（即東山）以防倭寇，刻像祀之，以護官兵，官兵賴之。"但由於初建時規模狹小，難以適應其後關帝崇拜發展的需要，故一百二十一年後，即正德三年（1508年），"雲霄人吳公子約避寇於銅，同銅善士黄公宗繼等九人，募衆資財崇建之"[⑧]。可見，銅山城及其關帝廟的興建，與明初防倭的軍事鬥争有關。倭寇爲患始於元代，至元末，"北自遼海、山東，南抵閩、浙、東粤、濱海之區，無歲不受其害"[⑨]。

明朝建立後，倭患不止。洪武初年，倭寇自山東轉而南侵，劫掠浙江温、臺、寧波與福建沿海。因此，明太祖即於洪武二十年四月，派遣江夏侯周德興入閩整頓海防，在福建沿海修築了北起崇武，中經永寧、金門、厦門，南至銅山的十六座衛城。這就是銅山城及其關帝廟興建的歷史背景。作爲福建海防重鎮的泉州城，其城内關帝廟是否也興建於此時，目前我們尚未找到有關文獻記載。但幾百年來，泉州民間却流傳着一個與泉州關帝廟的興建有關的故事：明初洪武年間，江夏侯周德興奉明太祖意旨，來到泉州，破壞當地風水甚多。泉州人恨之入骨，在他起程回京復命那天，敲打泉俗出殯用的樂器送他。江夏侯不諳泉俗，反以爲泉州人有禮，捫心有愧，即叫泉州人鳩資於七城門近旁建起七座關帝廟，以保地方平安無事[10]。傳説不等於信史，但兩者之間存在着某些内在聯係，因爲民間傳説往往是從現實中的真實事跡發端，經流傳變異演化而來的。根據上述泉州有關民間傳説提供的蛛絲馬跡，參攷福建較早的關帝廟興建的歷史背景，我們不妨把通淮關帝廟始建時間的下限暫且視爲明代初期。

當然，通淮關帝廟始建時間的定論，最終尚有待於有關文獻資料或文物資料的新發現。目前，我們所知道的通淮關帝廟的早期歷史，有材料可攷的始於明嘉靖間（1522—1566 年）。清乾隆《泉州府志》卷十六《壇廟寺觀・關帝廟》載："明嘉靖間，長史李一德重修。萬曆間復於廟右塑帝及漢昭烈帝、張西鄉侯、諸葛丞相像。"

至於泉州盛行關帝崇拜的時間，當始於明嘉靖年間。至萬曆年間（1573—1619 年），已出現崇拜關帝的熱潮[11]。到了清代，泉州的關帝崇拜又有進一步的發展。

《中國民間信仰》的作者把關帝神化的歷史發展分爲隋唐、宋元、明清三個階段。研究泉州歷史上的關帝崇拜，其立足點首先應放在明清時期，即關帝神化的第三階段。

二　明清時期泉州士子對關帝的崇拜

明清時期，泉州士子熱衷於關帝崇拜，主要表現在以下幾個方面：

1. 修廟塑像，延續香火。

通淮關帝廟最早的重修，目前有材料可攷的是“明嘉靖間長史李一德重修”，前已述及。李一德，字恒甫，號雲泉，嘉靖十六年（1537 年）舉人，歷官知州、襄陽長史，旋乞歸，於致仕家居時重修了位於郡城通淮街北的關帝廟（時稱關王廟）。萬曆四十年（1612 年），復於廟右塑關帝及漢昭烈帝、張西鄉侯、諸葛丞相諸神像。首議者爲里中孝廉張汾，文學楊某，何啟昇、張某等人。通淮關帝廟有劉、張、諸葛三尊神像，始於此。“塑既成，表漢時共事之雅，開泉人未有之祀，觀者如堵。”[⑫]天啟元年（1621 年），郡紳楊維清、李光縉、徐某（失其諱，疑即徐十洲）等人又加以重修，於左堂右廳改爲正氣堂，塑關帝冕旒像奉祀其中。在這次重修中，徐十洲出力最大。當時因堂後“僧室益窄，堂亦弗尊，直指十洲徐公捐金買廟右林屋增拓之，構堂於正氣之西，新前廊兩廡蓋僧室，移橱舍，鎸契白於石”[⑭]。參與這次重修的李光縉，字宗謙，號衷一，户部主事李仁之子。他師事蘇濬時，即被視爲“異日必成大儒”的人才，明萬曆乙酉（萬曆十三年，1585 年）鄉試第一。但他無意於官場，“日研經史，潛心大業，取四書、易傳玩素討論而手筆之。……尤喜序述忠義節烈事”。其著作頗豐，有《景璧集》、《四書要旨》等數十卷，學者稱他爲衷一先生。卒後郡人請祀於學宮。[⑭]通淮關帝廟清乾隆戊戌（乾隆四十三年，1778 年）重修，據官獻瑶《重修泉郡通淮街關帝廟碑》記載，也是郡紳捐修：“乾隆癸巳（乾隆三十八年，1773 年），前殿正脊之棟將撓，後殿臨八卦溝者傾欹弗整，一切瓴瓦榱桷俱破漏腐朽不鮮。郡之紳士同心勸諭，遵前規而葺之，材美工良，既固且新。廟前故有華表巍然，今圮矣，樹而揭之，以肅觀瞻。費洋金計千兩。”[15]同治丁卯（同治六年，1867年）十一月初四夜，通淮關帝廟三殿不慎火災，帝像及歷朝文物付之一炬，“赤焰肆虐，失我尊親，薄海人民罔不同深震駭”。爲“達我民事神之義，而慰薦紳學士農工商賈以迨紅女嬰孺之私”，主要由郡紳組成的“泉郡通淮廟諸董事”立即發出《重修泉郡通淮廟捐啓》，呼籲社會各界諸君共襄斯舉[16]。在諸董事的努力和社會各界的捐助下，這座名城古廟得以修復。

2. 躬走祠下，祈安求吉。

明清時期，泉州士子躬走祠下祈安求吉的事，在有關的文獻資料中多有記載。如李光縉在描述明代泉郡士民崇拜關帝的盛況時寫道：“上自監司守令居是邦者，迨郡薦紳學士、紅女嬰孺，無不人人奔走，禱靡不應，應靡不神。先是某從父相國雲泉公爲記廡壁，光縉獲弓韣之禱於侯。”[17]而譔於清同治年間的《重修泉郡通淮廟捐啓》，也稱其目的是爲了“達我民事神之義，而慰薦紳學士農工商賈以迨紅女嬰孺之私”。並提及自明嘉靖以來泉郡地方官員對關帝崇拜的重視：“帝像之始，稽之志乘，當在嘉靖至天啟百年間，迄於今日。其間握軍符、膺疆寄及監司守令，春秋祭祀，練時日，恭整肅穆，趨蹌奔走，或百里水旱疾疫，以致梯於山、航於海、遠託異國，身熱首痛、風災鬼難之域，禱請祈求，莫不以帝像爲依歸。”而從清末泉州印刷的“關帝靈籤”中所列舉的占驗之例看，主要有科舉、宦途、財氣、官司、求醫、尋人、辦事以及禍福等方面。顯然，其中占驗科舉、宦途諸事，均爲讀書人及仕宦者所爲。泉州民間還傳說，在泉州民間信仰中最有影響的一百支“關帝靈籤”，是明代泉州人李廷機從京城返回故鄉時，於旅途中編出來的。李廷機，字爾張，號九我，參加鄉試和會試均名列第一，廷試第二，官至禮部尚書兼東閣大學士，爲政以廉、正、勤、儉俱全而著稱於世，泉州百姓親切稱他爲“李相國”，民間流傳有他的許多美談佳話。不過，前些年已有研究者於明正統《道藏》中發現“護國嘉濟江東王靈籤”，本來是没有標題的，自衍化成爲“關帝靈籤”後，多附上標題[18]。有興趣閲讀《道藏》，並從中衍化出一百支關帝靈籤，可見這是一位具有相當文化素養的讀書人。泉州民間還把關帝尊奉爲“五文昌夫子”之一，這同樣也是追求科舉文運的讀書人所爲。

3. 揮毫頌揚關帝，營造文化氛圍。

泉州士子還充分發揮其文化人的特有優勢，或譔記、作序、題跋，或書寫匾額、楹聯、石刻，頌揚關帝，爲通淮關帝廟這座古城名廟營造了一種民間信仰所不可缺少的文化氛圍，對泉州地區的關帝崇拜起了一種積極的規範、導向和推動作用，同時也爲後人了解和研究泉州關帝崇拜的歷史留下了極爲珍貴的資料。

載於清道光《晉江縣志》卷十六《祠廟志・關帝廟》的幾篇碑文，其作者均爲明清時期泉州有功名的士子，如李光縉、張焕登（清雍正間進士，汀州教授，未任時卒）、官獻瑶（清乾隆間進士，官提督廣西、陝甘學政，遷洗馬）等人。其中官獻瑶記曰：“按廟之建不知何時……修於有明萬曆癸卯（萬曆三十一年，1603 年），爲之記者李君光縉。繼修於國朝雍正辛亥（雍正九年，1731 年），爲之記者張君焕登也。二君揚詡帝之扶樹彝倫，更援引祭法，昭示來兹，其言美矣備矣。顧余竊有感於韓子功德次第之云，而嘆帝之超群絶類，所以接於乎先師（孔子）者，洵可與天地比壽，與日月齊光也。……國家既立文廟以祀先師，必立武廟以祀帝。嘉與敷天，合敬同愛，日優遊乎安宅正路而莫知爲之者，余故闡而出之，以發前修未發之藴，以表紳士洞洞屬屬難已之誠。”清末泉州廪生蘇大山在爲《關岳祀典》作序時，則强調國家處於外憂内患之際，尤其要發揚關帝的武毅精神，以作民之氣。爲《關岳祀典備考》題跋的兩位作者吴增和林騷，均爲清光緒進士，都在跋文中突出褒揚關帝的忠義精神和浩然正氣。

作爲通淮關帝廟建築藝術特色之一的匾額、楹聯、石刻，不少也是出自明清泉州官紳士子手筆。如大殿所懸掛的“充塞天地”，爲明萬曆探花張瑞圖書；大殿門石刻對聯“通荆門制曲，讕言罵使，實嚴争漢鼎；淮水西和戎，遺恨朝天，空譜《滿江紅》”，爲清光緒進士林翀鶴書；嵌於正殿兩壁的歌頌關帝的律詩石刻，爲清光緒舉人曾遒書。通淮關帝廟明清時期的幾次大修，也立有碑刻，惜今多已不存在。值得一提的，還有立於三義廟左壁的兩方石刻。一方爲《關聖帝君覺世真經》。《關聖帝君覺世真經》屬於明清以來泉州民間所流傳的通俗勸善書的一種，曾對關帝崇拜的發展起了推動作用。清道光二十年（1840 年），任過四川總督的嘉慶進士蘇廷玉書寫該經，三年後，由其子蘇士準“刻石藏於通淮古廟以廣聖訓而垂久遠”。另一方石刻的作者是臺灣生員林光夏，書於清嘉慶二十四年（1819 年）八月十五日，由“泉郡下民奉命擇立”。據作者稱，石刻所記之事發生於臺郡：嘉慶二十一年（1816 年）六月初七日下午，臺郡宫後街鼎行演唱梨園戲的三國臨江會一節以祀神，突然關聖神附乩於飾扮關雲長的演員，並藉該演員之口，告誡人們今後不得戲演其三國時舊事，以免慢神不敬之罪⑲。林光夏可能是當時的在場觀衆，因而“受敬録之，以昭靈跡，以悟世人”。這方石刻爲泉臺關帝崇拜及泉臺民間文化交流史提供了一則難得的參考資料。

三　儒教文化對關帝崇拜的滲透

明清時期泉州士子加入關帝崇拜者的隊伍，必然會導致儒家文化對關帝崇拜的滲透，這在明代嘉靖、萬曆間泉州崇拜關帝之風特盛之際，表現得尤爲突出，我們可以李光縉爲通淮關帝廟所譔寫的兩篇碑文來説明。

李光縉在明萬曆三十一年（1603 年）所譔寫的碑文中，特意點明通淮關帝廟所處的位置，以暗喻關帝明正統，仇孫、曹，乃得先師孔聖之意旨。碑文曰：“郡人廟侯（即關帝）於孔氏宫

（即府學）之左。孔門之教，莫大人倫。《春秋》之誅亂賊，誅其悖乎倫者。若不嘗藥、不踰境、不討賊之類，不必身親弒而後斧鉞之。諸弟子中，所推勇惟仲子路，迂正名死結纓，夫子皆過之，而許其弒君父而不從，則能明倫理之正，而不失食禄死難之義也。侯素好《春秋》，是以明正統，仇孫、曹，使其得吾夫子爲依歸，當其在仲由之右歟？郡人祀侯甚恪，不盡所以祀，故以此語之。”因此，李光縉認爲當時泉州人之所以會出現崇拜關帝的熱潮，是因爲關帝生前即是一位道德高尚的人，他在實踐儒家倫理方面爲人們樹立了典範。“今所爲頌侯之烈，與侯所以係千百世之人心，得非以一念殉漢之忠乎！竊認爲未盡侯也。夫帝室之有隆替，國統之存亡，自生民有主而來，誰代無之，何但漢？其歷朝死事諸臣，當改姓易命之秋，殺身翼主而極忠無二慮，何但侯？然皆一時能使人嘆息咨嗟，傳之人而名存耳，未有若侯靈響，今凛然如生者。國於天地，必有與立，惟是生人五倫兩儀不得以附，二曜不得以晦，人心不得以死。侯始遇玄德，朋友也；約盟而後，兄弟也；及推爲中山靖王裔，以主事之，則君臣父子也。平居無里閈之歡，非胞乳之共，不有折圭擔爵之素，匹夫相友，然信以死，先兄而後臣也，間隔周旋，各盡其道，此侯之所以獨高千古也。”最後，李光縉告誡崇拜者曰：“其或有不忠、不孝、不弟、不友、不信者，無得入此廟，縱禱於侯，侯亦必不應之。”要求他們平時需以儒家倫理觀念來規範自己的言行，否則就難以達到崇拜的目的。今通淮關帝大殿門外的對聯“詭詐奸刁，到廟傾誠何益；公平正直，入門不拜無妨”，很有可能是後人受到李光縉最後這段話的啓發而譔就的，體現了人們對關帝崇拜的深化。

萬曆四十年，在里中士人的倡議下，人們於通淮關帝廟之右增塑了關帝、漢昭烈帝、張西鄉侯和諸葛丞相諸神像，一併祀之。爲此，李光縉又譔寫了一篇碑文。該碑文除在開頭略述增塑諸神像之緣起外，其內容主要是闡述儒家思想的義利觀。碑文曰："夫古今言義者，皆屬之君臣，而於朋友則言信。然近於義而言始可復，則信亦義之符也，雖謂朋友爲義交可矣。乃若兄弟未有言義者，其親本乎父子夫婦之生，其倫秩本乎胞乳先後之序，乃天之所洽，非人之所設，安得言義？兄弟而以義言，則自劉先主於關、張始也。……夫自古未有輕大利之人而能與人成大利者。壽亭、西鄉以君臣之義，完手足之好；武侯釋兄弟之好，完君臣之義。或先弟而後臣，或先師而後臣，則先主以義始，而三臣以義終。魚水之歡，同休等戚之愛，非偶然也。"李光縉在碑文中還特地提及："武侯亦自表於先主：臣死之日，不使内有餘帛，外有餘財，以負陛下。其見大義而忘利如此。"最後，李光縉道出他作此碑文的目的："嗟夫！使世人而皆能見義以忘利也，則恩誼之情篤，而身家之心輕矣。以處君臣、兄弟、朋友之倫，何所不可哉！余故特表而出之，在爲世之臣弟友者勸焉。"

李光縉等士大夫憑其社會地位和名望，在參加關帝崇拜活動的同時，積極向廣大關帝崇拜者宣傳和灌輸儒家的忠義孝弟友信等倫理思想，正迎合了當時社會政治的現實需要。明代嘉靖、萬曆年間泉州盛行關帝崇拜，與當時全國社會政治背景有密切關係。明朝中期，内憂外患並至，北有蒙古貴族殘餘勢力的威脅，東北有滿族的興起，東南沿海有倭寇的侵擾。另外，由於政治的黑暗，農民起義連綿不斷，爲維護明朝封建政權的地位，嘉靖以降的統治者特别注重體現在關帝身上的儒家忠義思想，對民間的關帝崇拜有意識地加以扶植和引導。萬曆十八年（1590 年），明神宗追加關羽封號爲"協天護國忠義大帝"。萬曆三十三年（1605 年），又敕封爲"三界伏魔大帝神威遠震天尊關聖帝君"。"關帝"的尊號從此開始。統治者如此重視關帝崇拜，其目的主要在於爲現實政治服務。而把統治者的這種政治意圖加以貫徹的，正是如本文所述及的這些人："監司守令居是邦者，迨郡薦紳學士。"

"士民争拜關雲長"。但必須指出的是，同樣都祈拜於神像之下，注重實用的庶民與“學仲尼之道”且善於哲學思辨的士子，其鬼神觀是有所不同的[20]。因此，在明代嘉靖、萬曆間，泉州民間信仰出現一種引人注目的現象：一方面，地方官員對朝廷“賜命卸神”、利用神權爲政權服務的意圖心領意會，大多熱心於“制入祀典”的當地民間信仰活動，謹率官吏，躬走祠下，虔神奉安；另一方面，對祀典不載的淫祠，則予以整頓治理，乃至於採取拆毀的强硬措施，以保證官府對民間信仰的控制。如於隆慶四年（1570 年）赴任，萬曆二年（1574 年）離任的惠安知縣葉春及，在其任内，曾排除重重阻力，下令毀去當地淫祠 510 所。當時一些宣稱不信鬼神的泉州士大夫，在社會生活中也參加乃至主持民間信仰活動。如明代嘉靖年間的抗倭名將俞大猷，“早厠儒林，學仲尼之道”[21]。後因父死家貧而從戎，中武進士，歷任千户、參將、總兵、都督等職。在民間信仰問題上，俞大猷爲捍衛儒家正學，曾把神仙術數之説作爲異端，加以攻擊。時人也稱他“絶不信神仙飛遷，佛氏輪回，占相兆夢，禱祠禬祟，支干孤虚，雲物氛祲，妖魔星術，堪輿奇遁之説。莅官誓衆，陳師鞠旅，營室興事，率自決於理與時，而未嘗一訊於術者之口”[22]。但事實則不然，俞大猷“莅官誓衆”，有守禦金門時的祭疫鬼之舉；“陳師鞠旅”，有海戰前的天妃、海若及東海神之祭。使人感到其理論與實踐的脱節。下引清道光《晉江縣志》卷十六《祠廟志》開頭的一段話，或許有助於我們對封建社會士子熱心於民間信仰這個問題的思攷。“祠廟之設，所以崇德報功也；天神、地祇、人鬼，凡有功德於民者祠焉、廟焉。聚其精神而使之憑依，即以聚人之精神而使之敬畏。地位之弗宜，規模之弗備，棟宇之弗崇，修除之弗潔，不足奉神靈而肅觀瞻，奚明禮法而通冥漠？夫有其舉之莫可廢也，矧其爲朝廷所尊，政教攸係，可聽其址敗垣頹，堂鼠雀而庭草萊哉！是故有司修舉廢墜，以是爲先；士庶贊襄建築，亦以此爲急也。”

“士民争拜關雲長。”作爲一種民間信仰，研究者在研究關帝崇拜時，往往側重於“民”，而對於“士”則没能給予應有的重視。實際上，對於關帝崇拜，“士”與“民”的心理是不盡相同的。正如有的學者所指出的，帝王嘉其事主不二，士人重其信義如山，百姓尊其威勇無敵。因此，我們在研究包括關帝崇拜在内的所有民間信仰時，應當注意對不同階級、不同層次的信仰者分别進行研究，對具體問題進行具體分析，防止簡單化，從而進一步提高我們對民間信仰的研究水平。

注　釋

①　烏丙安：《中國民間信仰》第4章《對附會以超自然力的人物崇拜》，上海人民出版社1995年12月版。

②　［乾隆］《泉州府志》卷二〇《風俗》。

③　［道光］《晉江縣志》卷一六《祠廟志》。按“士民”爲士子與庶民的合稱，本文的論述對象爲“士”，即士子。據《辭海》，士子的釋義有二：（1）士大夫。古代指官僚階級，舊時也指有地位有聲望的讀書人；（2）猶“學子”，舊時讀書人的通稱。

④⑤⑬⑮⑰　［道光］《晉江縣志》卷一六《祠廟志》。

⑥　陳垂成：《關帝信仰的源流》，載泉州市區道教文化研究會（1997年更名爲泉州市區民間信仰研究會）編：《泉州道教文化》（后更名爲《泉州民間信仰》）總第4、5期合刊。

⑦　徐曉望：《福建民間信仰源流》，福建教育出版社1993年版。

⑧　無名氏：《東山武廟譜》、《鼎建銅陵關王廟記》。

⑨　《明史紀事本末》之《沿海倭亂》。

⑩　吴藻汀：《泉州民間傳説》，第2集，泉州市志編纂委員會辦公室、晉江地區藝術圖片社，1985年8月重新刊行。

⑪　該問題吴幼雄教授在《泉州關羽信仰的儒、道、釋文化滲透》一文（載《泉州道教文化》總第4、5期合刊）中已有論述，可參閲。

⑫　［乾隆］《泉州府志》卷一六《壇廟寺觀·關帝廟》。

⑭　［道光］《晉江縣志》卷三八《人物志·名臣之二》。

⑯　泉州通淮關岳廟董事會、泉州市區道教文化研究會合編：《泉州通淮關岳廟志》，1991年5月出版。按：以下引文凡没有注明出處者，均

見於該書。

⑱ 林勝利:《泉州關公信仰中流行的勸善書與籤詩初探》，載《泉州道教文化》總第4、5期合刊。

⑲ 按：筆者小時候在鄉下老家時，曾聽過長輩講述此事。但故事情節略有差異，如飾扮關雲長的演員所執“兵器”爲木青龍刀，而不是木劍。地點没指明是臺灣。筆者老家距泉州市區約四十公里，可見該石刻所記載的内容在泉州城鄉曾廣泛流傳。

⑳ 對於這個問題，筆者曾在《明代隆慶、萬曆年間葉春及在惠安毀淫祠原因芻議》、《俞大猷與媽祖信仰》等文章加以論述。

㉑ 俞大猷:《正氣堂集》卷四《奉李東洲書》，厦門博物館、集美圖書館，1991年1月重印。

㉒ 李杜:《征蠻將軍都督虛江俞公功行紀》，載《正氣堂集》。

（作者：泉州師範學院人文學院副院長、教授，泉州市區民間信仰研究會副會長兼秘書長）

亞洲和非洲華僑華人關帝信仰比較研究

李天賜

中國民間的關帝信仰源遠流長。華僑華人遍布世界各地，關帝信仰也隨着華僑華人的足跡在世界五大洲傳播。目前，全世界華僑華人已達三千萬人，遍布五大洲一百四十多個國家[①]。亞洲是世界第一大洲。亞洲的華僑華人佔世界華僑華人的絶大多數，僅東南亞就佔世界華僑華人總數的百分之八十以上。非洲是世界第二大洲，四十多個國家有華僑華人七萬六千多人。[②]關帝信仰毫不例外地也在這兩個洲的華僑華人中間傳播。本文擬就亞洲和非洲華僑華人的關帝信仰進行比較和探索，以揭示海外華僑華人民間信仰的千姿百態，以及它們對華僑華人社會發展的推動作用。

一

亞洲最早出現的關帝廟，當在明朝萬曆二十年（1592 年）之前。是年，前往朝鮮援助抗倭作戰的明朝政府軍隊，即“見朝鮮遍祠（關）帝，誦述滿其國中”[③]。在李朝政府的協助下，明遊擊陳璘特於漢城崇禮門外建造關帝廟一座[④]。明嘉靖年間（1522—1566 年），册使郭汝霖在琉球建造一座天妃宫，右邊奉祀關帝[⑤]。日本横濱和神户，分别於 1874 年和 1892 年建造了關帝廟，横濱即有一條街名叫“關帝廟街”。目前，關帝信仰在日本華僑社區中仍然十分盛行。

印尼建有關帝廟多座。清道光四年（1824 年），福建南靖華僑甲必丹戴亮輝在雅加達建造了南靖廟，供奉關聖帝君，以爲鄉人安身之所，也有爲其死後舉行殯葬儀式之處，後廳供奉戴氏祖先，並作爲南靖公會場所[6]。清光緒年間（1875—1908 年），印尼華僑在蘇門答臘島巨港建造了關帝廟，又稱義廟、協天宫。1885 年，閩籍華僑甲必丹陳雲龍等九十二人共募款四千零八十五荷盾，在萬隆南區廟街中段建造協天宫，主祀關帝。該街因協天宫坐落于此，故稱廟街。同年，粵籍華僑張煜南（榕軒）在蘇門答臘島棉蘭市創建關帝廟，奉祀關聖帝君、財帛星君和福德正神。20 世紀 70 年代，棉蘭市華僑華人把觀音宫改建爲清音禪寺，奉祀關聖帝君、財帛星君於殿左，天后聖母、注生娘娘於殿右[7]。這些乃其犖犖大者，至於規模較小或目前尚未可知者，肯定還有不少。

清咸豐年間（1851—1861 年），福建省南安華美鄉洪成美携妻郭氏前往菲律賓經商。郭氏把其平時奉祀的關帝神像帶到菲島，初在家中供奉，後幾經周折，1884 年，在岷倫洛區務禮牙購物中心大厦九樓創建“正義廟”，供奉關帝[8]。馬尼拉黎刹大街建有一座菲華通淮廟，供奉泉州通淮關帝廟關帝。北怡羅戈省也建有一座泉州塗門關夫子（即關帝）廟。怡朗約於清末民初即有陳督戈捐地建造關帝廟，供奉泉州通淮關帝廟關帝[9]。菲律賓華僑早期的“同業公會或工會，則多供關帝和福德正神，因有稱‘關夫子會’和‘土地公會’者。結義團體既效法桃園結義的故事，亦多奉關帝爲盟主”[10]。中華木商會與福聯和布商會，曾一度分別稱爲“關夫子會”和“關帝爺會”。閩商會館也曾奉關帝爲盟主。至於各寺廟中以關帝爲陪神者，則難以計數了。據有的學者估計，全菲律賓共有關帝廟幾十座[11]。

1823 年，旅居新加坡的客幫華僑創建了應和會館，在館中供奉關帝神位。1842 年，福建華僑興建的天福宫落成，宫中正殿崇祀媽祖，殿之東堂祀關聖帝君，西堂祀保生大帝[12]。1880 年，廣肇華僑建造了廣福古廟，主神祀齊天大聖，其他陪神有關帝、觀音、張天師等。雙林寺於 1904 年創建，除主神祀彌勒佛和如來佛外，尚祀玉皇大帝、關聖帝君和觀音大士等[13]。在 1914 年建造的普陀寺中，同樣祀有關帝神位。此外，新加坡寧陽會館正殿祀關聖帝君，左爲天后元君，右爲財帛星君。新加坡裕廊律建有一座泉州通淮關帝廟，另一處也有一座同名的通淮關帝廟，均供奉泉州通淮關岳廟關帝。

馬來西亞華僑華人的關帝信仰也非常普遍。東南亞華人歷史學家許雲樵在《中華民族拓殖馬來半島攷》中寫道："神廟之祀，關公最多。"1673 年，馬六甲華僑創建了青雲亭，除主神奉祀觀音大士外，尚供奉關帝、三寶公等神明[14]。檳榔嶼的廣福宮中，主神祀觀音大士，左爲天上聖母，右爲協天大帝（即關帝）。1889 年，吉隆坡粵幫華僑建造廣肇會館，在大堂中供奉關聖帝君。關帝廟香火鼎盛，其名稱比廣肇會館更爲民衆所熟知。

越南、緬甸、泰國等地華僑華人也虔誠崇奉關帝，建造了不少關帝廟。越南南圻邊和鎮的關帝廟名聞遐邇。據越南《嘉定通志》"城池志・邊和鎮"載："關帝廟在大舖洲三街之東，面臨福江，殿宇宏麗，塑像高丈餘。"這座廟宇是 1684 年由鄭會等八位華僑發起興建的。1743 年由鄭慶等十一位華僑發起重修，1817 年由鄭懷德再次重修[15]，這是目前有據可查的東南亞最早的關帝廟。1820 年，粤、閩、泉、漳、潮、瓊、客家七州府華僑在堤岸廣東街與梅山街口建造了武廟，供奉關帝。惠安也"有關夫子廟，崇祀最盛，閩會館也"[16]。1806 年，旅居緬甸八莫的滇僑在該地建造關帝廟，作爲騰越（騰沖）會館，内祀關帝[17]。1855 年，僑居緬甸勃生以梅、李兩姓爲首的粤僑集資捐建了三聖宮，奉祀觀音、天后和關帝。猛拱也有"華僑所建關（帝）廟"，據傳爲"乾隆初元"，漢人到此開設玉石廠後才有的[18]。1872 年，旅居泰國華僑楊金玉、林天和、林天佑等人發起在泰國南部蘇梅島建造了關帝廟，1916年又把該廟改建爲三層樓，最高層仍奉祀關帝，二層爲會所，三層爲進德學校。

在新、馬、泰及中國臺灣、香港等地，還盛行一種叫德教會的組織。德教會供奉佛教之釋迦牟尼、儒教之孔子、道教之老子、基督教之耶穌、回教之莫罕默德，及關帝、觀音、道濟、華陀、八仙等神明。據曾三次（1962、1963、1966年）前往馬來西亞麻坡進行田野調查的臺灣"中研院"院士李亦園研究，其時（即1966年）新、馬的德教會認爲，在冥冥天上，以上神明組織了一個社，稱爲德德社。"德德社之組織，有如委員會制。由組會之諸委員互選一主席，由主席主持各種工作之分配。現時（即1966年——引者注）之主席即爲'伏魔大帝關聖帝君玉皇大天尊'關羽。"⑲關帝信仰在新馬兩地華僑華人德教會中的影響，不難想見。

亞洲華僑華人不僅在寺廟、會館裹供奉關帝，不少人也在家中奉祀。韓國"華僑商店有家中一年四季皆掛有關公神像"⑳。1998年下半年，筆者在菲律賓調查訪問期間，親眼目睹絶大部分華僑華人家中都供奉土地公、觀音和關帝神像。新加坡邱新民曾說："二十多年前，還有許多小雜院氣味的住宅，一座排屋，擠滿十家八家人家，我亦是其中一分子，眼看家家户户神龕中，往往供滿佛祖、觀音、大伯公、天上聖母、注生娘娘、保生大帝、關公、齊天大聖等偶像，一體祀奉，一視同仁。"㉑關帝及其他神明在亞洲華僑華人中傳播的盛況，於此可見一斑。

二

非洲華僑華人關帝信仰的傳播，最早的體現當爲毛里求斯的關帝廟。1839年，該地華僑領袖陸才新代表華僑向政府提出申請，請求批準在路易港修建一座關帝廟，並將自己一塊面積爲一千五百五十五道斯（法國舊長度單位）的土地捐獻出來，作爲修廟之用[22]。獲得批準後，便由當地福建、廣府和客家華僑集資，動工興建。1842 年 1 月 29 日，坐落在路易港柯當區拉沙麟的關帝廟舉行落成典禮。爲此，陸才新在政府的新聞報上發表公告："陸才新、阿西尼先生（音譯，ASSINE）敦請諸位僱用中國人的老板先生，允許提出要求的中國人，去參加寺廟命名儀式，因爲此係中國僑民修建的第一座寺廟。"[23]關帝廟建成後，由陸才新和四名華僑社會的知名人士共同管理。1869 年，關帝廟進行擴建，向兩側伸展。1874 年陸才新去世後，關帝廟的領導職務才由阿衡・鄧雲（Affen Tank Wen，又譯爲阿方・唐文）接替。1895 年，廣府華僑領袖阿衡・鄧雲領導廣東省南海縣和順德縣華僑在跑馬場（山罵史）建造了另一座關帝廟，供奉關帝和財神[24]。

據介紹，毛里求斯"路易港有華人廟宇七座，其中分廟六座，總廟一座。六座分廟中，五座是廣州人的，一座是客家人的。總廟關帝廟，屬所有華人的，不管是來自廣州或其他什么地方的。還有一座專屬福建人的廟，在馬埃堡"[25]。可見阿衡・鄧雲所領導創建的跑馬場（山罵史）關帝廟，乃是陸才新在柯當區拉沙麟所發動創建的關帝廟的分廟。此外，廣東籍華僑南順會館的關帝神壇及路易港西區的關帝廟，均是其分廟。

留尼汪有四座關帝廟，其中聖旦尼有三座，聖皮埃爾一座。聖旦尼的三座關帝廟，都坐落在聖安納街上。最古老的一座，是由羅氏家族修建的，後又經重建。第二座最爲有名，由夏納家族修建，坐落在緑樹成蔭的大院子中央，於 20 世紀初建成。"廟堂深處有個木雕的祭壇，那上面雕刻着龍、菊花、蝙蝠、睡蓮，還有太陽和月亮。關帝坐在椅子上。他的臉是紅紅的，象征着忠誠。關公兩邊站着兩個同伴（即關平與周倉——引者注）。"[26]聖皮埃爾的關帝廟比聖旦尼的關帝廟要大些新些。馬達加斯加現有關帝廟四座，其中一在塔馬塔夫市，一在迭戈—蘇瓦雷斯市。兩處均與中華會館建在一起。迭戈—蘇瓦雷斯市的關帝廟建於 1902 年。據説，塔馬塔夫市關帝廟的建造時間比這更早[27]。南非的關帝廟似乎不多，大約在 19 世紀末或 20 世紀初，金伯利華僑修建了一座關帝廟[28]。

三

無論亞洲或非洲的華僑華人的關帝信仰，都是由中國民間的關帝信仰隨着華僑出國向外傳播而形成的。現試把這兩大洲的華僑華人關帝信仰進行比較，可以看到它們在傳播過程中有如下方面之異同。

（一）不同方面

1. 最早關帝廟的建造時間不同

如前所述，早在 1592 年前，朝鮮即“遍祠（關）帝，誦述滿其國中”。由於其時朝鮮文化屬漢文化圈，故有些關帝信仰可能是由其國人主動引植過去的，而不一定全部是由華僑前往傳播的，我們姑且置之不論。1592 年，遊擊陳璘在漢城崇禮門外建造關帝廟，可以説是關帝信仰在華僑中廣泛傳播的一種體現。如果不是廣大華僑崇奉關帝，需要有一個頂禮膜拜的場所，他怎麽會在朝鮮建造一座關帝廟呢？在東南亞各地，越南南圻邊和鎮華僑在 1684 年就建造了關帝廟，而緬甸的八莫關帝廟、越南堤岸的武廟、印尼雅加達的南靖廟，以及把關帝作爲陪神的日本長崎東明山興福寺、琉球上天妃宫、馬六甲青雲亭等寺廟的創建時間，均比非洲毛里求斯路易港拉沙麟關帝廟早得多。

非洲第一座關帝廟爲陸才新於 1842 年創建於毛里求斯。陸才新，又名陸阿鑫，祖籍福建，生年不詳，約於 19 世紀初前往毛里求斯經商。1839 年，他向英國駐毛里求斯總督威廉·尼古拉提出申請，要求在路易港爲華僑建造一座廟宇。獲準後即撥出自家土地興建，終於使毛里求斯的第一座中國廟宇——關帝廟於 1842 年 1 月 29 日竣工落成。

關帝信仰在亞洲的傳播早於非洲的傳播達數百年之久，與當時的歷史條件有關。朝鮮在 14 世紀前稱高麗，14 世紀末李氏王朝取代高麗，才改國號爲朝鮮。高麗很早就與中國有海外貿易關係，因而有些商人便因商務關係定居於該地而成爲華僑。《宋史》"高麗傳"載："王城（今開城——引者注）有華人數百，多閩人，同賈舶至者。"因此，關帝信仰便隨着出國華僑傳播到該國，至 1592 年便"遍祠關帝"，崇奉膜拜便没有什麽奇怪了。而在東南亞，至明代中葉，不但出國華僑衆多，很多人也從"流寓"變爲定居，從零散寓居變爲聚居成村，形成早期的華僑社會[29]。隨着華僑出國的增多，至清代華僑社會則進一步完善和成熟，因而一些關帝廟及供奉關帝等神明的寺廟便相繼建成，也就自在情理之中了。

與移居亞洲的華僑相比，非洲華僑的歷史要晚得多。雖然在 16 世紀末即有華僑到南非，但真正形成華僑社區則是在清末。由於建造廟宇需要一定的財力、人力和物力，因而非洲第一座關帝廟便在華僑社區的形成發展過程中，於 19 世紀中葉在毛里求斯建造起來。這也是歷史發展的必然，因爲直到 1917 年，毛里求斯路易港才形成一個不很大的被稱爲"中國村"的華僑居住區[30]。因此，非洲的第一座關帝廟比亞洲遲得多，便不難理解了。

2. 關帝廟各自的地位不同

非洲華僑華人關帝信仰比較集中及有代表性者，是在毛里求斯。陸才新在毛里求斯創辦陸阿鑫—阿新股份公司，任經理。就其經營規模來説，是介於大商與小商之間的中等公司。但他看準歐洲商人不重視島上零散居民點顧客的弱點，親自主持公司總店的業務，而把一些他從中國帶來的人員，經過一段時間培訓後，派到各地去主持公司的分店，從而擴大了自己的商業活動，取得了顯著的成效[31]。隨着他經濟實力的不斷壯大，加上他的品德和才幹，很快便成爲 19 世紀初毛里求斯華僑社會的領袖。他曾應英國駐毛里求斯總督法誇爾關於希望引進中國人到毛里求斯從事開發的要求，於1826年12月3日帶領5名中國人到路易港，並承擔起爲他們擔保的責任。在19世紀初期，陸才新一直是初到毛里求斯華僑的主要擔保人。由他組織介紹、擔保移居毛里求斯的華僑達一千多人。華僑一抵達路易港，他馬上負責接待，幫助他們安置住處，並設法爲他們安排工作，因而甚獲廣大華僑的尊敬和愛戴。在長達幾十年的時間内，他一直保持着毛里求斯華僑領袖的地位。

也許是陸才新出國之時就信仰關帝，認爲自己在商業上取得的成就及自己在華僑社會的地位，是關帝庇佑的結果。在華僑社會提倡關帝的忠義精神對鞏固自己的地位有作用，因而他於1839年向當地政府申請建造華僑廟宇獲準時，便建造了關帝廟，並在這裏辦理華僑事務。由於陸才新在華僑社會的崇高威望，這座廟宇又爲他所倡建，再加上一些事務要在這裏辦理，因而這座廟宇便爲毛里求斯全體華僑所擁有，廟中的關帝自然也就成了全體華僑華人共同崇拜的對象。後來，由於移民人數增加，該廟未能滿足所有華僑膜拜的需要，於是各種各樣的關帝小廟宇便陸續在全島各地出現。然而，無論廣府華僑、客家華僑或福建華僑，以後建造關帝廟時，都是由這座廟宇中的關帝分香、分身或分靈而去供奉的。於是，陸才新創建的這座拉沙麟關帝廟自然成了毛里求斯關帝廟的主廟，而在各地便出現了六座分廟。

亞洲華僑華人的關帝廟没有出現這種主廟、分廟之分的情形。不僅關帝廟如此，其他寺廟似乎也未曾見。亞洲，尤其是東南亞，華僑華人創建的寺廟隨處可見，與會館、學校一起構成了第二次世界大戰之前華僑社會的三大特徵。這些寺廟的建設也不乏華僑領袖創建者。其所以没有出現這種主廟與分廟，大概是因爲亞洲還没有哪一個國家出現過一位像陸才新這樣在該住居國如此之長時間内保持着華僑領袖地位的人物，還没有哪一座寺廟能够像拉沙麟關帝廟在華僑華人社會中具有如此特殊的重要位置。

例如，陳篤生是新加坡 19 世紀中葉的華僑領袖，他曾倡建新加坡天福宮（兼祀關帝），任大董事，長期管理該宮，但不幸在豎立《福建天福宮碑記》的同一年（1850 年）即逝世。章芳琳是新加坡 19 世紀後期的另一位華僑領袖，他於 1887 年獨資創建新加坡玉皇殿及清元真君廟，但六年之後（即 1892 年）便去世了。因此，他們創建的寺廟便只能在某一段時間内或在某一幫華僑中擁有較多的信衆，因而也就不可能有像非洲毛里求斯拉沙麟關帝廟作爲主廟的情況出現。

3. 關帝廟在華僑華人社會的地位不同

非洲毛里求斯路易港柯當區拉沙麟關帝廟，是該國華僑祭祀聚會的地方，又是辦理華僑事務的場所，慈善救濟的中心。而亞洲的關帝廟，則一般是華僑華人焚香祭拜的去處，或議事聚會的場所，没有那樣多的功能。

毛里求斯拉沙麟關帝廟建成後，在正中供奉關帝神像，兩邊設有祭壇，供奉着華僑各家庭祖先和客死於毛里求斯華僑的牌位。因此，這裏除了是關帝的崇拜中心以外，自然也成了華僑祭祀祖先的場所。華僑社會的各種事務，也都在關帝廟裏辦理。華僑領袖不僅能够裁決華僑之間的民事糾紛，而且還可以懲處犯法的人。關帝廟還是華僑社會的救濟中心。新到毛里求斯的華僑，如果尚未找到工作，可以在這裏暫住。凡是募集到的捐獻物資，均由華僑領袖在這裏分配給需要者[32]。因此，這便決定了拉沙麟關帝廟在毛里求斯華僑社會中具有特殊的重要地位。

由於陸才新在毛里求斯華僑社會中具有無可爭議的權威，因而自關帝廟創建後，他一直是該廟的當然領導人。直至他去世後，該廟的領導職務才由阿衡・鄧雲繼承。阿衡・鄧雲的領導權從 1874 年開始，維持了二十六年之久。1900 年 6 月 2 日他去世之後，各派爲争奪關帝廟的領導權展開了激烈的争鬥。歷經五年角逐之後，尚未解決，各派領導人乃決定把争議提交最高法院。最高法院於 1906 年 6 月 21 日作出“薩洛蒙裁決”，把關帝廟的領導權平均分配給華僑三大派代表，即每年輪流領導關帝廟。領導人的絶對權力移交給一個由十五人組成的關帝廟委員會，其中廣府派、客家派、福建派各五人[33]。直至20世紀80年代初，關帝廟仍然是由這三派的代表實行集體領導和管理[34]。

亞洲華僑華人的關帝廟雖然有的也曾作爲辦理華僑事務的場所，或慈善救濟的機構等，但還没有哪一個寺廟像毛里求斯拉沙麟關帝廟具有那樣多的功能，並在華僑華人社會中佔有那樣特殊的重要地位。1842年，新加坡天福宮落成，福建幫便於此地爲總部。1860年，福建會館成立後，初也設在天福宮内，第一任主席陳金鐘即在此地辦公。直至1915年華民政務司登記爲豁免注册社團時，還寫爲"天福宮福建會館"。後來，隨着福建會館會所的創建，天福宮在福建幫中的社會地位便逐漸下降，成爲華僑華人純粹舉行崇拜儀式的場所。緬甸勃生三聖宮也"並非單純祀奉神祇，平時亦爲同籍、同宗、同姓粤籍僑胞集會、議事、辦學、洽談商務、接待新客，以及施舍福利的公共場所，起互相團結、維護本籍利益及促進伊洛瓦底江三角洲的繁榮的作用"[35]。印尼萬隆閩籍華僑創建的協天宮，也從事多項慈善和社會福利事業。然而，類似以上廟宇，均不能上昇到如毛里求斯拉沙麟關帝廟在華僑社會中的重要地位。究其原因，主要大概是因爲它們均僅爲某省籍（或某幫派）華僑華人所擁有，而非爲全體華僑華人所擁有。

正是因爲亞洲没有任何一個關帝廟能够如毛里求斯拉沙麟關帝廟在華僑華人社會上升到那樣特殊的重要地位，因而關帝廟的領導權便也自然由各省籍（幫派）的華僑領袖擔任，便也就没有像毛里求斯各派華僑爲争奪拉沙麟關帝廟領導權而争鬥角逐，直至最終由最高法院裁決的情況。日本横濱華僑爲了重建1986年元旦遭火焚毀的關帝廟，曾産生過矛盾，但最後也是經過雙方多次談判，排除干擾，達成共識，共同捐款，把關帝廟重建起來。

（二）相同方面

1. 廟宇與會館同處一所

華僑旅居異域，人地生疏，遇到許多困難。爲了在僑居地求得生存發展，他們奉祀從家鄉帶去的關帝等神明，作爲精神寄託，祈求神明庇護他們的事業順利進展。然而，精神的慰藉並不能代替嚴酷的現實。因此，他們必須直面人生，加强協作，團結奮鬥，才能對付殖民者的欺凌壓迫、毒蛇猛獸的侵擾，以及險惡自然環境與各種疾病的威脅，在當地立定脚跟，謀得事業的進展。於是，在神明崇拜的基礎上，一些以血緣關係爲紐帶的宗親會和以地緣關係爲紐帶的同鄉會，便應運而生了。同時，還有一些業緣組織和私會黨也在類似情況下出現。正如新加坡史學家邱新民先生所指出："就遷民過程看，東南亞華人的幫派及宗鄉社會的構成，似乎從神廟入手，從而形成地緣、業緣及洪門幫會組織，從而有血緣的組織，進而有綜合性超地域超同業的組織。"[36]

一些宗親會、同鄉會及業緣組織、私會黨成立以後，爲了更好地促使大家團結起來，共同奮鬥，他們感到必須有一種精神力量來規約各自的行動，以便更好地對付殖民者及自然環境的壓迫和威脅。他們感到，在相互聯絡感情的過程中，彼此之間必須真誠相待，"忠義"是必不可少的因素。在其時歷史條件下，大家唯神是尊，他們便又在神明身上尋找這種寄託。關帝千百年來一直受到中國人民的尊崇和敬仰，其"義薄雲天"是家喻户曉的。在中國人民心目中，他是忠義仁勇的化身。因此，他自然成了廣大華僑華人各種組織無可替代的共同崇拜對象。

由於不少宗親會、同鄉會、業緣組織及私會黨是在寺廟基礎上發展起來的；一些組織成立之後，又要供奉大家所共同崇拜的神明，因而在海外華僑華人社會就出現了一道民間信仰的社會景觀——寺廟與會館同處一所的景象，即會館就設在寺廟裏，或寺廟附設於會館中。這種情形在亞洲華僑華人關帝信仰上得到明顯的體現。例如，緬甸滇僑的騰越（騰沖）會館設在八莫關帝廟裏；印尼南靖公會設在雅加達供奉關帝的南靖廟中；新加坡客幫的應和會館中供奉着關帝神位；馬來西亞的私家會黨“會所前殿都供奉關公，後殿才供奉五祖”[37]；早期菲律賓一些同業公會即有“關夫子會”者，等等。

非洲華僑華人關帝信仰同樣有出現廟宇與會館同處一所者。毛里求斯來自廣東南海和順德兩地的廣府華僑，於1859年成立南順會公司，旨在團結鄉親，促進鄉誼。1894年，南順會公司集資創建會所，改名爲南順會館。1902年，會館擴大會所，便附設關帝神壇和祖先牌位。1869年，廣東嘉應同鄉會改名仁和會館（後又名仁和會、仁和旅館、仁和公司），但沒有固定會址，每年仍以拉沙麟關帝廟聚會議事。1874年，嘉應同僑聚會時，仁和會館總理王雁賓等人提出建立自己的聖帝廟堂的建議，獲得會員熱烈響應。衆人即刻捐款，不日擇地（今毛里求斯路易港西區）動工興建。1877年新館建成。當時沒有會章，也沒有向政府申請注册。其主要目的是祭祀關帝，聯絡桑梓感情，即“維風化、正人心，舉正直，息糾紛，兆祥和之氣也”[38]。可見仁和會館是設在關帝廟裏。至於私會黨和業緣組織供奉關帝的情形，在非洲華僑華人社會中還未曾見。這是與亞洲華僑華人關帝信仰的這一特點的同中之異了。

2. 移植中華民間習俗

宗法習俗是中國農業宗法社會的産物，反映了中國人對血緣關係的高度重視和對祖先的特殊崇拜。毛里求斯拉沙麟關帝廟供奉祖先神位的情況已如上述，至於其他關帝廟中也均設有祖先的祭壇。亞洲不少關帝廟中，也有類似情況。如：新加坡寧陽會館“正堂廣大高明，關帝諸神坐焉。附祠清静幽閑，先主位焉。蓋以上答神恩，下以妥先靈者，須在是矣”[39]。印尼雅加達南靖廟中，除正殿供奉關帝以外，後廳即供奉戴家祖先神主香火。[40]如此等等，難以一一盡述。

亞洲和非洲的華僑華人在把祖先崇拜與關帝信仰一起傳播到住居國的同時，也把中華民族的一些風俗習慣、民俗活動一起傳播過去。日本華僑“每逢節令慶祭，婚嫁喪葬，均遵故鄉儀節”[41]。横濱關帝廟中常年香火不斷，每逢除夕，前往膜拜的善男信女達數萬人。馬來西亞華僑華人逢年過節的習俗，也與中國大陸相似。廣肇會館每年在關帝廟中舉行春秋二祭。印尼南靖廟“規定每年農曆五月十三日爲帝君聖誕日，照例奉祭並宴會，即清明掃墓一席，中元節二席，除夕一席”[42]。菲律賓《世界日報》1998 年 7 月 4 日刊登了一則《菲華龍子會盟主關聖帝君聖誕通告》，具體叙述了祭拜關帝的程序和内容。《通告》曰：“兹訂於一九九八年七月六日（星期一），欣逢本會盟主關聖帝君聖誕萬秋，是日早八時，三通鼓樂，敬設香壇，供昆仲拈香頂禮，並備頭龜、二龜、三龜、財氣龜供昆仲等祈求……”這與閩南的風俗完全一樣。

非洲毛里求斯華僑華人在祭祖先、拜關帝、慶春節、鬧元宵等時，遵循中國古老傳統，開展各項活動。留尼汪華僑華人每當新年、關帝誕辰、中秋節、端午節等節日來臨時，就會想起祖國的傳統。至於具體祭拜關帝的儀式，《留尼汪華僑史》中有一段詳細的描述：“節日裏，或中國陰曆年的吉利日子裏，大部分教徒都來（關帝）廟宇朝拜。陰曆初一和十五兩天，尤其是占卜的吉利日子，而且總會帶來一些不同的祭品：新年頭一天的蔬菜，新年第二天的肉和蔬菜，陰曆八月十二那天的豬肉、鷄和魚等。所有信徒都占卜，没有主祭人，儀式很簡單。供過祭品以後，信徒們就跪在主祭臺前，手捧裝有籤子的盒子，用力摇晃，以便讓一根籤子掉出來，或者從盒子裏隨便抓一根籤子。這根籤子帶有號碼。按這號碼到一本神諭書裏去找相應的頁碼，那上面有聖諭。現在，不征詢關帝就作出重大決定的情況，依然是少有的。”[43]這種祭拜關帝的儀式是從中國移植過去的痕跡，是很明顯的。

3. 寄託對祖籍國的懷念和對中華文化的弘揚

華僑華人遠離鄉土，眷戀情深，便千方百計地通過各種途徑來保持與故鄉的聯係，尋找各種載體來寄託對祖籍國的深切懷念。由於關帝信仰來自祖地故土，因而他們對關帝的信仰就不僅是單純的對神明崇拜，而是把關帝及其廟宇當作故國家園在海外的象徵。亞洲和非洲華僑華人的關帝信仰，也是這樣。

新加坡應和會館供奉關聖帝君。《修建應和會館碑記》載："抑或棝倆榮旋於桑梓，豈非福地之所致，猗歟休哉!"[44]可見應和華僑在建造會館、奉祀關帝時，想到的是"榮旋於桑梓"。他們在會館及關帝身上寄託着對祖國的無限深情，不是顯而易見的嗎？毛里求斯拉沙麟關帝廟的創建人陸才新，曾在路易港組織過一次舞龍表演，居民涌上街頭觀看，氣氛十分熱烈。毛里求斯一份文件對這次表演的評述中有句曰："龍是中國的象徵，又是關帝廟的象徵。"[45]非洲華僑把關帝廟當作祖國象徵的用意，不也是不言自明嗎？

因此，華僑華人在建造關帝廟的過程中，便盡量按照中國的式樣來構築，甚至材料也由國内輸送。日本神户中華會館内的關帝廟，"其構造悉按華夏規模"[46]。泰國蘇梅島關帝廟内供奉的關帝神像及神龕長脚牌等雕刻品，均從中國海南島用帆船運去[47]。非洲留尼汪聖旦尼由羅氏家族創建的一座最古老的關帝廟在重建時，爲了尊重中國廟宇的傳統建設藝術，建設師特地到臺灣去參觀，查資料，看照片，研究方案，盡量設法保持多種廟宇突出的、共有的特點，如寬敞的前廳、塔狀、比例等等[48]。而毛里求斯路易港拉沙麟關帝廟中的大鐘及銅印，都是在建廟時由廣東鑄造而運送到該廟的。[49]

民間信仰是中國傳統文化的一個組成部分。關帝信仰作爲一種民間信仰，自然也是中國傳統文化的一部分，因而它也就具有中國傳統文化所具有的凝聚力和向心力。華僑華人把關帝作爲故國家園的象徵，正是它的凝聚力和向心力的體現。隨着時代的前進，歷史條件的變化，華僑華人關帝信仰的傳統文化象徵已經越來越顯示出它的巨大魅力，無論是亞洲或非洲，概莫能外。例如，在日本，“許多華僑時常參加（關帝）祭祀活動，主要是基於文化上的認同和增進鄉誼，並當作一種社交聯誼活動”[50]。據介紹，毛里求斯今天的寺廟，也僅僅是逢年過節相聚叙舊的場所。人們相聚一堂，談天説地，觀看宗教節日所特有的熱鬧氣氛：青烟裊裊，檀香清馨，美味佳肴，數不勝數[51]。此處之“相聚叙舊”，不也就是“文化認同和增進鄉誼”嗎？因此，有的學者指出，關帝廟已經成了對華僑華人最有吸引力的聚合所，人們在這裏認知自己的文化之根。它的存在已經超越了宗教、政治、歷史和地理的隔閡[52]。這是很有道理的。

基於此，筆者以爲，在未來的一段時間內，關帝信仰必將與觀音信仰、媽祖信仰一起繼續在華僑華人中間傳播，因而繼續對華僑華人的關帝信仰進行深入研究，仍然是很有意義的。

注　釋

①　郭梁：《東南亞華僑華人經濟簡史》，第 1 頁，經濟科學出版社 1998 年 11 月版。

②　方積根、胡文英：《非洲華僑歷史與現狀概述》，載方積根編：《非洲華僑史料選輯》，第 24 頁，新華出版社 1986 年版。

③　萬之蘅：《關侯事跡匯編》卷三《祠基》。

④　吴晗輯：《朝鮮李朝實録中的中國史料》，第 10 册，第 4211 頁，中華書局出版。

⑤　《琉球國志略》卷七《祠廟》。

⑥　周南京主編：《世界華僑華人詞典》，第 566 頁，北京大學出版社 1993 年 1 月版；莊爲玠：《關羽崇拜在國内外》，載《泉州鯉城文史資料》第 6、7 合輯，第 83 頁，泉州鯉城政協文史資料委員會編。

⑦⑰㊼　周南京主編：《世界華僑華人詞典》，第 766、12、360 頁。

⑧　《菲律賓岷尼拉沓模拉正義廟成立廿五周年銀禧紀念特刊》，第 16—19 頁。

⑨ 筆者訪問怡朗關帝廟筆録，1998 年 9 月 10 日。

⑩ 施振民：《非律賓華人文化的持續》，載李亦園、郭振羽主編：《東南亞華人社會研究》（上册），第 173 頁，（臺北）正中書局印行，1985 年版。

⑪ 傅金星、曾焕智編著：《泉州通淮關岳廟志》，第 77 頁。

⑫㊴㊹ 陳荊和、陳育崧編著：《新加坡華文碑銘集録》，第 58、184、176 頁，香港中文大學出版部出版。

⑬ 林孝勝、張夏幃等合著：《石叻古跡》，第 136 頁，（新加坡）南洋學會出版。

⑭ 袁丁：《馬六甲青雲亭研究——關於馬來西亞華人社會史的一個問題》，載梁初鳴、鄭民編：《華僑華人史研究集》（二），第 70 頁，海洋出版社 1988 年 8 月版。

⑮ 黄錚：《從〈嘉定通志〉看越南華僑的歷史功績》，載《中國東南亞研究會第二届年會論文專集》（《印度支那研究》增刊），第 85 頁，廣西社會科學院印度支那研究所編印，1980 年 12 月 1 日。

⑯ 釋大汕：《海外紀事》卷四。

⑱ 尹明德：《雲南北界勘察記》。

⑲ 李亦園：《一個移植的市鎮——馬來亞華人市鎮生活的調查研究》，第 221 頁，（臺灣）"中央研究院"民族研究所出版，1970 年 6 月。

⑳ 張泰河：《韓國華僑的過去現在與未來》，載《華僑華人歷史研究》1996 年第 2 期，第 60 頁，中國華僑華人研究所、中國華僑歷史學會主辦。

㉑㊱ 邱新民：《東南亞文化交通史》，第 610、586 頁，新加坡亞洲研究會、文學書屋聯合出版 1984 年版。

㉒㉓㉕㉚㉜㉝㉟㊺ （毛里求斯）雨蓋特・李卓凡・皮耐歐著，武東和、莊維漢、蔣哲蘭譯：《西印度洋華僑史》（摘譯），載方積根編：《非洲華僑史資料選輯》，第 321、291、146、121、292、147—148、553、322 頁，新華出版社 1986 年 7 月版。

㉔㉞ 《毛里求斯華人簡史》（劉新璘譯），方積根編：《非洲華僑史資料選輯》，第 59 頁。

㉖㊸㊽㊿ （法）多米尼克・迪朗、讓亨頓著，王淑娟譯：《留尼汪華僑史》（摘譯），載方積根編：《非洲華僑史資料選輯》，第 498、498—

499、498、296頁。

㉗　方積根、李秀華：《馬達加斯加華僑的歷史與現狀》，載方積根編：《非洲華僑史資料選輯》，第78頁。

㉘㊳　李安山：《論清末非洲華僑的社區生活》，載《華僑華人歷史研究》1999年第3期，第37、34頁。

㉙　吳鳳斌主編：《東南亞華僑通史》，第13頁，福建人民出版社1994年5月版。

㉚㉛　許永璋：《陸才新——毛里求斯華僑社會的奠基人》，載《華僑華人與僑務》1995年第1期，第59頁，福建省人民政府僑務辦公室、福建省海外交流協會、福建省社會科學院華僑研究所主辦。

㊲　莊爲玠：《關羽崇拜在國内外》，載《泉州鯉城文史資料》第6、7合輯，第84頁。

㊵㊷　張堯耕：《雅加達的南靖廟》，載《華聲報》1987年12月22日。

㊶　陳昌福：《日本華僑研究》，第28頁，上海社會科學院出版社1989年9月版。

㊻㊿　童家洲：《試論關帝信仰傳播日本及其演變》，載《海交史研究》1993年第1期，第29、31頁，海外交通史研究會、泉州海交史博物館主辦。

㊾　林金枝：《毛里求斯的華人社團》，載《八桂僑史》1995年第2期，第40頁，廣西華僑歷史學會主辦。

52　（旅日）孫立川：《從通淮關帝廟到神户關帝廟》，載《泉州晚報》1989年6月6日。

（作者：華僑大學華僑史研究室研究員）

明清泉州關帝信仰文化及其傳播途徑攷析

李國宏

明代信仰實例攷析

一　嘉靖倭亂與關帝信仰

明代泉州關帝信仰的盛行，與嘉靖倭亂這一歷史背景有關。倭亂始終是明代百姓的心頭大患，漸趨没落的明王朝捉襟見肘，疲於應付，顯得力不從心。清道光《晉江縣志》卷十八《武功志》引泉賢蘇紫溪的話説道："吾鄉之有倭患三十餘年矣。當倭初發難，時值承平久，百餘年不習兵，樓船校尉之族，揭竿持梃，如嬰子搏沙然。大將軍戲下，漫不甲乙。吏兹土者，聞征鼓聲，惴惴無人色。"

無助的庶民在生死危急關頭，向平時所崇仰的神明祈禱，以尋找精神上的安慰，也便無可非議。以忠勇著稱的關帝，自然成爲祈求的對象。

據清代佚名《安平城東忠義廟記》稱："（安平）城東忠義廟祀漢壽亭侯關夫子及張、趙二將軍……明嘉靖甲子歲（1564年）正月元旦，倭賊突至安平，人民未及防備。夫子顯赫，躍馬縱刀而退之。賊去而又放火燒。夫子神靈，反風撲火。賊見之懼，不知何以爲之備，遂解圍而去。後安平士民信之深，思之再至，崇祀愈虔。萬曆間，募緣重修廟門。"

道光《晉江縣志》卷十八《武功志》證實："嘉靖四十三年正月，倭賊入泉郡境澗埕、湖美等處，殺掠男女而去。又至安平攻城，三日弗克，戚總兵（繼光）兵續至，賊聞引去。"而安平士民把戚繼光退賊之功移到關帝身上，是信仰神化的一種表現手法，這是嘉靖年間泉州關帝信仰的典型實例。

嘉靖間，關帝的神威不但能保護善良百姓化險爲夷，就連作惡多端的盜賊、倭寇，對關帝也敬畏不已，退避三舍。發生在晉江人張守化身上的例子，便説明這一點。

張守化，字可化，號謹吾，晉江人。據清乾隆《泉州府志》卷五十八《明孝友》記載："嘉靖中，值倭寇，兄陷賊，索贖金，稍緩則盡命。囊中束脩無幾，乃説其妻裝足之。宗老皆勸勿往，曰：'往則俱死。'守化不顧，身故佩關聖香火。途遇他盜，忽有異香從空而下。盜怪之，捨去，竟達賊壘。賊少其金，守化悽愴哀慟。賊爲感嘆曰：'此孝弟也。'縱之去。行未三四里，賊壘爲官軍所破陷，賊及被擄者皆見殺，守化兄弟俱生還。"

張守化"身故佩關聖香火"。是值得注意的細節，它是當時關帝信仰被普遍接受的標志之一。令人驚奇的是，"忽有異香從空而下，盜怪之，捨去"的事實，它表明關帝信仰的影響已相當深遠，對社會各階層的人們起着某種支配作用。當然，這個例子也折射出嘉靖倭亂中，百姓無助、恐懼的心態，其中還包含着中國傳統的"孝感動天、孝義有報"的倫理觀念。

二　何喬遴"疏告關帝廟"

嘉靖以降，泉人信仰的形式還表現在可直接爲祈求某事而譔寫疏文以上達關帝，何喬遠就曾記叙一則其從兄何喬遴"疏告關帝廟"的軼事。

《閩書》卷一百五十四《我私志》："有曰茂先者（即何喬遴，字隆孝），喬遠從兄也。賣紙爲業，格前賣紙，格後讀書。見市上有鬻破故書者，以餘錢易之。雖零落不備，讀必終卷乃已。擇其可以修德生者，裒而存之。其事後母至孝，母病，爲文禱神，乞延其壽考。後母所生女，與己子同時患痘，而後母女瘡甚。茂先密書一疏，告關帝廟下曰：‘繼母年大，僅有一女，民子同痘，顧民壯尚能生育，妹而不生，母無望已。若是上蒼見禍，願以己子易妹之生。’竟子、妹同愈。其患痘子，曰夢駿，舉於鄉（萬曆二十年舉人，任太倉州判），人謂至行之報。”

何喬遠强調的重點不是彰揚關帝的靈驗，而是肯定何喬遴的孝德義行。又據乾隆《泉州府志》卷五十八《明孝友》記載，隆慶兵亂，有人寄厚貲於何喬遴，“其人死於賊，遴查其妻子，悉還之。”結果，喬遴“曾病卧經年，偶起出户，俄屋壞床毀，得免”，“鄉人謂好德之報，崇禎間旌表。”關帝能够庇護類似何喬遴這種“修德”之庶民，在儒家士大夫看來，正符合他們一貫倡導的倫理觀。

三 李光縉與關帝信仰

李光縉師從蘇紫溪，擁有解元殊榮，長期閑居泉州，遠離官場争鬥，“日研經史，潛心大業”，學者稱之爲衷一先生，“著作甚多，喜序忠義節烈事”[①]。其叔父李一德曾主持重修通淮廟，李光縉頗以此爲榮，並作《漢關前將軍漢壽亭侯廟記》，强調“國於天地，必有興立，惟是生人五倫、兩儀不得以墜，二曜不得以晦，人心不得以死”。指出“郡人祀侯甚恪，不盡所以祀，故以此語之。其或有不忠、不孝、不弟、不友、不信者，無得入此廟，縱禱於侯，侯亦必不應之”。

李光縉在《景璧集》中還提及明萬曆三十年（1604 年）通淮廟鑄鐘之事，可補府、縣志之缺。該書卷八《關壯繆侯廟鐘記》稱：“廟故無鐘，萬曆甲辰歲（1604 年），里人冶金爲鐘。既成，懸於廟梁之左，請銘於予。予方與客談漢事及侯，客曰：‘壯繆義高千古，讀子之廟碑（即《漢關前將軍漢壽亭侯廟記》），備矣。敢問赤壁江之捷，曹公敗走，間出華容道，壯繆遭之，令此時誅操，豈非興漢之一大機。竟不遺一鏃，謂何哉？’予應之曰：‘否，否，壯繆可謂知大計矣。當是時豫州（劉備任豫州牧）未跨荆、益，三分鼎立之勢未有所成。權視玄德如几上肉，所深憚而不敢與争鋒者操耳。操死而天下之大勢在吴矣……不如留操以爲吴患，猶可以固孫劉之交而借荆州之土，此壯繆釋操之深意也，豈區區戀一己之私恩故德魏，又遂以忘漢哉！’客曰：‘子可謂千古獨喻矣。’里人聞余言，請銘不已。予曰：‘鐘大叩大鳴，小叩小鳴，不叩則不鳴。予所謂鳴侯之心者也，姑且以釋曹之事銘之。”

引人關注的是李光縉借“銘鐘”之機，巧妙地爲“關羽華容道義釋曹操”的“歷史問題”進行辯護。不僅爲關羽“澄清是非”，而且强化了關羽的“智勇”形象。這可視爲明代泉州士大夫運用儒家觀點詮釋、規範關帝信仰的又一典型例子。

在官方崇拜中，關羽最初是作爲武廟的配享者出現的，終唐之世，其地位在祀典中無足輕重。北宋初年，還一度以“關羽爲仇國所擒”爲由，撤銷其陪祀的資格。民間信仰中，關羽作爲“凶神”的形象也一直持續到兩宋之交。

關羽形象的重塑起於宋元。這一重塑過程，概括爲“儒家化”過程。從“説三分”到《三國志平話》再至《三國演義》的演變中，民間藝人對關羽的形象進行重塑，其最大的特點，便是在關羽原有“勇武”的人格中加入“忠義”的成分。尤其是《三國演義》一書自元末明初問世後，至明代中葉流傳已十分廣泛，對社會各階層産生了重大的影響。

在《三國演義》中，“華容道”的故事是爲了突出關羽重義和報恩的形象，却不免産生類似上文提到的質問，即“令此時誅操，豈非興漢一大機，竟不遺一鏃，謂何哉”？李光縉在《關壯繆侯廟鐘記》中竟能爲之曲辯，不僅無損關羽的尊嚴，反而拔高其智勇忠義的形象。李光縉的論題取材於《三國演義》，矛頭也針對《三國演義》，其核心就在於維護、强化關羽的“儒家化”形象。

作爲儒家士大夫，他們雖然是政治人，同時也是社會人、文化人。他們的官僚生涯，實際上僅是人生的逆旅。更長的時間（至少包括青少年和老年），他們生活在鄉民社會中，長期接受民間文化的影響。正是在這一點上，士大夫與庶民擁有共同的文化基礎，這成爲兩者信仰祈求的共同出發點。宋元以來的民間文化吸收正統的忠義觀，重塑了關羽的形象。而士大夫認可民間文化的這種行爲，同時以儒家的觀點進一步深化、强化關羽的形象。從上述所舉明代泉州關帝信仰的一系列實例中，我們不難看出上層文化與民間文化的相互影響，這或許可以幫助人們從更深的層次上來理解明代泉州關帝信仰高潮迭起的文化内涵[2]。

四　晚明社會風尚嬗變與關帝信仰的關係

萬曆間泉州掀起崇拜關羽的熱潮，“關聖會”成爲一大光景。《閩書》卷三十八《風俗》稱：“泉中上元後數日，爲關聖會，大賽神像，裝扮故事，盛飾珠寶，鐘鼓震鍧，一國若狂。”我們認爲泉州關帝信仰的狂熱，除了信仰自身的影響外，還表現爲對萬曆年間泉州社會風尚嬗變的一種反應。

斯時，泉州經濟的發展，市場的繁榮，刺激了人們消費水平的提高，衣食住行産生明顯的變化。所謂“嘉靖以來，浮華漸盛，競相誇詡”。人們的行爲規範、思想觀念、價值取向也大不如前，儒家倫理觀、義利觀屢受衝擊。試看：

安海。李光縉説：“吾温陵里中家弦户誦，人喜儒不矜賈。安平市獨矜賈，逐什一趨利。”萬曆三十五年（1607 年），殷光彦任泉州府通判，“值安平新設鎮，移駐於斯”。面臨的社會形勢，竟然是“鎮去郡稍遠，邪俠惡少博塞呼盧，探丸擊劍，恣睢莫何”，“鎮素負殷富名，奸人虎視。始而鷄狗竊闞，繼而萑苻思逞”[3]。

晉江。青陽名士李伯元（萬曆十六年舉人）在《青陽志·

土俗》中說："近有急情頑傲，甚且誘引聚賭，傾財蕩遺，逐戲馳騁，閭裏虎嚼狗偷，無所顧忌，利宰竊盜，莫可究詰。"

惠安。萬曆年間駱氏家族中出現的"奴僕反主"事件，格外引人注目。黄來保原爲駱家世僕，萬曆間，其裔孫黄安峰"送與安海商人爲奴，頗得厚利，遂帶貨物往廣東接倭船……以此積奸致富，遂逞雄猾，渺視主僕分誼。今春（萬曆十四年，1568年）葬父，謀地占穴，掇採譜記糟粕，聳惑宦家代筆志銘……以此欺瞞親友，炫耀縉紳"。在黄、駱糾紛中，駱姓家族中某些人"嗜利忘義，甘心事僕"，"爲之圖解"。對出首較争的駱家代表說，"正義不足以勝邪利，虛詞反以謀實蓄"④。這種現象已衝擊着等級秩序、尊卑觀念等封建統治的基礎。

面對此類復雜多變的社會現實，爲了維係統治，扭轉世風，統治集團想盡種種措施。如殷光彦在安平"爲慎管鑰，嚴街鼓，明保伍，飭遊徼"⑤。但是，世風日下，單靠政治高壓手段，難以確保長治久安。因此，士大夫們便採用軟硬兼施的方法，不斷强化儒家倫理教化。如萬曆三十四年（1606年）到任的泉州知府姜志禮就採取"以正人心，厚風俗爲務。重倫常，崇節義，尊高年，尚有德，引多士，恤無告"等一系列施政方針⑥。在此背景下，抬出能被社會各階層普遍認同，具有忠義核心的關帝，借助其神威來實踐儒家倫理、維係人心，便是水到渠成之事了。

即使到了明王朝摇摇欲墜的崇禎十三年（1640年），時任浙江參議的晉江人林徽初（崇禎元年進士），也捐俸重修奉祀關羽的泉州城東鳳山忠義廟。黄文照爲作《第一山重修地祇忠義廟記》，依舊鼓吹"忠臣烈女，國之綱維"。强調崇祀關帝等人的目的是，"想之義膽忠肝，聚精神於一堂之上。護國庇民，奠金湯於萬山之左；維我温陵，江山鞏固，護此在天之靈。"

以上，我們企圖從晚明社會風尚嬗變的角度作爲詮釋泉州關帝信仰熱潮的社會經濟背景。在社會、經濟、文化三大系統的綜合影響下，明代泉州關帝信仰不僅呈現出强烈的區域特色，而且其揭示出來的信仰文化内涵，也具有全國性的意義。

通淮關帝廟也以其撲朔迷離的歷史由來、獨具特色的地理位置、宏大完備的建築群體、流傳廣泛的信仰基礎、耐人尋味的人文内涵，使之成爲泉州關帝信仰的典型代表。通淮關帝成爲明代泉州主要的信仰對象，其神格也明顯高出其他地方神祇。據乾隆《泉州府志》引明末泉人著作《温陵舊事》稱：“吾温陵謂之（指遊神）朝拜，亦曰會，蓋合閭里之精虔，以祈年降福……神皆四舁，惟通淮關大帝、花橋吳真人、南門天妃、虎山王相公、古榕境玄壇元帥則八抬。”

清代信仰傳播途徑攷析

如果説，儒家化的理想主義是明代泉州關帝信仰最大的特點，那么，清代泉州關帝信仰的特點，則是世俗化的功利主義。庶民熱衷於崇拜關羽，並不是爲了效法關羽的道德品行，而是抱着求近務實的心態，將關羽看作神通廣大、有求必應的萬能之神。所謂“百里間水旱疾疫，以致梯於山，航於海，遠託異國，身熱首痛，風災鬼難之域，禱請祈求，莫不以帝像爲依歸”。世俗化的傾向非常明顯，功利主義的特點一覽無遺⑦。

泉州通淮廟在清代雍正九年（1731 年）、乾隆四十三年（1778 年）、道光三年（1823 年）三次重修。雖然康熙二十七年（1688 年），提督張雲翼在督署之左建武廟，“朔望行香，春秋致祭”，但是官方對關羽的祭祀儀式依舊在通淮廟舉行。一直到嘉慶八年（1803 年），提督顔鳴漢、城守英林，才將祭典移到督署武廟進行⑧。足見通淮廟在清代泉州關帝信仰中的獨尊地位，竟長達一百餘年。此時，泉州關帝信仰也遍地開花，無所不及。以下，我們將着重探討清代關帝信仰傳播途徑的多樣化，及其折射出來的信仰文化在傳播過程中的嬗變。

一　社區認同

中國傳統的生活模式中，社區所崇奉的廟宇具有多功能性，它是社區政治、經濟、文化、信仰的基點。被社區普遍認同的關帝信仰，即使在非常時期，信仰者總是想盡各種權宜之計，以保證信仰活動的延續。

順治十三年（1656年），清兵進駐安平，“毀安平市、型厝、西安、皇恩、後庫，是謂丙申毀鎮”。忠義廟也玉石俱焚，未能幸免。安平善信“負像逃泉城，祀（關羽）於承天寺内東畔，舊址僅存廟石及東西兩坊石”。康熙二十三年（1684年），復界詔命一出，善信便從承天寺迎回關帝塑像，“暫建於鰲美塔東，仍其名忠義廟”。乾隆三十一年（1766年）、道光十五年（1835年）、光緒二十三年（1897年）三次重修，保存至今[⑨]。

對於地方官（社區的統治者）來説，修建關帝廟也成爲其上任伊始的一大施政方針。他既可樹立威信，留名後世；也可藉助社區信仰的力量，維護統治秩序的穩定。有時爲了關帝廟的重修、擴建事宜，地方官們還得有種“前仆后繼”的精神。安溪縣關帝廟的修建，就勞動三任知縣，花費千餘兩白銀，歷時近十年才完成[⑩]。

乾隆間，泉州人認爲，社區裏如果没有一座比較像樣的關帝廟的話，便會被視爲是一大缺陷。

比如，永寧在明代爲海防重地，衛城雄偉壯觀。但是，歷經倭亂、陷城、遷界之摧殘。清初的永寧城“内境蕭條”、“城廓空虚”，原有的關帝廟等大型建築也早已蕩然無存。乾隆二十八年（1763年），“兹幸太平日久，民生不見外事，而安於隴畝之自樂……賈陶商販，推我邑之多。天衷忽牗，義舉同心。以爲非立文武兩廟，無以壯昇平之觀。因於乾隆二十八年，合都人士議建立關聖帝君與徽國文君兩祠於衛所之東。”顯然，永寧關、朱二賢祠的重建，已被社區視爲是“壯昇平之觀”的舉措[⑪]。

參與重建工程的人士，也被家族視爲值得樹碑立傳的楷模，在族譜中大書一筆，以彰揚後世。《沙堤董氏東城房永寧霞營柱家譜》記載："公諱明榜，字俊金，均疇公之少子也。生康熙庚寅（1710 年）。性慷慨，不入城府，處父兄家族間，唯唯諾諾，若無異等。及其禦外侮，安宗社，則罄全力而以身先，毫無吝嗇，以此爲族藩屏。其義舉也，捐資以葺大宗、修文廟、建關朱二賢祠，非其昭昭足紀者歟？"[12]

隨着信仰在社區中的迅速普及，關帝甚至可以從"陪祀"的地位，反客爲主，成爲"主神"，被社區當成保護神。典型者莫如蚶江後安堡清初建造的"忠仁廟"，祀張巡、許遠，康熙間，增祀關羽於東軒。乾隆五十二年（1787 年）重修，奉關帝爲"主神"，祀於中堂，反將張、許二位尊王作爲"陪神"。當事者還巧妙地編出一套理由，釋解社區信仰者的疑慮。

當年譔寫的《重修忠仁廟記》稱："議以中堂之中位祀關聖夫子，左右位祀張、許二尊王。非敢數典而忘其祖也，蓋以前後世代相懸區，爵秩高下異等，並可見忠仁合一之盛典，亦以安神靈居位之正體……則是一聖二王直爲百世之師，而錦江爲温陵濱海之奥區，從此氣象倍見光昌矣。"[13]

二 經濟認同

中國傳統的商業文化强調經營者必須具備"守信用、重然諾"的美德，經過民間文化改造的關羽形象，成爲標榜這種美德的樣板。同時在變幻起伏的經濟浪潮中，利益的衝突不可避免；商場如戰場，勝負、贏虧從無定律。不管是爲了炫耀勝利時的豪氣，或是爲了撫慰失敗時的沮喪，商業活動者急需一種精神上的宣泄。因此，被社區廣泛認同的關帝信仰，在經濟領域中也占據一席之地，被奉爲商業保護神。反之，從商業活動中獲得利潤的信仰者成爲關帝廟源源不斷的施主，强大的經濟力量維護着信仰活動的持續、深入開展。

大家都知道在泉州富美渡頭有一座名聞遐邇的“富美宫”（蕭王府，祀漢太傅蕭望之），却很少人知道嘉慶年間（1796—1820年），富美渡頭曾有座“武聖殿”（祀關羽），一度成爲該渡頭的商業保護神。道光元年（1821年）重修這宫殿。《重建鰲旋富美境武聖殿蕭王府行宫捐交姓氏目録》和《費用目録》記載，此次重修，“共費用過佛銀捌百陸拾貳大圓，又費用過壹佰捌拾仟零陸百捌拾文”。

這筆開支大多由各地信仰者捐獻，祥芝、法石、深滬、烏洲、車安、金門等商業活動較活躍地區的善人，占了較大的比例。此外，捐資者尚有商號五十九家、船號十六家，碗郊、糖分、廣源行各一家，福桔幫二家，桔幫四家。可見與“武聖殿蕭王府行宫”聯係的地區廣泛，商號遍及各行各業。

“武聖殿蕭王府行宫”還直接參加經營活動，擁有自己的“寶行”（即商行）、“公館”、“世店”等産業。僅“寶行”一項，每月收入平均達一萬二千文左右。

因此，“武聖殿蕭王府行宫”以其優越的碼頭商業與地理優勢，憑藉自己的經濟實力和信仰力量，沿着烏洲、法石、車安、蚶江、祥芝、深滬、金門、臺灣這條商路，不斷將關帝與蕭王爺信仰傳播出去[14]。

道光二十三年（1843年），與富美“武聖殿”有過密切聯係的深滬善信，由“恒美號”商行首倡，在深滬後山創建一座滬江“忠義廟”（祀關羽）。

深滬航運、商業、漁業都比較發達。據道光《晉江縣志・蕃市志》稱：“（晉江）内惟蚶江、永寧、祥芝、深滬數處，或造小船，不過商漁貿易而已。其船上可通蘇、浙，下可達粵東，即臺灣運載，亦用此船。”後山“忠義廟”靠近碼頭，廟中奉祀的關帝，一開始便被商賈奉爲保護神。在歷次的重修中，船户、商行争先恐後，因此，該廟雖小，却香火鼎盛，流傳至今[15]。

對於崇武的信仰者來説，他們無須像深滬那樣新建一座關帝廟，而只要擴大原先崇奉的關帝的“職能”就行了。

崇武“南門關帝廟”建於明代嘉靖間，原爲崇武所城軍民保護神。清代中後期，崇武、獺窟等地商品經濟活躍，對臺貿易繁榮。在這種背景下，“南門關帝廟”便從地方保護神轉化爲商業保護神。光緒十二年（1886 年）重修，除了崇武、獺窟外，晉南、臺灣以及外地在崇武經商的信衆“踴躍急先”、“和衷共濟，相與有成”。

據許宗澄（福州府學教授）的《重修崇武南門關聖夫子廟碑記》記載，此次重修的首倡者莊彬文捐銀一百大圓。他是一位從外地（蕓山）來崇武做貿易的富商。“好義舉，素與諸衿耆善，因商之，並復聚議。”主事者還“請鸞諭聖駕直下獺江（獺窟），禱者奇效，旬内捐貲已得三分之一。嗣晉南、臺灣等處亦先後樂輸”。“崇武課館”、“釐金局”等管理税收、貿易的官方機構，也加入捐資者行列。

重修後的“南門關帝廟”燦然大觀，“堂内外護之儲胥，廊左右翼以扶欄，肅肅穆穆，有象有儀”。它以一個側面反映清代中後期崇武商業、航運、漁業等方面繁榮發展的實際情況⑯。關帝信仰也通過這條商路，傳入臺灣。至今，崇武、臺灣兩地還共同流傳着崇武“南門關帝”種種靈驗的故事。

三　家族認同

位於安溪縣湖上鄉盛富村銅鑼寨頂的“八社銅鑼廟”（又名“忠義廟”），祀奉關羽，始建於明代中期，香火傳自舉口村。銅鑼寨周圍有八個社里，縱横於山谷間，畲、漢雜居。地處偏僻，匪盜横行，人心惶惶。於是，八社鄉紳以銅鑼廟爲基地，組織盟社。各推舉一人爲盟社主事，不分民族、姓氏、人口多寡强弱，統稱社兄弟。約定任何一社有外患入侵，全八社應群起而攻之。關帝信仰成爲畲、漢民族團結、和睦相處、共禦外侮的象徵，銅鑼廟名聞一時。

順治十二年（1655 年）六月，年僅十四歲的李光地和家人被永春山寨王林日勝擄走，囚禁在船頭巖附近的帽頂寨，李家被脅迫要用鉅款贖人。李光地的伯父李日煜在萬分焦慮中，經人指點，到銅鑼廟祈禱關帝，並求助於盟社。次年秋，銅鑼廟盟社募集二十八位勇士，隨同李日煜奇襲賊寨。相傳，關帝在雙方激戰中顯靈相助，終於攻克帽頂寨，安全解救出李光地全家十二人的性命。乾隆《安溪縣志》卷十證實："時大學士李文貞（光地）闔家爲賊所襲，文貞叔日煜向神（關帝）祈禱，得保安全。"

獲救後，湖頭李家爲報關帝恩情，定期到銅鑼廟叩拜酬謝，從不間斷。但因湖頭離銅鑼寨有二十八里之遥，山路崎嶇，往來不便，李家特向關帝祈求分爐，在湖頭建了一座"頂關帝廟"（遺址在今安溪三中内）。分爐後，湖頭李家還獻穀六十擔，作爲銅鑼廟香火之資。李光地當大學士後，不忘舊情，書題"銅鑼古地"一匾，贈送祖廟，至今仍懸掛於銅鑼廟大殿上。關帝信仰從銅鑼寨傳到湖頭，成爲家族認同模式的典型代表[17]。

由於信仰傳播地區的多變性，關帝信仰不止在一個家族内部傳延，有時竟透過兩個至三個家庭的力量，逐步擴散。

如位於石獅市永寧鎮外高村（古稱霽江）的"霽江英濟廟"（祀關羽），相傳始建於明初，原爲外高張姓保護神。後來張姓衰落，高姓從安海遷入，逐漸擴大勢力，成爲外高第一大姓，接收了張姓對英濟廟的祭祀、管理權。

順治十八年（1661 年）遷界，永寧衛城居民携帶城隍、應山媽、玄天上帝等舖境，内遷石獅券内（今寬仁）。外高村民也將關帝帶出，暫寄於石獅崙峰（今大崙）。康熙二十二年（1683 年），施琅率清軍入臺，閩海戰事漸息，内遷居民準許還籍。爲鞏固海防，施琅在永寧修築新城砦和外高寨仔，並重建已廢的"英濟廟"，以安穩民情。

外高村民回籍後，崙峰蔡姓便在原先關帝暫寄處興建"崙峰德義廟"，主祀關聖夫子，陪祀廣澤尊王、馬明尊王，奉爲

“擋境神”。時主事者爲東陽（房份）蔡姓，故廟聯稱：東苑桃園崇聖德，陽亭雨歇燦英雄。

乾隆二十一年（1756年），外高村高世光重修祖墳，復捐金倡修英濟廟，以進一步鞏固家族的地位。乾隆辛酉（1741年）科舉人高植中（外高人，名岸登，任知縣）譔碑，立於英濟廟。略稱：“惟木有本水有源，子孫尊祖敬宗，敦本原也。我霽里祖塋由來久矣，子孫族處，漸見迫傷……兹裔孫太學生世光繼述志事，毅然獨肩，設法重修，明堂顯達，前後輝煌，是克敦本原大有造於祖宗者也，合計費白金百兩。獨捐金倡修本鄉英濟廟，亦稱敬神義舉焉。爰勒石以勸將來。”⑱

四　移民認同

當年，無論是移民臺灣，還是遠赴東南亞，都必須横渡大海，其間歷經的艱辛，的確是一言難盡。俗語所謂“行船走馬無三分性命”，其言不虚。關於臺灣移民在渡海時的悲慘遭遇，乾隆十七年（1752年）魯鼎梅的《臺灣縣志》記載：“更有客頭串通習水積匪，用濕漏船隻，收載數百人入艙，將艙蓋封釘，不使上下，乘夜出洋，偶值風濤，盡入魚腹。”

往臺如此艱辛，那么飄洋過海到東南亞等地，其困難更是令人觸目驚心。如《潘湖長房分支二十都梅林鄉黄氏譜系》記載：“獻章，生康熙壬子（1672年），卒雍正戊申（1728年）。公往吕宋貿易，舟在洋遭風沉亡。”因此，爲了祈求渡海平安，獲得心靈上的一種寄託，移民在出洋之前，都前往自己平時所崇拜的“神靈”那裏，求籤討準，並隨身佩帶“香火包”。以求保佑。甚至於携帶家鄉的舖境神、家族神之神像，一起登舟過洋。於是，“關帝”、“媽祖”、“玄天上帝”、“廣澤尊王”以及各種“王爺神”等信仰對象，便通過這樣的途徑，陸續傳入臺灣、東南亞等地。

臺灣省雲林縣保長湖“保安宫”（主祀關帝），就是泉州移民携帶通淮關帝廟香火渡臺而傳入建造的。據《保安宫志》介紹，康熙三十六年（1697 年），晉江移民乘坐七艘木船，渡海前往臺灣，突遇狂風，六艘木船沉没。唯有吴授滿的三歲幼子吴佩身上帶有關聖香火，關聖顯靈保佑最后一艘船平安登陸，“抵達臺南安平港，衆弟子即籌演民戲四十九天，以謝神恩。未幾，舟師携帶香火返回唐山福建省泉州塗門街關聖帝君廟，恭雕神尊再度來臺”。復得關帝指示，在雲林縣保長湖興建“保安宫”，“同船移民戚友紛紛提取靈丹，作爲香火奉祀朝拜之”，關聖成爲保長湖的地方保護神[19]。

馬來西亞柔佛昔加挽·北根也美哥南村“天龍宫”（主祀關帝），則由安溪縣僑民傳入創建，香火來自八社銅鑼廟。據《銅鑼廟志》（1995 年 8 月編）介紹，清末，安溪僑民南渡馬來西亞，集居於柔佛昔加挽·北根也美哥南村。“因同鄉，其宗教、語言、風俗習慣之雷同；且以信仰之共通，對家鄉銅鑼廟關帝之無限尊崇。適有鄉親余君，從家鄉携帶關帝香火，在家中奉祀。每逢農曆五月十三日，村民各備牲禮至其家，頂禮膜拜。日久，則有建廟之議，以利奉祀之便。”這樣關帝便成爲旅馬安溪人的保護神[20]。

早期移民背井離鄉，在新的生活環境中承受着巨大的壓力，獲得認同的關帝信仰，便成爲移民們精神上的寄託，增强了他們與大自然拼搏的勇氣和信心。關帝以及其他來自故鄉的神明，既須一如既往地保護信仰者，又不期然地成爲移民們心目中故鄉文化的一種象徵，多了一項安撫移民思鄉懷祖的任務，從而也得到移民們的加倍崇拜。因此，移民對關帝信仰的認同，即是一種對故鄉文化的依戀和對故鄉文化的認同。這也是關帝信仰在臺灣省以及東南亞得到廣泛傳播、盛傳不衰的文化基礎。

注　釋

① ［道光］《晉江縣志》卷三八《人物志·李光縉傳》。

② 劉永華：《關羽崇拜的塑成與民間文化傳統》，載《厦門大學學

報》（哲社版）1995 年第 2 期。

③⑤　［道光］《晉江縣志》卷三五《政績志·殷光彥傳》。

④　傅衣凌、陳支平：《明代萬曆年間惠安駱氏家族的奴僕反主事件》，《崇武研究》1990 年 4 月，中國社會科學出版社出版。

⑥　［道光］《晉江縣志》卷三四《政績志·姜志禮傳》。

⑦　清同治六年《重修泉郡通淮廟捐啓》，載《泉州通淮關岳廟志》，1991 年 5 月編。

⑧　［道光］《晉江縣志》卷一六《祠廟志·武廟》。

⑨　［清］佚名：《城中東北隅忠義廟記》，載《安海志》卷二〇《廟堂·東關王廟》。

⑩　［清］李清馥：《安溪縣重修關帝廟記》，載［乾隆］《泉州府志》卷十六《壇廟寺觀·關帝廟》。

⑪　［清］佚名：《重修永寧關朱二賢祠記》，載《永寧鄉土資料匯編》，第 374—375 頁，1995 年 3 月編。

⑫　清代重修《沙堤董氏東城房永寧霞營柱家譜》，永寧董清輝先生提供。

⑬　［清］佚名：《重修忠仁廟記》，嵌於石獅市蚶江鎮後安忠仁廟東厢墻壁，1992 年重修時發現。

⑭　吳幼雄：《泉州富美宫若干問題的研究》，載《泉州民間信仰》（泉臺第二次蕭太傅研究專輯），1997 年 12 月編。

⑮　“恒美號”捐資倡建“滬江忠義廟”題刻，係筆者 2000 年 2 月 8 日實地考察所得。

⑯　［清］許宗登：《重修崇武南門關聖夫子廟碑記》，位於惠安縣崇武南門關帝廟，僅存上半部。

⑰⑳　《銅鑼廟志》，1995 年 8 月，安溪縣八社銅鑼廟文物管理委員會編。

⑱　“霽江英濟廟”、“侖峰德義廟”的史實，係筆者 1999 年 7 月 4 日至 5 日實地考察所得。高植中履歷見［道光］《晉江縣志》卷三一《選舉志》，所譔碑記現存於英濟廟内。

⑲　臺灣省雲林縣保長湖《保安宫簡介》，轉引自《泉州通淮關岳廟志》，1991 年 5 月編。

（作者：石獅市博物館館長、泉州市區民間信仰研究會理事）

關岳業績精神及對其信仰差異比較

廖淵泉

關羽和岳飛是我國古代兩位不同時期的英雄和忠臣，深受後世國人敬仰。二人生平業績和品格才能，既有相同處，也有不同點。而其成神受人祭拜，却差異極大，原因何在？本文擬對上述問題逐一比較分析，並就英雄忠臣神靈崇拜談點淺見。

一　關羽岳飛生平業績比較

關羽（？—219年）①，字雲長，東漢末河東解州（今山西運城）人。殺“勢豪”，亡命涿郡（今河北涿縣），與張飛共事帝裔劉備，爲之作戰，“不避艱險”，三人“寢則同床，恩若兄弟”。劉備襲殺徐州刺史車胄，委託關羽權代，守衛下邳（今江蘇睢寧西北）。

漢獻帝建安五年（200年），曹操逐走劉備，俘虜關羽，壯其爲人，拜他爲偏將軍，“禮之甚厚”。關羽忠於劉備，“誓以共死”，必定要立功報答曹操，而後去找劉備。袁紹派大將顏良攻打曹操的白馬城（在今河南滑縣東部），關羽於萬軍之中斬殺顏良，解除白馬之圍，受操表封爲漢壽亭侯。他探知劉備在袁紹處，便“盡封其所賜”，離開曹操，去找劉備。

劉備依附劉表。劉表死後，曹操占領荆州（今湖南、湖北），追趕劉備到當陽長坂（在今湖北西部）。劉備從樊城（在今湖北）渡江南下，與關羽戰船相遇，同到夏口（今湖北漢口）。建安十三年（208 年）九月赤壁戰後，曹軍敗退江北，曹仁守衛樊城。劉備收復江南諸郡，委關羽爲襄陽（今湖北襄樊）太守，授蕩寇將軍，守衛江北。劉備西定益州（今四川），初建蜀漢政權後，關羽督理荆州軍政大事。

建安二十四年（219 年），劉備稱漢中王，拜關羽爲前將軍，假予節鉞。這年關羽攻打樊城，曹操派于禁率領水軍支援曹仁。秋季霖雨，漢水泛濫，于禁水軍被淹、投降關羽。關羽又斬殺曹操大將龐德，“威震華夏”，有爲劉備“北向争天下之志”。

曹操恐懼，“議徙許都，以避其鋭”。後聽司馬懿建議，許割江南給孫權，勸他偷襲荆州。又派徐晃救援曹仁，以解樊城之圍。關羽攻打樊城不下而退兵。十二月，孫權乘機攻占荆州，盡虜關羽士衆家屬，並派潘璋、馬忠俘殺關羽及其長子關平於臨沮（在今湖北西部）[②]。

岳飛（1103—1142 年），字鵬舉，河南相州（今安陽）湯陰縣人。他少負氣節，勤奮學文習武，背刺“盡忠報國”四字，“深入膚裏”。

北宋末，岳飛從軍抗金。南宋高宗建炎年間（1127—1130 年），趙構移都南京（今河南商邱）、臨安（今浙江杭州），他上書反對南逃，要求御駕北征，被革職。與王彦“八字軍”[③]大敗金兵於太行山，隸屬愛國老將、東京（今河南開封）留守宗澤麾下。宗澤逝後，杜充繼任。金兵圍攻東京，杜充逼迫岳飛與之南下建康（今江蘇南京）。金兵與叛將李成渡江，杜充投降，“獨飛力戰”。兀术攻打常州、臨安，岳飛邀擊之於鎮江（在今江蘇）、牛頭山（在今南京西南）等地，屢戰屢捷，光復建康。建議乘勝北伐，又被拒絶。

高宗紹興初年（1137—1139 年），岳飛先後在贛、湘、鄂、豫大破金兵與漢奸僞齊劉豫的聯合進攻，光復襄陽、鄂州（今湖北武漢）、鄧州（今河南鄧縣）、信陽（屬今河南）等六郡，駐守鄂州、襄陽，解除廬州（今安徽合肥）包圍。招徠太行山“忠義社”，施行反間計，迫使金國廢棄劉豫。再次上書，反對和議，要求皇帝親征復土，中原紛起響應。

紹興十年（1140 年）末，岳飛率軍規復中原，駐扎河南郾城。當時金兵四路進攻，戰綫東起淮河，西至陝西。兀术率領一萬五千餘精騎到達郾城北面，“鐵塔兵”擺在正中，“拐子馬”布列兩側[④]，鋭不可當。岳飛聯絡河北“忠義社”將士，夾擊金兵。他先命令步兵手執麻扎刀上陣，專砍“拐子馬”馬足，一馬仆倒，二馬不能進前。再率精騎追擊，大破“鐵塔兵”，奪取宋室南渡以來對金戰争的第三次勝利——郾城大捷，光復潁昌（今河南許昌）等地。此戰金兵屍佈遍野，紛紛投降。兀术逃回東京，“號令不行”，大哭説：“自我起兵北方以來，未有如今日之挫衄！”岳飛進軍東京附近朱仙鎮，與金對壘，指日渡河。“父老百姓争挽車牽牛，載糗糧以饋義軍，頂盆香迎候者，充滿道路。”他大喜地鼓舞將士説：“直抵黄龍府[⑤]。與諸君痛飲爾！”

這時昏君趙構要保帝位，奸相秦檜要賣國，急於求和，首先撤回張濬等人部隊，使岳飛孤立無援。然後一天連下十二道金牌，催促岳飛班師。岳飛忍痛撤軍，悲憤地説：“十年之力，廢於一旦！”父老挽留不得，“哭聲震野”，國土復失。秦檜奏罷岳飛兵權，他仍竭力反對和議。兀术與秦檜認爲必殺岳飛，方能議和。秦檜誣告他“謀反”，以“莫須有”罪名，獲得趙構默許．於紹興十二年（1142 年），殺害岳飛及其養子岳雲、愛將張憲於臨安[⑥]。

關羽忠於“正統”的漢室帝裔，所進行的是爲劉備打天下的封建軍閥戰争。取得較大的成績是：替曹操殺死袁紹大將顔良，解除白馬城之圍；爲劉備擒于禁，斬龐德，“威震華夏”，迫使曹操準備遷都。但他驕傲，丢失荆州，身死東吳，大損劉備元氣。岳飛忠於漢族人民和趙宋皇帝，所進行的是抗擊金國貴族征服的正義戰争，奪取郾城大捷，中原光復在望。但他愚忠，遵旨撤軍，致使中原國土復失，身死於昏君趙構和奸相秦檜之手。對比兩人生平業績，岳飛進行的戰爭比關羽正義進步，建立的成績也比關羽偉大。

二 關羽岳飛品格才能比較

關羽最主要的精神品格，是對君主盡忠，待摯友信義，有恩必報。他對曹操派來勸降的故友張遼説："吾極知曹公待我厚，然吾受劉將軍厚恩，誓以共死，不可背之。吾將不留，吾要當立效，以報曹公乃去。"曹操稱他是"事君不忘其本"的"天下義士"。關羽作戰英勇，三國時人傅幹贊他與張飛"勇而有義"，"皆萬人之敵"。《三國志》作者陳壽也稱他與張飛，"皆稱萬人之敵，爲世虎臣"，"梗亮有雄氣"，"並有國士之風"。他不怕傷痛，一次臂中毒箭，讓醫師割臂刮骨除毒，"臂血流離，盈於盤器"，他却與諸將"割炙引酒，言笑自若"。關羽"善待卒伍"，守荆州時，梁、郟、陸渾群盜"遥受羽印號，爲之支黨"。他文武兼資，"長而好學"，"好《左氏傳》，諷誦略皆上口"。

關羽缺點較多，主要是一度降曹，爲人"强梁"，"剛而自矜"，"性頗自負，好陵人"，"驕於士大夫"。不喜於劉備與諸葛亮"情好日密"，輕視驍將馬超、黄忠，不願和他們同列。拒婚於孫權之子，損害劉孫聯盟。蔑視南郡太守糜芳和公安守將傅士仁，導致二人降曹。荆州被圍，自己臨危，無人救援，"以短取敗，理數之常"也⑦。

岳飛精忠報國，公而忘私，剛正廉潔。他説："文臣不愛錢，武臣不怕死，天下太平矣。"朝廷要爲他建造府第，他婉謝道："敵未滅，何以家爲?"不居功自傲，每逢封賞，都説："將士效力，飛何功之有?""凡有頒犒，均給軍吏，秋毫無私。"善於治軍，説用兵之術，"仁、智、信、勇、嚴，缺一不可"。嚴格練兵，"師每休舍，課將士注坡跳濠，皆重鎧習之"。軍紀嚴明，“軍無現糧，將士忍饑，不敢擾民”。“卒有取民麻一縷以束芻者，立斬以徇。卒夜宿，民開門願納，無敢入者。”軍號：“凍死不拆屋，餓死不擄掠！”金兵説：“撼山易，撼岳家軍難！”關心將士，“卒有疾，躬爲調藥。諸將遠戍，遣妻問勞其家。死事者，哭之而育其孤。”善處友軍，不保實力，主動支援。常説：“均爲國家，何分彼此？”尊重老帥韓世忠，不受秦檜瓜分韓部的挑唆，深受世忠嘆服。岳飛文武雙優，“好賢禮士，覽經史，雅歌投壺，恂恂如書生。”愛讀《春秋》與“孫吳兵法”，精通詩詞與書法。他被殺害後，“人感其德，繪像祠之”。《宋史》高度評價岳飛，説我國歷代優秀將領很多，“求其文武全器，仁智並施如岳飛者，一代豈多見者哉？”他“真有諸葛孔明之風”⑧！

岳飛主要缺點有二：一是鎮壓楊么等農民起義，但不濫殺，而是“誅其酋，撫其衆”，改編爲抗金部隊。二是愚忠昏君趙構，導致抗金失敗，自己被冤殺。對於後者，明代理學家、泉州人蔡清寫了《岳飛班師論》，作出精辟論述。

蔡清指出岳飛“報國之志所以不終酬者”，最重要的主觀原因是“不知權（權變）也”。他從儒家觀點出發，説明忠臣良將要善於“用權濟事”，爲國家人民建立勛業。對君主“從治命，不從亂命”，“將在外，君命有所不受”。爲君主“報萬世不共戴天之仇”，遠勝於徇君主一時之“亂命”。

岳飛是愛國儒將，遵趙構“中興之事，一以委卿”之囑抗金，是“從治命”。郾城大捷後，趙構藉口“吾力之未足以克敵，反速來禍”，欲與金媾和，急召班師，這是“亂命”。此時岳飛手握重兵，遠離朝廷控制，足以敗金復土，正是“還我河山”的“不世機會”。他理應以黎民社稷爲重，“用權濟事”，上書趙構，“極陳時機之難得易失，不敢自墜於奸臣之計”，鼓起趙構信心與勇氣，趁韓世忠、劉錡、張濬等愛國抗金部隊尚未被迫從前綫撤回之際，配合他們作戰，依靠中原父老和義軍支持，長驅北上伐金，迎回二帝。凱旋時才“上表自劾違命進兵之罪”，昏君奸相慑於公理正義，當不敢加害於己。這不僅光復河山，而且保住身家生命。“雪耻之志既酬”，即使不幸功成被害，於心亦“甘之矣”。

可惜岳飛愚忠，不懂“用權濟事”，囿於“亂命”，因小失大，遵旨撤兵，致使“十年之力，廢於一旦”，中原河山復陷於金，身死昏君奸相之手，成爲令人扼腕痛惜、飲恨千古的悲劇英雄！[9]

對比關岳兩人的精神品格和治軍用兵處事才能，岳飛也比關羽優點多，全面優越，高尚偉大。

三 關岳神靈信仰差異表現

我國是多宗教多神祇信仰國家，古人有崇拜英雄忠臣神祇傳統。人們悲痛英雄忠臣的慘死，感念他們的忠義，祈盼他們的英靈保佑子民，便自發爲之建廟祭敬。封建帝王爲了號召人們學習他們的“忠義”精神，鞏固自己的統治，也給予敕封。這樣，英雄忠臣的神靈便成爲民間神祇來源之一。

魏晉之際，湖北當陽玉泉山民間最早奉祀關羽爲神，釋智顗建廟祭敬。唐宋時，關羽配祀於周初功臣吕尚的武成王廟，以後佛道競相以他爲護教神祇。[10]北宋開寶年間（968—975 年），泉州北門外遠郊羅溪鄉建造佛寺龜峰巖，但旁建武廟，奉祀關羽，是在明朝宣德年間（1426—1435 年）[11]。南宋紹興年間（1131—1162 年），泉州東門外鳳山建造地祇忠義廟，奉祀關羽，當爲最早[12]。通淮關帝廟不知始建於何時，推測當在明代弘治（1488 年）以前。

宋孝宗爲岳飛平反昭雪，詔復原官，以禮改葬，建廟鄂州，號忠烈，淳熙六年（1179 年）賜謚武穆。寧宗嘉定四年（1211 年），追封鄂王[13]。此後，杭州、安陽等地建造岳王廟。泉州晉江石龜村，是岳飛第三子岳霖之妻的娘家，泉州人民同情與崇敬岳飛，當比別地强烈。南宋初年，泉州東門外鳳山地祇忠義廟，最早是祭祀岳飛的。明清以來，岳飛成爲泉州的王爺神祇之一，還被道教奉爲“護法四大元帥”之一⑭。

可見南宋以來，我國和泉州民間都祭祀關羽和岳飛。但明萬曆後，尤其是入清至今，却起了極大變化，關羽成了最受信仰的神祇，岳飛則没有成神，少人或無人祭敬。這表現在以下三大方面：

（一）人們有事祈求關羽神靈，没人祈求岳飛神靈，很多人不知道民國三年（1914 年）以後通淮關岳廟增祀岳飛，有岳飛神主牌。家中供奉關羽神像，没有供奉岳飛神像。

（二）關羽生前死後多次榮膺敕封，神格極高。生前一次：東漢建安五年（200 年）封漢壽亭侯。死後十八次：如蜀漢景耀三年（260 年）追謚壯繆侯，宋崇寧元年（1102 年）晉封忠惠公，大觀二年（1108 年）晉封武安王，明萬曆十八年（1590 年）晉封協天護國忠義大帝，三十三年（1605 年）加封三界伏魔大帝神威遠震天尊關聖帝君；父、祖、曾兩次封爲公、王。共二十二次，爵位由侯而公而王而帝，超過文宣王孔子，成爲武聖人⑮。岳飛生前没有封爵，冤死平反後才賜謚武穆，追封鄂王，只有兩次，遠遜關羽。

（三）關羽廟很多，岳飛廟宇極少。明代關帝廟“遍郡國而是”，泉州亦“毋慮百數”⑯；岳廟則可能只有杭州、相州、鄂州的岳王廟。古今全國關岳廟宇共多少？没有調研，不得詳知。僅以泉州市區爲例，根據《泉州市區寺廟録》統計，今鯉城、豐澤、洛江三區原有道教及民間神廟共六百八十座，其中現存或重修重建者五百零七座，廢圮者九十三座。原有關廟三十二座，占原有道教與民間神廟百分之五點三三；現存或重修重建的關廟二十二座，佔現存或重修重建的道教與民間神廟百分之三點八，原有關廟百分之六十八。原有民間廟宇中，主祀關羽的十九座，共祀十一座，配祀二座。與土地公、相公爺、媽祖、保生大帝一樣，在泉州二百四十多尊民間神祇中，關羽神廟可謂居最前列之一。以前泉州只有東門外鳳山地祇忠義廟、承天寺對面照墻下有一座小屋祭敬岳飛，現在則没有專門廟宇祭敬岳飛，而是共祀於通淮關岳廟或其他王爺神廟中⑰。

四 關岳神靈信仰差異原因

關岳神靈信仰産生如此巨大差異，我認爲主要原因有三：

（一）羅貫中的《三國演義》全面拔高與美化神化關羽；錢彩的《説岳全傳》無須也不能美化岳飛，而要宣揚因果報應，爲清朝祖先作點掩飾，才能出版流傳。

陳壽《三國志》的歷史人物關羽雖然忠勇，是蜀漢“五虎將”魁首，實際才能恐不及趙雲，且一度降曹，當居三國名將之中流。羅貫中尊蜀漢爲“正統”，歌頌劉備爲“明主”、“仁君”。其歷史小説《三國演義》以正史《三國志》爲依據，汲取民間戲曲、説書材料進行創作，“七分事實，三分虚構”。對劉備頭號親密虎將關羽，從外貌形象到品格精神，從生前到死後，進行全面加工、拔高、美化、神化。如他人都叫名字，獨稱關羽爲“關公”。描繪關羽正義威武的形象是：“身長九尺，髯長二尺；面如重棗，唇若塗脂；丹鳳眼、卧蠶眉”；手執青龍偃月刀，身騎追風赤兔馬。具備“忠”、“勇”、“仁”、“義”、“禮”、“信”諸多優秀品質，成神後也最“靈”。“忠”：忠於漢獻帝和劉備。曹操陪獻帝圍獵，射中一鹿，臣下誤爲獻帝射中，向帝高呼“萬歲！”操遮於帝前，接受祝賀。關羽要殺曹操，被劉備制止。曹操逐走劉備，派張遼説降關羽，他要戰死。張遼説他如死，就犯“三罪”：（1）如果死了，劉備復出，無他幫助，是違背當年盟誓；（2）二位嫂子没有依賴，辜負劉備重託；（3）只想戰死，不思與劉備匡復漢室，是匹夫之勇，“不算爲義”。暫時降曹有“三便”：（1）便於保住自己與二位嫂子生命；（2）便於打聽與尋找劉備；（3）便於今後履行桃園之約。關羽向曹操提出“三約”，爲自己暫降辯解，並作爲條件：（1）只降漢帝，不降曹操；（2）曹操要禮待與供養二位嫂子；（3）一知劉備下落，他便辭去。“勇”：連斬敵方驍將華雄、顔良、文醜、龐德等人，擒于禁，東吴單刀赴會。不怕傷痛，讓華佗刮骨療箭毒，“飲酒食物，談笑弈棋，全無痛苦之色。”“仁”：戰長沙時，不殺落馬老將黄忠，讓他回去，來日再戰，終使黄忠歸劉。“義”：重情義，講俠義，殺死“倚勢凌人”的河東解良“勢豪”。與劉備、張飛“桃園結義”，表示“不求同年同月同日生，只願同年同月同日死”。爲報曹操禮遇之恩，赤壁戰後，在華容道上“義釋”了他。“禮”：在曹營，讓二位嫂子共處内室，自己“秉燭立於門户，自夜達旦，毫無倦色”。後又“自居外宅”，“三日一次於内門外躬身施禮，動問二嫂安否。”“信”：講求誠信，始終信守桃園之約，跟從劉備。“靈”：被殺後多次“顯聖”。頭顱送給曹操，“口開目動，鬚髮皆張”，使向他問候的曹操嚇倒。在荆州當陽玉泉山“顯聖庇民”。向吕蒙索命，使他七孔流血而死。指點兒子關興殺死仇敵潘璋，爲己雪恨。關興被羌兵元帥打落水時，關羽靈魂在岸上殺退羌兵，還指點誼侄張苞前去解救[18]。其實這些“顯靈”都是子虛烏有之事。

古時民間難於讀到正史《三國志》，便將《三國演義》虛構與拔高美化神化的小説人物關羽，當作完美無缺的真實歷史人物，對他無限崇拜信仰，統治階級也是利用小説人物關羽來封神晉爵的。

岳飛是永生於國人心中的偉大愛國英雄。南宋初年起，他的抗金事跡和被害冤情就廣泛流傳於民間，成爲説書者、戲曲家、小説家創作的題材。明嘉靖間，福建建陽小説家熊大木寫的《大宋中興通俗演義》，是最早演述岳飛故事的歷史小説，以後陸續有人改編，因涉及抗金，觸犯清朝祖先女真貴族忌諱，乾隆間被查禁[19]。康熙至乾隆年間，浙江仁和（今杭州）人錢彩的《説岳全傳》（全稱《精忠演義説本岳王全傳》），當是爲躲避文字獄，使本書能在民間流傳，並減輕人民對岳飛冤死的痛苦，作者用盡苦心，採取“幻將奇語慰忠魂”的寫法，除揭露鞭撻奸臣秦檜賣國外，很少美化岳飛（他本身優點很多，也無需美化），而是多處宣揚因果報應思想和掩飾征服者罪責。如寫宋徽宗祭天表文“玉皇大帝”誤寫爲“王皇犬帝”，大爲不敬，玉帝派赤鬚龍降生爲金國第四太子兀朮，令他興兵擾亂宋室江山，以示懲罰。如來佛頭頂的護法大鵬鳥因啄死前來聽經放臭屁的雌蝙蝠，被罰降生爲岳飛，經受劫難，對付兀朮，保衛宋室。降生途中，大鵬鳥又啄瞎和啄死興風作浪的鐵虬龍和團魚精。雌蝙蝠、鐵虬龍、團魚精分别降生爲奸妬的王氏、秦檜、万俟卨，害死岳飛，報了冤債。全書有五處宣揚因果報應，二十四處美化兀朮，説他痛恨奸賊，敬佩忠臣，軍紀嚴明，保護百姓[20]。

對比兩書，《三國演義》早《説岳全傳》二百多年，藝術性較高，對關羽全面美化神化，影響深廣。《説岳全傳》受到各種因素限制，影響力不如《三國演義》深廣，且因宣揚因果報應思想，對岳飛的宣傳産生了反作用。

（二）小説人物關羽具備更多爲封建帝王利用的條件，受封爲“帝”級的“武聖”神祇；岳飛和歷史上的其他英雄忠臣，却無此幸運與機遇。

宋元明清以來，封建君主專制中央集權統治加强，達到登峰造極地步，理學産生發展，成爲統治思想。階級矛盾和民族矛盾空前尖鋭複雜，農民起義和民族戰争頻仍不斷。爲了鞏固皇權統治，封建帝王除了大樹文聖人孔子，用理學思想教化維係人心外，還力倡“忠義”，塑造一尊對他們盡忠盡義的武聖人神祇。歷代比關羽高明的文武雙全的將領多矣，但只有小説人物關羽具備這些條件。對此，明代學者、泉州人李光縉作了正確透徹解釋。他説關羽具有“忠”、“義”、“信”三種優秀品格，文武雙全，好讀《春秋》，與劉備有着朋友、兄弟、君臣三種特殊親密關係，對既是摯友、又是盟兄、君主的劉備盡信盡義盡忠，始終不渝，“死而不悔”。其目的是要消滅“漢賊”曹操與孫權，“約謀興漢”，這是“真義”與“大忠”。這種臣子對君主的關係，是後世封建帝王最需求的，只有小說人物關羽具備，岳飛和别的歷史人物都没有，所以關羽神靈被封爲“帝”級的武聖人㉑。

朱元璋覆元建明，崇岳抑關，只稱關羽爲漢壽亭侯，是正確的。清朝是滿族建立的政權，忌諱提到抗金，大力抑岳捧關。1630 年，皇太極令人翻譯《三國演義》，作爲兵書學習。書未譯完，故事已爲滿人所知。他們崇拜關羽，建廟於盛京（今遼寧沈陽）地載門外。順治入關，立即建關廟於北京地安門外㉒。岳飛始終是歷史人物，没有敕封成神。傳説清朝入主中原後，曾想敕封岳飛爲護國神祇，緩和民族矛盾。誰知他的忠靈堅持民族氣節，絶不受封。敕令一下，他的神像臉皮脱了一層。幾次修補，都補不好㉓。

民國之政府併尊關岳，1914 年全國關帝廟改稱關岳廟，關羽仍稱漢壽亭侯或關壯繆侯，岳飛稱岳武穆王，恢復信仰平等。其目的如泉紳蘇大山所説：“外憂内患，何代蔑有？欲通國皆兵，人知效死，不有慈惠政治，無以浹民之心；不有武毅精神，無以作民之氣。若禍變驟至，倉卒號召；驅不教之民，隸於行伍，詎戰勝攻克，長治久安之道耶？國家有見及此，以崇拜英雄之意，寓整齊民衆之心，立其規模，以示矜式，此關岳二公之祀所由爲也。”㉔

抗日軍興，我國“忠勇愛國軍人，抱犧牲殺敵之決心，槍林彈雨，前赴後繼，屢摧頑敵，迭克名城，與壯繆之勤力王事，武穆之精忠報國，實足媲美”。這時官方倡崇關岳，側重岳飛。目的是“以資矜式，而勵尚武之心”，“務盡蕩除倭寇”，“誓還我河山”㉕。然而，民間仍以祭敬關羽爲多。

（三）民間信仰頑强習慣勢力的影響。

國人信仰多種神祇，功利主義和實用主義思想非常濃烈。他們祭拜某尊神祇，大都是爲了祈求自身的幸福，消災却難，延年益壽，興家發財，不是要學習該神祇生前的精神品格，弘揚他們的主張。祈求能遂心願，就認爲“靈聖”，以後不斷前去禱拜。

入清以來，岳飛没有敕封成神，人們便不去祭拜，泉州亦然。即使同是關廟，他們也認爲通淮廟最“靈聖”，競相前去祈拜，其他關廟則很冷落。俞大猷、鄭成功等民族英雄是泉州人，身後没受帝王敕封，泉州人都没將他們當作神祇祭拜。

五 關岳信仰引發的思攷

通過關岳生平業績、精神品格和關岳神靈信仰差異的研究比較，有三個問題必須引起研究者的重視與思攷：

（一）英雄忠臣神祇是民間神祇中的一種正義之神，我國古代有崇拜英雄忠臣的優良傳統。人們希望保國殺敵犧牲或被昏君奸臣害死的英雄忠臣，都能成神，繼續保佑人民，便自發爲之塑像建廟崇祭，後代帝王也予以承認敕封。這是愛國主義傳統在神教信仰上的表現，我們要教育信徒（尤其是有文化的信徒），學習關岳的愛國精神，特别是要多宣傳岳飛的愛國精神，教育人們熱愛國家民族，維護和平統一。

（二）在科技文化日益發達、日趨現代化的今天，人類終將要學會與自然和諧共處，戰勝各種災害和困難，掌握自己的命運。要在人民群衆中提倡科學和唯物論，反對迷信和唯心論。與此同時，還要妥善改造民間神祇信仰，科學管理民間神廟。

（三）對關羽、張巡、許遠、楊家將、岳飛、文天祥、俞大猷、鄭成功、林則徐等英雄忠臣人物有歷史文物價值的廟宇、紀念館，以及群英抗敵殉難的“昭忠祠”等，要多加維修保護，多加宣傳，作爲愛國主義教育基地。

注　釋

①　陳壽：《三國志》缺載關羽生年。羅貫中《三國演義》説關羽死於漢建安二十四年（219 年），終年五十八歲。以虚齡計，他當生於漢延熹五年（162 年）。清版《關帝明聖真經》説關羽生於延熹三年（160 年），終年六十歲。未知孰是，故於生年暫缺。

②　以上見陳壽：《三國志》卷三六《關羽傳》。

③　將士臉刺“赤心報國，誓殺金賊”八字。

④　“鐵塔兵”是全副重鎧的精鋭部隊，三人爲伍，用皮索互相聯結。“拐子馬”是左右兩側的騎兵，三人爲連，貫以韋索。

⑤　黄龍府是金國軍政重鎮，在今吉林農安。

⑥　以上見《宋史》卷三六一《岳飛傳》；參閲拙作《重評“南宋中興四將”》，載《劉錡研究》，第 160—162 頁，1995 年版。

⑦　以上見《三國志》卷三六《關羽傳》及傳評、《張飛傳》、《黄忠傳》，卷三二《先主傳》及裴松之注引《傅子》，卷三五《諸葛亮傳》，卷四一《費詩傳》，卷五四《吕蒙傳》及裴松之注引“江表傳”。

⑧　以上見《宋史》卷三六一《岳飛傳》；參閲拙作《重評“南宋中興四將”》，載《劉錡研究》，第 162 頁，1995 年版。

⑨　蔡清：《岳飛班師論》，載《蔡文莊公集》卷四；參閲拙作《蔡清評岳飛被害原因》，載《泉州晚報》1993 年 7 月 5 日。

⑩　宋志盤：《佛祖統記》卷六《智顗傳》，轉引自吳幼雄《泉州關羽信仰的儒道釋文化滲透》，載《泉州道教文化》（關公信仰研究專輯），泉州市區道教文化研究會編，1994 年 10 月出刊。

⑪　黄文楚：《羅溪龜峰岩》，載《洛江文史資料》，第 1 輯，1999 年 7 月出刊。

⑫　明崇禎庚辰（1640 年）林希庵譔：《第一山重修地祇忠義廟記》，載清乾隆《泉州府志》卷一六《壇廟寺觀・忠義廟》。

⑬　民國蘇大山輯纂《關岳祀典備考》，載泉州通淮關岳廟董事會、泉州市區道教文化研究會合編：《泉州通淮關岳廟志》，1991 年 5 月版。

⑭［明］林希庵：《第一山重修地祇忠義廟祀》；傅金星、曾焕智合編：《泉州通淮關岳廟志》，第 8—10 頁“歷史沿革”；鄭國棟、林勝利、賴春水、黄文楚、張炳熙合編：《泉州市區寺廟録》，第 97 頁，1996 年 10 月出版。

⑮ 清光緒版《關聖帝君聖跡圖志全集》，轉引自泉州通淮關岳廟董事會、泉州市區道教文化研究會合編：《泉州通淮關岳廟志》，1991 年 5 月版。

⑯ 明萬曆四十年（1612 年）李光縉：《重修泉州通淮關帝廟記》，載［乾隆］《泉州府志》“壇廟寺觀”。

⑰ 參閱吳幼雄：《泉州關帝信仰中的儒道釋文化滲透》，載《泉州道教文化》（關公信仰研究專輯），1994 年 10 月出刊。

⑱ 以上散見於《三國演義》一、二、五、十一、二十、二十一、二十四、二十五、二十六、二十七、二十八、五十、五十三、六十六、七十四、七十五、七十七、八十三、九十四等回。

⑲ 《説岳全傳》“出版説明”，岳麓書社，1993 年版。

⑳ 以上散見於《説岳全傳》一、二、十六、十七、十九、二十四、二十六、二十八、三十三、三十六、三十九、四十、五十四、五十五、五十六、七十九、八十等回。

㉑ 詳閱明萬曆四十年（1612 年）李光縉：《重修泉州通淮關帝廟記》、《重修泉州通淮三義廟記》，二文均載清乾隆《泉州府志》“壇廟寺觀”。

㉒ 見粘良圖：《關公崇拜之試析》，載《泉州道教文化》（關公信仰研究專輯），1994 年 10 月出刊。

㉓ 見傅金星、曾煥智合編：《泉州通淮關岳廟志》，第 144—146 頁，1986 年版。

㉔ 蘇大山：《關岳祀典備考・序》，載泉州通淮關岳廟董事會、泉州市區道教文化研究會合編：《泉州通淮關岳廟志》，第 75—76 頁，1991 年 5 月版。

㉕ 陳重：《關岳祀典備考・序》，載泉州通淮關岳廟董事會、泉州市區道教文化研究會合編：《泉州通淮關岳廟志》，第 77 頁，1991 年 5 月版。

（作者：泉州第一中學高級教師、泉州歷史研究會理事）

泉州通淮廟“關聖夫子靈籤”籤詩研究

李少園

在中國的宗教文化中，靈籤是一個重要的內容和獨特的現象，千百年來，在全國各地民間廟宇廣泛存在，並流傳到臺、港、澳地區以及東南亞、日本、韓國等國家的華僑華人聚居地。各地各廟，籤詩内容各異，名類繁多。福建師範大學歷史系林國平教授，僅在福建一省，即搜到靈籤六百五十五種。各地進廟抽籤者數量極多，臺灣鹿港龍山寺“平均七八個月就要耗掉五十萬張籤詩”[①]。

這一影響巨大深遠的宗教文化現象早就引起人文社會學者的關注。1928 年容肇祖《占卜的源流》一文，是中國最早研究靈籤的學術論文，著名文學家朱自清的《〈妙峰山聖母靈籤〉的分析》則開啓了對具體某一寺廟籤譜研究的先河。近年來，閩臺兩岸的靈籤研究，各自都取得可喜的成績。丁煌教授的《臺南舊廟運籤的初步研究》是臺灣學者的一篇力作。而在泉州，1994 年學者林勝利發表了《泉州關公信仰中流行的勸善書與籤詩初探》[②]是最早見到的有關論文。厦門大學著名道教研究專家詹石窗教授的《論道教的擬兆》則是該領域專業性極强的學術論文[③]。而對靈籤作最完整深入研究，且成果顯著的當推林國平教授及其博士學位論文《中國靈籤研究》。以上著作都給我予深刻的啓迪。我退休後被聘在泉州通淮關岳廟董事會工作，在與吳幼雄教授合作編修《通淮關岳廟志》過程中，接觸到《關聖靈籤》，同時在詹石窗教授的鼓勵和林國平教授的幫助下，對該籤詩進行了粗淺的探討，記下若干心得體會，以就正方家。

一　靈籤與古代詩歌的關係

靈籤是中國民間信仰最常見的一種占卜術，其淵源可追溯到周代的《易經》。但是，與以鑽龜斷吉凶的甲骨占卜法和蓍草爲工具的《易》筮占卜法相比較，以解釋籤詩中七絶詩句内容來預卜吉凶的靈籤，是占卜形式的一種改進和簡化，方便了問卜和解釋。

靈籤的特點在於它以詩歌爲載體。其籤詩與遊仙詩、玄言詩、談禪詩等，都是中國詩歌中有關宗教信仰、宗教感情的一種類别。因此，籤詩的發展與中國古代詩歌的發展，有着密切的關係。上古期的《易》筮，操作方法十分繁復，不利於在廣大群衆中流行。到了魏晉南北朝，出現了更簡便的占卜方式《靈棋經》。《靈棋經》初具籤詩的規制，已經與四言押韵的古體詩相近，如第一卦象曰：

從小至大，無有顛沛。
自下昇高，遂至富家。
宜出遠行，不利伏韜。

其詩歌形式，與漢魏時期曹操著名的四言古體詩《龜雖壽》中的詩句是一致的：

老驥伏櫪，志在千里。
烈士暮年，壯心不已。

魏晉南北朝中後期，中國詩歌的形式，由四言發展爲五言，再由五言發展出七言。及至唐代，格律嚴格的七言近體詩日趨成熟定型，爲籤詩的創作與流行準備了良好的條件。當時，由於朝廷的提倡，科第以詩取士，詩歌空前繁榮，反映生活的範疇和功能擴大到社會各個層面和角落，陳情論理，交友干謁，都可以詩歌爲工具。詩歌作爲一種社交形式，已爲普通百姓認可，並達到十分普及的程度。所以，以七言絶句寫成的籤詩，出現在唐代，是順理成章的事。明代顧仲恭在《竹籤詩》中就明確指出："然則神前設籤，起於唐世也。"④

唐代不但是籤詩出現的時代，唐代不少名詩人名詩句，還直接被作爲籤詩，有的還被保留至今。根據林國平教授調查，福建長汀縣河田鎮三洲東林寺籤譜第十一籤，就是唐初張九齡寫中秋之夜遊子思鄉的詩作：

海上生明月，天涯共此時。
情人怨遥夜，競夕起相思。
滅燭憐光滿，披衣覺露滋。
不堪盈手贈，還寢夢佳期。

又如福建德化縣金液洞籤詩中不止一首藉用唐詩，其中第十一籤除首句外，都藉用李紳的《憫農》詩：

農夫冒暑耘，汗滴禾下土。
誰知盤中餐，粒粒皆辛苦。

陸遊在《老學庵筆記》中也載："謝洪陸使君廟以杜子美詩爲籤。"靈籤出現在唐代，林國平教授有一段詳細的考證和論述：

靈籤最大的特點是以詩句來預測吉凶，因此，只有在詩歌創作十分繁榮的歷史條件下，靈籤才有可能被創造出來，而中國古代詩歌最繁榮的時代是唐朝，所以，靈籤出現在這個時期的可能性也最大。當然，這不完全是邏輯性推論，我們可以從鳳毛麟角的文獻資料記載中找到某些依據。宋釋文瑩《玉壺清話》卷三記載盧多遜求籤的故事，曰：

盧多遜相生曹南，方幼，其父携就雲陽道觀。小學時與群兒誦書，廢壇上有古籤一筒，競爲抽取爲戲。時多遜尚未識字，得一籤，歸於其父，詞曰："身出中書堂，須因天水白。登仙五十二，終爲蓬萊客。"父見頗喜，以爲吉籤，留籤於家。迨後作相，及其敗也，始因遣堂吏趙白陰與秦王廷美連謀，事暴，遂南竄，年五十二卒於朱崖。籤中之語，一字不差。

盧多遜，五代宋初人，後周顯德初，舉進士，官集賢殿修譔等。入宋後，纍官至吏部侍郎、兵部尚書等，後因遣堂吏趙白勾結秦王廷美之事暴露，一家親屬被太宗流放崖州（今海南省），雍熙二年（985 年）卒於流所，年五十二。上引資料有二點最值得注意：一是盧多遜抽籤的時間是在兒童時代，説明當時是在五代中期；二是盧多遜所抽的靈籤是從"廢壇上"的"古籤筒"中獲取的，"廢壇"説明雲陽道觀比較古老，備有靈籤供人占取由來已久，否則就不會有"古籤筒"之説了。從這二點來判斷，靈籤的出現，必定在五代之前。⑤

中國古代詩歌發展到宋代，進入一個新的高峰，大大豐富了表現的領域。宋詩提倡以散文爲詩，以議論爲詩，"言理而不言情"，詩歌被要求表現理學家倡導的封建禮教的"倫理綱常"。宋詩的這一發展趨勢，恰恰與靈籤適應士農工商各階層有關生活、生産等方面的問卜需求，以及宣揚忠信孝悌等觀念的演變走向相契合。所以，中國靈籤中流傳最廣、影響最大的《護國嘉濟江東王靈籤》出現在南宋，絶不是偶然的。

從以上比較可以看出，中國古代詩歌的發展，句式上經由四言，至五言，臻於七言，格律上由寬松的古體而至嚴格的近體；而中國古代靈籤，則經由《易經》至四言韵語《靈棋經》，至唐代出現的七言絶句籤詩，而到宋代籤詩的完備定型。上述兩條發展軌跡，其總趨勢走向是一種互爲表裏的同步互動。

但是，應該指出，古典詩歌與古代籤詩畢竟存在着文野之分。籤詩雖然也遵守七絶的字數、平仄、押韵等格律，但它屬於俗文化或民間文化的範圍，它是一種文化現象而非藝術作品；古典詩歌則屬雅文化或稱精英文化，講究深邃的意境，巧妙的語言藝術。與之相較，籤詩就顯得粗糙與淺近。兹舉“關聖夫子靈籤”中較爲精致流暢的第二十二籤爲例。

碧玉池中開白蓮，莊嚴色相自天然。
生來骨格超凡俗，正是人間第一仙。

這首籤詩，顯然出自文化層次較高的士大夫之手，格調不俗，在該籤詩集中屬一流之作，但仍可看出與古典詩歌的相對差距。

二　關聖夫子靈籤的流變

在全國各地各廟的數百種靈籤中，關聖夫子靈籤（即關帝靈籤）是流傳最廣、影響最大的靈籤之一。香火極盛的泉州通淮關岳廟信衆行香抽籤者絡驛不絶，平常每月耗掉籤詩七萬至八萬張，春節或祭祀時，每月更達十萬來張。

全國現存關帝靈籤有内容截然不同的兩種系統。一爲一百籤，一爲百零一籤。前者歷史悠久，流傳廣泛；後者編於清代，用者較少。

爲説明方便，我們把一百籤者暫稱爲靈籤系統，把一百零一籤者，稱之爲聖籤系統，現分述如下：

1. 靈籤系統。

本系統最早的原始籤譜《護國嘉濟江東王靈籤》出現於宋代。明初宋謙在《贛州聖濟廟靈跡碑》中稱爲南宋傅熚所作。《搜神記》卷五"江東靈籤"條記載：

> 籤神姓石，名固，秦時贛縣人也。歿而爲神，或陰雨霾霧，或深夜淡月微明，鄉人往往見其出入，驅從如達官長者，蓋受職陰司，而有事於綜理云。人爲立廟，設以珓、珓，往問吉凶，受命如響。人益驗其靈應，爲著韻語百首，第以爲籤神乘之，以應人卜，愈蓋無不切中。廟在贛州府城外貢水東五里，因名曰江東靈籤，世傳以爲美名云。

然則江東三靈籤何時被藉用爲關聖（帝）靈籤，有宋代和明代兩説。錢南楊先生 1932 年發表的《籤詩小考》中説："江南神籤與武安王籤，雖神廟地方都不同，而籤的内容是一樣的。……大概此種在宋初本是江東神的籤，關羽改謚武安王，在徽宗崇寧中，則關聖祠借用此種籤詩，已在北宋末了。"此説認爲，北宋末年，江東籤即爲關聖（帝）藉用，但當時關羽封號爲"武安王"即稱爲《武安王籤》。

明代説以褚人獲爲代表。他在《堅瓠六集》卷四《筆記小説大觀》第十五册"江東籤"條下載有一則傳説：

> 高皇初起兵渡江，偶爾桅折，見江東神廟（石固、秦人），有木可伐，將伐之，廟祝言神籤頗靈，可問之。高皇從其請，得籤曰"世間萬物皆有主，非義一毫君莫取。總然豪傑自天生，也須步步循規矩"，遂不伐。明朝小史云：高皇怒其不許，乃取其本，送關聖掌之，至關帝江東籤，比

本籤訣更靈[6]。

按：宋、明兩説相較，似以宋説更接近實際情況。因爲，宣和五年（1123 年）宋廷即加封關羽爲“義勇武安英濟王”。此時仗朝廷加封的聲威，借用早已廣泛流傳的《護國嘉濟江東王靈籤》（簡稱江東籤），既有需要，也有可能。褚人獲的明代説，其本意，或爲藉一代開國皇威，爲關聖（帝）靈籤比江東籤更靈一説，尋找權威的依據而已。

明清兩代，關聖（帝）靈籤，沿着方便解籤的通俗化方向繼續發展。明代《正統道藏》的江東籤，就增加了“解曰”和“聖意”兩個欄目。泉州通淮關岳廟所保存的清代林廷恭序的舊版本，在此基礎上又增加了籤名典故、籤首兆象、天干、碧仙注和占驗等多項欄目，是廟中幾種版本中最古老最完備的版本。林廷恭，自稱“晉江佛弟子”，年代無攷，版本也無署刊印年代。但據廟藏光緒年間王鐩刊刻本《關聖帝君靈籤詩集》稱林廷恭序爲“原序”以及稱其父自咸豐十一年（1861 年）在廟中“親董其事”來判斷，林廷恭應生活在距咸豐十一年前相當長的一段時間內。那麽，林廷恭所據以再版的，被他稱爲“歷時久遠，篇軸散失”的而且增入典故、兆象、天干、碧仙注的原版，亦應在清咸豐年間，至於具體爲何時何人所作，惜乎林廷恭僅稱之爲“前人”，語焉而不詳，但是，林廷恭“自肩剞劂之，刊刻成軸”，爲保存宗教文化遺産，還是作出了貢獻的。

不過，泉州文史學者傅金星、曾焕智在 1986 年所編的《泉州通淮關岳廟志》中有自己的説法：

> 關帝籤詩一百首，不知起於何時、何人所寫，泉州故老相傳，以爲是李相國九我寫的。據傳，李九我白衣士時，曾因功名來卜於關帝。先得第一籤，再卜得第一百籤，都是最吉祥的籤……再以信茭卜之，又連得三信。爲此，李九我發

願，將來果真有富貴，願爲整理一百首籤詩。後來李九我中解元、登甲第，爲相國，事隔幾十年，因國事繁忙，許願的事早已忘了，萬曆四十年（1612 年），李九我要告老還鄉，是夜，夢關夫子對他説：“你回鄉，籤詩的事可别忘了。”李相國告老還鄉，坐在轎里，千里迢迢，歷時百日，到泉州時已編好籤詩百首。

此故事顯然牽强附會。李廷機，泉州人，號九我，明萬曆十一年榜眼，官至東閣大學士兼禮部尚書，爲朝廷首輔。既然在“幾十年”前白衣時已經抽得第一及第一百籤，可見泉州關帝廟的籤詩百首早已定型，何須李相國再編。倒是林廷恭所説的“前人故特輯一編，有聖意、東坡解、碧仙注及解釋、占驗，條分縷析”的工作，作爲“東閣大學士”的李九我，無論是學識、文才和地位，由他來完成，確是合適而且能勝任的。不過，這只是一種缺乏佐證的泉州人的良好願望而已。

2. 聖籤系統

泉州通淮關岳廟收藏有《關帝聖君聖籤》一部，有七絶籤詩一百零一首，籤詩内容與靈籤系統完全不同，第一首爲：

擊壤高歌作息時，豈知帝力密扶持。
源源福禄如川至，黄氣朝來又上眉。

第一百零一首爲：

孕必生男續祖先，婚姻佳偶買多錢。
田蠶豐熟多歡慶，六畜孳生事事便。

各首之後，均有由四句四言韻語組成的《解曰》和簡短散文的定性兆象。如第一籤“解曰”爲“貴人相資，福禄所助。

有喜大吉，可進可圖。此卦天下太平之象，凡事營謀大利”。該籤譜卷前無序言，僅卷末附有清康熙年間盧湛的題跋如下：

> 此靈籤乃山客所述，聖帝於順治八年間授浙江寧波府延慶寺僧善知識，傳以示人也。靈籤比之江東尤爲靈驗。知識隆勝，悟徹因果，每與聖帝神色相會，感動丘太守，欲援僧以見帝。帝謂僧曰：“丘乃凡夫，不宜會，會之爾則不復會我矣。但爾既爲彼請，許之。”丘果於是日見帝。茶罷語畢，問玄德公何在？帝曰：“爾何人，斯擅敢呼吾主聖號。”丘驚仆在地。帝又謂僧曰：“我不欲會丘者，恐陰陽泄露也。今爾我隔矣。授爾靈籤一百一首，可爲吾傳於世。”余聞而異之，欲往求而未能焉。適有閩中黄子樂先生之弟諱鏞者，虔心向往，即買舟去，果於四明延慶寺得石刻籤詩如數。及詢其故，而善知識業已西歸，若徒若孫俱傳盛事，與山客所言相符。噫！此籤所由來也。帝之聲靈赫濯更可見矣。且細味籤詩，大抵善者感發其善心，惡者懲過其惡念，既求得之，敢不附諸集内，廣傳聖帝勉人爲善之至意焉爾。⑦

故事的編造者（有可能就是盧湛自己）應是關帝虔誠的信徒，崇敬的宗教感情使他感到貴爲關帝關聖，竟然藉用贛州府江東王神石固之靈籤爲己籤，實在不敬不雅，出於宣揚“帝之聲靈赫濯”之“至意”，故假託關聖帝於順治八年間授予寧波延慶寺僧善知識，要求其“爲吾傳於世”。還説此“籤詩比之江東，尤爲靈驗”。大有取代靈籤系統之意。然而聖詩編得也不見比靈詩系統高明。靈籤經過千年的發展演進，集衆多人士的努力，已建立一套通俗明瞭行之有效的注釋、解籤、驗證等的完整機制，爲全國多數關帝廟所認可採用。返觀《關帝聖君聖籤》，僅有寥寥數語的《解曰》，没有爲信衆，尤其是解籤人提供多少發揮的空間和依據的資料。他們怎麽肯舍方便而就艱難呢？這就注定了該聖籤無法普及的命運。和大多數關帝廟一樣，泉州通淮關岳廟使用的則仍然是《關聖夫子靈籤》。

三 關帝靈籤的内容特點

泉州通淮廟所藏的《關聖夫子靈籤》屬上述“靈籤系統，共有一百籤，每籤除了以‘江東靈籤’”爲底本的籤詩外，增加了典故、天干、定性兆象、聖意、東坡解、碧仙注、解曰、釋義和占驗等諸多項目，是我國各地關帝靈籤中最爲完備的一種。請以第一籤爲例：

第一籤：漢高祖入關　甲甲大吉

巍巍獨步向雲間，玉殿千官第一班。富貴榮華天付汝，福如東海壽如山。

典故：漢高祖姓劉名邦字季，沛人也。其時秦法苛暴，天下皆叛，楚人項羽起義，立懷王孫心。高祖率沛中子弟以從，諸侯皆合力攻秦，約以先入關者王之。獨高祖先入秦關，除苛法。與父老約法三章，秦民大悦。秦王子嬰素車白馬出軹道以降。

聖意：功名遂，福禄全；訟有理，病即痊；桑麻熟，婚姻聯；孕生子，行人還。

東坡解：雲間獨步，拔萃超群。名登甲第，談笑功勛。終身光顯，皆天所相。福禄壽高，意稱謀望。

碧仙注：月裏攀丹桂，成名步玉畿。求謀皆稱意，萬事足無疑。

解曰：此籤謀望通達，無不遂意，但各有所主，官員占兹，有超越之喜，士人有功名之望；庶人不吉，若謀望求財者，有名無實，爲語多空虛也。

釋義：上兩句顯仕者之進身，出玉殿千官之上，壽山福海，皆天所付，不可易得，故不應占得此者得之，勢如騎虎。降得吉者，降不得者，反被所傷。千官或作仙官。

占驗：一士人問功名，占此。自謂非會即狀，久而始第，會試殿試，兩科通榜，序品皆第一。授官山東，由知縣歷州府、司道以致撫臺，皆不離山東。應在末句。

本籤“漢高祖入關”是爲籤名。百籤均以一則歷史典故或戲曲故事或民間傳説爲名。如第六籤名“相如完璧歸趙”、第十五籤名“張君瑞憶鶯鶯”、第五十二籤名“匡衡夜讀書”。凡是“靈籤系統”的關帝靈籤，籤名幾乎完全相同。偶有差異，如第一籤，有的關帝靈籤名作“十八學士登瀛洲”。

籤詩，學者稱之爲“原始兆象”，因詩中所描寫的物象或境象，是本事物的徵兆或跡象的最初信息載體，一般寫得含蓄内蘊、隱晦難明，以顯示神靈意旨的神秘玄妙，如第六十三籤云：“曩時敗北且圖南，筋力雖衰尚一堪。欲識生前君大數，前三三與後三三。”讓人不知所云，如墜五里霧中。正因爲籤詩解讀不易，爲使信衆和解籤人容易接受和操作，歷代許多精通占卜術的人不斷編寫出便於解釋籤詩的項目，如典故、聖意、東坡解、碧仙注、釋義、占驗等等。因此這些項目與籤詩的關係，應該是依循詩句所提供的徵兆的方向，加以延伸、强調和互證。使原來不甚明朗的“原初兆象”進一步清晰化，這些經過多方面解釋更加明確了兆象，便稱爲“擴展兆象”。而在綜合上述的“原初兆象”和“擴展兆象”種種信息之後，便得出一個可以預測吉凶禍福的總體結論，即上、中、下三種最終判斷，稱之曰“定性兆象”。本來，上、中、下三等從概率的角度上看，應該各佔百分之三十三點三，但籤詩在長期的發展過程中，爲迎合問卜信衆趨吉避災的宗教心理需要，“上籤”的比例有所昇高，而“下識”則大幅度下降。據林國平教授及其助手對一百一十三種籤譜的六千二百四十四首籤詩的統計，到明代中后期，平均“上籤”佔百分之三十七點四九，“中籤”佔百分之三十九點三六，“下籤”僅佔百分之二十三點二。明顯地呈現了籤譜的“趨吉性”，而且，“下籤”比例大的籤譜，所在宫廟的香火就不那麽旺盛。[8]泉州通淮廟的關聖靈籤共一百首，“上籤”包括大吉、上上、上吉、中吉共三十五籤，“中籤”三十七籤、“下籤”二十八籤，基本符合趨吉性的規律，但下籤比率高於平均數五個百分點。關聖靈籤依靠人爲降低下籤比率來取悦香客的程度較輕，却能成爲全國流傳最大、影響最大的籤譜之一，這或許是研究者關注矚目、頗具興趣的原因吧。試就關聖靈籤上、中、下三等，各取一籤爲例，詳加分析：

（1）定性爲上等的籤詩，因爲所傳達的信息是喜訊，一般較爲平白流暢，多以應允許諾性口氣，滿足信衆名利富貴、婚孕病訟等社會生活訴求。如：

第五十二籤　上吉　匡衡夜讀書

兀坐幽居嘆寂寥，孤燈掩映度清宵。萬金忽報秋光好，活計扁舟渡北朝。

以漢匡衡“鑿壁偷光”的典故爲籤名，具有勸誡苦讀的教化作用，也是對原初兆象“幽居寂寥”、“孤燈掩映”詩句的深化和擴展；“聖意”曰：“名晚成，利遲得。病漸安，訟終息。孕無驚，婚姻吉。行人回，事勝昔。”簡短的三言韵語，却折射出封建社會條件下，各社會階層最關切的生活理想和美好願望，具有一定的社會認識的價值。

清代以後才出現的“解曰”、“釋義”兩項，也屬於“擴展兆象”，則以更通俗易懂的散體文解釋籤詩，使“原初兆象”得到强化。且看“釋義”：

士人時運來至，但當兀坐青燈黄卷之間，養晦待時，不可妄動。科舉時秋光正好……渡北朝者，秋闈高掇科頭，北面事君也。凡事先難後易，有文書詔赦之喜，財物穀粟，至秋盈溢。

最后一項“占驗”，則列舉全國和泉郡本地區生活中的事例，驗證籤詩之“靈應無爽”，以提高籤詩的可信度和知名度。

（2）定性爲中等的籤詩，一般以勸諭的口氣，提示求籤者，在“時運來亨”之前，應如何處置，以待時運的好轉。如：

第十三籤　中平　姜太公釣魚

君今庚甲未亨通，且向江頭作釣翁。玉兔重生應發跡，萬人頭上逞英雄。

以“吕望未遇時釣於渭濱，及其後爲萬人頭上英雄”的歷史故事爲籤名，使“江頭釣翁”的詩句更具體化清晰化；接着“東坡解”的“且宜守舊，藏器待時”，“碧仙注”的“守舊莫紛争，平安福禄生”，“釋義”的“未亨通，言目下未遇，若能守己待時，則轉禍爲福”，都是對籤詩的通俗化解釋，與“原初兆象”相一致相吻合。但是解籤人在長期實踐中積纍了豐富的經驗。他們在籤譜中安排了多種不同、甚至是相反的解釋，爲可能出現的意外情況，預留迴旋的餘地。如把“庚甲”解爲五（因天干中自庚至甲爲五數），把“未”解爲“尚未”，因而“庚甲未亨通”解作“有五年之厄”，“先禍後福”。可是，在“占驗”一項中又説：“一生甲午年卜秋闈，斷曰必中。言今科值甲午，必亨通，主甲未聯捷，後果如其言，應在‘甲未亨通’四字。”問題的關鍵在於不同的斷句方法。按七言詩的一般斷句，應斷爲上四下三，即“君今庚甲，未亨通”。但“占驗”中的此例却斷爲上三下四，即“君今庚，甲未亨通”，意思是：按你現今的年齡推算，你應該在“甲未”年亨通聯捷。由於斷句的不同，出現了不同的解釋和結果。又如第四句“萬人頭上逞英雄”，按原兆象本應解爲吕望亨通之後成爲萬人之上的英雄。但“占驗”欄中却又帶出一個結局相反的例子：“一孝廉臨攷占此。有爲之斷曰：不獲大喜，必遭奇禍，以萬人頭上決之。及至就試之日，被人衆擠倒踐踏而死。”與原兆象大相徑庭。

（3）定性爲下等的籤譜，最爲求籤者忌諱，也最令解籤者頭痛，但又不得不面對現實，因此，下下籤詩的詩句，一般以警示或懲誡的口吻，把不吉利和凶兆的嚴重性盡情端出，如“世事盡從流水去，功名富貴等浮雲”（第二十籤），“羨子榮華今已矣，到頭萬事總成空”（第二十二籤），先把求籤者置於困厄凶險的嚴峻現實面前，却又避免把話説死説絶，利用古詩的創作、解讀時所謂“詩無定詁”和漢字的異義、多義、雙關等現象，對籤詩的字、詞、句作出多種可能性的解釋。這種兆象的“不確定”，在上中下三等中都存在，但以下下籤最爲明顯。請看：

第十籤　下下　冉伯牛染病

病患時時命蹇衰，何須打瓦共鑽龜。直教重見一陽復，始可求神仗佛持。

其“東坡解”曰：“命運多蹇，疾病連綿。直須冬至，禱神離痊。”所謂“一陽復始”，即每年十一月冬至，季節開始轉爲日長夜短。所以其“釋義”説：“冬節前后，名利漸亨，謀爲遂意。”這是符合原初兆象的解法。可是，在“占驗”又説：“又一生場後占此，中二十二名。一陽，十一月也。重見者，恰符二十二也，此第三句之驗也。”同一句“重見一陽復”，既可理解爲十一，又可理解爲二十二。再如第二十籤，下下。其中“十八灘頭説與君”一句，十八灘，既可理解爲地名“贛惶恐灘，意即大事已去”，也可理解爲第十八，或第十和第八，甚至可以用拆字法拼成“木”字，理解爲姓“李”的人。總之，多種的解釋爲解籤人留下可能圓轉的空間，也增加了籤詩靈驗的可能性。還有，對於這類下下籤，在指出其凶險之后，總是不忘爲抽籤者“指點迷津”，提出諸如“行善修爲”、“隨緣守舊”、“安分守己”、“養晦待時”，等等勸告。如本籤（第十籤）“碧仙注”就説“一交生日（指冬至）後，漸漸福緣開”，不但緩解了抽得下下籤者的失望、沮喪情緒，也給人留下一份安慰、希望和信心，對於虔誠的信徒，其精神的支撑力量，也許是不可低估的。

四　關聖靈籤正負兩面的意義

靈籤是宗教占卜活動的一種形式，其意識形態屬於有神論的範疇；而籤詩的内容則具體體現了唯心主義的宿命論和不可知論。對此，我們應該予以正確的對待，不應忽視其負面影響，不盲目宣傳所謂籤詩的“靈驗”；同時，又應該看到，靈籤這一宗教文化現象，是以儒家思想爲核心的中華傳統文化的一個組成部分，其創製者多是縉紳士大夫等儒學之士，他們都自覺不自覺地以儒家思想體系爲框架，來創造靈籤的架構。因此，盡管儒、道、釋三家對關羽信仰都進行滲透，道教封其爲帝，佛教列爲伽藍神，但儒家思想還是成爲靈籤的整體主導思想。

道家對關帝信仰有一定影響，但對關聖靈籤的影響却不甚明顯。一百首籤詩中只有第三十三籤《莊子慕道》一籤以道家思想爲内容，蘊含着老莊哲學“清静無爲”的信息：

不分南北與西東，眼底昏昏耳似聾。
熟讀黄庭經一卷，不論貴賤與窮通。

如果説，在靈籤中道家思想影響還依稀可辨，那麼，釋家的思想就更有相當的影響。在第二十八首《相如題橋》的“碧仙注”“但存平等心，所作皆無慮”兩詩句中，隱約地留下“衆生平等”的佛門痕跡。至於輪迴報應的因果思想更是隨處可見。

關公是在以儒家思想爲核心的中華傳統文化陶冶下形成的英雄人物形象。他自幼好讀孔子删定的儒家經典《春秋》，一生極力履踐孔子倡導的“春秋大義”準則和“大一統”政治理想。關羽故鄉山西《解州關帝廟》一書李柏青序説：“孔孟著書立説，宣傳自己的哲學思想和政治思想，屬於言教；關羽雖不著書立説，却用自己的行動實踐儒家的思想，屬於身教。”歷代王朝，封之爲王爲聖，抬昇到“文武兩聖”的至高無上的地位，而士大夫們尊之爲“夫子”，民間稱其廟爲“夫子廟”，與孔子併稱爲“兩夫子”，因此，士大夫們創作出來的籤詩籤譜，以儒家思想爲主導思想，就不奇怪了。

對於靈籤中的“封建性糟粕”部分，應予以批判和揚棄，首先，最突出的是第三籤“東坡解”所謂“富貴前定，何必强求”中所宣傳的“命中注定”的宿命論和“聽天隨分”的消極人生態度。第五十一籤《御溝流紅葉》詩曰：“君今百事且隨緣，水到渠成聽自然。”其“釋義”云：“且隨分而行，須交‘運眼’或交‘節候’自然漸亨。”第八十五籤“碧仙注”云“若能隨本分，時到花便開”。要求在運轉之前，守成守舊，“不可妄動”。其次，鼓吹凡事應禮佛禱神。如第四籤詩曰：“去年百事頗相宜，若較今年時運衰。好把瓣香告神佛，莫教福謝悔無追”。其“碧仙注”云“頂天並拜地、庶可保無災”。“釋義”則云：“但當側身祈禱，則變災爲福。”再次，宣揚“風水陰陽”觀念。如第八十籤曰：“一朝無事忽遭官，也是門衰墳未安。改换陰陽移禍福，勸君莫作等閑看。”其“東坡解”云：“風水不利，門户衰蹇，急宜遷改，可保無患。”最后，是大量宣揚“因果報應”思想。如第二十九籤“東坡解”曰：“善惡胚胎，由人自栽。修善者泰，積惡者災。”如諸事順利，便認爲“好運”，是“祖宗積德”的結果；若百事不順利，便歸結爲“善善惡惡，自作自受”（第七十八籤“東坡解”）。以上各項，即使在封建社會中也是落后的迷信的和反科學的觀念，應受到批判的剔除。

當然，意識形態是一個復雜的現象。有時，鮮花與毒草難辨，蜜糖與毒藥併存。與“善有善報，惡有惡報”也存在着勸善誡惡的積極作用一樣，靈籤中大量宣揚的忠信孝悌思想，也存在着正負面影響共存的情況。忠信孝悌是個歷史的概念，不同時代都賦予不同的具體内涵，但對各時代規範人事關係，化解社會矛盾，鞏固社會秩序，都起了積極作用，所以各個朝代都竭力推崇。第三籤詩曰：“但能孝悌存忠信，福禄來成禍不侵。”第六十七籤“東坡解”還進一步説道：

所謀未善，何必禱神。當決於理，改過自新。但能孝悌，敬君事親。和氣生福，家道回春。

應該肯定，在這里，求神拜佛的“畏天命”的觀念，已經被“盡人事”的理性行爲所代替。履踐儒家關於忠信孝悌等倫理綱常的“理”，已經被置於首位，而“神”的意志力量則退居其後。這顯然是思想上的一大進步。

靈籤中富於進步意義的“民主性精華”部分中，最有價值的當推儒家竭力推崇的“推己及人”的思想。孔子的“老吾老以及人之老，幼吾幼以及人之幼”的道德範式，已成爲幾千年來中國人民待人接物的最高準則，這種優秀傳統在靈籤中就有清晰的體現。第八十七籤已提出“人己則一”爲主張，第八十六籤明確寫道，“常把他人比自己，管須日後勝今朝”。指出爲他人着想，必有好報。與此相呼應，在“占驗”中，還以一則善心善報的有趣故事加以印證：

一紙客出行，占此。後遇逆水行舟，風急灘險，舟人不戒，船折紙沉，半没於水，舟人願賣破船償。客不忍，縱之而去。至其地，紙大賤，且濕難賣。候紙曬乾時，紙已貴缺，争買水濕者。(紙客) 大獲三倍之息。此不忍賠償一念之善也。

靈籤經由多人之手長期的演變，呈現出駁雜甚至相互矛盾的思想傾向。在隨處可見的“守舊守分”“隨天安命”的説教的同時，却可以偶爾發現極其可貴的鼓勵奮發向上、掌握自己命運的思想光輝，第二十八籤《相如題橋》詩曰：

公侯將相本無種，好把勤勞契上天。
人事盡從天理見，才高豈得困林泉。

其“東坡解”云：榮華富貴，勤勞得之。日下雖困，後必逢時。切勿自怠，更勉修爲。人事既盡，天理可知。

其“釋義”又云：人之富貴，勤勞可得，豈限白屋朱門之説，所謂本無種者也。

其“解曰”又云：凡事切勿墮志，更須修心向善。

整個二十八籤，反反復復鼓勵人們以漢代名士司馬相如未遇時題橋明志爲榜樣，立志向上，努力改變自己的命運，並把“將相無種，勤勞得之”這種不安於現狀、敢於衝破“命運”安排的“修爲”，視作是“契合天理”的正當、高尚行爲，從而把關聖靈籤的品位，昇華到一個新的高度，對社會起着良好的教化作用。究其思想根源，則顯然與消極的出世思想相異趣，而受儒家“積極用世”思想的影響，其脉絡清晰可尋。

此外，每一籤的前面所安排的歷史典故、戲曲故事或民間傳説，其中人物，大多數是對民族的統一、國家的繁榮、文化的發展和社會的進步起着促進作用的正面人物，藉以宣傳作者所要倡導的進步的理念。如出自“廿四孝”的“王祥卧冰”、“董永賣身”宣傳孝道思想；“蘇武牧羊”、“楊令公撞李陵碑”褒揚愛國精神和民族氣節；“劉小姐愛吕蒙正”、“張君瑞憶鶯鶯”歌頌自由選擇的婚姻和不論貧富的真摯愛情；“包龍圖勸農”則反映了小農經濟爲主的農業社會中重農輕商的思想意識。其他如“相如完璧歸趙”的“先義後利”，“漢高祖入關”的與民約法三章，“吳王愛西施”的荒淫亡國等等，也都在傳播廣涉數千年的歷史知識的同時，從正反兩面的經驗教訓中弘揚優秀中華傳統文化，因而具有積極的社會教化作用和客觀的認識價值。

（作者：福建師範大學中文系副教授）

注　釋

① 胡珍妮：《一籤點醒夢中人？——中國籤詩》，載《光華雜志》1995年5月20日，第5期，第104—111頁，轉引自林國平：《中國靈籤研究》前言第1頁。

② 見《泉州道教文化》（關公信仰研究專輯），泉州市區道教文化研究會編，1994年10月。

③ 見《世界宗教研究》1996年第2期，第44—51頁。

④ 趙翼：《陔余叢攷》卷三三《神前設籤》，轉引自林國平：《中國靈籤研究》，第23頁。

⑤ 林國平：《中國靈籤研究》，第23頁。

⑥ 同上書，第27頁。

⑦ 同上書，第101頁。

⑧ 同上書，第134頁。

泉州武聖祭祀儀式攷

陳垂成

據《禮記》所載，中國古代祭典，歸納起來，大抵有四大類：（1）宗廟祖先；（2）天帝；（3）日月星辰、山林川谷丘陵（包括社稷）；（4）法施於民、以死勤事、以勞定國、能禦大災捍大患者（見《禮記・祭法》）。每次祭祀典禮皆由天子親自主持，很是隆重；天子以下，還以諸侯、大夫、士各等級分祭國内這類神廟。他們認爲："凡治人之道，莫急於禮，禮有五經（即五禮：吉禮、凶禮、軍禮、賓禮、嘉禮），莫重於奠。"（《禮記・祭統》）"有天下者祭百神"（《禮記・祭法》）。"祭不欲數，數則煩，煩則不敬。祭不欲疏，疏則怠，怠則忘。"（《禮記・祭義》）意謂次數不必多，每次都要認真。《禮記》甚至還規定了具體的禮儀、祭品、用具等細節。這個傳統，皆爲後世歷代帝王所繼承。

一　關帝祭典的由來

前述第四類祭典中，有"聖賢之祭"。西漢平帝元始元年（公元 1 年）封孔子爲褒成宣尼公，封其後裔世襲爵號，奉祀孔子。（見《漢書・平帝紀》）。到了唐朝，有文聖"大成至聖文宣王"（孔子）與武聖"武成王"（吕尚，俗稱姜太公）之祭，武聖"祭典與文宣王比"（《新唐書・禮樂志》）。這是武聖之祭的開端。

但是武聖武成王之祭，由唐歷宋，武成王皆是吕尚而非關帝。從祀的數十位歷代武將屢次更换，關帝從祀却始終不變。民間的關公信仰早就流行於六朝隋唐之際（詳見拙作《關帝信仰的源流》）。南宋時代造神發達，泉州的一些著名古廟大多建於那時，如東岳廟、天妃宫、花橋宫、法石真武廟、青陽石鼓廟等。塗門關公廟也應建於那時，廟中存有朱熹題書“正氣”横匾。按朱熹於同安縣主簿任滿之後，在泉州待命達半年之久（紹興二十六年八月初至十二月底，中間有閏十月，計六個月）。那時及以前，正是朱熹受釋、道思想影響頗深的青年時代（二十多歲），尚未建立自己的儒家理學思想體系。待命之暇，朱熹有時間遍遊諸寺廟宫觀，有情緒題寫“正氣”之匾。有人説該匾係題於開元寺，但釋家寺院言“正氣”，似乎不很恰切。釋氏思想，一切皆“空”，萬法皆“無”。連“氣”都没有，哪來“正氣”？對待世人是普救衆生，慈悲爲本。若要題匾，應是“空門”、“無識”、“普救”、“慈悲”等。博學如朱熹，决不致題錯。儒將關王（那時還未稱“帝”）的關王廟（宋徽宗封“武安王”），應有此匾才合理。關帝有一派“浩然正氣”，正是儒家的“吾善養吾浩然之氣”（《孟子·公孫丑上》）。南宋末年，文天祥的《正氣歌》發展了孟子和朱熹的思想：“天地有正氣，雜然賦流行。下則爲河岳，上則爲日星。於人曰浩然，沛乎塞蒼冥。”南宋以後至明初，應是關王廟普及的時期，並且由官方開始個别祭祀（見《明史·禮志》）。

關帝獲得武聖地位并享有與文聖同等級的祭典，却遲至明代後期。最早見於記載的是：

> 萬曆“四十二年，又敕封‘三界伏魔大帝神威遠鎮（鎮，一作震）天尊關聖帝君’……繼又崇爲武廟，與孔廟並祀。”
>
> ——［清］趙翼《陔餘叢考》卷三五

乾隆進士趙翼是清初史學家，世稱其攷據精賅，《叢攷》所記，諒或可信；且上距萬曆末年僅百餘年。清代自順治以後，已經有普及全國的武聖關帝祭典。趙氏生活的年代已經恭逢盛典了，加上他的地位身份，考據當不能不審慎，非一般稗官野史所可比也。

關帝精神受到後人敬仰，原因是：帝王嘉其事主不二，士人重其信義如山，百姓尊其威勇無敵。朝廷敕封他的尊號，由侯而公而王而帝，神位越來越高。從明末清初直至有清一代以後，關帝信仰非常鼎盛。《清史稿・禮志三》卷八四載："關聖帝君，清初都盛京（沈陽）建廟地載門外，賜額'義高千古'。世祖入關，復建廟（北京）地安門外，歲以五月十三日致祭。順治九年,敕封'忠義神武關聖大帝'。雍正三年……增春秋二祭。"

泉州的武聖關帝祭典，據道光《晉江縣志・祠廟志》卷一六記載：康熙二十七年，提督張雲翼建武廟於今體育場東，"朔望行香，春秋致祭，而秩祀之典，尚在塗門街廟"。因爲"關王廟在郡城通淮街北，郡人奉之特盛"（萬曆《泉州府志》）。可見萬曆年間，塗門街關帝廟已經香火鼎盛了（詳見李光縉碑記）。人們的傳統習慣如此，連官府創建武廟，也得奉祭典於塗門街廟。《晉江縣志》的"春秋致祭"是康熙中期，且由張提督主建後"朔望行香"。本地人記本地事，且提督官階甚高，當不致違背朝廷意旨而自作主張。《清史稿》的"雍正三年增春秋二祭"，當有誤。據《晉江縣志》載，嘉慶年間祭典曾一度移往武廟，大約是塗門街廟範圍場地狹小，但不久祭典仍移回通淮廟。光緒初年，塗門街黃家獻關帝廟對面之地建"禮樂廳"（見附圖），專作爲秩序之祭的場所。但禮樂廳建成之後，其位置規格與禮儀樂舞的儀式佈局，對應欠佳（詳見後文）。故於光緒三十一年（1905 年），禮樂廳就充作創建立成小學的校舍，祭典仍在通淮廟内舉行。

二　祭典溯源

祭典就是祭祀典禮，它有各種等級規格，嚴格限定，不得更改，都由皇帝或禮部審批，朝廷頒發。關帝祭典，可謂位至極品。

據《關岳祀典》所載的禮器、祭品、樂舞、禮儀等細節内容，都是清王朝頒佈的制度。其歷史下限是“咸豐二年（1852年）……禮行三跪九叩，樂六奏，舞八佾，如帝王廟儀”（《清史稿·禮志三》卷八四）。

祭典的舉行，可以溯之古老的先秦時代以前，甚至遠古的傳説時代，它是中國傳統宗教的一個重要内容。按祭典的禮儀程度，有四個等級：“一獻質，三獻文，五獻察，七獻神。”（《禮記·禮器》）一般普通神、小神只享一獻，社稷五祀享三獻；四望山川享五獻，稱中祭；天帝先公享七獻，稱大祭。關帝祭典六獻，介於五獻與七獻之間。

（一）禮器和供品。其種類和數量，據《祀典》所載，都是帝王級。玆分述起源如下：

簠、簋。《周禮·地官·舍人》：“凡祭祀，供簠、簋，實以陳之。”漢鄭玄注曰：“方曰簠，圓曰簋，盛黍稷稻粱器。”

登、鉶。《詩經·大雅·生民》：“於豆於登。”《爾雅·釋器》：“瓦豆謂之登。”《周禮·天官·亨人》：“祭祀，供大（太）羹、鉶羹。”鄭玄釋云：大羹肉湆（湆方言讀若“泣”），大羹不致五味；遠古未有五味，所以敬而不忘本也，鉶羹加鹽菜。

尊、爵。《周禮·春官·宗伯》：“辨六尊之名物。”六尊即獻尊（犧尊）、象尊、壺尊、著尊、大尊、山尊也。後世祭典加雲雷尊，也是古老的殷商遺制。《詩經·大雅·行葦》：“或獻或酢，洗爵奠斝（方言讀若“賈”）。”爵，是周承殷制的酒杯。

籩、豆。《禮記·郊特牲》："籩豆之薦，水土之品也。"即"陸産之品"，如乾果笋菹獸肉之類；"水物"如水生植物和魚之類。水土之品有的用乾品，有的用醢品（醢，方言讀若"孩"，即加調味煮成汁醬）。

俎。《禮記·明堂位》："俎，有虞氏以梡"，"殷以椇"，"周以房俎"。俎上置三牲，《周禮·天官·宰夫》鄭玄注云："三牲牛羊豕具，爲一牢。"《公羊傳·桓公八年》何休注云："牛羊豕，凡三牲曰大牢……二牲曰少牢。"《史記·孔子世家》曰："孔子爲兒嬉戲，常陳俎豆，設禮容。"孔夫子童年時，就玩禮器祭儀了。

以上所引古書，《詩經》是西周初至春秋末的作品，《周禮》是戰國時的作品，《禮記》成書於漢代，皆去古未遠，所載先秦禮制，亦多爲後世遵行。

（二）樂舞。古代禮樂並用，樂舞也是禮的重要内容。無論祭祀祖先或天帝諸神，樂皆與禮並用。據儒家學説，樂還有更大的作用，"將以教民平好惡，而反人道之正也"，"樂者，通倫理者也"。"聲音之道，與政通矣。"（見《禮記·樂記》）《周禮·春官·宗伯》云："樂有六德：中、和、祇、庸、孝、友。"又云："大司樂，掌成均（太學）之法，以治建國之學政。"把禮樂作爲教育的首要内容。以"樂德"、"樂語"、"樂舞"教國子。樂有六，亦謂六舞，即"雲門大卷"，黄帝之樂。"大咸"，堯樂。"大韶"，舜樂。"大夏"，禹樂。"大濩"，湯樂。"大武"，周武王樂。其作用是："以致鬼神祇，以和邦國，以諧萬民，以安賓客，以説遠人，以作動物。"據《周禮·春官·宗伯》所載，具體樂舞如下：

八音。金之屬：編鐘、歌鐘、鏞鐘、錞、鐃等。石之屬，磬等。土之屬，塤、缶等。革之屬，各種鼓、鞞等。絲之屬，琴、瑟等。木之屬，柷、敔（方言讀若"禦"）等。匏之屬，笙、竽等。竹之屬，管、籥、簫、篪（方言讀若"池"）。

五聲。宫、商、角、徵（方言讀若“池”）、羽。

十二律。陽聲，黄鐘、大簇、姑洗、蕤賓、夷則、無射。陰聲：林鐘、南吕、應鐘、大吕、夾鐘、中吕。（諸聲律詳見《吕氏春秋》和《管子》所載）

以上《祀典》所具各種樂器（除龍笛外），都是在孔子以前就已經有了，見載於《詩經》的有：笙、篪、洞簫、雙管、鳳簫、瑟、琴、塤、鏞鐘、鎛鐘、編鐘、磬、柷、敔、賁鼓、懸鼓、楹鼓、足鼓、田鼓、搏拊、鼗鼓、麾，計二十二種。各種樂器所演奏的祭典樂曲，稱爲“雅樂”，又稱作“中和之樂”。六樂中最著名的是“大韶之樂”，孔子對它稱贊不已，説“雅盡美矣，又盡善也”（《論語・八佾》）。“在齊聞韶，三月不知肉味，曰‘不圖爲樂之至於斯也’。”（《論語・述而》）“樂則韶舞”。（《論語・衛靈公》）樂器演奏的指揮標幟稱“麾”（方言讀若“揮”）。《周禮・春官・巾車》：“建大麾，以田，以封蕃國。”

舞。《周禮・春官・樂師》：“凡舞，有帗舞、有羽舞、有皇舞、有旄舞、有干舞、有人舞。”其種類分别，皆以手中所執舞具爲别。如羽舞，舞者手執雉羽和籥。如干舞，舞者手執干和戚。

八佾。《左傳・隱公五年》杜預注説，天子用八，諸侯用六，大夫四，士二；每行人數如佾數。按，佾（方言讀若“逸”）即舞蹈的行列，八佾即八行。當年孔夫子看見季氏“八佾舞於庭”，慨嘆道：“是可忍也，孰不可忍也！”（《論語・八佾》）。朱熹《四書集注》云：“或曰每佾八人，未詳孰是，季氏以大夫而僭用天子之禮樂。”

以上所叙，皆爲武舞，用於武聖祭典。其指揮舞蹈的標幟稱“旌”。《周禮・春官・司常》：“全羽爲旞，析羽爲旌。”

（三）禮儀。這是變動較大的部分，各朝代隨歷史進程而異，非同禮器樂舞那樣保留周秦漢古制。

三跪九叩。清代禮法，《清會典事例・太常寺禮節》：“禮部尚書詣皇穹宇各香案前，三上香，退出門檻外，行三跪九叩禮。”是最尊敬之禮。即一跪三叩首，三跪九叩首。跪時躬身低首至膝前地面，以額磕地面三次稱“三叩首”。先秦時代没有椅子，即使朝廷議政或飲宴，君臣皆席地而坐。禮敬的坐勢稱“跪”，以兩膝抵席（地），兩股至臀部貼於兩肢後跟上。跪而挺身直腰爲“跽”（方言讀若“記”），又稱“長跪”。《戰國策·秦三》：“秦王跽而請曰：先生何以幸教寡人?”《史記·項羽本紀》：“項王按劍而跽曰：客何爲者?”漢代從西域傳入“胡床”，以後才有各種形式的床椅，御殿上天子已昇坐龍床了，臣朝君還得保持“跪”的禮儀。

圭、帛。《尚書·堯典》載“修五禮、五玉、三帛”，乃朝天子及祭天的玉帛。圭，後世衍變爲玉笏、笏，俗稱“奏版”。《周禮·考工記·玉人》：“四圭尺有二寸，以祀天。”漢鄭玄注云：“四圭有邸（底），以祀天，旅（祭）上帝。”武聖祭典以奏版書寫樂章（歌詞），六歌生（唱歌者）執六笏。帛、《詩經·小雅·鹿鳴》載“承筐是將”，《鹿鳴·序》：“實幣帛筐篚”。朱熹《詩集傳》云：“承，奉也。筐，所以盛幣帛者也。”後世祭典衍變爲單帛，代表“至寶”玉帛之意。

六獻。六次獻禮也。一是迎神，焚香行禮奏樂。二是初獻，奠酒奠帛，奏樂。三是亞獻，四是終獻（三、四同二）。五是徹饌、行禮受裖（方言讀若“沈”），奏樂。六是送神，行禮奏樂。上文引《禮記》所稱，五獻爲中祭，七獻爲大祭，六獻是很高的層次。

祭祀時間：《祀典》載“春秋分節氣后第一戊日”。《詩經·小雅·吉日》：“吉日維戊，既伯既禱。”戊日是吉日，朱熹《詩集傳》云：“戊，剛日也。”以剛吉之日祭祀神明。如今年的春分後第一戊日，即農歷二月十二日；秋分後第一戊日，即農歷八月廿四日。

上文曾提到通淮廟禮樂廳，爰予補叙。禮樂廳的佈局如後（見附圖）。

禮樂廳的位置，在通淮廟正對面（隔着塗門街在廟門前）。臨街第一間爲“鐘鼓堂”，懸挂大鐘大鼓，梁枋間横匾“簫韶媲美”（向南），未詳何人書題。這就不合位置了，鐘鼓原應置於廟門内左右角。

進深第二間爲“拜亭”，約可容納九人跪拜的位置，即主一、從二、賓三、陪三。這也不合理，祭拜的位置原應在神前的堂上，而這裹却在堂下的廟門外，距離禮器祭品甚遠。且主祭官須從鐘鼓堂的側門而入，非從廟門正中直入。

進深第三間爲禮樂正廳，廳兩邊爲東西廊。正廳若容納樂班，不知要把舞佾擠往何處，若容納舞佾，只好把樂班推往東西廊。奏樂原應在堂上，這裹同樣是堂下廟門外。舞佾原應在堂下庭中，這裹却在廟門外廳中。

古時廟門稱“祊”，在廟門外設祭曰祊，《禮記・禮器》云：“設祭於堂，爲祊乎外。”固然也可以這樣辦，但“禮樂廳”却不能讓主祭官入門登堂，“設祭於堂”；樂與舞的位置也不能妥當處理。禮樂廳的佈局規制，大大違背《關岳祀典》的“樂舞辨位圖”與“禮器陳設圖”。如果把禮樂廳作爲搭臺演戲敬神的場所，却非常恰當。惜改作立成小學（該校名是取“立於禮，成於樂”之義）之後，今已無存。

附言：本人少年時，曾三次參加祭典，充當八佾舞生之一，俗稱“習儀”。每次典禮之後，還分得一份胙肉，至今記憶猶新。當年童稚不懂事，於今加以玹識。

（作者：泉州市民俗學會理事、泉州市區民間信仰研究會理事）

論關公崇拜是民間信仰

吳幼雄

一　緒論

關公崇拜屬何種宗教？近二十年來，不少學者對關公崇拜的文化現象進行研究，認爲關公崇拜屬民間信仰範疇的英雄崇拜。關公崇拜與儒、道、釋的關係十分密切，但它又不屬任何一種教門。關公崇拜不具備正式宗教的五個條件，即創始人、教團、教義、經典、戒律。且關公的祀典全是儒家的祭儀。

河南省洛陽市關林關帝廟前殿大門有一副對聯云：

漢封侯宋封王明封大帝，

儒稱聖釋稱佛道稱天尊。

對聯以二十個字高度概括了關公崇拜與儒、道、釋的密切關係，但是也區别關公崇拜不屬佛教，也不屬道教。同時，對聯點明了關公崇拜自古以來就是儒家思想的代表者——以皇帝爲首的封建政權一貫通過封號名，進行操弄的政治工具。

爲了慎重研究關公崇拜的問題，多年來我們翻閱大量史料，並進行廣泛的社會調查，足跡遍及北京，山西運城解州、常平，河南洛陽關林，湖北宜昌當陽玉泉山佛寺和關陵、荆州關帝廟，西藏拉薩磨盤山關帝廟等，有的地方還是經過兩次拜訪的。經過縝密研究之後，我們確認關公崇拜不是嚴格意義上的宗教，它雖然與儒、道、釋關係密切，但它不是儒、不是道、不是釋，它是三者的結合體，又是以儒家思想爲主導的一種宗教文化現象。如果用現代學術名詞來表述，關公崇拜“從廣泛意義上看，它是一種宗教現象，但從嚴格的宗教意義上看，它不是宗教”，它是儒、道、釋三家合一的中國傳統文化的一個組成部分，它屬於處處滲透儒、道、釋文化的民間信仰中的英雄崇拜。下面分關公崇拜與佛教、關公崇拜與道教和關公崇拜與儒家政權等三個部分論述。

二 關公崇拜與佛教

關羽的義勇形象出現於魏晉時期，但作爲宗教信仰，似應出現於南朝。南北朝時期，佛教在中國興盛，發生了道、釋争寵之争。佛教爲了在中國紮根、發展，就必須與中國傳統文化妥協，將佛教中國化。天臺宗三祖慧思，試圖使佛教與成仙合二而一。慧思的弟子智顗，爲平息佛教内部派别之争，融合各派之言爲一家之教觀。此外，智顗又編造關羽顯聖捐地建玉泉山佛寺，使關羽受五戒，把關羽收爲佛教護法伽藍神，永護佛法。這使佛教與中國傳統文化結合起來，有利於佛教在民間的傳播。這是智顗禪師對中國佛教本土化的一個貢獻。

關於關羽顯聖捐地建玉泉山佛寺之事，首見唐朝貞元十八年(802 年)，大理寺評事董侹譔《荆南節度使江陵尹裴公重修玉泉關廟記》，碑文云：

> 玉泉寺在覆船山，東去當陽三十里，叠嶂回擁，飛泉迤邐。信金人之浄界，域中之絶景也。寺西北三百步，有蜀將軍都督荆州事關公遺廟存焉。
>
> 將軍姓關名羽，字雲長，河東解州人。公族功績，詳於國史。先是陳光大中，智顗禪師者至自天臺，宴坐喬木之下，夜分忽與神遇，云“捨此山爲僧坊，請師出山以觀期

用”。指期之夕，萬壑震動，風號雷唬，前劈巨嶺，下湮澄潭，環林叢僕，周匝其上。輪焕之用，則無乏焉。

唯將軍當三國之時，負萬人之敵，孟德欲避其鋭，孔明謂之絶倫。其於徇義感恩，生死一致，斬良擒禁，此其效也。嗚呼，生爲英賢，歿爲神明，精靈所託，此之下，邦之興廢，歲歲豐荒，於是乎哉。

昔陸法和假神以虜任約，梁宣帝咨神以拒王琳，聆其故老，安可誣也。至今緇素入寺，皆若嚴宫，在旁無敢褻瀆。荆南節度使工部尚書江陵尹裴公，政成事時，典從禮順，以爲神道之教，依人而行。攘彼妖昏，佑我蒸庶，而祠廟隳毁，廞縣斷絶，豈守宰牧人之意耶？乃命令張僨始經其事，爰從舊址，試展新規。欒櫨博敞，容衛端肅。唯曩時禪坐之樹，今則延袤數十圍矣！神明扶持，不凋不衰，胡可度思。初，營建之日，白黿出於新橋，若有所感。寺僧咸見，亦爲異也。

尚書以小子曾忝下介，多聞故實，見命紀事，文豈足徵？其增創制度則列於碑後[①]。

元豐四年（1081 年），張商英譔《重建關王廟記》裏，又加上關公與子“相與發心永護佛法。師問所能授以五戒，王誠受已。復白師問，營造期至，幸少避之”[②]。這裏增記關公父子“發心永護佛法”。

據淳熙五年（1178 年），廬山司馬知白譔《建壽亭侯記》云：關公“英濟廟食當陽之玉泉，逮今千載……每歲寺中必爲大籠餅以祭，極於潔精。方曝麥於庭，鼠雀不敢近，有犯必自殁。以此人咸敬而畏之”[③]。可見遲至南宋前期，關公崇拜已經成爲當陽玉泉的民俗了，而且關羽是一位人們“咸敬而畏之”的神明。至今，玉泉山佛寺大殿（智者道場）前右，仍有規模宏大的關羽“顯烈祠”。

《宋會要輯稿》記：“壽亭侯祠，一在當陽……世傳有此寺時，即有此祠，邑民疫癘必禱，寺僧以給食。”[④]這表明宋代湖北當陽玉泉山佛寺的僧人仍然住持關公祠，並把關公奉爲祛除疫癘的神明。

元代，朝廷和地方在作佛事時，奉關羽爲“監壇”神明。據《元史·祭祀志》云，每年朝廷的佛事活動，在“歲正月十五日，宣政院中書省奏……抬舁監壇漢關羽神轎軍及雜用五百人”[⑤]。又據《析津志輯佚》記，“國朝常到二月望，作遊皇城建佛會，須令王監壇”[⑥]。這表明元代關羽被封建政權作佛事儀式時奉爲公正的“監壇”神明。

明代，外患内憂嚴重，階級矛盾、民族矛盾激烈，社會危機四伏。關羽又被封建統治者推崇，佛教也尊崇有加。張邦濟作《伽藍攷辨》，雖然主旨是批判關羽被奉爲伽藍神，地位太低，是佛教藉以招引信衆。但也反映了明代佛教奉關羽神明之盛。張氏云：“愚讀書常寄居山寺，每見佛堂側必有王像，人皆以伽藍稱而莫知所自……及觀當陽廟碑，始知出自陳僧智顗口。”[⑦]則知明代佛教崇奉關公頗盛。

萬曆三十二年（1604 年），李光縉譔泉州通淮關王廟的《塑三義像記》云，“萬曆甲辰歲（萬曆三十二年），奉佛者遷平浪侯於堂之右偏，而中塑觀音大士像，爲善男信女皈依之地，識者非之。壬子（萬曆四十年，1612 年）春，移大士像月臺（即承天寺）之禪室。[⑧]”天啟元年（1621 年），李光縉等譔《重修關帝廟記》云，關王廟“堂後爲僧室……萬曆中，有塑大士像於右堂……僧居益窄，堂亦弗尊……新兩廊兩廡，蓋僧舍”[⑨]。可見明代泉州佛教與通淮關帝廟的關係密切，雖然觀音大士像先塑而後又被遷出，但仍然建僧舍讓僧人在廟中住持。

清初，出現關帝《聖籤》（101 支），據《關聖帝君聖跡圖志全集》編者記載：

此籤詩乃山客所述。聖帝於順治八年（1651 年）間，授浙江寧波府延慶寺僧善智識，傳以示人也。籤詩比之江東尤爲靈驗。智識隆勝悟徹因果，每與聖帝神色相會感動，邱太守欲援僧以見帝，帝謂僧曰："邱乃凡夫，不宜會。會之爾則不復會我矣。但爾即爲彼請，許之。"邱果於是日見帝，茶罷語畢，問玄德公何在？帝怒曰："爾何人，斯擅敢呼吾主聖號？"邱驚僕在地。帝又謂僧曰："我不欲會邱者恐陰陽洩露也，今你我隔矣！授爾籤詩一百一首，可爲吾傳於世。"

余聞而異之，欲往求而未能焉。適有閩中黄於樂先生之弟諱鏞者，虔心嚮往，即買舟去。果於四明延慶寺得石刻籤詩如數。及詢其故，而善智識業已西歸，若徒若孫俱傳盛事，與山客所言相符。噫！此籤詩之所由來也。帝之聲靈赫濯更可見矣！且細味籤詩，大抵善者感發其善心；惡者懲遏其惡念。既求得之，敢不附諸集内，廣傳聖帝勉人爲善之至意焉爾。[10]

這是《關聖帝君聖跡圖志全集》的主編盧湛記述的神話傳説，又是託佛教僧人傳示《聖籤》（一百零一支）。其目的是使"善者感發其善心；惡者懲遏其惡念"。故《聖籤》既與佛教有關，又是儒家勸善籤詩，更反映清初江南廣大地區關公崇拜的盛行。

清代，西藏有多座"僧俗敬禮"的關帝廟。據拉薩《磨盤山新建關帝廟碑》云，康熙年間清軍駐紮拉薩北郊扎什城，此地"舊建有帝君廟，靈應異常，僧俗敬禮"。但現在廟已湮没。現存拉薩關帝廟，當推布達拉宫西面磨盤山上的關帝廟。據《磨盤山新建關帝廟碑》云，乾隆五十六年（1791 年），尼泊爾廓爾喀人再次入侵西藏，攻占後藏日喀則。次年，清廷派福康安率大軍入藏，擊敗廓爾喀人。進藏後，福康安爲得關帝庇佑而祭祀關帝，但扎什城關帝廟“堂皇湫隘，不可以瞻禮，於是度地（拉薩）磨盤山，鳩工庀材，命所司董其役……凱旋之日，廟適落成，與諸公瞻殿廡……繼自今前後，衛藏之永永無虞也”[11]。款識是“御前大臣領侍衛内大臣太子太保武英殿大學士福康安謹譔。乾隆五十八年。監修同知李經年”。

拉薩磨盤山關帝廟前殿東墻上，砌築一根大石笋。據中國藏學研究中心歷史研究所馮智先生説，是爲了“保佑建築安然”[12]。關於磨盤山關帝廟石笋的用意，有的研究者認爲，是表現了關羽的陽剛之氣。攷石笋在印度教稱爲“林加”（Linga），磨盤則稱爲“優尼”（Yoni），各表示男、女生殖器官。在藝術雕刻造型上，是“林加”高高竪於“磨盤”之上的。拉薩磨盤山與石笋位置的表現方式，與印度教“林加”和“磨盤”的藝術造型是一致的。這讓人聯想到《磨盤山新建關帝廟碑》記載的“於是度地磨盤山”等七個字的含義。這與中國道教的符號一半黑，一半白，以表示“陰陽合抱”、“陰陽和合”是宇宙永恆，生生不息的意思一樣。磨盤山和石笋的符號也符合佛教藏密經典思想。印度佛教就是因爲走上密化道路，才被印度教取代。從佛教藏密的角度來解釋磨盤山和石笋的含義，以及詮釋《磨盤山新建關帝廟碑》篆額“萬年不朽”四個大字的含義，即從宗教意義上解釋，它是象徵生生不息，宇宙永恆的意思；從政治意義上詮釋，它是象徵清政府對西藏主權的“永永無虞”、“萬年不朽”的意思。這是關公崇拜與佛教藏密關係的一個典型事例。現今，藏族同胞還奉關羽爲格薩爾王（英雄戰神）。西藏佛教藏密崇拜關羽神明，它極大地豐富了關公崇拜的宗教和政治内涵。

咸豐七年（1857 年），泉州通淮關帝廟董事會刻《立看守碑》，規定：“住持在外做佛事及懺獄等須伙伴，均不得在廟喧嘩。”[13]則知咸豐年間泉州通淮關帝廟董事會允許僧人進住“做佛事”，與佛教關係不錯。

咸豐五年出版的《關聖帝君應驗桃園明聖經》，於序言和跋裏再三申明，“漢壽亭侯，略節《桃園經》，書於玉泉寺，夜夢與凡人”和“《明聖經》原係夢與玉泉寺僧，僧醒而傳述”[14]。可見《桃園明聖經》也是出自佛教僧人之手，其源於智顗禪師夢關羽獻地建玉泉山寺的傳説。最後，咸豐五年刊行的《桃園明聖經》又云：“關聖帝君飛鸞演化，經卷頗多，流傳海宇……《明聖經》又爲諸經之綜……實爲我朝護國佑民，執掌江山神王，功齊日月，德並天地……故叠加封號，稱至‘蓋天古佛’，已無極矣。”這里的“蓋天古佛”雖未見正式封號，但也反映清代江南關公崇拜與佛教的關係之密切。

清代，北京有一座關帝廟也是佛教僧人住持的。北京大鐘寺（原一覺寺），在諸多展品中有一口鐵鐘，口徑五十五釐米、通高七十三點五釐米，重量八十二點三公斤。鐘上鑄銘文“關帝廟流芳千古”；右側鑄銘文“安福胡同西頭路南倒座”；左側鑄銘文“大清光緒甲午年四月立，衆善人等叩獻，住持僧人斌海率衆徒”[15]。光緒甲午，即光緒二十年（1894 年）。這是華北地區關帝廟由佛教僧人住持的事例。

光緒二十二年（1896 年），福建泉州鼠疫流行，日歿百人，人心惶恐。泉州延禧局紳董在佛教承天寺内，“自十月初六日迄十一月二十四日，凡四十九日，建設佛壇，廣施法食”。泉州通淮關帝廟的關公聖像被迎請入佛教承天寺設壇敬奉，七旬時間，發布七次表文，其地位與釋迦如來等同。其第三旬表文云：

> 大清國福建泉州府延禧局、闔郡官紳、農工商、軍民人等，蒙關聖帝君諄諭，建西方諸佛梵壇，禮懺宣經，爲幽魂略填冥庫……轉寶藏以超昇，極樂國已無苦趣，焚文憑以通大願船，盡有歸魂，凡兹超拔之。[16]

又如《關聖帝君諭》云：

奉通淮關聖帝君諭，舉萬緣普度在承天寺，諏吉建壇，並於城内外及各都、各鋪、各境，分日普度。其五邑所屬等處，如未及分日普度，務祈諸善信，各結良緣，共助盛舉。自十月初六日起至十一月二十四日止，各從其便，自行擇日，各就家門隨量備辦筵席、祭品，普施幽冥，福有攸皈，耑此佈聞。⑰

以上兩則事例，表明清代泉州關公崇拜與佛教的密切關係。佛教藉助泉州通淮關帝廟的偶像，在承天寺建壇普度慘死於鼠疫的幽靈。而佛教的萬緣普度又是在泉州紳商組成的延禧局董事會的領導之下進行的。這便是泉州關公崇拜的特色。1986 年，泉州通淮關岳廟恢復時，關公木雕神像則迎請自佛教金粟寺；關羽與周倉木刻像拓片，則迎請自泉州佛教開元寺。關公崇拜與佛教關係於上可見。

三　關公崇拜與道教

元朝至大元年（1308 年），湖北漳濱人胡琦首作關公事跡書，稱新編《關王事跡》，他在《自序》裏説：《關王事跡》，以本傳爲主，旁蒐前史，互閲故書，校其同異，差次而推衍之，編爲實録……稽古驗今列爲八圖："神像圖、世系圖、年譜圖、司馬印圖、壽亭侯印圖、大王塚圖、顯烈廟圖、追封爵號圖。又廣覽載記，採事摭實，析作四門：曰靈異、曰制命、曰碑記、曰題詠。積年而後成立，名曰關王事跡，凡五卷，别爲玉泉志三卷以附其後。"⑱胡琦在《關王事跡》書中託"古記云"，寫了如下的文字：

宋大中祥符七年（1014 年），解州奏鹽地水減，虧失常課。上遣使往視，還報曰：臣見一父老，自稱城隍神，令臣奏云，爲鹽池之患者，蚩尤也。忽不見，上乃詔吕夷簡至解池致祭。事訖之夕，夷簡夢神人戎衣，怒而言曰：吾蚩尤也，主此鹽池，今天子立軒轅祠。軒轅，吾讎也。我爲此不平，故絶池水，若急毁之則已。夷簡還，白其事。王欽若曰：蚩尤，邪神也，信州龍虎山張天師，能使鬼神，若令治之，蚩尤不足慮也。

於是召天師赴闕，上與論蚩尤事，對曰：此必無可憂，自古忠烈之士，没而爲神，蜀將軍關某，忠而勇。陛下禱而召之，以討蚩尤，必有陰功。上問：今何神也？曰：廟食荆門之玉泉。上從其言，天師乃即禁中書符焚之。移時，一美髯人圜甲佩劍，浮空而下，拜於殿庭。天師宣諭上旨，答曰：敢不奉詔。容臣會岳瀆神兵。爲陛下清蕩之。俄失所在。上與天師肅然起敬。左右從官悉見悉聞，莫不贊嘆。忽一日，黑雲起於池上，大風暴至，雷電晦暝，居人震恐，但聞空中金戈鐵馬之聲。久之，雲霧收斂，天色晴朗，池水如故，周匝百里，守臣王忠具表以聞，上大悦，遣使致祭。仍命有司修葺祠宇，歲時奉祀。

據明朝韓文撰《正德修廟記》云，解州關羽廟“乃宋祥符甲寅（大中祥符七年，1014 年）敕建”[19]，但未提關公神明戰蚩尤神話。可見，解池關公戰蚩尤説是道教附會上去的。且道士張天師可以隨時召見“廟食荆門之玉泉”的關公神明，是爲了表示道教的神通在佛教之上。

此外，明《正統道藏》有另一個記載：

崇寧二年（1103 年）解州奏鹽池水溢，上問道士徐神翁，對曰：蛟孽爲害，宜宣張天師…… 命下即書鐵符……投解池岸圮處……有蛟孽斫死水裔。上問：……用何將，還可見否？曰：臣所役者關羽，當召至。即握劍召於殿左，羽隨見。上驚，擲崇寧錢與之，曰：以封汝。世因祀爲崇寧真君[20]。

崇寧四年（1105 年）六月丙子，的確有“以修復解池，百官入賀”[21]和六月丙子“復解池鹽”[22]的記載。又《廣見録》記，第三十代天師張繼先，於崇寧中應詔平妖，四次進京朝拜，皇帝封贈“虚靖真人”，封關公爲“崇寧真君”。但皇帝封贈賜號張天師事和封關公爲“崇寧真君”事，其時間皆在解池修復之前，亦不見宋朝祀典。因爲有這個道教的傳説和附會，所以後來的關帝廟主殿都稱崇寧殿。

北宋真宗、徽宗崇信道教。徽宗在位二十二年對關公賜封四次，並自封“教主道君皇帝”。道教則藉皇帝崇尚道教，編造神話愚弄道徒皇帝。從此，道教藉皇帝之助把關公請進符籙派道觀。事實是解州鹽池自大中祥符七年（1014 年）自然乾涸減産，經紹聖五年（1098 年）又被大水浸壞，直至崇寧四年（1105 年）人工修復，産鹽如前。鹽池自然減産，影響中原供鹽，道教乘機編造神話擴大宗教影響，並得到道徒皇帝的支持，於是便有所謂的“封崇寧真君”之故事。關羽的由侯而公而王的不斷昇級，以及破蚩尤的神話，均爲自稱“教主道君皇帝”的宋徽宗趙佶統治期間完成的。

明萬曆三十三年（1605 年），敕封關公爲三界伏魔大帝神威遠鎮天尊關聖帝君，關公完成由王到帝的昇格。佛教和道教藉關聖帝君命名的經書紛紛出現，如《明聖真經》、《覺世真經》。《明聖真經》雖然託辭玉泉山寺僧夢見關帝授予傳播，然而開頭冠以“伏魔大帝關聖帝君曰”。但是它的内容却是：

孔氏重操存，佛法曰明，道家曰貞，雖有殊途，原歸一致。……一切吾民，各宜心存平實。富者心殷周濟，貴者心尚謙恭；貧者心守勤儉，賤者心懷廉耻；事父兄惟孝弟，待朋友盡忠誠；勿心存慳吝，薄視姻親；勿心好鑽營，厚交勢利；勿貌善心惡，勿口是心非。心形直應事直而無曲；心體圓處事圓而莫方。勉種心田何羨南阡北陌；廣培心地，不須虎踞龍蟠。急早心回，務期心得。庶我心實獲，而帝心簡在矣㉓。

可見《眀聖真經》的“正心寶誥”所宣揚的儒、道、釋三家“雖有殊途，原歸一致”的觀點，則是儒、道、釋三家合一的理學思想，亦正是封建統治者所倡導的思想。

又如關聖帝君《應驗桃園明聖經》有關聖大帝敕令，大帝曰：

帝曾言日在天上，心在人中。心者萬事之根本。儒家五常，道釋三寶，皆從心上生來。仁莫大於忠；義莫大於廉節。二者五常之首。聖人參贊化育者，此而已；仙佛超神入化者，此而已。自有天地以來，這個無極太極之理，渾然包羅，古今長懸。諸帝王聖賢仙佛、萬經千典，祇明此理成此事而已。㉔

以上這段“關聖大帝敕令”，其實質是藉道教的外殼，用儒家的觀點來詮釋道、佛三寶，認爲皆在儒家五常之内。並進一步闡述“聖人”化育，“仙佛”入化亦是此理。最后，點出這是“無極太極之理”，是“諸王聖賢仙佛，萬經千典”所追求的“渾然包羅，古今長懸”之最高真理——儒、道、釋三家合一的理學思想。所以《關聖帝君應驗桃園明聖經》從表面上看，似乎是道教經書，但實質上是儒家勸善經書，明矣哉！

近來，有的人認爲《明聖經》和《覺世經》被收入道藏，並以此爲依據認定關公信仰的宗教屬性是道教。持此觀點者，可能是没有通讀和細讀《明聖真經》和《覺世真經》的緣故。如果不看關公崇拜的歷史背景和現狀，僅憑經書和籤詩被收入《道藏》，就斷言關公崇拜屬道教，那不是科學的態度。

清代，關公又被道教符籙派稱爲"文衡帝君"，與道教趙公元帥、温瓊元帥、華光帝君等合稱"護法四聖"、"四大元帥"。全國各地關帝廟有的由佛教住持，有的由道士住持。如山西運城市解州關帝廟，明清兩朝有道士住持，修繕廟宇，並於關帝廟東側建"三清殿"，而於廟西側建管理道教的"道正司"（政府管理道教的機構）。

民國初年，由於洱源唯一子編《洞冥記》，他編造關公登基神話，説關公是管"天、地、人三才之柄，掌儒、道、釋三教之權"的第十八代玉皇大帝。此神話與清末佛教稱關公爲"無極蓋天古佛"相對應。這便是歷史上釋道兩家崇拜關公的事實。

四　關公崇拜與儒家政權

中國封建社會正統思想的儒學，歷經先秦儒學、兩漢經學和宋明理學等三種基本形態。宋明理學以儒、道、釋互補爲格局，最終確立中國文化的傳統，即所謂"三教合一"。宋代理學是地主階級的思想主流，其主張完全符合統治階級的需要，得到封建統治者的提倡。關公作爲統治者的一個武將，並爲其盡忠而死。先是，唐朝在姜子牙或劉備的廟堂裹，關羽僅僅享受陪祀的待遇而已。以後，隨着封建最高統治者逐漸認識到"重忠烈以勸今"的重要性，藉釋、道爭祀關公之機，不斷拔高關公的地位，把釋、道統攬於儒家思想和政權之下，成爲維護封建統治的政治工具。具體分述於下。

（一）歷朝屢加封號

宋代，以儒、道、釋互補爲格局的中國文化傳統確立，封建統治者宣揚"君權受命於天，以作神主"、"唯我聖朝，受天眷命，以作神主"，對"老氏、浮屠氏與山川祠廟之靈，唯能時雨晹，彌災殄，有功於人者，乃始賜號名，秩祀典……蓋志在斯民而不自爲”[25]。或“捍患禦災，有功於民，始在祀典”[26]。各級封建官員也會按祀典“謹率官僚，虔神奉安”。如此，“則民之歸仰自不能忘，朝廷褒封之典自不能已”[27]。這樣，就把釋、道和老百姓等對關公崇拜的願望和精神寄託，與封建統治者的君權“受天眷命，以作神主”的儒家思想，通過對關公的封號和祀典形式統一起來。

如紹聖三年（1096 年）賜“玉泉祠額曰顯烈廟。崇寧元年（1102 年）追封忠惠公。大觀二年（1108 年）加封武安王。宣和五年（1123 年）敕封義勇武安王。建炎三年（1129 年）加封壯繆義勇武安王。淳熙十四年（1187 年）加封英濟王”[28]。如此，朝廷賜封關公徽號愈多，政權、神權與老百姓的願望和精神寄托的結合就愈緊，封建政權與老百姓的矛盾就愈趨緩和，封建統治就愈加穩固。

明代統治者又根據需要，把關公崇拜推向新的高潮。洪武二十年（1387 年）正月，“建廟於順天府正陽門之甕城内”。建關王廟於京城的原因，是“四方以京師爲辰極。而京師以王爲指南”，即以關王廟爲京師政治指南，“謀振發忠義，以助聖化”[29]。永樂元年（1403 年），“建廟於都城……特頒……每歲正旦、冬至、朔望祭祀”。嘉靖三十五年（1556 年），“司禮太監黄錦、太保都督陸炳，出白金二千五百兩，重修當陽墓廟”。萬曆二十三年（1595 年），“於洛陽建坊，並敕解州廟名曰英烈”；三十三年（1605 年），“加封三界伏魔大帝神威遠震天尊關聖帝君。醮三日，頒行天下文武慶賀”[30]。這就讓關公特享帝王之號，無極矣。

清代，對關公神位的拔高延及關羽祖先三代人。順治元年（1644 年），每年諭祭。九年（1652 年），敕封忠義神武關聖大帝。雍正三年（1725 年），敕封三代公爵，曾祖光昭公、祖裕昌公、考成忠公，每年春秋二祭。乾隆時稱山西關夫子，三十一年

（1766 年），加封靈佑。嘉慶十八年（1813 年），加封仁勇。道光八年（1828 年），加封忠義神武靈佑仁勇威顯關聖大帝。道光年間，重印《關帝明聖真經》的上海宏大善書局總經理金友生，在關公《歷代封號》后，加評語説："朝廷屢加封號，載入祀典，偉哉！千六百余載以來，大義孤忠，炳靈宇宙。而我朝崇奉愈隆，昭格愈著。豈不以太平之世所以激忠義、厚風俗，以保此萬年有道哉！"這就道出清代屢加關公封號並延及祖先三代的目的是爲了"激忠義、厚風俗，以保此萬年有道"。

此後，咸豐二年（1852 年），加封護國保民威顯忠義神武靈佑仁勇關聖大帝。五年，加封關帝三代王爵，曾祖光昭王，祖裕昌王、父成忠王。六年，加封護國保民精誠威顯忠義神武靈佑仁勇關聖大帝，又封護國保民精誠綏靖威顯忠義神武靈佑仁勇關聖大帝。同治九年（1870 年），加封護國保民翊贊精誠綏靖威顯忠義神武靈佑仁勇關聖大帝。光緒五年（1879 年），加封忠義神武靈佑仁勇威顯護國保民精誠綏靖翊贊宣德關聖大帝，擁有二十二個字的封號。光緒二十年（1894 年）重刊的《關帝明聖真經》又云："帝君實爲我朝護國庇民，執掌江山神王，功齊日月，德高天地。所以從前各省叛逆滋擾，處處顯聖，殲滅净盡，故叠加封號，稱至'蓋天古佛'四字，已無極矣！"[31]"蓋天古佛"四字，未見祀典，但也反映儒家政權及其代言人之苦衷。民國三年（1914 年），頒布關帝、岳王合祀祭禮，享春秋二祭。並由地方最高武官主祭，祭儀皆取儒家儀式。

歷朝封建政權根據政治需要，對關公不斷加封賜號，一直到無以復加的"蓋天"和"無極"的程度。這樣，就達到政權、神權和老百姓信仰等三者的統一。封號愈多、愈高，這三者的結合就愈緊密；封號愈多、愈高，封建政權對關公信仰的統攝力就愈强。這就是我們今天看到的關公崇拜非道、非佛，而以儒家思想爲核心的歷史和現狀。

（二）儒家文人作關公經書

宋明兩代，封建帝王爲了政治需要加封關公爲王、爲帝。而仕宦的儒家文人則緊隨皇帝的曲調翩翩起舞。一時間，藉關公託夢，或託關帝自制經書紛紛出現。明嘉靖年間，兵部尚書蒲州人楊博譔《關聖忠義經》（共十八章）。自云："幸生同帝鄉，藉蔭庇久。嘉靖丙辰（嘉靖三十五年，1556年），巡撫荊楚。荊，故帝保障也。迄今家至户聯，頂禮如在。比還省辭楚王殿下，王詢帝故里事，復出《忠義經》示博，拜賜踴躍，若帝陟降也。歸舟檢閱，后先紊叙，簡編遺逸，字劃錯亂差訛，遂爲校定，録匯成一帙。携之京師，繼役關中，未遑鋟梓。適都督劉顯移兵守川廣，因以貽之，碑刻荒鎮，以作士氣，以風忠義。"[32]楊博在《經序》裏云："《關聖忠義經》十八章，皆帝自制也。晉陳壽演俗通義，似近鄙褻。兹宋學士孫奭編述，南渡中丞張守訂梓，相傳五百餘年，人亦不知有是經也。"這是明代託楚王獻關公自制《關聖忠義經》的事例。

《關聖忠義經》的内容，除第一、九章開句有"帝君"兩字帶有宗教色彩之外，其他文字全是儒家借關公神明申明人倫道德的勸善説教。正如郁驤雲爲忠義經作注後跋云："聖經十八篇中，大約以忠孝、修身、立命之事，諄諄垂誡世人。皆本乎宣聖作《春秋》之旨，與臣言忠，與子言孝，相爲表裏。"

重刊於嘉慶二十五年（1820年）的《關帝明聖真經》，自譽爲"諸經之綜"，並假託此經"本係夢與玉泉寺僧，僧醒而傳述"[33]。又在《關聖帝君降序》云："天地無私，善惡昭彰；順天者存，逆天者亡。神道設教，借此以傳。"這就道出君權"受天眷命，以作神主"的儒家政權神道設教目的。接着，《降序》解釋《明聖經》三個字的意義："經者，敬也。恭敬身心，時時不忘乎根本，刻刻常存於孝弟。謹敬這個心田，庶幾近於禮儀，勿貪勿淫是也。聖者，昭然也。參天化育，千古忠肝義膽，萬載神聖，先聖后聖，其揆一也。明者，如同日月，普照乾坤，無物不到，使我心性常懷不昧，靈臺潔淨，打掃如同寶鏡一般，明心鑑性，故曰《明聖經》。”[34]這便是儒家的“明心鑑性”的做人要求和做人準則。所以《關帝明聖真經》是披着淺色道袍和袈裟的儒家勸善書，哪里是宗教經書？

咸豐二年（1852 年），江蘇太倉王祖畬作《關聖帝君覺世真經詳注》，此經於光緒十一年（1885 年）再版。《覺世真經》的内容，開頭便是“帝君曰：人生在世貴盡忠、孝、節、義，方於人道無愧，可立於天地之間”。接着，從反面説“若不盡忠、孝、節、義等事，身雖在世，其心已死，是謂偷生”。接着，進一步論述人與神（關公）的關係，説“凡人心即神，神即心；無愧心，無愧神”。於是，便得出“若是欺心，便是欺神”的結論。那麼，君子如何做到不欺心不欺神呢？經書隨即推出：“故君子三畏四知，以慎其獨。”[35]所以，《覺世真經》的主旨是儒家的忠、孝、節、義的倫理道德。正如陸懋宗在聖經詳注跋云：“魏晉以前，道家之學原本聖人……求仙者心以忠、孝、友、弟、仁、信爲本。夫天地之正氣充塞兩間，恃人心之誠以格之。”

泉州通淮關岳廟三義廟東墻上砌有一方石碑，係道光二十年（1840 年）四川總督蘇廷玉抄寫的《覺世真經》，該經垂訓的主題是：“做好人，説好話，讀好書，行好事。”其内容是“敬天地，禮神明。奉祖先，孝雙親。守王法，重師尊。愛兄弟，信友朋。睦宗族，和鄉鄰。别夫婦，教子孫”等勸善文字。最后，才假借關公神明説：“吾本無私，惟佑善人。衆善奉行，毋怠厥志。”[36]

儒家文人或假託關公自制、楚王呈獻經書；或託僧夢醒而傳述經書；或直叙“道家之學原本聖人（孔子）”；或託關公自言“吾本無私，惟佑善人”等方法，明示關公經書的主題是：“做好人，説好話，讀好書，做好事。”一言以蔽之，這便是儒家的勸善書。

（三）儒家文人争相出版關公事跡書籍

元、明、清，儒家文人争相譔述和修訂關公事跡的書籍，對關公的崇拜提供歷史、社會、思想的依據。他們無不從儒家的忠、義、節、孝、信、廉等方面來論述關公崇拜的倫理道德精神。如至大元年（1308 年），巴郡胡琦以關羽傳記爲主，"旁蒐前史，互閱故書，校其同異，差次而推衍之，編爲實録"。又"稽古驗今列爲八圖：神像圖、世系圖、年譜圖、司馬印圖、壽亭侯印圖、大王塚圖、顯烈廟圖、追封爵號圖。又廣覽載記，採事摭實，析作四門：曰靈異、曰制命、曰碑記、曰題詠。積年而後成立，曰《關王事跡》凡五卷，别爲《玉泉志》三卷，以附其後。"[37]盧湛對胡琦評價説："胡君以邱園之姿，表章忠文，實始作集，可謂志美而功大矣。"

嘉靖四年（1525 年），高陵吕柟時被謫爲解州通判，見"解郡守相繼者，又增刻二三次。然今板本模糊，文字缺謬"。於是"申次其文，裁删其冗，採補其缺，或考諸蜀記，或質諸本史，或訪諸當陽志，或問諸常平里，而帝集成凡六卷"[38]，稱《關王集》，並自作序。

萬曆甲戌（萬曆二年，1574 年），淮陰張幼學作《關王集序》，序云，"隆慶元年（1567 年），知解州事咸寧吕公文南，又翻刻焉"。又云，"東浙居竹方君瑩隱居尚義，素慕王之爲人，求帝集三十載"，終於淮陰得舊刻本和抄本，並以此爲基礎，"旁搜海内名公詩文，補其殘缺，日與會友石城陸君、江東輩，校讎重刻"[39]。

萬曆癸卯（萬曆三十一年，1603 年），翰林院修譔焦竑爲《漢將軍廟志》作序。序云："元胡琦志之先，後凡幾修矣，而今大京兆趙公最著。京兆公與帝同郡，人少即嚴事帝，宦轍所至，必以志自隨。每有見聞，應時改定。"後趙氏赴金陵，求焦竑爲廟志寫序。焦竑"稍稍增損而緒正之，分爲九卷"。盧湛評趙京兆欽湯本《漢將軍廟志》云："前人曰，元胡氏爲八圖，有大王塚、顯烈廟，而常平祖塔及崇寧宫未載，則其詳在當陽耳。

懼人心，故敢爲是説耳”。其目的是“遂使天下後世無知之人，皆謂王之爲人如此，爲神如此而尚從於佛也，吾人可以不敬哉？……吾恐王之心亦惑矣”[45]。

清初，盧湛在《關聖帝君聖跡圖志全集》的《封爵攷》後評論説：

聖帝生而爲將、爲侯，殁而爲王、爲帝，恆古以來未有如帝者也；

神宗顯帝皇追崇之，後南國有降乩者，帝君批示曰：但知一日兄弟，寧問千秋帝與王。

嗚呼！帝君之心事，斯言盡之矣。[46]

以上所引材料，係盧湛藉關公神明顯靈降乩於江南，説“但知一日兄弟，寧問千秋帝與王”，對宋封王和明封大帝之舉進行抨擊。就是説封王、封帝既違背關羽的原意，也背離了關羽的忠義精神，反而成爲“帝君之心事”。同時，封王、封帝，最終還是遠離了儒家的忠、義、仁、信、廉、節等人倫道德精神。

2. 題序和作跋。太常陳與郊在《漢關聖帝頌》（有序）云：“今天下所共嚴事者吾先師孔子，其他以勞定國，以死勤事、捍禦災患者不少矣。而在天之靈與在人之恭，皆不如漢關聖帝之盛。則孟子所謂浩然之氣至大至剛，塞乎天地之間。然然孔子以太和元氣，帝以浩然之氣，無惑乎天地，同流也。”[47]作者從關羽的“以死勤事”，拔高爲“浩然之氣至大至剛、塞乎天地之間”，然後與先師孔子的“太和元氣”比肩“同流”。

《關聖帝君聖跡圖志全集》的總纂者——盧湛，在自序裏云：“昔孟子曰聖人，人倫之至。人倫莫大乎尊君，尊君莫大乎扶正統”，“關聖帝誠可謂聖人，人倫之至也。”尚書兼都察院右都御史于成龍爲《圖志全集》寫序云：關公“普天崇祀，率土瞻依，如日月之麗乎天”，“我國家尤敬祀之，將血食億萬斯年而不替者"。

清朝人黄鍾，譔《關聖帝發祥聖跡圖跋》云："聖跡圖者，吾尼父（即孔子）則見之矣，而於聖帝發祥全圖，則不惟未見，而且未聞也。"因奉命自燕來淮，"從事河工"，往訪盧湛，"讀其序有發祥碑碣從井中現，異噫哉！聖帝一生作用在《春秋》，而《春秋》之作自尼父（孔子）。在尼父（孔子），既已有圖垂於世，寧有師尼父（孔子）者而可掩其跡乎？此碑碣之所以自現也"[48]。盧湛之輯圖志者，"蓋昭聖帝之忠義"，實堪與尼父（孔子）發祥聖跡圖並峙天壤間耳。這里作者藉關聖圖志以《春秋》爲主軸，把關羽提高到與孔子同等的地位而敬祀。

爲了尋找關聖與孔聖同列並祀尊崇的依據，儒家文人又從"積德"和"機遇"進行申説。如佚名的《聖跡圖志跋》云，"未有如關帝生爲聖，没爲神，尸祝萬世，血食勿替"。"吾孔夫子，殷人也，乃微子至聖之苗裔……是孔夫子之生，亦從木本水源積久而起，其與聖（關羽）之鍾祖父之世德而來者，如合一轍。且值世衰道微，千載同一遇也；志在《春秋》，千載同一行也；奕世尊崇蒸嘗不朽，千載又同一征報也"[49]。至此，儒家政權和文人對關公崇拜的主導影響，再清楚不過了。

（五）儒家文人作《籤詩》，推動社會崇拜關公熱潮。籤詩是我國民間信仰常見的一種占卜術，是以七絶詩句内容來預卜吉凶，是占卜形式的一種簡化。宋代確立儒、道、釋合一的理學思想，詩歌亦成爲歌頌封建"三綱五常"的工具。爲歌頌儒家倫理道德，依據社會生産、生活需要，籤詩應運而生。據云，最早的靈籤是南宋傅燁編《護國嘉濟江東王靈籤》，簡稱江東籤（計一百籤），後被收入《正統道藏》，但增加"解曰"和"聖意"兩個部分。但靈籤在流行過程中經文人不斷修飾、完善。泉州通淮關岳廟保存的清光緒年間林廷恭作序的《江東籤》，據載係咸豐十一年（1861 年），其父遺傳下來的。每支籤内容有籤數、籤名、干支、聖意、東坡解、碧仙注、典故、解曰、釋義和占驗等十個部分[50]。内容更加通俗、完備，解籤人易於操作，抽籤人容易理解，亦生動和更具有神秘成分。因此，江東籤爲全國多數關帝廟所採用。

另有一種關帝靈籤稱聖籤（計一百零一籤）。據盧湛介紹，“此籤詩乃山客所述”，並編有故事云：“聖帝於順治八年（1651年）間，授浙江寧波府延慶寺僧善智識傳以示人也”。又説此“籤詩比之江東籤尤爲靈驗”[51]。但是，聖籤内容哲理性較强，一般老百姓不易理解，也不够生動和缺乏神秘色彩，所以各地關帝廟較少採用。總之，不論是《江東籤》或《聖籤》，均爲儒家文人的七言詩作品。這些籤詩在數百年的實踐中，經儒家文人不斷完善，其間也滲透進道教、佛教的思想，但主要是儒家的勸善説教。這便是我們今日在全國各地關帝廟普遍見到的籤詩。

五　結束語

在“君權受命於天，以作神主”，凡“有功於人者，乃賜號名，秩祀典”的儒家封建政權主導之下，關公崇拜經歷侯、公、王、帝、聖等不斷拔高過程。其間儒、道、釋參與其中，争相奉祀。儒家最早奉爲侯、公、王祀奉；佛教奉爲伽藍神祭祀；道教通過皇帝賜封爲帝；最後儒家又委以與先師孔子同列的武聖人地位，至無以復加“與日月同光”的至尊地位。因此，引來一些儒家文人作《伽藍辨》，批判佛教把關公“居門廡之下”，“披介胄之飾，類宿衛之容”；也批判宋徽宗時，“僅一中使從内降口宣，未經部復報可，遂爾宣傳中外”，稱關公爲“伏魔大帝”；也引來一些儒家文人批判道教過分拔高關公爲帝之矯誣，説關公“但知一日兄與弟，寧問千秋帝與王”，封王、封帝反而成爲“帝君之心事”。千百年來關公崇拜的歷史事實表明，關公崇拜是儒、道、釋三家共同的産物，其間又是以儒家倫理道德思想爲主導的。簡言之，即“漢封侯宋封王明封大帝；儒稱聖釋稱佛道稱天尊”。

由是觀之，關公崇拜既是一種宗教文化現象，但它又不是嚴格意義上的宗教。它既有佛教的成分，也有道教的成分，但更主要的是以儒家倫理道德爲主導的一種宗教文化現象。它不符合宗教的定義（即要有創始人、教義、戒律、教團、經典等要素）。所以説關公崇拜是儒、道、釋三者合一的，又以儒家思想爲主導的民間信仰，它不是嚴格意義的宗教。

千百年來，封建政權通過封號、敕令祭祀關公，儒家文人則緊跟皇帝意志譔寫碑文，寫專著，作序，題跋，編造勸善經書和籤詩，合力推動關公崇拜節節升高，以實現朝廷所期望的“重忠烈以勸今”的目的。如此，則“民之歸仰自不能忘，朝廷褒封之典自不能已”。老百姓的願望和精神寄託與封建統治者的君權“受天眷命，以作神主”的儒家理學思想，通過對關公的封號和祀典的形式統一起來。封號愈多，爵號愈高，政權、神權和老百姓的願望三者的結合就愈緊，封建統治的秩序就愈穩固。這便是千百年關公崇拜歷久不衰的實質，也是我們今日探討關公崇拜民間信仰與構建和諧社會的時候，必須研究和借鑒的。

注 釋

① 盧湛：《關聖帝君聖跡圖志全集》卷四，智部，藝文攷，記類。光緒丁亥（光緒十三年，1887 年）版本。

② 同注［1］，張商英：《重建關王廟記》。

③ 同注［1］，司馬知白譔：《建壽亭侯記》。

④《宋會要輯稿》，禮，二十。

⑤《元史》，祭祀志，六。

⑥ 熊夢祥：《析津志輯佚》，祠廟，儀祭，北京古籍出版社 1983 年版。

⑦［明］張邦濟：《伽藍攷辨》，轉引自侯學金、李筠霞：《解州關帝廟》第 34—35 頁，解州關帝廟文物保管所編，1998 年版。

⑧⑨ 吳幼雄、李少園主編：《通淮關岳廟志》卷三，碑記，一，重修碑記。中國社會科學出版社 2008 年版。

⑩ 盧湛：《關聖帝君聖跡圖志全集》卷三，禮部，聖籤攷。

⑪ 2007 年 7 月 10 日，作者親赴拉薩磨盤山考察關帝廟。見前殿庭院東側竪有《磨盤山新建關帝廟碑記》，喜出望外，與鯉城區地方志辦公室吳英明主任分頭記録下碑文，可惜碑面下半部文字多剥蝕。但不完全的録文也可以見其大概。

⑫ 馮智：《拉薩磨盤山關帝廟調查報告》，由拉薩市民族宗教局提供。

⑬ 吳幼雄、李少園主編：《通淮關岳廟志》卷三，碑記，二，其他碑刻，中國社會科學出版社 2008 年版。

⑭《關聖帝君應驗桃園明聖經》，上海宏大紙號印刷，咸豐乙卯（咸豐五年，1855 年）刊印。

⑮ 2007 年 3 月 26 日，筆者參觀北京大鐘寺，録下鐘上銘文。

⑯⑰ 吳魯：《泉郡萬緣普度》，郡中紳商士庶公立，光緒丁酉（光緒二十二年）仲春。此材料係北京大學王銘銘教授提供。該原件存厦門大學圖書館。

⑱ 盧湛：《關聖帝君聖跡圖志全集》卷四，智部，藝文攷，序類，胡琦新編《關王事跡》。

⑲ 侯學金、李筠霞主編：《解州關帝廟》，《史料輯録》，第 42 頁。解州關帝廟文物保管所編，1998 年版。

⑳［明］《正統道藏》，"漢天師世家"，第三卷。

㉑ 李燾：《續資治通鑒長編》，崇寧四年。

㉒《宋史》，本紀，十二。

㉓《關帝明聖真經》，"關聖帝君正心寶誥"，上海宏大紙號印刷，道光版。

㉔《關聖帝君應驗桃園明聖經》，上海宏大紙號印刷，道光版。

㉕［乾隆］《泉州府志》卷六，山川，清源山，《真人誥碑》。

㉖ 真德秀：《真西山文集》卷四十八《慈濟廟祝文》。

㉗ 真德秀：《真西山文集》卷五十《安奉真人誥命疏》。

㉘ 盧湛：《關聖帝君聖跡圖志全集》卷三，禮部，封爵攷。道光版。

㉙ 焦竑：《正陽門關帝廟碑記》，見盧湛《關聖帝君聖跡圖志全集》卷四，智部，藝文攷，記類。

㉚ 盧湛：《關聖帝君聖跡圖志全集》卷三，禮部，封爵攷。

㉛《關帝明聖真經》，附案。

㉜ 盧湛:《關聖帝君聖跡圖志全集》卷二，義部，聖經攷，附經序。

㉝㉞《關帝明聖真經》裹的《關聖帝君降序》，上海宏大善總書局，咸豐版。

㉟《關聖帝君覺世真經詳注》，金筆軒刊，光緒十一年十月印刷。又見《關聖帝君聖跡圖志全集》卷二，《武帝覺世聖經》。

㊱ 吳幼雄、李少園主編:《通淮關岳廟志》卷六，經書，蘇廷玉譔《覺世真經》，中國社會科學出版社 2008 年版。

㊲ 盧湛:《關聖帝君聖跡圖志全集》卷四，智部，藝文攷，序類，胡琦新編《關王事跡序》。

㊳ 同注㊲，吕柟:《關王集序》。

㊴ 同注㊲，張幼學:《重刻關王集序》。

㊵ 同注㊲，焦竑:《漢將軍廟志序》。

㊶ 同注㊲，周亮工:《題重編義勇武安王集序》。

㊷ 盧湛:《關聖帝君聖跡圖志全集》卷五，信部，藝文攷，附，邢朝璉《關帝聖跡圖志全集跋》。

㊸ 同注㊷，黃鍾:《關聖帝發祥聖跡圖志跋》。

㊹ 同注㊷，袁彭年:《佛山關帝廟碑》。

㊺ 張邦濟:《伽藍攷辨》，轉引侯學金、李筠霞:《解州關帝廟》，第 34—35 頁，解州關帝廟文物保管所編，1998 年版。

㊻ 盧湛:《關聖帝君聖跡圖志全集》卷三，禮部，封爵攷。

㊼ 同注㊻，卷五，信部，藝文攷，頌類；陳與郊:《漢關聖帝頌》(有序)。

㊽ 同注㊼，卷五，信部，藝文攷，跋附；黃鍾:《關聖帝發祥聖跡圖志跋》。

㊾ 同注㊼，卷五，信部，藝文攷，跋附，佚名:《聖跡圖志跋》。

㊿ 吳幼雄，李少園主編:《通淮關岳廟志》卷八，籤詩，《泉郡通淮關聖夫子靈籤》，中國社會科學出版社 2008 年版。

(51) 盧湛:《關聖帝君聖跡圖志全集》卷三，禮部，聖籤附。

書　評

2003年9月12日，在泉州通淮關岳廟會議廳召開《通淮關岳廟志》評稿會，邀請福州、厦門、泉州三地專家學者及有關領導莅臨指導，現將專家教授的評審意見刊録如下。

《通淮關岳廟志》初讀管見

陳祥耀

本書蒐集資料，相當完整，尤其是收入《關岳祀典》、《關岳祀典備考》兩種孤本專著，卷十《習俗》篇收入大量散見資料，更爲可貴。對大量古文進行標點、斷句，所費功夫亦大。對整理泉屬文獻，有重大作用和貢獻，值得肯定。

限於時間及個人精力，未全讀，僅就可讀部分提若干零碎意見，供定稿及校對參攷（略）。

（作者：福建師範大學中文系教授）

《通淮關岳廟志》審稿意見

陳支平

泉州通淮關岳廟對泉州地區民間社會及臺灣省、東南亞地區華人社會影響深遠，但是迄今爲止尚無一部完整的廟志。吳幼雄、李少園二先生編纂的這部《通淮關岳廟志》，填補了這一地方文化研究缺陷，對於深化泉州學的學術研究和弘揚閩南文化精神，都具有重要的文化價值和現實意義。

《通淮關岳廟志》在寺廟史志譔寫體例上也有明顯的創新。作者在全面叙述關岳廟的建置沿革、祀典禮儀的基礎上，廣泛搜集整理大量散存於典籍與民間的相關資料，同時又兼有崇祀習俗、神明傳説等各個方面，以及學者們對於關岳廟研究的最新成果。這種編纂體例，不僅有助於人們從不同的角度觀察通淮關岳廟的歷史全貌，而且對於探究關岳崇拜的文化意藴和閩南民間社會的區域特征，也是一種積極而富有成效的嘗試。

《通淮關岳廟志》的一個不足之處，就是還存在少量簡繁字混用的情況，希望作者在修訂校對時予以改正。

（作者：厦門大學人文學院院長、教授、博士生導師）

《通淮關岳廟志》評審意見

郭志超

知鯉城必聞通淮廟。關岳二忠，光昭日月，香烟如雲，分靈廣域。通淮關岳廟之恆盛，根植於萬民崇信之社會文化底蘊。深厚的歷史積澱，深遠的人文影響，使該廟成爲泉州一大文化遺産。對此進行發掘、整理，編修成志，乃泉州方志一珍，亦足彌補空白。

斯廟歷歲月滄桑，更遭歷史風雨，遺踪迷離，資料散佚。吳、李二君，遍閱志乘，博採文集，涉及鈔本，俾志料得以廣攬。祭典慣習，悉行摭拾。逸事傳説，求之於野。資料出處，在在分明。校點注釋，俾文朗然。存史求實，依事分類，沿革、藝文、金石、典籍、人物、祀典、習俗等，體例完備。泉臺神緣推重通淮，關帝信仰遠傳南洋。泉臺、海内外神源於故鄉祖廟之表現，事跡頗多。廟志特以交流一卷予反映，不泥古而有創意。關岳信仰文化之研究，方興未艾，權將十餘篇論文輯爲附録論叢，也算妥置。

作爲中世紀海上絲綢之路東端，泉州曾有“佛國”之稱，宗教文化很有特色。寺廟專志之修，此志堪爲示範。

（作者：厦門大學人文學院人類學研究所所長、教授、博士生導師）

《通淮關岳廟志》與中華文化

胡滄澤

《通淮關岳廟志》一書洋洋六十萬言，資料之豐富，體例之完備，編審之精當，實爲同類志書中所少見。

該書搜集資料齊全，可以說是竭澤而漁，到目前爲止能搜集到的都搜集到。當然，並不排斥將來有新的資料發現以編續志。該書體例完備，在十三卷中，有建置沿革、文獻碑記、楹聯匾額、經書、祀典，還有籤詩、習俗、傳説、董事會和交流，還有附録關岳研究學術成果和"論叢"。只要一看編目，該廟從古到今的歷史便了如指掌。該書編審精當，二位編者都是博學專家，熱愛鄉土文化，構思匠心獨運，使得這部志書很有特色，比如把籤詩也列進去了，讓有這方面興趣的讀者可以大飽眼福，認真研究；把今人的研究成果也列進去了，使得即使對關帝信仰不了解的年輕人也能以今人的態度審視歷史。總的來看，該書編寫態度嚴謹，深入淺出，適合社會各階層和各種年齡、文化層次的人閲讀。該書寫的是關岳廟，又跟泉州的歷史和現實緊密相連，從一個側面看也是一部泉州的歷史。甚至可以這么説，不了解關岳廟，就等於不了解泉州；不到關岳廟，就等於没到泉州。

關帝信仰作爲我國主要的一種民間信仰，在維係民族文化精神、增强凝聚力、促進團結等方面，有着十分重要的不可替代的作用。筆者於 20 世紀 90 年代赴日本任東京大學客座研究員兩年多，經常到横濱的關帝廟去，看到那金碧輝煌的廟宇、雕梁畫棟的建築、莊嚴肅穆的關帝塑像，一種中華民族的精神油然而生，在異國他鄉仿佛踏上祖國的土地。再看看前來膜拜、進香、參觀的海外華僑華人、臺港澳同胞、各國友人絡繹不絶，虔誠嚴肅，更深感關帝信仰的巨大威力，深感中華文化的巨大凝聚力。

《通淮關岳廟志》的編纂出版，是文化界、宗教界的一件盛事，可喜可賀！

關帝精神千秋耀，中華文化萬古傳！

（作者：福建師範大學社會人文學院教授、博士生導師）

拜讀《通淮關岳廟志》

許在全

關帝信仰，在民間信仰中占有重要而特殊的地位。廣大信衆信仰關帝，主要不是信其降妖伏怪，而是信其“忠、義、勇、武”。忠者，即忠心耿耿，忠於皇室，忠於主子，一心無二。義者，即義氣相投，兩肋插刀，患難相扶，生死相隨。勇者，即勇貫三軍，力猛過人，一人當關，萬夫莫開。武者，於千軍萬馬之中取上將首級如探囊取物，號稱萬人敵。這種大丈夫的英雄氣概，令人折服，深得人心。在廣大信衆的心目中，關羽還有强大的人格魅力。他好讀《春秋》、《左傳》，精通文韜武略，古人認爲他集“仁、義、禮、智、信”於一身：千里尋兄曰仁；華容道放曹曰義；保嫂秉燭達旦曰禮；水淹七軍曰智；單刀赴會曰信。這些美德，歷代推崇備至。甚至他的外表相貌堂堂，身材健壯，髯鬚修長，也譽爲中國美男子的典型。隨着關帝地位的不斷提高，儒道釋三家將他奉若神靈。儒者尊之爲“關夫子”、“武聖人”，與孔子同等看待。道者稱爲“關聖帝君”，佛教稱爲“伽藍神”，雅俗共尊，廟宇遍於天下。

泉州通淮關岳廟在衆廟宇之中，信衆最多，香火最旺，感應最靈，流播最廣，尤其在港、澳、臺和東南亞各個地區，許多關帝廟宇大多由此分靈過去，從家庭到商店，幾乎家家户户都奉爲尊神，虔心誠敬。李光縉早在《關帝廟記》中指出：“今天下祠漢壽亭侯者，遍郡國而是，其在吾泉建宫，勿慮百數。……上自監司守令居是邦者，迨郡縉紳學士，紅女嬰孺，亡不人人奔走，禱靡不應，應靡不神。”充分肯定泉州通淮關岳廟的地位。

隨着時代的推移，泉州通淮關岳廟留下的文化積澱極爲豐厚。給以發掘、整理、編印成書，這是一大重要的文化工程。泉州通淮關岳廟董事會，以董事長吳世楫先生爲首，成立泉州《通淮關岳廟志》編委會，由吳幼雄先生、李少園先生主編，編輯一部泉州《通淮關岳廟志》，我認爲，此舉具有遠見卓識，有其重要的歷史意義和現實意義。

從現在編輯成書的這部初稿來看，洋洋大觀六十萬言，不但工程浩繁，而且綱目清晰，編纂完備，不失是一部爲關帝立德、立功、立言比較全面而系統的好書。對關帝的歷史功績和社會影響作了相當全面的反映。我認爲，這部書出版，不但爲全省一千多座關帝廟所無，就是全國也是極爲罕見，不但近三十年内得益，就是上百年也不會過時。就我的感覺，如下幾個方面是可以肯定的。

一　搜羅宏富

從歷史沿革、文獻記載、現存碑記到古今贊、詩、楹聯、匾額以及祭祀人物、經典、祀典、籤詩、勸善書、習俗、傳説，都搜集得很齊全，還有董事會、文化交流和關帝研究等，無一遺漏。這是以前任何一本紀述關帝的文獻都不能相比的。

二　編纂完備

全書分爲十三卷，從古至今，牽涉方方面面，經過條分縷析，綜合歸納，編纂得相當完備。

三　史料翔實

所選的史料，有的見諸於史志，有的見諸於實物，例如碑刻，其他收入的資料，也是翔實可靠，這一方面很突出。有的其他廟志，拉拉雜雜，道聽途説的很多。《泉州通淮關岳廟志》可謂信史。

四　勸善勵志

《泉郡通淮關聖夫子靈籤》、《願體集》和《習俗》這三部分反映出來的内容十分豐富，可以説，已經超出民間信仰的範疇，能起着一種“立世、警世、醒世、處世”的作用，對於完善人的道德修養、規範人的行爲有積極的作用，對社會的穩定有重要意義。

（作者：泉州歷史研究會會長）

喜讀《通淮關岳廟志》

李玉昆

通淮關岳廟,歷史悠久,文化内涵豐富,香火鼎盛,遠播海内外,是閩南地區最有影響的民間信仰活動場所之一。

吳幼雄、李少園教授主編的《通淮關岳廟志》,將有關通淮廟的建置沿革、文獻資料、經書、勸善書、籤詩、贊詩、碑記、楹聯、匾額、祀典、祭祀人物、習俗、傳説、交流、研究成果等,公諸於世,爲學術界提供了極大的方便,可謂功德無量。它全面、系統、科學地記述通淮廟的歷史興衰和發展變化,揭示了民間信仰在我國傳播、演進的歷史軌跡。内容集學術性、資料性於一體,結構合理,體例嚴謹,資料翔實豐富,語言生動,文筆流暢,是史志的上乘之作。爲我市的專志編寫樹立了一個範例,體現了編者的學識和才幹。這是泉州地方志領域的一項豐碩的成果,是泉州宗教界的一件盛事,也是中華民族文化事業的一項重要成果。

(作者:泉州市海外交通博物館研究員)

一部不可多得的好廟志

陳桂炳

拜讀《通淮關岳廟志》後,覺得至少有三點值得一提。

其一,體例有創新。如附録《論叢》,選載了十一篇當地學者有代表性的研究關帝崇拜論文,從而更突出了該志雅俗共賞的優點。論文只選當地作者而没選外地作者,也是爲了體現方志的區域性這一主體特徵。

其二,資料性較强。歷代志書均以搜羅資料廣泛,記叙詳備爲宗旨。該志六十萬言,分十三卷,資料出處的時間下限至 2005 年,其資料之全面實屬空前。

其三,編修嚴謹。由於志書具有存史備攷的作用,故編修者不能不謹。該志對所收載的資料進行了必要的注釋和糾誤,表現了主編者對讀者負責及其治學嚴謹的態度,使該志更具生命力和權威性。

修志不易,修得一部好志更難。《通淮關岳廟志》的修成,可謂是既得其時,又有其人。這是一部不可多得的好廟志。

(作者:泉州師範學院人文學院副院長、教授)

讀《通淮關岳廟志》有感

陳　鵬

欣聞吳幼雄、李少園先生主編的《通淮關岳廟志》一書殺青，掂在手上沉實的一摞，洋洋灑灑六十萬言，跨越時空五百春秋。遍尋史乘，披閱志書，搜求軼事，記實廟況。摭精華，删謬誤，補闕佚，彌豐贍，力求志書圖文併茂，書成果然不同凡響，實可喜可賀！

細細讀來，明釋元賢修《泉州開元寺志》，僅“建置”、“開士”、“藝文”三志而已；傅金星、曾焕智先生編著《泉州通淮關岳廟志》也稍遜簡約。吳、李二君主筆編寫的《通淮關岳廟志》綱舉目張，設有建置、文獻、碑記、贊詩、論叢等十四鴻篇。歷歷廣被，卷帙浩然，資料翔實，頗具分量。

山海有經，增廟修志；存史傳世，以爲不朽，乃史學家應盡職責。新一届關岳廟董事會高瞻遠矚，把香火繚繞鼎盛的聖廟，引導到修志，昇華文化內涵和品位的層次，爲兄弟廟宇立下典範，也是一件功德無量的善舉。

書稿讀畢，記此爲祝。

（作者：泉州市文物研究中心主任、研究員）

《通淮關岳廟志》評審意見

林德民

泉州通淮關岳廟歷史悠久，底蘊深厚。可謂名聞遐邇，婦孺皆知。然廟志長期闕如，殊爲憾事。有鑒於此，吳、李二位先生不辭辛勞，勇膺重任，聯袂耕耘，歷時兩年餘。窮經究史，廣爲探求，搜集資料，反復爬梳整理，旁徵博引，去蕪存精，去僞存真，終成是書。廟志空白得以填補，誠功德無量也。

統觀全志，體例獨特，新意迭出，不落窠臼，頗見功力；佈局合理，建構謹嚴，洋洋六十萬言，堪稱鴻篇巨著；語言樸實，行文流暢，不枝不蔓，簡約明快；内容豐富，涉獵廣泛，古今中外，兼收併蓄。熔知識性、資料性、學術性、教育性、可讀性於一爐。舉凡沿革、文獻、文物、詩詞、祭祀、經書、祀典、籤詩、習俗、傳説、論述等，靡不囊括，師古而又不泥古，多有出彩之處。尤以占全志篇幅約三分之一的卷八《籤詩》、卷九《勸善書》、卷十《習俗》、卷十一《傳説》爲全書雅俗共賞之亮點。附録之《論叢》，精選學界諸家之言，見仁見智，各臻其美，更爲人們深入了解通淮關岳廟歷史暨關岳信仰文化提供了閲讀空間，亦見苦心孤詣。

（作者：泉州市博物館副館長、研究員）

後　記

關岳信仰是聖人崇拜，屬於儒家思想爲指導的民間信仰之範疇。洛陽關林武聖殿對聯云：“漢封侯宋封王明封大帝”；“釋稱佛儒稱聖道稱天尊”。上下聯高度概括關公歷史上受追封和儒、釋、道爭祀的事實。

泉州關公信仰民俗的歷史悠久，有史可稽距今已有五百年。歷明、清、民國至今，文人士子爲廟的重修作碑記，他們無不以儒家思想爲指引，從忠、孝、義、仁、禮、智、信等諸方面來詮釋關公信仰，成爲中華優秀傳統文化的一部分。

通淮關岳廟志舊有 1986 年傅金星、曾焕智編和 1991 年鄭國棟、陳禎祥、林勝利、林南生等編《泉州通淮關岳廟志》。他們在“文化大革命”後首創廟志，甚爲不易，精神可嘉，影響不小。

隨着近年開放改革的深入開展，國家和平統一的需要，董事會高瞻遠矚，意識到有必要以歷史唯物主義思想爲指導，出版一本既能反映泉州關岳信仰深厚文化積澱，又能反映我們當前關岳學術研究水平，和體例較完備的《通淮關岳廟志》。此舉得到本廟董事會和統戰、宗教部門領導的積極支持。

我們以積累二十多年的研究材料（包括出訪解州、關林、當陽、荊州和東山）爲基礎，確定編寫體例，編纂大綱。2002 年 7 月，我們冒着酷暑四出（赴福州、厦門、同安、漳州、龍海、東山和晉江、南安、惠安、石獅）尋訪資料，行程千餘公里，備嘗艱辛。往往爲一條有價值的史料，頂着寒暑而多次造訪。對提供重要資料的人士，我們都作注釋以志謝。且資料來源皆作注釋，以示慎重。

在材料取捨方面，亦是頗費時日的。如《籤詩》一卷，我們搜集到解州版、東山版、鯉城版、惠安版、晉江版。我們以清代鯉城版爲基礎，校以其他版本，録入廟志，充分突出本地關公信仰民俗特色。而附録《論叢》，則反映了泉州當前研究關岳信仰文化的水平，這是全國各地關岳廟宇所没有的。不少學者認爲本廟志是開創地方寺廟志編纂的先河，是對泉州地方志的一個貢獻。

廟志清樣出來之后，才發現竟洋洋六十萬言，這是出乎意料的。爲提高本志書的質量，董事會還邀請厦門大學、福建師範大學、泉州師範學院、泉州海外交通史博物館、泉州文物管理委員會和泉州博物館的教授、博導、研究員，於2003年9月12日在本廟會議室召開評書稿（三校稿）會議。出席會議的還有主管統戰、宗教的領導和董事。我們將專家學者的評價，以《附録・書評》全文載入。之後又進行較大的修改，甚至七校時還補充不少有價值的材料。四年多來算是埋頭在搜集、編寫、修改和校正廟志工作之中，其繁雜和艱難的程度是外人所難理解的。現在回想走過來的路，還有點兒後怕呢！所幸雖幾經周折，今日終於脱稿了。

本廟志請泉州市人民政府周焜民副市長、中共鯉城區委書記王亞君、陳榮洲作序，在此表示熱忱的謝意。

但是，本書亦有不足之處，如《交流》一卷，1998年以后的文化交流資料大多缺失，這是很大的遺憾，也是美中不足吧。

本廟志是順利地脱稿了，祈盼能盡快出版與讀者見面，算是本届董事會給泉州人民送上一份珍貴的中華優秀傳統文化的禮物。當然，傳統文化有精華，亦有糟粕。本志跨度五百年，又是關岳信仰民俗志書，内容免不了涉及封建性的糟粕。爲了保存時代特徵和反映時代真實的社會生活，我們以歷史唯物主義的態度，尊重歷史照録存入。希望讀者用歷史唯物主義的觀點對待本志書，即發揚其精華，剔除其封建性糟粕。是爲盼。

由於種種原因，本志書延遲四年出版，在此一併説明。

吳幼雄　李少園

2007 年 5 月